Annual Report of Overseas Humanities And Social Sciences, 2020

海外人文社会科学发展
年度报告

2020

 武汉大学人文社会科学研究院 编

韩 进 主编

WUHAN UNIVERSITY PRESS
武汉大学出版社

图书在版编目(CIP)数据

海外人文社会科学发展年度报告.2020/武汉大学人文社会科学研究院编.—武汉：武汉大学出版社,2022.4
ISBN 978-7-307-22832-0

Ⅰ.海… Ⅱ.武… Ⅲ.社会科学—研究报告—世界—2020
Ⅳ.C11

中国版本图书馆 CIP 数据核字(2021)第 274714 号

责任编辑:黄金涛 责任校对:李孟潇 版式设计:马 佳

出版发行:**武汉大学出版社** （430072 武昌 珞珈山）
（电子邮箱：cbs22@ whu.edu.cn 网址：www.wdp.com.cn）
印刷:武汉邮科印务有限公司
开本:720×1000 1/16 印张:47.5 字数:681 千字 插页:2
版次:2022 年 4 月第 1 版 2022 年 4 月第 1 次印刷
ISBN 978-7-307-22832-0 定价:198.00 元

海外人文社会科学发展年度报告2020

编　委　会

前　　言

习近平总书记在哲学社会科学工作座谈会上曾指出，"国外哲学社会科学的资源，包括世界所有国家哲学社会学科取得的积极成果，这可以成为中国特色哲学社会科学的有益滋养"。当前，世界范围内多元文化交流、交锋与交融，为哲学社会科学繁荣发展提供了新的空间；推进新时代中国特色社会主义建设，开启全面建设社会主义现代化国家新征程，为哲学社会科学繁荣发展赋予了新的历史使命；中共中央关于加快构建中国特色哲学社会科学、统筹推进世界一流大学和一流学科建设等重大战略部署，对高校提升哲学社会科学发展水平提出了新的更高要求。构建具有中国特色的哲学社会科学学科体系、学术体系、话语体系，更好地"立足中国、借鉴国外"，要求我们具备相应的国际化视野、能力和努力，能够有序、有力地组织引领学者对海外人文社会科学最新发展状况进行观察、分析和把握。我们始终坚信，人文社会科学理论的多样性有助于人文社会科学研究者更好地解释社会现象、观照人类本身；海外人文社会科学前沿追踪工作不可能一蹴而就、一成不变。

武汉大学人文社会科学具有优良的学术传统、优秀的学术传承、优质的学术资源，是武汉大学"双一流"建设的重要引擎。立足新时代新要求、新文科新实践，面向国家重大战略需求、秉持"高端、聚合、原创、对话、服务"理念，坚持一流标准，紧盯学术前沿，加强国际交流，深化学科交叉，是我们始终不渝的工作目标。为深入推进我校人文社会科学国际化发展，持续拓展人文社会科学研究国际视野，武汉大学勇为天下先，从 2006 年开始实施"海外人文社会科学研究前沿追踪计划"，意在集结一批中青年学者持续追踪海外人文社会科学最新学术理论、研究方法和发展趋势，尤其是新思潮、新流派、新理论、新论著和新成果，并按年度推出关于海外人文社会科学研究最新发展动向的研究报告，取得了良好效果。2020 年海外人文社会科学研究前沿追踪项目申报工作启动后，申报 73 项，涉及近 20 个学科。经推荐申报、通讯评审、会议审核、对外公示，36 项课题获准立项，最终收到研究报告 36 篇。内容涵盖法学、经济学、历史、文学、新闻传播学、图书情报与档案管理、哲学、公共管理等学科。其中，有对学科发展的重点阐述，有对流行思潮的深层分析，有对热点问题的综合评论，具有鲜明的学术研究的前瞻性和导向性。我们精选了其中 20 篇进入了这本《海外人文社会科学发展年度报告 2020》。其中人工智能、大健康等热点问题各入选了两篇，数字人文等交叉学科类研究报告比例也有所增加。

面对世界百年未有之大变局，中国哲学社会科学肩负的"引进来""走出去"的双向历史使命，武汉大学人文社科海外前沿追踪项目将持续发力，以更好地对接、对话海外人文社会科学发展，并培育更多人才和成果。十五年是一个重要时间节点，很庆幸我们坚持了下来。我们有决心对这一持续有年、立意高远、参与广泛的集体项目进行再回看、再规划、再出发。我们将积极推动研究成果尽快进入开放获取的数字化通道、实现追踪成果的当下跨学科交流对话、基于实践经验总结提炼海外学术前沿研究范式等等。

道虽迩，不行不至。不忘初心，方得始终。衷心感谢各位专家为本书的出版付出的努力。由于时间较紧，书中难免有不足之处，敬请批评指正。

编委会

2021 年 11 月

目　录

1

全球价值链分工地位研究的前沿进展[*]

黄永明　张亚楠[**]

摘　要：介绍了贸易增加值分解理论，阐述 WWZ 分解方法并与 KWW 分解法进行对比。介绍了全球价值链测度理论的基本核算框架，解释了测度全球价值链长度和位置的基本思路。系统回顾梳理了全球价值链分工地位的测度指标，并对相关指标存在的缺陷进行了讨论。综述了全球价值链分工地位的影响因素与提升路径的研究进展，梳理全球价值链分工地位与环境责任问题的研究，指出了相关研究的空白并展望全球价值链分工地位领域可扩展和深入研究的方向。

关键词：全球价值链；分工地位；增加值分解；跨国投入产出；测度指标

全球价值链的形成和发展被认为是 21 世纪国际贸易领域最具有标志性的现象之一（Baldwin，2012），①　其出现使得某一具体产

---

*　本文为武汉大学自主科研项目（人文社会科学）"全球价值链分工地位研究的前沿进展（2020HW018）"研究成果，得到"中央高校基本科研业务费专项资金"资助。

**　黄永明，武汉大学区域与城乡发展研究院、武汉大学产业发展与区域竞争力研究所教授、博士生导师。张亚楠，武汉大学区域与城乡发展研究院、武汉大学产业发展与区域竞争力研究所博士研究生。

①　Baldwin R. Global Supply Chains：Why They Emerged，Why They Matter，and Where They Are Going[J]. Social Science Electronic Publishing，2012.

品的生产阶段被分解并分散在不同的国家或地区。随着国际分工程度的不断深化，关于全球价值链分工地位的相关研究愈发受到各国学者们的重视。全球价值链分工体系对世界经济影响深远，了解每个国家或地区在全球价值链整体范围内的相对位置，深入分析各经济体专业化的主要行业，并理清其在全球价值链上的真实分工地位，对于增进我们对现代全球经济运作方式的理解，解决相应的经济政策制定问题都十分重要。

一、全球价值链分工地位的研究基础：
增加值分解范式

全球价值链的相关理论诞生于 20 世纪八九十年代，Porter（1985）[1]最早提出价值链的概念，Gereffi 和 Korzeniewicz（1994）[2]创造性地提出了全球商品链的概念。随后，该领域的学者们为了摆脱"商品"一词的局限性，突出价值在全球生产网络中的创造及传递过程，纷纷开始使用"全球价值链"这个术语来考察全球生产网络内企业之间的价值分布及其治理结构，也有学者从地理分布、组织规模、生产主体等维度对全球价值链进行界定（Yeats，1998；[3]Sturgeon & Lester，2002；[4] UNIDO，2002[5]）。随着全球价值链的纵深发展，国际分工逐渐由产品层面细化到工序层面，各经济体参与

---

[1] Porter, M. E. Competitive Advantage：Creating and Sustaining Superior Performance[R]. The Free Press：New York, 1985.

[2] Gereffi, G., Korzeniewicz, M. Commodity Chains and Global Capitalism[M]. Westport, Connecticut：Praeger, 1994.

[3] Yeats A J. Just how big is global production sharing? [J]. Social Science Electronic Publishing, 1998.

[4] Sturgeon T., Lester R. Upgrading East Asian Industries：New Challenges for Local Suppliers[R]. Paper Prepared for the World Bank's Project on the Industrial Performance Center, 2002.

[5] UNIDO, United Nations Industrial Development Organization, Industrial Development Report[R]. 2002/2003 Overview, 2002.

全球价值链分工的驱动力已由产品的比较优势转变为生产环节的比较优势。在这种基于生产环节的新型国际分工体系下，传统贸易统计方式所带来的"统计幻象"问题已不容忽视，其无法真实的区分序贯生产过程中不同阶段增加值的创造者，且这一问题随着国际生产分工的日益细化而愈发严重，因此学者们逐渐开始重视参与国际生产分工所创造的实际价值的测度与衡量。与传统贸易统计方式相比较，贸易增加值分解能够还原真实的贸易利得，更加贴合全球价值链分工背景下的贸易利益统计，其相关研究也是全球价值链分工地位测度的基础。

事实上，从 Hummels、Ishii 和 Yi（2001）①提出的垂直专业化贸易测度方法到 Wang、Wei、Yu 和 Zhu 等（2017a）②的总出口十六项分解法，贸易增加值分解的相关研究逐渐深化，基于此所得到的分解指标帮助我们多角度的测度并分析了全球价值链嵌入位置和分工地位。垂直专业化贸易测度指标 VS（Hummels 等，2001）、VS1（Hummels 等，2001）、VS1*（Daudin、Rifflart & Schweisguth，2011）③、VAX（Johnson & Noguera，2012）④等的构建，为贸易增加值分解理论体系的建立及完善奠定了基础。随后，为了更加有效的分解贸易增加值，Stehrer（2012）⑤从最终消费品的价值来源出发构建了一国增加值贸易测度的单边及双边模型，区分了贸易增加值和

① Hummels, D., Ishii, J., Yi, K. M. The Nature and Growth of Vertical Specialization in World Trade[J]. Journal of Internation Economics, 2001, (54): 75-96.

② Wang, Z., Wei, S.J., Yu, X.D., et al. Characterizing Global Value Chains: Production Length and Upstreamness[R]. NBER Working Paper. 2017a, No. 23261.

③ Daudin G, Rifflart C, Schweisguth D. Who Produces for whom in the World Economy[J]. Canadian Journal of Economics, 2011(44): 1403-1437.

④ Johnson, R. C., Noguera, G. Accounting for Intermediates: Production Sharing and Trade in Value Added[J]. Journal of international Economics, 2012, 86 (2): 224-236.

⑤ Stehrer, R. Trade in value added and the valued added in trade[R]. WIIW working paper. 2012, No. 81.

增加值贸易的概念，重点指出增加值贸易是最终被国外所吸收的来自本国的直接和间接增加值。基于此，Timmer、Stehrer 和 DeVries (2012)①测度了各经济体的要素收入及制造业需求情况，并进一步通过设定增加值向量及矩阵的方法，将出口分解为国内增加值出口和国外增加值出口。在这种通过矩阵运算的分解思路基础上，Koopman、Wang 和 Wei (2014)、② Wang 等(2017a；2017b③) 构建了全球投入产出模型并据此提出了总出口分解法。

Koopman 等(2014)提出的 KWW 分解法将总值贸易核算体系与增加值贸易核算法进行对比，根据出口产品的最终价值去向将一国或地区的总出口分解为九个部分，基本实现了总出口的完全分解，从而统一了国际贸易核算和国民收入核算的标准。同时，前面所提到的垂直专业化的相关测算指标 VS，VS1，VS1 * 以及 VAX 等都可以纳入到该分解框架中。Koopman 等(2014)也详细分析了重复计算部分的来源、流动方向以及最终目的地，从而更加直观的阐释了基于全球价值链的国际贸易结构。但是，KWW 分解法仅适用于国家层面或整个经济体层面上的分解，没有进一步细化到部门层面，且不能反映不同出口品在进行各种增加值和重复计算分解时的异质性。因此，为了扩展研究层面，在 KWW 分解法的基础上，Wang 等(2017a)详细介绍了总出口的 16 项分解法(即 WWZ 分解法)，将一国或地区的总出口分解深化到了双边或部门层面，构建了一国或地区双边且分部门的总出口分解模型，并按照价值来源以及价值的最终吸收地将总出口分解为了 16 项。下面，对 WWZ 的16 项分解方法进行简单的阐释：

---

① Timmer, M., Stehrer, R. DeVries, G. Slicing Up Global Value Chains [R]. WIDO Working Paper, 2012, 12.

② Koopman, R., Wang, Z., Wei, SJ. Tracing Value-Added and Double Counting in Gross Exports[J]. American Economic Review, 2014, 104(2)：459-494.

③ Wang, Z., Wei, SJ., Yu, XD., et al. Measures of Participation in Global Value Chains and Global Business Cycles[R]. NBER Working Paper. 2017b, No. 23222.

首先，假设 i 国到 j 国的总出口用 E^{ij} 来表示，总出口可以分解为中间产品和最终产品出口，因而得到如下恒等式：

$$E^{ij} = Y^{ij} + A^{ij}X^{j} \tag{1}$$

里昂惕夫分解，最终产品出口能够被分解为国内增加值和国外增加值两部分，而中间产品出口的分解由于涉及重复计算问题则更为复杂。根据中间产品贸易被吸收的目的地不同，将 i 国到 j 国的中间产品出口做出如下分解：

$$
\begin{aligned}
A^{ij}X^{j} = A^{ij}B^{jj}Y^{jj} &+ A^{ij}\sum_{k \neq i,\,j}^{G}B^{jk}Y^{kk} + A^{ij}B^{jj}\sum_{k \neq i,\,j}^{G}Y^{jk} + A^{ij}\sum_{k \neq i,\,j}^{G}B^{jk}\sum_{n \neq i,\,k}^{G}Y^{kn} \\
&+ A^{ij}B^{jj}Y^{ji} + A^{ij}\sum_{k \neq i,\,j}^{G}B^{jk}Y^{ki} + A^{ij}B^{ji}Y^{ii} + A^{ij}B^{ji}\sum_{k \neq i}^{G}Y^{ik}
\end{aligned} \tag{2}
$$

中间产品出口的分解将总出口的国内来源增加值分解为不同的增加值以及重复计算部分。其次，根据总产出生产和使用的平衡条件：

$$
\begin{aligned}
X^{j} &= A^{jj}X^{j} + \sum_{k \neq j}^{G}A^{jk}X^{k} + Y^{jj} + \sum_{k \neq j}^{G}Y^{jk} \\
&= A^{jj}X^{j} + Y^{jj} + \sum_{k \neq j}^{G}E^{jk} \\
&= A^{jj}X^{j} + Y^{jj} + E^{j*}
\end{aligned} \tag{3}
$$

将（3）式经过整理可以得到：

$$X^{j} = (I - A^{jj})^{-1}Y^{jj} + (I - A^{jj})^{-1}E^{j*} \tag{4}$$

$L^{jj} = (I - A^{jj})^{-1}$ 是局部里昂惕夫逆矩阵，因此可以得到：

$$X^j = L^{ij} Y^{ij} + L^{ij} E^{j*} \tag{5}$$

因此，i 国对 j 国的中间产品出口根据国内消费和出口这两类目的地可以作如下分解：

$$A^{ij} X^j = A^{ij} L^{ij} Y^{ij} + A^{ij} L^{ij} E^{j*} \tag{6}$$

上述等式将 i 国对 j 国的中间产品出口根据其最终被吸收的目的地的不同进行完全分解。再次，对于 G 个国家，i 国的国内和国外增值乘数为（其中，K 表示第三国）：

$$V^i B^{ii} + V^j B^{ji} + \sum_{k \neq i,\ j}^{G} V^k B^{ki} = n \tag{7}$$

将逐元素矩阵乘法运算用"#"表示，i 国对 j 国行业层面的最终产品出口可以分解为如下国内和国外增加值：

$$Y^{ij} = (V^i B^{ii})^T \# Y^{ij} + (V^j B^{ji})^T \# Y^{ij} + \left(\sum_{k \neq i,\ j}^{G} V^k B^{ki} \right)^T \# Y^{ij} \tag{8}$$

而 i 国对 j 国部门层面的中间产品出口总值可以分解为（其中，$V^i L^{ii}$ 是类似于单个国家投入产出模型的国内增加值乘数）：

$$
\begin{aligned}
A^{ij} X^j &= (V^i B^{ii})^T \# (A^{ij} X^j) + (V^j B^{ji})^T \# (A^{ij} X^j) + \left(\sum_{k \neq i,\ j}^{G} V^k B^{ki} \right)^T \# (A^{ij} X^j) \\
&= (V^i L^{ii})^T \# (A^{ij} X^j) + (V^i B^{ii} - V^i L^{ii})^T \# (A^{ij} X^j) + (V^j B^{ji})^T \# (A^{ij} X^j) \\
&\quad + \left(\sum_{k \neq i,\ j}^{G} V^k B^{ki} \right)^T \# (A^{ij} X^j)
\end{aligned}
\tag{9}
$$

最后，综合所有前述方程，得到 i 国对 j 国总出口的分解方程：

$$E^{ij} = (V^i B^{ii})^T \# Y^{ij} + (V^i L^{ii})^T \# (A^{ij} B^{jj} Y^{jj})$$

$$+ (V^i L^{ii})^T \# \left[A^{ij} \sum_{k \neq i,j}^{G} B^{jk} Y^{kk} + A^{ij} B^{jj} \sum_{k \neq i,j}^{G} Y^{jk} + A^{ij} \sum_{k \neq i,j}^{G} B^{jk} \sum_{n \neq i,k}^{G} Y^{kn} \right]$$

$$+ (V^i L^{ii})^T \# \left[A^{ij} B^{jj} Y^{ji} + A^{ij} \sum_{k \neq i,j}^{G} B^{jk} Y^{ki} + A^{ij} B^{ji} Y^{ii} \right]$$

$$+ \left[(V^i L^{ii})^T \# \left(A^{ij} B^{jj} \sum_{k \neq i}^{G} Y^{ik} \right) + \left(V^i L^{ii} \sum_{k \neq i}^{G} A^{ik} B^{ki} \right)^T \# (A^{ij} X^j) \right]$$

$$+ \left[(V^j B^{ii})^T \# Y^{ij} + \left(\sum_{k \neq i,j}^{G} V^k B^{ki} \right)^T \# Y^{ij} \right]$$

$$+ \left[(V^j B^{ii})^T \# (A^{ij} L^{jj} Y^{jj}) + \left(\sum_{k \neq i,j}^{G} V^k B^{ki} \right)^T \# (A^{ij} L^{jj} Y^{jj}) \right]$$

$$+ \left[(V^j B^{ii})^T \# (A^{ij} L^{jj} E^{j*}) + \left(\sum_{k \neq i,j}^{G} V^k B^{ki} \right)^T \# (A^{ij} L^{jj} E^{j*}) \right] \tag{10}$$

根据上式，Wang 等（2017a）根据出口产品的价值来源以及增加值的最终吸收目的地，利用全球投入产出模型将一国的总出口分解为 16 项目，每一项所表示的经济含义如表 1 所示。其中，第 1 至 5 项为最终被国外吸收的国内增加值 DVA，依次为最终出口中包含的国内增加值（第 1 项）、直接被进口国生产最终产品并被国内最终需求所吸收的中间产品出口中的国内增加值（第 2 项）、被直接进口国加工生产并出口至第三国所吸收的中间产品出口中的国内增加值（3~5 项）。第 6 至第 8 项为返回国内并被本国所吸收的国内增加值 RDV，即出口至国外的国内增加值隐含在本国的进口中又被进口回国内，并最终被国内所消费吸收。第 11~12 项和 14~15 项为国外增加值 FVA，前一部分为出口中所包含的来自进口国的国外增加值，后一部分为出口中所包含的来自第三国的国外增加值。第 9~10、13、16 这四项为纯重复计算部分 PDC，其中，9~10 项为来自国内账户的纯重复计算，剩下的为来自国外账户的纯重复计算。纯重复计算部分主要是由于中间产品贸易多次往返于本国和外国之间所造成的，因为所有的国际贸易相关的交易都会被海关记录，因此在总贸易统计中会包含该重复计算部分，这些中间产品的贸易值并不构成任何国家或地区的最终需求。

7

表1　　　　增加值分解的 **KWW** 方法与 **WWZ** 方法的比较

KWW 方法下的增加值九项分解	区别	WWZ 方法下的增加值十六项分解	
1. 最终产品出口中包含的国内增加值	分解方法相同	1. 最终品出口中包含的国内增加值	DVA_FIN
2. 被直接进口国所消费吸收的中间产品出口中的国内增加值	被直接进口国吸收的增加值，WWZ 方法把最终产品区分为来自直接进口国的和第三国的	2. 被直接进口国用于生产国内最终品的中间产品出口中的国内增加值	DVA_INT
		5. 被直接进口国用于生产中间产品并出口到第三国用于生产最终产品，再返回直接进口国的中间产品出口中的国内增加值	被进口国或地区所生产再出口至第三国或地区所吸收的中间产品出口（DVA_INTrex）
3. 中间产品出口至直接进口国，加工后又被出口至第三国的被间接吸收的国内增加值	被第三国所间接吸收的国内增加值，WWZ 方法把最终产品区分为来自直接进口国的和第三国的	3. 被直接进口国用于生产中间产品并出口至第三国以满足第三国国内最终消费品需求的中间产品出口中的国内增加值	
		4. 被直接进口国用于生产最终品并出口至第三国的中间产品出口中的国内增加值	

KWW 方法下的增加值九项分解	区别	WWZ 方法下的增加值十六项分解	
4. 出口的中间产品以进口最终产品的形式返回国内的国内增加值	返回国内的增加值，WWZ 方法把从直接进口国进口的最终产品和从第三国进口的最终产品区分开	6. 被进口国用于生产最终产品并返回国内的国内增加值	返回国内并被本国所吸收的国内增加值（RDV_G）
		7. 被进口国以中间产品出口至第三国生产最终产品并被进口回国内的国内增加值	
5. 出口的中间产品以进口中间产品的形式再返回国内的国内增加值	分解方法相同	8. 从他国进口中间产品用于国内最终产品需求所返回国内的国内增加值	
6. 中间产品出口中的国内增加值被重复计算部分	WWZ 方法将重复计算部分的中间产品和最终产品区分开	9. 以进口中间产品返回国内并用于生产最终出口产品的国内增加值（重复计算了中间产品出口和最终产品出口）	来自国内的纯重复计算部分（DDC）
		10. 以进口中间产品返回国内用于生产出口中间产品的国内增加值（重复计算了中间产品出口）	

9

续表

KWW 方法下的增加值九项分解	区别	WWZ 方法下的增加值十六项分解	
7. 最终产品出口中所包含的国外增加值	WWZ 方法将该部分国外增加值区分为来自进口国的和来自第三国的	11. 最终产品出口中来自进口国的国外增加值	最终产品出口中所包含的国外增加值(FVA_FIN)
		14. 最终产品出口中来自第三国的国外增加值	
8. 中间产品出口中所包含的国外增加值	WWZ 方法将该部分国外增加值区分为来自进口国的和来自第三国的	12. 本国中间产品出口中被进口国用于生产其国内最终产品的来自进口国的国外增加值	中间产品出口中所包含的国外增加值(FVA_INT)
		15. 本国中间产品出口中被进口国用于生产其国内最终产品的来自第三国的国外增加值	
9. 中间产品出口的国外增加值重复计算部分	WWZ 将重复计算部分区分为来自进口国的和来自第三国的	13. 本国中间产品出口的进口国增加值重复计算部分	来自国外的纯重复计算部分(FDC)
		16. 本国中间产品出口的第三国增加值重复计算部分	

事实上，KWW 方法与 WWZ 方法之间存在着对应关系，根据表 1 可以看出 WWZ 分解方法对 KWW 方法下除第 1、5 项之外的其他七项作了进一步的分解，其可以更加清晰的反映出本国或本地区出口到直接进口国和第三国或者本国或本地区从直接进口国和第三国所进口的国内、国外中间产品增加值的异质性，并将传统的国际贸易统计与国民经济核算体系用较为系统的对应框架连接起来。与仅基于产业部门后向联系分解的 KWW 方法不同，基于双边部门层面贸易流的 WWZ 分解方法既需要根据产业部门的前向联系分析出口产品增加值的吸收路径及最终吸收目的地，同时需要根据产业部门的后向联系分析出口产品的增加值来源。这种逐层分解的思路及方法与 KWW 分解法相比更加完善，比如双边贸易的增加值并不一定隐含于同一双边贸易流之中，与第三国的双边贸易流中也可能会隐含。

二、全球价值链分工地位测度理论的研究进展

(一)理论逻辑框架

近年来，基于投入产出表描述全球价值链长度和各个行业或国家在全球价值链中的位置(处于上游还是下游)或地位的研究越来越多。Muradov(2016)[1]总结了跨国投入产出框架，着重解释了测度全球价值链长度和位置的基本思想，帮助我们更加深入的理解国家或行业在全球价值链中的定位，这一框架也可以扩展至多国家的情形。根据 Muradov(2016)的研究，假设有 K 个国家，每个国家有 N 个经济产业，国家间投入产出系统的关键要素可以用分块矩阵和向量来描述。因此，中间需求 Z 的 $KN \times KN$ 阶矩阵如下：

---

① Muradov K. Structure and Length of Value Chains [EB/OL]. https：//ssrn. com/abstract＝3054155，2016.

$$Z = \begin{bmatrix} Z_{11} & Z_{12} & \cdots & Z_{1K} \\ Z_{21} & Z_{22} & \cdots & Z_{2K} \\ \vdots & \vdots & \vdots & \vdots \\ Z_{K1} & Z_{K2} & \cdots & Z_{KK} \end{bmatrix} \text{其中，分块元素 } Z_{rs} = \begin{bmatrix} z_{rs}^{11} & z_{rs}^{12} & \cdots & z_{rs}^{1N} \\ z_{rs}^{21} & z_{rs}^{22} & \cdots & z_{rs}^{2N} \\ \vdots & \vdots & \vdots & \vdots \\ z_{rs}^{N1} & z_{rs}^{N2} & \cdots & z_{rs}^{NN} \end{bmatrix}$$

$$（11）$$

其中，上标表示产业，下标中 $r \in \{1, \cdots, K\}$ 对应出口国，$s \in \{1, \cdots, K\}$ 对应贸易伙伴国。Z_{rs} 是一个 $N \times N$ 阶矩阵，其中的元素 z_{rs}^{ij} 是 s 国 j 行业（$j \in \{1, \cdots, N\}$）所购买的来自于 r 国的 i 行业（$i \in \{1, \cdots, N\}$）的中间投入的货币价值。

同样的，最终需求的 $KN \times K$ 阶矩阵为：

$$F = \begin{bmatrix} f_{11} & f_{12} & \cdots & f_{1K} \\ f_{21} & f_{22} & \cdots & f_{2K} \\ \vdots & \vdots & \vdots & \vdots \\ f_{K1} & f_{K2} & \cdots & f_{KK} \end{bmatrix} \text{其中，分块元素 } f_{rs} = \begin{bmatrix} f_{rs}^1 \\ f_{rs}^2 \\ \vdots \\ f_{rs}^N \end{bmatrix} \quad （12）$$

每一个分块元素 f_{rs} 是一个 $N \times 1$ 维向量，元素 f_{rs}^i 表示 r 国 i 产业销售给 s 国最终消费者的产出价值。每个行业的总产出记录在 $KN \times 1$ 维列向量 X 中：

$$X = \begin{bmatrix} X_1 \\ X_2 \\ \vdots \\ X_K \end{bmatrix} \text{其中，分块元素 } X_r = \begin{bmatrix} x_r^1 \\ x_r^2 \\ \vdots \\ x_r^N \end{bmatrix} \quad （13）$$

且每一个行业的价值增值被记录在 $1 \times KN$ 维的行向量 V' 中：

$$V' = \begin{bmatrix} V_1' & V_2' & \cdots & V_K' \end{bmatrix} \text{ 其中, 分块元素 } V_s' = \begin{bmatrix} v_s^1 & v_s^2 & \cdots & v_s^N \end{bmatrix} \tag{14}$$

V_s' 是一个 $1 \times N$ 维的向量, 其中的元素 v_s^j 描述了在整个生产过程中 s 国 j 行业产生的价值增值。为了更好地反映生产结果, 扣除任何税收、补贴或与销售相关的利润, Z 和 F 中的交易应该以基础价格来估价。与此同时, 从生产者的角度来看, 中间投入应按购买者的价格计算, 包括与其购买相关的所有成本。因此, 中间投入品的应付税款或利润也应作为生产的投入, 这经常被记为以 Z 为下标的 $1 \times KN$ 维行向量:

$$m_Z'(g) = \begin{bmatrix} m_Z'(g)_1 & m_Z'(g)_2 & \cdots & m_Z'(g)_K \end{bmatrix}$$

其中, 分块元素

$$m_Z'(g)_s = \begin{bmatrix} m_Z(g)_s^1 & m_Z(g)_s^2 & \cdots & m_Z(g)_s^N \end{bmatrix} \tag{15}$$

事实上, $m_Z'(g)$ 是价值层面上与矩阵 Z 的维度相一致的简化形式:

$$M_Z(g) = \begin{bmatrix} M_Z(g)_{11} & M_Z(g)_{12} & \cdots & M_Z(g)_{1K} \\ M_Z(g)_{21} & M_Z(g)_{22} & \cdots & M_Z(g)_{2K} \\ \vdots & \vdots & \vdots & \vdots \\ M_Z(g)_{K1} & M_Z(g)_{K2} & \cdots & M_Z(g)_{KK} \end{bmatrix} \tag{16}$$

其中, 分块元素

$$M_Z(g)_{rs} = \begin{bmatrix} m_Z(g)_{rs}^{11} & m_Z(g)_{rs}^{12} & \cdots & m_Z(g)_{rs}^{1N} \\ m_Z(g)_{rs}^{21} & m_Z(g)_{rs}^{22} & \cdots & m_Z(g)_{rs}^{2N} \\ \vdots & \vdots & \vdots & \vdots \\ m_Z(g)_{rs}^{N1} & m_Z(g)_{rs}^{N2} & \cdots & m_Z(g)_{rs}^{NN} \end{bmatrix} \tag{17}$$

$M_Z(g)_{rs}$ 是一个 $N{\times}N$ 阶矩阵，每个元素 $m_Z(g)ij_{rs}$ 描述了 s 国 j 产业从 r 国 i 产业购买的中间投入所支付的税款、收到的补贴或贸易/运输成本。$M_Z(g)$ 是一个双边利润矩阵，它改变了中间投入的价值。

根据货币投入产出体系中的基本会计恒等式，中间和最终使用的总销售额等于总产出，$Zi_{KN}+Fi_K=X$。且以基础价格购买的中间和初级投入产品加上中间投入的利润和净税收等于总投入（支出），也必须等于总产出，$i'_{KN}Z+\sum_{g=1}^{G}m'_Z(g)+V'=X'$，其中，$i_{KN}$ 和 i_K 分别是 $KN{\times}1$ 和 $K{\times}1$ 维和向量，G 是价值层面数。

需求驱动的投入产出分析的关键是 Leontief 逆矩阵，对于国家间投入产出表，其定义如下：

$$(I-A)^{-1}=\begin{bmatrix} I_N-A_{11} & -A_{12} & \cdots & -A_{1K} \\ -A_{21} & I_N-A_{22} & \cdots & -A_{2K} \\ \vdots & \vdots & \vdots & \vdots \\ -A_{K1} & -A_{K2} & \cdots & I_N-A_{KK} \end{bmatrix}$$

$$=\begin{bmatrix} L_{11} & L_{12} & \cdots & L_{1K} \\ L_{21} & L_{22} & \cdots & L_{2K} \\ \vdots & \vdots & \vdots & \vdots \\ L_{K1} & L_{K2} & \cdots & L_{KK} \end{bmatrix} \tag{18}$$

$$=L$$

I 和 I_N 分别是 $KN{\times}KN$ 和 $N{\times}N$ 阶单位矩阵。分块元素 A_{rs} 是 $N{\times}N$ 阶技术系数矩阵，其中的元素 $a_{rs}^{ij}=\dfrac{z_{rs}^{ij}}{x_s^j}$ 表示 s 国 j 产业的单位产出所需要的 r 国 i 产业的投入量。在分块矩阵形式中，$A=Z\hat{X}^{-1}$。Leontief 逆矩阵 L 是一个 $KN{\times}KN$ 阶乘数矩阵，允许总产出被表示成

14

最终需求的函数：$X = (I-A)^{-1} F i_K = LF i_K$。对应于 Leontief 逆矩阵的供给方的是 Ghosh 逆矩阵，或投入乘数矩阵：

$$
\begin{aligned}
(I-\mathrm{B})^{-1} &= \begin{bmatrix}
I_N - B_{11} & -B_{12} & \cdots & -B_{1K} \\
-B_{21} & I_N - B_{22} & \cdots & -B_{2K} \\
\vdots & \vdots & \vdots & \vdots \\
-B_{K1} & -B_{K2} & \cdots & I_N - B_{KK}
\end{bmatrix} \\
&= \begin{bmatrix}
G_{11} & G_{12} & \cdots & G_{1K} \\
G_{21} & G_{22} & \cdots & G_{2K} \\
\vdots & \vdots & \vdots & \vdots \\
G_{K1} & G_{K2} & \cdots & G_{KK}
\end{bmatrix} \\
&= G
\end{aligned}
\tag{19}
$$

其中，B_{rs} 是 $N \times N$ 阶分配系数矩阵，元素 $b_{rs}^{ij} = \dfrac{z_{rs}^{ij}}{x_r^i}$ 为 r 国 i 产业的产出作为中间投入出售给 s 国 j 产业的比例。在分块矩阵中，$B = \hat{X}^{-1} Z$。Ghosh 逆矩阵 G 是一个 $KN \times KN$ 阶乘数矩阵，可通过式子 $X' = \left(\sum\limits_{g=1}^{G} m'_Z(g) + V' \right)(I - B)^{-1} = \left(\sum\limits_{g=1}^{G} m'_Z(g) \right) G + V'G$ 将总投入与初始投入联系起来。此外，该框架中的分解通常只需要提取对角或非对角元素。因此，除非另有说明，文中的"$\wedge$"（取对角的分块矩阵）和"$\vee$"（取非对角的分块矩阵）运算符适用于矩阵中的块，而不适用于这些块中的元素。

1. Leontief 逆矩阵的因式分解

在跨国生产过程中，Leontief 逆矩阵将产出行业与这类产出最终被消费或投资的国家联系起来。可以将重新分配给最终目的地的总产出的 $KN \times K$ 阶矩阵表示为 X_D：

$$X_D = LF = \begin{bmatrix} \sum\limits_{t=1}^{K} L_{1t}f_{t1} & \sum\limits_{t=1}^{K} L_{1t}f_{t2} & \cdots & \sum\limits_{t=1}^{K} L_{1t}f_{tK} \\ \sum\limits_{t=1}^{K} L_{2t}f_{t1} & \sum\limits_{t=1}^{K} L_{2t}f_{t2} & \cdots & \sum\limits_{t=1}^{K} L_{2t}f_{tK} \\ \vdots & \vdots & \vdots & \vdots \\ \sum\limits_{t=1}^{K} L_{Kt}f_{t1} & \sum\limits_{t=1}^{K} L_{Kt}f_{t2} & \cdots & \sum\limits_{t=1}^{K} L_{Kt}f_{tK} \end{bmatrix}$$

其中，分块元素 $X_{D,\,rs} = \begin{bmatrix} \sum\limits_{j=1}^{N} l_{rs}^{1j}f_{rs}^{j} \\ \sum\limits_{j=1}^{N} l_{rs}^{2j}f_{rs}^{j} \\ \vdots \\ \sum\limits_{j=1}^{N} l_{rs}^{Nj}f_{rs}^{j} \end{bmatrix}$ （20）

X_D 描述了直接或通过生产链条满足 s 国最终需求所需要的 r 国 i 工业的产出。所有国家最终需求的产出之和或矩阵 X_D 的每行之和等于总产出，即 $X_D i_K = LF i_K = X$。

给定 $L = (I-A)^{-1}$ 和 $A = \hat{A} + \check{A}$，将 Leontief 逆矩阵分解为两个矩阵的乘积：

$$L = (I-A)^{-1} = (I-\hat{A})^{-1}(I-\check{A}(I-\hat{A})^{-1})^{-1} \tag{21}$$

（21）式右边的第一项等于局部 Leontief 逆矩阵的分块对角矩阵：

$$(I-\hat{A})^{-1} = \begin{bmatrix} (I_N-A_{11})^{-1} & 0 & \cdots & 0 \\ 0 & (I_N-A_{11})^{-1} & \cdots & 0 \\ \vdots & \vdots & \vdots & \vdots \\ 0 & 0 & \cdots & (I_N-A_{11})^{-1} \end{bmatrix} \tag{22}$$

进行幂级数展开后可以得到：

$$(I-\hat{A})^{-1} = I+\hat{A}+\hat{A}\hat{A}+\hat{A}\hat{A}\hat{A}+\cdots\cdots \qquad (23)$$

（23）式描述了国内封闭经济的生产链条，国内产业间互相购买中间产品，$\hat{A}^t$相当于在第 t 轮生产时生产者之间的国内交易。在中间产品不存在国际贸易的情况下（$\check{A}=0$），全球 Leontief 逆矩阵 L 将等于本地 Leontief 逆矩阵。（21）式右边第二项是由于中间产品国际贸易的存在而产生的跨越国界的生产链条，该矩阵也可以扩展为幂级数：

$$(I-\check{A}(I-\hat{A})^{-1})^{-1} = I+\check{A}(I-\hat{A})^{-1}+\check{A}(I-\hat{A})^{-1}\check{A}(I-\hat{A})^{-1}+\cdots\cdots \qquad (24)$$

（24）式中的 $(\check{A}(I-\hat{A})^{-1})^\mu$ 对应于第 μ 层跨境供应活动的连续跨境。本地 Leontief 逆矩阵 $(I-\hat{A})^{-1}$ 将捕捉价值链下游第 μ 层贸易伙伴的国内交易。因此，$(I-\hat{A})^{-1}$ 对应于原产国的价值链，而 $(I-\check{A}(I-\hat{A})^{-1})^{-1}$ 对应于跨越国界和贸易伙伴经济体内部的价值链。将 $(I-\check{A}(I-\hat{A})^{-1})^{-1}$ 记为 H，则 Leontief 逆矩阵的因式分解可以表示为 $L=(I-A)^{-1}=(I-\hat{A})^{-1}H$。

2. 从生产到最终目的地的产出前向分解

基于 Leontief 逆矩阵的因式分解，可以将双边产出再分配至最终目的地的等式改写为：$X_D=LF=(I-\hat{A})^{-1}HF$。将最终需求划分为最终产品的国内和国际销售 $F=\hat{F}+\check{F}$，并将单位矩阵 I 从逆矩阵 $(I-\hat{A})^{-1}$ 和 H 中分离出来，得到如下分解方程：

$$\begin{aligned} X_D = &\hat{F}+((I-\hat{A})^{-1}-I)\hat{F}+(H-I)\hat{F}+((I-\hat{A})^{-1}-I)(H-I)\hat{F} \\ &+\check{F}+((I-\hat{A})^{-1}-I)\check{F}+(H-I)\check{F}+((I-\hat{A})^{-1}-I)(H-I)\check{F} \end{aligned} \qquad (25)$$

上式中第1项代表最终产品直接销售给国内消费者，其不涉及中间生产阶段，不跨越国界；第2项代表仅供应给国内生产商的中间产品，最终体现为供国内使用的最终产品，其涉及至少一个中间生产阶段，不跨越国界；第3项代表最终包含于最终产品的出口中间产品，用于直接和间接伙伴国家的国内最终使用，其产出至少经过一个中间生产阶段，并至少跨越一个国界；第4项代表供应给国内生产商的中间产品，然后依次体现在中间出口产品、最终产品中，用于直接和间接伙伴国家的国内最终使用，其产出至少经历两个中间生产阶段，跨越至少一个边界；第5项代表最终产品直接销售给伙伴国家的消费者，其不涉及中间生产阶段，且跨越一个边界；第6项代表仅供应给国内生产商的中间产品，最终体现为对直接伙伴国家的最终出口，其涉及至少一个中间生产阶段，跨越一个边界；第7项代表出口的中间产品最终包含于对间接伙伴国家的最终出口中，其产出至少经过一个中间生产阶段，并跨越至少两个边界；最后一项代表供应给国内生产商的中间产品，然后依次体现在对间接伙伴国家的中间出口、最终出口中，其产出至少经过两个中间生产阶段，且至少跨越两个边界。因为在贸易伙伴国经历了中间生产阶段和跨境生产阶段，所以第3、4、7、8项包含在更长且更复杂的价值链中，而第1、2、5、6项则与全球价值链的相关性较小。

3. 从生产到最终需求的生产阶段数

可以根据上式中的各项来分析从生产到最终目的地的生产阶段数。产出到达最终消费者所经历的生产阶段序列可以写成如下幂级数形式：

$$X_D = F + AF + AAF + \cdots = F(I + A + A^2 + A^3 + \cdots) \tag{26}$$

生产并向最终消费者交付产品一般位于生产链的末端，所以在幂级数中，生产者和最终消费者之间的每一阶段都存在一次交易。幂级数中 F 的总数等于这些交易的未加权总数。同时，每一项中

的 A 的数目表示生产者之间有多少交易涉及中间产品的生产和交付。例如，$AAAF$ 表示 r 国 i 产业的产品必须经历三次中间产品交易和一次最终产品交易。因此，将把生产者之间涉及中间产品生产和交付的交易称为"中间生产阶段"，把涉及产品生产和向最终消费者交付的交易称为"最终生产阶段"。每一轮连续生产中，生产阶段的数量之和乘以产量递减份额，可以对平均传播长度进行度量。首先，对权重进行定义：

$$\frac{(I-A)^{-1}F}{(I-A)^{-1}F} = \frac{F}{(I-A)^{-1}F} + \frac{AF}{(I-A)^{-1}F} + \frac{AAF}{(I-A)^{-1}F} + \cdots \qquad (27)$$

上式右侧的每一项均体现了各个生产阶段达到最终需求过程中工业产出份额的减少。即价值链越长，产出到达最终消费者的份额越小。我们将在中间和最终生产阶段分别赋予权重。对于中间生产阶段，采用从零开始的对应于幂级数中 A 的数量的序列作为权重：

$$C_{(XD)ips} = 0 \times F/(I-A)^{-1}F + 1 \times AF/(I-A)^{-1}F + 2 \times AAF/(I-A)^{-1}F + \cdots\cdots$$
$$= LF(L-1)/LF \qquad (28)$$

对于最终生产阶段，将权重应用于每一轮生产中的一项额外交易：

$$C_{(XD)fps} = 1 \times F/(I-A)^{-1}F + 1 \times AF/(I-A)^{-1}F + 1 \times AAF/(I-A)^{-1}F + \cdots\cdots$$
$$= LF/LF \qquad (29)$$

可以看出，$C_{(XD)fps}$ 是一个 $KN \times K$ 阶矩阵，适用于最终生产阶段加权平均数的度量。中间生产阶段的加权平均数和最终生产阶段的

19

加权平均数之和等于：

$$
\begin{aligned}
C_{(XD)ps} &= C_{(XD)ips} + C_{(XD)fps} \\
&= LF(L-1)/LF + LF/LF \\
&= LLF/LF
\end{aligned}
\tag{30}
$$

利用这种计算生产阶段数的方法，可以对(25)式的每一项进行生产阶段数的计算，并给每一项进行赋权，加总求和得到综合性的生产阶段数。此外，也可以基于 Ghosh 逆矩阵对产出进行逆向分解，测算从生产到初始投入端的后向生产长度。Muradov(2016)的生产阶段数测度框架与 Dietzenbacher、Luna 和 Bosma(2005)[1]构建的增加值平均传递步长的逻辑框架是一致的。事实上，Muradov(2016)的测度框架根据产出向前到达最终目的地或向后到达初始投入端的路径对产出进行分解，是制定各种全球价值链长度、位置、地位测度指标的基础。基于此所构建的测度指标回答了总产出中来源于多阶段生产的比重，以及某一国家或行业在全球价值链中更接近初始投入端还是更接近最终消费者等问题，对了解全球价值链分工地位或嵌入位置如何随时间的推移而变化也有很大的价值。

（二）全球价值链分工地位的测度指标梳理

经济体在全球价值链中的分工地位影响着其对价值链的协调、控制及价值获取能力，准确测度一国或地区在全球价值链中的分工地位是展开相关研究的基础。在已有的各类测度指标中，一些 GVC 位置指标因其可以体现分工环节中的价值增值规律也能反映全球价值链分工地位。不过，现有研究中关于价值链分工地位的测度方法和测度结果存在着一些差别，相关的概念、研究框架及思路

① Dietzenbacher E., Luna I R., Bosma N S. Using average propagation lengths to identify production chains in the Andalusian economy [J]. Estudios De Economía Aplicada, 2005, 23(1): 43-8.

容易混淆且缺乏相对明确定义，因此本研究对全球价值链分工地位的测度指标进行回顾和梳理，对不同视角下的测度方法进行分析比较，以便能够更准确的应用这些指标进行相关研究。

1. 垂直专业化指数

Hummels 等（2001）提出了垂直专业化的 HIY 测度方法，认为一国或地区参与垂直专业化主要有两种方式：①进口中间投入以用来生产出口；②出口中间产品被他国或地区用来生产出口。HIY 方法的相关指标主要包括衡量一国或地区进口中间产品以用来生产出口品的那部分中间投入绝对价值的 VS 指标，以及衡量 VS 绝对值在该国总出口中占比的 VSS 相对指标。

具体的，在行业层面上某一产业 t 的垂直专业化程度为：

$$VS_t = \left(\frac{X_t}{Y_t}\right) \cdot M_t \tag{31}$$

其中，X_t 为行业 t 的总出口，Y_t 为行业 t 的总产出，M_t 为行业 t 的进口中间产品。上式所衡量的就是某一行业进口中间产品的价值占总出口价值的比重。而国家层面上一国的垂直专业化比率为所有行业的垂直专业化指数的加总，即：

$$VSS_r = VS_r/X_r = \sum_t VS_t / \sum_t X_t \tag{32}$$

其中，VS_r 是 r 国所有行业垂直专业化程度的和，X_r 为 r 国的总出口。

2. GVC 地位指数

近几年，内涵及概念清晰、核算方法明确的 GVC 地位指数被国内外学者所广泛使用。Koopman、Powers、Wang 和 Wei 等（2010）①

---

① Koopman, R., Powers, W., Wang, Z., et al. Give credit where credit is due: tracing value added in global production chains [R]. NBER Working Paper. 2010, No. 16426.

在界定前向参与度与后向参与度的基础上构建了衡量某国某部门在全球价值链中分工地位的 GVC 地位指数，其构建原理是：主要为他国提供中间产品的某国某产业一般处于有利的分工地位，而主要从他国进口中间产品的某国某产业则处于不利地位。具体的，i 国 j 部门的全球价值链地位指数为：

$$GVC\_position_{ij} = \ln\left(1 + \frac{IV_{ij}}{E_{ij}}\right) - \ln\left(1 + \frac{FV_{ij}}{E_{ij}}\right) \tag{33}$$

其中，E_{ij} 是指 i 国 j 部门的总出口，IV_{ij} 指 i 国 j 部门出口中所包含的间接国内增加值；FV_{ij} 指 i 国 j 部门出口中包含的来自其他国家的价值增值，也称国外增加值。IV_{ij}/E_{ij} 是 GVC 前向参与度，FV_{ij}/E_{ij} 是 GVC 后向参与度，当前向参与度大于后向参与度时，表明 i 国 j 部门更加接近价值链的上游，反之则更加接近价值链的下游。GVC 分工地位指数越大，则表明该国该部门在全球价值链中越接近上游地位，不过该指数并不能说明其在全球价值链中的具体位置，其大小只能在一定程度上反映某国某部门靠近上下游的程度。

3. 出口技术复杂度指数

Hausmann、Hwang 和 Rodrik 等（2007）[1]构建了一国或地区的出口技术复杂度指数来衡量出口技术含量。出口技术复杂度指数能够反映国家、地区、行业等层面的国际竞争力，国际竞争力又正相关于价值增值率，而较高的价值增值率代表着更高的全球价值链分工地位，因而出口技术复杂度指数可用于测度一国或地区的全球价值链分工地位。

①产品技术复杂度：

$$prody_n = \sum_m \frac{x_{mn}/X_m}{\sum_m (x_{mn}/X_m)} \cdot Y_m \tag{34}$$

① Hausmann R, Hwang J, Rodrik D. What you export matters[J]. Journal of Economic Growth, 2007, 12(1): 1-25.

其中，x_{mn} 为 m 国 n 产品的贸易增加值出口额，X_m 为国家 m 的出口总值，Y_m 为国家 m 以人均 GDP 来表示的人均收入水平，$prody_n$ 表示的就是产品 n 的技术含量。

②一国或地区的总体出口技术含量：

$$EXPY_m = \sum_n \left(\frac{x_{mn}}{X_m}\right) prody_n \tag{35}$$

上式中各变量的含义与产品技术复杂度公式相同，$EXPY_m$ 表示的就是 m 国的总体出口技术含量。

4. 上游度指数

根据 Fally(2011)①的研究，若一个国家或行业的产出作为中间产品主要投入到上游度较高的部门时，则该国或行业自身的上游度也较高，当某一行业被划分为越上游就意味着该行业在价值链上离最终需求越远。Antras、Chor、Fally 和 Hillberry 等(2012)②进一步将价值链中的"物理位置"量化为与最终产品之间所隔的步数，然后以某一行业在价值链上不同位置所流入的产出的占比为权重，计算该行业与最终需求之间距离的加权平均值，从而得出其在价值链上的相对位置，即一国或地区在何种环节上进行生产。上述方法广泛的被研究者们所引用(Antras & Chor，2013；③ Kelly & Cava，

① Fally, T. On the Fragmentation of Production in the US[R]. University of Colorado Working Paper, 2011.

② Antras, P., Chor, D., Fally, T., et al. Measuring the upstreamness of production and trade flows[J]. American Economic Review: Papers & Proceedings, 2012, 102(3): 412-416.

③ Antras, P., Chor, D. Organizing the global value chain[J]. Econometrica, 2013, 81(6): 2127-2204.

2014;[1] Hagemejer & Ghodsi，2017[2]）。

具体的，对于一个经济体系中的每个行业 t（t 的取值为 1 到 N 之间），总产出 Y_t 的价值等于其被作为最终产品 F_t 和被用作其他行业的中间投入 Z_t 的总和。

$$Y_t = F_t + Z_t = F_t + \sum_{r=1}^{N} d_{tr} Y_r \qquad (36)$$

$$Y_t = F_t + \sum_{r=1}^{N} d_{tr} F_r + \sum_{r=1}^{N} \sum_{w=1}^{N} d_{tw} d_{wr} F_r + \sum_{r=1}^{N} \sum_{w=1}^{N} \sum_{p=1}^{N} d_{tp} d_{pw} d_{wr} F_r + \cdots$$

$$\qquad (37)$$

进而，计算一个行业的产出在全球价值链中的加权平均位置：

$$U_t = 1 \times \frac{F_t}{Y_t} + 2 \times \frac{\sum_{r=1}^{N} d_{tr} F_r}{Y_t} + 3 \times \frac{\sum_{r=1}^{N} \sum_{w=1}^{N} d_{tw} d_{wr} F_r}{Y_t}$$

$$+ 4 \times \frac{\sum_{r=1}^{N} \sum_{w=1}^{N} \sum_{p=1}^{N} d_{tp} d_{pw} d_{wr} F_r}{Y_t} + \cdots\cdots \qquad (38)$$

其中，U_t 指的是行业 t 的上游度，d_{tr} 指 r 行业的单位价值的产出中，包含了多少来自 t 行业的投入。由上式可以看出 $U_t \geq 1$，且 U_t 的值越大，t 行业的上游度水平就越高。

随后，一些学者在此基础上进一步提出了下游度的概念及内

---

[1] Kelly, G. , Cava, G. L. International Trade Costs, Global Supply Chains and Value-added Trade in Australia[R]. RBA Research Discussion Papers rdp2014-07. Reserve Bank of Australia, 2014.

[2] Hagemejer J, Ghodsi M. Up or down the value chain? The comparative analysis of the GVC position of the economies of the new EU member states[J]. Central European Economic Journal, 2017, 1(48), 19-36.

涵。Miller 和 Temurshoev(2017)①在平均传递步长的基础上计算出了某产业距初始投入要素的下游度以及某一产业到最终需求的上游度。其中，下游度具体指的是所有部门的初始增加值从生产到某一产业部门的距离，这一值越大则该产业部门就越位于下游。Ju 与 Yu(2015)②基于异质性企业模型，分析了企业层面的上游度及中国在区域、产业、企业层面的价值链分工地位。Antras 和 Chor(2019)③分析讨论了产业层面的上游度以及下游度，同时构建了全球价值链一般均衡模型，从产业层面上解释上游度和下游度的变化。

5. 生产阶段数指数

可以利用生产过程的阶段性描述来"计算"生产阶段，也即某产业的产出在到达最终需求之前所经过的阶段数。发展程度不同的国家在生产链的不同阶段从事专业化生产，一般来说，发达国家在有着较少生产阶段的产品或离最终需求更近的产品的生产中具有比较优势。生产阶段数在一定程度上量化了产业在生产链中的相对位置，反映了一国或地区参与全球价值链的长度及广度，为讨论全球价值链分工位置提供了依据。

Fally(2012)④把隐含于产品中的生产阶段数量称为生产阶段数或生产分割长度，利用单国或区域投入产出模型构建了测算某一产品 m 的生产所平均包含的生产阶段数的指数 N_m:

① Miller, R. E., Temurshoev, U. Output upstreamness and input downstreamness of industries/countries in world production[J]. International Regional Science Review, 2017, 40(5): 443-475.

② Ju J D, Yu X D. Productivity, Profitability, Production and Export Structures along the Value Chain in china[J]. Journal of Comparative Economics, 2015, 43(1): 33-54.

③ Antràs, P. and D. Chor. On the Measurement of Upstreamness and Downstreamness in Global Value Chains. In L. Y. Ing and M. Yu (Eds.), World Trade Evolution: Growth, Productivity and Employment, Chapter 5, 2019: 126-194. Routledge.

④ Fally T. Production Staging: Measurement and Facts[Z]. university of colorado-boulder, 2012.

$$N_m = 1 + \sum_n \mu_{mn} N_n \qquad (39)$$

其中，μ_{mn} 为生产一单位的产品 m 所需要投入的产品 n 的量，N_m 衡量的即为产品 m 被生产出来之前所经历的生产阶段数。同时，Fally 也构建了指数 D_m 来衡量产品 m 生产后到最终需求所经历的生产阶段数，也即产品 m 离最终需求的距离。其中，φ_{mn} 为产品 m 作为部门 n 的中间投入品在其总产出中所占的份额。

$$D_m = 1 + \sum_n \varphi_{mn} D_n \qquad (40)$$

此外，国内学者倪红福、龚六堂和夏杰长（2016）[1]在 Fally（2012）的基础上进行拓展，得出全球投入产出模型框架下的生产阶段数指数。即 i 国 k 部门的生产阶段数 N_k^i 为：

$$N_k^i = 1 + \sum_{j,\,l} a_{lk}^{ji} N_l^j \qquad (41)$$

$$N^{iT} = u^T L^{ii} + u^T \left(\sum_{j \neq i} L^{ii} A^{ij} B^{ji} \right) + u^T \sum_{j \neq i} B^{ji} \qquad (42)$$

其中，a_{lk}^{ji} 为直接消耗系数矩阵，N^i 指的是 i 国产品的隐含全球生产阶段数，$u^T L^{ii}$ 指的是国内生产阶段数，L^{ii} 指 i 国的局部里昂惕夫逆矩阵，上式的第二项指的是所有国外产品生产中对 i 国的中间投入需求所引发的 i 国隐含的生产阶段数，第三项指的是 i 国所产产品对国外产品的中间需求所引发的 i 国产品的隐含生产阶段数。

6. 平均传递步长（APL）

平均传递步长基于长度的维度测度产业之间的联系，从前向及

---

① 倪红福，龚六堂，夏杰长. 生产分割的演进路径及其影响因素：基于生产阶段数的考察[J]. 管理世界，2016(04).

后向两个视角衡量产业部门在全球价值链中的位置，对产品产出的传递过程进行考察。根据 Dietzenbacher 和 Romero（2007），① 两个产业部门之间的平均传递步长为生产一单位最终产品产业部门 n 对产业部门 m 产生影响需要经历的平均生产阶段数，也即根据产品在整个生产过程中所涉及的产业部门间的交易次数或阶段数来进行定义的。

$$APL_{(m\to n)} = \begin{cases} 1\times a_{mn}/b_{mn} + 2\times[A^2]_{mn}/b_{mn} + 3\times[A^3]_{mn}/b_{mn} + \cdots & m\neq n \\ 1\times a_{mn}/(b_{mn}-1) + 2\times[A^2]_{mn}/(b_{mn}-1) + 3\times[A^3]_{mn}/(b_{mn-1}) + \cdots & m=n \end{cases}$$

（43）

其中，a_{mn} 为产业部门 n 每一美元产出中来自产业部门 m 的投入，反映了产业部门 n 对来自产业部门 m 的投入的直接后向联系。b_{mn} 为产业部门 m 的产出中出售给产业部门 n 的份额，A 为直接消耗系数矩阵。传统的平均传递步长多被用来分析某一产业或部门在全球价值链中的位置及全球价值链复杂度等问题。值得一提的是，Oosterhaven 等（2013）②指出平均传递步长仅适用于比较纯粹的产业间联系，而不同国家和地区或不同的产业之间不能据此进行比较。

倪红福等（2016）在此基础上拓展定义了广义增加值平均传递步长，基本将上游度、下游度、平均传递步长等关于全球价值链位置的测度指标统一在了一个框架下。广义增加值平均传递步长是在测度平均传递步长的基础上从增加值的角度测度某一产业部门传递一单位增加值到某最终需求产业部门所经历的平均生产阶段数，对于多国多部门全球投入产出模型框架有：

① Dietzenbacher, E., Romero, I. Production chains in an interregional framework：Identification by means of average propagation lengths［J］. International Regional Science Review, 2007, 30(2)：362-383.

② Oosterhaven J., Bouwmeester M. C. The average propagation length：conflicting macro, intra-industry, and interindustry conclusions［J］. International Regional Science Review, 2013, 36(4)：481-491.

$$VAPL_{(E \to Y)} = \frac{E^T \left[\hat{V}(B^2 - B) \right] Y}{E^T (\hat{V}B) Y} \qquad (44)$$

其中，E 是由 0 和 1 的元素构成的列向量，被考察的产业部门取值为 1，否则取 0。Y 为最终需求产业的列向量。$\left[\hat{V}(B^2 - B) \right]$ 为国外增加值系数矩阵，$\hat{V}B$ 为国内增加值系数矩阵。

7. 生产线（Production line）位置指数

每一个国家都是全球生产网络中的节点，若某一国家或部门的前向联系越长，那么该国或该部门就越位于上游，而当某一国家或部门的后向联系越长时，该国或该部门位于下游的程度就越大。Wang 等（2017a）定义全球价值链中生产线的平均位置为基于前向产业联系的生产长度与基于后向产业联系的生产长度的比值：

$$GVC_{PL}\_position_{st} = \frac{PLv\_GVC_{st}}{PLy\_GVC_{st}} = \frac{Xv\_GVC_{st}/V\_GVC_{st}}{Xy\_GVC_{st}/Y\_GVC_{st}} \qquad (45)$$

其中，Xv_GVC_{st}/V_GVC_{st} 为和全球价值链相关的国内增加值与其所诱发的总产出之比，Xy_GVC_{st}/Y_GVC_{st} 为和全球价值链相关的国外增加值与其所诱发的总产出之比，PLv_GVC_{st} 为基于前向联系的平均生产长度，PLy_GVC_{st} 为基于后向联系的平均生产长度。一般情况下，生产线位置指数越大，该生产部门就越处于上游地位。生产线位置指数利用上游度与下游度的比值来衡量价值链位置，是目前测度某国某部门全球价值链分工地位难度最大的方法，但其也是最能表征一国参与全球价值链程度的指标之一。

纵观这些指标，一国或地区全球价值链分工地位的测度及分析是逐步优化的，且随着方法的改进，测算难度在不断提升，但这些测度方法也存在着不同程度的缺陷。HIY 垂直专业化方法的两大假设在一般情况下并不成立，全球价值链下的模块化生产使得一国或地区的出口难以避免的包含来自于本国或其他国家的中间投入，且

28

在加工贸易广泛存在的背景下，一国或地区进口的中间产品更多的被用于生产出口产品而不是被用于国内的最终需求，因而该方法的适用性并不高。Koopman 等（2010）的 GVC 地位指数虽然被多数学者认同并广泛使用，但这项指标的科学性有待进一步讨论。特别是，营销、售后等产业链下游环节的增加值一般要高于生产中间产品的产业链上游环节，但在以提供中间产品为主的某产业的分工地位优于以提供最终产品为主的某产业的分工地位的逻辑下，GVC 地位指数的测度结果可能会出现发展中国家的 GVC 地位高于发达国家的情况，而依据此测度结果被判定位于价值链末端的发达经济体的真实分工地位可能很高。出口技术复杂度指数的主要缺陷是没有考虑不同价值链分工环节的异质性，而某一产业或部门在不同的价值链位置有着不同的价值增值率，因此，出口技术复杂度指数无法全面反映价值链分工地位。Antras 等（2012）构建的上游度指数并不能与全球价值链地位严格的相对应，只能反映一国或地区产业部门嵌入全球价值链的位置，且已有的研究中也有不少学者利用上游度指数来分析某产业的竞争力，但强大的装配制造能力或完备的配套产业同样可以赋予产业较强的竞争力，仅依据全球价值链的上下游位置来衡量产业竞争力过于片面。此外，上述指标大都是基于投入产出模型而构建的，但真实经济中的生产链位置与投入产出模型并不完全对应，甚至存在矛盾。因此，这些指标的测度结果不能等价于真实经济中的位置，在使用相关测度指标时不能忽略指标本身的缺陷，需综合考察并深刻理解各种指标的测算原理。

三、全球价值链分工地位的影响因素 与提升路径的研究进展

在当前日益严峻的国际竞争形势下，增强一国或地区的国际竞争力和话语权的重要方向之一是提升其在全球价值链分工中的地位。发展中国家的企业要努力由加工组装向研发创新、创建自主品牌的方向转变进而实现全球价值链升级，所以全球价值链分工地位的影响因素及其提升路径等问题的研究引起了众多学者的关注。

29

　　一国或地区在全球价值链中的分工地位受多种因素的影响，近年来许多学者从成本因素的角度对其展开分析。Hanson、Mataloni和Slaughter(2015)[1]基于贸易成本的角度研究了影响价值链分工的因素，指出地理位置、贸易便利化、关税水平、贸易壁垒等因素均对其有重要影响。一国或地区的企业如果能够依靠本国在体制、社会、经济等方面的优势获得支持，在世界范围内用更低的交易成本来整合和配置资源，并在全球价值链分工体系中拥有一定的话语权，就能进一步占据更加有利的全球价值链分工地位(McGahan & Victer，2010;[2] Gereffi，2011;[3] Bhaumik，Driffield & Zhou，2016[4])。Manova和Yu(2016)[5]认为当面临较高融资约束的企业难以承担固定成本和沉没成本时，固定资产投资以及研发支出会被大幅削减，从而阻碍企业全球价值链分工地位的提升。关于中间投入，Miller和Temurshoev(2017)认为各国全球价值链分工地位的变化与中间产品销售或购买的变动有关，特别是制造业部门，其需要更多的中间产品投入，且相较于服务业其产出中有更大比例被用作中间产品。Antras等(2012)、Miller和Temurshoev(2017)构建了投入下游度、产出上游度指标，指出中国的全球价值链分工地位主要受国内中间产出和投入系数的影响，而美国的全球价值链分工地位则主要受国家间系数的影响。另外，营商环境也是影响一国或地区融入全球价值链分工的重要因素。一国或地区企业的契约执行效率

①　Hanson G H. , Mataloni R. J. , Slaughter M J. Vertical production networks in multinational firms[J]. Social Science Electronic Publishing. 2015.

②　McGahan A M, Victer R. How much does home country matter to corporate profit ability? [J]. Journal of International Business Studies, 2010, 41(1): 142-165.

③　Gereffi G. global value chains and international competition [J]. Antitrust Bulletin, 2011, 56(1): 37-56.

④　Bhaumik S K. , Driffield N, Zhou Y. Country specific advantage, firm specific advantage and multinationality-sources of competitive advantage in emerging markets: evidence from the electronics industry in China [J]. International Business Review, 2016, 25(1): 165-176.

⑤　Manova K, Yu Z. How firms export: processing vs. ordinary trade with financial frictions[J]. Journal of International Economics, 2016, 100: 120-137.

会受到营商环境好坏的影响，一般契约执行效率越高，企业更易参与进发达经济体所主导的全球价值链分工体系，而较差的营商环境会削弱企业的竞争力，增加企业的额外负担，阻碍企业拓展国际市场，从而影响其全球价值链分工地位的攀升（Commander & Svejnar，2011）。① 现阶段，工业机器人的大范围应用将会对产品生产技术以及全球价值链分工格局产生非常重要的影响（De Backer，De Stefano，Menon & Suh，2018）。② 工业机器人技术可以帮助企业提升价值链嵌入的深度与质量，使其获得更高的产品附加值，进而影响经济体的全球价值链攀升轨迹与分工地位（Strange & Zucchella，2017；③ De Backer et al.，2018）。制度因素对全球价值链分工地位也有着重要影响。Johnson 和 Noguera（2012）指出要素禀赋、市场规模、技术水平以及制度因素是影响中国制造业全球价值链分工地位的主要因素。Liou（2017）④指出行政审批制度改革可以降低企业的制度性交易成本，促进企业创新，进而影响着企业的全球价值链分工地位。此外，环境规制可以加速落后产能的淘汰、退出，让原有的生产及服务能力得到释放，提升企业的专业化能力与绿色竞争力，助推其全球价值链分工地位向绿色高端环节攀升（Manderson & Kneller，2012）。⑤ 同时，结合国内外市场，经济体环境规制政策的实施能在一定程度上促进互补产品、关联产业的开发，以联合创

① Commander, S., Svejnar, J. Business Environment, Exports, Ow-nership, and Firm Performance [J]. The Review of Economics and Statistics, 2011, 93 (1): 309-337.

② De Backer K., De Stefano T., Menon C., Suh J R. Industrial Robotics and the Global Organization of Production [R]. OECD Science, Technology and Industry Working Paper, 2018.

③ Strange R., Zucchella A. Industry 4. 0, Global Value Chains and International Business [J]. Multi-national Business Review, 2017, 25 (03): 174-184.

④ Liou K T. Administrative reform and national economic development [M]. London: Routledge, 2017.

⑤ Manderson E, Kneller R. Environmental Regulations, Outward FDI and Heterogeneous Firms: Are Countries Used as Pollution Havens? [J]. Social Science Electronic Publishing, 2012, 51 (3): 317-352.

新等途径提高产业的抗风险及资源配置能力，从而推动全球价值链分工地位的攀升(Franco & Marin，2017)。①

关于全球价值链分工地位的提升路径，一些学者从制造业服务化的角度研究了提升价值链分工地位的可行性。Martinez、Bastl 和 Kingston 等(2010)②指出制造业与生产性服务业之间的协同集聚将有助于各地区要素比较优势的发挥，促进制造业企业的服务化转型，并进一步提高企业在全球价值链上的分工地位。特别是，服务型智能制造的实现可进一步加强价值链上、下游环节与生产性服务业的协同配置效应，最大限度的降低生产率损失及资源损耗，进而提升企业在全球价值链分工体系中的地位(Ellison，Glaeser & Kerr，2010)。③ 事实上，墨西哥的汽车装配制造业正是通过提高其中的服务投入，进而提升了其生产制造的附加值，成功促进了价值链分工地位的提升(Contreras，Carrillo & Alonso，2012)。④ 另外，融资约束将导致制造业企业参与全球价值链的能力和条件不足，阻碍其全球价值链分工地位的提升，而政府补贴可以缓解融资约束(Takalo & Tanayama，2010)，⑤ 使企业有更多的资金从国外进口高科技、高复杂度的资本密集型产品和中间投入，从而使企业更好地参与到全球价值链分工中，逐步提升其在全球价值链中的分工地

---

① Franco C, Marin G. The Effect of Within-Sector, Upstream and Downstream Environmental Taxes on Innovation and Productivity[J]. Environmental and Resource Economics, 2017, 66(2)：261-291.

② Martinez V, Bastl M, Kingston J, et al. Challenges in transforming manufacturing organizations into product-service providers[J]. Journal of manufacturing technology management, 2010, 21(4)：449-469.

③ Ellison G., Glaeser E L., Kerr W R. What causes industry agglomeration? Evidence from Co-agglomeration Patterns[J]. American economic review, 2010, 100 (3)：1195-1213.

④ Contreras O F., Carrillo J., Alonso J. Local Entrepreneurship within Global Value Chains：A Case Study in the Mexican Automotive Industry [J]. World Development, 2012, 47(3)：1013-1023.

⑤ Takalo, T., Tanayama, T. Adverse selection and financing of innovation：is there a need for R&D subsidies?[J]. Technol. Transfer. 2010, 35 (1)：16-41.

位。此外，也有学者从技术创新的视角展开讨论。Li 和 Peng（2011）①基于全球价值链和新兴经济体企业创新的视角，指出国内市场欠发达的跨国企业需加大研发和营销力度，通过增强创新能力来促进其全球价值链分工地位的提升。Pietrobelli 和 Rabellotti（2011）②指出对于发展中国家而言，构建全球创新系统有助于本国企业在全球价值链分工中获得与其他经济体进行交流与研发合作的机会，进而帮助提升其在全球价值链分工中的地位。Tebaldi 和 Elmslie（2013）③指出较高质量的制度可以大幅度降低不确定性风险并促进新技术的研发与应用，为研发创新提供一个良好的制度环境并进一步促进全球价值链分工地位的提升。此外，Blyde（2014）④指出企业通过对外直接投资在具有相对比较优势的国家或地区进行分散化生产，使得生产要素成本、运输成本等得到降低，从而实现全球价值链分工地位的升级。全球价值链治理也是一个切入角度，Trienekens 和 Dijk（2012）⑤认为发展中国家可以通过增加附加值、改善市场准入、提升价值链治理结构、建立伙伴关系等四种方式实现全球价值链分工地位的升级。一些市场或企业的特定优势因素，

① Li, B., Peng, X. The Study of Carbon Emission Effect of China's Foreign Trade Impacting the Environment: An Empirical Analysis by the Introduction of Global Value Chain Perspective[J]. Research on Economics and Management, 2011, 07: 40-48.

② Pietrobelli, C., Rabellotti, R. Global Value Chains meet Innovation System: Are There Learning Opportunities for Developing Countries? [J]. World Development, 2011, 7, 1261-1269.

③ Tebaldi, E., Elmslie, B. Does institutional quality impact innovation? Evidence from cross-country patent grant data[J]. Applied Economics, 2013, 45(7): 887-900.

④ Blyde J. S. The Drivers of Global Value Chain Participation: Cross-Country Analyses[M]. Synchronized Factories, 2014.

⑤ Trienekens, J., Dijk, MPV. Global Value Chains [M]. University of Chicago Press Economics Books, 2012.

例如技术互补性(Del & Rungi，2017)、① 网络治理(Kano，2018)②
等也是实现一国或地区全球价值链分工地位提升的重要路径。

四、研究拓展领域：全球价值链分工地位
与环境责任问题

在国际生产分工不断深化的背景下，GVC 分工的环境效应逐渐引起了学者们的关注。全球价值链的快速发展重塑了全球工业体系，一般而言，位于价值链上游的经济体负责低碳生产的部分，而处于下游的国家或地区则多数从事能源密集型的加工组装等高碳生产环节。融入全球价值链使得大多数发展中国家受益匪浅，但以化石能源为驱动的经济以及相对较低的能源利用效率使得这些发展中国家成为全球温室气体的主要排放国。同时，全球价值链分工地位的不同使得各经济体在资源利用及环境绩效等方面存在明显的差异，进而影响经济发展过程中的碳排放。因此，对于发展中国家来说，融入全球价值链为其经济增长提供了动力，但也带来了巨大的碳减排成本压力。所以，厘清全球价值链分工地位与碳排放效率之间的关系，对促进不同国家或地区间的碳减排合作意义重大。

国际生产分工的分散化发展对碳排放产生了深远影响。由一国需求所导致的碳排放或能源消耗与进口国参与全球价值链的程度、方式等密切相关，与其自身的绿色生产、价值链分工地位也存在紧密关联(Pei，Meng，Wang，Xue & Zhao，2018；③ Meng，Peters &

---

① Del Prete D, Rungi A. Organizing the Global Value Chain：A Firm-level Test [J]. Journal of International Economics，2017，(109)：16-30.

② Kano L. Global Value Chain Governance：A Relational Perspective [J]. Journal of International Business Studies，2018，49(6)：684-705.

③ Pei J., Meng B., Wang F., et al. Production sharing, demand spillovers and CO2 emissions：the case of Chinese regions in global value chains [J]. The Singapore Economic Review，2018，63：275-293.

Wang et al. , 2018;① Wang, Yue, Xie & Wang, 2020②)。Kaika 和 Zervas(2013)③认为全球价值链分工地位较低的国家或地区以增加污染密集型商品的生产来扩大出口规模，进而实现其发展经济的目的。而随着相关产品产量的提高，其所带来的环境污染也日益严重。分工地位较高的国家具有资金和技术优势，在全球价值链中低碳、高附加值的环节占主导地位。而相比之下，处于全球价值链低端位置的国家主要从事低技术和能源密集型产品的加工组装等环节的生产(Yu & Luo, 2018;④ Zhang & Gallagher, 2016⑤)。随着一国或地区价值链分工地位的提升，其在环境污染增加的同时会逐步实施更高标准的环境规制，将污染密集型产品的生产转移至发展水平更低的发展中国家(Kearsley & Riddel, 2010)。⑥ 因此，发展中国家可以通过提高其在全球价值链中的分工地位来优化能源利用效率和减少碳排放(Sun, Li, Ma & He, 2019),⑦ 经济体在深入参与

---

① Meng B. , Peters G P. , Wang Z, et al. Tracing CO2 Emissions in Global Value Chains[J]. Energy Economics, 2018, 73(6): 24-42.

② Wang, LF. , Yue, YF. , Xie, R. , et al. How global value chain participation affects China's energy intensity-ScienceDirect[J]. Journal of Environmental Management, 2020, 260. 110041.

③ Kaika D. , Zervas E. The environmental Kuznets curve (EKC) theory-Part A: Concept, causes and the CO2emissions case[J]. Energy Policy, 2013, 62: 1392-1402.

④ Yu C, Luo Z. What are China's real gains within global value chains? Measuring domestic value added in China's exports of manufactures[J]. China Economic Review, 2018, 47: 263-273.

⑤ Zhang, F. , Gallagher, K. S. Innovation and technology transfer through global value chains: Evidence from China's PV industry[J]. Energy Policy, 2016, 94: 191-203.

⑥ Kearsley A. , Riddel M. A further inquiry into the pollution haven hypothesis and the environmental Kuznets curve[J]. Ecological Economics, 2010, 69(4): 905-919.

⑦ Sun C. , Li Z. , Ma T, et al. Carbon efficiency and international specialization position: Evidence from global value chain position index of manufacture [J]. Energy Policy, 2019; 128: 235-242.

全球价值链分工的过程中，也能够通过实施绿色发展战略等方式来降低碳排放水平（Poulsen，Ponte & Sornn-Friese，2018）。① 同时，与发达国家相比，发展中国家通过最终产品贸易的出口在以生产为基础的总碳排放中占据相当大的份额（Meng 等，2018），而一国或地区的全球价值链分工地位越高，其越受益于境外的环境密集型生产（Arto & Dietzenbacher，2014）。②

另外，全球价值链分工地位与碳排放等环境问题之间影响关系的研究也存在一些差异。Li 和 Peng（2011）考察了对外贸易与中国碳排放之间的关系，发现全球价值链分工地位每提升 1%，将减少 0.56% 的碳排放，这为相关研究提供了重要的参考。Hu（2016）③通过规模效应、结构效应、技术效应、纵向 FDI 效应以及连锁效应分析了全球价值链分工地位对环境质量的影响。Liu、Li、Long、Li 和 Le（2018）④在分析中国产业全球价值链分工地位的基础上，发现全球价值链分工地位与能源环境效率之间存在正反馈回路，分工地位的改善占能源和环境效率改善的 35%。Meng 等（2018）认为一国或地区出口总额中的碳排放量包括境内和境外两种，经济体在全球价值链中的地位决定了这两种碳排放量的多少，且分工地位对其碳排放的影响还表现在中间产品和最终产品出口所产生的碳排放差

---

① Poulsen R. T. , Ponte S. , Sornn-Friese H. Environmental upgrading in global value chains：The potential and limitations of ports in the greening of maritime transport [J]. Geoforum；journal of physical, human, and regional geosciences, 2018, 89：83-95.

② Arto I, Dietzenbacher E. Drivers of the growth in global greenhouse gas emissions[J]. Environmental Science & Technology, 2014, 48(10)：5388-5394.

③ HU F. The Environmental Effect of Global Value Chain Division of Manufacturing Industry and China's Countermeasures[J]. Inquiry into Economic Issues, 2016, (3)：151-155.

④ Liu H, Li J, Long H, et al. Promoting energy and environmental efficiency within a positive feedback loop：Insights from global value chain. Energy Policy, 2018, 121：175-184.

异上。Wang、Wan 和 Wang（2019）[1]使用了 62 个国家和地区 1995—2011 年的面板数据，发现无论在总体经济水平还是在单个行业层面，全球价值链的参与程度及位置与人均 CO_2 排放量之间都呈倒 U 形关系。Sun 等（2019）分析了制造业的全球价值链分工地位对碳效率的影响，指出在经济相对落后的发展中国家，提升 GVC 嵌入位置对能源效率优化和减排的作用要比发达国家更显著。此外，产业技术创新往往可以使劳动、能源等生产投入转向高附加值、低碳排放的生产部门，从而影响全球价值链分工地位。Yan 等（2020）[2]将碳排放作为经济体碳禀赋的一种度量，拓展构建了环境 HOV 模型，对经济体在全球价值链中位置的变动如何影响贸易中的碳排放进行了研究，发现位于价值链两端的经济体有着较低甚至负的碳净流出，而处于价值链中间位置的经济体则往往有着较高的碳净流出，因而，这些经济体应优化能源结构并制定更为严格的环境法规来减少贸易所带来的碳净排放。不难看出，全球价值链分工体系下的环境责任问题已经涌现了不少的研究，但研究的结果及范围有待学者们作进一步的分析及讨论，有关的对策研究及机制建立也需要学者和政府当局的深入论证和推动。

五、研究展望

基于前文的梳理，全球价值链分工地位的相关研究已取得了较大进展，但仍存在能够扩展和深入研究的方向。

首先，基于投入产出模型的全球价值链嵌入位置及分工地位的测度方法正逐步成熟，但这一系列测度指标尚缺乏系统性的理论框架，难以从一般均衡理论上解释决定全球价值链分工地位的因素以

① Wang J, Wan G, Wang C. Participation in GVCs and CO2 emissions［J］. Energy Economics, 2019, 84：104561.

② Yan, Y. F., Wang, R., Zheng, X. X., et al. Carbon endowment and trade-embodied carbon emissions in global value chains：Evidence from China［J］. Applied Energy, 2020, （277）：115592.

及经济环境的变化如何影响一国或行业全球价值链分工地位的演进等问题。Antras 和 Chor(2019)扩展了 Caliendo 及 Parro(2015)①的理论模型并匹配 WIOT 数据,分析了全球价值链中国家和产业分工地位的演变原因,对 GVC 位置的演变进行了初步的结构性解释,这一研究方向是值得进一步深入拓展的。同时,不少学者都发现已有的部分测度指标往往会得到远离最终需求的国家或行业也距离初始要素投入端很远的结果(即全球价值链位置测度悖论)。Antras 和 Chor(2019)对这个悖论进行了解释,认为贸易成本的降低和世界服务支出份额的增加是造成这一悖论出现的原因。但这只是初步的两种可能的解释,这一问题仍需进行深入的探讨。

其次,增加值分解理论的研究日益复杂,许多研究在选择增加值分解方法时标准混乱,且存在一些误区。因此,在已有的分解原理基础上系统梳理各种分解方法并总结应用经验,对贸易增加值理论的应用原则、应用领域、应用方法及分解思路进行归纳性研究是一个可进一步扩展的方向。

再次,已有的测度指标中,全球价值链位置指标与分工地位指标并不能一一匹配对应,位置指标不能直接反映产业部门的价值增值能力及规律,价值链分工环节的异质性也不能在分工地位指标中得以体现。因此,全球价值链的位置指标及分工地位指标的理论推演及应用研究可进一步改善和拓展,将 GVC 位置测度理论与分工地位理论有机对接,在扩展贸易增加值分解理论的基础上实现相关测度指标体系及其应用研究的完善,或许是未来研究的一个重要议题。

最后,还应该更多的关注全球价值链分工体系下的风险分担问题。随着气候变化方面的国际合作的深化,各国在相关领域所达成的共识越来越多,除受关注最多的贸易碳排放之外,相关的水污染等其他环境问题也值得学者们深入分析,因而全球价值链分工地位与环境责任的承担问题有进一步研究和探讨的价值。此外,在现有

---

① Caliendo, L., Parro, F. Estimates of the Trade and Welfare Effects of NAFTA[J]. Review of Economic Studies, 2015, 82(1):1-44.

研究的基础上，还可以从微观的角度对全球价值链分工地位与其他经济变量之间的关系展开深入研究。例如，讨论 GVC 分工地位对创新、生产率、人口结构、就业结构、居民收入分配等经济变量的影响路径，也是未来该领域研究的重要内容。

人工智能对马克思主义经济发展理论的影响：海外前沿文献追踪[*]

李　酣[**]

摘　要：西方学者从马克思主义经济发展理论的角度，针对人工智能对生产关系各维度，生产力和经济发展未来前景的影响进行了新分析和总结。这些研究成果表明，人工智能的应用和发展可能引发严重失业问题；人类劳动力的整体工资占比会下降，而不同技能劳动力之间的收入分配差距扩大；当人工智能成为价值创造主体，劳动的异化会更严重；人工智能技术对产出和生产力带来正面效应，但对生产关系及资本主义发展前景的效应仍不确定。

关键词：人工智能；马克思主义经济发展理论；劳动价值论；异化；剩余价值

一、绪论

卢奇和科佩克认为，人工智能是人（People）、想法（Idea）、方法（Method）、机器（Machine）和结果（Outcome）等诸要素结合在一

---

* 本文为武汉大学自主科研项目（人文社会科学）"AI对马克思主义经济发展理论的影响：海外前沿文献追踪"（2020HW023）的研究成果，得到"中央高校基本科研业务费专项资金"资助（supported by "the Fundamental Research Funds for the Central Universities"）。

** 李酣，质量发展战略研究院，副教授。

起形成综合体。① 当前，以人工智能技术的变革和机器人在制造业领域的广泛应用为代表的全新自动化工业生产过程，已经成为人类历史和人类社会化大生产历史之中一个全新的发展阶段。习近平总书记在中共中央政治局第九次集体学习时就强调指出："人工智能是引领这一轮科技革命和产业变革的战略性技术，具有溢出带动性很强的'头雁'效应。在移动互联网、大数据、超级计算、传感网、脑科学等新理论新技术的驱动下，人工智能加速发展，呈现出深度学习、跨界融合、人机协同、群智开放、自主操控等新特征，正在对经济发展、社会进步、国际政治经济格局等方面产生重大而深远的影响"。②

这种以人工智能技术及其应用为驱动力量的，带来新的生产力、生产方式、经济组织方式的革命，同样为经济学带来了全新的研究领域，但也带来了重大的理论和实证研究的挑战。然而，西方主流经济学界对人工智能技术进步的经济影响的研究，虽然在理论和实证分析层面有了诸多研究成果，但没有进入人工智能技术进步对人的本质，劳动的本质，以及社会基本结构的影响进行深刻探索，而这些维度正是马克思本人，以及马克思主义经济学所重视的研究主题和研究内容。国内学术界的研究从人工智能对马克思主义哲学、③ 伦理学和社会学的影响等视角进行研究的比较多，④⑤ 当然也有一些法学领域的研究。⑥ 然而，从马克思主义经济学视角，研究人工智能技术进步的经济发展效应的成果相对不足，也缺乏对

---

① [美]史蒂芬·卢奇，丹尼·科佩克. 人工智能[M]. 林赐，译. 北京：人民邮电出版社，2015.

② 袁勃. 加强领导做好规划明确任务夯实基础 推动我国新一代人工智能健康发展[N]. 人民日报，2018-11-1(1).

③ 孙伟平. 人工智能与人的"新异化"[J]. 中国社会科学，2020(12).

④ 许勇，黄福寿. 人工智能哲学研究述评[J]. 上海交通大学学报(哲学社会科学版)，2020(1).

⑤ 刘方喜. 人工智能物种奇点论的马克思主义本体论与社会学批判[J]. 社会科学战线，2020(1).

⑥ 周详. 智能机器人"权利主体论"之提倡[J]. 法学，2019(10).

这些研究所取得的成果和未来发展前景的系统总结和分析。

同样需要进一步分析的是，马克思本人在 19 世纪对当时的大机器生产时代的技术进步、生产力革新、劳动关系和经济社会发展的研究，以及机器应用的技术进步与社会经济、社会和政治等维度之间关系的研究，能否全然涵盖当前的人工智能时代的这些新现象和新问题，抑或需要对马克思主义经济发展理论进行新发展，以适应当前最新的经济发展实践？需要学者们从新的理论和经验研究中得出新的判断和分析，也需要我们对这些已有的成果进行新的概括和总结，以便指导中国经济高质量发展的未来实践。

生产力决定生产关系，同时生产关系具有相对独立性，如果生产关系不适应生产力发展水平，则会阻碍生产力和人类社会的发展，这是马克思主义的基本原理，也是统领马克思主义经济发展理论的核心。同样，在当下，人工智能快速发展与否，以及在多大程度上影响生产力，人工智能在多大程度上影响了当下的生产关系，以及这种生产关系的变革对于生产力的发展而言，其意义和影响是什么，都是重要的理论研究议题。

本文首先整理了马克思对于当时的机器、自动化技术和技术变革的研究，总结了马克思对这些技术革新所产生的生产关系改造和生产力进步效应的分析，然后概述了西方主流经济学学者从理论模型和数据经验等维度对人工智能的经济影响的分析。当然，本文的核心内容，是从生产关系和生产力两种视角对人工智能时代背景下有关马克思主义经济发展理论的海外前沿文献进行追踪、总结和分析。为此，我们首先总结和分析近年来，西方马克思主义学者在人工智能和机器人应用于生产服务，以及在新型自动化的生产组织结构发生变革的背景下，从劳动价值论、劳动异化、生产组织变迁、劳动力就业和收入分配等维度，运用马克思本人的经济理论，以及马克思主义经济学的相关论述，从人工智能对生产关系的影响这一角度取得的研究成果。其次，我们从人工智能对产出和生产力的提升，以及资本主义经济发展的未来前景的影响的层面总结西方学者们运用马克思主义经济发展理论基本原理的研究成果。最后是文章的研究结论和对这一领域未来研究方向的展望。

二、马克思的经典论述和西方主流
经济学的研究视角

马克思本人对所处时代的机器大生产，及其社会经济影响进行了深刻的分析，这些基于马克思主义哲学和马克思经济学所得出的主要结论、判断和预测，即使在当下，也具有穿透历史的洞察力。

马克思论述了机器带来生产进步，但却导致了工人的异化。马克思在《1844 年经济学哲学手稿》写到："劳动用机器代替了手工劳动，但是使一部分工人回到野蛮的劳动，并使另一部分工人变成机器。劳动生产了智慧，但是给工人生产了愚钝和痴呆。"①而且，这是一个不断自我强化的过程，即"工人在劳动中耗费的力量越多，他亲手创造出来反对自身的、异己的对象世界的力量就越强大，他自身、他的内部世界就越贫乏，归他所有的东西就越少"。②

但是，马克思明确指出，即使是机器的使用改变了生产力和生产关系，但劳动的本质、人的本质和人的主体地位不应扭转。这是因为，"劳动是……生活的第一需要……不仅仅是陌生的手段"。通过人的劳动这一过程，"在改造对象世界的过程中，人才真正地证明自己是类存在物"③。同时，人的本质是"一切社会关系的总和"④，即使在 AI 和机器人飞速发展的现在和未来也是如此。当然，这一社会关系的总和的内涵也会随之发生改变："随着新生产力的获得，人们改变自己的生产方式，随着生产方式即谋生的方式的改变，人们也就会改变自己的一切社会关系。手推磨产生的是封

---

① ［德］马克思．1844 年经济学哲学手稿［M］．中共中央马克思恩格斯列宁斯大林著作编译局，译．北京：人民出版社，2014：49.

② ［德］马克思．1844 年经济学哲学手稿［M］．中共中央马克思恩格斯列宁斯大林著作编译局，译．北京：人民出版社，2014：48.

③ ［德］马克思．1844 年经济学哲学手稿［M］．中共中央马克思恩格斯列宁斯大林著作编译局，译．北京：人民出版社，2014：54.

④ ［德］马克思．马克思恩格斯文集(第 1 卷)［M］．中共中央马克思恩格斯列宁斯大林著作编译局，译．北京：人民出版社，2009：501.

建主的社会，蒸汽磨产生的是工业资本家的社会。"①马克思在认同机器的使用对产出和生产力的正向促进作用的同时，更多关注和探讨的是这一过程当中生产关系的变化。

人工智能这一重大经济现象的本质和影响，自然引起了当前经济学界的广泛关注，所谓的西方主流经济学也没有缺席，而且目前在这一领域已经有了诸多理论和实证研究的成果。西方主流经济学者认为，人工智能和机器人对经济增长和社会福利会产生不同的效应。这些学者普遍认为，人工智能和机器人的广泛使用会带来经济增长，这也得到了理论和实证数据的支撑。② 但是，也有部分研究认为，长期经济增长可能会受到抑制。③ 究其原因就在于机器人的使用降低了工资，从而抑制了投资和资本进一步的积累。这就是Aghion 等人提出的人工智能应用过程中所产生的自动化效应和"鲍莫尔病"效应。④ 这两种效应相互影响，导致人工智能对经济增长的最终影响将是不确定的。至于人工智能对整个社会福利的效应，Brynjolfsson 和 McAfee 就指出，人工智能的技术变革会带来收入不平等和技术性失业现象。另一个重要问题是人工智能和自动化的就业效应。⑤ Autor 等人对现代生产过程中的分工进行了进一步细分，他们建立在程式化工序分工（Routine task）和非程式化工序分工

① ［德］马克思. 马克思恩格斯文集(第 1 卷)［M］. 中共中央马克思恩格斯列宁斯大林著作编译局，译. 北京：人民出版社，2012：222.

② Fernald. John G, Charles I. Jones. "The Future of US Economic Growth," American Economic Review［J］. American Economic Association，2014，104(5)：44-49.

③ Gasteiger, Emanuel, Prettner, et al. On the possibility of automation-induced stagnation［J］. Hohenheim Discussion Papers in Business, Economics and Social Sciences，2017，07.

④ Philippe A. , Benjamin F. J. , Charles I. J. Artificial Intelligence and Economic Growth［J］. The Economics of Artificial Intelligence：An Agenda, Agrawal, Gans, and Goldfarb. 2019.

⑤ Morgan R. F, David A, James E. B. Toward understanding the impact of artificial intelligence on labor［J］. Proceedings of the National Academy of Sciences，2019，116(14)：6531-6539.

（Non-routine task）基础上的模型得到的结论是，人工智能等形式的技术进步替代的是低技能劳动力，但却对高技能劳动形成的是互补效应，因此对低技能劳动力带来了不利冲击，给高技能劳动力带来的却是好处。① 这与 Arntz 等人的研究结果是一致的。② 劳动者的内部也会由于这种技术进步的偏向性，以及收入分配和要素价格回报的差异性，产生巨大的收入差异。③

西方主流经济学者通过对主流经济学的生产函数和增长理论的改造，纳入人工智能和机器人等新的技术要素，分析得出了这一科技进步对产出和就业等经济要素的影响。同时，他们也利用微观和宏观的数据，采用计量经济学和模拟的技术手段，分析了人工智能技术革命的具体经济效应。然而，基于他们的分析方法和分析视野的局限性，往往忽略了人工智能时代，不同社会群体、以及人类群体与技术主体之间的地位等问题，也没有对人工智能时代可能产生的新社会经济现象提供深刻的理论解释，也不会关注这场技术革命对资本主义经济发展的未来走向的影响。这些是马克思主义经济学和马克思主义的经济发展理论重点关注的议题。

三、对人工智能时代生产关系研究的新进展

马克思认为技术与人、自然和社会的发展密切相关，并且他对技术，以及机器对人的影响进行了深入的理论探讨。在《资本论》中，马克思通过区分相对剩余价值和绝对剩余价值指出，为创造相

---

① Autor，David H，Frank Levy，Richard J. M. The Skill Content of Recent Technological Change：An Empirical Exploration，The Quarterly Journal of Economics，2003，118（4）：1279-1333.

② Korinek，Anton，Joseph E. Stiglit. Artificial intelligence and its implications for income distribution and unemployment，NBER Chapters［J］. The Economics of Artificial Intelligence：An Agenda，2018：349-390.

③ Acemoglu，D.，Autor，D. Skills，Tasks and technologies：implications for employment and earnings［J］. Ashenfelter，O.，Card，D. Handbook of Labor Economics（Volume 4b）. Amsterdam：Elsevier，2011.

对剩余价值而应用新技术和使用新机器的过程，实质上就是通过改造劳动生产过程的技术条件和社会条件，进而改变整个生产方式的过程。同时，马克思对技术与劳动、技术与生产过程的相互作用和地位转换的分析，探讨了技术对生产关系不同维度的效应。马克思认为，生产关系是在社会生产过程中形成的人与人的关系。生产关系是一种复杂的经济结构，包括生产资料的所有制形式、各种社会集团在生产过程中的地位和交换关系、产品的分配形式以及由此所直接决定的消费关系。然而，在人工智能社会，马克思所分析的技术对生产关系各个维度的影响，已经产生了新变化。

（一）失业问题

生产关系的重要内容之一是不同社会集团的相对地位和相互关系。在 AI 时代，人类劳动力和 AI 主体的地位在转化，同时这两者与资本所有者之间的关系也在变化。这种转化带来的一个重大的潜在挑战就是，人类劳动力是否会面对更为严重的失业。当前学者们的研究对这一问题还没有给出统一的判断。Estlund 指出，人工智能、机器人和机器学习的进展到底是使得大量的劳动力失业，或者在幸存的工作机会当中形成激烈竞争的局面，还是跟过去一样，新的工作机会能够吸收由于自动化而被取代的工人，这些都是学者们目前在激烈争论的问题。①

人工智能引发的失业问题，已经成为经济学研究的重点领域，也得到了西方马克思主义学者的广泛关注。D'Orlando 就讨论了"第三波"技术性失业对经济理论的可能影响。② AI 时代的技术进步对就业产生了深刻的影响，这一进程虽然刚刚开端，但已经呈现出一些新特点。这些新的特性与机器人（和人工智能）的出现及其广泛进入生产过程有关。在第四次工业革命中，机器人并不仅仅是通过与人类合作提高了劳动生产率，而是可以在几乎所有工作任务中以

---

① Cynthia Estlund. What should we do after work：automation and employment [J]. The Yale L. J. , 2018：254-327

② D'Orlando, Fabio. The American Review of Political Economy, 2020, 15 (1).

更低的成本替代人类劳动，以至于在没有人类投入劳动的情况下，单凭具有人工智能属性的机器人也可以生产商品，这就可能导致长期性的大规模失业，进而会对公共政策的主动干预提出需求。这一经济发展前景对经济理论产生了重要影响，因为植根于一般均衡方法的西方主流经济学理论在处理众多现实问题上都遭遇了困难。这些现实问题包括社会阶级和阶级斗争(少数机器人所有者与众多的失业人员之间的斗争)重新获得了重要的地位；劳动生产率变得无关紧要，同时与必须支付给失业者的(维持生计)工资/补贴无关；劳动力市场不再出清；再分配政策取代了稀缺生产资料的优化配置成为经济研究的核心，等等。这种情景将经济理论化的场景回归到古典政治经济学的时代，而当时经济理论研究的重点是社会阶级、阶级斗争和剩余的再分配，这也切合当前的人工智能时代经济学的研究重心的转移趋势。

Moraes-Neto 认为，马克思曾指出，随着技术的发展，生产进程当中对劳动者技能水平的需求将会减少。① 正如 Ford 的分析中提出，假设工人的技能水平符合正常分布，那么具有低级和中级两种技能的工人将会占据劳动力总数的一半以上，这必然会对这些工人向高技能工作岗位的转移带来严重挑战。② 但是，在现代的以微电子为基础的、自动化系统占主导地位的生产体系背景下定性研究就业问题，能够提出这样的命题：在现代工厂里面所观察到的，活劳动大幅度被取代的现象，确实反映了马克思所说的"工作去技能化"的判断。伴随着积累的商业竞争，以及人工智能在资本主义生产过程中的普及，人工智能技术主体对劳动者的替代越来越显著，进而演变为技术性失业。③

Mattos 认为，不断进步的人工智能和可移动机器人正在凭借智

① Benedito Moraes-Neto. Automation and labor：Is Marx equal to Adam Smith？[J]. Rethinking Marxism，2004，16(4)：407-422.

② Ford，Martin. Could artificial intelligence create an unemployment crisis？[J]. Communications of the ACM，2013，56(7)：37-39.

③ [英]卡鲁姆·蔡斯. 经济奇点：人工智能时代，我们将如何谋生[M]. 任小红，译，北京：机械工业出版社，2017.

能机器和智能算法创造出比人类更好的"工人",由此自然产生的技术失业会不断上升的趋势,在人类社会中引发出巨大的焦虑。过去的技术革命总是会创造出新的工作机会,但这一次情况不同了。基于 AI 技术的快速进步产生的是具有 AI 技能的实体或者虚拟机器,而且能以超越人类能力的方式完成更多种的人类工作。结果,无论是非技能还是熟练劳动力都会被智能机器所替代。这篇文章利用历史唯物主义理论视角对此进行了分析,并对资本主义和就业的未来进行了展望。在分析的过程中,作者使用了历史唯物主义理论的两个概念,即"生产关系"和"生产力的发展"作为分析的两个维度和出发点。计算机的计算能力所呈现出的指数级增长,互联网云和大数据的进步,以及作为 AI 子领域的机器学习的发展,在未来可能为新的生产方式的确立创造环境。关于生产关系的变革,社会生产的新可能性,以及新的商业模式和合作方案的出现可能会促进这一过程。如果要清楚理解这种未来的趋势,需要进行更多的理论和实证的分析。这篇文章建立并分析了一个无工作社会的极端情景,从而为在另一种足够接近它但更现实的场景中分析 AI 所产生的风险,提供了相关的线索。这种场景描述的是这样一种情况,即人类劳动力在很大程度上被智能机器和算法所取代,但不是完全替代了。但是,即使是这种情况下,也会导致社会的崩溃。Karakilic 指出,新技术与生产过程的一体化趋势,最近重新引发了可能产生没有人类工作的世界这一问题。① 那些认为这种无工作的未来具有强烈可能性的分析,他们的论点通常都是新的机器已经开始消灭一些工种,甚至包括知识性工作。这篇文章通过马克思主义著作的视角重新审视这一观点,并且为这一研究问题提供了一个答案。

不过,也有研究认为在 AI 时代,人类劳动力的就业前景并非如此悲观。Scaruffi 就表明,人工智能和未来的机器人社会创造出来的就业机会可能是我们今天无法想象的。Cockshott 和 Renaud 指

---

① Karakilic E. Why do humans remain central to the knowledge work in the age of robots? marx's fragment on machines and beyond [J]. Work, Employment and Society, 2020.

出，虽然机器取代人类的现象可以追溯到工业化的初始时期，随着历史进程的演进，这种现象变得越来越显著，但即使是当下这一发展过程也不会成为必然。① 从过去的十年开始，AI 和机器人技术的进步速度已经开始远超人们的预期。他们通过系统反思古典政治经济学家的研究工作，总结和分析了人类和机器人工作之间的基本区别。他们考察了马克思的机器工作和人类工作的思想，以及他们在创造经济价值中的作用，也审视了人工智能在多大程度上有效地替代人类的劳动努力。最终此文得到的结论是，人工智能和机器人在替代人类方面并不会构成重要的威胁。另外，Moody 发现，几十年来，未来学家、学者和商业领域的领袖们都认为自动化、机器人和其他新技术将消除数百万个就业机会。② 然而，即使近些年来美国的劳动力就业增长更慢，却依然在继续增长，也达到了新的水平。同时，即使技术的进步速度和程度参差不齐，但人们预测的"无工作"状况却没有成为现实。他认为，这个问题的答案不是在分析技术本身及其表现出来的直接效应，而是要在马克思主义政治经济学中寻找。玛丽·格雷和西达尔特·苏里指出，AI 和数字技术的生产流水线虽然消灭了部分工作岗位，但是也汇聚起原来分散的劳动力，形成一种新型的集体劳动力，创造出新的就业岗位和就业机会。③

（二）收入分配和福利问题

就业与收入，从而也与人们的福利紧密相关。McCloskey 写到，在霍布斯·鲍姆看来，AI 时代的经济增长被认为具有令人讨厌的"高科技"特征，因为它使得劳动变得"可有可无"。④ 同时，"零工

---

① Cockshott, P. Renaud, K. Humans, robots and values[J]. Technology in Society, 2016, 45: 19-28.

② Moody K. High tech, low growth: robots and the future of work[J]. Historical Materialism, 2018, 26(4): 3-34.

③ [美]玛丽·格雷，西达尔特·苏里. 销声匿迹：数字化工作的真正未来[M]. 左安浦，译. 上海：上海人民出版社，2020.

④ McCloskey, Deirdre N. What's still wrong with marxism: some fragments on a theme[J]. Bourgeois Dignity: Why Economics Can't Explain the Modern World, 2014.

经济"无法再成为工人获得工资收入的保障。①②

因此，Levy 认为人工智能算法虽然给人们带来了便利，但这种技术变革更容易对穷人和工人阶级这些相对弱势群体产生负面影响，而对高学历和富裕的人群却不会如此。〔1163〕Melnik 和 Lazzarini 探讨了马克思对技术变革、分配和异质性劳动研究的贡献。③ 在对这些问题的一些主流观点进行文本解释的对比时，他们表明，马克思的分析结论是，技术进步不仅意味着失业最终会上升，同时它也是减少利润和工资之间分配冲突的可能性的一种手段。无论技术进步以机器、机器人还是人工智能的形式出现，马克思关于技术进步的观点在今天都同样是重要的，因为技术变革的目的是平衡仍然无法控制的冲突因素，这些因素可能导致工资的变化。在马克思的分析当中，技术进步带来的最明显的结果就是劳动力构成的变动，即技能劳动力相对非技能劳动力的就业下降，但这适用于马克思所分析时代的工业革命对劳动力的影响。同时，马克思也检验了劳动和资本，以及利润和工资之间的关系。因此，在这篇文章看来，当前的资本主义系统和马克思所处时代的资本主义系统并无二致，没有本质上的差别。从这个意义上说，他们相信机器取代了人类的原因在于，这本质上是以工人为代价，实际上是减少为了更高的工资而产生分配冲突和及阶级斗争可能性的一种手段。这可以被看作当今资产阶级抵抗工资上涨的武器，就像过去那些旧的机械发明所发挥的作用一样。用机器人、AI 和大数据替代人类劳动力，也会导致劳动力在工资谈判中处于更弱势地位。马克思的分析阐明了这一观点，因为技术进步不仅意味着最终的失业率上

---

① 黛安娜·马尔卡希在《零工经济》一书中将时间短、工作方式灵活的就业方式与传统的、工作时间固定的就业方式进行了对比。人工智能时代，在工人和平台的结合模式下，人们无需固定办公场所和固定工作时间，也能实现就业。

② Shibata, Saori. Paradoxical autonomy in Japan's platform economy〔J〕. Science, Technology and Society, 2019, 24（2）: 271-287.

③ Melnik D. V., Lazzarini A. L. Marx on technical change, heterogeneous labour and distribution: Some notes〔J〕. Filosofía de la Economía（Argentina）. 2019, 7(2): 157-169.

升；永久性技术变革的目的是永久抵消最终可能提高工资的因素。

Nomaler 和 Verspagen 考察了马克思和李嘉图提出的资本积累导致的技术变革可能对劳动收入带来负面影响的观点。① 他们认为，那些消减要素需求的技术进步降低了劳动力在生产过程中的作用，同时驱动工资率不断上升，而工资收入份额却在不断下降。当前，机器学习、移动式机器人和人工智能等技术确实在这些方面取得了进展。依赖于这些劳动力替代类型的新技术，经济增长将可能具有长期的持续性。在这种机器人技术能够实现永久增长的经济环境设定中，将会伴随着绝对工资率上升，人类劳动的收入在总收入中的占比却会是微不足道的一部分。这意味着工人在绝对意义上能够生活得更好，但从相对意义上却会变得更糟。如果没有实施相应的社会保障政策，收入不平等在未来可能上升到一个前所未有的水平。这篇文章还通过一些模拟实验，检验了两种可实施的社会保障政策手段的效应。其中一个实验的设定是，来自机器人的收入被征税并转移给那些只靠工资收入生活的人。这可以被视为以预算不变的方式实现了一种普遍的基本收入的保障。但是，这种税收减少了可用于资本投资的资金，而后者是实现经济持续增长的另一个来源。

Benzell 等人认为，1812 年的卢德运动所展现出来的那种劳动力大肆破坏机器设备的景象，其实是工业化早期工人们对于机器代替人类劳动的现状和趋势的一种激烈反应，② 而马克思在 1867 年指出，在资本主义制度中，所有提高劳动社会生产力的方法都是以工人为代价实施的；所有的生产发展手段最终都逆转成为支配和剥削生产者的手段。他们的模型表明，智能机器会产生像内燃机的发明取代马一样的效应，替代人类劳动。不过，这里依然需要强调的是，随着时间的推移，智能机器的应用在一定条件下反而会破坏客

① Önder Nomaler & Bart Verspagen. Perpetual growth, the labor share, and robots[J]. Economics of Innovation and New Technology, 2020, 29: 5, 540-558.

② Benzell, Seth, Kotlikoff, et al. Robots are Us: Some Economics of Human Replacement. NBER Working Paper No. w20941, 2015.

户基础，这就导致越来越多的供给对应的却是更少的需求。高度厂商定制化的生产技能和特定于时代的再分配政策，可以防止智能机器给人类带来的痛苦。但是，一些粗糙的政策，比如强制开放技术，却会让事情变得更糟。例如，能够产生双赢效果的政策选项之一是对那些受益于这一技术突破的工人征税，并将收益储存起来，这将防止资本存量不断下降，并提供一项基金，以支付工人的基本津贴，限制他们的工资随着时间的推移而下降。其他管控智能机器的广泛应用的政策可能会适得其反。例如，限制劳动力供应可能会减少总劳动收入。虽然这可能会暂时提高工资，但它也会降低长期工资增长所依靠的投资上升和长期资本形成。另一个例子是强制所有代码开源，这一政策虽然消除了一种挤出资本机制，但它导致企业在公共代码上的搭便车行为，企业便会减少雇佣新程序员。这一过程减少了工资和储蓄，并进一步减少了资本存量。Kaplan 也提出，由于人工智能对不同人群的影响不同，所以应该对那些从中受益的人群征税，并由此补贴那些处于不利地位而受损的人群。①Ritzer 和 Jurgenson 认为，数字平台使得联网的用户，变成了工人之外的资本剥削的对象。② 而 Aloisi 更是指出，劳动者在平台经济当中更容易受到全球劳动力市场的竞争压力。③

（三）价值创造的主体问题

人工智能社会，人与技术之间的主从关系遭遇严峻挑战，正在逐步成为高科技的附庸。一方面，Fuchs 结合马克思政治经济学提出，在人工智能时代，信息技术使得人们随时随地提供劳动，例如每一次浏览网页、每一次鼠标点击，都在无形之中为数字资本家提

---

① Kaplan, J. Humans need not apply: a guide to wealth and work in the age of artificial intelligence[M]. New Haven: Yale University Press, 2015.

② George Ritzer and Nathan Jurgenson, Production, Consumption Prosumption: The Nature of Capitalism in the Age of the Digital "Prosumer", Journal of Consumer Culture, 2010, 10(1).

③ Antonio Aloisi, Commoditized Workers: Case Study Research on Labour Law Issues Arising from a Set of "On-Demand/Gig Economy" Platforms, Comparative Labor Law and Policy Journal, 2016, 37(3): 653-687.

供了一种免费的数字劳动。① 另一方面，这一时代的技术主体，即具备人工智能的机器人等是否会成为价值的创造者呢？Rodin 认为，随着各类技术主体在当代社会中的重要性不断增强，人们围绕社会经济组织的未来走向也进行了诸多争论，同时做出了各种各样的预测。② 这些预测的范围包括认为这些技术主体会逐渐融入人类社会，从而被同质化，到认为戏剧性的历史性突破不可避免会发生。他利用经典马克思主义理论，并使用模拟的方法，探索了走向自动化的道路之中技术主体的转变，试图理解机器人和人工智能是否可能成为新的价值生产者和革命性的社会阶级。当 AI 和机器人的价格比雇佣劳动力更低，同时其生产力的改进作用也同时提升了它们的再生产成本的时候，这些智能主体在其被使用的范围内很可能替代人类。一旦数量达到一定的规模，它们自身就会成为新的被雇佣群体。这些资本主义关系可以促进新社会群体的形成和以阶级为基础的政治议程的重组。不过，AI 和机器人同样可能重复产业无产阶级的宿命。如果资产阶级积累财富的逻辑在人工智能的机器人时代依旧成立，那么资本必然也会产生它的对立面——机器人无产阶级，无产阶级的革命也就依然会存在。

西方学者认为，人工智能大幅度改造了现代经济的生产过程。Moore 就反思了人工智能时代，当人工智能机器逐渐成为工作中的决策者和和管理者的时候，人类与机器的关系是否会全然扭转。③ Engster 和 Moore 提出，人工智能是一种超越个体形式的社会和特定资本家的中介形式，同时，AI 创造出人类、机械智能和资本主义社会的交互界面。④ 机器总是做一件同样的事情，减少必要劳动时间并将其转化为剩余劳动时间，但在人工智能时代，智能机器和

① Fuchs, C. Digital Labour and Karl Marx[M]. Oxford：Routledge，2014.

② Rodin L. Robo-revolution：a marxist approach to social uprising in the high-tech age[J]. The Russian Sociological Review，2019，18(3)：106-126.

③ Phoebe V Moore，The mirror for (artificial) intelligence in capitalism，Capital & Class，2020，44 (2).

④ Engster F.，Moore P.V. The search for (artificial) intelligence, in capitalism[J]. Capital & Class. 2020；44(2)：201-218.

机器人所减少的必要劳动时间显然相比以往的技术革命程度更甚。

　　Böhm 等人认为，在 Facebook 这样的平台发挥主导作用的人工智能时代，对组织的批判性研究需要将对劳动力的分析扩展到由资本组织的价值生产领域之外，以便充分反映当今政治经济学的现实。① 这一分析的必然发展方向，是从根本上扩大我们对"劳动"的理解，以纳入所有的价值生产活动，包括生产消费（也称为"消费"）和"自由劳动"。第二个拓展的方向，是要认识到一些当代商业模式根本不取决于价值生产，而是通过提取租金来分配价值，这在理论上更容易被忽视。他们通过回归到马克思的"原始积累"概念来发展对"利润转化为租金"的过程的分析，证明这种经济逻辑即使在当前最先进的社会经济结构中，例如在 Facebook 的基本商业模式中也在起作用。互联网平台上的人类活动越来越多地与交流和语言的数字元素相结合，其结果导致了具体劳动和抽象劳动之间的一种新的关系形式。Fumagalli 等人分析了平台经济当中数字劳动的特征。② 他们认为许多基于平台的商业模型依赖于一种资本的新组合。利用 Facebook 的商业模型，他们表明平台会从其使用者的免费劳动当中抽取租金。这就凸显了价值的分配，而不是价值创造。平台资本是一种专门提供网络基础设施或者中介性服务的资本形态，它可以通过分割产业资本的剩余价值而获得收益。因此，人工智能时代，技术主体的地位更固化了资本所有者通过创新的方式占有和分配剩余价值，并非产生了新的剩余价值创造方法。

（四）对劳动异化的新分析

　　在《1844 年经济学哲学手稿》中，马克思将私有制下劳动的异化归纳为一个递进的过程，即依次会呈现"工人同自己生产的劳动产品相异化；工人同自己的劳动相异化；人与人的类本质相异化；

---

① Böhm, Steffen, Land, Christopher & Beverungen, Armin. The Value of Marx：Free Labour, Rent and "Primitive" Accumulation in Facebook［J］. Working paper，2012.

② Fumagalli, Andrea；Lucarelli, Stefano；Musolino, Elena；Rocchi, Giulia. Digital labour in the platform economy：the case of facebook，sustainability，2018，10（6）：1757.

人与人相异化"，这些程度逐步加深的异化进程。更为令人惊异的是，人工智能时代，不仅工人会被异化，人工智能主体也存在被异化的可能性。正如 Rosa 所定义的"加速社会"中描述的，加速的科技进步和社会变迁等剧变，将人类捆绑在不断加速的社会大生产前进的列车上，进而产生了空间、行动、时间、自我和整个社会的异化。①

Eagleton 指出，人工智能意味着人们可以通过利用这种技术革命，把人们从无意义的劳动中解放出来，而不必将过多的人捆绑在这样的劳动上。② Ekbia 和 Nardi 论述到，目前人们对自动化和"人类工作的未来"、人类劳动力和人类本身人口过剩之间的无关性的焦虑，是关于技术、工作和经济价值之间关系的反复出现的想法。③ 关于这些思想的争论可以追溯到马克思和凯恩斯等思想家，他们在资本主义历史进程中重新审视了这场辩论。他们以劳动力和技术为重点，提请人们注意当前经济中隐藏的价值创造形式和历史辩论的盲点，并设想了未来的各种可能情景。马克思对于工人们和劳动过程，以及他们劳动产品的异化的描述和分析显然更接近于事实，这是资本主义即使在数字经济时代依然会体现出来的本质。Silberman 认为，在数字经济和平台经济当中，存在有利于平台公司，但不利于工人的权力不平衡，这就强化了劳动力相对于资本所有者的从属地位，这与马克思在工业革命背景下引入的异化概念在本质上是一致的。④

Wogu 等从马克思主义的异化理论出发，研究了当人工智能机器完全取得自主性，甚至能够取代人类的工作的时候，可能对人类

①　Rosa, Harmut. Social acceleration. a new of modernity[M]. New York：Columbia University Press，2013.

②　Terry Eagleton. Why Marx Was Right[M]. Yale University Press，2012.

③　Ekbia, H. R. , Nardi, B. A. Keynes's grandchildren and Marx's gig workers：Why human labour still matters[J]. International Labour Review，2019.

④　Silberman, M. S. Fifteen criteria for a fairer gig economy, in M. Graham & J. Shaw(eds.) towards a fairer gig economy[M]. London：Meatspace Press，2017：16-19.

的生存和存在带来的威胁。① 他们采用事后研究法及马克思主义的异化方法指出，即将到来的大规模失业时代是政府和理论家必须面对的最重大任务之一。因此，决策者和人工智能机器领域的学者必须迅速确定分配机器人劳动力所获收益的途径，从而使得对人工智能机器的使用不会转变成为人类的威胁。有些学者的研究还探索了AI 本身在大规模使用之后的异化问题。Engel 指出，机器在促进人类的异化之后，自身也会成为异化的对象。② 这篇文章重点讨论了"智能"机器，异化就体现在对这类机器的功能主义的使用当中，同时也体现在将这类机器仅仅作为工具，或者是仅仅作为人类智慧的实际证明。这些描述低估了机器作为日常物质实体的真实和往往多变的存在形式。James Steinhoff 认为，马克思主义理论对于理解当代人工智能形式的工业化至关重要。它对 AI 进行了政治经济史的分析，追踪了它是如何从 20 世纪 50 年代少数科学家的边缘研究兴趣发展到 50 年后成为控制论资本的中心部分的。它还包括现代AI 产业的规模、范围和动态的政治经济研究。在此研究的基础上，他提出了一种马克思主义的分析，认为流行的非物质劳动力理论③认为信息技术增加了工人对资本的自主权，倾向于走向后资本主义经济，实际上并没有充分描述当今高科技数字劳动力的情况。④ 在AI 产业，数字劳动力仍然处于资本的控制之下。斯坦因霍夫认为，辨别其中一种新兴的劳动力自主权的理论实际上是在见证劳动力日益增长的自动化。Healy 探索了数字环境之中存在的根本矛盾：技术的进步使得人们得以预测各种美好前景，但常常是难以实现的。

---

① Wogu I. A., Misra S., Assibong P., et al. A critical review of the politics of artificial intelligent machines [J]. Alienation and the Existential Risk Threat to America's Labour Force, 2018.

② Sascha Engel, Minding Machines: A Note on Alienation, Fast Capitalism, 2019, 16(2): 129-139.

③ Hardt 和 Negri(1994) 的定义是，非物质劳动是"智力的、情感的劳动，以及技术——科学的劳动、靠机械装置维持生命的人的劳动"。

④ Michael H., Antonio N. Labor of dionysus [M]. Minneapolis: University of Minnesota Press, 1994.

这种失败通常源于许多问题：技术进步的程度，或最终用户的熟练程度，不同级别或不同组合的政府政策的失灵。Healy 认为，根据马克思异化理论的定性研究，这些方法在本质上是错误的。利用马克思的理论，他考虑了三个不同环境中的参与者：信息和通信技术专业人员的工作场所，研究我们数字环境的伦理和社会影响的大学学者，以及一群生活在英国南伦敦接受 ICT 培训的领取救济者。通过深入研究数字技术是如何创造、研究和体验的，这项研究将马克思的理论与主流方法形成了对比，说明了数字生活的矛盾本质在于它们直接来自资本主义的需求，马克思异化理论具有非常优越的解释能力。

需要强调的是，马克思主义哲学认为，生产关系所反映的各种人与人之间的关系当中，生产资料的所有制是其中最基本的。人工智能虽然可以转变生产关系之中人们在生产过程中的地位，转变不同群体/集团的相对地位，转变分配的形式等，唯一不能发挥作用的是生产资料的所有制。

四、对生产力进步和资本主义前景的分析

马克思的经济发展理论本质上是生产力对生产关系的决定，生产力的发展决定了经济发展的未来。马克思的《政治经济学批判》论证了，"机械发明"……引起"生产方式上的改变，并且由此引起生产关系上的改变，因而引起社会关系上的改变，'并且归根到底'引起工人的生活方式上的改变"。马克思认为，随着"一般科学劳动"代替人类劳动力的"直接劳动"，社会财富的创造不再主要取决于"劳动时间和已耗费的劳动量"，而是转变成主要由"一般科学水平"，或者是由"科学在生产上的应用"决定。在这里，马克思实际上已经揭示了人工智能对社会生产和财富创造的作用机制。① 人工智能时代，AI 的对生产力的影响，以及对资本主义发展前景的

---

① [德]马克思. 马克思恩格斯文集(第46卷下册)[M]. 中共中央马克思恩格斯列宁斯大林著作编译局，译. 北京：人民出版社，1980：21.

效应得到了学者们的关注。

（一）对产出和生产力发展前景的新分析

Hutchinson 通过对马克思主义经济和社会理论的扩展，阐述了 IT 技术的生产力悖论，并提出 IT 系统不能充分展现其提升生产率的潜力的原因，可能主要植根于当前处于发达状态的资本主义存在的各种内在矛盾，[①] 这一难题的解决最终需要重组一种社会—技术结合的复合型结构。Ramirez 讨论了马克思(包括李嘉图)关于机械对劳动生产率、生产组织，以及工人阶级在资本主义时代的工资和就业前景会产生重要影响的观点。[②] 同时，他认为这些观点到今天依然会产生持续性影响，其中包括马克思自己对机械的历史发展及其对劳动过程的影响的批判性分析、所谓的"补偿原则"，以及资本的有机构成的不断上升表面上是如何在资本主义发展过程中产生"多余或过剩人口"的。Olsen 将非生产劳动，即知识和信息的生产以及不生产剩余价值的经济活动，纳入马克思主义经济增长模型，通过模拟发现引入非生产劳动之后，经济增长率会有所下降，若在非生产劳动的增长模型中加入技术变革又会促进经济增长率重新上升。[③] 其中生产部门内部的非生产劳动可以起到增加工人工作强度与促进技术创新等方面的积极作用，进而有利于增加相对剩余价值，从而促进增长。

Frank 提出，AI 和自动化技术的迅速进步有可能会严重扰乱劳动力市场。虽然人工智能和自动化可以提高部分工人的生产力，但它们也可以取代其他人工作岗位，并且可能至少在某种程度上改变几乎所有的职业。自动化程度的提高发生在当前这个经济不平等日

① Hutchinson, R. Knowledge and control: a marxian perspective on the productivity paradox of information technology[J]. Rethinking Marxism, 2008, 20(2): 288-304.

② Miguel D., Ramirez. Marx and Ricardo on machinery: a critical note[J]. Working Papers 1706, Trinity College, Department of Economics, 2017.

③ Olsen E K. Unproductive activity and endogenous technological change in a marxian model of economic reproduction and growth[J]. Review of Radical Political Economics, 2015, 47(1): 34-55.

益加剧的时期，从而强化了人们对大规模技术失业的担忧。这篇文章的研究结论就呼吁努力采取政策手段以解决技术变革的这种负面后果。

Sachs 认为，马克思在 1867 年就指出了这样一个事实，即在资本主义制度下"提高劳动的社会生产力的所有方法，都是需要牺牲个体工人的利益的"。① AI 和机器人一方面提高了产出，使人们可以获得更多的商品和服务，它们另一方面也消除了一些工作机会，降低了工资，使得不再具有竞争力的工人趋于贫困化，同时转移了那些本来能够与劳动力互补的投资。他们的研究更进一步发现，当储蓄率较低，可自动化和不可自动化生产的商品在消费上更具可替代性，以及在传统资本是劳动的更重要补充时，机器人生产力的提高更有可能降低年轻工人和后代的福利。

Berg 指出，人工智能和机器人技术的进步可能会导致新的工业革命。② 技术悲观主义者认为，人类会走向极端不平等和阶级斗争，同时工人会变成奴隶。技术乐观主义者虽然不否认自动化在短期内是破坏性的，但是他们也指出，历史上那些快速技术进步时期，新创造出来的工作要比毁灭的更多，同时工资和人均收入提升了。AI 革命可能有所不同，但是具有弹性和适应能力的经济最终还是会消灭技术性失业的幽灵。他提出了一个具有最小必要假设的模型，然后分析了这场新工业革命对不平等和产出的可能影响。这篇文章有两个关键假设：首先，"机器人"资本与人类劳动的可替代性在程度上与传统资本对人类劳动的替代性相比有显著差异；其次，只有资本家和熟练工人才能进行储蓄。他们的动态模型反映出人们对自动化如何改变劳动力市场有着广泛而不同看法。他们的主要分析结果很稳健：自动化有利于增长，但不会不利于平等；在基

---

① Jeffrey D. Sachs, Seth G. Benzell & Guillermo LaGarda, Robots：Curse or Blessing? A Basic Framework, NBER Working Papers 21091, 2015.

② Berg, Andrew, Ed Buffie, Luis-Felipe Zanna. Should We Fear the Robot Revolution（The correct answer is yes）, Journal of Monetary Economics, 2018, 97：1-72.

准模型中，短期内实际工资下降，最终会上升，但这个"最终"情景的到来显然需要几代人的时间。Larsson 和 Teigland 认为，在今天，至少从理论上可以说，马克思的思想最终被证明是正确的。① 我们这些人民，现在拥有关键的生产资源。新的财富是由大脑、知识和信息创造的，而不是由肌肉力量或机器创造的。也许事情一直都是这样的。但现在，我们可以看到，我们的智力是最重要的生产资源。其他的生产资源确实是必要的，但肯定是不够的。问题是，这不是马克思所规定和预见到的"工人的天堂"。

（二）对资本主义发展前景的分析

Fuchs 指出，人工智能和数字劳动是再生产劳动的主要组成部分，触发了新的生产关系，随之产生的是总体利润率下降和资本主义经济危机的出现，最终转变为资本主义意识形态危机。② 但是，首先是传统资本主义向"数字资本主义"的转变的实现，随之才有在这一环境下对当代资本主义发展的未来的分析。③

Hughes 和 Southern 认为，马克思对于机器的研究，最早明晰了技术在生产方式中的作用。④ 机器就像劳动者消耗食品一样，消耗着其他形式的原材料，但这在工业 4.0 时代的表现会不同。他们借鉴了马克思在《政治经济学批判大纲》和《资本论》第一卷中的研究成果，其中包括马克思对机器的定义，以及资本和劳动的关系。在马克思的定义和分析基础上，他们再结合数字经济的新概念和新

---

① Larsson, Anthony, Robin Teigland, The Digital Transformation of Labor: Automation, the Gig Economy and Welfare, Routledge, 2019.

② Christian Fuchs, Karl Marx in the Big Data Capitalism Era, in David Chandler and Christian Fuchs (eds.), Digital Objects, Digital Subjects: Interdisciplinary Perspectives on Capitalism, Labour and Politics in the Age of Big Data, London: University of Westminster Press, 2019.

③ D. Schiller. Digital Capitalism: Networking the Global Market System[M]. Cambridge, MA: MIT Press, 1999.

④ Hughes C, Southern A. The world of work and the crisis of capitalism: Marx and the Fourth Industrial Revolution[J]. Journal of Classical Sociology, 2019, 19(1): 59-71.

实践，来分析第四次工业革命对劳动力的影响，以及如何能够维持技术对社会发展的中性影响。在广泛的资本主义经济危机的背景中，由于自动化、大数据和人工智能导致的劳动力物化的趋势，更会激化资本和劳动之间存在的尖锐对立，以及产出的增长和购买能力下降之间的矛盾，带来系统性的危机，甚至影响到资本主义制度的可持续性。Srnicek 和 Williams，以及 Bastani 都认为人工智能为代表的新技术会加速推动资本主义社会走向所谓的"后资本主义"时代，甚至是"全自动化的共产主义"。①②③

Ramírez 指出，在 2007—2009 年的全球经济大衰退之后，关于自动化和人类工作未来前景的争论激增。④ 新的劳动力节约型技术，从智能软件到灵活的工业机器人在生产领域的广泛应用，与制造业的长期下降、停滞的工资水平、收入不平等，以及不断下降的劳动参与率一起，似乎解释了衰退后人们所见证的那种产出增长和就业增长之间关系的脱钩。他认为，马克思对这种自动化和就业关系的理论贡献，体现在《资本论》中对资本主义技术进步所带来的矛盾，以及对那些空洞的前景预测的批判。

Walton 和 Nayak 提出，人工智能和大数据并非那种能够推动经济发展和社会变革的，具有意识形态中立性质的科学知识。⑤ 新的数据技术颠覆了资产阶级和无产阶级之间的传统关系，因为产生了

———————————

① Srnicek N. Platform capitalism[M]. Cambridge：Polity Press，2017.

② Srnicek，Nick，Alex Williams. Inventing the future：postcapitalism and a world without work[M]. New York：Verso Books，2016.

③ Bastani，Aaron. Fully automated luxury communism：a manifesto[M]. New York：Verso，2019.

④ Ramírez，J. Jesse. Marx vs. the Robots[J]. Amerikastudien / American Studies，2017，62(4)：619-632.

⑤ Nigel Walton，Bhabani Shankar Nayak，Rethinking of Marxist perspectives on big data，artificial intelligence（AI）and capitalist economic development[J]. Technological Forecasting and Social Change，2021，166.

分享经济，以及产生了资产和价值之间的脱节。① Uber 就是一个典型的例子。这家公司使用人工智能算法和大数据，将物质资产（如汽车和房产等）的所有权和其创造的价值脱离，可以使得资产的使用能够独立交易，而不是限定为其拥有者，而且让其处于最佳的用途之中。人工智能会成为资本主义的一种工具，它在一种具有技术奇点的环境中改变了我们的社会，这有助于扩张资本主义的经济发展模式。这种技术奇点（technical singularity），就是指技术能力急剧提升，甚至能够自行改善，从而摆脱人类的控制的状态。② 这样的发展过程延续了劳动力的不稳定性。他们强调认为，传统马克思主义在劳动、价值、财产和生产关系的概念上具有局限性，主张重新思考马克思主义关于人工智能主导经济发展的观点，重点是要对信息驱动的数据社会中资产阶级和无产阶级的概念提出新解释。他们还通过分析未来可持续利用人工智能的趋势，提供了替代方案，主张制定利用人工智能和大数据保护劳动力、促进人类发展和提高社会福利的政策。未来的生产资料的所有者很可能是大型的互联网公司，而不像现在是那些资本阶级的工厂老板。这些大型互联网公司控制了人们和各种要素连接起来的方式，由此也控制了由互联网的使用者产生的信息和数据。无产阶级在这一时期，依然是被生产/关联的新拥有者收割数据的普通公民。同时可以确定的是，新的生产要素和新的动力来源，以及竞争优势和价值创造都来自于数据、信息和人工智能的能力，而不是劳动者的劳动小时数。

Savul 认为，包括 AI 技术在内的工业 4.0 推动的技术进步，并没有改变资本主义积累的原始本质，而且其目的并不是实现所有人福利提升的那种中性发展。③ 当前由世界的统治阶级操纵的技术进

① Parker, G. G., Van Alstyne, M. W., Choudary, S. P., Platform Revolution: How networked markets are transforming the economy and how to make them work for you. Norton, London, 2016.

② [美]雷·库兹韦尔. 奇点临近[M]. 李庆诚，等译. 北京：机械工业出版社，2011.

③ Savul, G., The logic of technological progress under capitalism in the context of industry 4.0[J]. Labor and Society, 2020, 23：433-460.

步，应被视为一种资本主义的霸权，这是造成跨国的不平等和工人阶级内部冲突的原因之一。保护劳工利益的那些组织应该利用这一类技术进步为这些人的利益服务。

Schlogl 和 Sumner 在经济发展理论的背景下讨论自动化的定义和决定因素，评估了对自动化的就业影响的经验估计，描述了对自动化的潜在公共政策反应，并且强调了需要进行进一步探索的发展中国家就业和经济发展的战略领域。① 他们指出，创造就业机会对广泛扩散经济增长的好处和减少全球贫困至关重要。然而，在新兴经济体国家当中，自动化、数字化和劳动力节约技术这些新的变化都对传统的就业创造途径带来了挑战。以今天的技术进步速度来看，18 亿个就业岗位，占发展中国家目前劳动力总数的三分之二，都容易受到自动化的不利影响。工业自动化和劳动力节约技术的累积进步更可能会进一步加剧这一趋势。他们这篇文章使用简单刘易斯经济发展模型分析框架，假定自动化在农业和工业部门当中创造了"无限的人工劳动力供应"。这可能会推动劳动力进入服务业，导致服务业的就业膨胀和工资停滞，但不会带来大规模失业，至少在中短期会如此。发展中国家可能比发达国家经受更多自动化的负面影响，这一方面是因为发展中国家由于劳动替代性的技术进步而失去的工作机会要比富裕国家多，另一方面发达国家新的产业可能会停止将生产外包给发展中国家。发展中国家中的实际工资很可能会停滞不前，但却不能承受失业率本身的上升，因为后者意味着更严重的社会政治后果。当然，这一论点适用于劳动力丰富的开放经济，不一定能够推而广之。总之，自动化正在挑战后发展国家的低成本劳动力的竞争优势。虽然许多发展中国家目前在失业方面不存在问题，但 AI 导致的工资停滞使得劳动力更容易遭受负面影响，去工业化趋势可能会过早到来。人们需要提出不同的政策和研究问题，关注技术和自动化的就业和产出影响。人工智能时代，新的

① Schlogl, Lukas and Sumner, Andy. The rise of the robot reserve army: automation and the future of economic development, Work, and Wages in Developing Countries Center for Global Development Working Paper No. 487, 2018.

"平台帝国主义"逐步形成，对价值流动和分配机制都带来彻底转变，发展中国家更容易被由此形成的"数字鸿沟"控制住自己的命运。

五、研究结论和展望

（一）结论

D'Orlando 的文章认为，21 世纪的技术进步显著影响了就业，而这一进程正在延续。[①] 人工智能和机器人融入生产过程，它们不仅能通过与人类的合作提升了劳动生产率，而且可能完全替代人类劳动力，这表现在没有劳动力投入的情况下它们也能生产商品，由此产生的大规模失业需要政府采用某种形式的公共政策进行干预。然而，有些学者认为人工智能对于社会、经济和政府等方面的影响可能在学者的分析当中被高估了。[②]

但是，不管如何，主流经济学在这种情况下很难对应现实，因为依然存在不同的社会阶级和阶级斗争，甚至有激化的态势，这其中包括少数机器人的拥有者和为数众多失业者之间的阶级斗争。随着劳动者和劳动地位的下降，劳动生产率也逐渐变得无关紧要，并且与支付给失业者的生计工资或者补贴不相关。对再分配性的政策的分析会取代稀缺资源的最优配置，成为经济学研究的核心内容。这种情况下，经济理论研究的背景变得与古典政治经济学的那些年代类似了，而当时理论研究的主要焦点是社会阶级、阶级斗争和剩余的再分配。随着智能化程度的加深，加之人工智能技术发展本身存在的不确定性，未来如何应对人工智能所带来的经济和社会问题是需要理论界重点关注的议题。因此，从经济学视角出发，利用经

---

① D'Orlando, Fabio, Technological Unemployment and the Resurgence of Political Economy, 2019.

② Judith Clifton, Amy Glasmeier, Mia Gray. When machines think for us: the consequences for work and place, Cambridge Journal of Regions, Economy and Society, Cambridge Political Economy Society, 2020, 13(1): 3-23.

济学的分析工具来研究人工智能对人的发展产生的影响，具有重要的理论价值和实践价值。主流经济学的研究范式决定了其在研究人工智能的社会经济影响，以及对资本主义社会未来发展的前途方面存在方法论的"贫困"，马克思主义经济学的研究范式才直达人工智能与人类社会生活、政治和经济各方面关系的本质联系。

人工智能技术的发展和应用改变了社会经济中的生产关系，也催生了生产力的变革。西方学者从马克思主义经济学和经济发展理论的角度，针对人工智能对生产关系各维度，以及对生产力和经济发展未来前景的影响进行了新的分析和总结。这些研究成果表明，人工智能的应用和发展可能引发的严重失业问题，尤其是技能劳动力被替代，将是未来研究的重点领域。人类劳动力的整体工资占比会下降，而不同技能劳动力之间的收入分配差距扩大；当人工智能成为价值创造主体，劳动的异化会更严重。总之，人工智能技术在对产出和生产力带来正面效应的同时，对生产关系及资本主义发展前景的效应仍需进一步分析和研究。当然，较多研究认为，人工智能技术更进一步说明了资本主义经济发展模式的内在矛盾更加激化，几乎不能调和。

(二)研究展望

当前国内对人工智能和机器人在工业中的应用的研究，主要基于西方主流经济学的范式和经验方法，更多的是将中国作为一个观测的样本。缺乏对于人工智能引起的社会经济深层次问题的经济学分析，研究视角存在一定的局限性。人工智能及其应用也是中国社会主义市场经济和高质量发展过程中遇到的新实践，将会面对与其他经济体一样的新问题。更加需要关注的是，基于社会主义市场经济的基本经济制度，这种新的经济模式还会出现一些全然不同的新特征。国内学者应该更多关注被主流经济学忽视的劳动关系和劳动异化等经济发展中的重要议题，以此准确判断资本主义经济发展中可能存在和激化的新矛盾，及其对资本主义经济发展前景的效应。同样，也有助于防止社会主义市场经济建设走向工业4.0和人工智能时代可能遭遇的一些生产关系维度的挑战。

需要强调的是，中国当前在人工智能技术、机器人和大数据等领域取得了显著的进步，但是还存在严重缺陷。人工智能产业的整体发展水平比较低，相关产业和产品的结构存在缺失和错位，技术水平较低，产品质量较差。总而言之，人工智能产业的发展对经济高质量发展的支撑作用不强。根据中国当前经济发展的基本矛盾和发展前景，需要重点探索中国经济背景下人工智能的发展，人工智能的发展对中国经济高质量发展的影响。因此，借鉴这一领域海外前沿文献的研究方法、研究路径和研究结论，有利于马克思主义中国化的基础理论研究，以及马克思主义经济发展理论在当前人工智能时代实现新发展。另外，当前中国经济发展已经进入新常态，加之人工智能时代与经济高质量发展阶段的共生，这就要求我们结合新的时代背景和新的历史进程，在马克思主义经济发展理论上实现新突破，用以指导中国经济发展的新实践。

算法决策中的社会心理学*

喻　丰　张语嫣　许丽颖**

摘　要：在过去的几十年里，算法与人工智能加速融入人类社会。算法决策凭借其高效性、准确性、客观性、广适用性及低成本等优点已渗透社会生活的方方面面。尽管算法决策的应用日益增加，人们在心理上却通常厌恶算法做决策，这可能会导致在实践中仍经常存在算法决策利用不充分的现象。人类自身认知和算法决策能力两方面都会影响人们对算法决策的态度，人类认知因素包括人们对算法决策本身和算法决策应用领域的熟悉度，而算法决策能力包括专业性、学习能力、独特性关注能力以及心智能力等。普及算法知识、提高人们对算法决策的熟悉度，提高算法决策的专业性、学习能力、心智能力，提供个性化的算法决策服务，以及加强人类与算法的合作互动可以使人们更欣赏算法决策。未来的算法决策研究应特别关注算法的道德决策、创造性决策以及算法欣赏现象，以帮助设计出更伦理、更与时俱进和更受人们喜爱的算法和人工智能。

关键词：算法决策；算法厌恶；算法欣赏；人机交互

---

* 本文为武汉大学自主科研项目（人文社会科学）海外前沿追踪项目（2020HW001）研究成果，得到"中央高校基本科研业务费专项资金"资助。

** 喻丰，武汉大学哲学学院心理学系教授、博士生导师；张语嫣，武汉大学哲学学院心理学系硕士研究生；许丽颖，清华大学心理学系助理研究员。

现代社会，算法决策无处不在。你收到的一封浪漫情书或许是出于人工智能之手①；你在陌生城市游玩的路线是由算法决定的②；甚至你在互联网上看到的新闻、广告也是算法向你推荐的③。也许你对这些生活中这些小事已习以为常，但不可否认的是，算法时代已经到来，并且在切实改变着人们的生活。算法超强的计算能力④使其可以在瞬间做出复杂的决策⑤，这是人类无法比拟的；算法在简单任务⑥、象棋⑦、围棋⑧中的表现，以及在医疗

① Roberts, S. Christopher Strachey's Nineteen-Fifties Love Machine-The New Yorker [OL]. Retrieved May 19, 2021, from https://www.newyorker.com/tech/elements/christopher-stracheys-nineteen-fifties-love-machine

② Yamane, K., Fujiwara, J., Endo, Y. et al. U.S. Patent No. 8, 068, 973. Washington, Washington, DC: U.S. Patent and Trademark Office, 2011.

③ Kozyreva, A., Lorenz-Spreen, P., Hertwig, R., et al. Public attitudes towards algorithmic personalization and use of personal data online: Evidence from Germany, Great Britain, and the United States [J]. Humanities and Social Sciences Communications, 2021, 8(1), 1-11.

④ Bartholomew-Biggs, M. C., Parkhurst, S. C., Wilson, S. P. Global optimization approaches to an aircraft routing problem [J]. European Journal of Operational Research, 2003, 146(2), 417-431.

⑤ Bonnefon, J. F., Shariff, A., Rahwan, I. The social dilemma of autonomous vehicles [J]. Science, 2016, 352(6293), 1573-1576.

⑥ Dietvorst, B. J., Simmons, J. P., Massey, C. Algorithm aversion: People erroneously avoid algorithms after seeing them err [J]. Journal of Experimental Psychology: General, 2015, 144(1), 114.

⑦ Newborn, M. . Beyond Deep Blue: Chess in the Stratosophere [M]. New York, NY: Springer. 2011.

⑧ Chouard, T. The Go Files: AI computer clinches victory against Go champion [J]. Nature. http://doi.org/10.1038/nature.2016.19553.

等应用领域的准确率①②也优于人类；算法决策还可以弥补人类的主观性、偏见等缺陷③，且适用范围更广，成本更低④。算法和人工智能技术的进步给经济社会、政治社会带来了革命性的变化，可以说，算法决策的发展是不可逆转的潮流。

物理功能的算法技术早已将人类从许多费时费力的活动中解放出来⑤。判断、规划和创造性思维等认知功能的算法决策技术也越来越普及，但算法决策仍备受争议。哲学家 Bostrom 认为机器代表人类做出决定可能会导致灾难⑥。Elon Musk 也称自动机器的崛起是人类"最大的生存威胁"⑦。普通民众对算法决策的态度似乎也褒贬不一。在医疗、经济、驾驶、司法以及军事等各应用领域，通常情况下，人们依然更喜欢人类决策而不喜欢算法决策，即使算法决

---

① Lohr, Steve. IBM is counting on its bet on watson, and paying big money for it[OL]. New York Times, Retrieved May 19, 2021, from 2016-10-17. https://www.nytimes.com/2016/10/17/technology/ibm-is-counting-on-its-bet-on-watson-and-paying-big-money-for-it.html.

② Donnelly, L. Forget your GP, robots will "soon be able to diagnose more accurately than almost any doctor"[OL]. The Telegraph, Retrieved May 19, 2021, from 2017. https://www.telegraph.co.uk/technology/2017/03/07/robots-will-soon-able-diagnose-accurately-almost-doctor/

③ Andrews, D. A., Bonta, J., Wormith, J. S. The recent past and near future of risk and/or need assessment[J]. Crime & Delinquency, 2006, 52(1), 7-27.

④ Common Cents Lab. Retrieved May 19, 2021, from 2017-08-18. http://advanced-hindsight.com/commoncents-lab/

⑤ Parasuraman, R., Riley, V. Humans and automation: Use, misuse, disuse, abuse[J]. Human Factors, 1997, 39(2), 230-253.

⑥ Bostrom, N. Superintelligence[M]. Oxford: Oxford University Press, 2014.

⑦ McFarland, M. Elon Musk: "With artificial intelligence we are summoning the demon."[OL]. The Washington Post. Retrieved May 19, 2021, from 2014. https://www.washingtonpost.com/news/innovations/wp/2014/10/24/elon-musk-with-artificial-intelligence-we-are-summoning-the-demon/? utm_term=.02d648908751

策的表现更优，Dietvorst 等人称这种现象为算法厌恶①。当决策任务具有道德性质时，这种算法厌恶尤其强烈②。但在某些决策环境中，人们也逐渐开始接受和偏好算法决策，例如，人们更偏好算法进行相对客观的决策，Logg 等人称这种现象为算法欣赏③。

在算法决策表现优于人类且省时省力省财的情况下，对新技术的盲目忽视与拒绝显然是不理性的，也是不恰当的，可能给个人和社会带来潜在的损失或危害，有时甚至是生命危险④，例如，许多交通事故源于司机忽视机器超速警告⑤。人们对算法决策的认知发展似乎还未跟上技术进步的步伐，探讨人们对算法决策的态度及原因迫在眉睫，思考如何提高人们对算法决策的接受度而又能批判地使用算法决策也是未来算法与人工智能技术发展的重要一步。

一、算法决策的发展与应用

（一）算法决策的概念

在关于算法决策的研究中，算法的措辞并未统一⑥，在许多研

---

① Dietvorst, B. J., Simmons, J. P., Massey, C. Algorithm aversion：People erroneously avoid algorithms after seeing them err[J]. Journal of Experimental Psychology：General, 2015, 144(1), 114.

② Bigman, Y. E., Gray, K. People are averse to machines making moral decisions[J]. Cognition, 2018, 181, 21-34.

③ Logg, J. M., Minson, J. A., Moore, D. A. Algorithm appreciation：People prefer algorithmic to human judgment[J]. Organizational Behavior and Human Decision Processes, 2019, 151, 90-103.

④ Parasuraman, R., Riley, V. Humans and automation：Use, misuse, disuse, abuse. Human Factors[J]. 1997, 39(2), 230-253.

⑤ Sorkin, R. D. Why are people turning off our alarms? [J]。The Journal of the Acoustical Society of America, 1988, 84(3), 1107-1108.

⑥ Burton, J. W., Stein, M. K., Jensen, T. B. A systematic review of algorithm aversion in augmented decision making[J]. Journal of Behavioral Decision Making, 2020, 33(2), 220-239.

究中，算法也被称为数学方法（mathematical approach；Önkal，2009）①、自动化系统（automated system）、或计算机（computer）、程序（program）、软件（software）等②。Burton 等人根据韦氏词典的改编将算法定义为一个数学的、逐步的计算过程或公式。Dietvorst 等人认为算法（algorithmic approach）是数学方法与计算机解决问题的方法相结合。Parasuraman 和 Riley 在 20 世纪就提出自动化是由机器主体——通常是计算机——执行"以前由人类执行的功能"的技术。而根据 Parasuraman 和 Riley 的观点，算法是一个技术发展的过程，被认为是算法的东西会随着时间的推移和科技的发展而改变。随着算法越来越自主，人工智能技术兴起，算法的定义也随着技术的进步而演变，算法的概念应用到了机器（machine）、超级计算机（supercomputer）、人工智能（artificial intelligence）之上。算法决策（algorithmic decision making）则是一系列相关概念的总称，包含增强决策（augmented decision making）、决策辅助（decision aids）、决策支持系统（decision support systems）、专家系统（expert systems）、决策公式（decision formulas）和计算机辅助（computerized aids），等等③。最近的研究也将算法决策的概念扩展到了机器决策（machine decision making）、机器人决策（robot decision making）、人

---

① Önkal, D., Goodwin, P., Thomson, M., et al. The relative influence of advice from human experts and statistical methods on forecast adjustments[J]. Journal of Behavioral Decision Making, 2009, 22(4), 390-409.

② Jussupow, E., Benbasat, I., Heinzl, A. Why are we averse towards Algorithms? A comprehensive literature review on algorithm aversion [OL]. In Proceedings of the 28th European Conference on Information Systems (ECIS).

③ Burton, J. W., Stein, M. K., Jensen, T. B. A systematic review of algorithm aversion in augmented decision making[J]. Journal of behavioral decision making, 2020, 33(2), 220-239.

工智能决策(artificial intelligence decision making)等①②。

虽然算法和算法决策的一系列概念有细微区别，但是在大部分算法决策的人机交互研究中，关注重点是人类主体与非人主体的交互作用，而非算法决策的具体工具，因而这些术语可以互换使用。同样的，算法决策的形式如决策(decision making)、判断(judgement)、预报(forecasting)和预测(prediction)也被认为是等同的。综合以往研究对算法决策的定义，我们将算法决策定义为以软件、程序、计算机、自动化系统、机器、机器人或其他人工智能体的形式，基于规则(例如，数学方法)或非规则方法(例如，机器学习)，执行判断、预测、建议、辅助决策、决策等功能的过程。

(二)算法决策的应用

在过去的几十年里，算法与人工智能融入人类社会的速度迅速加快，算法决策已经渗透社会生活的方方面面。在寻医问药③、巡游问路④等各种日常生活小事中都能寻到算法的踪迹。

在医疗上，人工智能正在给医疗领域带来革命性的变化，计算机化的医疗手段将对许多人的日常生活以及医疗实践产生重大影响。例如，算法可以诊断常见的认知障碍⑤。机械臂早已用于协助

① Malle, B. F. Integrating robot ethics and machine morality: the study and design of moral competence in robots[J]. Ethics and Information Technology, 2016, 18(4), 243-256. http://doi.org/10.1007/s10676-015-9367-8.

② Malle, B. F., Scheutz, M., Arnold, T., et al. Sacrifice one for the good of many? people apply different moral norms to human and robot agents[J]. Proceedings of the Tenth Annual ACM/IEEE International Conference on Human-Robot Interaction, 2015, 117-124.

③ Longoni, C., Bonezzi, A., Morewedge, C. K. Resistance to medical artificial intelligence[J]. Journal of Consumer Research, 2019, 46(4), 629-650.

④ Yamane, K., Fujiwara, J., Endo, Y., et al. U.S. Patent No. 8, 068, 973. Washington, Washington, DC: U.S. Patent and Trademark Office, 2011.

⑤ Davis, R., Libon, D., Au, R., et al. Think: Inferring cognitive status from subtle behaviors[J]. AI Magazine, 2015, 36(3), 49-60.

进行危及生命的手术①。机器人手术臂将很快能够选择如何准确地对肿瘤进行手术，选择在周围组织中移动的路径②。在肾脏交换中，需要肾移植并且有自愿但血型不合的活体捐赠者的患者可能会试图交换他们捐赠者的肾脏③，而肾脏交易所决定谁与谁匹配是一个高度复杂的问题，在一些国家的交易所，这个匹配问题是使用人工智能算法来解决的。例如英国④、荷兰⑤等欧洲国家以及美国⑥。

在经济上，算法投资基金系统⑦和机器人咨询行业⑧强劲增

① van den Berg, J., Patil, S., Alterovitz, R. Motion planning under uncertainty using differential dynamic programming in belief space [J]. In H. I. Christensen & O. Khatib (Eds.), Robotics Research: The 15th International Symposium ISRR (pp. 473-490). Cham: Springer International Publishing.

② Swaney, P. J., Mahoney, A. W., Hartley, B. I., et al. Toward transoral peripheral lung access: Combining continuum robots and steerable needles. Journal of Medical Robotics Research, 2017, 2(01), 1750001.

③ Roth, A. E., Sönmez, T., Ünver, M. U. Kidney exchange [J]. The Quarterly Journal of Economics, 2004, 119(2), 457-488.

④ Manlove, D. F., O'malley, G. Paired and altruistic kidney donation in the UK: Algorithms and experimentation[J]. Journal of Experimental Algorithmics (JEA), 2015, 19, 1-21.

⑤ Glorie, K. M., van de Klundert, J. J., Wagelmans, A. P. Kidney exchange with long chains: An efficient pricing algorithm for clearing barter exchanges with branch-and-price[J]. Manufacturing & Service Operations Management, 2014, 16(4), 498-512.

⑥ Dickerson, J., Sandholm, T. FutureMatch: Combining human value judgments and machine learning to match in dynamic environments[J]. In Proceedings of the AAAI Conference on Artificial Intelligence, 2015(29): 1.

⑦ Harvey, C. R., Rattray, S., Sinclair, A. Man vs. Machine: comparing discretionary and systematic hedge fund performance [J]。The Journal of Portfolio Management, 2017, 43(4), 55-69.

⑧ Kaya, O., Schildbach, J., AG, D. B. Robo-advice-a true innovation in asset management[J]. Deutsche Bank Research. Retrieved May 19, 2021, from 2017-08-10. https://www.dbresearch.com/PROD/DBR _ INTERNET _ EN-PROD/PROD0000000000449010/Robo-advice_-_a_true_innovation_in_asset_managemen.pdf.

长，计算机算法运行占美国股市 35% 的基金，并负责其上 60% 的交易①，机器将获得越来越多的自主权，未来甚至可能会有一些基金几乎完全自主管理②。由英国私人保险公司和养老金提供商利物浦维多利亚经营的机器人顾问 Cora 可以为人们提供咨询服务，比人类顾问效率要高得多。消费领域也有许多算法决策辅助工具旨在提高消费者的决策质量，同时减少做出决策所需的工作量③。

在司法上，算法决策的应用也越来越普遍。算法为刑事量刑提出建议④。算法风险评估可以帮助司法工作人员根据各种静态和动态因素，如当前的罪行、犯罪背景和其他人口特征，将罪犯按风险级别分类⑤⑥⑦。由此产生的风险分数指导司法人员做出假释和量刑等司法决策。在司法体系中引入算法决策是为了帮助对抗法

---

① Niszczota, P., Kaszás, D. Robo-investment aversion [J]. PLoS ONE, 2020, 15(9), e0239277.

② Moulliet, D., Stolzenbach, J., Majonek, A., et al. The expansion of Robo-Advisory in Wealth Management [J]. Retrieved May 19, 2021, from 2016. https://www2.deloitte.com/content/dam/Deloitte/de/Documents/financialservices/ Deloitte-Robo-safe.pdf

③ Häubl, G., Trifts, V. Consumer decision making in online shopping environments: The effects of interactive decision aids [J]. Marketing Science, 2000, 19(1), 4-21.

④ Angwin, J., Larson, J., Mattu, S., et al. Machine bias [OL]. Retrieved May 19, 2021, from 2016. https://www.propublica.org/article/machine-bias-risk-assessments-in-criminal-sentencing

⑤ Baird, C., Healy, T., Johnson, K., et al. A comparison of risk assessment instruments in juvenile justice [M]. Madison, WI: National Council on Crime and Delinquency 2013.

⑥ Berk, R. Criminal Justice Forecasts of Risk: A machine learning approach [M]. New York: Springer Science & Business Media 2012.

⑦ Fazel, S., Singh, J. P., Doll, H., et al. Use of risk assessment instruments to predict violence and antisocial behaviour in 73 samples involving 24 827 people: systematic review and meta-analysis [J]. BMJ, 2012: 345.

律体系中人类固有的一些潜在错误和主观性①②。此外，人们还可以使用 DoNotPay 等机器人顾问抗辩停车罚单，甚至申请政治庇护③。

在驾驶领域，全球学术界和工业界对自动驾驶汽车的研究都在加速④。许多业内专家认为，未来自动驾驶汽车将会取代人工驾驶，就像 20 世纪初汽车取代马匹一样⑤。谷歌的全自动驾驶丰田普锐斯(Prius)混合动力车在 2012 年就已经行驶了超过 30 万英里。电气和电子工程师协会(IEEE)预测，到 2040 年，自动驾驶汽车将占道路上车辆的 75%，21 世纪中叶，自动驾驶汽车将成为常态⑥。

在军事上，无人机应用于监视和轰炸敌方战斗人员⑦。自然语言处理技术可以降低军事通信成本，提高通信系统的稳定性⑧。使

① Andrews, D. A., Bonta, J., Wormith, J. S. The recent past and near future of risk and/or need assessment[J]. Crime & Delinquency, 2006, 52(1), 7-27.

② Hanson, R. K., Morton-Bourgon, K. E. The accuracy of recidivism risk assessments for sexual offenders: a meta-analysis of 118 prediction studies [J]. Psychological Assessment, 2009, 21(1), 1.

③ Logg, J. M., Minson, J. A., Moore, D. A. Algorithm appreciation: People prefer algorithmic to human judgment[J]. Organizational Behavior and Human Decision Processes, 2019, 151, 90-103.

④ Badue, C., Guidolini, R., Carneiro, R. V., et al. Self-driving cars: A survey[J]. Expert Systems with Applications, 2020, 113816.

⑤ Fournier, T. Will my next car be a libertarian or a utilitarian?: Who will decide? [J]. IEEE Technology and Society Magazine, 2016, 35(2), 40-45.

⑥ Newcomb, D. Retrieved May 19, 2021, from 2012. http://www.cnn.com/2012/09/18/tech/innovation/ieee-2040-cars

⑦ Horowitz, M. C. The ethics & morality of robotic warfare: Assessing the debate over autonomous weapons[J]. Daedalus, 2016, 145(4), 25-36.

⑧ Schutzer, D. Applications of artificial intelligence to military communications [C]. In MILCOM 1983-IEEE Military Communications Conference (Vol. 3, pp. 786-790). IEEE, 1983.

用混合专家模型进行地形分析，制定军队行进计划①。数据分析还可以帮助军队提高后勤部门的生产效率②。

此外，算法决策还应用于互联网信息的推送，例如社交媒体推送、定向广告等③；在社交上，聊天机器人也越来越多④，机器人宠物可以提供社会支持和陪伴，有时甚至取代了真正的人类陪伴⑤；在组织管理上，强生集团（Johnson & Johnson）和捷蓝航空（Jet Blue）等公司使用算法招聘新员工、追踪现有员工满意度和预测员工离职风险⑥，算法还可以预测员工表现⑦。可以说，算法决策已在各领域得到了广泛的应用。

（三）算法决策的优越性

在医疗、司法、金融、消费、军事和驾驶等领域，以及我们的

---

① Campbell, L., Lotmin, A., DeRico, M. M., et al. The use of artificial intelligence in military simulations [J]//In 1997 IEEE International Conference on Systems, Man, and Cybernetics. Computational Cybernetics and Simulation (Vol. 3, pp. 2607-2612). IEEE, 1997.

② Shin, K. Y., Lee, J. K., Kang, K. H., et al. The current applications and future directions of artificial intelligence for military logistics. Journal of Digital Contents Society, 2019, 20(12), 2433-2444.

③ Kozyreva, A., Lorenz-Spreen, P., Hertwig, R., et al. Public attitudes towards algorithmic personalization and use of personal data online: Evidence from Germany, Great Britain, and the United States [J]. Humanities and Social Sciences Communications, 2021, 8(1), 1-11.

④ Luo, X., Tong, S., Fang, Z., et al. Frontiers: Machines vs. humans: The impact of artificial intelligence chatbot disclosure on customer purchases [J]. Marketing Science, 2019, 38(6), 937-947.

⑤ Melson, G. F., Kahn Jr, P. H., Beck, A., et al. Children's behavior toward and understanding of robotic and living dogs [J]. Journal of Applied Developmental Psychology, 2009, 30(2), 92-102.

⑥ Logg, J. M., Minson, J. A., Moore, D. A. Algorithm appreciation: People prefer algorithmic to human judgment [J]. Organizational Behavior and Human Decision Processes, 2019, 151, 90-103.

⑦ Highhouse, S. Stubborn reliance on intuition and subjectivity in employee selection[J]. Industrial and Organizational Psychology, 2008, 1(3), 333-342.

日常生活中，算法决策无处不在。无论是在随着社会技术发展出现的新型决策任务中，还是在以往由人类执行的决策中，算法都占领了一席之地。为何一些决策任务从出现之初就一直由算法完成？为何许多一直由人类进行的决策开始逐渐向算法转移呢？

第一，有些决策可能超出了人类的计算能力，人类无法有效率的甚至没有能力完成这些决策。随着科技社会的发展，许多新的决策只能由具有强大计算能力的算法完成，而人类面对这些任务，很可能是有心无力的。例如，一些非常紧急的决策需要在极短暂的时间内做出决策，超出了人类的计算效率，以至于让人来做这个决定是不可行的。就像自动驾驶汽车必须在瞬间决定撞到谁一样①。此外，机器的超强计算能力使它们能够精确计算数千架飞机的飞行路线②，这也是人类无法独立完成的。

第二，算法决策在许多方面的表现优于人类。尽管有些任务可能在人类的计算能力内，人类可以完成，但同样的任务，算法可能表现更优、准确性更高。例如，算法被证明在简单任务中优于人类③④。机器甚至能预测人类决策⑤。机器还可以在长期以来被誉为需要理性、智慧和策略的游戏中击败人类，包括国际象棋和围棋等。在某些医疗情况下，人工智能医疗服务者超过了人类医疗服务者，当将 IBM Watson 在 1000 例癌症诊断中的表现与人类专家进行

① Bonnefon, J. F., Shariff, A., Rahwan, I. The social dilemma of autonomous vehicles[J]. Science, 2016, 352(6293), 1573-1576.

② Bartholomew-Biggs, M. C., Parkhurst, S. C., Wilson, S. P. Global optimization approaches to an aircraft routing problem [J]. European Journal of Operational Research, 2003, 146(2), 417-431.

③ Dietvorst, B. J., Simmons, J. P., Massey, C. Algorithm aversion: People erroneously avoid algorithms after seeing them err [J]. Journal of Experimental Psychology: General, 2015, 144(1), 114.

④ Grove, W. M., Zald, D. H., Lebow, B. S., et al. Clinical versus mechanical prediction: a meta-analysis[J]. Psychological Assessment, 2000, 12(1), 19.

⑤ Wright, J., Leyton-Brown, K. Beyond equilibrium: Predicting human behavior in normal-form games[J]. In Proceedings of the AAAI Conference on Artificial Intelligence, 2010-07(24): 1.

比较时，Watson 发现医生在30%的病例中遗漏了治疗方案①；当英国研究人员将医生的分诊诊断准确率与人工智能的准确率进行比较时，发 现 医 生 的 准 确 率 为 77.5%，而 人 工 智 能 的 准 确 率为90.2%②。

第三，算法决策可以弥补人类的主观性、偏见等固有缺陷。例如，在司法体系中引入算法决策可与帮助对抗法律体系中人类固有的一些潜在错误和主观性③④。但由于黑盒算法的不透明性，也有研究认为，算法工具的使用不当也可能会造成偏见，导致不公正和社会混乱，对个人和社会带来潜在的危害⑤。

第四，算法决策相对于专家建议，成本更低，适用更广。例如，现在有许多应用程序可以提供财务建议和投资指导，这些"机器人顾问"可以为那些觉得找人类顾问太昂贵的人服务⑥。智能医疗的普及可以提供大规模的低成本全民医疗服务⑦。鉴于算法建议

---

① Lohr, Steve. IBM Is Counting on Its Bet on Watson, and Paying Big Money for It[J]. New York Times, Retrieved May 19, 2021, from 2016-10-17. https：//www. nytimes. com/2016/10/17/technology/ibm-is-counting-on-its-bet-on-watson-and-paying-big-money-for-it. html

② Donnelly, L. Forget your GP, robots will "soon be able to diagnose more accurately than almost any doctor," The Telegraph, Retrieved May 19, 2021, from 2017. https：//www. telegraph. co. uk/technology/2017/03/07/robots-will-soon-able-diagnose-accurately-almost-doctor/

③ Andrews, D. A., Bonta, J., Wormith, J. S. The recent past and near future of risk and/or need assessment[J]. Crime & Delinquency, 2006, 52(1), 7-27.

④ Hanson, R. K., Morton-Bourgon, K. E. The accuracy of recidivism risk assessments for sexual offenders：a meta-analysis of 118 prediction studies[J]. Psychological Assessment, 2009, 21(1), 1.

⑤ O'Neil C. Weapons of math destruction：how big data increases inequality and threatens democracy[J]. Crown Publishing Group, New York, 2016.

⑥ Common Cents Lab (2017, August 18). Retrieved May 19, 2021, from 2017-08-18. http：//advanced-hindsight. com/commoncents-lab/

⑦ Esteva, A., Kuprel, B., Novoa, R. A., et al. Dermatologist-level classification of skin cancer with deep neural networks[J]. Nature, 2017, 542(7639), 115-118.

的出色性能记录，在许多情况下，它既便宜又更好。甚至在20世纪，自动化就能在许多功能上以低成本取代人类。在人类和算法都能高效高质量的完成决策任务的情况下，低成本的算法决策显然具有很大优势。

算法决策强大的计算能力使其可以以低成本更快更全更准确的完成许多决策任务，这是人类无法比拟的，对算法决策的合理使用为人们的生活带来了许多便利，促进各领域的变革与发展。然而，并不是在所有情况下人们都能合理利用算法决策，在许多时候，人们也会不信任并拒绝算法决策或过于信任导致过度依赖算法决策。

（四）算法决策的不充分利用

随着算法与人工智能技术的进步，算法已不再局限于解放人类体力的自动化设备，而更多的开始应用于判断和决策等领域。尽管算法决策已凭借其各方面的优越性在现代社会被广泛应用，但研究发现，人类也经常未充分利用算法设备。即人们本可以使用算法提高性能或任务表现，但却没有使用①。

对算法决策的拒绝或不充分利用会给个人和社会带来经济上的损失，有时甚至会造成生命危险。例如，1987年巴尔的摩附近发生一起铁路事故，事后检查人员发现，火车操作员用胶带封住了原本用于警告超速的蜂鸣器②。以往研究还发现，医疗领域计算机化的精算方法往往优于人类判断的临床方法③，但人们却往往不信任医疗算法决策，这种对医疗算法决策的拒绝倾向与患者遵循最准确

---

① Lee, J. D. Review of a pivotal Human Factors article: "Humans and automation: use, misuse, disuse, abuse" [J]. Human Factors, 2008, 50(3), 404-410.

② Sorkin, R. D. Why are people turning off our alarms? [J]. The Journal of the Acoustical Society of America, 1988, 84(3), 1107-1108.

③ Dawes, R. M., Faust, D., Meehl, P. E. . Clinical versus actuarial judgment [J]. Science, 1989, 243(4899), 1668-1674.

建议的自身利益背道而驰①。

Burton 等人将对算法决策的合理利用称为成功的算法决策，因为在这种决策中，人类和算法实现了成功的互动，人类能够准确地辨别何时以及何时不将算法的判断集成到他或她自己的决策中；而将对算法决策的忽视和拒绝定义为不成功的算法决策，因为这种决策标志着人类和算法之间缺乏互动或互动失败。虽然算法还远非完美，但它们可以纠正和弥补人类的一些缺点。总的来说。算法决策完成了许多人类无法完成的决策任务，充分利用算法可以为人们带来许多便利，为社会创造经济效益，那为何会经常性的出现对算法决策拒绝或不充分利用的现象呢？普通民众对算法决策持何种态度呢？

二、人们对算法决策的态度

算法技术的进步使人们能够以前所未有的方式收集和利用大量数据，并依托复杂的计算过程做出决策，算法决策技术也越来越先进、越来越普及。然而，如果只专注于技术的变革与推广，而忽视人们对算法决策的态度，便无法最大化利用算法决策的优点。因此，了解人们是否愿意将算法信息纳入自己的决策中也是技术发展的重要一步。

尽管算法及人工智能在许多方面往往能比人类做出更快更优的决策，理性上说，人们应当乐于接受算法决策的普及与应用，但实际上人们对算法决策的态度似乎并不是如此。Meehl 最先在学术上概述算法相对于人类专家的预测优势并提到人们对算法的心理不信任②。研究表明，算法能比人类更准确的预测未来或完成决策任务，然而，人们还是会选择人类决策者或遵循人类的建议做出决

---

① Promberger, M., Baron, J. Do patients trust computers? [J]. Journal of Behavioral Decision Making, 2006, 19(5), 455-468.

② Meehl, P. E. Clinical versus statistical prediction: A theoretical analysis and a review of the evidence. Minneapolis[M]. MN: University of Minnesota Press, 1954.

策，Dietvorst 等人将这种现象称为算法厌恶（algorithm aversion）①。Dietvorst 等人在之后重新定义了算法厌恶，即人们在了解到算法决策并不完美后，往往不愿意使用算法决策②。然而，有学者认为该定义过于狭窄③，将算法厌恶限制在人们了解算法不完美的情况下，因为也有一些研究表明，人们在并不了解算法的表现之前就形成了算法厌恶④。Jussupow 等人因而以更一般的方式将算法厌恶定义为与人类主体相比的对算法的偏见评估，这种偏见评估表现为对算法的负面行为和态度。

算法决策厌恶首先表现在对决策主体的选择上，即相比算法，人们更偏好人类做出决策。例如，尽管在司法体系中引入算法决策可以帮助对抗法律体系中人类固有的一些潜在错误和主观性，在一次皮尤民意调查（PEW poll）中，56%的受访者依然认为使用算法进行假释决定的风险评估是不可接受的⑤。此外，消费者对医疗人工智能的抵触也出现在各种医疗领域。从预防到诊断到治疗，与人类提供的医疗服务相比，消费者不愿意使用人工智能提供的医疗服

① Dietvorst, B. J., Simmons, J. P., Massey, C. . Algorithm aversion: People erroneously avoid algorithms after seeing them err[J]. Journal of Experimental Psychology: General, 2015, 144(1), 114.

② Dietvorst, B. J., Simmons, J. P., Massey, C. Overcoming algorithm aversion: People will use imperfect algorithms if they can (even slightly) modify them [J]. Management Science, 2018, 64(3), 1155-1170.

③ Jussupow, E., Benbasat, I., Heinzl, A. Why are we averse towards Algorithms? A comprehensive literature Review on Algorithm aversion. In Proceedings of the 28th European Conference on Information Systems (ECIS), 2020.

④ Longoni, C., Bonezzi, A., Morewedge, C. K. (2019). Resistance to medical artificial intelligence[J]. Journal of Consumer Research, 2019, 46(4), 629-650.

⑤ Smith, A. Public Attitudes Toward Computer Algorithms[OL]. Pew Research Center. Retrieved May 19, 2021, from http://www.pewinternet.org/2018/11/16/public-attitudes-toward-computer-algorithms/.

务，并且愿意为此支付的费用也更少①。

其次，算法厌恶还表现在对人类决策和算法决策的利用程度上，即在算法和人类都做出决策或给出决策建议时，人们会更采纳人类决策或更依据人类建议来做出或调整自己的决策。例如，在医疗领域，Meehl 确定了两种评估医疗病症的方法，即临床方法和精算方法，临床方法是指人类专家以自己的知识和经验对病症进行全面评估；精算方法是指以公式化或计算机化的方法评估症状。Dawes、Faust 和 Meehl 回顾了近 100 项涉及客观结果预测的研究，发现几乎在每一项研究中，精算方法都和临床方法效果差不多或者超过了临床方法，有时是略微超过，有时实质性的优于临床方法②。然而，人们却更愿意遵循人类医生的建议，而不太愿意接受医疗算法的建议，对医疗算法建议的信任度也更低③。在股市决策实验中，当人类专家和算法都对股市进行预测并给出相同的建议时，相比算法预测，人们更相信人类专家的预测，也更接受其建议④。

最后，算法厌恶还表现在对决策主体的评价上，即对决策结果或决策主体本身的评价。例如，人们对算法决策的信任更脆弱，会更严格的看其决策的结果⑤。当决策存在错误时，对人类决策的偏

① Longoni, C. , Bonezzi, A. , Morewedge, C. K. Resistance to medical artificial intelligence[J]. Journal of Consumer Research, 2019, 46(4), 629-650.

② Dawes, R. M. , Faust, D. , Meehl, P. E. Clinical versus actuarial judgment[J]. Science, 1989, 243(4899), 1668-1674.

③ Promberger, M. , Baron, J. Do patients trust computers? [J]. Journal of Behavioral Decision Making, 2006, 19(5), 455-468.

④ Önkal, D. , Goodwin, P. , Thomson, M. The relative influence of advice from human experts and statistical methods on forecast adjustments [J]. Journal of Behavioral Decision Making, 2009, 22(4), 390-409.

⑤ Prahl, A. , Van Swol, L. Understanding algorithm aversion: When is advice from automation discounted? [J]. Journal of Forecasting, 2017, 36(6), 691-702.

好会更强烈，即使人类和算法被记录了同等程度的错误①。在 Prahl 和 Van Swol 的研究中，被试在错误发生之前并不偏爱人类或计算机的建议，一旦被试从人和计算机那里得到了同样糟糕的建议，那么被试之后就不会太考虑计算机的建议了。当让人们评估由人类或算法创造的艺术作品时，人们都更喜欢人类创造的艺术作品，尽管他们评估的其实是完全相同的作品②。此外，在司法领域，当人类司法决策或算法司法决策出现错误时，人们对算法决策错误有更多的负面反应，更可能在法庭失败时采取法外措施，干扰司法秩序③。此外，研究还发现，相比人类。人们对算法的感知真实性更低。

研究还发现，当决策问题带有道德性质时，人们对算法决策的厌恶更强烈。人们不喜欢机器做出与道德相关的涉及人类生死问题的驾驶、法律、医疗和军事决策，即使机器做出的道德决策带来了积极的结果，这种厌恶依然存在④。在经济博弈任务中，人们更喜欢将与他人报酬有关的决策任务委托给人类，而不是机器，因为人们认为与他人有关的任务涉及道德，对机器使用的无条件厌恶似乎特定于与他人相关的任务的委派，似乎大多数人本能地不喜欢在道德领域使用机器⑤。在投资方面，人们也更喜欢人类基金经理帮自己投资，尤其是当投资类型涉及道德时，人们会表现出更强的算法厌恶，因为人们认为需要由道德能力（moral competence）水平更高

---

① Dzindolet, M. T., Pierce, L. G., Beck, H. P. The perceived utility of human and automated aids in a visual detection task. Human Factors, 2002, 44(1), 79-94.

② Jago, A. S. Algorithms and authenticity [J]. Academy of Management Discoveries, 2002, 5(1), 38-56.

③ Ireland, L. Who errs? Algorithm aversion, the source of judicial error, and public support for self-help behaviors[J]. Journal of Crime and Justice, 2020, 43(2), 174-192.

④ Bigman, Y. E., Gray, K. People are averse to machines making moral decisions. Cognition, 2018, 181, 21-34.

⑤ Gogoll, J., Uhl, M. Rage against the machine: Automation in the moral domain[J]. Journal of Behavioral and Experimental Economics, 2018, 74, 97-103.

的基金经理来判断投资一些在道德上有争议的公司是否是恰当的，而人们认为机器是不可能具备这种能力的①。

但最近也有研究发现，在某些决策环境中，与普遍认为人们不信任算法的结论相反，人们似乎倾向于更偏爱算法而不是人类决策，Logg 等人将这种效应称为算法欣赏（algorithm appreciation）。Jussupow 等人认为算法欣赏与算法厌恶是相对的概念，算法厌恶是对算法的消极行为与态度，而算法欣赏是对算法的积极行为与态度。

首先，人们是厌恶算法决策还是偏好算法决策，可能取决于使用算法的任务类型和对任务的感知，相对于主观任务，对于本质上看起来更客观的任务，算法更容易被信任和依赖②。例如，人们更依赖算法而不是人类来完成客观正确的数字任务③。在做出反映个人品味的决定时，人们更依靠密友的建议而不是算法④；相反，在体育预测等具有具体的外部准确性标准的领域，人们可能会对算法建议感到更信任。其次，专业性和决策表现也会影响对算法是厌恶还是欣赏。算法决策相对于人类主体的明显优越表现和专业性会降低算法厌恶，甚至可以逆转为算法欣赏。此外，算法在应用领域的历史性和广泛性也会提高人们对算法决策的欣赏。例如，大多数人已经习惯了来自气象模型的天气预报，而不是来自邻居的天气预报，因为气象模型几十年来一直被广泛使用；相反，关于时尚潮流的算法建议仍然相对较新，可能会面临更大的阻力。最后，相对于执行算法，人们更容易接受和喜欢咨询算法。

---

① Niszczota, P., Kaszás, D. Robo-investment aversion [J]. PLoS ONE, 2020, 15(9), e0239277.

② Castelo, N., Bos, M. W., Lehmann, D. R. Task-dependent algorithm aversion[J]. Journal of Marketing Research, 2019, 56(5), 809-825.

③ Logg, J. M., Minson, J. A., Moore, D. A. Algorithm appreciation: People prefer algorithmic to human judgment[J]. Organizational Behavior and Human Decision Processes, 2019, 151, 90-103.

④ Yeomans, M., Shah, A., Mullainathan, S. Making sense of recommendations [J]. Journal of Behavioral Decision Making, 2019, 32(4), 403-414.

需要注意的是，算法厌恶与算法欣赏并不等同于对技术的拒绝或接受，从后者的角度来看，技术或算法被认为是一种工具，而从算法厌恶与算法欣赏的角度来看，算法是社会性的行为主体①（Fogg，2002）。此外，算法拒绝通常基于诸如质量等的客观特征②，而算法厌恶是相对更主观性的评价。因此，我们在探讨人们为何厌恶算法又为何欣赏算法时，应从社会性和心理学的角度思考，应更关注人类与算法的交互作用。

三、算法厌恶之源

（一）人类认知

Highhouse 认为，尽管有许多潜在的倾向和情境原因导致对算法决策的抵制③，但要理解人们对算法决策的抵制，第一步就是研究关于人们对算法决策的隐含的、广泛持有的信念。所以了解人们对算法决策工具的认知对于理解人们为何厌恶算法决策又为何欣赏算法决策有重要意义。

首先，算法厌恶可能是因为人们对算法不够了解导致的。很少有技术在引入工作场所后立即被接受。一开始人们并不了解新技术，就很可能不喜欢甚至不信任一个新的自动化系统。且算法决策是由"黑箱"方法产生的，在这种方法中，用户并不了解其内部工作方式，统计预测背后的推理可能是不可及的，或者即使提供了原理，对于那些没有受过统计学训练的人来说也可能是神秘的，有研究发现，数学能力较差的人对算法决策的欣赏程度最低。由于人们在自动化方面的经验不足，就算法的使用而言，信任就更脆弱，这

---

① Fogg, B. J. . Persuasive technology: using computers to change what we think and do[M]. San Francisco: Morgan Kaufmann, 2002.

② Bonaccio, S., Dalal, R. S. Advice taking and decision-making: An integrative literature review, and implications for the organizational sciences [J]. Organizational Behavior and Human Decision Processes, 2006, 101(2), 127-151.

③ Highhouse, S. Stubborn reliance on intuition and subjectivity in employee selection[J]. Industrial and Organizational Psychology, 2008, 1(3), 333-342.

意味着，与人类相比，一两次算法方面的糟糕经历对他们的信任造成的伤害更大。而相比算法，人们自然会对人类的经验更熟悉，所以更信任与偏好人类的决策。但是随着新系统经验的积累，可靠和准确的算法往往逐渐会赢得人们的信任，研究发现，关于算法是如何执行的解释可以减少人们对算法的厌恶①。

对应用领域的熟悉度与专业度也会影响人们对算法决策的接受度。研究发现，受过金融教育的人更容易处理财务信息，因此更容易接受算法建议②③，而不是受教育程度较低的人意识到其需要建议。投资知识较少的人对算法投资的厌恶更强烈。但也有研究发现，如果认为自己对某领域非常熟悉，是该领域的专家，则可能对自己的能力过于自信而排斥算法决策。例如，从一开始 Meehl 提出算法可能在某些决策上表现得比人类更好时，该结论就遭到了专家们的强烈质疑，相关领域的专家们不愿相信线性模型可以超越他们的判断，甚至对该结论持敌意态度。在预测任务中，专家没有意识到算法建议的价值，对算法提供给他们的信息充耳不闻并且坚持自己最初的判断，但这是以准确性为代价的，不接受算法建议的专家的预测准确率不如外行人。

除了对算法决策和应用领域的知识，责任转移(the shifting of responsibility)也可能是人们更偏好人类决策的原因④。当遵循或纳入人类决策者的建议时，人们会感觉自己对该决策的责任转移到了

① Yeomans, M., Shah, A., Mullainathan, S. Making sense of recommendations[J]. Journal of Behavioral Decision Making, 2019, 32(4), 403-414.

② Lusardi, A., Mitchell, O. S. Financial literacy around the world: an overview[J]. National Bureau of Economic Research Working Paper Series, 2011, (w17107).

③ Lusardi, A., Mitchell, O. S., Curto, V. Financial literacy among the young[J]. Journal of Consumer Affairs, 2010, 44(2), 358-380.

④ Bonaccio, S., Dalal, R. S. Advice taking and decision-making: An integrative literature review, and implications for the organizational sciences [J]. Organizational Behavior and Human Decision Processes, 2006, 101(2), 127-151.

建议者身上了，但如果遵循或纳入算法决策，这种责任就不会转移，因为人们认为算法没有承担责任的能力①。Armstrong 发现，即使有压倒性的证据表明专家的判断和建议并不比只有基础知识的人更准确，人们仍然相信这些专家的判断和建议②。这种现象在政治预测③、冲突结果预测④和股市预测等不同领域都有发现，尽管专家在这些领域有时并不比只有基本知识的人表现得更好。Armstrong 认为，这种对专家的依赖的一个原因是责任转移，即如果预测结果不准确，专家会受到更多的责备，就可以转移自己决策失误的责任。正如 Bonaccio 和 Dalal 所言，只有当决策建议者是人类的时候，分担和推卸责任这样的动机才起作用，如果建议来自算法，这种动机便不起作用了。因为人类被认为有能力承担责任，而算法或计算机则没有。例如，Naquin 和 Kurtzberg 发现⑤，与人为错误造成的事故相比，组织对技术故障造成的事故承担的责任较小。在医疗上，当患者不得不决定重要的医疗程序时，他们宁愿不承担该决定的责任，而是将其转移给其他人——人类医生，因为遵循医生的建议可以让病人感觉自己不需要承担太多责任，但是遵循计算机程序的建议不会以同样的方式减少他们的责任感。

总而言之，从人类认知角度来看，人们对算法决策的厌恶很可能是由于人们对算法缺乏了解导致的不信任。除了算法知识，个体

---

① Promberger, M., Baron, J. Do patients trust computers? [J]. Journal of Behavioral Decision Making, 2006, 19(5), 455-468.

② Armstrong, J. S. The seer-sucker theory: The value of experts in forecasting [J]. Technology Review, 1980, 16-24.

③ Tetlock, P. E. Expert political judgment. How good is it? How can we know? [M]. Princeton: Princeton University Press, 2009.

④ Green, K. C., Armstrong, J. S. The ombudsman: Value of expertise for forecasting decisions in conflicts[J]. Interfaces, 2007, 37(3), 287-299.

⑤ Naquin, C. E., Kurtzberg, T. R. Human reactions to technological failure: How accidents rooted in technology vs. human error influence judgments of organizational accountability[J]. Organizational Behavior and Human Decision Processes, 2004, 93 (2), 129-141.

在算法决策应用领域的知识匮乏①或过于自信也都会导致对算法的厌恶。此外，人们厌恶算法的原因还可能包括责任转移，即相比于人类，人们认为算法缺乏对决策后果承担责任的能力，若选择人类做决策，则可以将决策后果的责任转移至人类决策者上。人类固有的知识和心理认知会影响人们对算法的厌恶或欣赏。此外，算法的决策能力也会影响人们对算法决策的态度。人们对算法专业性、学习能力、独特性关注能力以及心智能力等的感知都可能导向人们对算法决策的厌恶或欣赏。

（二）算法能力

对于算法厌恶的现象，人们提出了各种关于算法能力的可能解释。一种说法是，人们认为人类比算法更有可能做到完美②。例如，人们不愿遵循医疗算法建议的原因是他们不相信算法具备做出好的建议的能力。那么，如果人们确信算法决策更准确，他们会不会对这些决策不那么抵触呢？之后的研究并不支持这种解释。即使是让人们评估完全一样的艺术作品，人们也更喜欢被告知是由人类而不是算法创造的作品。在经济博弈任务中，人们委托人类或机器帮助另一个人完成任务，人们会更严格地看待机器的使用，而不管授权最终给受影响的人带来的是积极还是消极的后果③。道德决策的研究结果也与此一致，Bigman 和 Gray 的一系列研究发现，人们对算法做道德决策的允许性不会因为结果积极与否而改变。

对算法厌恶的另一种解释是，人们错误地认为算法错误是系统性的，算法不能从它们的错误中学习并随着时间的推移而改进，但人类的错误是随机的，可以通过学习而改正。有些算法决策是不透

① Lusardi, A., Mitchell, O. S. Financial literacy around the world: an overview[J]. National Bureau of Economic Research Working Paper Series, 2011, (w17107).

② Dzindolet, M. T., Pierce, L. G., Beck, H. P., et al. The perceived utility of human and automated aids in a visual detection task[J]. Human Factors, 2002, 44(1), 79-94.

③ Gogoll, J., Uhl, M. Rage against the machine: Automation in the moral domain[J]. Journal of Behavioral and Experimental Economics, 2018: 74, 97-103.

明的，人们不清楚算法决策的来龙去脉，不同因素例如种族偏见对其产生的影响也是不确定的①。由于缺乏透明度，认为算法无法学习或调整的看法可能会更强烈。这样一来，人们对算法的信任度就会低于对人类的信任。在 Dietvorst 等人的研究中，被试被要求预测MBA 申请者的成功与否，在做出决定前，他们会了解到一个人类预测员和一个计算模型的预测准确率，人类预测员的错误率比计算模型更高，然而，被试依然更有可能根据人类预测员的结果来预测申请者成功与否。这支持了该解释而与第一种解释相反。人们实际上认为算法预测者会比人类预测者更能做出完美的预测；但与算法预测者相比，人类预测者被认为能通过实践来改进和避免错误。由于人们对算法的潜在感觉是无法纠正错误，相比于人类犯错，当算法产生错误时，人们可能会更倾向于绕过算法，不再使用算法决策。

可见，人们对算法的厌恶之源并不是认为人类的表现更优，即使在算法比人类表现更好或算法决策带来了积极后果的情况下，人们依然更偏好人类的决策。但提高人们对算法决策的感知专业性，可以使人们对其接受度略微提高。研究发现，对涉及人类生死的问题做出道德决策时，当人与机器专业性相近的时候，人们更喜欢人类决策，只有在机器专业性显著高于人类的时候，才会选择机器，有时候人们宁愿选择一个普通水平的人类也不愿意选择一个高水平的机器，除非这个人类和机器配对出现且专业水平差异显著。

独特性忽视也是人们产生算法厌恶的原因之一。研究发现，与人类医疗提供者相比，消费者更不愿意使用人工智能提供者提供的医疗服务，因为人工智能医疗服务者引发了人们的一种担忧，即一个人的独特特征、环境和症状将被忽视，这种担忧被称为独特性忽

---

① Angwin, J. Make algorithms accountable[J]. New York Times, 2016-08-01. ISSN 0362-4331. from URLhttp：//www. nytimes. com/2016/08/01/opinion/make-algorithms-accountable. html.

视。即人们认为自己是独特的和不同于他人的①，而机器只能以标准化和死记硬背的方式操作，以同样的方式处理每一种情况，这两种基本信念的不匹配使人们抵触算法决策。例如，在消费领域，产品特征和消费者需求的信息不对称也会伤害咨询公司与消费者或咨询者之间的关系②。人们在更主观的任务中更不愿意使用算法③，人们更依赖朋友而不是算法推荐电影、书籍或讲笑话，因为这些决策任务受个人品位支配④，这也可能是由于人们对独特性被忽视的担忧。

此外，研究还发现，与一般性质的算法决策相比，当决策任务具有道德性质时，人们的算法厌恶会更强烈。依赖算法做出重要决策会引发人们对伦理道德的担忧。这可能是因为与其他决策不同，道德决策深深植根于情感之中，需要由具有完全道德地位的主体做出决策。而人们基于感知到的心智差异来判断谁拥有（或缺乏）完全的道德地位⑤。关于心智知觉的研究表明，心智是通过两个维度被感知的，即能动性和体验性。能动性是指思考、推理、计划和实现意图的能力；而体验性是指感受情绪和诸如疼痛与恐惧等感觉的能力⑥。

机器通常被认为具有一定程度的能动性，比如它们可以进行复

---

① Brewer, M. B. The social self: On being the same and different at the same time[J]. Personality and Social Psychology Bulletin, 1991, 17(5), 475-482.

② Van Swol, L. M. The effects of confidence and advisor motives on advice utilization[J]. Communication Research, 2009, 36(6), 857-873.

③ Castelo, N., Bos, M. W., Lehmann, D. R. Task-dependent algorithm aversion[J]. Journal of Marketing Research, 2019, 56(5), 809-825.

④ Yeomans, M., Shah, A., Mullainathan, S., et al. Making sense of recommendations[J]. Journal of Behavioral Decision Making, 2019, 32(4), 403-414.

⑤ Bastian, B., Loughnan, S., Haslam, N. et al. Don't mind meat? The denial of mind to animals used for human consumption [J]. Personality and Social Psychology Bulletin, 2012, 38(2), 247-256.

⑥ Gray, H. M., Gray, K., Wegner, D. M. Dimensions of mind perception [J]. Science, 2007, 315(5812), 619.

杂的计算。但完全意义的能动性不仅局限于原始的复杂计算，还应包括自我控制、计划、沟通和思考等能力。也有其他研究认为，做出道德决策的主体应具有交互性(interactivity)、自主性(autonomy)和适应性(adaptability ①，以及道德推理(moral reasoning)、自主行为(autonomous action)、沟通和判断行为后果②的能力。而机器不具备这些能力，因此人们也认为机器不具备做出道德决策的能力。除了能动性以外，体验性对于做出道德决策也很重要。情绪对道德决策至关重要，尤其是移情的能力，即感受他人痛苦的能力，似乎是道德判断的核心要素③。比如 Damm 认为，自闭症和精神病患者道德决策能力的减弱就与情绪体验的缺陷有关④。而机器似乎缺乏感受真实情感的能力。因此，尽管机器具有一定程度的能动性，但它们缺乏体验性⑤，缺乏感受道德情绪的能力，它们依然不具备做出道德决策的能力。

总而言之，对算法能力的感知也会极大地影响人们对算法决策的态度。首先，人们对算法的厌恶主要出于认为算法缺乏根据以往错误而学习的能力而非认为算法的决策表现不如人类。其次，对于主观性较强或涉及个人品位、个人独特特征的决策任务，人们还是更愿意由人类做决策，因为人们认为算法决策是公式化、标准化的计算过程，不会关注到个人或任务的独特特征。最后，对于具有道德性质的任务，人们尤其厌恶算法来做出决策，因为人们认为算法

① loridi, L., Sanders, J. W. On the morality of artificial agents[J]. Minds and Machines, 2004, 14(3), 349-379.

② Cushman, F. Crime and punishment: Distinguishing the roles of causal and intentional analyses in moral judgment[J]. Cognition, 2008, 108(2), 353-380.

③ Aaltola, E. Affective empathy as core moral agency: Psychopathy, autism and reason revisited[J]. Philosophical Explorations, 2014, 17(1), 76-92.

④ Damm, L. Emotions and moral agency [J]. Philosophical Explorations, 2010, 13(3), 275-292.

⑤ Brink, K. A., Gray, K., Wellman, H. M. Creepiness creeps in: Uncanny valley feelings are acquired in childhood[J]. Child Development, 2019, 90 (4), 1202-1214.

缺乏做出道德决策应具备的道德能力，如果让算法做出道德决策，则会引发人们对伦理道德的担忧。

四、算法欣赏之道

（一）提高人类算法知识

人们对算法厌恶的原因之一是对算法不了解。因而，提高对人工智能或算法的熟悉度可以提高人们对算法决策的欣赏。例如，日本人在日常生活中可能更熟悉机器人，这种熟悉会导致人们更多地接受机器道德决策①。Ireland② 也认为，一般来说，随着人们越来越习惯于算法，在司法系统中，算法厌恶现象可能会减弱或完全消失，算法可能会变得司空见惯，算法的错误会被视为人类法官犯下的错误。也就是说，为了更好的利用算法，人类决策者不仅需要在他们的专业领域接受培训，还需要学习如何与算法工具互动③，如何解释统计输出④，以及如何欣赏决策辅助工具的效用⑤。

（二）提高算法决策能力

人们接受算法的速度往往很慢，因为人们没有建立起对其能力

① Komatsu, T. Japanese students apply same moral norms to humans and robot agents: Considering a moral HRI in terms of different cultural and academic backgrounds. In 2016 11th ACM/IEEE International Conference on Human-Robot Interaction (HRI) (pp. 457-458). IEEE.

② Ireland, L. . Who errs? Algorithm aversion, the source of judicial error, and public support for self-help behaviors[J]. Journal of Crime and Justice, 2020, 43(2), 174-192.

③ Goodyear, K., Parasuraman, R., Chernyak, S., et al. Advice taking from humans and machines: An fMRI and effective connectivity study[J]. Frontiers in Human Neuroscience, 2016, 10, 542.

④ Lodato, M. A., Highhouse, S., Brooks, M. E. Predicting professional preferences for intuition-based hiring[J]. Journal of Managerial Psychology, 2011, 26(5), 352-365.

⑤ Kuncel, N. R. Some new (and old) suggestions for improving personnel selection[J]. Industrial and Organizational Psychology, 2008, 1(3), 343-346.

的信任，或者算法缺乏人们所需的功能。因此，人们的算法知识与熟悉度对于算法决策的接受度固然重要，但算法决策能力是技术普及的根本，也是人们愿意是学习算法知识、了解算法、信任算法，进而接受与欣赏算法决策的前提。以往研究发现，算法决策能力诸如专业性①、学习能力、个性化决策以及心智能力等都对算法欣赏有重要影响。

提高算法决策的专业性可以提高人们对算法决策的欣赏。对人机交互的研究表明，技术接受程度受到该技术提供正确建议的能力的影响②。例如，专业和有效的算法建议会使人们对其利用度增加③。人工智能医疗服务能给医疗领域带来革命性变化的前提就是其可以发挥专家级的准确性。当算法专业性明显高于人类时，人们也会愿意接受算法做出道德决策。可见人工智能的专业性对于人们对人工智能的接受具有重要影响。

然而，即使在算法决策与人类决策准确度相近或犯同等程度错误时，人们依然更偏好人类决策。因为人们通常会认为人类能够从以往的错误中吸取教训，而机器不能，所以更偏好人类决策。因此提高算法的学习能力可能是减轻人们算法厌恶的可能方法之一。算法应根据可用的数据和偏好自主做出良好的决策，并且应从过去的经验或可用的历史数据中学习④。如果人们能根据自己的需求自主调整算法输出，人们也就会更接受算法。虽然算法决策还远非完

---

① Kramer, M. F., Borg, J. S., Conitzer, V., et al. When do people want ai to make decisions? Proceedings of First Annual AAAI/ACM Conference on Artificial Intelligence, Ethics, and Society (AIES-18), 2018.

② Tseng, S., Fogg, B. J. Credibility and computing technology [J]. Communications of the ACM, 1999, 42(5), 39-44.

③ Goodyear, K., Parasuraman, R., Chernyak, S., et al. Advice taking from humans and machines: An fMRI and effective connectivity study[J]. Frontiers in Human Neuroscience, 2016, 10, 542.

④ Greene, J., Rossi, F., Tasioulas, J., et al. Embedding ethical principles in collective decision support systems[J]. In Proceedings of the AAAI Conference on Artificial Intelligence, 2016-03(30): 1.

美，但人们实际上愿意接受虽会犯错但可以学习或调整的算法。

人们对算法的厌恶还出于对独特性被忽视的担忧，即人们认为自己是独特的，而认为算法只能以公式化、标准化的方式做出决策。因此，当算法可以了解消费者的个人偏好时，算法决策会变得更有效和更容易被欣赏。例如，在消费领域，能预测消费者对商品感知吸引力的电子商品筛选工具，可以从海量商品中优先向消费者推荐其更喜欢更有可能购买的产品①，既能减少顾客搜索优质产品的时间成本，也能提高商家成功卖出产品的可能性②。在医疗领域，对独特性的关注，即医疗人工智能如果能提供更具个性化更有针对性的服务，则能缓解人们对医疗人工智能的抵制。在投资领域，每个人对风险的态度和应对能力也是不一致的，对回报的期望值也是不一致的。因此，为了使用户获得最佳产品建议，决策建议需要适当地引入个人风险偏好③，应超越传统统一的投资组合，提供更具个性化的投资建议，以便更准确地匹配个人对风险—回报权衡的偏好④。

个性化算法决策离不开个人数据的收集。注重算法决策个性化服务的同时，也要注意收集数据的界限，保护人们的隐私。研究发现，人们并不希望在所有领域都提供个性化算法服务，人们反对算法收集和使用敏感的个人信息。此前在美国和英国的研究表明，对个性化的态度取决于环境，人们对商业应用（如购物和娱乐）方面

---

① Diehl, K., Kornish, L. J., Lynch Jr, J. G. Smart agents: When lower search costs for quality information increase price sensitivity[J]. Journal of Consumer Research, 2003, 30(1), 56-71.

② Senecal, S., Nantel, J. The influence of online product recommendations on consumers' online choices[J]. Journal of Retailing, 2004, 80(2), 159-169.

③ Donkers, B., Lourenço, C., Dellaert, B. Measuring and debiasing consumer pension risk attitudes[N]. Netspar Panel Paper, 28. Netspar: Tilburg. 2012.

④ Alserda, G. A., Dellaert, B. G., Swinkels, L., et al. Individual pension risk preference elicitation and collective asset allocation with heterogeneity[J]. Journal of Banking & Finance, 2019, 101, 206-225.

的个性化服务的态度比对个性化政治信息的态度更积极，人们反对政治竞选的个性化①。在德国和英国，人们还反对新闻来源和社交媒体的个性化，反对基于敏感信息定制的广告。相比为政治竞选和新闻推送收集的个人数据和信息相比，人们更容易接受其他领域的算法个性化服务。人们需要的不仅是个性化算法，还应该是透明的个性化算法，即尊重人们的数据隐私，并且可以受用户调整。为了个性化而过度收集数据，侵犯人们的隐私或在人们敏感的领域越界应用，反而适得其反。

　　提高人们对算法心智能力的感知也可以提高大众对算法决策的接受度。有研究发现，当算法或人工智能看起来越具有类似于人类的心智能力，人们就越相信它能完全胜任其预期功能②。因为有意识的行为主体会被认为更能控制自己的行为，因而更能通过有意识的预测和计划来成功完成任务并对其行为与结果负责。因此，将人类心智赋予非人主体能使该行为主体看起来能够更好地控制自己的行为和胜任其预期功能。例如，增加算法的感知情感相似性可以有效地增加算法在主观任务中的使用。对于以人工智能体如机器、机器人和自动驾驶汽车等为载体的算法决策，可以通过拟人化来提高其被感知到的心智能力。拟人化是指将人类独有的本质特征赋予非人对象的心理过程，尤其是理性思维（能动性）和意识感觉（体验性）。在心智知觉上将人工智能体拟人化，可以增加人们对它们的信任。以无人驾驶汽车为例，当其能感知和思考周围环境，而不仅仅是一个没有脑子的机器时，它们会看起来更善于在车流中穿梭驾驶。此外，对人工智能体外在特征的拟人化可以间接提高人们对其心智能力的感知，进而更信任该人工智能体。例如，当自动驾驶汽

　　① Ipsos Mori. Public attitudes towards online targeting-a report by Ipsos MORI for the Centre for Data Ethics and Innovation and Sciencewise（Research report）. Ipsos Mori. 2020-02. https：//www.ipsos.com/ipsos-mori/en-uk/public-attitudes-towards-online-targeting

　　② Waytz，A.，Heafner，J.，Epley，N. The mind in the machine：Anthropomorphism increases trust in an autonomous vehicle［J］. Journal of Experimental Social Psychology，2014，52，113-117.

车的外在物理特征被拟人化时，如赋予其名字、性别和类似于人类的声音，人们会更信任它，如果发生了由其他人错误造成的意外事故，人们对拟人化的自动驾驶汽车的责备会更小，相反，如果自动驾驶汽车成功规避了由其他人的错误造成的意外事故，人们就会将成功更多的归因于拟人化无人驾驶汽车。通过拟人化和提高人们对算法与人工智能体的心智能力感知，可以使人们更信任算法或人工智能体，更能接受它们进行决策，但也可能适得其反，当算法或人工智能体在外观或心智能力上与人类达到一定相似度时，人们对其好感会陡然下降，甚至感到不安与害怕，因而更厌恶算法决策，这种现象被称为恐怖谷效应，因此，当赋予算法或人工智能体以人类独特特征时，应当控制在让人们感到舒适的范围内，进而使人们更信任与欣赏算法决策。

（三）人类-算法合作决策

未来将看到越来越多的机器在与人类共同的环境中生活。让算法完全替代人类决策或取代人类的工作从来不是一个好的选择。利用算法决策的优点，即强大的计算能力，来弥补人类决策的缺点，将人类的智慧运用在人类更擅长而算法做不到的地方，相辅相成，以算法辅助人类或促进人机合作决策，才是更好的选择。

以算法辅助人类而不是替代人类能使人们对算法决策持更开放的态度。例如，将机器限定在从属于人类的角色，而由人类做出实际决定，可以在一定程度上减轻人们的算法决策厌恶。Longoni 等人也发现，人们对医疗人工智能的抵制也是有范围的，当医疗人工智能取代人类医生成为决策者时，消费者会抵制使用医疗人工智能，但相比之下，当医疗人工智能只是辅助人类医生做决策时，并没有出现对医疗人工智能的抵制。如果人们能根据算法决策的结果进行自主修改，以掌握最终决策，人们也就会更愿意接受算法决策。这表明当算法或人工智能辅助人类而不是取代人类时，人们可能会对使用算法或人工智能决策更接受。正如 Dietvorst 等人所认为，人类在决策系统中应拥有最终发言权。

人类和算法合作决策可以提高人们对算法决策的接受度。相比单独使用算法决策，人们更偏好算法与专家的共同决策，只要算法辅助的使用不取代人类的判断；对于不使用算法辅助决策的专家和使用算法辅助共同决策的专家，人们甚至也更倾向于后者①。Pezzo 的研究也表明②，与没有算法支持的医生相比，当使用算法支持的医生犯错时，人们对其的负面评价更小。因为即使是一个有缺陷的专家加入决策任务之中，也可能会更轻松地排除障碍，做出更好的决策。总之，相较于单独的算法决策或人类决策，人们可能认为人类与算法合作能做出更优的决策，但前提是人类拥有最终决策权。因此，算法决策未来的发展方向应是能够与人类互动，与人类一起做出决策，并通过合作实现目标。

五、讨论

在信息时代，算法已作为强大的参与者介入医疗、军事、司法、驾驶、军事、组织管理甚至社交等各社会领域。算法在近几十年来发展迅猛、应用广泛，最重要的原因是其具有人类无法比拟的优越性。首先，算法强大的计算能力可以使其在极短时间内做出人类无法完成或无法有效率完成的复杂决策；其次，算法在许多任务的表现都优于人类，例如医疗诊断准确率；此外，算法决策可以弥补人类的主观性、偏见等固有缺陷；最后，算法决策相比人类决策，在许多情况下成本更低、适用范围更广。

然而，尽管相比人类决策，算法决策具备强大的计算能力、优越的表现、客观性及低成本，人们对算法决策的态度却褒贬不一。通常情况下，人们似乎并不太接受算法决策，这种现象被称为算法厌恶。算法厌恶主要表现为在决策主体的选择上避开算法、对算法决策的信任与利用度较低，以及对算法本身和算法决策结果的评价

---

① Palmeira, M., Spassova, G. Consumer reactions to professionals who use decision aids[J]. European Journal of Marketing, 2015.

② Pezzo, M. V., Pezzo, S. P. Physician evaluation after medical errors: does having a computer decision aid help or hurt in hindsight? [J]. Medical Decision Making, 2006, 26(1), 48-56.

更消极，在具有道德性质的决策任务中，算法厌恶尤其强烈。但在某些决策环境中，也发现了人们对算法决策的偏好，这种现象被称为算法欣赏。算法欣赏与算法厌恶是相对的概念，算法厌恶是对算法的消极行为与态度，而算法欣赏是对算法的积极行为与态度。

人类认知和算法能力两方面都会影响人们是厌恶算法还是欣赏算法。在人类认知上，人们对算法的厌恶主要出于对算法缺乏了解导致的不信任；在算法决策应用领域的知识匮乏或过于自信也会导致对算法的厌恶；此外，人们厌恶算法的原因还可能包括责任转移，即相比于人类，人们认为算法缺乏对决策后果承担责任的能力，如果选择人类做决策，则可以将决策后果的责任转移至人类决策者上。而在算法决策能力上，人们对算法的厌恶主要出于认为算法缺乏根据以往错误而学习的能力而非认为算法的决策表现不如人类；独特性忽视也是人们产生算法厌恶的原因之一，即人们认为自己是独特的而算法不会关注到自己的独特性；至于人们对具有道德性质的算法决策更厌恶的原因，主要是人们认为算法不具备做出道德决策的心智能力，即缺乏思考、推理、计划和实现意图的能力以及感受情绪的能力，因而算法进行道德决策会引发人们对伦理道德的担忧。

基于以上人们产生算法厌恶的原因，普及算法知识、提高人们对算法的熟悉度可以使人们更接受算法决策。提高算法决策的专业性、学习能力以及提供个性化的算法服务也可以使人们更能欣赏算法决策的效用。但注重算法决策个性化服务的同时，也要注意个人数据收集的界限，保护人们的隐私，否则会适得其反。此外，提高人们对算法心智能力的感知会使人们更信任算法，更能接受算法决策。算法决策实际上是一个人机交互的过程，提高人类对算法的认知和加强算法决策能力固然重要，人类和算法的交互过程也是不可或缺的重要一环。在算法决策中要确定人类的主体地位，在最终决策权在人类的前提下，促进人类和算法的互动，合作实现目标。

健康大数据挖掘研究国际前沿追踪*

陆　泉　曹　越　郑晓颖
梁悉羿　陈雪梅　闫佳奇**

摘　要：掌握国际健康大数据挖掘的发展现状、关键技术及应用模式，对推进我国健康大数据资源管理与健康中国战略具有重要意义。本报告采集 Web of Science 核心集中 2010 至 2020 年的健康大数据挖掘研究文献，基于文献计量法和内容分析法，系统梳理与精准追踪健康大数据挖掘国际前沿，通过知识图谱汇聚大量发散的研究，构建起国际健康大数据挖掘研究的全景框架，系统揭示国际健康大数据挖掘的研究前沿和发展趋势。

关键词：健康大数据挖掘；文献计量；内容分析；知识图谱

一、前言

随着信息技术在健康领域的广泛应用，健康大数据正在经历爆炸式增长。健康大数据挖掘研究可改变传统的医疗健康实践，全面

＊ 本文为武汉大学自主科研项目（人文社会科学）研究成果，得到"中央高校基本科研业务费专项资金"资助，类别：专项项目，名称：健康大数据挖掘研究国际前沿追踪，批准号：2020HW025。

＊＊ 陆泉，武汉大学信息资源研究中心，武汉大学大数据研究院，教授；闫佳奇，武汉大学信息资源研究中心，硕士；陈雪梅，武汉大学信息资源研究中心，硕士；梁悉羿，武汉大学信息资源研究中心，硕士；郑晓颖，武汉大学信息资源研究中心，硕士；曹越，武汉大学信息资源研究中心，硕士。

提高健康护理的质量和效率，具有革命性意义与重要价值。本报告聚焦健康大数据挖掘研究国际前沿，厘清健康大数据挖掘研究脉络与发展前沿，通过引入知识表示理论有效汇聚大量发散的研究，构建起国际健康大数据挖掘研究的全景框架，系统揭示国际健康大数据挖掘的研究前沿和发展趋势，对相关机构和部门科学规划与统筹发展我国的健康大数据研究及应用，具有重要的指导意义和参考借鉴价值。

报告采用 Web of Science 核心集作为研究文献来源，采集 2010 至 2020 年的健康大数据挖掘研究相关学术文献。（1）基于文献计量方法，通过对研究主体、研究热点进行分析与归纳，剖析健康大数据挖掘研究相关进展；（2）采用内容分析方法，依据"数据—方法—目标"这一关键链条，有效汇聚与归纳现有研究，进而采用知识图谱理论方法，构建起健康大数据挖掘研究国际前沿的全景框架。

二、基于文献计量法的健康大数据
挖掘研究进展剖析

（一）文献检索来源

本报告的文献数据来自网络科学引文索引 Web of Science 的核心合集数据库的检索结果。检索思路为，限定文献检索年限为2010 至 2020 年，对"健康""大数据""数据挖掘"三个主题进行检索，最后使用"AND"运算取三个主题文献的交集。

对于"健康"主题，检索式为"TS =（health OR healthcare OR clinical OR medical OR medicine OR drug）"，得到文献集合#1；对于"大数据"主题，检索式为"TS =（big NEAR/1 data）"，得到文献集合#2；对于"数据挖掘"主题，检索式为"TS =（mining OR "machine learning" OR "deep learning" OR "cluster analysis" OR "clustering" OR "association rules" OR "classification" OR "regression"）"，得到文献集合#3。最终，本研究的文献集合为"#1 AND #2 AND #3"，共3200 篇文献，其年代分布如图 2-1 所示。

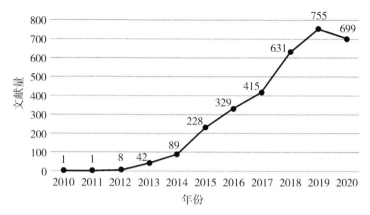

图 2-1   每年发表的文献数量

结果显示"健康大数据"大约在 2010 年开始得到学者关注，随后文献数量迅速增长。为了进一步验证健康大数据挖掘文献量的增长趋势，本研究对其进行趋势线模拟。使用 2010—2019 年的数据以得到更准确的拟合结果，发现其基本符合线性增长，如公式 2-1：

$$y = 86.25x - 224.47\#\tag{2-1}$$

且模拟趋势线拟合值 $R^2 = 0.8948$，接近于 1，说明拟合效果好、具有较高的可靠性。健康大数据挖掘研究文献量呈现直线形增长，这充分说明该领域得到了该领域科学研究人员的持续关注和高度重视。

下文从学科领域、期刊、国家/地区和研究机构等方面分析开展和支持健康大数据挖掘研究的主体，并基于文献关键词分析对国际健康大数据挖掘研究热点和发展趋势进行探测。

（二）研究主体

1. 国家/地区和研究机构

经统计分析，上述 3200 篇文献来自 108 个隶属于不同国家/地区的研究机构。从国家/地区的角度分析，美国发文量最多，为 1140 篇(占总文献量的 35.63%)，中国排名第二，共发文 596 篇

101

（占 18.63%），其次为印度、英国、澳大利亚、德国等。从研究机构看，哈佛大学、加州大学系统排名前 2 位，这两所机构在该领域发文量都超过了 100 篇，排名前 15 的研究机构中有 11 所来自美国、2 所来自中国，还有 2 所分别来自英国和法国；从机构类型来看，大多是高等院校，此外还有中国科学院和法国国家健康与医学研究院等国家级研究机构，具体见表 2-1。数据表明，高等院校是推动健康大数据挖掘研究进程的主力军。

表 2-1　　　　　　健康大数据挖掘领域研究机构分布

序号	机构名称	文献量	百分比	所属国家
1	哈佛大学	111	3.45%	美国
2	加州大学系统	100	3.11%	美国
3	哈佛医学院	65	2.02%	美国
4	伦敦大学	60	1.87%	英国
5	德克萨斯大学系统	58	1.81%	美国
6	斯坦福大学	52	1.62%	美国
7	佛罗里达州立大学系统	50	1.56%	美国
8	密歇根大学	50	1.56%	美国
9	密歇根大学系统	50	1.56%	美国
10	中国科学院	44	1.37%	中国
11	宾夕法尼亚州联邦高等教育系统	43	1.34%	美国
12	国家健康与医学研究院	38	1.18%	法国
13	约翰霍普金斯大学	38	1.18%	美国
14	麻省理工学院	36	1.12%	美国
15	浙江大学	36	1.12%	中国

2. 期刊

对文献来源期刊进行计量分析，不仅能确定该研究领域的核心期刊或重要情报源，还能反映该领域的横向研究程度、研究水平等。

经统计分析，上述 3200 篇文献中，期刊论文、会议论文、综述论文分别有 1761、863、491 篇；共有 2005 种期刊或会议发表了健康大数据挖掘相关文献，载文量排名前 10 的期刊或会议所刊载的文献量为总文献的 11.04%，见表 2-2。

表 2-2　　　　　　　　　健康大数据挖掘领域期刊分布

序号	期刊/会议名称	文献量	百分比
1	IEEE ACCESS	106	3.30%
2	IEEE INTERNATIONAL CONFERENCE ON BIG DATA	33	1.03%
3	FUTURE GENERATION COMPUTER SYSTEMS THE INTERNATIONAL JOURNAL OF ESCIENCE	32	1.00%
4	INTERNATIONAL JOURNAL OF ENVIRONMENTAL RESEARCH AND PUBLIC HEALTH	32	1.00%
5	LECTURE NOTES IN COMPUTER SCIENCE	30	0.93%
6	PLOS ONE	27	0.84%
7	STUDIES IN HEALTH TECHNOLOGY AND INFORMATICS	25	0.78%
8	SENSORS	24	0.75%
9	PROCEDIA COMPUTER SCIENCE	23	0.72%
10	JOURNAL OF MEDICAL INTERNET RESEARCH	22	0.69%

其中 *IEEE ACCESS* 发文最多，达 106 篇，远多于其他期刊。期刊类别以计算机科学为主，其次是公共卫生、电子电气工程、医学信息学。

根据布拉德福定律，按照文献数量大体相当的原则把排序后的期刊分为三个区：载文量大于等于 5 篇的第一区，可称为"核心区"（100 种期刊、1118 篇文献）；载文量大于等于 2 小于 5 篇的第二区，可称为"相关区"（465 种期刊、1144 篇文献）；载文量为 1 篇的第三区，可称为"边缘区"（1440 种期刊、1440 篇文献），三个区期刊数量比例为$n_1 : n_2 : n_3 = 100 : 465 : 1440$，推知 α 约为 4，即布拉德福定律分布系数约为 4，符合布拉德福定律，以上分析表明，健康大数据挖掘领域的国际期刊核心区已经形成。

3. 学科领域

健康大数据挖掘研究横跨生物医学、信息学、计算机科学和系统科学等诸多学科。对文献进行学科领域分布分析，有利于把握其相关学科体系与研究方向差异。

经统计分析，上述所有文献共涉及 122 个学科领域及研究方向，其中排名前十的研究方向如表 2-3 所示。可以看出，"计算机科学"处于主导地位，占比 38.41%，其次是"工程学"和"电子通信"研究方向，分别占比 23.11% 和 8.27%，而"医学信息学""公共卫生"等医学健康研究方向的文献数量远小于"计算机科学"。从主题类别分布中进一步了解"计算机科学"方向下的主题分布，发现信息系统、理论方法、人工智能、交叉学科应用是计算机科学方向下被关注最多的研究主题。上述结果表明，国际健康大数据挖掘领域的研究侧重于大数据挖掘的技术和方法研究。

表 2-3　　　　　　　健康大数据挖掘领域研究方向分布

序号	研究方向	记录数	百分比
1	计算机科学	1235	38.41%
2	工程学	743	23.11%
3	电子通信	266	8.27%
4	医学信息学	239	7.43%
5	卫生保健科学服务	175	5.44%
6	数学计算生物学	139	4.32%
7	其他科学技术	124	3.86%
8	一般内科学	122	3.80%
9	公共环境职业卫生	116	3.61%
10	药理学	115	3.60%

（三）研究热点

1. 高频关键词分布

关键词是文献作者学术思想和观点的凝练，能够反映文献的核心内容和研究主题。通过对关键词大小写、同义词合并等预处理后，对词频进行统计，排名前30的高频词如表2-4所示。

表2-4　　　　　　国际健康大数据挖掘研究高频词分布

序号	关键词	频次
1	Big Data	979
2	Machine Learning	735
3	Data Mining	322
4	Deep Learning	279
5	Artificial Intelligence	250
6	Healthcare	120
7	Big Data Analysis	118
8	Internet of Things	97
9	Cloud Computing	84
10	Precision Medicine	83
11	Electronic Health Records	82
12	Classification	82
13	Clustering	61
14	Data Analysis	55
15	Prediction	54
16	Data Science	53
17	Spark	48
18	Bioinformatics	48
19	Neural Network	47
20	Support Vector Machine	46

序号	关键词	频次
21	Social Media	44
22	Convolutional Neural Network	42
23	Text Mining	42
24	Hadoop	42
25	Natural Language Processing	38
26	Personalized Medicine	38
27	Predictive Analytics	36
28	Analytics	34
29	Mapreduce	33
30	Epidemiology	32

从表 2-4 中可以看出，数据挖掘和知识发现的一些经典算法和技术如机器学习、深度学习、人工智能、分类、聚类、支持向量机、神经网络、卷积神经网络等出现的频次很高，说明对这些算法和技术的研究仍是当前该领域研究的热点；"Spark""Hadoop""Mapreduce"等大数据分析工具的出现，表明这些成熟的大数据工具已被很好地移植到了健康大数据挖掘领域；在与医疗健康相关的方面，出现了精准医疗、个性化药物、生物信息学、流行病学等高频词，这些研究主题确实需要大数据的支撑，也表明了在健康大数据挖掘最初发展阶段，这些主题更加适应目前的大数据挖掘技术，被广泛地研究。

2. 基于关键词聚类的热点主题探测

为了进一步对热点词进行总结归纳，反映领域中研究热点间的关系，本研究基于高频关键词聚类的方法对国际健康大数据挖掘研究的热点主题进行探测。

首先利用词共现方法对健康大数据挖掘领域文献中词频大于等于 12 的 84 个高频热点词构建共现矩阵，为了避免词频的影响，利用 Jaccard 相关系数将生成的 84×84 的原始共现矩阵转换为相关矩阵，之后选取聚类工具 Cluto 对热点词进行聚类。经过多次试验，当设定类簇数目为 8 时，主题聚集效果较好，表明有 8 个热点主题。聚类结果见表 2-5。

表 2-5 高频关键词聚类结果

研究热点	关键词
大数据分析技术与工具	Big Data Analysis；Clustering；Data Analysis；Hadoop；Spark；Mapreduce；Data Integration；Predictive Analytics；Analytics；Visualization；Predictive Modeling；Knowledge Discovery；Pattern Recognition；Healthcare
分类算法	Classification；Support Vector Machine；Feature Extraction；Feature Selection；Decision Tree；Random Forest；Logistic Regression；Mortality
神经网络	Machine Learning；Neural Network；Deep Learning；Artificial Intelligence；Deep Neural Network；Convolutional Neural Network；Medical Imaging；Artificial Neural Network；Diagnosis；Fault Diagnosis
物联网与云计算	Internetof Things；Cloud Computing；Smart City；Cloud；Optimization；Edge Computing；Fog Computing；Security；Blockchain
电子健康档案挖掘	Electronic Health Records；Electronic Medical Records；Text Mining；Natural Language Processing；Epidemiology；Public Health；Privacy；Health Informatics；Medical Informatics；E-Health；Clinical Decision Support
精准医疗	Precision Medicine；Personalized Medicine；Drug Discovery；Bioinformatics；Genomics；Biomarkers；Cancer；Data Science；Data Sharing；Digital Health；Systems Biology
心血管疾病	Heart Disease；Heart Failure；Risk Factors；Risk Prediction；Predictive Models；Hypertension；Stroke；Diabetes
社交媒体	Social Media；Twitter；Social Networks；Health；Mental Health；Prediction

热点一是大数据分析与挖掘的相关技术与工具。其中 Hadoop、Mapreduce 是面向大数据并行处理的计算模型与框架，Spark 是专为大规模数据处理而设计的快速通用的计算引擎。

热点二是数据挖掘的传统分类算法。包括支持向量机、决策树、随机森林、Logistic 回归等。

热点三是数据挖掘的机器学习与神经网络方法。计算性能的提升使得神经网络成为最常见的机器学习实现方法，且神经网络的深度也在不断增加，出现了深度学习、深度神经网络、卷积神经网络等热门研究主题，其中卷积神经网络常被用于医学图像的分析和辅助判断。

热点四是物联网与云计算。随着云计算、雾计算与物联网等相关技术的快速发展，医疗保健服务在物联网的支持下，能够变成一种实时的、智能的、无处不在的服务。

热点五是电子健康档案挖掘研究。目前电子健康档案挖掘得到的知识可助力于构建临床决策支持系统，辅助医务人员的临床决策。此外，在公共卫生研究方面，研究学者可使用电子健康档案数据构建回顾性队列研究、病例对照研究等流行病学研究。

热点六是精准医疗与药物发现研究。精准医疗、个性化医疗离不开生物信息学，目前研究热点是基因组学、生物标志物的研究，这些研究的成果可应用于药物发现、癌症诊断与治疗方面。

热点七是心血管疾病的风险预测。我国心血管病死亡率居于首位，高于肿瘤及其他疾病[1]，预测心血管疾病的发病风险，有利于进行早期干预，降低发病率和死亡率。

热点八是对社交媒体中的健康数据进行挖掘。以 Twitter 为代表的社交媒体的数据可能会反映出用户的健康状况，例如心理健康状况；也有研究发现 Twitter 中的语言风格可以预测社区心脏病

---

[1] 胡盛寿、高润霖、刘力生、朱曼璐、王文、王拥军、吴兆苏、李惠君、顾东风、杨跃进、郑哲、陈伟伟. 中国心血管病报告 2018[J]. 中国循环杂志，2019(34).

发病率①。

3. 基于突现词分析的新兴趋势分析

突现主题术语相较于高频主题词更适合探测学科发展的突然变化及新兴趋势②。本研究报告基于 Citespace 的 burst terms 功能可对领域突现词进行检测，结果如图 2-2 所示。

Top 12 Keywords with the Strongest Citation Bursts

Keywords	Year	Strength	Begin	End	2010—2020
visualization	2010	3.7	**2012**	2017	
data mining	2010	8.85	**2015**	2016	
mapreduce	2010	5.42	**2015**	2016	
predictive analytics	2010	4.58	**2015**	2018	
hadoop	2010	4.41	**2015**	2016	
social network	2010	3.86	**2015**	2017	
decision tree	2010	6.39	**2016**	2017	
risk factor	2010	3.43	**2016**	2017	
feature selection	2010	3.36	**2016**	2018	
apache spark	2010	4.28	**2017**	2018	
medical big data	2010	4.53	**2018**	2020	
deeplearning	2010	3.35	**2018**	2020	

图 2-2　健康大数据挖掘领域突现词检测

"可视化"是最早出现的突现词，持续时间也最长，表明在健康大数据挖掘研究的早期阶段，数据的可视化是研究重点，这一现象持续到 2017 年；突现强度最大的是"数据挖掘"，突现时间是 2015—2016 年，这与 2015 年健康大数据挖掘领域的文献量突增相对应；"mapreduce""hadoop""apache spark"等关键词的相继突现，表明这些专业的大数据分析工具已被应用到了健康大数据的处理

---

① Eichstaedt，J. et al. Psychological Language on Twitter Predicts County-Level Heart Disease Mortality［J］. Psychological Science，2015(26)：159-169.

② 逯万辉，马建霞，赵迎光. 爆发词识别与主题探测技术研究综述［J］. 情报理论与实践，2012(35).

中。与以往将医疗和大数据两个概念简单并列起来不同，"医疗大数据"这一概念在最近两年突现，表明近期研究将医疗大数据视为一个单独的整体，而不仅是将大数据挖掘的一般方法移植到医疗数据上。此外，计算机算力的提高和算法的改进，使"深度学习"成为了近两年的研究热点。

三、基于内容分析法的健康大数据挖掘国际前沿追踪

本章采用内容分析方法，基于 Web of Science 核心合集数据库中健康大数据挖掘相关研究文献，从数据体系、技术体系及开发应用体系等三方面进行系统梳理与分析，最后采用知识图谱理论方法，构建国际健康大数据挖掘研究的全景框架。

（一）健康大数据挖掘的数据体系

用于医疗健康大数据挖掘研究的数据按其来源可分为三类，即医院医疗大数据、医学研究大数据和互联网医疗健康大数据。医院医疗大数据产生于医院日常诊疗过程，其中的 EMR 和 EHR 是健康大数据挖掘研究中最常用的一类数据；医学研究大数据是在医学研究过程中收集和生成的数据，包括队列研究等调查研究数据和分子层面的组学数据，是质量较高、内容丰富的研究数据源；互联网健康大数据是在当前互联网高度发展的背景下产生的一类数据，包括网络健康社区、社交平台数据和自我健康管理产生的数据，此类数据数量庞大、结构复杂，是现代健康大数据挖掘研究的重要数据来源。有关数据主体的相关描述见表 3-1。

表 3-1　　国际健康大数据挖掘研究的数据主体及其子分类

数据主体	子分类	简要描述
医院医疗大数据	EMR/EHR	患者就医过程产生的诊断结果、处方、影像资料等就医数据的原始记录
	医保数据	居民历次就医的财务记录，并包含居民在各级医院和不同时间的就诊和用药情况

数据主体	子分类	简要描述
医学研究大数据	调查研究数据	包括各种大型抽样调查数据、疾病监测数据、队列研究数据等
	组学数据	分子层面物质信息的系统集合，如基因组、转录组、蛋白质组、代谢组、免疫组学等
互联网健康大数据	网络健康社区数据	医患在线健康信息交流数据，主要为非结构化文本和图片数据
	社交平台数据	用户在非专业健康信息交流平台上关于健康问题的讨论和观点等，主要为非结构化数据
	自我健康管理数据	基于可穿戴健康设备采集到的用户生理、行为等健康数据

1. 医院医疗大数据

医院医疗大数据是产生于患者院内诊疗过程的医院常规临床诊治、科研和管理过程数据。其内容广泛，包括门急诊记录、住院记录、影像记录、实验室记录、用药记录、手术记录、随访记录和医保数据等，是关于病人就医过程最原始、最真实的记录，也是医疗健康大数据研究中使用最多的数据。医院医疗大数据主要以电子医疗记录（EMR）或电子健康记录（EHR）形式保存在相关的医疗机构，还有部分数据会保存在实验室信息管理系统（LIMS）、保险公司的医保数据库等。本节主要梳理 EMR/EHR 数据和医保数据的挖掘研究进展。

（1）电子医疗记录（EMR）和电子健康记录（EHR）

电子健康记录（Electronic Health Record，EHR）和电子医疗记录（Electronic Medical Record，EMR）是健康大数据挖掘研究中最常用的数据。EMR 是以电子形式存储的病人就诊病历，它记录了病人就医过程产生的诊断结果、处方、影像资料等就医数据；EHR 基于 EMR 进行了发展和完善，是贯穿个人整个生命周期的健康数据记录，包括从出生到死亡的各种检查结果、医疗记录、病史、过敏史、计划免疫记录等信息。EMR 通常以医疗机构为单位进行存储和管理，不同医疗机构之间的 EMR 具有一定差别且不能共享；而 EHR 的使用通常是区域性的，在部分医疗体系比较发达的地区可以实现 EHR 的区域性共享。

①EHR 和 EMR 是医院医疗健康大数据挖掘的主要数据来源

虽然 EHR 提供了比 EMR 更丰富的数据，但目前对于 EHR 的挖掘分析仍然集中在医疗记录部分，EHR 和 EMR 都是目前健康大数据挖掘的主要数据来源。此类数据的挖掘分析旨在提供有效的临床决策支持，例如协助疾病诊治、药物警戒和识别疾病并发症。Ma 等①通过挖掘 EHR 得到中国人群的 TG-Ab 和 TPO-Ab 的阈值，进一步分析得出患者年龄和性别对其阈值水平存在影响，该结果可协助诊断自身免疫性甲状腺疾病。Chen 等②通过挖掘 EMR 得到治疗持续时间的推测方法，可根据患者的入院信息推荐合适的治疗方案。

②近年来对非结构化文本的研究增多

目前对于 EHR 和 EMR 的挖掘研究主要利用疾病名称、药品名称等结构化数据，但除此之外还有大量来自医嘱或患者描述的非结构化文本，其未经处理的形式通常很难为研究分析所用，近年来有研究者尝试使用 NLP 技术对此类数据进行挖掘分析。Akhtyamova 等③利用 NLP 技术提取非结构化临床记录中的生物医学实体，帮

①　Ma C, Li D, Yin Y, et al. Establishing thresholds and effects of gender, age, and season for thyroglobulin and thyroid peroxidase antibodies by mining real-world big data[J]. Clinical Biochemistry, 2019(74)：36-41.

②　Chen, J. et al. Mining Typical Treatment Duration Patterns for Rational Drug Use from Electronic Medical Records [J]. Journal of Systems Science and Systems Engineering, 2019(28)：602-620.

③　Akhtyamova, L. et al. Testing Contextualized Word Embeddings to Improve NER in Spanish Clinical Case Narratives [J]. IEEE Access, 2020 (8)：164717-164726.

助提高健康决策效率。Bozkurt 等①利用 NLP 技术挖掘分析了前列腺切除术患者的 EHR 中关于术后尿失禁症状的主观描述记录，将尿失禁病历按严重程度进行分类，进而指导以患者为中心的精准治疗。

（2）医保数据（索偿数据）

医疗保险数据是居民历次就医的财务记录，主要采集居民就医过程的检查结果、诊断、处方等信息，并对处方支付报销进行记录和管理。在 EHR 尚未完全普及的地区，商业医保数据库或国家医保数据库可以提供居民在各级医院和不同时间的就诊和用药情况。

目前许多国家和地区都建立了各自的医疗保险体系和数据库，例如美国的 Medicare、Medicaid、儿童医疗保险（CHIP）和军队医疗保险（TRICARE）数据库，美国联邦政府鼓励社会各界应用其医保数据库进行相关研究；此外可用于研究的医保数据库还有法国的 SNIIRAM 医保数据库、韩国国家医保数据库、中国台湾的 NHIRD 健康保险研究数据库等。Zhou 等②对中国某县的医疗保险数据进行挖掘得到医疗保险欺诈的检测方法，可以帮助加强医疗保险管理，减少医疗保险资金损失。

2. 医学研究大数据

医学研究大数据是在医学研究过程中收集和生成的数据，包括各种大型抽样调查数据、疾病监测数据、队列研究数据、组学数据等。医学研究数据通常经过专门的设计，因此数据质量和内容丰富度均较高，是理想的研究数据源。

（1）调查研究数据

医学队列研究是对选定人群在一定时间内的患病、死亡等情况的调查研究，通常用于人群较大且时间较长的系统研究，是研究流

① Bozkurt S, Paul R, Coquet J, et al. Phenotyping severity of patient-centered outcomes using clinical notes: A prostate cancer use case[J]. Learning Health Systems, 2020, 4(1).

② Zhou, Shengyao et al. Big Data-Driven Abnormal Behavior Detection in Healthcare Based on Association Rules[J]. IEEE Access, 2020(8): 129002-129011.

行病和慢性病疾病因果关系的方法之一。其研究人群的数量通常在几万到几十万，可以为疾病研究提供独特而丰富的数据来源。目前比较完善的大型前瞻性队列有 UK Biobank，All of Us 计划和 kadoorie biobank 等。

（2）组学数据

组学数据是分子层面的生物医学研究数据，是一类物质信息的系统集合，如基因组、转录组、蛋白质组、代谢组、免疫组学等。组学数据通常比较系统和全面，可以为分子水平的疾病研究提供丰富可靠的数据源。对多个组学的数据进行整合和深度挖掘是组学研究的主要发展趋势，利用不同组学的数据进行相互补充，可以更全面认识生物现象和疾病成因。Bachtiar 等[1]使用单核苷酸多态性基因数据和药物基因数据进行挖掘分析来识别可能出现群体差异的药物。Yeh 等[2]通过挖掘蛋白质和基因组学数据库构建了甲状腺乳头状癌（PTC）的遗传和表观遗传网络，可用于分析 PTC 恶化原因，以及识别鉴定特定的生物标志物。

3. 互联网医疗健康大数据

（1）网络健康社区数据

在网络健康社区中，医患互动会产生大量的非结构化文本数据，此外许多患者还会就其治疗经历在网站上分享照片。这些非结构化数据存在较多噪声，在分析方法上有较高的要求。Chen 等[3]

---

[1] Bachtiar, Maulana et al. Towards precision medicine：interrogating the human genome to identify drug pathways associated with potentially functional, population-differentiated polymorphisms [J]. The Pharmacogenomics Journal, 2019 (19)：516-527.

[2] Yeh, Shan-Ju et al. Systems Biology Approaches to Investigate Genetic and Epigenetic Molecular Progression Mechanisms for Identifying Gene Expression Signatures in Papillary Thyroid Cancer [J]. International Journal of Molecular Sciences, 2019 (20)：n. pag.

[3] Chen S, Guo X, Wu T, et al. Exploring the Online Doctor-Patient Interaction on Patient Satisfaction Based on Text Mining and Empirical Analysis [J]. Information Processing & Management, 2020, 57(5)：102253.

对在线医患互动文本数据进行文本挖掘和计量分析，探讨在线医患互动内容对患者满意度的影响。Shah 等①挖掘了医师评分网站的评论和照片，提出了一种实时多模式分类框架用于过滤重复和不相关信息，进而指导医生改善医患关系。Li 等②提出一种医学知识系统用于提取嘈杂问答中的高质量知识。Li 等③提出一种自动实时分析框架，并利用糖尿病患者在线社区数据进行药物不良反应的提取和监控。

（2）社交平台数据

普通的社交网站用户可能自发组成一些有关健康问题的讨论组，或直接在社交网站发表自己的观点。此类健康信息通常也是非结构化的，且专业性和价值密度相对来说更低，但可以部分反映用户的实时健康动向，包括自身的心理、生理健康状态以及对健康话题的看法，在健康监测和趋势预测方面有一定研究价值。

Sharma 等④对 Twitter 用户的药物评价进行情感分析，帮助理解患者对药物治疗的意见，由此可以指导改善医患互动和公共卫生措施的实施。Sadagopan 等⑤通过挖掘社交媒体用户消息和推文分析其隐藏的行为和表达模式，进而预测其心理状态，帮助改善个性

---

① Shah A M, Yan X, Khan S, et al. A multi-modal approach to predict the strength of doctor-patient relationships［J］. Multimedia Tools and Applications，2020（4）：1-34.

② Li, Y. et al. Extracting Medical Knowledge from Crowdsourced Question Answering Website. IEEE Transactions on Big Data, 2020（6）：309-321.

③ Li, S. et al. Exploring adverse drug reactions of diabetes medicine using social media analytics and interactive visualizations. Int. J. Inf. Manag, 2019（48）：228-237.

④ Sharma, Chanakya et al. Sentiment analysis of social media posts on pharmacotherapy：A scoping review［J］. Pharmacology Research & Perspectives，2020（8）：n. pag.

⑤ Sadagopan S . Activity Pattern Mining from Social Media for Healthcare Monitoring on Big Data［J］. Journal of Advanced Research in Dynamical and Control Systems，2019，11（9-SPECIAL ISSUE）：294-298.

化医疗护理过程。Park 等①挖掘分析了韩国青少年对体育活动的相关言论，得出出现频率较高的术语和术语集群，为提高韩国青少年体育活动参与率提供帮助。

（3）自我健康管理数据

可穿戴健康设备记录用户日常的生理数据和行为数据以便用户实现自我健康管理，智能手表和健康手环是最常见的可穿戴设备。实时采集的数据提供了数量庞大且内容丰富的分析资源，同时为健康监测和移动医疗提供了条件，例如高血压、糖尿病等慢病患者除了接受药物治疗，还可以通过使用可穿戴医疗设备接受远程监测、生活方式管理等服务。Kim 等②通过挖掘移动设备收集的数据预测用户身体活动，并根据预测结果提供用户可能感兴趣的个性化医疗服务内容，如紫外线强度、哮喘几率指数、皮肤疾病几率指数等。Asri 等③利用移动应用程序收集孕妇行为数据并通过挖掘分析实时提供预防早期流产的建议。

4. 健康大数据开放资源

部分医疗服务信息化程度较高的国家和地区建立了向研究者开放的医疗健康数据库，尤其是目前 EHR 已在许多国家得到广泛使用，如英国、澳大利亚、荷兰、挪威、美国等，可用于研究的EHR 公开数据集有 PDD graph、MIMIC-Ⅲ、i2b2、UMLS、UCI 等，这些开放数据资源极大地推动了医疗健康大数据研究进展，具体如表 3-2 所示。

---

① Park，Sung-Un et al. Big Data Analysis of Sports and Physical Activities among Korean Adolescents［J］. International Journal of Environmental Research and Public Health，2020(17)：n. pag.

② Kim，Joo-Chang and Kyung-Yong Chung. Prediction Model of User Physical Activity using Data Characteristics-based Long Short-term Memory Recurrent Neural Networks［J］. KSII Trans. Internet Inf. Syst，2019(13)：2060-2077.

③ Asri H，Mousannif H，Al Moatassime H. Big Data Analytics in Healthcare：Case Study-Miscarriage Prediction［J］. International journal of distributed systems and technologies，2019，10(4)：45-58.

表 3-2 　　　　　　　　　　EHR 相关公开数据集

数据集名称	数据资源	相关数据量	链接地址
MIMIC-Ⅲ	重症监护室医疗信息数据	超过 6 万	https：//mimic.physionet.org/
PDD graph	基于 MIMIC-Ⅲ 构建的<患者，疾病，药物>RDF 数据集	至少涉及 6985 种疾病	http：//pdd.wangmengsd.com/
PHYSIONET	生理信号和生物医学数据	6.5 万	https：//www.physionet.org/
CPRD	初级医疗保健机构诊疗数据	1130 万	https：//www.cprd.com/
NHIRD	保险索赔数据	2300 万	https：//nhird.nhri.org.tw/

除了以上健康医疗领域特定的开放数据集，还有一些相关工具，如统一医学语言系统①（Unified Medical Language System，UMLS），是美国国立医学图书馆（National Library of Medicine，NLM）于 1986 年开始建设的一体化医学知识语言，具有集成性、跨领域和工具化的特点，其在电子病历、健康数据标准等方面也得到了广泛的研究和应用。

5. 数据体系知识图谱

基于以上分析构建国际健康大数据挖掘数据体系知识图谱如图 3-1 所示。

（二）健康大数据挖掘的技术体系

由于健康大数据挖掘相关技术极为庞杂，本节基于大数据挖掘技术的处理流程视角，梳理在大数据采集、大数据预处理、大数据存储与管理、大数据分析、大数据结果展示等五个阶段中的现有技术，对主要技术和相关产品工具进行分析，归纳出技术体系，构建国际健康大数据挖掘研究的技术体系知识图谱。

---

① Hai-yan，Bai et al. UMLS and Its Application in Field of Intelligent Retrieval [J]. Data Analysis and Knowledge Discovery，2012(28)：1-9.

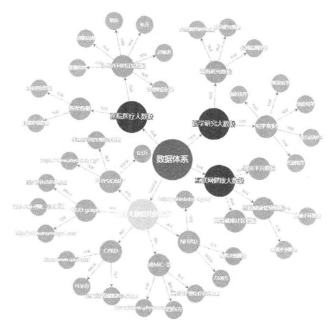

图 3-1　国际健康大数据挖掘数据体系知识图谱

1. 大数据采集

健康大数据的采集是健康大数据挖掘研究流程中最基础的步骤，本节根据对检索文献的内容分析，比较了几种目前流行的数据采集工具，如表 3-3 所示。

表 3-3　　　　　　　　　　数据采集工具对比

平台工具	扩展性	系统架构	系统特点
Flume	高扩展性，采用多 Master 的方式，拥有丰富的自带插件	分布式管道架构	主要处理流数据事件，使用 JRuby 来构建，依赖于 Java 运行环境
Fluent	高扩展性，客户可以自己定制（Ruby）Input/Buffer/Output	可插拔架构	使用 C/Ruby 开发，采用 JSON 统一数据/日志格式，专为处理数据流设计，不支持 windows 平台

续表

平台工具	扩展性	系统架构	系统特点
Splunk	可扩展性较低，可以通过开发 Input 和 Modular 的方式来获取特定的数据	分布式机器数据平台	商业化大数据平台产品，提供很多具体化应用，多平台支持，具有日志聚合功能；搜索功能；提取意义；可视化功能；电子邮件提醒功能等

在健康大数据采集相关研究中，更快更好地采集数据始终是一个热点研究方向。Kendra 等人①采用 Flume 工具对用户在 Twitter 上发布的大量关于健康相关话题的帖子进行采集，依据 Twitter 数据集探究用户对使用抗生素的观点；Gunasekaran 等人②基于 Flume 工具对传感器数据进行采集，开发了可伸缩的云计算传感器数据处理架构，以存储和处理医疗应用中的人体传感器数据；Sharma 等人③对 Splunk 工具在医疗保健管理中的应用进行和创新进行了论述；Kazarov 等人④基于 Splunk 平台构建一体式解决方案，用于在索引数据库中高效存储不同类型的操作数据。在大数据背景下，解决数据采集过程中的数据量、实时性、传输速率等问题，是研究者更进一步研究的重点。

2. 大数据预处理

常用 ETL（extract，transform，load）工具负责处理各种分布的

① Kendra, R. et al. Characterizing the Discussion of Antibiotics in the Twittersphere：What is the Bigger Picture？［J］. Journal of Medical Internet Research，2015(17)：n. pag.

② Manogaran, Gunasekaran and Daphne Lopez. Health data analytics using scalable logistic regression with stochastic gradient descent［J］. Int. J. Adv. Intell. Paradigms，2018(10)：118-132.

③ Sharma, L. et al. Data Analytics：Various Applications, Tools and Technology［J］. INROADS-An International Journal of Jaipur National University，2018(7)：107-114.

④ Kazarov, A. et al. Experience with SPLUNK for archiving and visualisation of operational data in ATLAS TDAQ system［J］. 2018.

结构化、半结构化及非结构化数据，并对其进行清洗、转换、集成以及管理，从而成为联机分析处理、数据挖掘的基础。

目前主流的 ETL 工具有 Ascential 公司的 DataStage、Informatica 公司的 PowerCenter、免费开源工具 Kettle 和其他如 DataPipeline、Talend 等技术工具，这些平台工具均涵盖图形化界面配置，可实现快速开发和部署，并且提供了丰富的数据映射和转换函数。表 3-4 为对主流工具在适用场景、使用方式等方面的比较分析。

表 3-4   **ETL 工具对比**

特点	DataStage	Kettle	PowerCenter
应用能力	具有优秀的文本文件和 XML 文件的读取和处理能力	提供丰富的 SDK，开放了源代码以便于二次开发包装	可访问和集成几乎任何业务系统、任何格式的数据，提供了多个可选组件以扩展核心数据集成功能
抽取容错性	没有真正的 Recovery 机制	无 Recovery 功能，不支持自动断点续传	抽取出错的恢复（Recovery）；不支持自动断点续传，可指定续读某个时间点的数据
安全性	只提供 Developer 和 Operator	简单的用户管理功能	多范围的用户角色和操作权限；权限可以分到用户或组；使用细致的锁（Lock）
语言支持	支持目前几乎所有的编码格式	支持常见的编码格式	支持丰富的编码格式

3. 大数据存储与管理

目前主流的数据库存储技术主要有三类：以 Oracle、MySql 为代表的 SQL 数据库，以 HBase、Mongodb、Redis 为代表的 NoSQL 数据库，最后一类是以 NuoDB、PostgreSQL 为代表的 NewSQL 数据库，该类数据库是一类新式的关系型数据库管理系统，不仅具有 NoSQL 对海量数据的存储管理能力，还保持了传统数据库支持 ACID 和 SQL 等特性。表 3-5 是对代表性数据库的对比分析。

表 3-5

常用数据库对比

特点	Oracle	Mysql	Mongodb	Redis	PostgreSQL
数据库类型	SQL 数据库	SQL 数据库	NoSQL 数据库	NoSQL 数据库	NewSQL 数据库
数据库模型	关系数据库系统	关系数据库系统	文档存储	键值存储	关系数据库系统
实现语言	C 和 C++	C 和 C++	C++	C	C
SQL 支持	是	是	否	否	是
是否结构化数据	是	是	自由	自由	是
是否预定义数据类型	是	是	是	部分	是
API 以及其他访问方式	ODP.NET; Oracle Call internet (OCI); JDBC; ODBC	ADO.NET; JDBC; ODBC;	使用 JSON 的专用协议	专用协议	Native C library streaming API for large objects; ADO.NET; JDBC; CDBC
是否支持事务	ACID	ACID	否	反观锁机制，原子性执行的命令和块利脚本	ACID
访问控制	根据 SQL 标准的细粒度访问权限	细粒度的用户访问权限	基于用户和角色的访问权限	简单的基于密码的访问控制	根据 SQL 标准的细粒度访问权限

在健康大数据挖掘研究方面，国际上基于各种数据库开展了深入研究。Moon 等人①采用 Oracle 数据库开发了一种医院医疗资源管理系统，提出一种有效的护理资源管理模式，根据住院病人的护理强度来分配最佳的护理资源；Nwabueze 等人②采用 Mysql 作为后端，开发了一种交互式移动医疗应用程序，帮助患者进行日常医疗保健管理；Saini 等人③采用 Mongodb 数据库对医疗机构、医院、医疗机构、研究公司等不同机构发布的 Twitter 数据进行分析，从中得到有价值的意见；Liu 等人④构建了一个体育健康预测平台，利用 Springboost 框架建立人体运动仿真模型，采用 Redis 数据库保存仿真预测结果和用户偏好等信息，旨在提高健康水平，避免运动对人体健康造成不可逆转的后果。

在一些复杂的应用场景中，使用单一数据库进行存储查询已经不能满足对大数据存储管理、复杂分析和实时处理的需求，因此对不同类型数据库进行混合部署将逐渐成为发展趋势，如 Doshi 等人⑤提出了混合 SQL 和 NewSQL 方法，以便及时获取挖掘分析结果。

4. 大数据分析

图 3-2 是根据对相关技术的定量分析后得到的词云图，其中

① Moon, Weon-Hee. Development and evaluation of NRMIS (Nursing？Resources？Management？Information System) for managing healthcare resources[J]. Technology and health care：official journal of the European Society for Engineering and Medicine，2019：n. pag.

② Nwabueze, Ekwonwune Emmanuel and Onuoha Oju. Using Mobile Application to Improve Doctor-Patient Interaction in Healthcare Delivery System[J]. 2019.

③ Saini, Sonia and S. Kohli. Healthcare Data Analysis Using R and MongoDB [J]. 2018.

④ Liu, Y. et al. Design and Implementation of Concurrent Optimization Schemes for Sports Health Prediction Platform[J]. 2018 7th International Conference on Digital Home (ICDH)，2018：208-212.

⑤ Doshi, K. A. et al. Blending SQL and NewSQL Approaches：Reference Architectures for Enterprise Big Data Challenges[J]. 2013 International Conference on Cyber-Enabled Distributed Computing and Knowledge Discovery，2013：163-170.

"Machine Learning"主要指传统机器学习方法，关注设计算法自动识别数据中的复杂模式；"Deep Learning"指通过组合低层特征形成更加抽象的高层表示属性类别或特征，以发现数据的分布式特征表示；"Artificial Intelligence"偏向于指对通过计算机程序来呈现人类智能的这一类技术的概括。

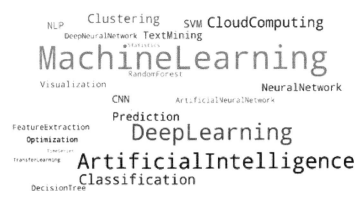

图 3-2　大数据分析相关技术的词云图

通过对研究文献的内容分析，国际健康大数据挖掘研究中采用的大数据分析方法可以概括为四类：

（1）基于概率统计、机器学习和深度学习模型的数据挖掘技术。如 Ajorlou 等人①基于数学建模思想，通过使用具有多元响应的分层广义线性模型，在贝叶斯框架下开发了针对医疗组合需求的临床工作量预测模型，大大提高了对通过对患者健康状况的预测准确度；Dugan 等人②采用六种不同的机器学习方法，基于生产临床决策支持系统的数据构建预测模型，以准确预测 2 岁以上儿童的肥胖症。

---

① Ajorlou, Saeede et al. An analytics approach to designing patient centered medical homes[J]. Health Care Management Science, 2015(18): 3-18.

② Dugan, T. et al. Machine Learning Techniques for Prediction of Early Childhood Obesity." Applied clinical informatics, 2015(63): 506-20.

（2）社交网络分析技术。如 Junji 等人①为了探究社区医疗服务中跨专业互动网络的结构特征，构建了基于患者和不同医疗保健专业人员的社交网络，通过衡量节点中心度相关指标，揭示了不同专业在互动网络中的作用，并基于网络的结构特征，对患者预后、成本效益和其他因素之间的关系也做了进一步探究。

（3）可视化技术。主要指用于创建表格、图像、图表和其他直观显示方式以理解数据的技术。如 Svertoka 等人②为了使公众易于理解实时的空气质量情况，构建决策支持系统，将特殊传感器收集到的原始环境数据通过算法处理得出相应决策结论，并将测量结果和建议通过前端等普通用户容易理解的形式可视化呈现给用户。

（4）仿真技术。主要指随机环境中系统的定量分析，如 Uslu-Sahan 等人③针对各种用于增加妇科肿瘤姑息治疗知识、增强跨学科教育观念和团队合作态度的跨专业培训的模拟方法，为了探究其有效性，进行了一项比较随机对照试验。结论表明，在本科教育中引入高逼真度模拟、混合模拟或基于混合模拟的跨专业培训等措施，可以有效增加学生的姑息治疗知识及增强跨学科教育感知和团队合作态度等。

（1）数据挖掘技术

①传统机器学习

常见的传统机器学习算法在健康大数据挖掘领域主要可以分为四类：关联分析、聚类、分类和预测，如表 3-6 所示。

---

① Haruta, Junji et al. Exploring the structure of social media application-based information-sharing clinical networks in a community in Japan using a social network analysis approach[J]. Family Medicine and Community Health, 2020(8)：n. pag.

② Svertoka, Ekaterina et al. Decision Support Algorithm Based on the Concentrations of Air Pollutants Visualization[J]. Sensors (Basel, Switzerland), 2020 (20)：n. pag.

③ Uslu-Sahan, Fatma and F. Terzioglu. Interprofessional simulation-based training in gynecologic oncology palliative care for students in the healthcare profession：A comparative randomized controlled trial[J]. Nurse education today, 2020 (95)：104588.

表 3-6　　　　　　　　健康大数据挖掘领域传统机器学习算法

类型	常见算法
关联分析	关联规则挖掘：Apriori 序列模式挖掘：类 Apriori
聚类	基于划分的聚类算法：K-Means、K-Medoids 基于层次的聚类算法：Hierarchical Agglomerative Clustering、BRICH 基于密度的聚类算法：DBSCAN
分类	支持向量机(SVM)、人工神经网络(ANN)、Logistic 回归(LR)、决策树(DT)、随机森林、贝叶斯网络算法
预测	决策树、人工神经网络(ANN)、Logistics 回归、贝叶斯和支持向量机模型

A. 关联分析

关联分析用于探讨研究对象之间的关联性，一般通过挖掘数据中频繁出现的项集实现。在一些存在大量用户医疗信息的数据库中，比如个人健康信息、临床治疗信息、临床诊断信息等，可以通过这一方法进行数据的挖掘处理，实现疾病的临床决策和特殊疾病诊断。如 Ilayaraja 等人①采用 Apriori 关联规则挖掘算法探讨了患者症状与心脏病危险等级之间的关系；Fang 等人②基于关联规则挖掘算法，对海量医学信息进行相关分析和处理，找出疾病生命周期中不同因素的相关性，为科学研究和临床实践提供依据。

---

① Ilayaraja, M. and T. Meyyappan. Efficient Data Mining Method to Predict the Risk of Heart Diseases Through Frequent Itemsets [J]. Procedia Computer Science, 2015(70)：586-592.

② Fang, Z. et al. A study on specialist or special disease clinics based on big data[J]. Frontiers of Medicine, 2014(8)：376-381.

B. 聚类

聚类分析指按照某种相似性原则对整体进行分组，相同组中的对象具有较大相似性，而不同组别之间又有一定区分度。聚类方法在精准治疗、合理管理医疗资源等方面发挥着重要作用，如 Auconi 等人①对 X 光投影测量得到的 22 个变量进行模糊聚类，得到牙齿生长特征、面部形态、矫正力方向等因素对正畸效果的影响；Papachristou 等人②基于肿瘤门诊患者数据集，采用 kMeans、Birch、Spectral-Clustering、Hierarchical Agglomerative Clustering 和 k-Modes 等五种聚类算法对癌症的症状进行分析和预测。

C. 分类

分类首先建立目标属性与其他属性之间的关系，然后根据这种映射关系判断目标属性未知的对象的类别。有研究对常用于健康大数据挖掘的分类算法进行了统计，构建了图 3-3 中的词云图③，可以看到支持向量机（SVM）、人工神经网络（ANN）、Logistic 回归（LR）、决策树（DT）和基于 DT 的算法是最常用的，其次是随机森林和贝叶斯网络算法等。

分类在健康大数据挖掘中是应用最广泛的一类算法，在疾病诊断、改进健康服务等方面都发挥了重要作用。如 Tapak 等人④比较了两种统计方法（LR 和 Fisher 线性判别分析）和四种机器学习算法（SVM、ANN、随机森林和模糊 C 均值）预测糖尿病诊断的性能，

---

① Auconi, P. et al. Prediction of Class III treatment outcomes through orthodontic data mining[J]. European journal of orthodontics, 2015(373)：257-67.

② Papachristou, Nikolaos et al. Comparing machine learning clustering with latent class analysis on cancer symptoms' data[J]. 2016 IEEE Healthcare Innovation Point-Of-Care Technologies Conference (HI-POCT), 2016：162-166.

③ Islam, Md. Saiful et al. A Systematic Review on Healthcare Analytics：Application and Theoretical Perspective of Data Mining[J]. Healthcare, 2018(6)：n. pag.

④ Tapak, Lily et al. Real-Data Comparison of Data Mining Methods in Prediction of Diabetes in Iran[J]. Healthcare Informatics Research, 2013(19)：177-185.

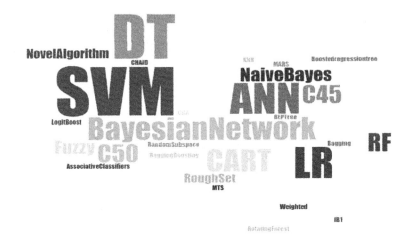

图3-3　分类相关算法词云图

采用年龄、性别、BMI、腰围、吸烟等10个特征来对糖尿病进行诊断；Lee等人①为了分析住院期间患者跌倒的重要因素，基于卡方检验方法选择显著特征，之后应用人工神经网络建立分类模型，其模型的AUC值达到0.77；Dinov等人②针对帕金森病患者，使用SMOTE升采样技术，基于支持向量机模型和AdaBoost算法进行诊断分类，分类准确率均达到90%以上。

D. 预测

预测是指基于历史数据建立模型，运用数据对未来发展趋势进行测算，以预先了解事情发展的结果，其与分类预测的区别在于目标属性是数值型数据还是分类型数据，常用的预测算法包括决策树、人工神经网络、Logistics回归、贝叶斯和支持向量机模型等。

① Lee, T. et al. Application of data mining to the identification of critical factors in patient falls using a web-based reporting system[J]. International journal of medical informatics, 2011(802): 141-50.

② Dinov, I. et al. Predictive Big Data Analytics: A Study of Parkinson's Disease Using Large, Complex, Heterogeneous, Incongruent, Multi-Source and Incomplete Observations[J]. PLoS ONE, 2016(11): n. pag.

如 Xu 等人①提出的一种基于 Web 数据挖掘的流感检测框架，他们采用了不同的神经网络模型模拟流感样疾病数据和查询数据之间的关系，从而通过搜索引擎预测流感疫情；Meng 等人②通过问卷调查收集了糖尿病患者的数据，结合卡方分析识别了影响糖尿病发病率的关键因素，并对比了 Logistics 回归、BP 神经网络和 C5.0 决策树三种模型的预测效果。

②深度学习

深度学习技术属于表示学习，是一种包含多个隐藏层的深层神经网络（DNNs）。原始输入数据由各个层上大量的非线性操作转化为更抽象的表示，通过在各个隐藏层间传递，输入空间不断变化，直至数据点变得可区分为止，通过这种方式模型可以学习高度复杂的函数，因此多层非线性结构使其具备强大的特征表达能力和对复杂任务的建模能力，同时深度学习模型可以接收多种类型的数据作为模型输入，这与医疗健康大数据多源异构的特点非常契合③，因此深度学习模型在健康大数据挖掘领域具有非常重要的地位。

传统的数据挖掘和统计学习方法通常需要先进行特征工程，从这些数据中获取有效且健壮的特征，然后在此基础上建立分类预测及聚类模型，但是在数据复杂且缺乏足够的领域知识的情况下，实现精准的特征工程具有很大的难度。深度学习技术尝试从原始数据中学习高等级特征表示，且性能会随着数据量的增加而增强，其与传统人工神经网络（ANNs）的主要区别在于隐藏层的数量、隐藏层

---

① Xu, Wei et al. A neural netwok based approach to detect influenza epidemics using search engine query data[J]. 2010 International Conference on Machine Learning and Cybernetics, 2010(3): 1408-1412.

② Meng, Xue-Hui et al. Comparison of three data mining models for predicting diabetes or prediabetes by risk factors[J], The Kaohsiung Journal of Medical Sciences, 2013(29): n. pag.

③ Esteva, A. et al. A guide to deep learning in healthcare [J]. Nature Medicine, 2019(25): 24-29.

间的关系及训练机制等方面的不同①，传统人工神经网络（ANNs）通常限制在三层，且采用 back propagation 的迭代算法训练整个网络，而深度神经网络在整体上采用 layer-wise 的训练机制。所以深度学习技术的发展为从复杂数据中获取端到端的学习模型提供了有效范例。

A. 应用于医学图像挖掘领域的深度学习技术

深度学习在计算机视觉方面取得成功后，其在临床数据上的第一个应用就是医学图像处理，其中以卷积神经网络（CNNs）为最常用的技术，CNNs 以放射学、病理学、皮肤科及眼科等图像数据为输入，迭代地对其进行一系列卷积和池化等操作，直到原始数据矩阵转化为潜在图像类（如医学诊断案例）上的概率分布，其大多用于图像的分类（例如，癌与良性）以及肿瘤等医学特征的定位，关于该模型在医学图像上的技术流程如图 3-4 所示。

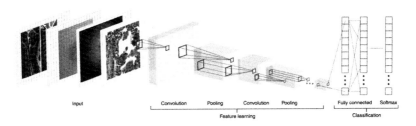

图 3-4　CNNs 应用于医学图像挖掘的典型技术流程

国际上很多学者利用医学图像，基于 CNNs 及其他深度学习模型在分割、目标检测、诊断分类等方面都开展了深入研究。如 Roth-HR 等人②提出了一种基于 CNN 分析 CT 图像的胰腺自动分割

①　Miotto, R. et al. Deep learning for healthcare: review, opportunities and challenges[J]. Briefings in bioinformatics, 2018(196): 1236-1246 .

②　Roth, H. et al. DeepOrgan: Multi-level Deep Convolutional Networks for Automated Pancreas Segmentation[J]. ArXiv abs, 2015(1506. 06448): n. pag.

方法；Lee S 等人①利用射线图像作为 CNN 的输入数据，实现手指关节的自动检测；Roth-HR 等人②提出了一种基于卷积神经网络分析 CT 图像进行淋巴结检测的方法；Liu 等人③和 Brosch 等人④分别基于自编码机模型（Stacked Sparse AE）和 RBM 模型，分析大脑磁共振成像（MRI）扫描来诊断预测阿尔茨海默病及其变化。

B. 应用于电子健康记录（EHR）挖掘领域的深度学习技术

目前深度学习方法中的序列模型在电子健康记录挖掘领域中发挥着重要作用。图 3-5 是序列模型应用于电子健康记录（EHR）数据

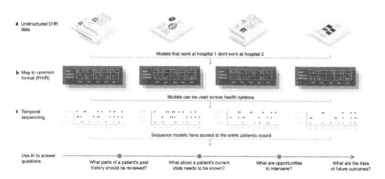

图 3-5 序列模型应用于 EHR 挖掘领域的典型技术路线

① Lee, Sungmin et al. FingerNet：Deep learning-based robust finger joint detection from radiographs［J］. 2015 IEEE Biomedical Circuits and Systems Conference，2015（BioCAS）：1-4.

② Roth, H. et al. Anatomy-specific classification of medical images using deep convolutional nets ［J］. 2015 IEEE 12th International Symposium on Biomedical Imaging，2015（ISBI）：101-104.

③ Liu, Siqi et al. Early diagnosis of Alzheimer's disease with deep learning［J］. 2014 IEEE 11th International Symposium on Biomedical Imaging，2014（ISBI）：1015-1018.

④ Brosch, T. and R. Tam. Manifold Learning of Brain MRIs by Deep Learning ［J］. Medical image computing and computer-assisted intervention：MICCAI … International Conference on Medical Image Computing and Computer-Assisted Intervention，2013（16 Pt 2）：633-40.

的典型步骤，(a)汇总 HER 中的非结构化数据。医疗记录是以特殊的数据结构和格式存储的，因此基于给定医院的健康记录构建的模型不一定适用于其他医院的数据；(b)进行数据标准化。通过将多种格式的数据映射到例如基于 FHIR(Fast Health Interoperable Resources)的单一格式，从而实现数据的同质格式化；(c)序列化，将所有数据按照时间顺序排列到患者时间轴中，这样基于时序模型的深度学习技术就可以应用于整个 HER 数据集，从而对患者进行诊断预测。很多学者都基于电子健康记录中的序列数据开展了研究。如 Zebin 等人[1]采用 LSTM 和 CNN，基于 MIMIC-III 数据集构建了再入院风险预测模型，对未来可能再次进入重症监护室的患者进行预测判断，其模型的所有性能指标(AUC、准确度和精确度)都优于支持向量机、随机森林和 logistic 回归模型等基准分类器。

C. 应用于基因组学领域的深度学习技术

图 3-6 是深度学习应用于基因组学领域的典型步骤，首先获取各种原始数据，之后将原始数据转化为如输入数据张量等适合深度学习算法使用的形式，再基于深度神经网络为特定的生物医学应用提供服务，包括推断 DNA 序列、预测基因突变对疾病风险和药物反应的影响等。如 Alipanahi 等人[2]采用卷积神经网络探测 RNA 和 DNA 蛋白结合位点的序列特异性，进而预测突变的影响；Helmstaedter M 等人[3]使用卷积神经网络(CNN)分析微阵列基因表达数据，用于对癌症进行诊断和分类。

---

[1] Zebin, Tahmina and T. Chaussalet. Design and implementation of a deep recurrent model for prediction of readmission in urgent care using electronic health records[J]. 2019 IEEE Conference on Computational Intelligence in Bioinformatics and Computational Biology, 2019(CIBCB): 1-5.

[2] Alipanahi, B. et al. Predicting the sequence specificities of DNA-and RNA-binding proteins by deep learning[J]. Nature Biotechnology 33 (2015): 831-838.

[3] Liang, M. et al. Integrative Data Analysis of Multi-Platform Cancer Data with a Multimodal Deep Learning Approach[J]. IEEE/ACM Transactions on Computational Biology and Bioinformatics, 2015(12): 928-937.

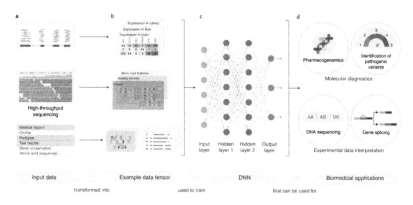

图 3-6　深度学习应用于基因组学领域的典型技术步骤

D. 应用于物联网智能感知数据挖掘领域的深度学习技术

近年来，医疗物联网领域发展非常快，物联网设备提高了医疗数据的生成速度和准确度，尤其是云计算技术的进步，使得物联网设备的可用性和可扩展性得到增强。许多学者针对医疗物联网设备采集到的感知数据进行了健康大数据方面的挖掘研究。如 Jeyaraj 等人①采用深度卷积神经网络（DCNN）和改进的血管密度测量方法识别基于物联网的智能医疗系统中的口腔癌区域结构；Pandia 等人②采用分段的深度卷积神经网络，利用物联网监测设备采集到的心电信号进行心电图分类。

（2）大数据分析处理平台及工具

本节介绍当前大数据分析涉及的技术平台和相关软件工具，如表 3-7 所示。

①　Jeyaraj, Pandia Rajan et al. Fog Computing Employed Computer Aided Cancer Classification System Using Deep Neural Network in Internet of Things Based Healthcare System[J]. Journal of Medical Systems, 2019(44): n. pag.

②　Jeyaraj, Pandia Rajan and Edward Rajan Samuel Nadar. Atrial fibrillation classification using deep learning algorithm in Internet of Things-based smart healthcare system[J]. Health Informatics Journal, 2019(26): 1827-1840.

表 3-7 大数据分析处理工具概述

软件工具	简要描述	优点	缺点
Hadoop	对大量数据进行分布式处理的开源软件框架，适用于批处理，其核心设计为分布式计算框架 Map Reduce 和分布式文件系统 HDFS	高可靠性；高扩展性；高效性；高容错性；支持超大文件；可构建于低廉的商用硬件集群上，因此成本较低	实时性低；无法高效存储大量的小文件；不支持多用户写入及任意修改文件；图计算与迭代计算不友好
Spark	专为大规模数据处理而设计的快速通用的类 Hadoop MapReduce 的计算引擎和处理框架，流批处理一体化，以批处理为主、流处理为辅	速度快，迭代运算效率更高；吞吐量高；易用性，本地调用方便，支持多种语言和多种运行模式；通用性，支持批处理、Spark Streaming、MLlib、GraphX 等多种场景	资源消耗大、成本高；流式计算的功能不如 Flink 全面，且延迟较高
Storm	一个分布式的实时计算引擎和处理框架，适用于流处理	高扩展性；高容错性；快速；高可靠性；低延迟数据处理，实时计算延迟度达毫秒级	安装配置复杂，无综合指南可用；无状态，需用户自行进行状态管理；对硬件要求较高
Flink	高效通用的大数据分布式计算引擎和处理框架，提供支持流处理和批处理两种类型应用的功能	同时支持高吞吐、低延迟；支持有状态计算；支持容错；高度灵活的窗口操作；基于 JVM 实现独立的内存管理	社区不完善，还处于快速发展中

续表

软件工具	简要描述	优点	缺点
RapidMiner	开源软件，适用于数据挖掘	免费提供数据挖掘技术和库，可以用简单脚本语言自动进行大规模进程；图形用户界面的互动原型，多层次的数据视图，确保有效透明数据	数据量过大会导致无法获取完整数据集；扩展性较低，优化较难
Weka	开源软件，应用于Java 环境的机器学习和数据挖掘	集合了大量能承担数据挖掘任务的机器学习算法如分类、回归、聚类、关联规则等	数据预处理和结果分析较为麻烦；对数据格式要求严格
Gephi	开源软件，适用于信息传播、社交网络等的关系分析	擅长解决图网络分析的很多需求，其插件众多，功能强且易用性高；支持多种格式的文件输入，支持应用插件，更具可扩展性，满足用户对不同数据的处理需求	处理更大规模(如亿级以上)的关系网络数据时，需要专门的图关系数据库来支撑，技术要求相对较高

近几年，国际上一些学者基于 Hadoop、Spark、Storm 以及 Flink 等大数据分布式计算引擎在健康大数据挖掘方面开展了不少研究。Nishadi 等人①在分析了现阶段大量非结构数据的出现给医

---

① Nishadi, A. S. T.. Healthcare Big Data Analysis using Hadoop MapReduce [J]. International journal of scientific and research publications, 2019(9): 87104.

疗大数据分析带来的问题后，建议采用 Hadoop Map Reduce 来存储和处理医疗健康数据；Alotaibi 等人①基于 Spark 开发出了医疗保健大数据分析工具 Sehaa，基于 Twitter 数据，采用朴素贝叶斯、Logistic 回归和多特征提取等方法对沙特阿拉伯国家中的疾病相关信息进行分析探测；Nazari 等人②对 Flink 在健康大数据挖掘中所展现的优势进行了阐述，并与 Spark 框架在功能、特点上进行了对比。

RapidMiner 和 Weka 是广泛应用于数据挖掘和机器学习领域的开源工具，Gephi 作为一款基于 JVM 的复杂网络分析软件，其交互可视化和探测功能十分强大，国际上也有不少学者基于这些开源工具对健康大数据挖掘开展研究。Kosorus 等人③对 RapidMinner 和 Weka 的功能进行了对比，并阐述了二者如何基于健康监测中的传感器数据进行时间序列分析；Sanusi 等人④基于 RapidMiner 中的 K-Means 算法，利用登革热病历资料对班达亚齐市进行疫区划分；Saheb 等人⑤采用文本挖掘和文献计量学研究方法，基于 Gephi 对1974—2018 年的健康信息学文献进行主题探测，并对未来发展趋势进行预测。

①　Alotaibi, Shoayee et al. Sehaa: A big data analytics tool for healthcare symptoms and diseases detection using Twitter, Apache Spark, and Machine Learning [J]. Applied Sciences, 2020(10): 1398.

②　Nazari, Elham et al. BigData Analysis in Healthcare: Apache Hadoop, Apache spark and Apache Flink[J]. 2019.

③　Kosorus, Hilda et al. Using R, WEKA and RapidMiner in Time Series Analysis of Sensor Data for Structural Health Monitoring[J]. 2011 22nd International Workshop on Database and Expert Systems Applications, 2011: 306-310.

④　Sanusi and J. Husna. Utilization of Rapidminer using the K-Means Clustering Algorithm for Classification of Dengue Hemorrhagic Fever (DHF) Spread in Banda Aceh City[J]. 2020.

⑤　Saheb, T. and Mohammad Saheb. Analyzing and Visualizing Knowledge Structures of Health Informatics from 1974 to 2018: A Bibliometric and Social Network Analysis[J]. Healthcare Informatics Research, 2019(25): 61-72.

5. 大数据可视化展示

本节单针对在健康大数据挖掘研究广泛使用的可视化展示工具进行分析，如表 3-8 所示。

表 3-8　　　　　　　　　　可视化工具对比表

应用特点	Tableau	QlikView	IBM Cognos
可视化深入程度	优秀	一般	一般
可扩展性	良好	仅限 ARM	良好
大数据支持能力	较好	一般	一般
映射支持	优秀	一般	优秀
OLAP cubes 支持	是	否	是
最大容量	无限	数十亿行	无限
多维模型化处理能力	良好	一般	良好
API 支持能力	优秀	良好	一般

国际上不少学者将 Tableau、QlikView 等工具应用于健康大数据挖掘的相关研究中。如 Ko 等人①利用 Tableau，通过对结肠癌患者的示例数据进行交互式可视化和分析，展示了医疗过程；Arun 等人②通过对医疗数据的分析和业务数据的整合来降低非传染性疾病（NCD）的发病率，并采用 QlikView 作为系统前端工具；Raghupathi 等人③基于住院费用、住院死亡率、住院天数、出院人

① Ko, Inseok and Hyejung Chang. Interactive Visualization of Healthcare Data Using Tableau[J]. Healthcare Informatics Research, 2017(23): 349-354.

② Arun, V. et al. Data Analytics and Operational Data Integration to reach out to RuralMasses for Early Detection of Non-communicable Diseases[J]. 2015.

③ Raghupathi, V. and W. Raghupathi. Benchmarking Hospital Performance Using Health Analytics[J]. Journal of Health and Medical Informatics, 2015(6): 1-13.

数等指标对医院绩效进行调查，采用 Cognos 作为可视化分析工具。

6. 技术体系知识图谱

基于以上分析构建国际健康大数据挖掘研究的技术体系知识图谱如图 3-7 所示。健康大数据挖掘算法、平台和工具可以为人们带来更好的医疗健康服务，不断发现新的知识内容，促进医学技术进步。而每一种技术都有其特点，适用范围也不相同，在研究中需要比较每种方法的优缺点，并将它们与新兴技术结合起来，这将是未来健康大数据挖掘研究的重点。

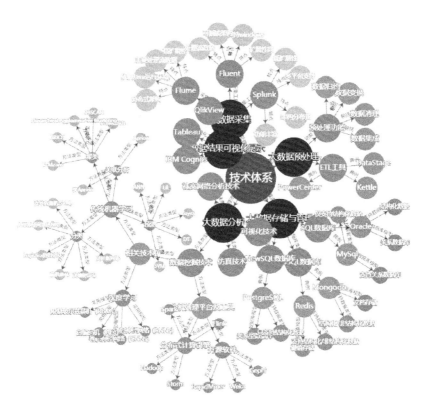

图 3-7　国际健康大数据挖掘研究的技术体系知识图谱

(三)健康大数据挖掘的开发应用体系

研究结果的应用及开发是健康大数据挖掘的目的与价值体现，

本节从应用研究和开发研究等两方面为切入点，对健康大数据挖掘结果应用与开发进行解读与归纳，组织健康大数据挖掘的开发应用体系，构建国际健康大数据挖掘研究的开发应用体系知识图谱。

1. 健康大数据挖掘的应用体系

（1）基于医院医疗大数据挖掘的应用研究

医院医疗大数据主要包括电子病历数据和医疗保险数据等，电子病历是患者诊疗的真实记录，具有极高的分析利用价值。目前主要的基于电子病历的挖掘应用研究整理见表 3-9。

表 3-9　　　　　　　　基于医院医疗大数据挖掘的应用研究

应用	应用概述	相关研究
疾病预测	主要是对疾病发生风险的预测，帮助高危患者的早期预防。	预测高危人群转变为双向情感障碍的风险；预测双向情感障碍患者的自杀倾向及抑郁情绪复发的风险[1]。
疾病归因分析	分析疾病的归咎因素	分析非心胸痛患者的电子病历数据，找到非心胸痛的归咎因素[2]。
用药分析	包括药物使用情况、用药过量的分析	根据美国退伍军人医疗中心的电子病历数据，回顾性评估住院患者的条码用药资料，以探究是否存在过量使用药物的情况[3]。

---

[1]　Passos, Ives C. et al. Machine learning and big data analytics in bipolar disorder: A position paper from the International Society for Bipolar Disorders Big Data Task Force[J]. Bipolar Disorders, 2019(21): 582-594.

[2]　Cohen, S. et al. Noncardiac Chest Pain During War[J]. The Clinical Journal of Pain, 2011(27): 19-26.

[3]　Huttner B, Jones M, Rubin M A, et al. Double trouble: how big a problem is redundant anaerobic antibiotic coverage in Veterans Affairs medical centres? [J]. Journal of Antimicrobial Chemotherapy, 2012, 67(6): 1537-1539

续表

应用	应用概述	相关研究
疾病分类诊断	利用相应医疗数据对患者进行分类诊断，包括影像诊断、相似疾病的鉴别诊断等[1]。	利用磁共振影像、遗传学、血液标记物、脑电图等数据进行双向情感障碍与健康人群、其他精神障碍的分类，实现双向情感障碍的诊断研究。
辅助诊疗	利用数据挖掘技术对临床诊疗过程进行辅助，包括个性化治疗方案制定、医学影像分级分类等。	自适应的诊断分类和药物推荐[2]；通过预测干预反应辅助治疗决策，实现个性化治疗。
药物警戒	指监测、理解、预防不良药物反应相关的的科学和活动。同时为了保证药物安全有效还需考虑剂量、过敏、药物相互作用等多个方面[3]。	相关研究包括药物副作用发现、药物不良反应预测、药物与疾病风险关联等。药物警戒结果还可应用于临床决策支持[4]。
知识发现	从医疗大数据中挖掘提取出有价值的知识并将其应用到具体的领域中。	不少研究利用数据挖掘技术提取相关临床知识，例如在中医领域的处方模式发现、药物配伍发现等。

① Tai，Andy et al. Machine learning and big data：Implications for disease modeling and therapeutic discovery in psychiatry［J］. Artificial intelligence in medicine，2019(99)：101704 .

② Chu，Xiaoli et al. Quantitative knowledge presentation models of traditional Chinese medicine (TCM)：A review［J］. Artificial intelligence in medicine，2020 (103)：101810 .

③ Tricco，A. et al. Utility of social media and crowd-intelligence data for pharmacovigilance：a scoping review［J］. BMC Medical Informatics and Decision Making，2018(18)：n. pag.

④ Zarrinpar，A. et al. What Can We Learn About Drug Safety and Other Effects in the Era of Electronic Health Records and Big Data That We Would Not Be Able to Learn From Classic Epidemiology?［J］. The Journal of surgical research，2019：n. pag.

（2）基于医学研究大数据挖掘的应用研究

医学研究大数据是根据特殊目的而构建的专业数据，数据内容多、质量高，是医疗健康大数据挖掘重要的数据来源，应用也极其广泛。其中基因组大数据近年来得到非常多的应用，包括疾病预测、精准医疗、药物开发、机制推断等。具体应用研究见表3-10。

表 3-10　　　　　基于医学研究大数据挖掘的应用研究

应用	应用概述	相关研究
药物发现	药物发现过程中需要找到对生物靶点呈活性的化合物。在这一迭代过程中，数据挖掘方法可以辅助设计和选择化合物，因而相关数据挖掘技术可被用于药物发现。	利用大数据样本发现遗传变异与临床表现关联并由病因学设计治疗策略[1]；通过药物发现选出候选药物，比较药物疗效和副作用后进行药物开发。基于大数据挖掘方法进行治疗策略和药物开发可大大降低成本[2]。
循证医学	大数据挖掘技术应用在循证医学领域可为经验性医学寻找科学研究证据。	有学者利用中医大数据进行循证研究、知识发现以及辅助诊疗。例如中药与症状关联、中西医症状关联、识别和量化中医诊疗过程、中医处方模式发现、模式识别、症状相关性分析等。

① Melamud, E. et al. The promise and reality of therapeutic discovery from large cohorts[J]. The Journal of clinical investigation, 2020: n. pag.

② Zhu H . Big Data and Artificial Intelligence Modeling for Drug Discovery[J]. Annual Review of Pharmacology and Toxicology, 2020, 60(1): 573-589.

续表

应用	应用概述	相关研究
精准医疗	精准医疗是考虑个体差异的预防和治疗策略，包括发现新的治疗靶点、生物标记物、基因-药物关联等。	利用细胞系库数据可进行药物反应预测，将相应基因与药物关联，对药物反应进行预测，可用于指导精准治疗方案，提高治疗效果[1]。
疾病预测	疾病预测是对相应疾病发生风险的预测，可以帮助高危患者进行早期预防。	通过相关基因组变异与疾病的关联分析，可进行疾病（例如癌症）的预测。
机制推断	利用数据挖掘技术，对相关生理机制进行分析和推断。	利用基因组表达数据集识别具有相似表达模式的基因（共表达基因模块），进而推断调节、代谢等高水平功能机制[2]。
疾病亚型识别	通过相应分子特征和临床特征定义亚型，疾病亚型识别可以为开发更精准的生物标志物提供框架。	利用基因表达数据集区分疾病亚型，结合临床特征进一步评估分型结果，包括标记基因和临床危险因素，特别是癌症的相关研究。

---

[1] Cheng, Mingyue et al. Microbiome Big-Data Mining and Applications Using Single-Cell Technologies and Metagenomics Approaches Toward Precision Medicine[J]. Frontiers in Genetics, 2019(10)：n. pag.

[2] Xie, J. et al. It is time to apply biclustering：a comprehensive review of biclustering applications in biological and biomedical data [J]. Briefings in bioinformatics, 2019：n. pag.

（3）基于互联网医疗健康大数据挖掘的应用研究

对于互联网医疗大数据的挖掘利用，主要集中在对网络数据的分析，包括在线医生评分网站、在线健康社区以及社交媒体平台上的健康相关数据。具体应用见表 3-11。

表 3-11　　　基于互联网医疗健康大数据挖掘的应用研究

应用	应用概述	相关研究
药物滥用分析	通过处理社交媒体上药物滥用的有关信息，进行药物滥用的监测与分析，包括处方药物和非法药物。	在推特等社交媒体平台上监测阿片类药物的滥用①。
公共卫生	利用数据挖掘技术可进行公共卫生相关研究，保护人民大众的生命健康。	疫情监测，有助于对疫情的快速反应；公众反应分析，例如艾滋病患者的药物治疗与情绪检测；疾病传播监测，通过跟踪用户情绪来推测疾病的传播；公众生活研究，例如社交媒体上公众对对烟草的讨论情况②。
在线健康社区研究	在线健康社区是以健康为主题的网络互动社区，数据挖掘技术可以辅助在线健康社区的建设，提高全民健康。	有学者研究在线健康社区支持信息对使用者健康恢复的影响；也有学者分析知识合作通过什么样的机制来提高在线健康社区的医疗团队表现③。

① Sarker, A. et al. Mining social media for prescription medication abuse monitoring: a review and proposal for a data-centric framework [J]. Journal of the American Medical Informatics Association: JAMIA, 2020(27): 315-329.

② Jordan, Sophie et al. Using Twitter for Public Health Surveillance from Monitoring and Prediction to Public Response[J]. 2019(4): 6.

③ Wu H, Deng Z. Knowledge collaboration among physicians in online health communities: A transactive memory perspective[J]. International Journal of Information Management, 2019, 49: 13-33.

(4)各类数据的综合挖掘的应用

除了对单一类型的医疗健康大数据进行挖掘分析，现有的应用研究还表现出了综合挖掘各类医疗健康数据的趋势，包括疾病预测、药物开发等多种应用。一些复杂疾病(例如癌症、精神障碍等)需要利用临床数据、基因组数据、生物标志物等多类医疗健康大数据进行协同分析。另外，不同类别的健康大数据可以相互补充，例如在药物警戒方面，在传统电子病历记录的参数上结合基因组、蛋白质组数据库的特定疾病生物标志物可以优化药物警戒的合适路径，补充电子健康记录数据在生物标志物上的不足，对个人实现基于药物不良反应的个性化治疗①。

2. 健康大数据挖掘的开发体系

主要探究各类健康系统的开发，包括临床决策支持系统、个人健康管理系统、远程医疗监控系统、医疗健康大数据分析结果的可视化、物联网、移动健康软件等。开发研究整理结果见表 3-12。

表 3-12　　　　　　　　健康大数据挖掘的开发研究

系统开发类型	系统概述	开发典例
临床决策支持系统开发	选择相应特征，通过数据挖掘和机器学习方法，以人机交互的方式辅助临床工作人员决策的计算机应用系统。	利用步态特征对帕金森患者进行分类诊断②

---

① Choi, Y. et al. Future Directions of Pharmacovigilance Studies Using Electronic Medical Recording and Human Genetic Databases [J]. Toxicological Research, 2019(35): 319-330.

② Buckley, C. et al. The Role of Movement Analysis in Diagnosing and Monitoring Neurodegenerative Conditions: Insights from Gait and Postural Control[J]. Brain Sciences, 2019(9): n. pag.

续表

系统开发类型	系统概述	开发典例
个人健康管理系统开发	可实时收集、存储和分析用户的诸如心跳、呼吸、体温等多种健康数据，自动判断异常状况并执行实时响应，帮助早期发现和解决用户的健康问题。	血糖预测可根据糖尿病患者过去和现在的健康数据来预测个体的血糖水平，提供必要的预警，实现糖尿病患者血糖健康管理[1]。
远程医疗监控系统开发	尤其对于慢性病患者和终生疾病患者，远程医疗监控系统可以有效地监测其健康状况，帮助提升健康水平。	运动症状类疾病，虽然有特殊的临床量表，但测量时易受主观影响，远程监控系统系统通过对运动特征进行量化，帮助测量监控运动缺陷症状，有助于进一步的风险分析、疾病诊断以及监测进展。
健康大数据分析结果可视化工具开发	大数据时代基于海量数据的分析结果，其之间的关联关系尤其复杂，大数据可视化技术则为提升数据解释能力提供了有效途径。	心脏医疗大数据可视化使得医疗研究人员和从业者能够从患者数据挖掘的可视化中获得新的见解和重要信息[2]。
物联网相关系统开发	物联网在医疗领域中指一个连接的医疗设备网络，且能够产生、收集、分析、存储数据。	利用物联网技术可进行远程医疗和远程会诊，利用可穿戴设备进行连接成像、住院病人监测、医院运营和工作流程管理[3]。

① Woldaregay A Z, Arsand E, Walderhaug S, et al. Data-driven modeling and prediction of blood glucose dynamics：Machine learning applications in type 1 diabetes [J]. Artificial intelligence in medicine, 2019, 98(Jul.)：109-134.

② Nazir, Shah et al. Big Data Visualization in Cardiology—A Systematic Review and Future Directions IEEE Access, 2019(7)：115945-115958.

③ Dash, S. P.. The Impact of IoT in Healthcare：Global Technological Change & The Roadmap to a Networked Architecture in India[J]. Journal of the Indian Institute of Science, 2020：1-13.

3. 开发应用体系知识图谱

基于以上分析构建国际健康大数据挖掘研究的开发应用体系知识图谱如图 3-8 所示。

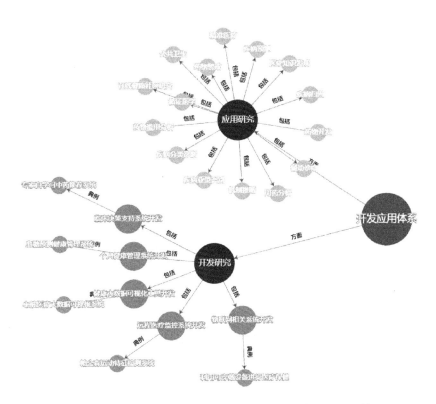

图 3-8　国际健康大数据挖掘研究的开发应用体系知识图谱

四、健康大数据挖掘研究国际前沿全景框架

本报告综合采用文献计量法和内容分析法，基于 WoS 核心数据集，针对 2010 年至 2020 年国际健康大数据挖掘领域的文献，探测了健康大数据挖掘相关研究的热点主题和新兴趋势，并依据"数据—方法—目标"这一关键链条，分别从数据体系、技术体系和开

发应用体系等三个层面对其进行归纳总结，同时采用知识图谱理论方法，构建起健康大数据挖掘研究国际前沿的全景框架，如图 4-1 所示。基于全景框架，可以看出技术体系在整体框架中占主要地位，说明健康大数据挖掘领域的研究中，相关技术及工具庞杂繁多，是该领域研究的重点。

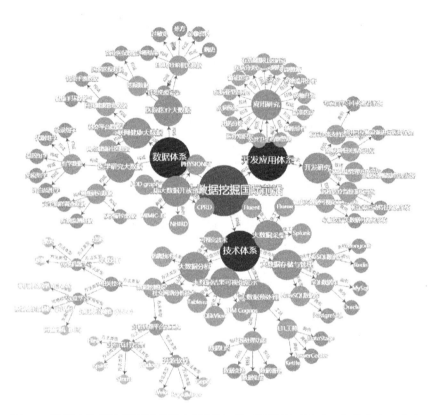

图 4-1　健康大数据挖掘国际前沿全景框架(鉴于图谱展示尺寸，部分节点未完全
展开，可访问网址：http：//ihealth. whu. edu. cn/OverseasFrontier/)

　　目前广泛应用的数据主体为医院医疗大数据、医学研究大数据和互联网健康大数据等三类，其中医院医疗大数据以电子健康记录数据和电子健康病历数据以及医保数据为主，医学研究大数据以组学数据和调查研究数据为主，互联网健康大数据以用户生成数据

（包括网络健康社区数据和社交平台数据）和基于医疗物联网设备采集到的自我健康管理数据为主。

基于此三类健康大数据，开展相关挖掘研究的技术极为庞杂。基于大数据处理流程视角，将健康大数据处理过程分为大数据采集、大数据预处理、大数据存储与管理、大数据分析和大数据结果可视化展示等五个阶段。其中在关于健康大数据的分析挖掘方法中，既有以决策树（DT）、支持向量机（SVM）、Logistics 回归（LR）、人工神经网络（ANN）、贝叶斯和 K-Means、BRICH 等为代表的传统机器学习算法，又有以基于卷积神经网络（CNNs）、递归神经网络（RNNs）、限制玻尔兹曼机（RBMs）和自编码机（AEs）的深度学习模型，后者在针对基因组学数据、电子健康记录（EMR）数据、医学图像数据和物联网智能感知数据上的挖掘研究中都表现出了更加强劲的性能。同时健康大数据的海量、异构、多样等特点，并且随着云计算技术的进步，大数据分析技术已经与云计算密切相关，诞生了 Hadoop、Spark、Storm 及 Flink 等第一代、第二代分布式计算引擎和处理框架，同时利用 FPGA、GPU 等硬件设施，加快云计算平台和工具的数据处理速度，提高健康大数据管理、分析的效率。除了这些面向大规模数据处理的开源框架，目前还有许多功能丰富、用户友好的数据挖掘软件工具，例如 Weka、RapidMiner 和 KINME，其内部集成了多种机器学习算法，一些软件还支持脚本语言，大大提高了其扩展性，被许多学者应用于健康大数据的挖掘研究。针对健康大数据挖掘的结果展示，目前广泛引入大数据可视化技术以提高对挖掘结果的解释能力，根据文献内容分析，比较成熟、通用的大数据可视化工具有 Tableau、QlikView 和 IBM Cognos 等。

近几年，大数据挖掘在医疗健康领域表现出巨大的潜能，应用越来越多，本研究从应用研究和开发研究两个方面进行了梳理。在应用研究中，主要有疾病诊断分类、药物发现、精准医疗、药物警戒、疾病归因和辅助诊疗等方面，表现出了很高的经济效益和社会效益；在开发研究方面，主要集中于临床决策支持系统和个人健康管理系统的开发，同时随着医疗物联网的发展，越来越多的研究基于物联网设备进行如远程医疗监控系统的开发。

  总体而言，本报告基于数据与挖掘相关技术协同视角，系统开展健康大数据挖掘研究国际前沿追踪，深入剖析健康大数据挖掘研究领域丰富的内涵和复杂的分类体系，厘清了国际研究前沿中相关基本理论及关键技术的主要脉络与核心思想，并基于知识表示理论构建健康大数据挖掘国际前沿知识图谱，以清晰掌握国际健康大数据挖掘研究的全景框架与应用前景，为健康大数据挖掘研究与应用规划提供科学指导。

交叉科学测度与影响评价研究前沿追踪报告*

张　琳**

摘　要：近年来，交叉科学研究日益得到各国政府和相关部门的高度重视，然而，什么是真正意义上的交叉科学？如何测度交叉科学？如何衡量交叉科学研究的影响力？本报告在梳理当前交叉科学相关研究的基础上，进一步从学科多样性与凝聚性两个视角对交叉科学测度指标进行了归纳，并从引文影响和社会影响两个角度分析了当前交叉科学影响评价面临的问题。以期深化对交叉科学的认知与理解，为我国交叉科学研究与实践提供一定的参考与启示。

关键词：交叉科学；文献计量；测度指标；影响评价

一、项目研究背景与意义

面对具有复杂性、综合性和交融性的重大问题，单一学科的理论和方法往往难以对其进行全方位的深入探讨和系统建构，交叉科学研究日益成为解决人类发展重大难题不可或缺的研究范式[1]。

---

* 本文受到国家自然科学基金面上项目："交叉科学的三维测度：内在知识基础、外在信息链接和科学活动模式（71573085）"资助。

** 张琳，现任武汉大学信息管理学院教授，博士生导师，武汉大学科教管理与评价中心主任，楚天学者特聘教授，入选国家级人才计划，兼任国际期刊 *Scientometrics* 共同主编。

2020 年我国新增交叉学科作为新的学科门类，国家自然科学基金委新增交叉科学部，如何建设交叉学科、如何测度学科交叉、如何有效评估交叉科学成果等是教育部、科技部、国家基金委相关部门和学术界等共同关注的重要前沿问题，也是支撑创新驱动发展国家战略的现实问题。

1926 年，美国哥伦比亚大学心理学家伍德沃斯（Robert S. Woodworth）在美国社会科学研究理事会上首次使用"Interdisciplinary（交叉科学）"一词，并将其概括为超过一个已知学科边界而进行的涉及两门或以上学科的实践活动[2]。1972 年，OECD 下属的教育研究与创新中心和法国教育部在法国尼斯大学联合召开了首届交叉科学学术研讨会。在此次会议上，学者们对交叉科学这一概念的各种定义进行了总结辨析，并指出：交叉科学的目的在于整合两门或多门不同的学科，其涵盖的范围之广，从简单的观点交流到某一领域内组织概念、方法论、认识论、术语、数据、研究和教学组织之间的相互融合[3]。在此之后，中外学者纷纷试图为交叉科学进行准确、恰当的定义。虽然多种定义的主语表述（交叉科学、交叉学科等）各不相同，但基本内涵相同，即均关注跨越两个或两个以上学科领域的科学研究活动，都强调学科知识的整合、共享和交融。知识整合包括不同学科知识的融合（即纯粹意义上的交叉科学），也可以通过不同地区、不同时代、不同思想流派的知识融合来实现。

当前，交叉科学研究得到了越来越多的重视，它所强调的"破除学科壁垒、突破学科界限、以重大问题为导向、以创新为知识生产方式、多维主体共同参与科学研究"的观念弥补了单一学科研究的不足，在一定程度上能够避免各学科间的脱节现象。在交叉科学日益得到科技管理部门高度关注的同时，人们逐渐开始思考，究竟什么是真正意义上的交叉科学？交叉科学的演化轨迹和发展规律如何？如何对这个复杂的概念进行有效的、可操作的量化测度？相对于传统研究，交叉科学的实际效果和影响究竟如何？本报告基于文献计量方法，从多维视角追踪交叉科学研究前沿，有利于深入把握交叉科学概念的复杂性和多面性，丰富和拓展交叉科学理论；追踪交叉科学测度的相关研究，深入比较不同测度方法的理论与实践差异，为交叉科学相关研究提供新的视角和测度思路；追踪交叉科学的相关成果评价研究，有利于充分发挥交叉科学在科技创新中的作用和功能，对当前交叉科学领域的项目评审、管理评估、成果鉴定、团队建设等政策制定具有重要的借鉴和启示作用。

二、交叉科学测度与影响评价研究外部特征分析

本报告首先基于交叉科学研究相关论文的著录项信息，呈现了当前图书情报领域中的交叉科学研究在国家、机构、作者、期刊等不同维度的基本概貌。

（一）数据检索与获取

交叉科学研究的总体趋势能够从宏观上把握交叉科学的发展态势，而图书情报学作为新兴学科，其交叉科学研究现象显著。此外，由于中英文表述的差异，英文中常常将交叉科学相关术语应用于非交叉科学的语境，其内涵也随之改变，如转化或转换医学（Translational Medicine）研究中提到的 Trans-disciplinary 一词，其与交叉科学研究中超学科的含义大相径庭。而科学计量视角下的交叉科学研究则多属信息科学和图书馆科学（Information Science & Library Science，IS&LS）领域。鉴于此，本报告对图书情报领域的交叉科学研究态势进行了深入挖掘分析。

在数据检索方面，在综合考虑文献查全率和查准率平衡的原则下，以 WoS 核心合集中的 SCIE 和 SSCI 数据库为数据来源，以"TS =（（Crossdisciplinar * OR Cross-disciplinar*）OR（Interdisciplinar* OR Inter-disciplinar*）OR（Multidisciplinar * OR Multi-disciplinar*）OR（Transdisciplinar* OR Trans-disciplcinar*））AND WC =（Information Science Library Science）"为检索式，文献类型限定为 Article 和 Review，时间区间设定为 1900—2020 年，检索日期为 2020 年 6 月 10 日，共检索到 2062 篇文献。

（二）总体趋势分析

交叉科学研究在 IS&LS 领域的年度发文趋势如图 1 所示。根据各年份发文量的差异可以将 IS&LS 领域的交叉科学研究大致划分为

以下四个阶段：第一阶段为 1959—1989 年，该阶段 IS&LS 领域中有
关交叉科学研究的文献寥寥无几，仅有少量相关研究；第二阶段为
1990—2005 年，该阶段相关文献数量开始明显增加，但是波动幅度
大。2005 年美国科学院发表的《促进交叉科学研究》(*Facilitating
Interdisciplinary Science*)[4]报告是交叉科学发展进程中的重要转折点，
也是第二阶段走向第三阶段的分界点。第三阶段为 2006—2015 年，
此阶段的相关文献数量快速上升，呈现规模化研究的趋势，此阶段
也是许多重要理论与方法集中出现的时期。第四阶段为 2016 至今，
此阶段发文量仍保持在较高水平，依据目前趋势，IS&LS 领域有关
交叉科学的研究在未来一段时间内都将是十分重要的研究方向。

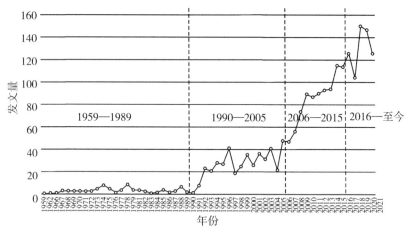

图 1　IS&LS 领域交叉科学相关研究的发文趋势图

(三)国家分布特征

研究交叉科学相关文献的国家分布有助于我们了解各国的交
叉科学研究水平及影响力，明晰我国在交叉科学研究领域的学术
地位。数据显示，美国、英国、西班牙、中国、加拿大等 63 个
国家/地区的学者在 IS&LS 领域的期刊上发表过有关交叉科学研
究的论文或综述，不同阶段下作者所在国家/地区的分布情况如
表 1 所示。

表1 四个阶段在 IS&LS 领域发表交叉科学研究文献的 Top 10 国家

排名	1959—2020 年（2062 篇）		1959—1989 年（86 篇）		1990—2004 年（384 篇）		2005—2015 年（906 篇）		2016—2020 年（678 篇）	
	国家	发文量	国家	发文量	国家	发文量	国家	发文量	国家	发文量
1	美国	688	美国	20	美国	144	美国	337	美国	186
2	英国	198	瑞典	3	英国	27	英国	100	中国	82
3	中国	149	英国	2	德国	14	西班牙	66	西班牙	70
4	西班牙	147	法国	2	加拿大	12	荷兰	63	英国	69
5	加拿大	107	以色列	2	西班牙	11	加拿大	61	巴西	53
6	巴西	102	加拿大	1	荷兰	10	中国	56	德国	40
7	荷兰	98	荷兰	1	法国	8	巴西	47	澳大利亚	38
8	德国	91	德国	1	澳大利亚	7	德国	36	加拿大	33
9	澳大利亚	76	丹麦	1	中国	5	澳大利亚	31	意大利	30
10	法国	52	瑞士	1	印度	4	法国	20	比利时	24

结合具体的发文数据可以看出，美国学者共发表 688 篇文献，占总量的 33.37%，遥遥领先于其他国家，是 IS&LS 领域中交叉科学研究的主要力量；英国和中国的学者分别发表相关文献 198 篇和 149 篇，分列 2、3 位。从四个阶段的国家发文量来看，美国在四个阶段的发文量均位居榜首，英国在前三阶段的发文量仅次于美国，但第四阶段的发文量排名有所下降。相比于其他发文量前 10 的国家，我国 IS&LS 领域有关交叉科学研究的国际发文起步时间较晚，最早一篇文献可以追溯到 1994 年[5]。随着我国对交叉科学研究重视程度的不断提高，2005—2015 年我国以 56 篇发文量位居第 6 名，而 2016—2020 年以 82 篇上升至第 2 名。由此可以看出，我国 IS&LS 领域的交叉科学研究的进展较为迅速，与美国等国家的差距逐渐缩小，逐步成为当前交叉科学研究的主要贡献者之一。

（四）机构分布特征

学术研究机构是科学研究的重要组织形式，在聚集学术队伍、凝练研究方向、拓展研究内容等方面具有至关重要的作用。对学术研究机构进行计量分析，可以帮助我们发现交叉科学研究的主要阵地，了解科研力量的分布情况。在数据分析过程中，需要对机构进行辨别、去重和归并，将分支机构归入其主体单位中，以确保数据的准确性和有效性。对机构信息进行清洗后，按照发文数量由高到低的顺序取排名前 10 的机构，结果如表 2 所示。

表 2　　IS&LS 领域发表交叉科学研究文献的 Top 10 机构

排名	机构	国家	发文量	总被引频次	篇均被引频次	H 指数
1	印第安纳大学	美国	45	2385	53.00	22
2	阿姆斯特丹大学	荷兰	44	2651	60.25	25
3	武汉大学	中国	40	365	9.13	13
4	伊利诺伊大学	美国	35	983	28.09	17
5	德雷塞尔大学	美国	32	866	27.06	14
6	格拉纳达大学	西班牙	30	983	32.77	11
7	鲁汶大学	比利时	29	928	32.00	14

排名	机构	国家	发文量	总被引频次	篇均被引频次	H 指数
8	莱顿大学	荷兰	24	1564	65.17	16
9	佐治亚理工学院	美国	22	757	34.41	13
10	瓦伦西亚大学	西班牙	21	234	11.14	10

从发文机构的所属国家来看，排名前 10 的机构中，共有 4 家美国机构，2 家荷兰机构，2 家西班牙机构，比利时、中国各有 1 家。其中，来自美国的印第安纳大学伯明顿分校以 45 篇的发文量位居榜首，紧随其后的是荷兰的阿姆斯特丹大学。从总被引频次来看，阿姆斯特丹大学、印第安纳大学和莱顿大学分列前三，总被引频次分别达到 2651 次、2385 次和 1564 次。从篇均被引频次上来看，阿姆斯特丹大学、佐治亚理工学院和莱顿大学位列前三，在各大院校中表现突出。从机构的 H 指数来看，莱顿大学、阿姆斯特丹大学和印第安纳大学的表现仍然突出。值得注意的是，中国高校武汉大学以 40 篇的文献量排列第五位，但是在被引频次和 H 指数方面与其他领先高校之间尚有不少差距。

(五)作者分布特征

作者是科学研究的主体，对交叉科学研究领域的作者进行统计分析，有助于识别交叉科学研究领域的高产出科研人员。对作者数据清洗后统计发文数量排名前 10 的作者，如表 3 所示。从发文量来看，排名前 10 的作者发文量均在 10 篇及以上，其中荷兰阿姆斯特丹大学的 Loet Leydesdorff 以 37 篇发文量高居榜首，是其他学者发文量的二至三倍；从作者的所属国家来看，来自美国的学者有 4 位，英国和比利时的学者各 2 位，其余 2 位分别来自德国和荷兰。从总被引频次、篇均被引频次、和根据交叉科学研究的发文量计算得出的 H 指数来看，Loet Leydesdorff、Ismael Rafols 和 Alan L. Porter 均排名前三，表明上述三位作者在交叉科学研究领域具有较大的影响力。

表3　IS&LS 领域发表交叉科学研究文献 Top 10 作者

排名	作者	所属机构（国家）	发文量	总被引频次	篇均被引频次	H 指数
1	Loet Leydesdorff	阿姆斯特丹大学（荷兰）	37	2575	69.59	25
2	Alan L. Porter	佐治亚理工学院（美国）	19	1426	75.05	14
2	Mike Thelwall	胡弗汉顿大学（英国）	19	566	29.79	12
3	Wolfgang Glänzel	鲁汶大学（比利时）	16	465	29.06	11
4	Lutz Bornmann	马克斯·普朗克学会（德国）	15	439	29.27	10
5	Ismael Rafols	苏塞克斯大学（英国）	14	2393	170.93	14
6	Cassidy R. Sugimoto	印第安纳大学（美国）	13	305	23.46	8
7	Ying Ding	印第安纳大学（美国）	10	137	13.70	7
7	KatherineW. McCain	印第安纳大学（美国）	10	186	18.60	6
7	Ronald Rousseau	安特卫普大学（比利时）	10	218	21.80	7

研究发现，科研合作可以提高研究的质量及学术成果的受关注程度，并在一定程度上加快知识的传播和扩散[6]。通过对作者群体的合作分析，可以明晰作者之间的亲疏关系，帮助人们更好地理解和把握领域的研究群体及其分布。图 2 呈现了发文频次大于 4 次的作者节点，每个节点至少与其他任意一个节点相连。一个节点代表一个作者，节点的大小代表发文数量的多少，节点之间的连线代表作者之间存在合作关系[7]。在 IS&LS 领域发表交叉科学研究文献的学者合作网络图中，共有 6 个簇类和 26 位作者。其中簇类 1 是最大的簇类，共有 6 位作者。Loet Leydesdorff 是该簇类的核心高产作者，与 Ronald Rousseau 等多位高产作者有直接合作关系，该簇类中还包括 Wolfgang Glänzel 和 Lin Zhang 等作者；簇类 2 以佐治亚理工学院的研究团队为核心，包括 Alan L. Porter, Stephen Carley, Jan Youtie 和 David J. Roessner, Ismael Rafols 也曾在该团队中担任访问学者；簇类 3 的成员包括 Cassidy R Sugimoto、Vincent Lariviere 和 Mike Thelwall 等；簇类 4 主要以印第安纳大学的研究团队为核心，成员包括学者 Ying Ding 与 Yi Bu、Erjia Yan 等；簇类 5 的研究学者大部分来自意大利罗马大学，包括 Giovanni Abramo、Ciriaco Andrea D'Angelo 和 Flavia Di Costa；簇类 6 主要由 Lutz Bornmann 和 Hans-Dieter Daniel 等学者组成；从总体上看，簇类内部成员之间的合作比较密切，同时簇类之间的合作也普遍存在，如 Loet Leydesdorff、Ismael Rafols、Lutz Bornmann 之间显示出的较为频繁的合作关系。

（六）期刊分布特征

期刊是科研成果的主要载体，研究相关文献的期刊分布，有助于我们了解交叉科学的核心期刊群，为学者选择成果发表平台和后续研究者进行资料收集提供指导。通过对 WoS 数据集中的期刊信息进行统计，按照载文量由高到低的顺序取排名前 10 的期刊，如表 4 所示。从载文量来看，排名前 10 期刊的载文量均在 30 篇以上，*Scientometrics* 以 414 篇载文量位居榜首，*Journal of the Association for Information Science and Technology* 以 148 篇的载文量次之。

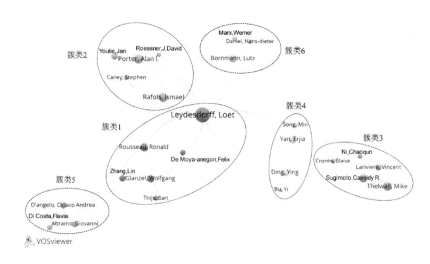

图 2　IS&LS 领域发表交叉科学研究文献的学者合作网络

表 4　　IS&LS 领域发表交叉科学研究文献的 Top 10 期刊

排名	期刊名称	载文量	总被引频次	篇均被引频次	H 指数
1	*Scientometrics*	414	9340	22.56	43
2	*Journal of the Association for Information Science and Technology*	148	8145	55.03	49
3	*Journal of the American Medical Informatics Association*	95	2950	31.05	31
4	*Journal of Documentation*	75	1255	16.73	18
5	*Journal of Informetrics*	67	1828	27.28	22
5	*Qualitative Health Research*	67	1224	18.27	21
7	*Research Evaluation*	66	1497	22.68	23
8	*Knowledge Organization*	40	324	8.10	8
9	*Social Science Information Sur Les Sciences Sociales*	38	793	20.87	9
10	*College Research Libraries*	34	400	11.76	12

三、交叉科学测度与影响评价研究内容分析

交叉科学相关研究的量化研究对探测和理解学科交叉现象与学科发展规律具有十分重要的意义，通过梳理当前交叉科学研究可以发现，对于交叉科学研究的量化研究主要集中于交叉研究的测度与影响力分析。

（一）交叉科学测度研究内容分析

根据美国《促进交叉科学研究》报告中关于"交叉科学研究"的定义（交叉科学研究是由团队或个人进行研究的一种模式，它们把来自两个以上的学科或者专业知识团体的信息、数据、方法、工具、观点、概念和理论统合起来，从根本上加深理解或解决那些超出单一学科范围或研究实践领域的问题[8]）可以看出，交叉科学活动主要包含以下两个方面的内涵：其一，交叉科学研究需要知识的集成；其二，交叉科学研究中的知识集成由团队或个人完成，团队合作可以更好地促进交叉科学研究。据此，可以将交叉科学的测度分为以下两种类型：

（1）基于知识视角的交叉科学测度。论文的参考文献直观地表达了其他领域的知识和信息流入研究主体的情况，从逻辑上来讲，参考文献的多样性可以很好地测度研究主体的知识融合情况[9]，因此，基于参考文献（引文关系）的交叉科学测度是当前交叉科学测度的主要思路。此外，与参考文献反映其他学科领域的知识和信息输入研究主体的情况相比，目标文献本身包含的学科信息和文本内容信息则是衡量学科交叉程度更为直接的来源[10]。其中，在基于文本内容的学科交叉测度中，可以对论文题目、摘要、关键词和正文等信息单独提取，也可将不同的要素信息进行组合提取。如中国学者步一基于词语抽取、词语网络构建、主题探测和多样性计算方法，提出了期刊主题多样性指标（Topic Diversity）[11]。

此外，有学者将基于参考文献（引文关系）的交叉学科测度与基于文本内容的学科交叉测度相结合，通过构建其周边学科的知识图谱来展示每个分类的学科交叉情况[12]。同时，也有学者提出了

从目标论文题目、摘要和关键词中抽取重要的知识词汇构建交叉学科知识扩散模型[13]。

（2）基于科学合作视角的交叉科学测度。卓越的交叉科学研究成果往往需要不同研究主体的通力合作：跨团队、跨机构、跨地区甚至跨国家的合作有助于高水平交叉科学成果的产出[14]。因此，从科学合作的角度，采用相关的分析方法对合著作者的教育背景、研究机构、地域分布等相关信息进行深度挖掘和分析，可以从另一视角揭示交叉科学研究的活动模式与规律[15]。巴西学者基于 Lattes 平台数据，从作者职业生涯长度和领域内作者间交叉学科合作率两个维度分析了巴西科学合作网络中的学科交叉特征[16]。墨西哥学者在将本国论文作者机构划分为大学、研究机构、医院、金融机构等 49 种不同类型的基础上，分析了不同类型的机构在不同领域内的发文情况[17]。

在对科研人员、研究成果、研究主题、研究团队等不同的研究对象进行学科交叉测度时，其指标和方法则存在共通性和相似性。当前，有关交叉科学测度的研究主要集中在多样性测度和凝聚性测度两个视角。多样性指标通常被用来测度文献集的异质性，而凝聚性指标是为了揭示知识体系网络的结构凝聚性。学科多样性表示了知识基础的广泛性（多学科的范围），而网络凝聚性则反映了知识内容的整合性。

1. 多样性视角下的交叉科学测度研究

多样性的概念起源于生态学中对生物多样性的研究[18]。随着现实社会问题愈加复杂和学科之间的融合发展，多样性的概念逐渐被运用到不同的学科中。在文献计量学中，学科领域多样性与生物分布多样性具有诸多共性，在研究方法上可以相互借鉴。Gomez 认为，具体到交叉科学研究中，多样性特征是交叉学科的一般属性[19]。

学科多样性的本质主要是指研究对象的研究方法、研究工具、研究思路等各个方面的知识来自于不同的学科，组合在一起后使得研究对象具有学科多样性特征，但如何具体地量化测度研究对象的学科多样性特征却较为困难。现有的相关研究中，基于引文关系的学科多样性测度是交叉科学测度的主流方法[20][21]。其中，Stirling提出的交叉科学三维测度的论述，即丰富度（Variety，学科的数量）、均匀度（Balance，学科分布的均匀程度）和差异度（Disparity，学科性质的差异程度），为交叉科学的测度研究提供了坚实的理论参考。三个维度的网络示意图如图 3 所示。

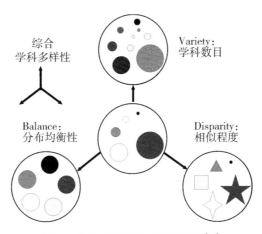

图 3　学科多样性的三维示意图[22]

其中，丰富度（Variety）指的是研究对象中融合的不同类别学科的数目，表达了不同学科的知识输入情况。

均匀度（Balance）是指不同学科类别在研究对象中进行交叉融合时，各学科类别分布的均匀程度。不同学科知识融合的均匀度越高，那么研究对象的学科交叉程度越高。

差异度是指不同学科类别之间的差异化程度。在交叉科学发展的大趋势中，学科之间的知识融合不仅发生在相似学科之间（例如数学和统计学），在学科知识差别较大的学科之间也可能会出现知识的交叉融合（例如统计学和心理学）。

2. 多样性视角下的交叉科学测度指标

为了定量描述学科交叉特征，国内外学者开发了多种测度指标，在对比讨论各类指标的基础上，表 5 列出了国内外具有代表性的学科交叉测度指标：

表5　　多样性视角下国内外具有代表性的交叉科学测度指标

维度	指标		公式及描述
丰富度	*Num*	n	不同学科的数目
	跨领域引用指数（COC）[23]	$COC = \dfrac{\sum_{i \in O} C_i}{\sum_{i \in I \cup O} C_i}$	I 表示研究对象所属学科（内学科）的集合；O 表示研究对象所属学科以外的学科（外学科）集合；C_i 表示属于 i 学科的引用文献数量
	加权跨领域引用指数（WCOC）[24]	$WCOC = \dfrac{\|O\|}{\|I \cup O\|} \dfrac{\sum_{i \in O} C_i}{\sum_{i \in I \cup O} C_i}$	$\|O\|$ 和 $\|I \cup O\|$ 分别表示相应集合中的学科数量；I、O、C_i 含义同上
均匀度	基尼系数[25]	$GE = 1 - \dfrac{\sum (2i - n - 1) x_i}{n \sum x_i}$	n 是涉及的学科数量，i 是序列指标，x_i 是属于第 i 个学科类别的数量，学科类别依据 x_i 由小到大排列
差异度	Dis	$1\text{-}cosine$	$Cosine$ 为余弦相似度
丰富度+均匀度	Shannon 熵指标[26-28]	$SH = -\sum p_i \log(p_i)$	$p_i = x_i/X$；$X = \sum x_i$；x_i 是属于第 i 个学科类别的数量
	Simpson 指标[29]	$SI = 1 - \sum p_i^2$	同上
	Herfindahl 指标[30][31]	$HE = \sum p_i^2$	同上
	布里渊指标（Brillouin）[32]	$H = \dfrac{\log N! - \sum (\log N_i!)}{N}$	N 表示研究对象所涉及学科类别的总数量；N_i 表示涉及的学科 i 在研究对象中观测到的数量
	专业化指数（S 指数）[33]	$S = \dfrac{\sum (P_{SC_1}^2 + P_{SC_2}^2 + \cdots + P_{SC_n}^2)}{\sum (P_{SC_1} + P_{SC_2} + \cdots + P_{SC_n})^2}$	P_{SC_n} 指学科 n 中的文献数量

维度	指标	公式及描述
丰富度+ 均匀度+ 差异度	Rao-Stirling 指标[21][22]	$D = \sum_{i \neq j} (1 - S_{ij}) p_i p_j$	S_{ij}是学科类别i和j之间的相似程度；$p_i = x_i/X$；$X = \sum x_i$，x_i是属于第i个学科类别的数量
	Integration 指标[33]	$I = 1 - \sum (f_i \times f_j \times S_{ij}) / \sum (f_i \times f_j)$	i、j为学科类别，其中f_i表示学科类别为i的参考文献数量占参考文献总数比例，S_{ij}为两个学科类别之间的余弦相似度
	True-Diversity 指标[34]	$TD = \dfrac{1}{\sum\limits_{i,j=1}^{n} S_{ij} p_i p_j}$	S_{ij}是学科类别i和学科类别j的相似度；$p_i = x_i/X$；$X = \sum x_i$，x_i是属于第i个学科类别的数量
	DIV* 指标 [35][36]	$DIV^* = n_c * [1 - G(c)] * \left[\sum\limits_{\substack{i=n_c \\ i=1, \\ j=1, \\ i \neq j}}^{j=n_c} \dfrac{d_{ij}}{\{n_c * (n_c - 1)\}} \right]$	$n(c)$是研究对象涉及的学科数量；c是目标对象的序列号；$G(c)$表示基尼系数；d_{ij}是学科类别i和学科类别j之间的差异化程度

3. 凝聚性视角下的交叉科学测度研究

凝聚性概念旨在捕捉系统内各个元素在多大程度上被一致地连接起来，并形成一个有意义的相关簇[22]。凝聚性及其相关概念早在 2003 年就已经在信息科学中得到了广泛的研究[37]。在文献计量学领域，学科多样性主要探究交叉学科中涉及的学科数量、学科分布的均衡程度以及学科之间的差别程度，而学科凝聚性主要探究学科之间关系的凝聚程度。构建学科间网络凝聚性指标可以更好地测度学科间的相似关系强度，进而揭示学科关系网络的结构凝聚性。

Leydesdorff 在"中介中心性"概念的基础上首次尝试将社会网络分析中的中介中心度指标引入学科交叉测度研究，并对期刊的学科交叉程度进行测[38]；Rafols 等将学科交叉融合的紧密程度称为交叉学科的聚合性(Coherence)，提出从学科多样性和学科聚合性两个维度来考察学科交叉特征，从而全面立体地揭示学科的交叉属性。2012 年，Leydesdorff 等基于期刊数据阐述了学科多样性与中介中心性在测度学科交叉时的区别，并利用凝聚性与多样性的二维矩阵展示了单学科、多学科和跨学科研究之间的系统排序差异[39]。Rafols 在 2014 年进一步完善了学科凝聚性的研究框架，提出了凝聚性测度的三个维度(关系密度、关系强度和关系差异度)，并与学科多样性的三个维度进行了对比分析[40]。Carusi 和 Bianchi 在假设"作者和期刊之间存在一种基于作者发表在期刊上的论文为桥梁的互动"的基础上，提出利用作者—期刊二分网络的奇异值分解测度期刊之间的距离，并与多种交叉学科测度指标相结合测度期刊的学科交叉程度[41]。

4. 凝聚性视角下的交叉科学测度指标

表 6 列出了网络凝聚性视角下国内外具有代表性的交叉科学测度指标。

表 6　　凝聚性视角下国内外具有代表性的交叉科学测度指标

指标	公式	描述
中介中心度 (Betweenness Centrality，BC)[38]	$BC = \sum_{ij} g_{ijk}/g_{ij}$	g_{ijk} 表示网络结点 i 和 j 之间的最短路径，g_{ij} 为结点 i 与结点 j 之间的关系数量
网络密度[22]	$ND = \dfrac{2l}{N(N-1)}$	l 表示网络中的连线数，N 表示网络中的节点数

指标	公式	描述
平均路径长度[22]	$MPL = \dfrac{2\sum_{ij} dist(i, j)}{N(N-1)}$	$dist(i, j)$ 表示节点 i、j 间的最短距离，N 为网络中的节点数
网络分裂指数（External-Internal Index，EI）[42]	$EI = \dfrac{EL-IL}{EL+IL}$	EL 为子群之间存在的关系数，IL 为子群内部的关系数
Coherence 指标[40]	$Coherence = \sum_{i,\,j(i\neq j)} i_{ij}^{\gamma} d_{ij}^{\delta}$	i_{ij} 表示学科 i 和学科 j 的关系强度，d_{ij} 表示学科 i 和学科 j 关系的距离；指数 γ 和指数 δ 可分别取值为 0 或 1

5. 学科多样性与凝聚性的综合测度

Rafols 等在分析学科交叉的多样性和凝聚性关系时，根据二者的差异将其具体分为四个不同类型（如图 4 所示），并对每种类型文献的属性特征进行了解读[40]。

- 低多样性–低凝聚性，表示该研究将同一学科领域内、但本身距离较远的知识进行集成；
- 低多样性–高凝聚性，表示该研究是同一学科领域内、且距离较近的知识集成，是典型的单学科研究；
- 高多样性–高凝聚性，表示该研究集成了多个不同学科的知识，但这些知识本身之间的距离较近。该研究虽然是交叉科学研究，但却并没有实现新的知识融合，一般是已经形成相对成熟体系的交叉学科研究，例如纳米研究；
- 高多样性–低凝聚性，表示该研究集成了多个不同学科的知识，且这些知识本身之间的距离较远。该研究是最显著和最有潜力的学科间知识融合。

(二) 交叉科学影响研究内容分析

随着交叉科学研究的持续升温，对交叉科学研究相关成果的影

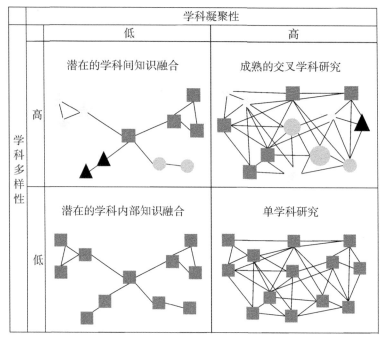

图 4　学科多样性与凝聚性关系示意图

响力进行有效的测度与评估逐渐成为科技管理部门及相关领域学者重点关注的问题。总体来看，当前对于交叉科学的影响分析主要包括引文影响和社会影响两个方面。

1. 交叉科学引文影响研究综述

科研成果的影响力可以表现在多个方面，其中学术影响来自学界同行对其学术成果的认可，一般表现在引用行为上，因而被引频次是反映科研成果学术影响力的重要指标。Clark 的研究表明，最能体现论文"价值"的指标就是被引频次[43]；随着被引频次在影响力测度和科技评价中的广泛使用，基于引文的各类评价指标相继涌现，相关指标的理论与实践问题引发广泛讨论，为分析科研成果的学术影响提供了多重视角。

与传统的单学科研究相比，交叉科学研究的评价标准更加复杂,传统的科学评价方法(如同行评议等)并不完全适用于交叉科学,其评价结果容易产生一定的偏差[44]。相比于其他评价手段,基于引文分析方法对交叉科学相关研究成果进行影响力等评价则有客观性、易操作性等优点,目前已有一些探索性成果。

现有的研究中,许多学者尝试从不同的分析维度(例如单篇论文或期刊)来探索交叉科学与引文影响之间的关系,但由于交叉科学本身的复杂特征,相关研究结论并不统一,甚至出现互相矛盾的现象。如 Steele 和 Stier 在单篇论文层面通过布里渊指数对参考文献的学科交叉程度进行了测度,并得出了学科交叉对引文影响有显著正向影响的结论[45];Adams 等人关于交叉科学与引文影响的报告则认为,大多数研究成果的学科交叉程度与其收到的引文量之间并不存在系统关联,二者呈现出了一种倒 U 形的关系[46];Chen 等的研究则发现,Top 1%高被引论文相比于其他论文呈现出了更高的学科交叉水平[47];而 Lariviere 和 Gingras 的研究则发现高交叉度和高专业度论文的引文影响都相对较小[48]。期刊层面上,Levitt 和 Thelwal 以自然科学和医学类期刊为研究对象,发现多学科期刊(在数据库中隶属于多个学科类别的期刊)的引文量比单一学科期刊约少 50%[49]。Chen 等以 Web of Science 收录的 2000 年发表的所有论文为例探究了学科交叉程度与高被引论文引文影响之间的关系,结果显示,无论是否考虑控制变量,高被引论文总是表现出较高的多样性和差异性,但同时也表现出较低的平衡性,综合测度指标 RS 和 DIV 同样对引文影响呈现出正向促进作用[50]。Zeng 等受物理学中"势能"概念的启发,提出了"学科势能(DPE)"指标用来衡量研究成果的跨学科知识扩散情况[51]。

此外,也有一些学者尝试通过构建量化模型来研究学科交叉程度对引文数据的具体影响。如 Yegrosyegros 等利用 Tobit 回归模型分析了交叉科学测度的三个维度(学科丰富度、分布均匀度和学科差异度)对论文被引频次的影响,结果发现,学科丰富度对论文的总被引频次有正向促进作用,邻近的学科融合更有助于产生高影响力的研究成果[52]。Wang 等学者通过泊松回归模型同样对交叉科学三个维度与引文影响之间的关系进行了分析[53],发现学科丰富度和学科差异度对研究成果的长期引文数量均有正向促进作用，短期引文数量和学科分布的均匀度则表现为负向的消极影响。

相比传统的单学科研究，交叉科学研究常被认为具有较大的创新性，政府和公众对其科研成果也往往寄予了更高的期望值。然而，就已有的相关探索结果而言，交叉科学研究并不等同于高影响力研究，论文的"学科交叉度"与"引文影响"之间的关系也非存在绝对的正相关或负相关关系，且不同的学科领域存在很大的差异。作者及其合作者在提出新的学科交叉测度指标 $^2D^s$ 的基础上，进一步探索了学科交叉程度与引文影响之间的关系[54]。以 *Nature* 和 *Science* 在 2007—2011 年发表的论文数据为例，论文在发表后三年内平均被引频次与学科交叉度的关系如图 5 所示。从图中可以看出，上述两种期刊所发表论文的引文影响与其学科交叉度之间并不是简单的正相关或负相关，而是存在一个"最优值"，即当学科交叉度达到一定的数值(并非最大值或最小值)时，其引文影响最大。

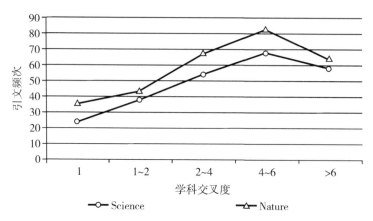

图 5　不同学科交叉度与篇均被引频次的关系(以 *Nature*，*Science* 为例)[54]

2. 交叉科学引文影响研究的局限

不可否认，引文影响是反映论文或相关评价主体学术影响的重要指标，但在实际应用中仍存在诸多问题需要予以重视。首先，引文的目的多种多样，如伪引、自引、"友情互引"、批判式引用等[55]。其次，引文理论的逻辑基础存在若干争议，如不同类型的引文的重要性及其可加性等。因此，对于引文的衍生指标和数据不可滥用或过度解读。

以引文产生的时滞性为例，通常情况下，论文的引用周期为2~3年，即每篇论文在其发表后的2~3年才会达到其引用高峰，但也存在显著的学科领域差异。相对于自然科学领域，工程学、社会科学、人文艺术科学等学科的引文活动相对较少，引文周期较长，引文分析的样本数据也较为缺乏。这一现象在 WoS[56] 和 Scopus[57] 数据库中均得到了证实。

Bornmann 等进一步指出，科研人员的引文习惯同样影响引文质量，进而影响到引文分析在学术评价中的作用[58]；Gorraiz 等认为引文只能表征一个研究课题的受众程度，并不能完全等同于学术成果或学术期刊的影响力[59]；我国学者杨思洛认为引文分析存在着片面性与计数不合理性，国内大量的学者依赖于引文分析，刻意引用影响了文献及期刊评价的客观性[60]。

更为重要的是，以往关于交叉科学与引文影响的研究曾表明，论文的学科交叉度与引文影响之间的关系并非正相关或负相关，不同学科领域之间存在很大的差异[54]。相比传统的单学科研究而言，交叉科学研究常被认为具有较大的创新性，政府和公众对其科研产出结果也往往寄予了更高的期望。但与传统的单学科研究相比，交叉科学的引文影响呈现出了更加多样和复杂的特点。因此，单一的引文计量并不能全面、客观地对交叉科学研究成果的影响进行全面评价，需要引入新的计量方式对其进行补充。

3. 交叉科学社会影响研究综述

全球化和知识经济社会背景下，在科学由公共财政资助的前提下，政府和社会公众对科学增强国家竞争力的期望值不断提高[61]，明确要求研究成果对经济社会作贡献，这既是政府和社会对科学的期望，也是科学承担社会责任的表现之一。Friesike 等人 2018 年发表在 *Nature* 上的文章也指出，社会影响应该是科研评价的一个重要组成部分[62]。Evans 的研究则肯定了社会影响对相关政策的指导意义[63]。科研成果的社会影响力也逐渐成为众多国家科学政策的重要考虑因素和目标取向，英国、比利时、法国、意大利、澳大利亚、新西兰等国先后进行了科研成果的社会影响力评价[64]。在英国卓越研究框架(Research Excellence Framework，REF)的三个评估维度中，研究主体的社会影响力占20%(其余为科研产出占60%，科研环境占20%)[65]。

在我国建设创新型国家的过程中，研究成果的社会影响力也毋庸置疑地被摆在了更加重要的位置。2016年的"科技创新大会"上，习近平总书记强调"要改革科技评价制度，建立以科技创新质量、贡献、绩效为导向的分类评价体系，正确评价科技创新成果的科学价值、技术价值、经济价值、社会价值、文化价值"。这表明了政府和社会对研究成果多维度影响力(包括社会影响力)的认可与重视，也意味着研究成果的社会影响力评价是科技评价的重要内容之一。在这种形势下，如何认识和理解研究成果的社会影响力评价已经成为所有科研人员和科技管理部门面临的重要问题。

在科学研究活动中，将两种或两种以上不同学科间的概念、理论、方法等相互借鉴，融合不同学科的研究范式，可以推动以往被专业学科所忽视领域的研究，打破专业化的垄断现象，增加各学科之间的交流，最终达到促进社会复杂问题解决的目的。从社会影响力视角对交叉科学研究成果进行相关的影响评价，有助于政府和科研人员更加全面地了解交叉科学研究的重要作用和功能，进而为相关科技政策的制定、科研资源的分配提供参考。

(1)宏观社会影响

自20世纪90年代以来，科研成果的研究评价范围已经扩展到对社会、文化、环境、公共资源等多方面的经济回报衡量[66],[67]。英国作为欧洲率先实施高等教育评估的国家，其科研评估制度有着悠久的历史。在2014年完成的科研卓越框架评价中，英国首次尝试在科研评价体系中引入研究成果社会影响力评价，并将社会影响力定义为对社会经济、文化、公共政策或服务、健康、环境、生活质量等超越学术界的影响与改变[68]。其中还列举了可以视为影响力的案例，包括但不限于任何地理位置的受众、受益人、群体、选区、机构或个人在活动、态度、认知、行动能力、机遇、表现、政策、实践、过程或理解方面产生的效果、改变或收益，也包括减少或防止伤害、风险、成本或其他负面影响。

从科技发展和满足国家需求角度看，未来在全球范围内开展研究成果的社会影响力评价势在必行。但由于社会影响力评价的理论问题和技术难度，使其在实际应用过程中不可避免地遇到挑战。相对于科研成果的学术影响力评价，科研成果的社会影响力测度仍处于起步阶段，目前尚未形成用于社会影响力测度的一般方法[69],[70]。也正因此，"案例分析"方法较为广泛地应用于研究成果的社会影响力评价中[71]，尽管这种方法需要耗费较多的人力等资源，但目前仍是广泛认可的社会影响力评价方法[72]。

在社会影响力的相关研究中，Upton 等认为科研成果的社会影响力是一个知识转移与转化的过程，并主张从科学研究社会影响力的产生过程、条件、要素角度对其进行评价[73]。根据社会影响力波及的主体和类型，不少科研评价体系将其划分为经济、社会、文化、环境等若干测评维度，分别构建相应评价指标，从而进行综合评价，如澳大利亚研究质量框架、欧盟大学研究评估框架、英国卓越研究框架等。假定科学研究社会影响力产生需要经过资源投入、研发活动展开、研究成果产生、研究影响力形成等关键活动的递推转化，则其社会影响力评价要素包括资源、活动、产出、波及群体、相关的外部影响等[74]。此外，Buxton 和 Hanney 提出了一种关于科学研究收益、影响力评估与测量的多维分析模型[75]，其理论基础是将科学研究的社会影响力看作一个结果，通过对不同阶段不同影响力类型与载体的评估来对其进行总体评价。该模型主要分为两个部分：第一部分展示了研究成果从研究主体流向社会的过程，包括研究主题识别、研究投入、研究展开、直接研究成果、间接研究成果、研究成果被利益相关者采用、社会影响力产生七个阶段和项目申请与筛选、研究成果传播两个关键转折点；第二部分则细化展示科学研究影响力，包括学术产出、未来研究和能力建设、政策服务与产品开发能力、部门收益以及更为广泛的经济收益五个方面。该多维分析模型可以与案例分析法、文献计量法、数据调研等多种评估方法相兼容，能够对不同资助形式、不同研究类型、不同时间段的研究进行比较，同时也是进行研究资金收益评估的基础模型。但该模型在实际操作层面面临着诸多挑战，例如运用案例分析方法进行评价时需要大量资源投入以及很难追踪到科学研究更为广泛的经济、社会影响力等[75]-[77]。Hansson & Polk 以五个跨学科研究项目为例，通过对项目产出及影响过程中的相关因素进行比较分析来探索跨学科研究过程质量(研究动机、研究开放性/灵活性等)与社会影响之间的关系[78]。该研究认为，加强研究过程中的相关性、可信度和合法性框架建设，可以与体制因素和政治背景一起极大地促进社会影响的产生。Baimpos 等通过对欧盟委员会研究执行机构的未来与新兴技术计划在评估申请资助的高跨学科、多受益的研究提案时应用的两阶段自下而上程序分析阐述了同行评审专家在确定和促进最佳资助方案方面的重大贡献[79]。

随着 Web 2.0 与 Science 2.0 的发展，科研人员查阅和发表论文的方式发生了革命性的变化。社交网络平台上出现了越来越多的学术声音，科研实验室、团队和个人通过社交网络平台第一时间报道相关研究成果，讨论热门研究问题或观点，社会公众对于科技发展的关注度由此越来越高。与此同时，在用户检索电子出版物时，系统会记录用户检索的内容、时间、地点等。尽管用户潜在的心理活动，如检索意图等无法被系统记录，但有研究人员提出，通过利用用户论文下载数据的详细内容可以探测其目前正在从事的研究工作[74]。在此情形下，科研成果在网络媒体上的报道、讨论等数据为社会影响力的测度提供了可行的切入点和数据支撑[80]。由于网络数据并不能完全反映社会影响力的全部内容，因此这里将其称为网络社会影响。

(2)网络社会影响

随着在线社交媒体技术的发展，传统的引文评价体系已无法满足网络环境和大数据背景下产生的论文社会影响力评价。2010 年，Priem 等率先提出补充计量学(Altmetrics)的概念，尝试从网络和社交媒体中广泛存在的个人(学术)博客、微博、链接、标注、推介、引用等信息交流数据来衡量和计算研究成果影响力和效果，作为对传统计量指标的补充和完善，补充计量学旨在推动科研成果评价向侧重网络环境中论文的使用、交流活动的方向发展，甚至以网络链接和网络评价的方式代替同行评议[81]。补充计量学提出的主要目标是为了解决网络学术交流环境中科研成果价值与影响力的快速评价问题。该方法一经提出，便引起了社会各界的巨大反响，随即引发了计量学领域近年来最为关注的研究热点。

基于网络的学术交流不同于传统以同行评议为基础的学术交流机制，便捷的网络工具使得学术交流具有充分的灵活性，转发、评论等方式体现出巨大的学术传播潜力，科研成果的影响力评价因此不再完全依靠于基于引文的评价。此外，网络背景下，学术评价的对象来源更加广泛，包括学术界、工业界、社会大众等；学术交流行为更加多样，包括点击、下载、浏览、评论、推介、链接等；对这些网络行为数据进行计量分析，可以更加快速地反映科研成果的影响贡献，同时也使得分析对象超越了传统的科研产出范畴[82]。

在网络背景下，由于数据的及时性与可获取性，很多国内外学者就论文的网络数据展开了一系列的研究。其中讨论较多的是关于论文被引频次与下载量之间的关系[83],[84]。Guerrero-Bote 和 Moya-Anegón 分别在期刊和单篇论文层面对此进行了分析，并进一步分析了不同语种对二者关系的影响[85]。Vaughan 等学者比较了不同学科之间使用数据与引文数据二者关系的差异情况[86]。Bornmann 将 PLoS 发表的期刊论文与 F1000 数据结合，验证了补充计量数据在研究成果社会影响评价中的有效性[87]。国内学者何星星和武夷山利用 *PLoS Biology* 的数据，对基于文献使用数据定量评价单篇学术论文的方法进行了实证研究[88]。王贤文等以 *PLoS Computational Biology* 发表的 46 篇论文作为跟踪对象，监测其在发表后 5 个月到 2 年 4 个月之间的引用数据、社交媒体数据和使用数据变化情况，指出了各计量指标在论文发表后不同时间段的差异，并在此基础上构建了动态、综合的单篇论文评价体系[89]。Zhang 等在传统引文影响的基础上，引入 PLoS 官方平台上的使用数据，通过具有固定效应和稳健标准误的负二项回归模型综合探究了引文影响和使用影响与交叉科学多维指标(多样性、均衡性、差异性及综合学科交叉指标)之间的关系[90],[91]。结果显示，学科交叉对论文的引用与使用

173

影响均具有显著的正向促进作用，与需要较长时间窗口的引文影响相比，使用数据具有明显的"即时性"优势；论文的使用数据与引用数据相互促进，在引用数据达到峰值时，对应的使用数据也会随之出现一定的回升。

由于交叉科学研究的前沿性与创新性，已有许多研究证实了学科交叉程度对短期引文影响的负向相关作用[53]，[92]，而网络数据的产生则可以在论文发表后的很短时间内得到比较迅速的影响力反馈，刚好弥补了引文数据产生的时间滞后性这一缺陷。但在目前的相关研究中，尚未见到从网络数据等社会影响的角度来探索交叉科学成果影响力情况。

交叉科学研究为诸如气候变化、能源短缺以及突发性灾难等一系列重大科学问题的解决提供了单一学科无法超越的手段与方法，对交叉科学研究成果从社会影响的视角进行相关评价研究，有助于相关人员更好地把握交叉科学研究的社会功能，促进科学与社会的互动，引导科技成果产生社会影响力，更好地为经济社会作贡献。

随着学者们的不断探索与完善，目前针对科研成果的影响力评价已经形成了"学术影响力+社会影响力"的二维影响力框架，并在论文学术评价中发挥了重要作用。

在交叉科学研究的社会影响力评价中，口服避孕药的成功研制及其后续的讨论提供了一个值得深思的案例。1960 年，美国食品药品监督管理局(Food and Drug Administration，FDA)正式批准了口服避孕药这一特殊药品的上市申请。沿着具有明确记载的史料追溯，该药品的研究基础可以追溯至 1920 年 3 个不同学科领域(生殖生理学、生物学和化学)的基础研究成果(图 6 中的圆形)。在 40 年的发展过程中，此研究逐渐受到不同国家、不同学科领域的项目支持，并出现了阶段性应用型研究(图 6 中的三角形和方形)。不同学科领域历经近半个世纪的融合研究，最终产生了跨学科成果的重大突破。而这一交叉科学成果——口服避孕药也产生了巨大的社会影响，有关这一药品的社会与文化争论一直延续至今。

4. 交叉科学社会影响研究的局限

总体而言，国内外对于科研成果社会影响力的内涵、形成机

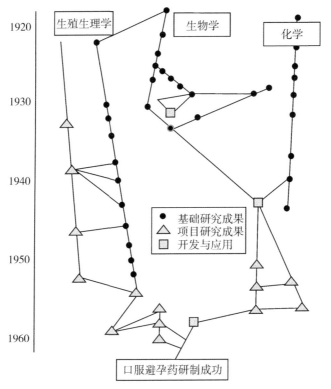

图 6 口服避孕药研究基础追溯[93]

理、理论模型、评价维度等定性化建构已经日趋完善，但可操作化的评价指标体系和定量化的测度研究仍需加强。在科研成果社会影响力的评估操作层面最常采用的方法是案例分析法和主观评价法，但这两种方法均面临较大的瓶颈：案例研究的结论具有特殊性，一般难以推广；同行主观评价法需要耗费大量的人力、时间和精力，并且评价结果具有相对较强的主观性。虽然一些学者和机构也进行了科学研究社会影响力定量化评价方法的尝试，但多数研究是基于简单的数量比较，如专利转化率、科学论文专利引用率，缺乏多维度的综合方法探索。而对于新兴的补充计量评价指标而言，其在实践应用层面仍面临着覆盖率低、有偏、异质等问题[94]。

科学研究社会影响力的产生模式及种类非常之多，而对其全面的研究仍处于起步阶段，已经形成或储存的可以使用的现有数据十分有限，获取全面的高质量数据是当下科学研究社会影响力评价面临的一项重要挑战。当前用于科学研究社会影响力评价的数据主要包括调研数据、专利数据、文献数据、网络数据等。就调研数据而言，虽然对利益相关者的调研能够获得科学研究社会影响力评价的一手数据，但存在主观性强、成本高、实施困难等问题；专利数据和文献数据相对比较丰富，但各国存在较为明显的学科分布差异问题，不容易进行广泛的国际比较；互联网数据包含丰富的信息资源，能够为评价提供时效性较强的信息，但在以博客、社交网络、基于位置的服务、云计算、物联网等为特征的大数据时代，网络数据具有来源多样性、增长剧烈性、规模庞大性、价值时效性与关联性等特征，相关理论和方法尚未形成体系，远不及社交媒体的发展速度。此外，网络数据的在可信度、规范性、重复检验、把握用户的行为动机方面存在诸多问题，数据也相对缺乏规范的分析标准和可解释性。如何快速、有效、科学地获取与处理网络数据，进行规范的分析并提炼有价值的信息将成为今后的研究重点之一。

四、总结与展望

纵观科学发展史可以看出，科学经历了综合——分化——再综合的发展过程。当代科学呈现出高度分化基础上的高度综合的特征，独立的学科划分使科学系统分化形成有着各自不同特点和功能的分支系统，但学科本质上仍然相互联系和相互促进的，并未完全被人为学科划分的边界所束缚。随着科学的不断发展，学科间的相互交叉与渗透趋势愈加明显，自然科学和社会科学已从"二元分立"逐渐走向交融。交叉科学不仅能够涵盖原有学科尚未涉及的知识领域，弥补科学知识体系的缺口，还能够成为连接学科知识的纽带，进而推动科学的整体化融合与革命性突破。

本报告借助文献计量学方法对交叉科学相关概念与研究进展进行系统深入的探析，对把握交叉科学研究发展前沿、完善交叉科学相关管理机制建设、优化国家科技发展整体布局等具有重要参考意义。

由于交叉科学本身的复杂性与多样性，交叉科学的测度研究同样呈现出较为复杂的情况。不同的测度视角、方法、指标等，在测度同一个研究对象时，可能得到不同的甚至相反的结果。基于知识视角的学科交叉测度可以有效反映研究主题的知识来源与学科结构，而基于科学合作视角的学科交叉测度则可以更好地体现交叉科学研究形成过程中的活动模式与规律。只有对交叉科学的多个维度特征进行综合分析，探寻各维度、方法的差异性与结合点，才能在已有研究基础上对交叉科学进行更深入、全面的剖析。

交叉科学的影响评价同样十分复杂。本报告首先从理论层面，系统梳理了交叉科学影响的相关研究，相关研究结果显示，并非学科交叉程度越高的研究成果引文影响越大，影响力与学科交叉度之间存在一个"最优值"；相对于传统的科学成果，交叉科学成果的引文影响存在更为明显的"滞后性"特征，而补充计量学指标则可以在一定程度上弥补引文的时滞问题。在此基础上，进一步以口服避孕药的成功研制为例，从实践层面上展示了交叉科学影响评价的复杂性。

综上所述并展望未来，交叉科学研究还有诸多亟待探究的方向。

（1）从多源与多元数据探究交叉科学研究的结构特征与融合模式。当前有关交叉科学的定量研究大多依赖于论文文献数据，而通过社交媒体数据、科学基金项目数据等其他多源数据来探究交叉科学的研究还比较缺乏；有关交叉科学的测度研究主要是从目标文献的参考文献视角来探究跨学科的知识集成，对于通过参考文献、目标文献和施引文献来综合探究交叉科学知识集成、会聚与与扩散的研究还鲜见于论著中。在开放数据蓬勃发展的今天，多源（来源）和多元（类型）数据为交叉科学结构特征分析提供了更加丰富的数据资源，借助计算机科学、人工智能的技术优势，可以更好地解析交叉科学的结构特征与融合模式。

（2）从多维视角全面理解交叉科学的影响力范围与特征。与传统的单一学科相比，交叉科学成果的形成路径较为复杂，其影响评价也面临诸多挑战。首先，因果关系分析较为困难，交叉科学成果的影响来源和影响因素通常较为复杂，科研投入、活动、产出与影响之间的关系往往是非线性的，成果与影响的归因较难；其次，交叉科学研究成果的影响产生周期可能较长，其成果的交叉性特征也需要相对更长的时间来被发现和认可，相关影响的考量更要兼具短期与长期效应；最后，科技创新成果除了具有学术影响之外，还包括技术影响、经济影响、社会影响、文化影响等更加广泛和多层次的影响，而技术、经济、社会、文化等影响的界定与数据的获取、科研活动的国际化与全球化趋势、定量指标结果的偏差等都是交叉科学的影响评价研究中不可避免的困难与挑战。

（3）从定性与定量方法综合评价交叉科学的研究成果、人员、团队与项目。科学且合理有效地评价交叉科学，能够激发交叉科学研究人员的创新潜力，促进交叉科学研究水平的提高，进而推进国家科技创新体系的建立和发展。交叉科学评价是一项复杂且重要的工作，涉及交叉科学研究的成果、人员、团队和项目等不同对象，仅凭某一种评价方法难以展开全面、准确、客观的评价。交叉科学评价不能采用各学科标准简单叠加的方式来展开，标准的简单叠加与交叉科学的跨学科性相悖。不同学科交叉融合后，原本的学科特征会随之改变，相应的评价标准也应随之进行相应的调整。综合同行评议和文献计量的方法不仅是科研评价的发展趋势，也是交叉科学评价的必由之路。而如何更好地避免两者在实际评价中的局限，形成能够评价交叉科学研究成果质量的统一标准和普遍适用的框架，仍有待于进一步探索。

此外，如何利用新的量化方法和技术识别交叉科学产生的环境？（交叉学科在哪些领域容易产生？哪些因素能够促进交叉科学的发展？）交叉科学研究成果究竟在多大程度上、以何种方式促进了知识的积累与社会的进步等问题都是今后研究中值得深入探索的重要方向。一系列交叉科学研究主题作为科学计量学、科学技术管理及科技评价等领域富有挑战的前沿研究课题，具有十分重要的理论价值和现实意义。

参考文献

[1]顾秀丽，黄颖，孙蓓蓓，等．图书情报领域中的交叉科学研究：进展与展望［J］．情报学报，2020，39(5)：478-491.

[2]Frank R. Interdisciplinary：The first half century［M］//STANLEY E G，HOAD T F. Words：For Robert Burchfield's Sixty-Fifth Birthday. Cambridge；D. S. Brewer. 1988：91-101.

[3]Apostel L. Interdisciplinarity problems of teaching and research in universities［M］. Washington，D. C：OECD Publications Center，1972.

[4]Sciences N A o，Engineering N A o，Medicine I o. Facilitating Interdisciplinary Research ［M］. Washington，DC：The National Academies Press，2005.

[5]Ogg N J，Sievert M E，Li Z R，et al. Construction of a medical informatics thesaurus ［J］. Journal of the American Medical Informatics Association，1994，900-904.

[6]苏芳荔．科研合作对期刊论文被引频次的影响［J］．图书情报工作，2011，55(10)：144-148.

[7]Rafols I，Porter A L，Leydesdorff L. Science Overlay Maps：A New Tool for Research Policy and Library Management［J］. Journal of the American Society for Information Science and Technology，2010，61(9)：1871-1887.

[8]National Academy of Sciences，National Academy of Engineering，Institute of Medicine. Facilitating interdisciplinary research［R］. Washington，D. C：The National Academies Press，2005.

[9]Porter A L，Roessner J D，Cohen A S，et al. Interdisciplinary research：meaning，metrics and nurture［J］. Research Evaluation，2006，15(3)：187-195.

[10]黄颖，高天舒，王志楠，等．基于 Web of Science 分类的跨学科测度研究［J］．科研管理，2016，37(03)：124-132.

[11] Bu Y, Li M, Gu W, et al. Topic diversity: A discipline scheme-free diversity measurement for journals [J]. Journal of the Association for Information Science and Technology, 2021, 72 (5): 523-539.

[12] Raimbault J. Exploration of an interdisciplinary scientific landscape [J]. Scientometrics, 2019, 119(2): 617-641.

[13] Mao J, Liang Z, Cao Y, et al. Quantifying cross-disciplinary knowledge flow from the perspective of content: Introducing an approach based on knowledge memes [J]. Journal of Informetrics, 2020, 14(4): 101092.

[14] Grant J, Hopkins M, Rafoils I, et al. The value of structural diversity: Assessing diversity for a sustainable research base. Digital Science, 2015.

[15] 孙蓓蓓. 基于科学合作视角的交叉科学成果测度与影响评价研究 [D]; 华北水利水电大学, 2019.

[16] Junior G J P, Dias T M, Silva T H, et al. On interdisciplinary collaborations in scientific coauthorship networks: the case of the Brazilian community [J]. Scientometrics, 2020, 124(3): 2341-2360.

[17] Lopez-Olmedo R, Gutierrez-Serrano N G. Transdisciplinary knowledge production in mainstream journals: from the perspective of the participation of social actors in Mexico [J]. Scientometrics, 2021, 126(3): 2627-2641.

[18] McCann K S. The diversity-stability debate [J]. Nature, 2000, 405(6783): 228-233.

[19] Gomez I, Bordons M, Fernandez M T, et al. Coping with the problem of subject classification diversity [J]. Scientometrics, 1996, 35(2): 223-235.

[20] Porter A L, Rafols I. Is science becoming more interdisciplinary? Measuring and mapping six research fields over time [J]. Scientometrics, 2009, 81(3): 719-745.

[21] Stirling A. A general framework for analysing diversity in science, technology and society [J]. Journal of the Royal Society Interface, 2007, 4(15): 707-719.

[22] Rafols I, Meyer M. Diversity and network coherence as indicators of interdisciplinarity: case studies in bionanoscience [J]. Scientometrics, 2010, 82(2): 263-287.

[23] Porter A L, Chubin D E. An indicator of cross-disciplinary research [J]. Scientometrics, 1985, 8(3-4): 161-176.

[24] Chen K, Liang C. Disciplinary interflow of library and information science in Taiwan [J]. Journal of Library and Information Studies, 2004, 2(2): 31-55.

[25] Leydesdorff L, Rafols I. Indicators of the interdisciplinarity of journals: Diversity, centrality, and citations [J]. Journal of Informetrics, 2011, 5(1): 87-100.

[26] Shannon C E. A mathematical theory of communication [J]. Bell System Technical Journal, 1948, 27(4): 623-656.

[27] Huang M H, Chang Y W. A study of interdisciplinarity in information science: Using direct citation and co-authorship analysis [J]. Journal of Information Science, 2011, 37(4): 369-378.

[28] Tang R. Evolution of the interdisciplinary characteristics of information and library science [J]. Proceedings of the American society for information science and technology, 2004, 41(1): 54-63.

[29] Simpson E H. Measurement of diversity [J]. Nature, 1949, 163 (4148): 688-688.

[30] Herfindahl O C. Concentration in the U.S. steel industry [D]. New York: Columbia University, 1950.

[31] Hirschman A O. The paternity of an index [J]. American Economic Review, 1964, 54(5): 761-770.

[32] Brillouin L. Science and information theory [J]. Physics Today, 1956, 9(12): 39-40.

[33] Porter A L, Cohen A S, David Roessner J, et al. Measuring researcher interdisciplinarity [J]. Scientometrics, 2007, 72(1): 117-147.

[34] Leydesdorff L, Wagner C S, Bornmann L. Betweenness and diversity in journal citation networks as measures of interdisciplinarity—A tribute to Eugene Garfield [J]. Scientometrics, 2018, 114(2): 567-592.

[35] Leydesdorff L, Wagner C S, Bornmann L. Interdisciplinarity as diversity in citation patterns among journals: Rao-Stirling diversity, relative variety, and the Gini coefficient [J]. Journal of Informetrics, 2019, 13(1): 255-269.

[36] Leydesdorff L, Wagner C S, Bornmann L. Diversity measurement: Steps towards the measurement of interdisciplinarity? [J]. Journal of Informetrics, 2019, 13(3): 904-905.

[37] Egghe L, Rousseau R. A measure for the cohesion of weighted networks [J]. Journal of the American Society for Information Science and Technology, 2003, 54(3): 193-202.

[38] Leydesdorff L. Betweenness centrality as an indicator of the interdisciplinarity of scientific journals [J]. Journal of the American Society for information science and technology, 2007, 58(9): 1303-1319.

[39] Rafols I, Leydesdorff L, O'Hare A, et al. How journal rankings can suppress interdisciplinary research: A comparison between Innovation Studies and Business & Management [J]. Research Policy, 2012, 41(7): 1262-1282.

[40] Rafols I. Knowledge integration and diffusion: Measures and mapping of diversity and coherence [M]//Ding Y, Rousseau R, Wolfram D. Measuring scholarly impact: Methods and Practice. Cham: Springer 2014: 169-190.

[41] Carusi C, Bianchi G. A look at interdisciplinarity using bipartite scholar/journal networks [J]. Scientometrics, 2020, 122(2):

867-894.

[42] 许海云，尹春晓，郭婷，等．学科交叉研究综述 ［M］．图书情报工作．2015，59（05）：119-127.

[43] Clark K E. America's psychologists: A survey of a growing profession ［M］. Washington, D. C: American Psychological Association, 1957.

[44] 王前，李丽，高成锴．跨学科同行评议的合理性研究 ［J］．科学学研究，2013，31（12）：1792-1795.

[45] Steele T W, Stier J C. The impact of interdisciplinary research in the environmental sciences: A forestry case study ［J］. Journal of the American Society for Information Science, 2000, 51（5）: 476-484.

[46] Adams J, Jackson L, Marshall S. Leeds, 2007.

[47] Chen S J, Arsenault C, Larivière V. Are top-cited papers more interdisciplinary? ［J］. Journal of Informetrics, 2015, 9（4）: 1034-1046.

[48] Larivière V, Gingras Y. On the relationship between interdisciplinarity and scientific impact ［J］. Journal of the American Society for Information Science and Technology, 2010, 61（1）: 126-131.

[49] Levitt J M, Thelwall M. Is multidisciplinary research more highly cited? A macrolevel study ［J］. Journal of the American Society for Information Science and Technology, 2008, 59（12）: 1973-1984.

[50] Chen S J, Qiu J P, Arsenault C, et al. Exploring the interdisciplinarity patterns of highly cited papers ［J］. Journal of Informetrics, 2021, 15（1）: 101124.

[51] Zeng B, Lyu H, Zhao Z, et al. Exploring the direction and diversity of interdisciplinary knowledge diffusion: A case study of professor Zeyuan Liu's scientific publications ［J］. Scientometrics, 2021, https://doi.org/10.1007/s11192-11021-03886-11192.

[52] Yegrosyegros A, Rafols I, D'Este P. Does interdisciplinary research

lead to higher citation impact? The different effect of proximal and distal interdisciplinarity [J]. Plos One, 2015, 10(8): e0135095.

[53] Wang J, Thijs B, Glanzel W. Interdisciplinarity and impact: Distinct effects of variety, balance, and disparity [J]. PLoS ONE, 2015, 10(5): e0127298.

[54] Zhang L, Rousseau R, Glänzel W. Diversity of references as an indicator of the interdisciplinarity of journals: Taking similarity between subject fields into account [J]. Journal of the Association for Information Science and Technology, 2016, 67(5): 1257-1265.

[55] Tang L, Shapira P, Youtie J. Is there a clubbing effect underlying Chinese research citation Increases? [J]. Journal of the Association for Information Science and Technology, 2015, 66 (9): 1923-1932.

[56] Guerrero-Bote V P, Zapico-Alonso F, Espinosa-Calvo M E, et al. Import-export of knowledge between scientific subject categories: The iceberg hypothesis [J]. Scientometrics, 2007, 71 (3): 423-441.

[57] Lancho-Barrantes B S, Guerrero-Bote V P, Moya-Anegón F. The iceberg hypothesis revisited [J]. Scientometrics, 2010, 85(2): 443-461.

[58] Bornmann L, Daniel H D. What do citation counts measure? A review of studies on citing behavior [J]. Journal of Documentation, 2008, 64(1): 45-80.

[59] Gorraiz J, Gumpenberger C, Schlögl C. Usage versus citation behaviours in four subject areas [J]. Scientometrics, 2014, 101 (2): 1077-1095.

[60] 杨思洛. 引文分析存在的问题及其原因探究 [J]. 中国图书馆学报, 2011, 37(3): 108-117.

[61] Böhme G, Stehr N. The knowledge society: The growing impact of scientific knowledge on social relations [M]. Berlin: Springer Science & Business Media, 1986.

［62］Friesike S, Fecher B, Wagner G G. Teach young scientists the importance of societal impact for research ［J］. Nature, 2018, 554(7692): 300.

［63］Evans R. Achieving and evidencing research 'impact'? Tensions and dilemmas from an ethic of care perspective ［J］. Area, 2016, 48(2): 213-221.

［64］丁翔宇. 指标：让科研行为有理有据 ［J］. 世界科学, 2014, 9: 12-16.

［65］Ernø-Kjølhede E, Hansson F. Measuring research performance during a changing relationship between science and society ［J］. Research Evaluation, 2011, 20(2): 131-143.

［66］Donovan C. State of the art in assessing research impact: Introduction to a special issue ［J］. Research Evaluation, 2011, 20(3): 175-179.

［67］Mostert S P, Ellenbroek S P, Meijer I, et al. Societal output and use of research performed by health research groups ［J］. Health Research Policy and Systems, 2010, 8(1): 30.

［68］REF2014. Assessment framework and guidance on submissions. https://www. ref. ac. uk/ 2014/media/ref/content/pub/assessment frameworkandguidanceonsubmissions/GOS% 20including% 20adden dum. pdf ［2019-03-20］.

［69］Gregersen B, Linde L T, Rasmussen J G. Linking between Danish universities and society ［J］. Science and Public Policy, 2009, 36(2): 151-156.

［70］Salter A J, Martin B R. The economic benefits of publicly funded basic research: A critical review ［J］. Research Policy, 2001, 30(3): 509-532.

［71］Council of Canadian Academies. Informing research choices: Indicators and judgment: The expert anel on science performance and research funding. Ottawa, 2012.

［72］Martin B R. The research excellence framework and the "impact agenda": Are we creating a Frankenstein monster? [J]. Research Evaluation, 2011, 20(3): 247-254.

[73] Upton S, Vallance P, Goddard J. From outcomes to process: Evidence for a new approach to research impact assessment [J]. Research Evaluation, 2014, 23(4): 352-365.

[74] Wang X, Xu S. Tracing scientist's research trends realtimely [J]. Scientometrics, 2013, 95(2): 717-729.

[75] Buxton M, Hanney S. How can payback from health services research be assessed? [J]. Journal of Health Services Research & Policy, 1996, 1(1): 35-43.

[76] Klautzer L, Hanney S, Nason E, et al. Assessing policy and practice impacts of social science research: The application of the Payback Framework to assess the Future of Work programme [J]. Research Evaluation, 2011, 20(3): 201-209.

[77] Scott J E, Blasinsky M, Dufour M, et al. An evaluation of the Mind-Body Interactions and Health Program: Assessing the impact of an NIH program using the Payback Framework [J]. Research Evaluation, 2011, 20(3): 185-192.

[78] Hansson S, Polk M. Assessing the impact of transdisciplinary research: The usefulness of relevance, credibility, and legitimacy for understanding the link between process and impact [J]. Research Evaluation, 2018, 27(2): 132-144.

[79] Baimpos T, Dittel N, Borissov R. Unravelling the panel contribution upon peer review evaluation of numerous, unstructured and highly interdisciplinary research proposals [J]. Research Evaluation, 2020, 29(3): 316-326.

[80] Bornmann L, Marx W. How should the societal impact of research be generated and measured? A proposal for a simple and practicable approach to allow interdisciplinary comparisons [J]. Scientometrics, 2014, 98(1): 211-219.

[81] Priem J, Hemminger B H. Scientometrics 2.0: New metrics of

scholarly impact on the social web [J]. First Monday, 2010, 15 (7): https://doi.org/10.5210/fm.v5215i5217.2874.

[82] Heather P. Altmetrics: Value all research products [J]. Nature, 2013, 493(7431): 159.

[83] Costas R, Zahedi Z, Wouters P. Do "altmetrics" correlate with citations? Extensive comparison of altmetric indicators with citations from a multidisciplinary perspective [J]. Journal of the Association for Information Science and Technology, 2014, 66 (10): 2003-2019.

[84] Moed H F, Halevi G. On full text download and citation distributions in scientific-scholarly journals [J]. Journal of the Association for Information Science & Technology, 2016, 67(2): 412-431.

[85] Guerrero-Bote V P, Moya-Anegón F. Relationship between downloads and citations at journal and paper levels, and the influence of language [J]. Scientometrics, 2014, 101 (2): 1043-1065.

[86] Vaughan L, Tang J, Yang R. Investigating disciplinary differences in the relationships between citations and downloads [J]. Scientometrics, 2017, 111(3): 1533-1545.

[87] Bornmann L. Usefulness of altmetrics for measuring the broader impact of research: A case study using data from PLOS and F1000Prime [J]. Aslib Journal of Information Management, 2015, 67(3): 305-319.

[88] 何星星, 武夷山. 基于文献利用数据的期刊论文定量评价研究 [J]. 情报杂志, 2012, 31(8): 98-102.

[89] 王贤文, 方志超, 王虹茵. 连续, 动态和复合的单篇论文评价体系构建研究 [J]. 科学学与科学技术管理, 2015, 36(8): 37-48.

[90] Zhang L, Sun B, Jiang L, et al. On the relationship between interdisciplinarity and impact: Distinct effects on academic and broader impact [J]. Research Evaluation, 2021, https://doi.org/

10. 1093/reseval/rvab1007.

[91]张琳，孙蓓蓓，王贤文，等．交叉科学成果影响力研究：使用数据与引用数据视角 [J]．情报学报，2020，39（5）：469-477.

[92] Van Noorden R. Interdisciplinary research by the numbers [J]. Nature, 2015, 525(7569): 306-307.

[93] Narin F. Tracing the paths from basic research to economic impact [J]. F&M Scientist, 2013, 1: 67-88.

[94]卫垌圻，谭宗颖．Altmetrics 国内外研究中的问题与挑战 [J]．图书情报工作，2015，59(2)：93-99.

数字人文海外研究报告[*]

王晓光　简　华　詹雨婷^{**}

摘　要：本研究着眼于海外数字人文研究现状，采用了网络调研和文献计量分析两种方法，以近三年来的学术论文和数字人文项目为调查对象，从基本理论、基础设施建设、技术与方法及各领域研究进展四个维度对国外数字人文研究与实践现状与态势进行全面的总结分析，对把握全球数字人文研究进展、探索国内数字人文发展道路提供借鉴经验和发展思路。

关键词：数字人文；研究进展；项目分析；全球动态；计量分析

引　言

在几十年的发展过程中，数字人文研究呈现出分散到集中、浅层到深刻、局部到整体的研究趋势，综合性、有序性、开放性、协

　＊ 本文为武汉大学自主科研项目（人文社会科学）研究成果，得到"中央高校基本科研业务费专项资金"资助（supported by"the Fundamental Research Funds for the Central Universities"），项目名称："海外数字人文发展前沿与趋势"，项目编号：2020HW017。

　＊＊ 王晓光（1978—　），武汉大学信息管理学院，教授，博士生导师；简华（1998—　），武汉大学信息管理学院，硕士研究生；詹雨婷（2000—　），武汉大学信息管理学院，硕士研究生。

同性、实验性和多样化等特征显著增强,逐步进入了研究的发展壮大期,这一时期强调跨学科研究,强调人文问题与数字技术的有机结合,深化繁衍分支领域,同时也伴随着自然语言处理、大数据、人工智能等计算机领域的发展与突破,数字人文研究迈入了发展高速期,其中一个显著的标志就是近十年研究文章的高速增长。

国外的数字人文研究早于国内,相关研究渐成体系、研究角度丰富、研究主体多样,对尚处于研究发展期的国内数字人文研究具有重要的指导和借鉴意义。根据数字人文领域的发展态势,前人已对全球数字人文研究动态进行了多方面的总结概括。段力萌和魏凤(2020)运用文献计量法分析了全球范围内数字人文的发展现状,认为数字人文领域近期主要关注的研究方向集中在知识的传播和共享、数字技术的新应用领和数字遗产以及数字化图书馆的深度建设。王军和张力元(2020)则对 2016 年至 2018 年数字人文研究进行统计分析,认为数字人文研究趋于多元化,运用到了更为细分的领域,高校等研究机构将投入更多资源推动数字人文研究,人文与技术的结合将更为紧密以及理论和方法将会持续完善。然而,既有的研究多将视角聚焦于数字人文项目或是期刊论文等单个细分维度,实现深入研究的同时未能兼顾更为广泛的研究范围。此外,数字技术的发展及其在传统人文学科中的运用情况瞬息万变,数字人文领域的研究成果更是日新月异,亟需站在崭新的时间节点上对现下已有的数字人文热点研究成果进行统计和归纳,重新对数字人文的发展趋势进行总结。本文着眼于国外数字人文研究现状,以近三年来的学术论文和数字人文项目为主要的调查对象,多维度地对国外数字人文研究与实践现状与态势进行全面的总结分析,以期为探索国内数字人文发展道路提供借鉴经验和发展思路。

一、数据来源和研究方法

为了探究国外数字人文研究现状,本研究采取网络调研和文献计量分析两种方法。

网络调研法。我们对数字人文大奖近三年的获奖项目进行了调查，以探究全球数字人文项目的热点和主要趋势。数字人文奖①由国际性的提名委员会（Nominations Committee）负责监督，委员会成员包含各高等院校的资深学者组成，每年变动。

文献计量法。在 Web of Science 核心合集数据库中以进行检索式进行高级检索，获得 2018 至 2020 年发布的文章，并用数据可视化工具 CiteSpace 对数据信息进行分析和可视化展示，总结其研究趋势。以检索式"（TS =（digital humanities OR humanities computing OR（computing in the humanities）） OR TS =（digital NEAR humanities） OR TS =（humanities NEAR computing））"在 Web of Science 核心合集数据库中进行高级检索，文献类型限制为"Article"，时间范围限制在 2018—2020 年，检索时间为 2021 年 3 月 9 日，检索到 770 条记录，以此作为基础数据。为了使得检索结果尽可能全面覆盖数字人文领域的代表性成果，又选取了数字人文领域刊文较多的重点期刊 *Digital Scholarship in the Humanities*、*Digital Humanities Quarterly*、*Journal of Documentation*、*The Journal of the Association for Information Science and Technology*、*Knowledge Organization*、*Library trends*、*Electronic Library*、*Semantic Web*，检索其三年间的所有期刊文章，进行人工筛选，补充密切相关文献 367 条。将以上的检索结果去重，共获得有效记录 1035 条，调查结果如表 1。数据分布状况为 2018 年 297 条，2019 年 380 条，2020 年 358 条，利用 CiteSpace 进行关键词共现聚类，可视化结果如图 1。

表 1　　　　　　　　　　网络调研文献数据统计表

序号	数据库/期刊	检索结果量	有效数据量
1	Web of Science	1098	770
2	Digital Scholarship in the Humanities	193	193
3	Digital Humanities Quarterly	113	113
4	Journal of Documentation	242	9

① Digital Humanities Awards，http：//dhawards. org/，2021 年 10 月 5 日。

续表

序号	数据库/期刊	检索结果量	有效数据量
5	The Journal of the Association for Information Science and Technology	584	12
6	Knowledge Organization	152	12
7	Library Trends	126	13
8	Electronic Library	202	12
9	Semantic Web	146	3
		2856	1137

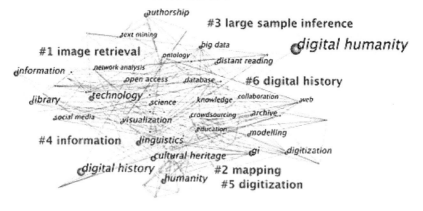

图 1　数字人文研究论文关键词共现聚类图

采用关键词聚类，可以展现当前数字人文研究中的出现的高频关键词，体现该领域的研究热点和研究趋势。如图 1 所示，将文章的关键词进行聚类后，产生了 7 个关键词共现类，结合聚类标签和高频关键词，我们将当前国外数字人文研究领域的研究主题分为数字人文基本理论研究、数字人文基础设施建设研究、数字人文的技术与方法研究三大类，并总结分析文学、语言学、历史与地理、文化遗产、图情领域五个研究领域的数字人文研究进展。

二、数字人文研究现状与进展

（一）数字人文基本理论

数字人文的实践探究早于理论研究，随着数字人文实践不断取得进展、研究范围的不断扩大，关于数字人文理论探究的重要性愈发突出，对数字人文的概念与范式、研究主体与角色、数字资源建设等议题，学者进行了激烈的讨论。

1. 概念与范式

对"数字人文"的理解经历了一个由浅入深的过程。早期学者对"数字人文"的理解侧重于用计算机技术处理传统人文数据集，以新的方式与文本、对象、数据、资源和信息进行互动（Elizabeth & Toon，2019），减少简单重复工作对人力的消耗。随着数字人文研究和认识的深入，而逐步认识到数字人文不仅涉及"计算"分析，还涉及数字技术对政治、文化和整个社会的影响，它是一条双向的道路，学者们使用数字技术来进行分析、研究人文学科内的核心主题，同时还将数字世界本身作为人文探究的主题（Vierthaler，2020）。数字人文是近几十年来学术实践的多样性与学术研究中的数字化转变相结合的结果（Bradley，2018）。正如《宣言数字人文科学》（*Manifestodes Digital Humanities*）①所言，数字人文已通过改变知识生产和分配的条件，从根本上取代了知识环境，它融合了传统的社会科学和人文学科、独特的范式和知识，同时又融合了新的数字技术。同时，数字人文改变了我们对知识、创造知识和组织知识的认知，也改变了我们与之互动的方式，这些深刻的变化带给信息科学新范式（Giuliano，2019）。数字人文是对人文研究的扩展，这种扩展不仅表现在数据采集和处理，更表现在研究方式的扩展，它提供给人文研究一种新的视角：以自然科学常用的方式来组织人文

---

① Digital Humanities 2.0：A Report on Knowledge，https：//cnx.org/contents/iqMKXpSE @ 1.4：J0K7N3xH @ 6/Digital-Humanities-2-0-A-Report-on-Knowledge，2021 年 3 月 20 日。

材料,帮助研究者重新理解人文材料之间的联系和差异,带来新的研究空间和研究主题,同时又能够以更加友好的方式展示人文研究的成果,人文研究变得"触手可及"。

数字人文给人文研究带来了新的契机,不仅扩大了人文研究的研究范围,而且也扩大了我们在人文学科中理解意义本质的方式(Fuller,2020)。它在人文研究中引入了数字技术,这种方式被称为利用社会科学和人文科学领域中的数字技术来创造新成果(Lee J & Lee H E,2019),机器处理代替人工,帮助学者能够更加专注于问题本身。另一方面,它为人文研究提供了一种全新的视角,让我们以一种量化的方式来理解人文研究,吸收了自然科学研究的优点,研究结果可验证、可重复。

2. 研究主体与角色

数字人文的合作和研究者角色正面临挑战。无论数字人文的工作重点是什么,它始终是一个高度跨学科的领域(Wang,2018)。数字人文多学科的属性使得数字人文研究者独立进行研究变得越来越困难(Toscano,Rabadán,Ros,& González-Blanco,2020)。Su F(2020)调查了全球数字人文研究领域的合作关系,发现数字人文领域学科参与和跨国合作范围不断扩大,研究主题差异大、国家间的分布不平衡现象突出,这一方面对研究者提出了更高的要求,要求他们必须具有更宽广的领域背景和更广泛的合作关系网络;另一方面,也要求政府为数字人文研究提供更大的支持力度,为研究提供更多的资金去支持数字人文中心和实验室的建设,以在国家和国际层面上相辅相成并增加竞争力(Toscano et al.,2020)。此外,数字人文研究者的角色和地位也尚有争议,这不仅受到来自学科内部的挑战,而且还有不可控制的外部因素影响,如经济波动、政治变革和技术破坏,这些因素可能会从根本上改变并重新定义角色和轨迹,从而导致将数字人文主义者与学科结构、原则和规范联系起来的关系将变得越来越脆弱,并且有被破坏的危险(Papadopoulos & Reilly,2020)。为了保持相关性和弹性,数字人文需要适应现代现实情况,并认识甚至鼓励和培育更灵活、更少层级的划分方式、开放的流程和政策,运用更扁平的组织结构,结合社区、资源和技术的可扩展和可互操作的网络，采用可靠的标准，以防止现有问题演变成危险、分裂和使人衰弱的鸿沟。

3. 数字资源建设

数字资源一直是数字人文科学的关键要素，因为它们通常是许多研究项目的起点或结果，通常涉及生产、收集或数字化其他学者可以重复用于研究和教育的数据（Toscano et al.，2020）。从数据收集、数据分析、数据利用与重用都需要进一步考虑。数字人文研究中的数据集构建一直饱受争议，它强调对海量数据的大规模处理，在保证了数据量的同时舍弃了数据的细粒度分析，这种"过滤机制"使得对研究结论的不信任感和不安感进一步上升。同时，数据的获取与重用也是重要的问题，FAIR 原则不仅在自然科学，也在数字人文中得到了认可，数字人文贯彻了人文主义中的开放性、合作性和透明性，但这一原则的理想化远超现实情况，将 FAIR 原则付诸实践尚需更多条件（Galleron & Idmhand，2020），这一问题一直以来也是传统人文研究中存在的难点，而在数字人文中矛盾进一步激化。此外，如何以有意义且可解释的方式分析定量数据是现在面临的最关键的问题之一，我们尚不清楚如何将它们变为关于人文学科的定性论证和见解（Liu A，2020）。还有一个问题在于，数据资源越积累，利用越方便，对于数据的依赖性越强，那么就会越倾向于使用易于使用的资源，避免使用其他资源（Toon E，2019），这将会导致数据来源范围的缩小，使得研究囿于部分主题。数据集构建面临众多问题，部分原因在于人文研究正在面临向数字人文转变的"阵痛"，数字基础设施尚未完善，部分争议问题尚未澄清，随着数字人文研究的进一步成熟，以上的问题将会逐步得到解决。

（二）数字人文的基础设施建设

数字人文基础设施指支持数字人文研究活动的"研究基础设施"，包括数字化的文献资源、数据库、工具平台、支持知识生产和信息交流的网络空间等，需由数字出版商、文化记忆机构、研究机构、研究者、IT 支持人员共同参与构建（夏翠娟，2020）。在数字人文研究中，面向人文的数字人文基础设施是推动学科建设与发展的重要支撑和动力，数据库、数字人文工具与平台以及学术社区与中心构成了数字人文的研究内容和方法，强化了学者队伍，推动了科研进程，对数字人文发展有着举足轻重的作用。

1. 数据库建设

专题数据库是数字人文领域支持深层次人文研究、内容挖掘和智慧服务的重要信息资源。我们从数据类型角度将其划分为文本语料数据库、图像数据库和音视频数据库三个类别。

语料库是按照一定标准采集而来的能够代表某种语言或某种领域的一类数据集（马海群 & 张涛，2019）。语料库分析不但可以高效提取数据，还能发现大规模文本中的隐藏信息，结合定量研究和定性研究方法发现规律并形成知识。在数字人文研究相关的文本语料数据库的使用中，学者们通常利用现有的语料库或根据实验内容自建的语料库进行实验分析。Maayan（2020）通过对世界上最大的希伯来历史手稿元数据记录的图书目录文本语料库进行大规模分析，提出了一种半自动方法构建事件本体。Ben Verhoeven 和 Walter Daelemans（2019）在英语、荷兰语和德语三种语言的博客文本语料库上进行实验，在不同的实验设置中寻找与男性和女性作者相关的话语特征的一致性。

图像数据库是图像的数据集合，处理对象包括图像数据、图形数据、一般文字和数字等。Cihan（2019）和他的团队对一个大型的绘画图像数据库进行肖像定位、服装区域等方面自动化可视化的分析，通过图像处理和计算机视觉算法对数据库中的画作进行处理，用于分析几个世纪以来西方文化对男性和女性的看法及其变化。

音视频数据库包括音频或视频文件。伯明翰大学现代语言系的 Caroline Ardrey（2020）通过可视化语音工具对法国诗歌的录音数据进行韵律特征处理等方面的近距离聆听（close listening），寻求超越传统模式的诗歌文本分析的优势，探讨将近距离聆听联系应用于其他语言诗歌研究的可能性。Doris（2019）对荷兰南部火葬场使用的音乐所构成的音频数据库进行了细粒度分析，识别了 25 套音乐轨迹中关于其内容和音乐属性的的不同点和相似性，用于追溯音乐和火葬仪式的联系与发展。

2. 软件工具平台

使用数字技术将人文研究数据数字化，建立数字档案数据库，并开发支持数字人文研究的数字工具平台，使得研究者能对大量数字资源进行分析、理解、生产和共享，这令人文研究环境和知识获取十分出色（Chen，Chang & Chen，2021）。根据研究生命周期将研究工具平台划分为数据发现与获取工具、数据组织与管理工具、数据引用与监管工具、数据分析与可视化工具、研究传播与交流工具（Kelpšienė，2018）。数据发现与获取阶段工具和数据引用与监管工具在近年来的研究中没有较大的更新，在此不详细阐述。

数据组织与管理工具主要功能是内容管理。如通过 Omeka，用户能上传和描述具有结构化元数据的项目，分享数字馆藏；创建交互式数字展览，更丰富地诠释馆藏、实现多平台发布。目前托管于 Omeka 的数字人文项目包括范德比尔特大学的阿巴拉契亚扬琴档案项目（Appalachian Dulcimer Archive）、洪堡州立大学的洪堡红杉项目（Humboldt Redwoods Project）等。Mirador 则能够实现基于 Web 的多窗口图像查看平台，缩放、显示、比较和注释图像，有效管理和分析图像数据，对来自全球各地存储库的图像进行注释和比较。

数据分析与可视化工具包含的内容最为广泛，比如社会网络分析工具、定量和定性数据分析工具、文本分析处理工具以及对应各种多媒体数据的可视化工具等。Pajek 是一种大型复杂网络分析工具，用于研究各种复杂非线性网络，用于对上千乃至数百万个结点大型网络的分析和可视化操作，同类工具还有 Gephi。MAXQD 是可以用于质性、量化以及混合方法的研究工具，支持管理整个研究项目，能够轻松进行访谈、在线调查、网页、图片甚至推特文本等各类数据的分析。数据可视化工具则可根据研究需求进行开发，Sarı 等人（2019）构建的图像识别与可视化系统能自动按性别分类肖像，划分服装区域并找到其主要色彩。

研究传播与交流工具的主要功能是实现研究成果的共享与交流，其方式多种多样，如协同创作、在线分享等。借助 Wikidot，用户可以编辑内容、上传文件、交流和协作，迅速创建自己的 Web 项目。此外，Etherpad、Zoho、NoodleTools 等工具也可用于协同创作。IssueLab 是一个非营利性的知识分享平台，提供知识管理、传播网络、开放知识指导、特殊馆藏等服务，帮助用户获得所需知识。

从以上分析结果看来，研究工具平台种类繁多，但是尚未有一套通用的分类标准，工具查找和使用面临较大难题，对此，Project Bamboo① 及其数字研究工具(DiRT) 目录发起了一项开发数字人文分类标准的计划，其重点是允许研究者查找和比较数字研究资源和软件工具，以解决"我们如何通过开发共享技术服务来推进艺术和人文研究"的问题，该项目通过实施共享工具服务促进数字人文研究，具有前瞻性意义。

3. 学术社区与中心

数字人文作为新兴的跨学科研究领域，在整合和分享数据、软件和人员等资源，实现合作式的知识分享和知识创造方面的学术社区建设有着极大需求。一些高校与研究群体积极地建立相关的学术社区和中心，为学科发展提供了良好的平台。

伦敦大学学院数字人文中心②(the UCL Centre for Digital Humanities，UCLDH)是全球数字人文领域的最为重要的研究中心之一，直接参与到各种规模的项目中，关注包括文学、语言、历史等在内的各个领域，如近代欧洲读书考古学项目③(Archaeology of Reading in Early Modern Europe)将文艺复兴时期学者的手稿及其注释进行数字化转录，并提供链接、注释等功能，帮助用户对历史上的阅读活动进行系统地探索和挖掘；动态方言项目④(Dynamic Dialects)建立了基于世界各地的英语发音视频的语料库，帮助进行语音训练、语言教学和语言治疗，并增进人们对语音产生方式的

---

① Project Bamboo, https：//www.projectbamboo.org/, 2021 年 5 月 5 日。

② UCL Centre for Digital Humanities, https：//www.ucl.ac.uk/digital-humanities/, 2021 年 4 月 23 日。

③ Archaeology of Reading in Early Modern Europe, http：//archaeologyofreading. org/what-is-the-archaeology-of-reading/, 2021 年 4 月 23 日。

④ Dynamic Dialects, https：//www.dynamicdialects.ac.uk/, 2021 年 4 月 23 日。

理解。

乌得勒支大学(Univ Utrecht)数字人文中心①包括数字人文实验室、乌得勒支数据学校、乌得勒支语言研究所三大部分,其核心职能分别为开发数字人文方法与技术、作为教育和研究平台、提供研究场所和设备,涵盖历史、艺术、哲学、音乐、文学、语言等研究领域,近年来项目和研究集中于工具开发与历史文化领域,如开发自发语言的半自动分析工具 SASTA,可用于对患者进行自发性语言分析,以诊断语言缺陷或异常(例如失语症)。②

加州大学人文研究所(The University of California Humanities Research Institute,UCHRI)③除专注于数字人文研究和科学建设外,还推动了国家和国际伙伴关系和倡议,实验批判理论研讨会(SECT)每年都会在 UCHRI 举办。研究所在历史、艺术、地理、文学以及学科建设等方面都有涉猎,如 Pendse(2020)创建了西班牙殖民时期菲律宾早期出版物的数据集,并进行了主题分析,探究菲律宾的殖民印记;Underhill(2019)以《最后的晚餐》壁画为例,探讨了亮度、照明和绘画之间的理论相互关系,揭示数字人文如何将传统的艺术史方法与可视化联系起来;Paige(2018)通过对 17 至 19 世纪两百多年间的小说进行叙事人称视角的对比分析,揭示资本主义的发展变化对文学创作的影响。

目前学术社区和中心大多都是以高校为中心建立。截至 2021 年 5 月 5 日,国际数字人文中心网络 centerNet④登记的数字人文机构共有 208 个,许多发文量靠前的机构中心并没有在 centerNet 上注册登记,总体看来全球数字人文研究机构还较为分散,有待进一步加强交流合作。另一方面,从研究主题来看,文学、语言、历史是各研究机构中心最为关注的主题,也是数字人文研究中参与度最

①　Semi-Automatic Analysis of Spontaneous Language,https://www.uu.nl/en/research/digital-humanities,2021 年 5 月 5 日。

②　Moeder(taal)Int(ernationaal),https://dig.hum.uu.nl/semi-automatic-analysis-of-spontaneous-language-sas-ta/,2021 年 5 月 5 日。

③　UCHRI,https://uchri.org/,2021 年 5 月 5 日。

④　centerNet,https://dhcenternet.org/,2021 年 5 月 5 日。

高的三个学科。

(三)数字人文的技术与方法

1. 数据挖掘与分析

数据是推动传统人文研究向数字人文研究的动力，大规模数字化和计算方法支撑了人文研究。人文研究中的研究材料以文本和图像为主。在文本分析中，基于自然语言处理的复杂工具，使我们能够制作海量的文本内容集合，即语料库，从而识别文本中的模式、波动和关系，而我们的计算工具的强大和速度意味着我们不仅可以与文本进行这种新型的接触，而且可以比以往任何时候都更快、更大范围地接触文本(Elizabeth & Toon，2019)，支持人文学者发现的新的论据和假设。例如通过计算统计平均值，探索语料库内外趋势(Arnold T，Ballier N，Lissón P，& Tilton L，2019)；读音标注和语义注释自动化，反过来又可用于检索元数据收集的信息等。鉴于文本挖掘在人文研究中的巨大价值，它已经得到了广泛的认可和应用，Malaterre(2020)借助文本挖掘方法，分析了15897篇文章的全文内容，确定了25个研究主题和8个主题组，展示科学哲学的研究主题在过去八十年中的内容变化，并呈现出每种期刊如何为某一主题发展作出贡献。Changsoo(2018)使用共现网络分析和主题建模两种文本挖掘技术，研究少数民族在新闻报道中的代表性，证明了文本挖掘技术在人文研究中的有用性和价值。同样，图像也在人文研究具有很高的研究价值，视觉符号是所有人类理解的基础，是所有人类知识的概念的载体(Langer，1953)，但传统人工分析的方式成本高、效率低，不能大规模运用，因此部分学者开始关心如何对大规模图像信息进行分析，Ding，Lu和Jiang(2019)对大规模影像资料的自动分析，提出了一种基于视觉语义概念检测文化关注点的量化方法。

数据挖掘技术给人文研究提供了以数据大规模分析部分替代大量文献阅读的新研究途径。借助数据挖掘技术，人文学者能完成传统研究方式无法实现的大规模信息收集与分析，实现了文献数量层面上的飞跃，是对上千年来研究方式的巨大挑战和创新。但同时，我们也要深刻认识到大数据在人文科学中的独特标志是方法上的转变，而不是主要是技术上的转变（Schöch，2013），为特定的研究任务服务才是数字人文的本质与核心，许多文章以运用数据挖掘与分析技术对文献进行分析，得到无意义或者毫无新意的结论，这便是对研究问题与研究方式的本末倒置。

2. GIS 与可视化

经过几十年的发展，数字人文研究已经从以文本为中心转向更为全面的多媒体，并以数字方式促进了空间人文的发展，地理信息系统（Geographic Information Systems，GIS）呼应了空间转向，将计算机辅助地理数据处理方法应用于与历史研究相关的面向空间的人文研究，使得空间人文研究者能够充分利用其资源的地理特性（Yan，2020），将它们以点、线、边形或网格单元的形式集成，并以常规数据库形式保存属性数据，进行时空分析（Gregory & Geddes，2014）。基于 GIS 的历史地理可视化可被应用于历史学、地理学、语言学、人类学、社会学、信息技术等多个学科领域，以其广泛的应用价值而逐步成为数字人文领域的研究热点和前沿（夏翠娟，2017）。

GIS 主要用于支持数据采集和管理以及空间分析和建模。数字人文领域内 GIS 运用应当基于这样一种观念：任何地点的表示都需要既考虑物理空间地点，也考虑地点对个人和社区的意义，它不仅是一个空的占位符，也是一种从根本上有用的信息结构方式，基于此便可建立一个有用的框架，让我们能深入研究数据，也能在地点间建立有效的联系（Purves & Derungs，2015）。一方面，GIS 需要能够表示相对空间的图形化结构，使得传统的点、线、面表示标准成为互补信息；另一方面，构成相对空间的呈现可调节的、超越空间对象、能最终促进依赖于背景和文化的实体的数字化，如个人、符号、现象等（Blaschke，Merschdorf，Cabrera-Barona，Gao，& Kovacs-Gyri，2018）。Sousa（2019）介绍了 Cartografía de Apelidos de Galicia 这一网络应用程序，阐述其覆盖的数据源、地图结构、可视化和搜索功能等，并用它对加利西亚姓氏的地理分布进行可视化，以研究当地人口的起源。上海博物馆的 Dong Qichang Digital Humanities

项目①以可视化形式展示董其昌的生平、行迹、交游，多角度展现了董其昌的艺术成就与人生轨迹。除此之外，学者也关注如何根据人文学科的学科特色改进 GIS，Westerveld（2020）等提出了基于地点之间的拓扑结构的地理信息系统的模型，取代原先的基于地理坐标的方式，这种改进将地点而非空间置于首位，并扩展了地点属性的范围，超越了传统的地理和建筑理解，使得 GIS 更具包容性。

GIS 依托可视化技术呈现研究结果，可视化则有更加广泛的应用场景。在研究领域，GIS 技术被广泛运用于历史地理领域，依托于数据提取与分析，GIS 能够将大量的历史人物、历史地点、历史事件映射于数字地图，建立多维关系、多层联系，进行可视化呈现，不仅能够清晰明确地呈现和理解要素关系，减少认知负荷、提高对成果的理解深度，而且可以为人文研究提供多维视角，挖掘要素之间难以察觉的深层联系。在项目实践中，可视化突破了地理要素的约束，应用场景更加多样化并具有创新性，充分体现可视化技术的实践价值。现阶段，此类研究主要集中在技术的运用，执行步骤相对稳定，较少有突破性成果，需要关注结合人文研究的需要，对技术进行改进和扩展，体现出人文领域的技术特色。

3. 社会网络分析

社交网络分析（Social Network Analysis，SNA）是一种既可以映射关系网络又可以测量互动水平的方法，用代表节点表示个体位置，用节点通过代表公共属性（如事件中的共同参与）的纽带链接在一起，二者构成可视化网络（Kamp-Whittaker，2020）。社会网络分析能使我们考虑系统中不同个人或群体之间的关系，并分析哪些共同点可能会产生这些联系，为人文研究提供了新的视角，该方法已经被广泛应用于社会学、历史学、考古学、文学等领域。

在社会学研究中，社会网络分析常被用于探究人口流动、社会互动等社会现象，Kamp-Whittaker（2020）探究了日裔监禁中心格拉纳达移民中心（Amache）的被拘禁者如何通过参加体育活动建立社

① Dong Qichang Digital Humanities Project，https：//www. shanghaimuseum. net/museum/dongqichang/index. html，2021 年 4 月 15 日。

会联系，展现了社区如何应对社会结构的变化，使我们重新思考如何看待变化的社会联系。在考古学和历史学的研究中，Amati，Munson和 Scholnick（2019）用事件历史分析和文化进化理论的模型来研究网络联系是否以及以何种方式促进了过去复杂社会中某些文化特征的传播，研究同时也强调了文化进化和社会网络方法在研究新颖特征传播方面的兼容性。在文学领域，社会网络分析解决了文学研究中的一个重要问题：人物之间的关系与互动。它被用来构建人物之间的关系，挖掘事件间的联系，甚至解读社会结构与社会变迁。Pikkanen（2019）分析了 19 世纪在瑞典和芬兰出版的四部历史剧，探讨了历史小说与学术史之间在对集体意义的历史时期描述之间的动态变化。Ruegg 和 Lee（2019）多角度分析了 *Paradise Lost*（《失乐园》）的社交网络，探究网络结构如何影响剧情以及角色之间关系。社会网络分析不仅能揭示社会结构和角色意义，而且还使我们追踪这些发现在故事中的含义以及每个角色在构建其关系网中的作用。鉴于社会网络分析在数字人文研究中的作用逐渐被认可，许多学者也研究开发了社会网络分析的工具，Chen 和 Chang（2019）介绍了中国古代书籍数字人文研究平台（CABDHRP）中提供的社交网络关系图工具（CSNRMT），它可以通过人机交互半自动地协助研究者，从而更高效、准确地探索中国古代文献中的社交网络关系，支持研究者解释文本和探索人物的社交网络关系。

从以上的分析可以看出，社会网络分析在数字人文研究中，都是对文献中的人物或角色建立联系，从而挖掘隐藏关联。社会网络分析最常被用于文学作品分析中，挖掘人物角色之间的关系，帮助深层次理解作者建立的人物关系，对作品内容进行深度解读，从而理解作者乃至时代的创作倾向和价值取向。同样，社会网络在历史学、考古学研究中也有大量的研究成果，还原历史上的真实人物关系，从而对历史事件、历史的发展与走向的理解与研究提供真实的证据支撑，增加了历史研究的逻辑性和客观性。可以说，社会网络分析已经成为文学、历史、社会学等领域的最为重要的研究角度之一。

4. 众包技术

众包是一种基于互联网，收集知识和获取知识的合作模式，其目的通常是帮助众包任务的创建者实现其目标（Liang，Wang & Li，2020）。伴随着信息技术的不断发展，人们能够参与到数据收集、共享、分析、处理和重用以及共创价值活动中，公共部门、文化遗产机构和人文学科获得了更多的创造性机会。在数字人文领域，众包能够激发并支持人文资源的开发利用，促进跨学科合作，也能够优化人文资源，尤其是文化遗产资源的价值共创机制，推动领域的可持续发展（Zhao，2020）。

众包技术最常见的作用是数字资源的构建，如文献资料的数字化转录或提升转录效果。Suissa，Elmalech 和 Zhitomirsky-Geffet（2020）从任务结构、文本长度和补充信息三个维度，研究如何利用众包来纠正历史数据集中的识别错误，提升准确性和效率。Hong，Hou，Wu 和 Han（2020）设计了一种合作众包框架，使用人机协作和众包来实现高质量和可扩展的知识提取，以支持从数字人文的非结构化文本中提取知识，有利于处理大量人工无法处理的数据资源。Psomadaki，Dimoulas，Kalliris 和 Paschalidis（2018）面向塞萨洛尼基数字城市建设中的文化遗产保护，提出了一个促进文化组织的参与和协作的协作模型，该模型具有普遍性，可以运用于具有相似文化、地理和技术特征的地区（Psomadaki，Dimoulas，Kalliris & Paschalidis，2019）。此外，众包也常被应用于文化遗产领域，Hari，Xiao，Jon 和 Vasilis（2018）介绍了一款名为"共享我们的文化遗产"（Share Our Cultural Heritage，SOCH）的在线地理众包系统，该系统可用于大规模的遗产文献记录和共享，其特点在于创新性地运用了移动 Web GIS 技术，可以通过便携式设备获取文化遗产数据。除此之外，目前更多的研究是将众包应用于各类数字人文项目中，如百万图像数据库（The Million Image Database）着眼于文化遗产的保护和开发，采用众包的方式，接受公众提供的图像进行数字化，创建一个永久的、开放的人类历史档案。①

---

① THE MILLION IMAGE DATABASE，https：//www. millionimage. org. uk/，2021 年 3 月 20 日。

众包解决的最主要的问题是数据的收集和标注。数据收集与标注主要有机器自动化和人工处理两种方式，前者虽然极大提高了效率，但是收集和处理的精确和质量难以保证，但传统人工处理方式受到时间和成本等要素的限制，数量有限，无法满足大规模数据组织和分析的需要。众包则有效结合了两种方式的优点，在大大减轻了数据收集和数据处理的压力和时间的基础上，保证了质量，并且还能通过众包来实现文化遗产保护、文化传播等社会作用，体现社会价值。目前的众包研究主要集中于利用众包技术构建数据库和改进众包技术两方面，并且前者居多，即众包技术更多地被看作为人文研究提供支撑的技术手段，而非研究主题本身。众包技术虽然已经较为成熟，但是其在数字人文中的价值还有待进一步体现，未来应当鼓励更多的数字人文研究和项目使用众包技术，既能够为研究提供重要的支撑，又能够扩大数字人文的社会影响力。

5. 语义网技术

在数字人文研究中，主要用到的语义网技术包括关联数据和本体。语义网技术基于形式表示语言，其中某些含义与数据内容分开编码（Meroño-Peñuela, Ashkpour, van Erp, Mandemakers, Breure, Scharnhorst, Schlobach, van Harmelen & Gangemi, 2015），通过对数据存储、整合、处理、建模、展示，挖掘数据间内在逻辑关系（王军 & 张力元, 2020）。语义网技术及其应用促进了高水平的语义知识表示和共享。这种知识形式化方法使得结构化信息的可用性不断提高，并带来了新的信息访问机会（Nassar & Apostolopoulos, 2017），它允许灵活地表示人文数据，从而使用细粒度来表示数据，再结合关联数据的相关原理，便可以做到：通过分类系统对知识进行分类、建立和发布结构化数据、设计数据模型和本体。

语义建模是知识管理的主要方法之一，语义建模的研究研究对象的结构、要素和关系，并在此基础上利用本体实现了信息资源的形式化表示。目前本体模型构建也是数字人文研究的热点之一，尤其是历史文化领域，各种类型的本体都有研究，从 Chen 和 Ou（2020）构建古建筑本体模型、Koho（2019）构建 WarSampo 战争历史本体模型，到 Kalita 和 Deka（2020）构建传统舞蹈本体模型等。本体能够有效提高人文研究数据语义内容的组织和获取质量，探索语义检索、语义推理、视觉分析等语义应用，比如 Nassa 和 Apostolopoulos (2017)提出了一种用于发现第一次世界大战事件的动态语义搜索接口，它从非结构化的学者文本中自动抽取历史事件和时空信息，并定义其基于本体的语义相关性，帮助学者查询与第一次世界大战特定主题相关的事件，并探索事件演变的空间和时间模式。Li，Zhu，Shen，Du，Guan 和 Deng(2020)构建了一种基于事件的本体，它以显式方式建模、连接、组织和表示历史事件，为人文科学的研究提供新的视角，并且该模型具有可移植性，可用于表示不同时期的历史事件，该模型将有助于历史学者处理经济和微观社会历史等领域。

语义技术将各个领域的知识进行抽象并建立关联，这种知识管理的方式已经较为成熟，现阶段关于语义技术的研究理论探究与实践活动并重。语义技术的核心在于内容的组织与管理，包括非结构化数据的组织和结构化数据的维护与利用，增强分散数据的可用性和关联性。研究者针对各自的研究问题从多维角度提出了大量的本体，提高了研究领域的抽象化程度，帮助识别领域研究问题。另一方面，语义技术的运用也在很大程度上有助于解决领域资源的管理问题，为资源的组织与存储提供了统一有效的框架。但是，各领域之间交流不足，缺乏整体性、建设重复的问题也依然存在。

(四)数字人文研究各领域进展

1. 文学

文学作为人文研究的最重要组成部分之一，在数字人文研究中也具有相当的地位，是最主要的研究领域。近三年关于文学的研究，总结起来可归为两类：用数字技术解决传统文学问题、解决数字人文中文学研究的新问题。

早在数字人文时代到来之前，文学研究就已经有众多的研究问题，包括作品的流派风格分析、作品内容解读等，这些传统的文学研究问题也延续到了数字人文领域中，ÇALIŞKAN 和 Fazlı(2018)对文学作品进行了风格分析，并以 Orhan Pamuk 小说《我的名字是红色》原作与翻译本进行对比，结果表明翻译版本保留了原作品的风格。Jonathan Reeve 从词汇构成角度对 *Exercises in Style* 进行抽取和拆分，按照词性对文中的词汇进行的分析并进行可视化展示，以此来探究作品的文学风格。① Lee，Kong 和 Luo（2018）对唐诗进行定量分析，包括句法对称、意象语言和命题语言等，研究证实了传统上对唐诗语句组成规律的观点。Liu，Wu 和 Zhu（2019）选择中国小说《平凡的世界》，使用语言技术 LTP（简体中文分割软件）对对话进行了分割，采用人格预测模型来计算"五大"人格，分析文中两位主角的人格特质和发展。

将数字技术运用于文学研究中，也会产生新的研究主题，如构建文学数据库、建立作品人物的社会网络关系、建立知识图谱等。由美国国会图书馆主导的 Newspaper Navigator Dataset 项目对《美国编年史》中 1600 余万页历史报纸的图像内容使用对象检测模型识别建立了多媒体数据库，提供与视觉内容相对应的文本。② 小说中，人物关系可以被视为任何事件的核心要素，因此人物间的关系是小说研究的重点内容，Dekker 和 Kuhn（2019）用 4 种命名实体识别工具对 40 部小说进行识别并对比效果，并用社交网络分析指标对自动提取的关系进行比较和分析，发现小说命名实体识别中的一些问题并提出改进意见。知识图谱是现阶段包括计算机、图情等领域的重要研究对象，它将知识进行结构化、关联化，可以用于知识组织和知识服务，Wei 和 Liu（2019）以中国春秋战国时期"百家争鸣"各流的知识图谱的创建为例，探讨了知识图谱在数字人文知识组织中的应用价值和实现途径。Hong 等（2020）提出了一种知识组织框架，能够从人文学科的非结构化文本中提取知识，以唐诗提取为例，证明了该框架可以高效地从唐诗领域中的多元异质数据中提取知识，并可推广到宋词等其他文学领域。

文学是人文研究中长盛不衰的研究主题，纵观近年来的文学研

① Isolating Literary Style with Raymond Queneau，https：//jonreeve.com/2019/09/exercises-in-style/，2021 年 4 月 15 日。

② Newspaper Navigator Dataset，https：//news-navigator.labs.loc.gov/，2021 年 4 月 15 日。

究，呈现出"新老并进"的趋势，一方面用数字技术解决传统文学研究问题，为研究提供了更多的定量证据的支持，增加了研究的客观性，结论更具有说服力；另一方面，它也延伸了文学研究对象、激发了文学研究的新主题、拓展了文学研究的研究空间。文学研究对象主要是文本，很容易陷入简单的统计分析或者无意义语义化的困局。从数据分析的角度理解文学，得出结论却无法为结论寻找文学支撑理论依据，从而脱离了文学研究的本质，是当前数字人文领域文学研究的最大的挑战之一。

2. 语言学

语言学研究与文学研究密切相关，但是语言学研究更集中于微观上的文本符号的本身，而较少关注整部作品。目前数字人文研究中，语言学的研究主要集中于语言分析和语料库的建设问题。

语言分析涉及语言模式、语言风格、语言特征等传统语言学问题。数字人文研究将传统语言学研究内容进行了扩展，使得研究者能够对更大范围、更大数量、更多角度地对语言进行分析，既可以是多种语言的对比分析，也可以是专注于某种特殊语言的深度结构剖析。Kumar 和 Bhavya（2019）对英语、法语、荷兰语、西班牙语、意大利语、北印度语和德语七种语言，约 170 万个词典单词进行了实证研究，定义了"语言稀疏性"用于衡量语言的演化状况，对比分析了这七种语言的三个特征：字母用法模式、单词长度的平均值和范围、语言稀疏性。Tak-Sum 和 Lee（2018）基于《大藏经》（*Chinese Buddhist Canon*）研究了千年来 4000 余万个字符文本的中的量词、指示词和系动词的用法变化，以此展现了汉字中的语言风格变化，是目前对这三类词性语言的最大量级的语言研究。Wang，Castellón 和 Comelles（2020）分析了国际语义评测大会 SemEval 2012—2014 年提供的数据集，分析其语言特征，并考虑了不同级别（如句法）的语言特征的影响，揭示语言信息在语义文本相似度中的适用性和影响。

语料库构建则涉及更多技术上的问题。由德意志联邦理工学院、乔治敦大学等机构参与的 Online Coptic Dictionary 项目建立了在线科普特词典，能通过人与机器可读的接口，查找所有方言中的科普特语，或将英语、法语和德语翻译为科普特语。① Gorman(2020)针对如何有效地对短文本进行分类这一重要问题，以古希腊文字语料库进行划分，并用混合语料库、散文语料库、叙事历史语料库三种语料库进行了测试，证明了语料库文本划分粒度缩小可能是当前小文本分类主要方法的重要补充。语料库是数字人文领域进行语言学研究中最为关键的因素之一，虽然语料库建设已经取得许多突破，但是建设过程中尚有问题亟待解决，Veisi，Mohammadamini 和 Hosseini(2020)以中库尔德语语料库(AsoSoft)建设为例，详细描述语料库的建设中面临的的挑战，如语料资源不可用、语料爬取复杂、重复文件处理、内容错误、格式转化等问题，并针对这些问题提出了改进的建议。虽然我们提到"语言"时，通常默认语言指的是文本，但是从语言作为"交流系统"这一观点来看，② 图像也是一种语言，因此图像语料库建设也是重要的研究主题，Arnold 和 Tilton(2019)对图像语料数据库建设过程，提出了用于研究大量视觉材料的方法和理论框架，该框架重点研究了在对视觉语料库进行探索性分析之前对视觉材料进行编码的需求。

语言学研究通常与统计分析紧密相连，一种研究方向是对语言进行统计分析，提取语言特征，结合语言学理论解释语言现象，这一方向对理解语言本质与特征、语言演变与创新甚至文化变迁都有重要的价值；另一种方向是以语料库的建设为核心，研究语料库建设中的问题，提出优化方案或创新方法，如文本抽取、文本切分等问题，同时也可以为进一步研究提供数据资源基础。前者需要丰富的语言学背景知识，后者则更多需要计算机科学的背景知识。语言学研究的文献资料通常包括各类文学作品、古代文献、过期报刊杂志等历史文献，而对实效性较强的社交媒体语言分析则较少归于数字人文领域。

---

① Online Coptic Dictionary，http：//coptic-dictionary. org/search. cgi，2021 年 4 月 15 日。

② Language，https：//en. wikipedia. org/wiki/Language#cite_note-26，2021 年 3 月 24 日。

3. 历史与地理

数字人文中的历史学和地理学研究以更加紧密的关系联系在了一起，尤其是 GIS 技术为代表的可视化技术在领域中的广泛运用，更使得两者之间密不可分。

在历史学研究中，研究材料通常来源于各种史料，因此历史学研究必不可少需要对史料处理进行探究，最先要解决的基础性问题包括建立在数据库建设上的文本抽取等一系列问题。因斯布鲁克大学等机构参与的 Transkribus 项目，构建了一个用于数字化、人工智能支持的识别、转录和历史文档搜索的综合平台，为处理史料提供了便捷。① Johannes，Uhl，Stefan，Leyk，Yao-Yi，Chiang，Weiwei，Duan & Craig（2019）提出了一种基于机器学习的自动化框架，可在没有训练数据的情况下从历史地形图中提取建筑物和城市等人类住区符号，该方法可推广运用到多种视觉文档，并将指导大规模地理特征自动提取提方法的构建。Moncla，McDonough 和 Vigier（2019）利用了语料库中的文章的相互关系，使用网络分析来识别 18 世纪法国百科全书中的地名，从而改善了地名歧义状况。在文本抽取之上，研究者关注了史料的语义化处理，Maayan 等（2020）根据希伯来语手稿的元数据记录，提出并实现了一个新框架，该框架用基于事件中心的本体对历史手稿的元数据进行大规模定量分析，研究建立的本体可以被用于推理，实现自动补全和扩展希伯来手稿中的数据。Rovera 等（2021）基于事件、参与者和角色的语义概念，提出了一种从意大利历史战争回忆录中提取信息并将其转变为结构化知识的方法。历史学研究中，除历史事件外，历史人物是最为重要的研究对象之一。Huang 和 Luo（2018）提出了一个新的社会网络研究框架，该框架将社会研究问题转化为计算任务，不仅可以轻松地使用应用程序来可视化古代人物的社交网络，展现古代人物的力量及其阵营，帮助了解历史人物的社会网络对其社会关系的影响，而且可以更清楚地了解各种文学观点。伦敦玛丽皇后大学等大学共同参

---

① Transkribus，https：//read.transkribus.eu/transkribus/，2021 年 4 月 15 日。

与的 Tudor Networks 项目，网络可视化形式呈现了亨利八世至伊丽莎白一世去世之间的 130 000 多个信件，展现了该时期独特历史文化和人物之间的复杂关系。[1]

地理学研究中最为重要的主题是 GIS 技术的运用实践，即从地理可视化的角度进行历史研究。视觉探索在历史和考古特征方面特别有用，GIS 在历史学中的应用主要集中在数据收集、管理、空间分析和建模方面（Gupta & Devillers，2017）。Moscicka（2017）提出了一种可以识别档案与地理空间的语义关系的方法，将现有的档案元数据转换为可在 GIS 中使用的元数据，并将该元数据中出现的地理名称与它们所关联的确切位置联系起来，这将有助于在任何基于空间的解决方案中广泛使用收集到的数据，以及有助于将档案与地理空间合并的过程的自动化。历史研究中的地理位置信息也是一个非常重要的研究角度，Witches-Mapping the Scottish Survey of Witchcraft Database 项目对"苏格兰巫术调查数据库"中的地名进行了定位，并找到了 3 141 名被指控的苏格兰女巫的居住地，拓展了拘留地点、审判地点、死亡地点等信息，可从具有时间轴功能的交互地图分析这段历史时期的人物和事件。[2] Lin，Chen，Wang 和 Yeh（2020）介绍了一个从 4 000 种中国地方志中摘录出来的 63 467 幅历史地图和插图而创建的网络地理信息系统平台 EXPRESSY，平台提供了四种地点呈现模式，可以清楚地呈现这些跨越时间和空间的地理要素，实现历史空间认知和现代空间认知之间的比较。

历史与地理领域的研究主要集中在史料组织与管理和可视化呈现两个方面。浩如烟海的历史文献所包含的信息通过数字技术进行数字化，并进行资源组织与关联，由此实现对历史研究中的事件、人物、地点等要素关系的探究，以一种可视化的方式展示各要素的关联、变化、特征等。将历史中如事件、人物、地点等要素在数字地图中呈现也是一种极为重要的探索过程和研究结果。相比其他领

---

[1] Tudor Networks，http：//tudornetworks.net/，2021 年 4 月 15 日。

[2] Witches-Mapping the Scottish Survey of Witchcraft Database，https：//witches.is.ed.ac.uk/，2021 年 4 月 15 日。

域，历史地理的研究中更加依赖于可视化技术。此外，值得注意的是，在数字人文研究中对"地理"的认识与自然学科中的地理的认识有显著差异，前者赋予了"地理"这一要素更多语义，并在近年的研究中有所体现。

4. 文化遗产

数字人文的发展为文化遗产的保护与传承提供了保障，也为文化遗产的利用打开了新方向，不仅涉及文化遗产的数字化，还涉及使用数学方法和计算机技术对相关作品的可视化（Akça，2021）。虚拟现实技术（VR）、增强现实技术（AR）及 3D 打印技术为文化遗产的保护和重塑提供了途径，跨学科的理论和技术运用为文化遗产领域内的研究提供了新的方法。当前研究主要集中于文化遗产的数字化记录，并在实践过程中进一步拓展了文化遗产的范围。

文化遗产的数字化重塑和数据可视化处理一直是主流。哈佛大学邓巴顿奥克斯研究图书馆的 Gudrun 和 Elizabeth 以数字编目格式展示了邓巴顿奥克斯博物馆中的拜占庭和早期伊斯兰织物藏品。① 法国国家艺术史研究所和卢浮宫进行合作，以可视化的方式展示了古董的交易流动轨迹。② 在诸如此类项目的不断实践中，成果的呈现方式有所突破，如 Shawn 突破了展示形式的局限，将 38 000 行来自伊特鲁里亚 Poggio Civitate 遗址发掘的数据映射到各种声波维度，形成 Nerdstep 流派音乐。③ 此外，文化遗产的综合数字化保存也有新的突破，Seemu 和 Seema（2019）分析了文化遗产数据的复杂性，并基于此设计和评估文化大数据存数据库系统模型（Cultural Big Data Repository，CBDR）。Cui，Li 和 Wei（2021）设计和实施"上

---

① Catalogue of Textiles in the Dumbarton Oaks Byzantine Collection，https：//www. doaks. org/resources/textiles/，2021 年 4 月 16 日。

② Sur la piste des œuvres antiques，https：//ventesdantiques. inha. fr/index. php#fr，2021 年 4 月 16 日。

③ Making Nerdstep Music as Archaeological Enchantment，or，How do you Connect with People Who Lived 3000 Years Ago?，https：//electricarchaeology. ca/2019/12/20/making-nerdstep-music-as-archaeological-enchantment-or-how-do-you-connect-with-people-who-lived-3000-years-ago/，2021 年 4 月 16 日。

海记忆"项目的一系列总体技术路线，提供了一个用户服务模型将推送知识与用户生成的内容结合，采用 AR 和 VR 等数据可视化技术来改善馆藏展示，促进资源的利用，有效解决了资源分散和碎片化、数据库建设重复、单用户服务模式、文化遗产资源利用率低等问题。

随着互联网技术和数字技术的发展，文化遗产领域所包含的研究对象范围有所增加。数字遗产成为了新的热点研究命题，Mark（2019）选取了十分著名但几乎消失在公众记忆中的非洲裔美国人 Paul Robeson 为研究对象，利用社会空间网络分析技术在 YouTube 上获取了他在全球范围内的有关表现和评价，对其数字遗产进行了研究。Silvia，Sarah 和 Daniela（2019）注意到了互联网快速发展下现存的数字鸿沟问题，便以意大利电影观众研究项目（Italian Cinema Audiences research project）为案例，将电影记忆作为非物质文化遗产研究对象，提高中老年人的数字化参与度，鼓励跨代参与电影记忆的形成，旨在促进老一辈和年轻一代在网络环境中参与共享文化遗产，弥合数字鸿沟。另一方面，数字文化遗产也需要公众的参与，雅典的 Revekka 等开展了鼓励公众参与的数字人文项目，通过一系列研讨会、竞赛、展览、早餐讲座和电影之夜的方式来帮助参与者了解数字文化遗产创造性重用，普及数字文化遗产的有关知识。[1]

技术的不断更新为文化遗产领域的研究持续注入活力，现阶段文化遗产领域的研究主要集中在两个方面，一方面是对物质文化遗产的数字化重塑和数据化保存，并以可视化或是更为创新的方式予以呈现；另一方面则是着眼于开拓数字文化遗产新领域，重视数字时代环境下不同特征、不同群体的人们对文化资源的获取和利用问题，将更多主题纳入文化遗产保护与传播中。然而，文化遗产的数字人文项目研究除了完成数字化的任务以外，还应该注重用户在查阅和运用方面的体验感受，为用户的使用行为提供切实的指引和帮

---

① GLAM Hack initiative，https：//glamhackevents.wordpress.com/，2021 年 4 月 16 日。

助，在对其进行保存的基础上进一步做到传播与传承，才能更有助于文化遗产的可持续发展。

5. 图情领域

图书情报领域的数字人文研究侧重于文献的数字化与资源组织、数字技术运用和思维转变等方面，尤其是数字叙事作为崭新的研究方向获得了可观的发展。

在图书情报领域，对档案馆和博物馆的数字化建设和评估研究仍旧处于主流地位。Tyng-Ruey Chuang(2019)以太阳花运动为原型建立数字档案馆，提供对相关各种数字资源的访问，加强公众对这场运动的回忆。Natalia(2018)采用地理可视化的方法，借助开发数字地图系统，建立了一个包括资源、产出、认知和网络的评估模型，以评估博物馆发挥全球影响的能力。哥伦比亚共和国银行的图书馆网络举办了以西班牙共和国银行红书为主题的线上特别文献展。① 在各类研究中，数字技术和数字思维与图情领域的结合也十分常见，如将数据库思维和图像匹配技术运用于数字档案设计等。Lee B(2018)采用模板匹配和机器学习技术来自动从国际追查处(International Tracing Service，ITS)的数字档案中检索这些卡片，经有效性验证后报告了极高的准确率，证明了这种方法的可行性。18世纪诗歌档案馆在 Gale 的 18 世纪在线丛书(Eighteenth-Century Poetry Archive，ECCO)的"文本创建合作伙伴关系"所创建的电子文本的基础上，对欧洲 18 世纪的诗歌档案进行建模和可视化工作。②

除了以上侧重于项目实践的探究以外，偏向概念拓新和方法普及的理论性研究也在不断增加。互动数字叙事是数字叙事研究中的重点，其与数字叙事在内涵和外延上既保持有相对的独立性又不乏

① Documentos y colecciones especiales-Red de bibliotecas del Banco de la República, https：//www. banrepcultural. org/visor-colecciones/，2021 年 4 月 16 日。

② Modelling literary analysis in the Eighteenth-Century Poetry Archive, https：//www. eighteenthcenturypoetry. org/works/o4986-w0250. shtml #/resources/models/tgaen-wimit，2021 年 4 月 16 日。

有相同之处，有关研究的数量正在逐步增加。Nicolas，Sergio，Monika 和 Urs（2019）将目光落在数字媒体的叙事行为研究之上，建立了针对互动数字叙事行为的目录，提出了一个通用的三级分类法，与在线提供的交互式可视化工具关联，允许研究者和创造性作者查阅和扩展目录。以美术馆、图书馆、档案馆和博物馆等文化记忆机构（Galleries-Libraries-Archives-Museums，GLAM）为整体来作为研究对象展开的项目不胜枚举，多专注于有关知识和方法的普及和传播。比如 Tim 开设了 GLAM 工作台，以澳大利亚和新西兰的美术馆、图书馆、档案馆和博物馆为主要关注点，为其提供工具、教程、示例和技巧的集合。① 大英图书馆在举办的全球图书馆实验室活动中设立了设立 GLAM 实验室，描述了为什么以及如何设立 GLAM 实验室，并鼓励与 GLAM 实验室合作的组织机构和社区的积极参与，共同探讨有关的知识和项目。②

总体而言，图书情报领域的数字人文研究在巩固原有研究方向基础的情况下，新的方向和概念不断涌现，理论研究和实践研究发展双管齐下。数字记忆、数字叙事等相关研究的兴起便是多领域合作交融的崭新理论成果，图书馆和档案馆自身也愈发地深入到数字人文研究发起者和数字人文服务提供者的角色实践中。图书情报领域除了要注重将其他学科的理论与方法化为已用，基于数字人文视角思考其能够为图书馆、档案馆的转型升级提供的思路和方法，还应紧跟时代和技术的步伐，将本领域内的知识和概念融入到其他学科之中，积极拓展自身的内涵和外延，充分发挥图档博主体在数字人文服务和研究中的主导作用，助力数字人文人才的培养，继续扩大图情领域的影响力，进而推动数字人文领域的可持续性发展。

---

① GLAM Workbench，https：//glam-workbench.github.io/，2021 年 4 月 16 日。

② Open a GLAM Lab，https：//glamlabs.io/books/open-a-glam-lab/，2021 年 4 月 16 日。

三、趋势总结与分析

纵观近三年全球数字人文研究与实践动态，全球数字人文研究与项目实践发展势头强劲、机遇与挑战并存。一方面，数字人文研究走向成熟，构建起了数字人文研究的理论框架体系，另一方面各类数字人文项目如火如荼展开，呈现理论与实践的齐头并进的局面。

1. 学科体系构建逐步成熟

任何学科的建设与发展都离不开理论的指导。在先前的数字人文研究现状分析中，多篇文章都提到数字人文研究中实践成果丰富而理论探究较少的问题（刘琼，卢章平，李永卉 & 苏文成，2019；黄水清，2019；李慧楠 & 王晓光，2020）。近三年数字人文研究中最为显著的趋势之一，在于对理论研究的关注。数字人文诞生时间不长，领域尚未定型（Zeng，2017），发展前期更加强调数字人文的实践意义，解决人文研究中的现实问题，对数字人文的价值认识趋向于实践探索价值，而忽略对学科理论体系的构建。近三年的研究中，对于数字人文理论体系的建立显然投入了更多的重视，从学科概念界定与研究范式、数字人文与传统人文学科的关系，到数字资源建设以及研究人员的合作关系与角色定位，涌现了一大批观点，对于数字人文中人文和技术两大要素的探讨由浅入深，对于学科理论的讨论与探究逐渐系统化，从观点向共识演变，这也标志着数字人文作为一个研究领域和学科正在走向成熟，与其他领域和学科的界限和差异逐渐清晰。

2. 基础设施建设引起重视

数字人文正处于高速发展之中，不论是从研究角度还是从应用角度来看，基础设施建设都是数字人文面临的重大挑战。国外数字人文基础设施建设在 2006 年后进入了加速发展阶段，典型的建设成果包括 Bamboo 项目、数字研究工具指南（DiRT）项目、欧洲研究基础设施联盟（ERIC）所属的艺术人文数字研究基础设施（DARIAH）等，现阶段数字人文研究已开始受益于这些建设成果

（刘炜，谢蓉，张磊 & 张永娟，2016）。本研究从数据资源、工具平台和研究者三个角度总结了研究动态，数据资源建设是研究的基础，工具平台是研究的重要助力，研究者是研究的创新力量，三者构成了数字人文研究生态。具体而言，数据资源建设一直以来都是研究重点，以语料库为代表的人文数据资源库建设相当普遍，而近年来的研究内容更加丰富，基于已有数据库的研究范围更加广泛，对数据资源的运用更加充分；形式更加多样化，除了文本语料库之外，图像数据库、音视频数据库也得到了相当的发展，但是不可忽视的是，资源建设重复、复用性差、缺乏统一资源建设标准等问题也愈发突出。平台工具建设的多样性显著，但工具创新性不足、实用性较差、功能重复等问题同样应当引起重视。伴随着数字人文受到越来越多的关注、更多学科参与到数字人文研究中来，数字人文的跨学科性也愈发突出，对学术社区建设的重要性更加突出，当前社区建设正呈现欣欣向荣、一派繁荣的局面，在学术交流合作中作用突出。

3. 数字技术运用渐成体系

技术与人文研究的融合更加顺畅，催生更多有价值的研究成果。数字人文研究中，如数据分析与挖掘技术、以 GIS 为代表的可视化技术、社会网络分析的核心技术已经基本确定，并已持续且广泛地在相关研究中得到运用。在美国著名数字人文专家约翰·安斯沃斯（John Unsworth）提出的数字人文的七个"学术原语（Scholarly primitives）"（Unsworth，2000）基础上，Tobias Blanke 和 Sheila Anderson 等将其规范为五个基本原语：发现（Discovering）、收集（Collecting）、比较（Comparing）、发布（Delivering）和协作（Collaborating）（Blanke & Hedges，2013；Anderson & Blanke，2010），由此构成了数字人文的技术体系（刘炜 & 叶鹰，2017）。众包技术用于数据发现、收集与协作，语义技术用于数据组织与协作，社会网络分析和数据分析挖掘技术可用于数据比较与分析，3D 建模、VR/AR 和 GIS 技术用于研究成果的发布，形成一套完整流畅的技术路线。新兴技术如数字孪生技术、云计算、5G、人工智能等技术虽然当前没有广泛运用，但为数字人文创造了更多可能性和创造性，未来将会在相关研究主题中得到更多体现。数字技术与研究目的、研究者的契合度不断提升，激发更多活力，催生更有价值的研究成果。

4. 研究范围层次不断深化

以人文学科和计算机为主的数字人文正吸引着更多的学术力量，如生物学、物理学等自然学科领域也正向数字人文投来关切的目光，既展现出学科差异的不同魅力，也进一步为数字人文带来了新的研究视角和研究对象。在语料库构建与分析、文学作品解析、历史事件的地理映射等研究主题之外，生物力学被引入人文研究，用于研究传统舞蹈，这一极具创新性的研究正是跨学科交流与合作的魅力的代表性体现，"跨学科"在数字人文这一学科领域下展现出其巨大的优势与潜力。以思辨性学术批判、实践性技术创新运用为代表的深层次研究使得数字人文逐渐脱离"应用学科"的束缚，从表层的数据集构建与检索，到深层的数据关联与组织，人文资源正沿着知识金字塔不断攀升，所体现的价值经层层提炼而上升。研究层次的深度拓展表现出数字人文的巨大学科价值和广阔创新空间，智慧人文与智慧数据作为研究前沿被提出（Schöch，2013；曾蕾，王晓光 & 范炜，2018），显示出数字人文的光明前景。

5. 成果呈现形式日益丰富

传统人文研究以论文、著作为主，承载研究结果和人文学者的智慧结晶，但在数字人文下，如数据库（语料库）、工具平台、本体框架、标准规范等也被作为新型研究成果受到认可，进一步扩展了研究成果的呈现方式，同时以众包平台为代表的数字出版物拉近了学术研究与普通民众的距离，促进了学术成果与历史文化的传播。同时，在数字人文成果范围内也发生了新变化，吸收了其他学科领域的特点，一段代码、一份可视化方案等作为研究成果也受到了认可。成果展示形式更加多样化，叠加数字化属性基础上，文本、图像、音视频、网页、3D 模型等新旧形式的结合，以多维角度、全方面展示研究成果，在有助于理解和吸收的同时，也提供了更多结果重用的可能性。

参考文献

[1] Akça, S. A conceptual model to increase the visibility and usage of cultural heritage objects: The case of UNESCO's Memory of the World list [J]. *Digital Scholarship in the Humanities*, 2021, 36 (1): 16-31.

[2] Amati, V., Munson, J., & Scholnick, J. Applying event history analysis to explain the diffusion of innovations in archaeological networks [J]. *Journal of Archaeological Science*, 2019, 104: 1-9.

[3] Anderson, S., Blanke, T., & Dunn, S. Methodological commons: arts and humanities e-Science fundamentals [J]. Philosophical Transactions of the Royal Society A: Mathematical [J]. *Physical and Engineering Sciences*, 2010, 368(1925): 3779-3796.

[4] Arnold, T., Ballier, N., Lissón, P., & Tilton, L. Beyond lexical frequencies: using R for text analysis in the digital humanities [J]. Language Resources and Evaluation, 2019, 53(4): 707-733.

[5] Arnold, T., & Tilton, L. Distant viewing: analyzing large visual corpora [J]. *Digital Scholarship in the Humanities*, 2019, 34(Supplement_1): i3-i16.

[6] Blanke, T., & Hedges, M. Scholarly primitives: Building institutional infrastructure for humanities e-Science [J]. *Future Generation Computer Systems*, 2013, 29(2): 654-661.

[7] Blaschke, T., Merschdorf, H., Cabrera-Barona, P., Gao, S., & Kovacs-Gyri, A. Place versus space: from points, lines and polygons in gis to place-based representations reflecting language and culture [J]. *International Journal of Geo-Information*, 2018, 7 (11): 452.

[8] Bradley, A. J., El-Assady, M., Coles, K., Alexander, E., Chen, M., & Collins, C, et al. Visualization and the digital humanities [J]. *IEEE Computer Graphics and Applications*, 2018, 38

(6): 26-38.

[9] ÇALIŞKAN, S. , & Fazlı, C. A. N. Türkçe Metinler Üzerine Yapılan Sayısal Üslup Araştırmalarını inceleyen ve Benim Adım Kırmızı Çevirilerinin Aslına Olan Sadakatini Ölçen Bir Çalışma[J]. *Türk Kütüphaneciliği*, 2018, 32(4): 251-286.

[10] Changsoo, L. How are 'immigrant workers' represented in Korean news reporting? —A text mining approach to critical discourse analysis[J]. *Digital Scholarship in the Humanities*, 2018(1): 1.

[11] Chen, C. M. , & Chang, C. A Chinese ancient book digital humanities research platform to support digital humanities research [J]. *The Electronic Library*, 2019.

[12] Chen, C. M. , Chang, C. , & Chen, Y. T. A character social network relationship map tool to facilitate digital humanities research[J]. *Library Hi Tech*, 2021.

[13] Chen, J. , & Ou, S. Research on the construction of the semantic model for Chinese ancient architectures based on architectural narratives[J]. *The Electronic Library*, 2020.

[14] Cuijuan, X. , Lihua, W. , & Wei, L. Shanghai memory as a digital humanities platform to rebuild the history of the city[J]. *Digital Scholarship in the Humanities*, 2021.

[15] Dekker, N. , Kuhn, T. , van Erp, M. Evaluating named entity recognition tools for extracting social networks from novels [J]. *PeerJ Computer Science*, 2019(4): 1-29. dh.

[16] Ding, H. , Lu, W. , & Jiang, T. Understanding the cultural concerns of libraries based on automatic image analysis[J]. *The Electronic Library*, ahead-of-print, 2019(3): 419-434.

[17] Elizabeth, & Toon. The tool and the job: Digital humanities methods and the future of the history of the human sciences[J]. *History of the Human Sciences*, 2019, 32(1): 83-98.

[18] Fuller, M. A. Digital Humanities and the Discontents of Meaning [J]. *Journal of Chinese History*, 2020, 4(2): 259-275.

[19] Galleron, I., & Idmhand, F. Why Go from Texts to Data, or The Digital Humanities as A Critique of the Humanities [J]. *A Journal of Literary Studies and Linguistics*, 2020, 10: 53-69.

[20] Giuliano, F. Humanités numériques et archives: la longue émergence d'un nouveau paradigme [J]. *Documentation et bibliothèques*, 2019, 65(2): 37-46.

[21] Gorman, R. Author identification of short texts using dependency treebanks without vocabulary [J]. *Digital Scholarship in the Humanities*, 2020, 35(4): 812-825.

[22] Gregory, I., & Geddes, A. From historical GIS to spatial humanities: Deepening scholarship and broadening technology, 2014.

[23] Grincheva, N. Mapping museum 'soft power': adding geo-visualization to the methodological framework [J]. *Computers and the Humanities*, 2018.

[24] Gupta, N., & Devillers, R. Geographic Visualization in Archaeology [J]. *Journal of Archaeological Method and Theory*, 2017, 24(3): 1-34.

[25] Hari, D., Xiao, W., Jon, M., & Vasilis, S. Share our cultural heritage (SOCH): worldwide 3d heritage reconstruction and visualization via web and mobile gis [J]. *Isprs International Journal of Geo Information*, 2018, 7(9): 360.

[26] Hong, L., Hou, W., Wu, Z., & Han, H. A cooperative crowdsourcing framework for knowledge extraction in digital humanities-cases on tang poetry [J]. *Aslib Journal of Information Management*, 2020, 72(2): 243-261.

[27] Huang, J., & Luo, T. Computing Len for Exploring the Historical People's Social Network. 2018 6*th International Conference on Future Internet of Things and Cloud Workshops (FiCloudW)*. IEEE Computer Society, 2018: 95-101.

[28] Johannes, H., Uhl, Stefan, Leyk, & Yao-Yi, et al. Automated extraction of human settlement patterns from historical topographic

map series using weakly supervised convolutional neural networks [J]. *IEEE Access*, 2019, 8: 6978-6996.

[29] Kalita, D. , & Deka, D. Ontology for preserving the knowledge base of traditional dances (OTD) [J]. *The Electronic Library*, 2020.

[30] Kamp-Whittaker, A. Diaspora and Social Networks in a World War II Japanese American Incarceration Center [J]. *International Journal of Historical Archaeology*, 2020.

[31] Kelpšiene, I. Defining scholarly practices, methods and tools in the Lithuanian digital humanities research community [J]. *Digital humanities quarterly*, 2018, 12.

[32] Koho, M. , Ikkala, E. , Leskinen, P. , Tamper, M. , & Hyvnen, E. Warsampo knowledge graph: finland in the second world war as linked open data [J]. *Semantic Web*, 2020, 12(3): 1-14.

[33] Kumar, R. N. , Bhavya, A. , & Kumar, R. M. Alphabet usage pattern, word lengths, and sparsity in seven Indo-European languages [J]. *Digital Scholarship in the Humanities*, 2019(4): 4.

[34] Langer, S. K. K. Feeling and Form a Theory of Art Developed From Philosophy in a New Key, 1953.

[35] Lee, B. Machine learning, template matching, and the International Tracing Service digital archive: Automating the retrieval of death certificate reference cards from 40 million document scans [J]. *Digital Scholarship in the Humanities*, 2018, 34 (3): 513-535.

[36] Lee, J. , Kong, Y. H. , & Luo, M. Syntactic patterns in classical Chinese poems: A quantitative study [J]. *Digital Scholarship in the Humanities*, 2018, 33(1): 82-95.

[37] Lee, J. , & Lee, H. E. Digital humanities and new directions in South Korea [J]. *Digital Scholarship in the Humanities*, 2019, 34 (4): 772-790.

[38] Li, H. , Zhu, L. , Shen, W. , Du, X. , Guan, S. , & Deng, J. Research on knowledge organization and visualization of

historical events in the republic of china era[J]. *Library Trends*, 2020, 69.

[39] Liang, J., Wang, H., & Li, X. Task design and assignment of full-text generation on mass Chinese historical archives in digital humanities: A crowdsourcing approach[J]. *Aslib Journal of Information Management*, 2020.

[40] Lin, N. Y., Chen, S. P., Wang, S., & Yeh, C. Displaying spatial epistemologies on web gis: using visual materials from the chinese local gazetteers as an example[J]. *International Journal of Humanities and Arts Computing*, 2020, 14(1-2): 81-97.

[41] Liu, A. Qué significación tienen las humanidades digitales para las humanidades? 452 °F [J]. *Revista de Teoría de la literatura y Literatura Comparada*, 2020(23): 121-144.

[42] Liu, M., Wu, Y., D Jiao, Wu, M. S., & Zhu, T. Literary intelligence analysis of novel protagonists' personality traits and development[J]. *Digital Scholarship in the Humanities*, 2019, 34(1): 221-229.

[43] Malaterre, C., Lareau, F., Pulizzotto, D., & St-Onge, J. Eight journals over eight decades: a computational topic-modeling approach to contemporary philosophy of science [J]. *Synthese*, 2020(18): 1-41.

[44] Moncla, L., McDonough, K., Vigier, D., et al. Toponym disambiguation in historical documents using network analysis of qualitative relationships[J]. *Proceedings of the 3rd ACM SIGSPATIAL International Workshop on Geospatial Humanities*, 2019: 1-4.

[45] Moscicka, A. K. The CENDARI infrastructure in GIS-based historical research[J]. *Program*, 2017.

[46] Nassar, M., & Apostolopoulos, N. Events Discovery Assistant: A semi-supervised spatio-temporal and semantic model for discovering First World War events [C]. 2017 *IEEE* 11*th International Conference on Semantic Computing* (*ICSC*). IEEE, 2017:

401-406.

[47] Nicolas, S. , Sergio, E. , Monika, M. , & Urs, R. The study of narrative acts with and for digital media[J]. *Digital Scholarship in the Humanities*, 2019(4): 4.

[48] Paige, N. The artifactuality of narrative form: First-person novels in France, 1601-1830[J]. *Poetics Today*, 2018, 39(1): 41-65.

[49] Papadopoulos, C. , & Reilly, P. The digital humanist: Contested status within contesting futures[J]. *Digital Scholarship in the Humanities*, 2020, 35(1): 127-145.

[50] Pendse, L. R. Building virtual collection and Spanish colonial imprints of the Philippines[J]. *Collection and Curation*, 2020.

[51] Pikkanen, I. The metrics and poetics of historical drama: The dramatis personae of a premodern revolt in early nineteenth-century Finland[J]. *Orbis Litterarum*, 2019, 74(5): 311-339.

[52] Psomadaki, O. I. , Dimoulas, C. A. , Kalliris, G. M. , & Paschalidis, G. Technologies of non linear storytelling for the management of cultural heritage in the digital city: the case of thessaloniki, 2018.

[53] Psomadaki, O. I. , Dimoulas, C. A. , Kalliris, G. M. , & Paschalidis, G. Digital storytelling and audience engagement in cultural heritage management: A collaborative model based on the Digital City of Thessaloniki [J]. *Journal of Cultural Heritage*, 2019, 36, 12-22.

[54] Purves, R. S. , & Derungs, C. From space to place: Place-based explorations of text[J]. *International Journal of Humanities and Arts Computing*, 2015, 9(1): 74-94.

[55] Rhodes, II. , & Alan, M. Paul Robeson's place in YouTube: A social spatial network analysis of digital heritage[J]. *Digital Scholarship in the Humanities*, 2019.

[56] Rovera, M. , Nanni, F. , & Ponzetto, S. P. Event-based access to historical Italian war memoirs[J]. *Journal on Computing*

and *Cultural Heritage（JOCCH）*, 2021, 14（1）: 1-23.

［57］Ruegg, C. , Lee, J. J. Epic social networks and Eve's centrality in Milton's Paradise Lost［J］. *Digital Scholarship in the Humanities*, 2019（1）.

［58］Sarı, C. , Salah, A. A. , & Akdag Salah, A. A. Automatic detection and visualization of garment color in Western portrait paintings［J］. *Digital Scholarship in the Humanities*, 2019, 34（Supplement_1）: i156-i171.

［59］Schlobach, Stefan, van, Harmelen, Frank, & Mandemakers, et al. Semantic technologies for historical research: a survey［J］. *Semantic web*, 2015.

［60］Schöch, C. Big? smart? clean? messy? Data in the humanities ［J］. *Journal of digital humanities*, 2013, 2（3）: 2-13.

［61］Seemu, S. , & Seema, B. CBDR: An efficient storage repository for cultural big data［J］. *Digital Scholarship in the Humanities*, 2019（4）: 4.

［62］Silvia, D. , Sarah, C. , & Daniela, T. G. Bridging the digital divide: Older adults' engagement with online cinema heritage［J］. *Digital Scholarship in the Humanities*, 2019（4）: 4.

［63］Sousa, X. Geonomastics on the Web: Visualizing Surname Distributions in a Regional Space［J］. *Вопросы ономастики*, 2019, 16（3）: 212-223.

［64］Su, F. Cross-national digital humanities research collaborations: structure, patterns and themes［J］. *Journal of Documentation*, 2020.

［65］Suissa, O. , Elmalech, A. , & Zhitomirsky-Geffet, M. Toward the optimized crowdsourcing strategy for OCR post-correction［J］. *Aslib Journal of Information Management*, 2020.

［66］Tak-Sum, W. , & Lee, J. Vernacularization in Medieval Chinese: A quantitative study on classifiers, demonstratives, and copulae in the Chinese Buddhist Canon［J］. *Digital Scholarship in the Human-*

ities, 2018(1): 1.

[67] Toon, E. The tool and the job: Digital humanities methods and the future of the history of the human sciences[J]. *History of the Human Sciences*, 2019, 32(1): 83-98.

[68] Toscano, M., Rabadán, A., Ros, S., & González-Blanco, E. Digital humanities in Spain: Historical perspective and current scenario[J]. Profesional de la información (EPI), 2020, 29 (6).

[69] Tyng-Ruey, C. Remembrance of contemporary events: On setting up the Sunflower Movement Archive[J]. *Digital Scholarship in the Humanities*, 34(Supplement_1), 2019: i36-i45.

[70] Underhill, J. The Twilight of Presence: Pictorialized Illumination in Leonardo da Vinci's Last Supper[J]. *Leonardo*, 2019, 52(1): 44-53.

[71] Unsworth, J. Scholarly primitives: What methods do humanities researchers have in common, and how might our tools reflect this [J]//*Symposium on Humanities Computing: Formal Methods, Experimental Practice. King's College, London*, 2000, 13; 500.

[72] van der Smissen, D., Steenbakker, M. A., Hoondert, M. J., & van Zaanen, M. M. Music and cremation rituals in The Netherlands: A fine-grained analysis of a crematorium's playlist[J]. Digital Scholarship in the Humanities, 2019, 34(4): 806-817.

[73] Veisi, H., Mohammadamini, M., & Hosseini, H. Toward Kurdish language processing: Experiments in collecting and processing the AsoSoft text corpus [J]. *Digital Scholarship in the Humanities*, 2020, 35(1): 176-193.

[74] Verhoeven, B., & Daelemans, W. Discourse lexicon induction for multiple languages and its use for gender profiling[J]. *Digital Scholarship in the Humanities*, 2019, 34(1).

[75] Vierthaler, P. Digital humanities and East Asian studies in 2020 [J]. History Compass, 2020, 18(11): e12628.

[76] Wang, C. , Castellón, I. , & Comelles, E. Linguistic analysis of datasets for semantic textual similarity[J]. *Digital Scholarship in the Humanities*, 2020, 35(2): 471-484.

[77] Wang, Q. Distribution features and intellectual structures of digital humanities[J]. *Journal of Documentation*, 2018.

[78] Wei, J. , & Liu, R. An approach of constructing knowledge graph of the hundred schools of thought in ancient China. 2019 *ACM/IEEE Joint Conference on Digital Libraries (JCDL)*. ACM, 2019.

[79] Westerveld, L. , & Knowles, A. K. Loosening the grid: topology as the basis for a more inclusive GIS[C]. *International Journal of Geographical Information Science*, 2020: 1-20.

[80] Yan, Y. , Dean, K. , Feng, C. C. , Guan, T. H. , & Xue, Y. Chinese temple networks in southeast asia: a webgis digital humanities platform for the collaborative study of the chinese diaspora in southeast asia[J]. *Religions*, 2020, 11(334): 1-23.

[81] Zeng, M. L. Smart Data for Digital Humanities[J]. *Journal of Data & Information Science(01)*, 2017: 3-14.

[82] Zhao, Y. Editorial-Crowdsourcing and Collaboration in Digital Humanities[J]. *Aslib Proceedings*, 2020, 72(2): 149-157.

[83] Zhitomirsky-Geffet, Prebor, G. , & Isaac Miller, M. Ontology-based analysis of the large collection of historical Hebrew manuscripts[J]. *Digital Scholarship in the Humanities*, 2020, 35(3): 688-719.

[84] Zhitomirsky-Geffet, M. , Prebor, G. , & Miller, I. Ontology-based analysis of Hebrew manuscripts[J]. *Digital Scholarship in the Humanities*, 2020, 38(3).

[85] 段力萌, 魏凤. 文献计量学视角下的全球数字人文发展现状研究[J]. 图书馆, 2020(01): 36-43.

[86] 黄水清. 人文计算与数字人文: 概念、问题、范式及关键环节[J]. 图书馆建设, 2019(05): 68-78.

[87] 李慧楠，王晓光．数字人文的研究现状："2019 数字人文年会"综述[J]．情报资料工作，2020(04)：49-59.

[88] 刘琼，卢章平，李永卉，等．大数据时代人文研究前沿与探索：南京大学"数字人文"学术研讨会综述[C]．图书馆论坛，2018(03)：37-45.

[89] 刘炜，谢蓉，张磊，等．面向人文研究的国家数据基础设施建设[J]．中国图书馆学报，2016(05)：29-39.

[90] 刘炜，叶鹰．数字人文的技术体系与理论结构探讨[J]．中国图书馆学报，2017(05)：32-41.

[91] 马海群，张涛．文献信息视阈下面向智慧服务的语料库构建研究[J]．情报理论与实践，2019(06)：124-130.

[92] 王军，张力元．国际数字人文进展研究[J]．数字人文，2020(00)：1-23.

[93] 夏翠娟．中国历史地理数据在图书馆数字人文项目中的开放应用研究[J]．中国图书馆学报，2017(02)：40-53.

[94] 夏翠娟．面向人文研究的"数据基础设施"建设：试论图书馆学对数字人文的方法论贡献[J]．中国图书馆学报，2020(03)：24-37.

[95] 曾蕾，王晓光，范炜．图档博领域的智慧数据及其在数字人文研究中的角色[J]．中国图书馆学报，2018(01)：17-34.

科学知识图谱前沿进展*

洪 亮**

摘 要：本研究主要从科学知识图谱的构建、科学知识图谱的存储管理、科学知识图谱的查询分析、科学知识图谱的知识服务与领域应用四个方面对科学知识图谱相关领域进行前沿综述，以帮助学者更好地把握当前科学知识图谱领域的动态和发展方向，为相关领域的学者进行科学研究和文献调研提供指导和方向。

关键词：科学知识图谱；知识抽取；知识服务

引 言

科学知识图谱近年来已经成为科学社会学、情报学等相关学科的研究热点领域。科学知识图谱主要用于显示知识演化进程和知识结构，从而辅助知识管理，是学者洞察领域热点与趋势、进行学术评价、分析学科交叉融合的重要方法和工具。

科学知识图谱涉及科学研究领域的实体和关系，能够支撑科学

* 本文受到国家自然科学基金面上项目"基于科学共同体知识大图的隐性合作关系发现与深度挖掘"（72074172）资助。

** 洪亮，现任武汉大学信息管理学院教授、博士生导师，大数据安全与保密系书记、副主任，数据科学专业负责人，武汉大学大数据研究院院长助理；2017年入选武汉大学珞珈青年学者，2021年入选武汉大学人文社会科学优秀青年学者。

合作研究，使专业知识在学者之间流动。而目前尚未有研究实时追踪科学知识图谱发展的前沿热点。已有的大多数文献主要从传统科学知识图谱方向展开综述，缺乏真正以大数据视角对科学知识图谱的相关热点追踪。传统的科学知识图谱侧重于可视化方法及工具的研究，它广泛应用于图书情报领域的科学计量、引文分析等。但传统科学知识图谱的研究所揭示的知识关联大多基于资源的外部特征，难以应对海量学术数据的挑战。知识图谱主要是指以语义网及领域本体为关键技术的大规模语义网络知识库，基于海量数据进行组织、管理及分析，推动了科学知识图谱研究的新旧范式的更迭。

在国外，Xia[1] 等人对学术大数据进行定义，并对大学术数据的研究热点展开细致介绍，阐述科学大数据知识图谱构建过程中涉及的问题，对科技大数据知识图谱分析挖掘方法进行系统梳理，并给出科技大数据知识图谱未来的研究及应用方向。Chen[2] 等人综述了当前的学术大数据研究趋势并甄明目前学术大数据平台所面临的挑战，重点关注未来研究的方向。已有部分研究追踪学术大数据的发展，但其局限性在于没有系统地对科学知识图谱的发展热点进行追踪。

在科学知识图谱构建方面，目前已有多家学术机构开展了学术领域知识图谱的构建工作。上海交通大学构建了学术地图 AceMap，其应用依赖于大规模科学知识图谱 AceKG。该图谱覆盖了多个学科，涉及六千万篇科学文献，五万个研究领域，文献数据集对外公开，以帮助研究者在学术数据挖掘领域的研究。开放学术组织融合了微软的 MAG 和清华大学的 Aminer 科学知识图谱，构建了规模最大的亿级开放科学知识图谱 OAG，图谱包含了 1.6 亿篇科学文献。目前大部分科学知识图谱研究机构都公开了大量文献数据集，但并

---

[1] XIA F, WANG W, BEKELE T M, et al. Big Scholarly Data: A Survey[J]. IEEE Transactions on Big Data, 2017, 3(1): 18-35.

[2] CHEN C, WANG Z, LI W, et al. Modeling scientific influence for research trending topic prediction; proceedings of the Thirty-Second AAAI Conference on Artificial Intelligence, F, 2018 [C].

未对文献内容概括总结。

本研究收集、整理 200 余篇相关海外文献，主要文献数据来源于 ResearchGate、Google Scholar 等科学社交网络服务网站及学术搜索引擎，使用 Endnote 对文献数据建有文献库并分类整理。在归纳代表性文献内容后，本研究主要从科学知识图谱的构建、科学知识图谱的存储管理、科学知识图谱的查询分析、科学知识图谱的知识服务与领域应用四个方面对海外的科学知识图谱相关领域进行前沿综述，以帮助学者更好地把握当前科学知识图谱领域的动态和发展方向，为相关领域的学者进行科学研究和文献调研提供指导和方向。

一、科学知识图谱的构建

知识图谱构建的方式主要分为自顶向下与自底向上两种方式。自顶向下的知识图谱构建方式则先为知识图谱定义好本体与数据模式，再将实体加入到知识库。该构建方式需要利用一些现有的结构化知识库作为其基础知识库，例如 Freebase 项目的绝大部分数据从维基百科中得到，采取自顶向下的方式进行构建；自底向上的构建方式指的是从一些开放数据中提取出实体，选择其中置信度较高的加入到知识库，再构建顶层的本体模式。目前已有学者对知识图谱的构建技术做了一定的研究。按照知识获取的过程，知识图谱的构建过程分为知识抽取、知识融合与知识加工三个层次。

（一）知识组织与表示模型

依靠关联与其他中介，知识之间所构建起的关联关系叫作知识关联，是研究和解决知识管理的重大基础性理论问题，往往从知识的交叉统一性出发，将知识及其载体进行统一分类和管理，使知识有序化。利用知识关联技术，能够从多维异构的大规模数据中显式地收集并加工为用户所需的关联性知识。知识关联在展示出静止状态下知识信息间关联的基础上，也呈现出了在活动状态下如何从含有微量价值的大数据中凝练出有用知识的关联过程。

知识关联理论近年受到了海外许多学者的关注，其中，知识组织与表示模型是知识关联网络应用的基础，实现知识关联主要通过关联数据词表及语义组织模型对知识进行表示、分类、组织及管理。如文献①展示了开放研究知识图谱，将基于文档的学术交流转换为基于知识的信息表示。

1. 知识图谱数据模型

知识图谱主要有两种数据模型：包括 RDF 图和属性图。

资源描述框架（RDF）代表了关联数据和语义 Web 的数据表示模式，它支持通用的基于图形的数据模型和数据表示格式，用来描述事物及其与其他事物的关系，② 其主要基于 SPARQL 语言进行查询。随着 RDF 数据集规模的快速增长，如何应对不断增长的数据量及 RDF 数据的异构性成为 RDF 数据管理系统必须面对的挑战，尽管可以使用关系表来物理处理 RDF 数据，但由于查询需要嵌套连接，因此查询规模较大的三元组表成本巨大，海外部分学者对处理和查询 RDF 数据的技术进行了全面研究。

属性图模型则是一种不同于 RDF 三元组的一种图数据模型，该模型由点来表示现实世界中的实体，由边来表示实体与实体之间的关系，同时点和边上都可以通过键值对的形式被关联上任意数量的属性和属性值。其查询语言是 Cypher，针对属性图而言，Cypher 语句既包括查询也包括数据更新和操作等功能。

虽然可以使用 SPARQL 语言对 RDF 数据进行查询，但在实现遍历或分析算法上是存在一定的局限性的，尽管出现了各种致力于对属性图模型进行分析的数据库，但 RDF 模型与属性图模型不能够实现互操作。不过也有学者致力于将 RDF 图映射到属性图，开

---

① JARADEH M Y, OELEN A, FARFAR K E, et al. Open research knowledge graph：next generation infrastructure for semantic scholarly knowledge；proceedings of the Proceedings of the 10th International Conference on Knowledge Capture，F，2019 [C].

② WYLOT M, HAUSWIRTH M, CUDRé-MAUROUX P, et al. RDF data storage and query processing schemes：A survey [J]. ACM Computing Surveys (CSUR)，2018，51(4)：1-36.

发了基于图到图映射语言（G2GML）①的框架来最大限度地利用RDF数据。

2. 常用的科学知识组织模型

目前国内已经制定完备的知识组织描述及标准规范，确保了不同种类的知识组织体系都可供参考和确定，能够区分于术语表、叙词词汇表、主题示意图、本体等不同的知识组织体系类型来区别和适应各自的特点。国外学者 Adam 等人②也结合 RESTful API 和 JSON 模式/元模式提出了一套标准规范。Scholix 项目③对学术文献、出版商和数据存储库之间交换的数据之间的联系进行了标准化。

科学知识图谱迫切需要一种更灵活、细粒度、上下文敏感的学术知识表示方法，从而需要相应的知识管理、发布和处理基础设施。此外，Jaradeh 等④建议将学术知识表示为结构化的、相互关联的、语义丰富的知识图谱作为关键元素。此外，知识关联还大量应用于科学数据资源的聚合。在国外，EI、SCI 科学索引、工程索引等权威数据库服务均通过知识关联理论对自然学科、工程技术领域的核心期刊进行组织与检索。多所数据库服务商也将知识关联理论服务于期刊文献数据资源的组织。围绕知识关联构建期刊文献检索服务体系的脉络，构建实体之间的相互关联关系，构成了科学服务知识关联网络，实现知识节点与属性关系之间的相互关联。

---

① MATSUMOTO S, YAMANAKA R, CHIBA H J A P A. Mapping RDF graphs to property graphs[J]. 2018.

② AGOCS A, LE GOFF J-M. A web service based on RESTful API and JSON Schema/JSON Meta Schema to construct knowledge graphs; proceedings of the 2018 International Conference on Computer, Information and Telecommunication Systems (CITS), F, 2018 [C]. IEEE.

③ BURTON A, KOERS H, MANGHI P, et al. The Scholix framework for interoperability in data-literature information exchange[J]. 2017, 23(1/2):

④ JARADEH M Y, OELEN A, PRINZ M, et al. Open research knowledge graph: A system walkthrough; proceedings of the International Conference on Theory and Practice of Digital Libraries, F, 2019 [C]. Springer.

关联数据(Linked Data)通过对信息进行语义标注来实现数据信息的关联,利用语义网技术中的 URI 和 RDF 技术,关联数据实现了语义互联及知识的关联发布,其中关联数据词表主要用来对特定领域中使用的词汇及字段进行规范化描述。主题词表将标注及检索人员的自然语言转换为规范性检索语言,并根据应用领域和使用范围进行划分。通用词表如 SKOS 等主要作为对通用范围内本体间概念关系进行描述的词表,而专用词表则聚焦于具体范围或专业场景的本体语义应用。

在科学知识图谱领域主题词表方面,以康奈尔大学图书馆发起建设的 VIVO 为代表的主题词表取得了一定成绩,其主要目的是面向科学领域整合学术交流信息,目前已对科学网络语义挖掘提供关键支持。VIVO 采用了康奈尔大学的所有科学人员、成果等信息进行关联数据集成,形成现在完善的科学家信息网络。此后在美国多所大学的联合建设下,VIVO 系统为科学人员信息的整合指明了新的发展空间和方向,为隐性科学合作知识的探测及发现提供了数字资源语义聚合模型的支持。

语义链接网络是对复杂系统的结构和演化进行建模的通用语义模型,不同的语义链接在呈现复杂系统的语义中起着不同的作用。考察因果链接对代表科技论文的贡献,为基于语义链接网络实现摘要、推荐、问答等内容服务提供了依据。① 此外还有一些学者使用语义方法来形式化大数据的模型结构,提出概念模型和 OWL 本体,进行知识表示和知识组织以及 RDF 数据集的创建。Rinaldi 等②提出了一种基于语义链接提取的文本总结新方法,而且验证了采用语义链接网络绘制文本核心的有效性。所提出的方法可应用于

① CAO M, SUN X, ZHUGE H J P O. The contribution of cause-effect link to representing the core of scientific paper—The role of Semantic Link Network[J]. 2018, 13(6): e0199303.

② SáNCHEZ J A P, PéREZ T S. A Conceptual model for an OWL ontology to represent the knowledge of transmedia storytelling; proceedings of the Challenges and Opportunities for Knowledge Organization in the Digital Age, F, 2018 [C]. Ergon-Verlag.

其他摘要应用，如生成扩展摘要、思维导图、简报点等，通过合并更多的语义链接以改进文本摘要和其他信息服务。

现有的科学知识图谱多将事实知识表示为一个扁平的概念关系网络，在缺少推理和探索的重要语境的情况下并没有考虑到事实有效的条件。Tianwen 等①通过概念节点、属性节点及属性到概念的链接，提出新的科学知识图谱表示模型使其更好地理解科学陈述，极大地促进了学术知识组织模型的发展。

(二)科学知识图谱领域的知识抽取

知识抽取，即从各种类型的数据源中提取出实体、属性以及实体间的相互关系，并形成语义化的知识表达，包括实体抽取、关系抽取、属性抽取。使用知识抽取来对学术信息进行信息提取，重点关注三个元素的提取与链接：实体、属性及实体间的相互关系。

1. 实体抽取

实体抽取技术又名为命名实体识别技术，其基本任务是自动从文本数据中识别出命名实体并表明其类别，它从人、位置、组织等预定义语义类型中的文本中识别刚性指示语的任务，是问答、文本摘要和机器翻译等自然语言应用的基础实体抽取作为知识抽取中最关键的一步，对知识图谱的构建质量有很大影响。早期的实体抽取方法是基于规则和字典，在限定文本领域、限定语义单元类型的条件下进行的。

随着机器学习的发展，学者采用抽取方法对基于规则字典的抽取方法进行完善。例如，随着命名实体识别技术不断取得进展，学术界开始关注开放域的知识抽取问题，面向开放的互联网而不是基于特定的文本域进行知识抽取。例如，Ling 等②基于条件随机场模型进行实体边界识别，采用自适应感知机算法实现了对实体的自动

① JIANG T, ZHAO T, QIN B, et al. The Role of "Condition" A Novel Scientific Knowledge Graph Representation and Construction Model; proceedings of the Proceedings of the 25th ACM SIGKDD International Conference on Knowledge Discovery & Data Mining, F, 2019 [C].

② LING X, WELD D S. Fine-grained entity recognition; proceedings of the Twenty-Sixth AAAI Conference on Artificial Intelligence, F, 2012 [C].

分类。Luan 等①创建了一个包含所有三个任务注释的数据集SCIERC，并开发了一个名为科学信息提取器（SCIIE）用于共享跨度表示的统一框架，该框架支持构建科学知识图谱并可以用来分析科学文献中的信息。

2. 实体属性抽取

属性抽取主要是针对实体而言的，它将不同信息源对于某一事物的属性集中起来，目的是为了更好地刻画实体，从异构信息源中为实体构造属性列表，进而丰富实体内涵，能够进一步丰富知识图谱的维度。

针对特定学术信息抽取，目前已有技术对地理信息学②、材料科学③、生物学④及历史学⑤等学科领域的学术及文献信息进行抽取，学术信息的图表具有固有的知识特性，研究者多采用自定义本体或者领域本体来对其进行语义组织。科学论文功能单元本体尝试组织学术图表的上下文内容，并将其组织数据分析、数据描述内容，匹配学术图表的知识类型属性。⑥

① LUAN Y, HE L, OSTENDORF M, et al. Multi-task identification of entities, relations, and coreference for scientific knowledge graph construction [J]. arXiv preprint arXiv: 180809602, 2018.

② WANG C, MA X, CHEN J, et al. Information extraction and knowledge graph construction from geoscience literature[J]. 2018, 112(112-20.

③ WESTON L, TSHITOYAN V, DAGDELEN J, et al. Named entity recognition and normalization applied to large-scale information extraction from the materials science literature[J]. 2019, 59(9): 3692-702.

④ FEI H, REN Y, ZHANG Y, et al. Enriching contextualized language model from knowledge graph for biomedical information extraction [J]. 2021, 22 (3): bbaa110.

⑤ PEREGRINE P N, BRENNAN R, CURRIE T, et al. Dacura: A new solution to data harvesting and knowledge extraction for the historical sciences [J]. 2018, 51(3): 165-74.

⑥ SIEGEL N, LOURIE N, POWER R, et al. Extracting scientific figures with distantly supervised neural networks; proceedings of the Proceedings of the 18th ACM/IEEE on joint conference on digital libraries, F, 2018 [C].

在某些情况下，实体属性能够被认为是连接实体与属性值的桥梁，因此可以看作一种名词关系，属性抽取利用自然语言处理技术进行抽取作为关系抽取中的一种特例，比如直接将属性抽取视为关系抽取的代名词。

3. 实体关系抽取

在科学知识图谱的构建过程中，实体关系的抽取与实体抽取同等重要，其主要任务是通过对文本语料进行建模来获取实体之间的语义关系，科学概念之间的关系抽取是构建科学知识图谱的关键环节之一，该过程主要包括两个阶段①：确定相关的学术概念对；为每一对指定一个预定义的关系类型。

早期的关系抽取研究方法主要是通过人工构造语法和语义规则，据此采用模式匹配的方法来识别实体间的关系。首次完成的科学论文摘要语义关系提取和分类工作。该挑战主要关注领域特定的语义关系，并包括三个不同的子任务来比较和量化不同预处理步骤对关系分类结果的影响。②

学术关系抽取的自动化方法一般可以分为三类：（1）基于规则的抽取方法。（2）基于学习的抽取方法。（3）混合组合的抽取方法。开放知识抽取系统直接在关系语料库中进行抽取，而不需要预先指定词汇表，目前最先进的开放知识抽取系统存在只提取以动词为中介的关系及忽略上下文的缺点。Hong 等③提出了一种人机协同的知识抽取框架，该框架将机器学习自动抽取的实体关系进行置信度选择，并将结果交给领域专家进行标注与验证，来提高知识抽取的

---

① JIANG M, D'SOUZA J, AUER S, et al. Targeting precision：A hybrid scientific relation extraction pipeline for improved scholarly knowledge organization［J］. 2020，57（1）：e303.

② GáBOR K, BUSCALDI D, SCHUMANN A-K, et al. Semeval-2018 Task 7：Semantic relation extraction and classification in scientific papers；proceedings of the Proceedings of The 12th International Workshop on Semantic Evaluation，F，2018［C］.

③ HONG L, HOU W, WU Z, et al. A cooperative crowdsourcing framework for knowledge extraction in digital humanities-cases on Tang poetry［J］. Aslib Journal of Information Management，2020.

准确度。Ming 等[19]提出利用句法规则作为远程监督的形式连接科学术语对从学术出版物中提取科学概念关系。一个典型的例子是半监督系统 NELL，它在 10 年间不断地进行再训练，利用现有的知识收集了预先定义的一组实体类型和关系的新情况来抽取关系。①

有些系统并不会使用预定义的实体和关系类型，而是使用句法分析，如 MinIE② 等系统。当前的关系抽取模型大多基于多层双向转换编码器 BERT③，能够在所有层中对上下文联合条件反射，预先训练未标记文本的深度双向表示。目前最先进的关系抽取技术是 REDN 和 MatchingTheBlanks。REDN 从两个不同的层中提取标记嵌入(BERT)分别表示头部和尾部实体来增强学习可逆关系。Sorares 等人构建的 DEL 模型将 BERT 和 HARRIS 的分布假设扩展到了关系，仅从实体链接的文本构建任务不可知的关系表示。

(三)科学知识图谱领域的知识融合

学术文章数量的快速增长为世界带来了大量有价值的知识。这种不断的知识积累带来了先进的科学研究和发现，同时，巨大的知识量也给利用已发表的知识发表理论贡献或解决实际问题的用户带来了挑战。为了更好地利用科学知识，支持研究者和实践者对现有的研究成果有更深入的了解，需要有效的知识管理来从学术论文中提取、转换和重用知识。

知识融合(knowledge fusion，KF)支持知识的发现、提取、组织和表示，旨在解决从异构数据源中提取和集成知识的难题。它提供了将一系列任务聚合到一个框架或系统中的机会，例如搜索来自不同出版物来源的学术论文、从学术文章中提取有用信息以及为不

---

① MITCHELL T，COHEN W，HRUSCHKA E，et al. Never-ending learning [J]. 2018，61(5)：103-15.

② GASHTEOVSKI K，GEMULLA R，CORRO L D. Minie：minimizing facts in open information extraction，F，2017 [C]. Association for Computational Linguistics.

③ GANGWAR A，JAIN S，SOURAV S，et al. Counts@ IITK at SemEval-2021 Task 8：SciBERT Based Entity And Semantic Relation Extraction For Scientific Data [J]. 2021.

同研究领域构建知识库。① 通过学术文章应用知识融合不仅有助于从学术论文中获取元数据(如引文、作者、发表时间、发表地点和关键词等),而且有助于提取、整合和表示科学知识(如研究问题、建议、技术、结论、热点等),这对科学的突破和发展具有更重要的意义。

1. 知识融合的概念

"知识融合"一词最初用于描述信息系统的功能。知识重用和融合/转换(KRAFT)项目建立了一个分布式信息系统(DIS),旨在识别和组合一种特定类型的知识,即通过融合这些知识而无需人为干预,从而为可用的信息库增加额外的价值。在 KRAFT 的研究中,知识融合被认为是一种组织行为,能够最大限度地动态地利用大量在线和分布式知识源。该定义从实际应用的角度反映了知识融合的背景、目标和过程。另一种观点认为,知识融合是以高度动态的方式将来自多个分布式、异构知识源的知识进行组合。这两种早期对知识融合的解释都只是从知识来源的地理分布的角度而不是从知识本身的性质来考虑。

为了克服上述局限性,研究者们开始将知识融合称为深层次的信息融合,因为知识融合也将收集到的信息或知识进行整合以产生新的知识。有人认为,知识融合的重点是通过解决信息一致性和消除重复的问题来分析、合并来自各种信息源的信息结果,而不是仅仅向用户提供可用的信息。这一定义将知识融合视为一种服务,用于转换、集成和合并来自分布式资源的不同类型的信息,以生成新的知识。换言之,知识融合被视为信息集成的进一步步骤。

这一定义改进了两个早期版本,将知识融合称为深度信息集成。深度集成不是简单地集成来自多个数据源的数据,而是使用语义注释从数据和信息中收集知识,然后将其存储到知识库中以供进一步使用。然而,这种类型的知识融合过于依赖于信息集成输出的质量,这意味着知识融合离不开信息集成模块的协同工作。

---

① ZHANG Y, WANG M, SABERI M, et al. From big scholarly data to solution-oriented knowledge repository[J]. 2019, 2(38).

因此，从数据融合的概念出发，有学者提出了一个自包含的知识融合定义。① 由于数据融合的问题定义通常被认为是二维数据矩阵，其中列表示各种数据源，行表示嵌入这些源中的数据，② 新的知识融合概念承担了类似的责任，但进一步引入了第三维度，即知识抽取器。

相应地，知识融合在每个数据源上部署知识提取器，通过提取原始数据、转换数据格式并将其集成到知识库中来获得所需的知识项。本定义所体现的目的和原则是从学术文章中获取知识的动机和目标，然而，底层技术无法支持学术知识检索和生成用户所重视的新知识，直到提出了一种多层知识融合方法，将不同的模型嵌入到多层知识融合中，才能对海量学术数据进行映射和排序。

在知识融合的最新解释中，各种模型被集成到框架中，以便发现请求的文章，从文章中提取所需的信息，将提取的信息融合到面向解决方案的知识库中，并向用户推荐合适的知识。

2. 知识融合的模式

知识融合是近十年兴起的，受到计算机科学、信息系统和知识工程等多个领域学者的关注。为了解决新出现的知识融合问题，人们提出了大量的方法。这些方法在融合来自多个来源的知识时通常遵循某些模式，这些模式概括为基于规则的模式、基于本体的模式和基于混合模式。

（1）基于规则模式

基于规则的知识融合方法是一种常用的方法，这种方法预先定义规则来完成各种知识融合任务，如数据识别、信息检索和关系构建等。卡夫项目启发并创立了知识融合领域。为了统一从知识库、领域专家和数据仓库等多个来源收集的知识的格式，它引入了"约束"的新概念作为一种基于预定义规则的新语言，并研究了一种

① DONG X L, GABRILOVICH E, HEITZ G, et al. From data fusion to knowledge fusion[J]. 2015.

② LI X, DONG X L, LYONS K, et al. Truth finding on the deep web: Is the problem solved? [J]. 2015.

基于 agent 的体系结构来执行不同的知识融合任务。后来，这项研究扩展到知识物流，并提出了一个 KSNet 知识融合系统，该系统协同利用知识源网络来补充不足的知识，并为现有知识获得新的价值。

大多数知识融合技术都遵循基于规则的模式，广泛应用于从科技论文中融合学术知识。从文本挖掘领域出发，许多实体抽取方法都侧重于对大型语料库中的主题进行识别，提取的主题关键词大多是名词或名词短语。① 至于确定学术关键词或概念之间的关系，可以根据共现、句子长度、引文方向②和语法③来定义规则。此外，研究发现，科学论文中的学术知识可以基于结构规则呈现，例如"目标""方法""结果"和"结论"的形式，或其他更复杂的形式。基于规则的知识融合是实现学术知识重用的有效方法之一，然而，单纯使用基于规则的方法在处理知识领域的多样性或知识结构的异构性方面存在困难。

（2）基于本体模式

本体丰富的信息和语义实体之间的关系引起了知识融合领域研究者的关注。本体理论和相关技术被用来收集信息和知识并将其集成到本体中。每个本体都可以表示为一个知识集合，因此将不同领域的现有本体进行融合的方法也被认为是基于本体的知识融合，而将分离出来的本体进行融合是一种重要而有效的知识融合方法。Guzmán-Arenas④ 提出了一种融合方法，在不需要人工干预的情况下，将同一主题的两个独立本体自动连接成一个本体，从而完成了

① CHEN C，SONG M. Representing scientific knowledge ［M］. Springer，2017.

② ZHANG Y，SABERI M，CHANG E J S. A semantic-based knowledge fusion model for solution-oriented information network development：a case study in intrusion detection field［J］. 2018，117（2）：857-86.

③ BUI Q-C，NUALLáIN B Ó，BOUCHER C A，et al. Extracting causal relations on HIV drug resistance from literature［J］. 2010，11（1）：1-11.

④ GUZMáN-ARENAS A，CUEVAS A-D J E S W A. Knowledge accumulation through automatic merging of ontologies［J］. 2010，37（3）：1991-2005.

知识融合过程。其他支持本体合并的技术主要包括概率 OWL(PR-OWL),① 机器学习,② WordNet,③ 形式概念分析(FCA)④和模糊形式概念分析(FFCA)。⑤ 基于这些技术,一些研究者在学术领域合并了现有的本体论。例如,Chen 等人⑥提出了一种 FFCA 融合方法,该方法基于 WordNet 和 FFCA 技术将两个现存的本体转化为一个模糊本体。他们评估了他们的合并学术部门本体和学术职位本体的方法,实验显示了很好的结果。此外,还提出了一种基于 FCA 和语义分析的融合学术社会网络本体的新方法。⑦

基于本体的方法在很大程度上解决了知识多样性问题,并显示出其有效性。许多应用也证实了基于本体的知识融合在学术论文中的适用性。然而,仅仅使用这种方法会限制知识融合的灵活性,因此采用混合的知识融合模式将是新的方向。

（3）基于混合模式

① CARVALHO R N, MATSUMOTO S, LASKEY K B, et al. Probabilistic ontology and knowledge fusion for procurement fraud detection in brazil [M]. Uncertainty reasoning for the semantic web ii. Springer. 2010: 19-40.

② DONG X, GABRILOVICH E, HEITZ G, et al. Knowledge vault: A web-scale approach to probabilistic knowledge fusion; proceedings of the Proceedings of the 20th ACM SIGKDD international conference on Knowledge discovery and data mining, F, 2014 [C].

③ MCCRAE J P, RADEMAKER A, BOND F, et al. English wordnet 2019-an open-source wordnet for english; proceedings of the Proceedings of the 10th Global WordNet Conference, F, 2019 [C].

④ GANTER B, WILLE R. Formal concept analysis: mathematical foundations [M]. Springer Science & Business Media, 2012.

⑤ THO Q T, HUI S C, FONG A C M, et al. Automatic fuzzy ontology generation for semantic web[J]. 2006, 18(6): 842-56.

⑥ CHEN R-C, BAU C-T, YEH C-J J A S C. Merging domain ontologies based on the WordNet system and fuzzy formal concept analysis techniques[J]. 2011, 11(2): 1908-23.

⑦ PRIYA M, CH A K J L H T. A novel method for merging academic social network ontologies using formal concept analysis and hybrid semantic similarity measure [J]. 2019.

混合式知识融合模式是指将多种技术结合起来进行融合任务，以进一步增强知识融合能力，拓宽融合源范围的融合方法。混合模式更适合于一个完整的学术知识融合项目，因为它使用多种模型、算法和方案来完成不同的融合任务。在学术建议的应用中，知识库项目使用文本挖掘进行实体提取，使用路径排序算法进行实体链接预测，并使用神经网络融合不同的信息源。① 该系统可用于从学术论文中构建学术知识。此外，Zhang 等人②提出了一种基于语义的知识融合模型(SKFM)，将文本挖掘、众包、共现分析相结合，构建面向解决方案的信息网络，在作者的后期工作中，他们成功开发了知识驱动的解决方案支持系统(K3S),③ 以融合不同领域学术论文中的知识，并构建面向解决方案的知识库。④

(四)科学知识图谱领域的知识加工

要想最终获得结构化、网络化的知识体系，还需要经历知识加工的过程。知识加工主要包括三方面内容：本体构建、知识推理和质量评估。

1. 本体构建

本体构建从逻辑上将知识图谱划分为 2 个层次：数据层和模式层。模式层在数据层之上，是知识图谱的核心。在模式层存储的是经过提炼的知识，通常采用本体库来管理知识图谱的模式层，借助本体库对公理、规则和约束条件的支持能力来规范实

---

① DONG X, GABRILOVICH E, HEITZ G, et al. Knowledge vault: A web-scale approach to probabilistic knowledge fusion; proceedings of the Proceedings of the 20th ACM SIGKDD international conference on Knowledge discovery and data mining, F, 2014 [C].

② ZHANG Y, SABERI M, CHANG E J S. A semantic-based knowledge fusion model for solution-oriented information network development: a case study in intrusion detection field[J]. 2018, 117(2): 857-86.

③ ZHANG Y, SABERI M, WANG M, et al. K3s: Knowledge-driven solution support system; proceedings of the Proceedings of the AAAI conference on artificial intelligence, F, 2019 [C].

④ ZHANG Y, WANG M, SABERI M, et al. From big scholarly data to solution-oriented knowledge repository[J]. 2019, 2(38).

体、关系以及实体的类型和属性等对象之间的联系。本体构建可以采用手工构建的方法，也可以采用复用已有本体半自动构建及以数据驱动的方式自动构建的方法。数据驱动的自动化本体构建包括实体并列关系相似度计算、实体上下位关系抽取以及本体的生成三个阶段。

所有对象(例如，论文、研究所、作者)在 AceKG① 中都表示为实体。两个实体可以存在于一个关系中。还表示了每个实体的常用属性，包括数字、日期、字符串和其他文字。相似的实体被分组到类中。ACEKG 总共有 5 类学术实体：论文、作者、研究领域、场地和研究所。并且在知识图中以三元组的形式描述事实，包括每个实体的常用属性和实体之间的关系。为了处理同义词和歧义，类中的每个实体都分配了一个 URI。与直接使用实体名称表示实体的数据集相比，AceKG 可以避免由于同义词和歧义造成的错误，所有事实都表示为主语-谓语-宾语三元组。

2. 知识推理

知识推理是对已有实体间关系的计算和语义分析，找到语义网中的新关联，获取新的知识或结论。知识推理辅助生成更优质的知识服务并能够将科学知识图谱中的知识准确地传递给用户提供了重要的规则补充。但科学共同体对知识服务及应用的要求较高，对提高知识应用效果起到了关键作用，但应对知识的合理性以及新知识的应用尚未得到解决。基于本体的规则推理主要是在领域本体的类、属性和实例的基础上来采用形式化语言制定推理规则，并利用有效的相关推理插件或引擎来完成语义推理工作,② 推理规则能够对数据中的隐性知识进行发现与提取。

3. 质量评估

质量评估可以对知识的可信度进行量化，舍弃置信度较低的知

---

① WANG R, YAN Y, WANG J, et al. Acekg: A large-scale knowledge graph for academic data mining; proceedings of the Proceedings of the 27th ACM international conference on information and knowledge management, F, 2018 [C].

② Rule of inference. [EB/OL]. https://en.wikipedia.org/wiki/Ruleofinference.

识来提高知识库的质量。Mendes 等①提出了一个用于灵活表达质量评估方法和融合方法的框架，以简化使用高质量数据的任务，提高了数据集的简洁性和一致性；Jang 和 Megawati②提出了一种新的关联数据质量评估方法，在不涉及本体的情况下对关联数据的质量进行评估，他们在分析数据模式后，选择出现频率更高的模式作为生成的测试模式来评价知识图谱的质量。

二、科学知识图谱的存储管理

近几年，海外社区为知识图谱的存储开发了不同的管理方案，按照存储方式的不同，知识图谱的存储可以分为基于表结构的存储和基于图结构的存储。

（一）基于表结构的知识图谱存储管理

基于关系数据库的存储方案也是目前知识图谱数据的一种主要存储方法，其主要利用二维的数据表对知识图谱中的数据进行存储，如三元组表、类型表及关系数据库等。通过提供 RDF 转储文件和链接开放数据云中的数据源可以将学术数据引入科学知识图谱中，如 MAKG③作为一个大型 RDF 数据集，包含了超过 80 亿的科学出版物和相关实体的信息，如作者、机构、期刊和研究领域等。

1. 基于三元组表的知识图谱存储

知识图谱中的事实其实是三元组，最简单直接的存储方式是设计一张三元组表来对知识图谱中的事实进行存储。但由于单表规模

---

① MENDES P N, MüHLEISEN H, BIZER C. Sieve: linked data quality assessment and fusion; proceedings of the Proceedings of the 2012 Joint EDBT/ICDT Workshops, F, 2012 [C]. Citeseer.

② JANG S, MEGAWATI J C, CHOI J, et al. Semi-Automatic Quality Assessment of Linked Data without Requiring Ontology; proceedings of the NLP-DBPEDIA@ ISWC, F, 2015 [C].

③ FäRBER M. The microsoft academic knowledge graph: a linked data source with 8 billion triples of scholarly data; proceedings of the International Semantic Web Conference, F, 2019 [C]. Springer.

过大而造成对大表进行查询、插入、删除及修改等操作的开销很大将导致知识图谱的实用性受限。由于复杂查询在三元组表上的开销巨大，产生三元组表的大量自连接操作，复杂的查询智能拆分成若干简单查询的复合操作将大大降低查询效率。HyeongSik[①] 等克服了大型 RDF 数据处理的挑战，对知识图谱的语义属性进行存储，使用 SemStorm 来基于 Hadoop 进行知识图谱的存储架构设计，用谓词将三元组划分为可推断和不可推断。Marios 等[②]介绍了一种新的 RDF 数据索引方案，该方案利用了三元组的固有结构，定义了一种基于主题和对象属性对三元组进行分类的模式抽象方法扩展特征集（ECS），并讨论了识别和提取 ECS 的方法和算法。

2. 类型表的知识图谱存储

类型表可以为每种类型构建一张表，同类型的实例存放在相同的表中，表的每一列表示该类实体的一个属性，每一行存储该类实体的一个实例，即为每种谓语建立一张两列的表，表中存放知识图谱中由该谓语连接的主语和宾语，表的总数量即知识图谱中不同谓语的数量。

表 1   类型表知识存储方案示例：**type**

Subject	Object
Mohamad Irwan Afandi	Author
University Research Graph Database For Efficient Multi-Perspective Data Analysis Using Neo4j	Paper
IEEE	Publisher

① KIM H, RAVINDRA P, ANYANWU K. A semantics-aware storage framework for scalable processing of knowledge graphs on Hadoop; proceedings of the 2017 IEEE International Conference on Big Data (Big Data), F, 2017 [C]. IEEE.

② MEIMARIS M, PAPASTEFANATOS G, MAMOULIS N, et al. Extended characteristic sets: graph indexing for SPARQL query optimization; proceedings of the 2017 IEEE 33rd International Conference on Data Engineering (ICDE), F, 2017 [C]. IEEE.

但此种方法可能会存在大量数据字段的冗余存储，在考虑进类别体系的进程中，每个类型的数据表只记录属于该类型的特有属性。当查询涉及不同类型的实体时，则需要进行多表的连接导致开销巨大，极大地限制了知识图谱对复杂查询的处理能力。

3. 关系数据库的知识图谱存储

关系数据库主要以二维表结构对数据进行组织与存储，包括属性与元组。通过关系完整性约束条件来保证数据的正确性和一致性。知识图谱可以使用符合 RML 的引擎构建，通过物化即生成整个三元组的方法，或者虚拟化将 SPARQL 查询转换为输入数据源的本机查询语言(如关系数据库的 SQL 查询来生成结果)。[①] 如文献[②]中就评估了实现物化方法并支持 R2RML 映射语言的知识图谱构建引擎，SPARQL-generate[③] 依赖于 SPARQL 语法来定义从异构数据源到 RDF 的映射，考虑到不同大小的 CSV 数据集，RML Streamer[④] 的作者使用人工 CSV、XML 和 JSON 数据集以及这些源的不同大小对 SPARQL-generate 引擎评估了他们的依据。Guohui[⑤] 等人提出了一种本质上利用数据虚拟化进行数据集成的范例，克服了基于关系模型的传统方法的困难，而此种虚拟知识图谱并没有将集成层构造为关系表的集合，而是将其构造为虚拟知识图谱，它用保持虚拟和嵌入业务知识的图的灵活性取代了表的刚性结构，对于

① CALVANESE D, COGREL B, KOMLA-EBRI S, et al. Ontop: Answering SPARQL queries over relational databases[J]. 2017, 8(3): 471-87.

② ARENAS-GUERRERO J, SCROCCA M, IGLESIAS-MOLINA A, et al. Knowledge Graph Construction with R2RML and RML: An ETL System-based Overview [J]. 2021.

③ LEFRANçOIS M, ZIMMERMANN A, BAKERALLY N. A SPARQL extension for generating RDF from heterogeneous formats; proceedings of the European Semantic Web Conference, F, 2017 [C]. Springer.

④ HAESENDONCK G, MAROY W, HEYVAERT P, et al. Parallel RDF generation from heterogeneous big data; proceedings of the Proceedings of the International Workshop on Semantic Big Data, F, 2019 [C].

⑤ XIAO G, DING L, COGREL B, et al. Virtual knowledge graphs: An overview of systems and use cases[J]. 2019, 1(3): 201-23.

知识图谱存储来说实现了较大进步，虚拟知识图谱也作为知识图谱领域特殊蓬勃发展的研究领域。

（二）知识图谱底层存储管理

知识图谱的表示和存储是指将学术实体及实体之间的关系按照一定的数据描述模型（如 RDF 和图数据库）进行存储的过程。

通常，与研究相关的数据使用为事务处理优化的关系数据库建模。在许多情况下，此解决方案非常有效，足以回答基本查询和简单的报告需求。然而，当用户要求更深入、更广泛、多角度、有时更抽象的分析时，关系数据库很难提供答案，主流属性图数据库 Neo4j 和 RDF 图数据库 gStore 就提供了更佳的解决方案。

1. 原生图数据库

目前主要的原生图数据库有 Neo4j、JanusGraph 和 Cayley。Neo4j 是目前较为流行的存储结构化数据的属性图数据库。图是节点以及连接这些节点的关系，主要构建块有节点、关系、属性、标签及用于执行 CQL 命令的数据浏览器。Neo4j 提供了对数据的基本增、删、改、查等功能，基于本地化的图数据库提供 Cypher 语言查询及展示的 Web 操作界面，在数据安全方面主要通过 ACID 事务来确保。虽然作为较新的开源项目，但其支持大数据的集合并且可以不断扩展其容量，已经在具有数百亿节点的产品中得到了应用，可以一次性导入大量实体、属性和关系，因其嵌入性及较高的专业性能备受业界关注。Afandi 等人[1]就提出了一个使用 Neo4j 实现的学术图数据库来解决关系数据库难以提供深入分析答案的问题。数据库由一个核心模型和一个扩展模型组成。

2. RDF 三元组库

RDF 数据模型的使用较为常见，在构建科学知识图谱时，也可以采用 RDF 描述模型进行图谱的存储。例如，构建以"文章"实体为中心的科学共同体知识图谱时，每一个实体均有一个 URL 与

---

① AFANDI M I, WAHYUNI E D. University Research Graph Database For Efficient Multi-Perspective Data Analysis Using Neo4j; proceedings of the 2020 6th Information Technology International Seminar (ITIS), F, 2020 [C]. IEEE.

之对应，通过 URL 就能跳转到对应的实体并实现实体之间的关联。在数据管理模块的上层是知识图谱构建模块，首先对多源数据进行清洗和融合，消除错误、异常和多余信息，对缺失信息进行补全，主要是使用清洗工具对不同关系表中字段名称对应的问题进行清洗。然后将实体进行融合，保证数据的真实性和准确性；接着是按照 RDF 知识表示的方式把关系数据库中的结构化数据转换成 RDF 数据集，在从开放数据库、接口和网络爬虫得到数据并清洗和融合之后，将关系数据库中的关系数据转化成为 RDF 知识表示方式，利用工具根据一定的映射规则转化成高质量的知识。这些 RDF 数据是知识图谱重要的组成部分，是构建科学知识图谱的基础。同样也利用了本体 OWL 的知识表示方式，梳理科学知识图谱层级格式，能够为学术社交网络的识别提供推理与分析依据。

主要的开源 RDF 三元组数据库包括：Apache Jena、Eclipse RDF4J 以及学术界的 RDF-3X 和 gStore；主要的商业 RDF 三元组数据库包括：Virtuoso、GraphDB 和 Stardog。

gStore 是由北京大学开发的 RDF 知识图谱管理系统，作为开源图数据库可以高效查询和更新密集型数据。尽管 gStore 已经可以支持数十亿 RDF 三元组的存储和查询，但由于之前的 gStore 系统主要基于 CPU，所以当数据量过大时，其连接查询性能较低，其主要性能瓶颈在于大量的列表交集和过多的从外部存储读取 Key-Value。Xunbin 等人[①]对 gStore 系统进行了改善和提升，通过引入 FPGA 提出了一个新的 CPU 异构 gStore 系统，可以加速连接查询和提高 gStore 的整体性能解决 gStore 的现存瓶颈。

此外，一些能够支持 RDF 和属性图的高效存储方案也得到了

---

① SU X, LIN Y, ZOU L. A New CPU-FPGA Heterogeneous gStore System; proceedings of the Asia-Pacific Web（APWeb）and Web-Age Information Management（WAIM）Joint International Conference on Web and Big Data, F, 2020［C］. Springer.

研究。如 Liu[①] 等人开发了基于关系模型、支持 RDF 和属性图的高效存储方案,实现了两种不同知识图谱查询语言 SPARQL 和 Cypher 的互操作性。与 gStore 和 Neo4j 相比,KGDB 节省了存储空间且基本图模式匹配查询效率更高。

三、科学知识图谱的查询分析

科学知识图谱是旨在描述科学研究中存在的实体、概念和关系,主要以学者信息及其研究成果作为知识库构建的领域知识图谱,例如微软学术图谱 Microsoft Academic Graph、清华大学发布的 AMiner 图谱以及微软清华联合发布的学术图谱 Open Academic Graph,都属于亿级开放学术图谱,主要包含科学人员、相关文献、学术活动等三类知识并构建三者之间的关系,为科学学者提供学术资源检索等知识服务。科学知识图谱的查询分析和它的存储管理方式密切相关,科学知识图谱不同的存储管理方式对应着不同的查询检索方式。知识查询主要涉及 RDF 标准查询语言 SPARQL。

(一)科学知识图谱的查询

1. 常见形式化查询语言

科学知识图谱是通过数据库进行存储的,大部分数据库系统通过形式化的查询语言为用户提供访问数据的接口,关系型数据库的标准查询语言是 SQL,图数据库的标准查询语言是 SPARQL。查询语言是对数据进行操作的重要工具,在关系数据库时代,结构化查询语言(Structured Query Language,SQL)作为数据库语言被广泛使用。由于知识图谱没有统一的数据模型,不同数据模型的知识图谱需要不同的查询语言进行数据操作与管理。目前,主流的知识图谱数据模型是 RDF 图和属性图。随着查询语言的不断发展,早期的 RDF 数据标准上的查询语言包括 RQL、RDQL 等,目前 RDF 知识

---

① LIU B, WANG X, LIU P, et al. KGDB: Knowledge Graph Database System with Unified Model and Query Language[J]. 2021, 11(1): 91-116.

图谱上的标准查询语言是 SPARQL。SPARQL①（SPARQL Protocol and RDF Query Language）是 W3C 制定的 RDF 知识图谱标准查询语言，其从语法上继承了许多 SQL 查询语言的优点。属性图上的查询语言主要有 Cypher 和 Gremlin。Cypher 是一种声明性图查询语言，由 Neo4j 公司于 2015 年提出，其允许用户在属性图中进行高效的数据查询。Gremlin 是 Apache TinkerPop 图计算框架提供的属性图查询语言，是一种图遍历语言，主要执行机制是在图中沿着有向边进行导航式游走，属于过程式查询语言。上述查询语言均属于结构化文本查询语言，需要用户进行一定的专业学习于训练才能掌握使用，对于普通用户来说友好性比较差。早在 1977 年，ALOOF 等人就针对 SQL 提出了按例查询（Query by Example，GBE）方法，其允许用户通过修改查询模板中的关键字构造查询，而不是使用结构化文本查询语言，可视为关系数据库时代的可视化查询技术。

基于关系型数据库存储的知识图谱在获取数据时需要多表联合查询，可扩展性较差，因此现在图查询技术逐步得到越来越多研究者的重视，成为广泛应用的科学知识图谱查询技术。

2. 图查询技术

图是一种通用的数据结构，能描述复杂的结构化或半结构化数据，如：XML、WWW、社会关系网络、化合物集合、蛋白质与基因网络等。随着图在各领域内的成功应用，图数据开始迅速累积。然而，数据量的增加，不但没有带来信息获取的便利，反而由于图数据的复杂本质，使得学习与研究工作更难展开。图查询是图数据集上的一个典型应用，用于从海量图数据中获取用户需要的知识。与传统查询技术相比，图查询具有自己的特点与难点，如：数据结构复杂，操控困难；子图同构已被证明是 NP 完全问题，是图查询领域中不可避免的基本操作之一；图数据种类繁杂，等等。基于图结构的存储方式能够直观灵活地对知识进行表示和存储，而标准的

① FERRé S. A Proposal for Nested Results in SPARQL; proceedings of the ISWC 2020 Posters, Demos, and Industry Tracks, F, 2020 [C].

图查询算法复杂度较高，如何提高图查询的效率成为科学知识图谱领域研究的重要问题。

相比于 RDF，属性图在节点和边上内置了属性信息，被工业界图数据库广泛采用，例如著名的 Neo4j 图数据库，但是还没有形成统一的工业标准。目前属性图上的主流查询语言有 Cypher、Gremlin、PGQL 和 G-CORE 等。近年来，由工业界和学术界联合组成的关联数据基准委员会（LDBC）正在进行数据图数据模型以及图查询语言的标准化工作。① 在针对属性图的图模式匹配方法，KOGAN L. 等人②提出了属性图上的可视化查询语言 V1，值得注意的是，V1 并不与某一种特定的属性图查询语言进行绑定，它通过矩形和线段的组合来表示属性图上的基本图模式，利用不同的颜色区分节点的类别，由于不基于任意一种图查询语言，因此 V1 的语法中不包含"AND"等的运算符，而是采用算术与逻辑运算符"&"" | | ""x"等。HOLZSCHUHER F 和 PEINL R. 等人③对属性图上的查询语言进行了性能测试，包括 Cypher、Gremlin 等。

3. 其他查询技术

软匹配是信息检索领域的一个研究热点，在基于词的搜索系统中应用最为广泛。翻译模型使用翻译矩阵将排序视为查询术语和文档术语之间的翻译。主题建模技术被用来首先将查询和文档映射到一个潜在空间，然后在其中进行匹配。单词嵌入和深度学习技术是近年来研究的热点。一种可能性是首先使用单词的嵌入试探性地构

---

① DENG Y, LU D, HUANG D, et al. Knowledge graph based learning guidance for cybersecurity hands-on labs; proceedings of the Proceedings of the ACM conference on global computing education, F, 2019 [C].

② KOGAN L J A P A. V1: A Visual Query Language for Property Graphs[J]. 2017.

③ HOLZSCHUHER F, PEINL R. Performance of graph query languages: comparison of cypher, gremlin and native access in neo4j; proceedings of the Proceedings of the Joint EDBT/ICDT 2013 Workshops, F, 2013 [C].

建查询和文档表示，然后在嵌入空间中匹配它们。① DSSM 模型直接使用深层神经网络训练表示模型，学习查询和文档的分布式表示，并使用学习的表示进行匹配。② 最近的一种方法是 DRMM，它利用建立在单词级翻译矩阵上的神经网络对查询文档的相关性进行建模。③ 翻译矩阵是通过预先训练的单词嵌入来计算的。单词级别的翻译分数由 bin 池（直方图）汇总，然后由排名神经网络使用。

最近知识图谱的发展激发了许多新技术来利用知识库进行以文本为中心的信息检索。④ 一种直观的方法是使用相关实体的文本属性来丰富查询表示。例如，维基百科文章被用作更好的伪相关反馈语料库，以生成更好的扩展术语。通过查询检索到的自由基实体⑤或经常出现在顶级检索文档注释中的自由基实体⑥通常与查询的信

① VULIĆ I, MOENS M-F. Monolingual and cross-lingual information retrieval models based on（bilingual）word embeddings；proceedings of the Proceedings of the 38th international ACM SIGIR conference on research and development in information retrieval，F，2015［C］.

② HUANG P-S, HE X, GAO J, et al. Learning deep structured semantic models for web search using clickthrough data；proceedings of the Proceedings of the 22nd ACM international conference on Information & Knowledge Management，F，2013［C］.

③ GUO J, FAN Y, AI Q, et al. A deep relevance matching model for ad-hoc retrieval；proceedings of the Proceedings of the 25th ACM international on conference on information and knowledge management，F，2016［C］.

④ DIETZ L, KOTOV A, MEIJ E. Utilizing knowledge bases in text-centric information retrieval；proceedings of the Proceedings of the 2016 ACM International Conference on the Theory of Information Retrieval，F，2016［C］.

⑤ CHEN J, XIONG C, CALLAN J. An empirical study of learning to rank for entity search；proceedings of the Proceedings of the 39th International ACM SIGIR conference on Research and Development in Information Retrieval，F，2016［C］.

⑥ GABRILOVICH E, RINGGAARD M, SUBRAMANYA A J N H L O C F C B. Facc1：Freebase annotation of clueweb corpora, version 1（release date 2013-06-26, format version 1, correction level 0）［J］. 2013，5（140）.

息需求相关；更好的扩展术语可以在这些相关实体的描述中找到。① 实体查询特征扩展（EQFE）也利用相关实体的文本属性来提取更丰富的学习来对特征进行排序。每个文本属性都提供了与文档唯一的文本相似性特征。②

在搜索中利用知识图的另一种方法是使用实体作为从查询到文档的附加连接的来源。潜在实体空间（LES）使用查询实体和密切相关的文档实体作为查询和文档之间的潜在空间，潜在实体的描述用于在无监督模型中连接查询和文档,③ LES 在高质量的查询注释中表现良好,④ ESD 使用实体链接和实体搜索中的实体在查询和文档之间建立额外的连接。⑤ 这些联系通过查询、实体和候选文档之间的文本特征来表示。潜在空间学习排序模型联合学习从查询到实体的连接和文档的排序。

最近的一个趋势是建立基于实体的文本表示，并通过基于实体的检索模型改进基于单词的排名。基于实体的语言模型使用文档注释的表面形式和实体名称来构建面向实体的语言模型。⑥ 与典型的基于词的检索相结合，充分提高了检索精度。实体包模型也采用了

① XIONG C, CALLAN J. Query expansion with freebase; proceedings of the Proceedings of the 2015 international conference on the theory of information retrieval, F, 2015 [C].

② DALTON J, DIETZ L, ALLAN J. Entity query feature expansion using knowledge base links; proceedings of the Proceedings of the 37th international ACM SIGIR conference on Research & development in information retrieval, F, 2014 [C].

③ LIU X, FANG H J I R J. Latent entity space: a novel retrieval approach for entity-bearing queries[J]. 2015, 18(6): 473-503.

④ LIU X, YANG P, FANG H: DELAWARE UNIV NEWARK, 2014.

⑤ XIONG C, CALLAN J. Esdrank: Connecting query and documents through external semi-structured data; proceedings of the Proceedings of the 24th ACM international on conference on information and knowledge management, F, 2015 [C].

⑥ HASIBI F, BALOG K, BRATSBERG S E. Entity linking in queries: Tasks and evaluation; proceedings of the Proceedings of the 2015 international conference on the theory of information retrieval, F, 2015 [C].

类似的思想，其中查询和文档由实体注释表示。① 实体空间中的布尔模型和基于频率的模型可以提高基于词检索的排序精度。ESR通过知识图嵌入和软匹配，进一步挖掘了基于实体的表示方法的潜力，并将知识图谱应用于一个新的领域：学术搜索。

基于知识图谱的智能搜索是一种基于长尾的搜索，搜索引擎以知识卡片的形式将搜索结果展现出来。用户的查询请求将经过查询式语义理解与知识检索两个方面。具体应用国外的搜索引擎以谷歌的 Google Search、微软的 Bing Search 最为典型，问答系统是信息检索系统的一种高级形式，能够以准确简洁的自然语言为用户提供问题的解答。之所以说问答是一种高级形式的检索，是因为在问答系统中同样有查询式理解与知识检索这两个重要的过程，并且与智能搜索中相应过程中的相关细节是完全一致的。社交网站 Facebook推出了 Graph Search 产品，其核心技术就是通过知识图谱将人、地点、事情等联系在一起，并以直观的方式支持精确的自然语言查询，Graph Search 提供的上述服务贴近个人的生活，满足了用户发现知识以及寻找最具相关性的人的需求。

(二)科学知识图谱的分析

科学知识图谱的分析方法主要有共词分析、引文分析、共引分析、多元统计分析、社会网络分析，等等。

1. 共词分析

共词分析的原理是对一组关键词进行两两统计它们在同一篇文献中出现的次数，以此为基础对这些关键词构造共现矩阵、相似矩阵、相异矩阵，并且进行聚类分析，从而反映出这些关键词之间的内在联系，进而分析这些关键词所代表的学科领域的结构变化、热点前沿以及主题结构的变化。共词分析方法经过多年发展，已经广泛应用到各个学科、领域和专业。共词分析是美国研究学者 Small基于文献耦合分析缺陷时提出来的一个新的科学计量学分析方法，也被称为共被引分析。其原理是当两篇文献共同出现在同一篇论文

---

① XIONG C. Knowledge Based Text Representations for Information Retrieval [D]. University of Massachusetts, Amherst, 2016.

中，即可以说这两篇论文存在着共引关系。当两篇论文同时被引用的次数越多，就说明这两者之间存在着越紧密的联系。共引分析主要包括文献共被引分析和作者共被引分析。经过 40 多年的发展，共引分析已成为一种实证分析科学共同体的主流方法，很多学者通过采用因子分析、聚类分析或者是多维尺度等方法的分析将两者的距离绘制在直观的知识图谱上。通过解读知识图谱，宏观把握某一个文献与另一个文献之间的关系。因此，共引分析具有前瞻性、客观性、直观性和科学性等特点。

2. 多元统计分析

多元统计分析就是通过"降维技术"对若干相关的随机变量进行观测的分析，主要包括因子分析、聚类分析与多维尺度分析。因子分析基本目的就是用少数几个因子去描述许多指标或因素之间的联系，把若干存在密切联系的几个变量归为一类，每一类就成为一个因子，以较少的几个因子反应原始资料的大部分信息。因子分析的方法主要使用的是主成分的分析方法。聚类分析是研究属性归类的一种方法。一般使用 Ward 的聚类方法，将密切联系的关键词、作者等内容归为一类，形成一个二维坐标图，使每一个向心量与聚类中心的距离最小，从整体上把握一个学科的具体研究内容。

3. 社会网络分析

社会网络分析是以社会行动者以及他们之间的关系的集合为分析对象的一种分析方法。通过社会网络，可以进行整体网、个体网、中心性、派系、"核心-半核心-边缘结构"、偏好网络、网络演化等分。将此方法运用于知识图谱，可以客观、科学地展示知识与知识、知识与学者、知识与学科、学科与学科之间的关系，对深入挖掘演化逻辑提供了有力的证据。作者 Chen① 等介绍了一种多视角共被引分析方法，侧重于共被引集群的成员和他们的被引者之间的关系。作者的关键词共线网络是根据多篇论文中的共线现象映射

---

① CHEN C, IBEKWE-SANJUAN F, HOU J. The structure and dynamics of cocitation clusters: A multiple-perspective cocitation analysis [J]. Journal of the American Society for information Science and Technology, 2010, 61(7): 1386-409.

而成的知识网络，介绍了建立共词网络的方法，利用社会网络分析技术对供词网络进行了结构分析，证明了小词特征的存在性。Yan等①构造了一个包含一个引文网络和两个合著者网络的混合学术网络，以检验合作网络的影响。

四、科学知识图谱的知识服务与领域应用

为了给学者提供更好的学术服务，科学知识图谱领域已经产生了许多应用。目前基于科学知识图谱的知识服务主要集中于学术影响评价、合作关系发现、学术推荐及研究趋势预测四个方面。

（一）科学知识图谱的知识服务

1. 学术影响评价

学者们对有影响力的论文、期刊、学者和机构感兴趣，学术影响评价体系的构建可助于科学工作者动态监测学术成果价值性，为未来的热点追踪、前沿探测、研究选题等提供参考。Zhang 等②提出了一个名为集中主题 PageRank 的流水线模型来评估科学论文的主题依赖性影响。在学术界，通常评估一个学者的学术影响力是基于出版物的引用计数，但其存在仅基于年份索引的局限性。Bihari③ 将基于年份的 h 索引扩展为 EM-索引，并定义了一种名为基于年份的 EM-索引的新方法，从而更准确地进行学术影响评价，反映科学研究成果的影响力及研究质量。

2. 合作关系发现

随着跨学科学究的出现，合作关系发现也变得更加重要。目

---

① YAN E, DING Y, SUGIMOTO C R. P-Rank：An indicator measuring prestige in heterogeneous scholarly networks［J］. Journal of the American Society for Information Science and Technology，2011，62(3)：467-77.

② ZHANG Y, MA J, WANG Z, et al. Collective topical PageRank：a model to evaluate the topic-dependent academic impact of scientific papers［J］. Scientometrics，2018，114(3)：1345-72.

③ BIHARI A, TRIPATHI S. Year based EM-index：a new approach to evaluate the scientific impact of scholars［J］. Scientometrics，2018，114(3)：1175-205.

前，CiteSeerX 团队已经实现了一个合作关系探测的搜索引擎 CollabSeer,① 应用了文档分类和去重、文档和引文聚类、自动元数据提取和索引以及作者消歧等关键技术。链接预测算法可以帮助理解学术合作的结构和动态以及科学的演化，现有的基于协作网络节点间相似度的算法受到网络中有限链接数量的限制。因此，Tuninetti 等②通过将 Adamic-Adar 方法推广到由任意数量层组成的交互式多路网络，减少了内在数量限制。

3. 学术推荐

学者们需要花费大量时间和精力去寻找合适的学术信息，学术推荐可以快速返回最优结果。目前有针对学者的推荐机制研究，包括学术论文推荐、合作推荐和地点推荐。③ Bulute 等④推出了一个论文推荐机制，使用 TF-IDF 和 Cosinus 的相似性来考虑用户过去的文章进行论文推荐。Wang 等⑤则提出了一种新的知识图注意力网络方法，以端到端方式显式地建立了以知识图谱为单位的高阶连接度模型，改进结点的嵌入，并使用注意力机制来区分邻居结点的重要性，在推断学术偏好方面起着关键作用。

4. 研究趋势预测

随着学科论文数量的不断增长，预测未来的研究趋势对于学者

① WU J, WILLIAMS K M, CHEN H-H, et al. Citeseerx: Ai in a digital library search engine[J]. AI Magazine, 2015, 36(3): 35-48.

② TUNINETTI M, ALETA A, PAOLOTTI D, et al. Prediction of scientific collaborations through multiplex interaction networks [J]. arXiv preprint arXiv: 200504432, 2020.

③ XIA F, WANG W, BEKELE T M, et al. Big Scholarly Data: A Survey[J]. IEEE Transactions on Big Data, 2017, 3(1): 18-35.

④ BULUT B, KAYA B, ALHAJJ R, et al. A paper recommendation system based on user's research interests; proceedings of the 2018 IEEE/ACM International Conference on Advances in Social Networks Analysis and Mining (ASONAM), F, 2018 [C]. IEEE.

⑤ WANG X, HE X, CAO Y, et al. Kgat: Knowledge graph attention network for recommendation; proceedings of the Proceedings of the 25th ACM SIGKDD International Conference on Knowledge Discovery & Data Mining, F, 2019 [C].

跟踪研究进展具有十分重要的意义。Chen[2] 提出了一个相关的神经影响模型，该模型能够很好地解答下一个主题趋势是什么，以及每次会议谁是最有影响力的学者。Nayyeri① 等在对科学知识图谱的研究中将 TransE 嵌入模型调整为一个特定的链路预测任务，发现该改进模型(TransESM)在具有学术元数据的数据集上的准确性和性能评估发生了变化，使嵌入模型的性能得到显著提高，并在预测研究趋势中得到了应用。

(二)科学知识图谱的应用案例

1. CL Scholar

CL Scholar 是一个基于 ACL Anthology 的知识图谱挖掘工具，致力于提高对计算语言学界当前研究进展的搜索质量。这个系统可以实现对新发表的文章进行定期抓取、对抓取的文章创建索引并自动化处理。CL Scholar 通过文献和网络上的信息来构建知识图谱，支持1200 多个自然语言查询以及基于构建的知识图谱的标准关键字搜索。它的回答基于二进制、统计和列表的自然语言查询。

ACL Anthology 是计算语言学协会(ACL)的一项受欢迎的计划，目的是在将与计算语言学和自然语言处理有关的所有出版物集中在一个公共场所。目前，它拥有超过 44，000 篇论文，并由 Min Yen Kan 积极更新和维护。自成立以来，ACL Anthology 作为一个存储库，收集来自 ACL 和计算语言学相关组织的论文。但是，它不提供有关作者、论文、地点和主题的任何其他统计数据。此外，它缺乏高级搜索功能，例如根据流行度或相关性对文章进行排名、自然语言查询支持、作者简介、主题搜索等。

CL Scholar 基于 ACL Anthology 自动挖掘 ACL 选集并构建计算语言知识图(以下简称"CLKG")。当前框架自动抓取新文章、流程、索引，构建知识图谱并生成可搜索的统计信息，无需涉及繁琐

---

① NAYYERI M，VAHDATI S，LEHMANN J，et al. Soft marginal transe for scholarly knowledge graph completion[J]. arXiv preprint arXiv：190412211，2019.

的手动注释。CLKG 利用最先进的科学文章处理工具 OCR++①从科学文章中提取强大且自动的信息。OCR++是一个开源框架，可以从学术文章中提取元数据、结构和参考书目。构建的 CLKG 被建模为一个异构图，由四个实体组成：作者、论文、场地和领域，利用元路径②来实现查询检索框架。

在同类计划中的第一个计划中，CL Scholar 的功能被扩展，以回答自然语言查询(以下简称"NLQ")以及基于关键字的标准查询。目前，它回答基于二进制、统计和列表的 NLQ，处理了 1200 多种 NLQ。

2. arXivDigest

arXivDigest 是一项在线的服务，解决了科学文献推荐的任务，为最终用户提供个性化的 arXiv 文献推荐，并且希望从事可解释的科学文献推荐的研究人员提供一个在线的实验室。这个推荐系统包括注册个人资料、文献推荐、主题推荐、反馈等功能。

(1)注册/个人资料：为了进行个性化推荐，arXivDigest 需要拥有包含个人信息的用户个人资料。因此，用户需要通过填写注册表进行注册，在其中提供基本详细信息(姓名和电子邮件地址)、指向他们的 DBLP 和/或 Google Scholar 个人资料的链接、指定感兴趣的关键字并选择摘要电子邮件的规律(每天或每周)。用户可以在以后随时修改他们的个人资料，查看与他们相关的所有数据，并将自己从系统中删除。

(2)文章推荐：注册用户可以在摘要电子邮件或 Web 界面中查看推荐给他们的文章。所有建议都附有解释。文章可以保存到个人图书馆以改进推荐并方便日后重新查找。

(3)主题推荐：代表用户兴趣的一种自然方式是通过一组主题(简短的自然语言短语)。我们通过在网站上显示主题推荐列表来

---

① SINGH M, BARUA B, PALOD P, et al. OCR++: a robust framework for information extraction from scholarly articles[J]. 2016.

② SUN Y, HAN J J S L O D M, DISCOVERY K. Mining heterogeneous information networks: principles and methodologies[J]. 2012, 3(2): 1-159.

帮助用户使用其他感兴趣的主题填充他们的个人资料。他们可以通过单击接受或拒绝列表中的项目。

(4)反馈：用户可以对建议和/或随附的解释留下反馈。对于文章推荐，给出了一个详细的表格，询问用户推荐的相关性，以及他们对解释的满意程度、说服力、透明程度和易懂程度。系统其他方面(错误报告和功能请求)的反馈是自由文本。

该服务已投入使用，并且已经拥有一个小用户群。实验室平台也已启动并运行，供研究人员部署自己的推荐方法。除了此处介绍的基线文章推荐系统之外，arXivDigest 还开发并部署了许多更高级的文章和主题推荐方法，为最终用户提供各种建议。

3. Microsoft Academic Knowledge Graph

Microsoft Academic Knowledge Graph(MAKG)①是一个包含超过80亿个三元组的大型 RDF 数据集，其中包含有关科学出版物和相关实体类型实体的信息，例如作者、机构、期刊、会议和研究领域。此数据集基于 Microsoft Academic Graph (MAG)，可通过订阅获得。与"图"一词所暗示的相反，Microsoft 并未以(知识)图的形式提供此数据，尽管可以在这种结构中对数据进行建模。相反，每隔几周提供一次大型数据库转储(文本文件，总大小约为 350 GB)。尽管数据似乎与各种学科和机构(例如图书馆)和各种用例(例如，评估论文和研究人员的科学影响的新指标)相关，但存储和处理此数据集需要克服相当大的障碍。特别是，非技术研究学科(如数字图书馆、数字人文和社会科学)的研究人员可能缺乏处理转储文件所需的技能和基础设施。此外，IT 专家和从业者可能只对使用现有的 SPARQL 端点、通过 URI 解析获取资源描述或使用预训练的实体嵌入感兴趣。通过丰富 MAG 数据并将这些数据作为 RDF 知识图(以 RDF 文件的形式和作为 Web 上具有 HTTP 可解析 URIs 的数据源)及其预训练实体嵌入提供，MAG 的潜在数据消费者可以摆脱这些障碍。MAG 促进了许多与数据消费和数据分析相关的场景。

---

① Rule of inference. [EB/OL]. https：//en. wikipedia. org/wiki/Ruleofinference.

五、总结与展望

虽然目前图书情报及计算机科学等相关领域已经有了大量工作研究科学知识图谱，但仍存在针对学术大数据的研究挑战和局限性。

在科学知识图谱构建方面，知识图谱提供了一种新的方法来实现知识的表示、存储及管理，本研究在对科学知识组织表示与模型概述的基础上，描述了构建科学知识图谱过程中需要的知识抽取、知识融合及知识加工的前沿技术进展。对科学知识图谱的数据存储管理及查询分析技术进行了简要介绍，概括科学知识图谱的知识服务为学术影响评价、合作关系发现、学术推荐及研究趋势预测并列举了 3 个科学知识图谱的应用案例。通过对海外科学知识图谱前沿进展追踪，可见近几年知识图谱的研究已有一定进展，未来的研究方向主要在于以下几点：

（1）科学知识图谱的构建是研究的热点，难度在于如何加深知识的深度及如何将领域知识融入构建过程以提高知识图谱的质量，应继续加强研发知识图谱构建方法，研究本体自动化构建从而能够提高知识图谱的自动化程度。

（2）由于知识图谱结构具备特殊性，当数据量增大时如何对科学知识图谱进行分布式存储是一个较重要的问题，重点在于如何合理分割存储具备大规模数据量的知识图谱而不影响其功能、如何根据特定数据特点选用合适的科学知识图谱的存储管理方案。现有文献所提出的存储方案，其功能需要进一步增强及完善以完成科学知识图谱的大规模存储管理。

（3）对学术大数据及其分析研究需求可以概括为平台和工具的缺乏，目前知识图谱数据模型和查询语言尚不统一，应该加强科学知识图谱查询分析的知识理论体系建设，对查询语言的互通性进行探索，研究开发统一的知识图谱查询语言，对语义精确化，是未来的一个重要研究方向。

（4）目前科学知识图谱知识服务与领域应用多是利用学术大数

据来提高文献检索的智能化水平、增强文献推荐的个性化等方面，或是构建数据集来为下游的 NLP 等任务提供便利。它们底层使用标准的 RDF 格式来存储构造出来的知识图，因此可以实现知识图谱高效查询，从而提升服务的体验。但目前来看，这些知识服务与领域应用都未涉及更为智能的图推理等应用，对科学知识图谱的利用水平较低，因此笔者认为科学知识图谱领域在未来的研究方向将从构建科学图谱转向到研究科学图谱的推理算法上，从而为学术科研带来更为便利的功能。

本项目针对现有科学知识图谱综述的不足，把握科学知识图谱的前沿进展，在促进科学知识图谱的学科交叉和协同创新、掌握科学动态等方面发挥重要作用。

社会化媒体环境下海外信息
行为研究前沿追踪*

查先进 王 雪**

摘 要：社会化媒体环境下信息行为研究是信息管理和情报学领域的一个重要命题。本研究通过计量分析和内容分析，揭示了近六年社会化媒体环境下海外信息行为研究的文献计量特征，从研究内容、理论基础、研究对象、研究方法、学科基础五个层面解读了研究特点，发现社会化媒体使用行为、信息搜寻行为、信息共享行为和信息采纳行为是当前研究前沿，知识行为、信息参与行为、健康信息行为、社会化商务环境下的信息行为等主题是未来研究趋势。

关键词：社会化媒体；信息行为；计量分析；内容分析

引 论

（一）研究背景

作为一种新型在线媒体，社会化媒体给予了用户极大参与空间[1]，打破了时空限制，成为互联网环境下人们创造信息、获取信

---

　* 本文为武汉大学自主科研项目(人文社会科学)"社会化媒体环境下海外信息行为研究前沿追踪"(项目编号：2020HW024)研究成果，得到"中央高校基本科研业务费专项资金"资助。

　** 查先进，武汉大学信息管理学院，教授、博士生导师。王雪，武汉大学信息管理学院，博士生。

息、交流信息、传播信息的主要载体[2]。社会化媒体广义上涵盖了社交网站、论坛、博客、问答社区、百科、视频/图片分享网站、各类虚拟社区等平台，覆盖了人们日常生活、学习、商务、娱乐、交友、健康等各个方面，给人类信息行为带来巨大影响。互联网、大数据、人工智能等信息技术的发展带动了社会化媒体的改变，健康虚拟社区、短视频、直播服务平台已然兴起，传统社会化媒体如Facebook、微信等不断革新，用户信息需求和信息行为习惯表现出新的特点。鉴于这些新变化和新特点，有必要对社会化媒体环境下信息行为研究的发展动态和前沿趋势进行深入追踪分析。

信息行为是个人在识别和满足信息需求基础上以某种方式搜寻、使用和传递信息时所参与的活动，包括从识别信息需求到信息搜索、选择、共享、交流和吸收利用等一系列活动[3]，是与信息来源和渠道有关的人类行为的整体[4]。社会化媒体的普及和发展为信息行为注入了新活力，社会化媒体环境下信息行为研究是把握新信息时代人类信息行为特征和规律的重要途径，一直是国内外相关领域学者研究的焦点和热点。其中海外(国外期刊)研究起步较早、发展更成熟，更能体现该领域的发展动态与研究前沿。基于此，本研究拟对社会化媒体环境下海外信息行为研究进行追踪，分析海外已有研究现状和发展动态，把握社会化媒体信息行为研究的研究特点和热点以及未来研究趋势，以期为相关后继研究提供思路和参考。

(二)研究意义

1. 理论意义

一方面，社会化媒体环境下的信息行为丰富了信息行为的维度，系统总结社会化媒体环境下信息行为的研究成果有利于进一步完善信息行为现有理论框架和研究范式，推动信息管理和情报学相关理论在社会化媒体环境下的创新和发展。另一方面，社会化媒体中的信息对个人、组织乃至国家发展具有重要意义，对社会化媒体环境下围绕信息展开的活动进行深入调研，有利于进一步把握人们信息获取与利用的方式，强化社会化媒体的信息建设，完善信息资源管理理论体系。

2. 实践意义

对于学术界，通过追踪社会化媒体环境下海外信息行为研究，有助于国内学者深入了解相关研究范式，助力国内该领域研究的发展。对于产业界，关注社会化媒体环境下的信息行为，可以充分认识社会化媒体用户的信息需求、信息行为特点和规律，有利于社会化媒体运营商据此优化信息服务体系，帮助社会化媒体用户开展积极健康的信息活动，营造更加和谐健康的信息环境，促进社会化媒体和互联网的发展。

(三) 文献来源和搜集

选取 Web of science 核心合集中的 SSCI 数据库，文献类型为"Article or Proceedings paper or Early access"，时间跨度为 2015 年至今，语种为"English"，主题词根据"社会化媒体"和"信息行为"的概念和分类进行扩展，最终检索式为 TS = ("social medi*" or "social network* site?" or "online social network*" or "social networking" or "web 2.0" or "virtual communit*" or "Q&A" or "forum?" or "blog*" or "twitter" or "tweet" or "facebook" or "wechat" or "weibo" or "youtube" or "wiki*") and TS = ("information * behavio*" or "information seek*" or "information search*" or "information access*" or "information communic*" or "information shar*" or "knowledge shar*" or "knowledge contribut*" or "information us*" or "information source" or "information adopt*" or "self-disclosure" or "lik* behavio*" or "repost* behavio*" or "comment* behavio*" or "forward* behavio*")，检索截止时间为 2020-11-15，检索去重后共 2196 篇。同时对文献进行严格筛查，剔除与本研究无关的文献，纳入和排除标准如下：①研究型文献；②与社会化媒体环境相关；③以信息行为为研究主体或重点。最终得到 1166 篇文献作为本研究的文献基础。本研究所指海外文献，既包括海外学者和机构在国外期刊发表的文献，也包括中国学者和机构在国外期刊发表的文献。

（四）研究方法

1. 计量分析法

计量分析法通过对文献外部特征的统计分析，可以从时间上把握相关主题的发展历程，从空间上确定领域研究内的核心作者、机构、期刊等，还可以系统地揭示领域内研究主题的集中性和分散性。借助 Citespace、SATI、Excel 等工具以定量可视化的方式，从宏观层面把握社会化媒体环境下海外信息行为研究的现状。

2. 内容分析法

内容分析法通过对文献内容系统性、客观性和定量性的分析来揭示文献包含的潜在信息、揭示研究对象的本质事实和发展趋势。对社会化媒体环境下海外信息行为研究的研究内容、研究对象、研究方法、理论基础的内容分析，可以总结社会化媒体发展的新变化和信息行为的新特点，从微观上探明社会化媒体环境下海外信息行为研究特点和热点趋势。

一、社会化媒体环境下海外信息行为的计量分析

（一）论文年发文量趋势

2015—2020 年社会化媒体环境下海外信息行为研究的论文年发文量如图 1 所示。可以看出，近 6 年海外对该领域的研究热度持续不减，论文数量平缓增长。

图 1　论文年发文量

（注：2020 年检索月份不完整）

(二)作者分析

1. 核心作者

样本文献作者去重后为 2962 人,平均每篇文献 3 位作者。发文量不少于 5 篇的主要作者情况如表 1 所示。社会化媒体环境下海外信息行为研究受到大量学者的关注,国内学者在社会化媒体环境下海外信息行为研究中占据重要地位;但总体来看,各学者的研究水平相对均衡,未出现发文量特别大的作者,这可能与不同的作者或作者团队关注不同的社会化媒体或信息类型有关。

表 1 主要作者发文情况

作者	机构	发文量
Dhir Amandeep	芬兰赫尔辛基大学教育科学学院、芬兰图尔库大学图尔库经济学院	7
Zhou Junjie	汕头大学商学院	7
Deng Zhaohua	华中科技大学医药卫生管理学院	6
Liu Shan	西安交通大学管理学院	6
Chung Namho	韩国庆熙大学酒店与旅游管理学院	6
Hall Hazel	英国爱丁堡龙比亚大学计算机学院	6
Sun Yongqiang	武汉大学信息管理学院	6
Zhang Xi	天津大学管理与经济学部	6
Shen Xiao-Liang	武汉大学经济管理学院	5
Hajli Nick	英国纽卡斯尔大学商学院	5
Liu Libo	澳大利亚斯威本科技大学商学院	5
Narayan Bhuva	澳大利亚悉尼科技大学传播学院	5
Liu Zilong	东北财经大学管理科学与工程学院	5
Wang Xuequn	澳大利亚莫道克大学科学、卫生、工程与教育学院	5
Zhang Yan	美国得克萨斯大学奥斯汀分校信息学院	5

同时,本研究还统计了第一作者发文情况,如表 2 所示。这些

作者构成了社会化媒体环境下信息行为研究领域的核心作者，其研究成果主要方向值得借鉴。

表2 第一作者发文情况

作者	机构	发文量	研究成果主要方向
Chung Namho	韩国庆熙大学酒店与旅游管理学院	6	社会化媒体中的旅游信息行为
Zhou Junjie	汕头大学商学院	5	在线健康社区中的健康信息行为
Zha Xianjin	武汉大学信息管理学院	4	社会化媒体环境下的信息行为
Dhir Amandeep	芬兰赫尔辛基大学教育科学学院、芬兰图尔库大学图尔库经济学院	4	基于横向研究的社交媒体疲劳、照片信息标签行为
Hajli Nick	英国纽卡斯尔大学商学院	4	社会化商务平台中的消费者信息行为
Liu Zilong	东北财经大学管理科学与工程学院	4	SNS中个人信息自我披露行为和隐私管理
Hussain Safdar	深圳大学管理学院	4	电子口碑信息采纳行为

2. 作者合作网络

如图2所示，本研究利用 Citespace 软件挖掘了作者合作网络。可以看出，研究者之间广泛合作，存在长期的固定的交流，主要以两人和三人合作团队为主，如 Yogesh K Dwivedi 和 Nripendra P Rana，Chung Namho 和 Koo Chulmo 等；同时，也有一些规模较大的合作团队，如以 Sun Yongqiang 和 Wang Nan 为主的四人团队联系紧密、合作密切，以 Lin Wanying 和 Jihyun Kim 为中心的合作链则呈纵向延伸态势。但各合作团队之间的交流并不多，尤其是不同学科之间学者的合作交流仍相对较欠缺，研究人员们更偏向与同专业学者合作。

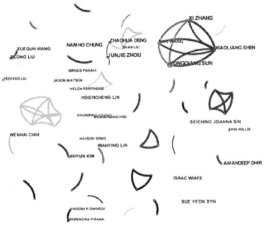

图2 作者合作网络

(三)机构分析

1. 主要研究机构

样本文献中研究机构总数为1146，平均每篇文献2.3个院级机构参与。发文量大于10篇的机构如图3所示。武汉大学、南洋理工大学、香港城市大学等构成了社会化媒体环境下海外信息行为研究的核心研究机构。

2. 机构合作分析

图4是利用Ctespace软件绘制的机构合作网络图谱，节点越大，发文量越大；紫色外环越大，中心度越大。可以看出，以香港城市大学和新加坡国立大学为中心，形成了一个复杂的研究机构合作网络，再次表明这两所大学在社会化媒体环境下海外信息行为研究中的核心地位；南洋理工大学、武汉大学、华中科技大学等则各自拥有相对较固定的合作机构。

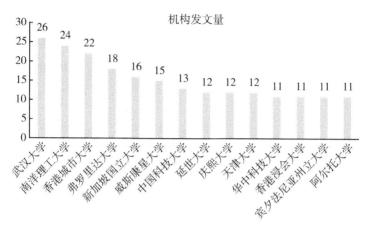

图 3　机构发文量

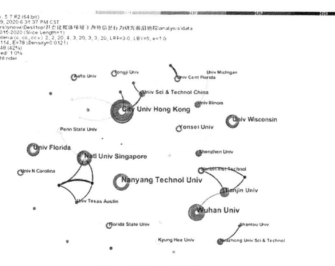

图 4　机构合作网络

（四）期刊分析

样本文献中共有 342 个期刊，发文量不少于 15 篇的期刊发文量情况如图 5 所示。其中发文量排名前五的期刊分别为：*Computers in Human Behavior*（115 篇），*Journal of Medical Internet Research*（43

271

篇），*Journal of the Association for Information Science and Technology*（38 篇），*Telematics and Informatics*（32 篇），*International Journal of Information Management*（30 篇）。他们构成了社会化媒体环境下海外信息行为研究的核心期刊，且期刊 *Computers in Human Behavior* 地位显著。

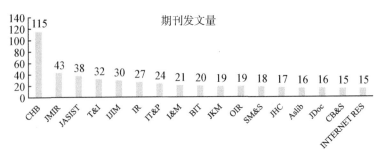

图 5　期刊发文量情况

（五）学科分析

为进一步了解该领域的学科交叉情况，本研究基于 WOS 中的学科分类利用 Citespace 软件进行了学科类别分析，如图 6 所示，节点越大，文献数量越多。可以看出，图书情报学（Information Science & Library Science）是社会化媒体环境下海外信息行为研究领域的主要学科，并主要与计算机科学（Computer Science）交叉；心理学（Psychology）、传播学（Communication）、商业和经济学（Business & Economics）、卫生保健科学（Health Care Science & Services）等对基于不同情境进行了深入研究。总的来说，社会化媒体环境下海外信息行为研究以信息科学为主，融合了不同学科知识，与更多学科交叉融合，是一个复杂的研究领域。

（六）关键词分析

1. 高频关键词

样本文献中作者关键词去重后为 3147，平均每篇文献 4.8 个关键词。归并意义相同词汇和单复数词汇之后，出现次数不少于

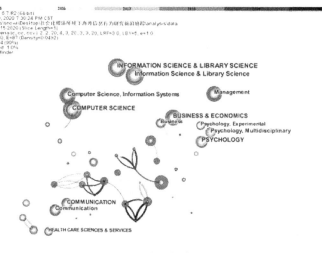

图6　学科分布情况

10次的高频关键词如表3所示。从"privacy""knowledge""ewom"
"health information""risk"等可以看出隐私信息、知识、口碑信息、
健康消息、风险信息等备受关注；从"self disclosure""knowledge
sharing""information sharing""information seeking""communication"
"engagement""participation"等可以看出，自我披露、知识共享、信
息共享、信息搜寻、信息交流、社会化媒体参与等是该领域研究的
主要信息行为类型；从"facebook""twitter""youtube""virtual
community""online health community""wikipedia""social q&a""social
commerce""wechat"等可以看出学者们主要基于社交网站、虚拟社
区、在线健康社区、维基百科、社交问答平台、社会化商务平台等
社会化媒体进行信息行为研究；从"social capital""trust""social
support""self efficacy""uses and gratifications""privacy calculus"
"gender""personality"等可以看出社会资本、信任、社会支持、自
我效能、使用与满足感、隐私计算、性别、个性等是社会化媒体环
境下信息行为及研究中的重要因素和理论支撑。

273

表 3 高频作者关键词

作者关键词	词频	作者关键词	词频
social media	316	china	15
facebook	90	health information	15
self disclosure	84	online health community	15
knowledge sharing	63	wikipedia	14
privacy	61	uses and gratifications	13
social networking site	60	engagement	13
social	58	behavior	13
twitter	57	youtube	12
information sharing	53	network	12
information	43	gender	12
information seeking	41	online social networks	12
social network	41	self efficacy	12
social network sites	37	sharing	12
motivation	36	social q&a	12
internet	35	privacy calculus	11
social capital	34	satisfaction	11
trust	33	user-generated content	11
communication	31	personality	11
online	26	risk	11
community	26	management	11
online community	26	privacy concerns	11
ewom	24	wechat	11
media	21	privacy paradox	10
virtual community	21	computer-mediated communication	10
social support	20	adolescents	10
theory	20	participation	10
health	19	social network analysis	10
knowledge	19	social commerce	10
health information seeking	17	health care	10
health communication	16		

2. 关键词共现聚类分析

对关键词进行聚类可以更好地把握社会化媒体环境下海外信息行为研究的热点主题集群。利用 Citespace 对关键词进行聚类分析，采取 LLR 聚类算法，聚类标签来自文献标题，共发现 20 个类群，按类群大小降序排列后得到如图 7 所示的排名前 15 的关键词共现聚类图，Q = 0.7627，S = 0.9031，表明聚类效果较好。图中节点越大，关键词频越大；连接线颜色越暖，代表时间越接近 2020 年；节点标签为节点度不低于 6 的关键词。根据聚类标签和高强度的节点标签可以初步发现，社会化媒体环境下海外信息行为研究的热点前沿主要集中在 Facebook、Twitter 等社交网站中的信息参与和印象管理、隐私信息关注、可持续使用等行为；社会化商务平台和虚拟品牌社区中口碑信息的信息采纳行为、推荐行为等；虚拟健康社区中的健康信息交流行为、知识贡献行为等；各类型社交媒体中的信息共享行为、信息搜寻行为和信息可信度问题等。

图 7　关键词共现聚类图

（七）被引文献分析

1. 高被引文献

样本文献中引文去重后为 47014，平均每篇文献引用了 65.9 篇文献。对高被引文献的解析可以从侧面揭示社会化媒体环境下海外信息行为研究的研究热点。表 4 为至少被 100 篇样本文献引用的高被引文献，可以看出，社会化媒体环境下海外信息行为研究主要运用了结构方程模型方法；对知识共享行为和社会化媒体使用行为进行了大量探索。

表4 高被引文献

高被引文献	频次	研究主题
Evaluating Structural Equation Models with Unobservable Variables and Measurement Error（FORNELL C，1981）	221	结构方程模型
Why should I share? Examining social capital and knowledgecontribution in electronic networks of practice （Wasko MM，2005）	150	论坛中的知识贡献、信息共享行为
Understanding knowledge sharing in virtual communities：An integration of social capital and social cognitive theories （Chiu CM，2006）	130	专业虚拟社区中的知识共享行为
Social Network Sites：Definition，History，and Scholarship （Boyd DM，2007）	119	社交网站 SNS 的定义和发展
Common method biases in behavioral research：A critical review of the literature and recommended remedies （Podsakoff PM，2003）	115	行为研究的方法偏差
the Benefits of Facebook "Friends：" Social Capital and College Students' Use of Online Social Network Sites （TEllison NB，2007）	112	大学生 Facebook 使用行为
Users of the world，unite！The challenges and opportunities of Social Media （Kaplan AM，2010）	101	社会化媒体的概念和分类

2. 共被引聚类分析

对文献进行共被引聚类分析可以从知识基础的角度来把握施引文献的研究热点。利用 Citespace，采取 LLR 聚类算法，聚类标签来自关键词，共发现 70 个类群，按类群大小降序排列后得到如图 8 所示的排名前 16 的关键词共现聚类图，Q = 0.7667，S = 0.8796，表明聚类效果较好。通过共被引聚类标签可以看出，信息共享行为、信息搜寻行为、口碑信息、隐私信息、知识、社交互动等相关知识构成了重要知识基础，近 6 年社会化媒体环境下海外信息行为研究的热点也主要围绕这些方面展开。

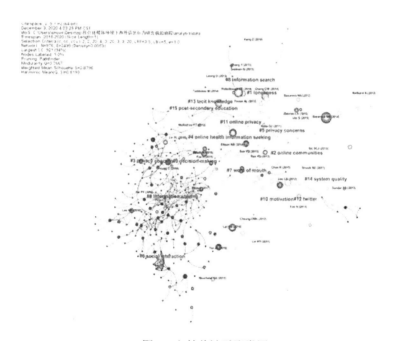

图 8　文献共被引聚类图

二、社会化媒体环境下海外信息行为研究特点

图书情报学作为社会化媒体环境下信息行为研究的最主要学

科，对该学科在领域内相关文献进行内容分析可以更好反映社会化媒体环境下海外信息行为研究的总特点。本研究在上述宏观的文献计量基础上，深入解读了 WOS 中 Information Science & Library Science 学科的 343 篇文献的内容，统计分析了研究内容（信息行为类型、信息类型、社会化媒体类型）、研究方法（数据收集方法、数据分析方法）、调查对象、理论基础四个层面，最终结果如表 5 所示。由于各层面下的条目有重复、缺失、泛化等现象，所以只列出了出现频次数量较大或较重要的主要条目。

表 5　社会化媒体环境下信息行为的研究内容、对象、方法和理论

信息行为类型	频次	信息类型	频次	社会化媒体类型	频次
信息共享行为	44	健康医疗信息	57	社交网站 SNS	39
信息/知识搜寻行为	43	个人/隐私信息	23	在线社交网络 OSN	5
信息披露行为	42	专业信息/知识	17	Facebook	47
知识共享行为	36	学术/学习信息	13	Twitter	21
社会化媒体使用行为	35	旅游信息	10	微博	13
信息参与行为	30	口碑信息	10	微信	6
信息/知识贡献行为	13	危机/灾难时期的信息	10	WhatsApp	4
信息源选择行为	9	产品信息	9	YouTube	4
信息交流行为	8	工作相关信息	8	其他	13
信息/知识持续共享行为	6	新闻	7	移动社交应用程序	11
信息可信度评估	6	政府/政治信息	6	在线(虚拟)社区/论坛	24
信息采纳行为	6	错误信息/谣言	6	Reddit	4
隐私行为	5	娱乐信息	5	虚拟健康社区	20
价值共创行为	5	视频	5	在线专业/知识社区	10
信息转发行为	5	日常信息	4	学术社交网站	7
信息评论行为	5	品牌信息	3	ResearchGate	5
协作信息行为	4	即时消息	3	社交商务网站	6

续表

信息行为类型	频次	信息类型	频次	社会化媒体类型	频次
信息偶遇行为	3	照片	2	虚拟实践社区 VCoP	4
其他信息行为	55	其他类型信息	20	其他类型在线社区	10
		其他(未说明具体类型)	146	社会化问答平台 Q&A	22
主要研究方法	频次	主要研究对象	频次	Yahoo! Answers	4
数据收集方法		大学生	19	知乎	4
问卷调查	115	消费者/客户	17	百科	10
文本挖掘/爬虫	56	员工	15	Wikipedia	7
访谈	31	科研人员/知识工作者	12	博客	5
实验法	17	年轻人/青少年	11	企业社会化媒体	12
日记研究	6	患者	8	Yammer	2
面板数据集	5	学生/高中生	7	社会化媒体	78
横断面调查	4	医务人员	6	主要理论基础	频次
数据分析方法		游客	5	社会资本理论	12
结构方程模型	88	父母	4	信任理论	11
内容/主题分析	43	Y一代/数字原住民	4	使用和满足理论	11
回归分析模型	15	老年人	3	社会交换理论	10
扎根理论	11	留学生	2	自我决定理论	7
方差分析	6	其他类型专业人员	19	性别差异	7
纵向数据分析	4	其他类型用户	22	隐私计算理论	6
机器学习	3			社会支持理论	5
其他建模方法	25			自我效能理论	4
其他分析方法	23			社会认知理论	4
				技术接受模型	4
				动机理论	4
				其他理论	123

由此，结合关键词分析和内容分析，本研究发现近年来社会化媒体环境下海外信息行为研究主要具有如下特点：

（一）研究内容：界限逐渐模糊化，内涵和外延得到扩展

社会化媒体环境下海外信息行为的研究内容随着社会化媒体的发展变得更加多元，其中信息搜寻行为、信息共享行为、信息披露行为是最主要信息行为类型，不同信息行为类型之间的联系更加紧密，呈交叠融合的态势，界限逐渐模糊。如隐私行为具有二元性，包括以宣传为主的自我披露和以预防为主的隐私管理[5]，而自我披露是信息披露行为研究的一个重要方面。再如用户信息参与行为，Fang 等将其划分为三等：低强度的参与行为（即浏览观看）、中等水平的参与行为（即点赞，分享和评论）以及强烈水平的参与行为（即社交互动）[6]；Wang 等则根据工作方式的不同，将信息披露（发布）、评论等视为用户高参与度的信息行为，点赞行为则为浅层参与行为[7]。可见，用户信息参与行为是对社会化媒体功能和服务的使用，涵盖了搜寻、共享、浏览、披露、点赞、评论等行为，许多学者就是从用户信息参与的角度出发进行研究，往往涵盖了多种行为，本研究认为可统称为信息参与行为。但这种交融模糊的特点也带来一定弊端，如对于信息共享行为，是对原始信息的共享还是非原始信息的共享存在争议，是侧重于信息披露还是信息贡献也存在争议。

此外，随着对专业虚拟社区、企业社交网站和专业人员信息行为研究的增多，学者们对信息和知识两个概念的区分逐渐模糊化。如 Tan 等认为网站编程虚拟社区等出于兴趣的在线社区中用户对专业信息的共享即是知识共享[8]；Fauzi 等将学者在 SNS 中共享学术信息的行为视为知识共享行为[9]；Zhang 等从员工使用移动社交媒体进行信息交流的角度讨论员工之间的知识共享行为[10]；Yang 等认为电子口碑信息共享可看作一种通用的知识交换过程[11]。

（二）理论基础：重视社会关系和社会资本，理论更加多样化

扎实的研究理论基础是科学合理地解释和分析用户信息行为前因后果的重要前提，社会化媒体作为一个信息系统，使用与满足理论、技术接受模型等的应用和扩展已十分成熟；根据信息行为的本质，隐私计算理论、动机理论、信任理论、自我决定理论、社会交换理论等也是常用的理论。此外，社会化媒体依托于社会网络关系，社会关系和社会资本等对其中的信息行为具有重要影响，研究者也将相关理论广泛应用于其中，如社会资本理论、社会支持理论、强弱关系理论、社会认同理论等。随着研究的深入，越来越多学者从新的理论视角对社会化媒体环境下信息行为过程进行剖析，大大丰富了研究理论基础。如 Zhang 等整合了双重隐私计算理论和保护动机理论的框架发现用户感知健康状况会削弱信息支持与个人健康信息披露之间的关系[12]。

（三）研究方法：定性和定量研究相结合，客观数据越发重要

社会化媒体环境下信息行为研究综合应用了多种科学研究方法。主要的数据获取方法为：问卷、访谈、文本挖掘、网络爬虫、日记、实验等；主要的数据分析方法为：内容分析、扎根理论、结构方程模型、回归分析等。利用调查问卷收集数据，进行模型分析的实证研究；利用访谈数据、在线数据进行内容分析、主题分析、扎根理论等探索性研究，是当前社会化媒体环境下信息行为研究比较热门的研究方法范式，通常定性和定量相结合。

随着大数据技术的应用，将自我报告的主观数据和客观的在线数据相结合进行数据分析的研究方法，成为社会化媒体环境下海外信息行为研究的未来趋势。如 Kang 等通过在线问卷测量社交问答平台用户的满意度和知识共享意图，并通过网络爬虫获取相应用户的答案和问题数量等来测量其过去的知识共享行为和持续知识共享行为，最终通过回归分析验证满意度、意图、过去行为、持续行为之间的关系[13]。

（四）研究对象：以年轻一代为主，用户类别不断扩大

鉴于社会化媒体的使用年龄群，社会化媒体环境下海外信息行为研究的研究对象主要集中在 Y 世代、Z 世代、数字原住民、青少年、年轻人、高中生、大学生、研究生等各类社会化媒体的活跃用户。如 Sin 探索了大学生利用社交网站、微博和社会化问答网站进行日常生活信息搜索时的不同策略[14]。此外，随着专业化社会化媒体的兴起，以及通用社会化媒体中非日常信息规模的壮大，医

281

生[15]、学者[16]、专业人员和管理人员[17]、记者[18]、游客[19]等具有不同身份的用户群体也成为重点研究对象。

三、社会化媒体环境下海外信息行为研究热点

基于关键词分析和内容分析，近年来社会化媒体环境下海外信息行为的研究热点主要包括社会化媒体使用行为、信息搜寻行为、信息共享行为、信息采纳行为等方面。

(一)社会化媒体使用行为

自社会化媒体问世以来，特别是随着智能手机的普及，社会化媒体使用行为就成为学者们关注的重点。但在使用过程中，新的问题随之而来，随着社会化媒体的类型和功能的不断发展变化，社会化媒体使用的态度、动机、意愿、现状、影响后果等仍具有很大研究价值。目前海外社会化媒体使用行为研究主要包括以下方面：

1. 不同情境下的社会化媒体使用和采纳

使用社会化媒体来搜寻和共享信息可以有效改善个人生活[20]，研究者们对不同用户的社会化媒体使用和采纳意愿进行了大量研究，如学者[21]、医务人员[22]、老年人[23]等，信息搜寻、信息共享、社交沟通、消磨时间等是用户使用社会化媒体的主要动机，人口统计因素(性别、年龄等)、个体因素(性格、自我效能、信任、经验、态度等)、信息因素(感知有用性、可信度、便利性等)等是不同类型社会化媒体使用意愿的主要影响因素[24]，并根据移动端和网页端的不同[25]、信息搜寻任务[26]和场景[27]的不同而表现出不同的影响程度。社会化媒体还是企业组织的重要工具，对外，企业通过使用社会化媒体来进行品牌宣传、广告和促销推广、共享信息、搜索客户和竞争对手信息、发展和维系客户关系等，在降低成本、增强客户关系、提升知名度、改善信息共享和可访问性等方面提高了组织绩效[28]；对内，企业员工之间通过企业社会化媒体来交流、共享与工作相关的信息和知识，对员工创新等具有积极的调节作用[29]。

2. 社会化媒体使用的消极方面

社会化媒体使用的消极方面主要体现为成瘾和过度使用，以及社会化媒体疲劳继而产生不持续使用意图，研究人员对其中的原因表现出了浓厚兴趣。使用社会化媒体，尤其是即时通讯平台和社交网络服务平台，已成为人们特别是年轻人的日常生活习惯，但习惯会通过感知享乐—感知不可替代性—负面情绪预期的影响机制来扭曲个人的认知和情感进而诱发心理依赖[30]。成瘾行为在一定程度上体现为社会化媒体的过度使用，即花费过多的时间和精力在社会化媒体中进行社交、娱乐、浏览、搜寻和共享(披露)信息的主动使用或只浏览信息而不互动的被动使用[31]，这可能会给用户带来嫉妒、沮丧、情绪波动等不良心理反应[32]，但外向、负责、和蔼可亲等人格特质可以减少嫉妒情绪[33]。社会化媒体疲劳会负面调节使用动机和持续性使用意愿的关系[34]，近几年才引起学术界的广泛关注。社会化媒体中过多的信息量和朋友数量、信息模糊性、社交主观规范、系统复杂度和更新速度等因素给用户带来了信息超载、沟通超载、社交超载、系统功能超载等问题，大大增加了社会化媒体疲劳，从而降低用户满意度，并引发不连续(减少或停止)使用意图[35][36]，对员工而言，还会降低工作绩效[37]。尽管心流体验可以缓解这种疲劳感，但据调查近95%的用户曾经或正在试图通过有意识地控制使用频率和总共使用的时间来最大程度地减少社会化媒体的负面影响[38]。

3. 社会化媒体持续使用行为

留住用户、鼓励和吸引用户持续参与是社会化媒体平台的目标，也是其面临的挑战，因为初次访问并不能保证持续参与，促使用户继续留在社会化媒体平台的原因与促使他们加入该平台的最初原因有所不同。娱乐、信息搜寻、社会化感知和自我呈现是影响社会化媒体持续使用的主要动机，这些因素会积极影响人际互动、人与消息之间的互动、人与社区之间的互动等感知交互性，进而通过影响满意度来影响社会化媒体的持续性使用[39]，感知文化差异、学历、收入水平则在其中发挥显著的调节作用[40]。Cheikh-Ammar还发现SNS的反馈功能可以通过影响人们的感知社会存在、感知享乐、有用性来改变个人对 SNS 的态度和持续性使用意愿[41]。研究者们对不同类型社会化媒体的持续性使用进行了探讨，如在线健康社区的持续使用机制[42]、在线股票留言板等虚拟社区的持续使用行为[43]。

(二)信息搜寻行为

信息搜寻本质上是非线性的、交互式的，社会化媒体成为信息搜寻最常用的平台之一就是因为它具有强大的交互性[44]。作为社会化媒体使用的最主要动机之一，近年来研究者们对社会化媒体环境下的信息搜寻行为的重点研究主题主要体现在以下几点：

1. 健康信息搜寻行为

在社会化媒体中搜寻健康信息可以更快速地帮助用户应对疾病、削弱或消除与健康相关的不确定性。用户，如慢性病患者[45]、孕妇[46]等，会为了获取信息支持、情感支持、尊重支持、网络支持和实际援助等[47]，在虚拟健康社区、社会化问答平台、社交网站等社会化媒体中根据需求提出健康相关的问题，向医疗保健专业人员或具有相同遭遇的同伴寻求帮助[48]。信息搜寻者会通过在问题中加入补充性背景信息(如人口统计信息、身心状况、家庭情况、个体认知和情感等)来构建量身定制的信息搜寻环境[49][50]。人们还会通过搜寻健康信息来决定是否去线下看医生，性别、教育程度、收入、健康状况、社会化媒体类型等对其有不同程度的影响[51]。

健康信息搜寻行为的影响因素研究是重点之一。研究人员已发现社交身份、感知健康状况、信息可靠性、社会支持、社交网络、自我效能感、感知风险等的重要作用[52][53]。但随着社会化媒体中健康信息的激增，感知信息超载会造成心理不适(负面情绪、抑郁症状、特质愤怒)，进而中止在线健康信息搜索行为[54]。对医疗专业术语的不理解也可能阻碍搜寻行为，因此健康素养是另一个需要关注的话题[55]。除了搜寻与个人自身健康信息，健康信息搜寻行为还包括为他人的健康问题和没有考虑特定健康问题的情况[56]。替他人寻求健康信息的用户更有可能充当健康社会化媒体的内容创建者，与医疗保健专业人员进行在线信息交流或在社交网络支持小组中讨论相关话题[57]。个人经验和显著性会积极影响替代健康信息搜寻行为，健康自我效能信念则通过效用来积极影响该行为[58]。

2. 知识搜寻行为

在线知识社区(如社会化问答平台、Wikipedia)和在线专业社区(如在线 IT 社区、电子实践网络平台、医疗健康社区)等社会化媒体不断发展和流行，其中的知识搜寻行为成为研究者的关注热点。但由于在线专业或知识社区发布的知识是社区成员提供的，其准确性难以验证，因此降低风险的因素，如与虚拟社区的亲和力[59]、对社区的信任、感知知识有用性、来源的专业性、对知识的用户评级[60]、朋友参与数量[61]等，会积极促进知识搜寻行为。但 Wang 等发现对于普通用户而言，专家朋友参与带来的来源可信度会消极影响在线社区中的知识搜寻行为，因为用户可以直接询问专家朋友，而不是在社区中提问，当然这种影响受用户和专家朋友亲密度的调节[62]。

此外，研究者们还比较关心知识搜寻者的持续性搜寻行为。对于新知识搜寻者而言，他们发布的最初问题(如问题长度、问题受欢迎程度、社区竞争)可能会影响他们所获得的知识和社交回应的水平[63]，而社区的知识回应和社交回应对首次知识搜寻者的持续知识搜寻行为具有显著正向影响[64]。

3. 不同信息搜寻策略研究

根据 Bates 提出的四种信息搜寻模式，即搜索、浏览、监视和偶遇，搜索和浏览可视为主动的信息搜寻，监视和偶遇则为被动的信息搜寻[65]。社会化媒体用户会通过主动提问的方式搜寻所需信息[66]，社交标签云的标签选择[67]和主动的标签使用[68]也是信息寻求策略的一种表现；在浏览信息时，用户会点击信息、阅读全文来查看信息是否为自己所需[69]，还会将信息添加书签、进行收藏以更快速地找到自己曾觉得有用的信息[70]；父母[71]、老年人[72]或处于恋爱关系的人[73]会更偏向于以监视的方式来查寻子女或恋人社交账号发布的信息以进行了解和监督。社会化媒体更容易触发信息偶遇，即在寻找或浏览其他信息时遇到有用和有趣的信息[74]，如在社会化商务平台中通过产品标签或社交认可的人两种方式来偶遇更多可能的信息[75]。此外,社会化媒体社交性的特点让协同信息搜寻行为成为一种更广泛采用的搜寻策略,比如和朋友一起搜寻旅游信息以制定旅游计划[76]或获取学术信息[77]。

(三)信息共享行为

社会化媒体的成功离不开用户的信息共享,社会化媒体环境下的信息共享行为研究并不单一,在不同情境下可视为信息分享行为、信息贡献行为、信息披露行为、信息交流行为、信息传播行为等,一些学者还从价值共创的角度对信息共享行为进行了研究[78],当前的主要热点有:

1. 健康信息共享行为

健康信息共享行为的研究对象主要为医生和患者。医生等医疗保健专业人员作为社会化媒体健康知识共享的主要力量,不仅会免费共享医疗保健知识,还会通过回答付费私人问题等方式来共享健康信息,医疗专业人员共享的健康信息通常更常识、更专业、更可靠。医生共享健康信息主要受到物质动力、内在职业动力、专业知识水平、平台使用和共享经验等的影响[79];以及面子、声誉、互惠、经济回报等个人动机的影响[80][81]。不过 Weiner 指出,尽管社会化媒体在交流和传播健康信息和知识上具有覆盖更多患者等好处,但在专业性、临床技能等上仍含糊不清,存在内容敷衍、多线程分心等弊端[82]。

患者和普通用户也会出于提升自我价值感和声誉等对成长和自我实现的需求[83],实现健康自我管理能力和社会关系的结果期望[84],以及获取信息支持、情感支持、自尊支持和陪伴支持等社会支持的目的加入虚拟健康社区等社会化媒体来共享健康信息[85]。社会资本会推动虚拟健康社区等社会化媒体中的社会支持和陪伴活动[86],使得具有共同特征的患者或用户可以相互交流并使用共享内容,包括公共的健康信息(如医院或医生信息、药物副作用等)和特定信息(个人健康状况、个人情绪和感受、医治方法和经历故事等),以做出更好的健康管理决策。对于特定信息而言,尽管可能会对其他用户产生特别大的参考价值,但通常与患者的隐私有关,所以用户在共享时会更加考虑面子因素和认知成本[87]。

Mpinganjira还从信任角度将用户对在线健康社区的整体信任划分为能力相关的信任、诚信相关的信任、善意相关的信任三个维度，指出缺乏信任会对用户健康信息共享意愿产生负面影响[88]。

2. 知识共享(贡献)行为

随着信息和知识界限的模糊化，科研人员越来越多地将一些特定信息，如健康信息、学术信息、专业信息、企业员工交流信息等信息共享行为视为知识共享行为，尤其是对隐性知识的共享和显性知识的贡献。知识共享行为有利于提升在线社区的知识质量[89]、社区声誉和成员关系的连续性[90]。社会化媒体环境下，在线专业社区、维基百科[91]、Twitter[92]等社交网站、社会化问答平台[93]等成为用户知识共享和贡献的重要渠道。追求更高开放性的平台以及互惠意识会让用户生成更高的知识共享的主观规范，自我效能感和自我发展期望[94]、财务激励[95]、个性化推荐、社交互动[96]、信任[97]等可以促进用户知识共享意图或行为，而竞争意识[98]、感知更高参与比例的专家朋友[99]、规范压力产生的抵触情绪[100]等则会阻碍用户知识共享意图或行为。但Yan和Jian指出互惠并不总能解释在线知识社区中知识贡献的原因，由于他人的高质量贡献，可能会让用户产生旁观者效应[101]，或只寻找不贡献的搭便车现象[102]。

对企业而言，知识共享反映了员工相互交流其隐性和显性知识以创建新知识的过程[103]，对提升员工绩效、业务水平等都有着显著优势，许多研究者从知识管理角度的个人层面、组织层面和技术水平等深入探讨了社会化媒体对知识共享行为的影响机制，如社会化媒体不同功能(分析、跟踪和交流)产生的环境意识(消息透明性和网络透明性)对知识共享具有显著影响[104]。

3. 信息披露行为和隐私问题

信息披露行为包括个人信息披露行为和他人信息披露行为(如父母分享子女的照片和信息[105])。信息披露通常建立在信任的基础上，社会化媒体信任机制的建立可以促进信息披露意图，如有效的监管可以显著提升用户对社会化媒体提供商及其成员的信任[106]。不同人格特质、年龄、性别的用户通过社会化媒体披露各类信息，来获得自我表现欲满足感[107]、主观幸福感、社会资本[108]、社会公共利益[109]、利他[110]等感知收益，这是用户在社会化媒体中披露信息的重要驱动力。但同时，用户也会面临个人隐私或隐私边界问题，引起感知隐私泄露的严重程度、感知信息控制等感知隐私风险和隐私关注，对信息披露产生重大负面影响[111]。许多学者将这种成本收益之间权衡的隐私计算模型用于解释用户的信息披露行为，并和隐私管理决策相联系，如用户会采取删帖[112]、设置"仅朋友可见"[113]等策略来减少信息披露可能带来的隐私问题。而由于感知收益的影响大于感知风险的影响，信息披露中的"隐私悖论"现象也成为学者们关注的又一重点。

（四）信息采纳行为

信息采纳行为是用户在社会化媒体中搜寻信息后的结果，也是信息价值的体现。信息采纳不同于社会化媒体的采纳，落脚于社会化媒体用户生成的信息，主要包括以下两方面：

1. 信息可信度评估

网络的开放性导致社会化媒体中用户贡献的信息质量很少受到监管，因此在采纳信息之前很有必要对信息质量特别是信息可信度进行评估。比如社会化媒体中对产品的在线评论，许多组织利用匿名性功能或雇佣"水军"散布有偏见的观点，大部分消费者表示他们担心在线评论的真实性，对低怀疑论消费者而言，论点质量和来源可信度对感知评论有用性的影响更大[114]。在评估在线健康信息时，用户会受到话题的敏感度和性别[115]的影响，根据回复者的资格认证和语言使用方式[116]及其交互作用进行判断。总的来说，用户对社会化媒体中的信息可信度判断是认知启发式的[117]，平台可信度、来源可信度和社会认可度(如粉丝数和朋友数[118])、社会关系[119]、信息生动性、性别等都对社会化媒体中的信息可信度具有显著影响。但社会化媒体用户往往高估自己评估和判断信息真实性和可靠性的能力[120]。

2. 信息采纳行为的影响机制

在社会化媒体中，信息搜寻者在决定是否采纳或采纳哪个信息时，会受到所采用搜索模式的稳定性和方向性[121]，信息获取的便利性、系统的稳定性和对信息提供者的信任[122]，认知因素(可读性、感知风险、社会规范)和情感因素(同理心、积极或消极情绪、乐观或悲观信息)[123]、信息叙述方式和真实性[124]等因素的影响。而最主要的影响因素还是信息的有用性，Sun等基于社会化问答环境将从众效应、信源可信度、论据质量、先前经验等与信息有用性相互作用提出了偏见效应、协同效应和信息偶然性的扩展信息采纳模型[125]。对社会化媒体中信息的采纳改变了消费者的决策过程、影响着用户的决策行为，如购买意愿[126]、线下就医时的医生选择[127]等。

五、社会化媒体环境下信息行为研究趋势

综上分析，本研究认为社会化媒体环境下信息行为未来研究可能会更加关注以下方向：

(一)知识行为

随着信息和知识的界限逐渐模糊，在线专业社区和在线知识社区等社会化媒体蓬勃发展，社会化媒体已成为人们分享和获取显性知识和隐性知识的重要来源，信息行为和知识管理领域更加融合。尽管对特定知识(如健康知识、学术知识、百科知识、IT知识等)的知识贡献或知识共享行为已被广泛研究，但大多只停留在对知识的添加或回答上，缺乏对知识整合等其他形式的知识行为的研究。此外，知识保留(指个人为贡献知识付出的努力不足的现象[128])也是一个重要但未被充分研究的话题。未来，将不断探索用户在社会化媒体(尤其是在线品牌社区、专业社区、知识社区和社会化商务社区)中的知识需求，并对各种知识(尤其是隐性知识)自愿或非自愿的知识共享和贡献行为、知识交流和交换行为、知识保留行为、持续性知识贡献行为等知识行为的影响机制和前因后果等作进一步研究。

(二)信息参与行为

随着社会化媒体超负荷和社会化媒体疲劳的加深以及不信任因素的影响，越来越多的用户(特别是中青年用户)选择更加被动、

消极甚至停止使用某些社会化媒体平台，如只浏览不互动、屏蔽社交账号、只进行点赞等浅层的信息参与行为、拒绝软件更新等，这意味着新兴的社会化媒体平台无法吸引更多的新用户、传统的社会化媒体平台正在流失活跃用户。已有许多学者探索了其中的原因及其造成的后果，未来还应作更深入的分析，并采用更细粒度的方法来研究驱动新成员参与和老用户持续参与行为的潜在机制。当然，各社会化媒体平台为了吸引新用户、留住老用户，也在不断革新、开发新的功能和服务，基于这些新功能和新服务的信息行为值得跟进，以拓宽新信息时代社会化媒体环境下信息行为研究的宽度和广度。此外，随着老龄化与信息智能化的矛盾不断加深，了解老年人的信息需求和信息参与行为，如何从社会化媒体使用和信息行为的角度推动"老龄智能化"也是未来值得思考的一个问题。

（三）健康信息行为

医疗健康信息是人们日常生活中最关心最需要的信息类型之一，社会化媒体的匿名性、信息丰富、传播速度快等特点让越来越多的人们通过社会化媒体来了解和交流有争议的健康信息（如疫苗信息）、敏感的健康信息（如性健康信息）、医疗卫生紧急状况下的信息（如 COVID-19 疫情下的信息）等。且随着智慧医疗的不断发展，社会化媒体已成为患者之间获取和交流医院和医生信息、一般和私人健康信息，以及寻求社会支持和帮助的重要渠道，也是医疗保健专业人员之间交流健康知识的重要途径。社会化媒体环境下的健康信息行为作为近年来医学和信息科学相关学者的研究重点和热点，社会化问答平台、社交网站、不同类型在线健康社区或问诊平台中用户的健康信息需求在未来还应得到更全面的探索，从医生、患者和普通用户等不同角度出发的健康信息源选择行为、健康信息交流行为的影响机制和传播机制也还需要更细致的研究。

（四）社会化商务环境下的信息行为

社会化商务是社会化媒体介导商务的一种新形式，利用社交网络功能，社会化商务平台提供了用户生成内容功能，如评论、评分、推荐列表、标签和用户个人资料等，以鼓励消费者和他人互动，共享和交流购买体验、个人使用感受以及与产品相关的建议等，从而形成口碑信息，这对消费者和企业都有利[129][130]。社会化商务发展迅速，但尚未像电子商务和社交网站那样被广泛研究，更多的是对消费者的购买意图预测因素的研究。尽管也有部分学者结合信息行为探索了消费者在社会化商务平台中发表建议、共享购物体验的原因，但社会化商务平台中消费者的信息需求，以及对电子口碑信息的共享和采纳行为的动力机制和影响机制还有待进一步研究。

五、结语

通过系统的计量分析和深入的内容分析，本研究从计量特征、研究特点、研究热点、研究趋势四大方面对社会化媒体环境下海外信息行为研究进行了详细分析，有利于把握社会化媒体环境下的信息行为规律，为我国开展社会化媒体环境下信息行为研究提供参考，对社会化媒体的发展和网络信息的管理与建设具有重要的理论意义和实践指导价值。近6年来，社会化媒体环境下海外信息行为研究热度持续不减、增长平缓；作者数量较多，但核心作者较少，国内学者占据重要地位；武汉大学、南洋理工大学、香港城市大学和新加坡国立大学是比较核心的研究机构；作者和机构之间进行了广泛合作，已形成了一些比较成熟的作者合作团队；*Computers in Human Behavior* 期刊地位显著；以信息科学为主，与更多学科交叉融合，但跨学科交流还有待加强。从研究内容来看，信息行为类型之间的界限、信息与知识的界限逐渐模糊化，内涵和外延不断扩展；从理论基础来看，依托于社会关系和社会资本，理论更加多样化；从研究方法来看，实证和探索性研究共存，主客观数据相结合的研究方法成为趋势；从研究对象来看，以年轻一代为主，更加关注特定身份用户。社会化媒体环境下信息行为研究的热点主要包括，社会化媒体使用过程中，有关不同情境下社会化媒体的使用和采纳、社会化媒体使用的消极方面、社会化媒体的持续使用行为的研究；信息参与过程中，有关健康信息的搜寻和共享行为、在线社区中知识的搜寻和贡献行为、不同信息的搜寻策略、信息披露和隐私管理的研究；信息采纳过程中，信息可信度评估、信息采纳行为的影响机制研究等。未来，社会化媒体环境下的信息行为研究还会在知识行为、信息参与行为、健康相关的信息行为、社会化商务环境下的信息行为等方面进行更深入的探索。

参考文献

[1] Mayfield A. What is social media? [M]. Spannerworks, 2008.

[2] 宋小康，朱庆华，赵宇翔. 社会化媒体中表情包使用对信息交流效果的实证研究：基于言语行为理论[J]. 情报科学，2019，37(5)：121-128，165.

[3] 查先进，张晋朝，严亚兰，李晶. 网络信息行为研究现状及发展动态述评[J]. 中国图书馆学报，2014，40(4)：100-115.

[4] Wilson T D. Human information behavior[J]. Informing Science, 2000, 3：49-55.

[5] Li P, Cho H, Goh Z H. Unpacking the process of privacy management and self-disclosure from the perspectives of regulatory focus and privacy calculus [J]. Telematics and Informatics, 2019, 41：114-125.

[6] Fang J, Li J, Prybutok V R. Posting-related attributes driving differential engagement behaviors in online travel communities [J]. Telematics and Informatics, 2018, 35(5)：1263-1276.

[7] Wang N, Sun Y, Shen X L, et al. Just being there matters：Investigating the role of sense of presence in like behaviors from the perspective of symbolic interactionism [J]. Internet Research, 2018, 29(1)：60-81.

[8] Tan C H, Sutanto J, Tan BCY. Empirical investigation on relational social capital in a virtual community for Website programming[J]. Data Base for Advances in Information Systems, 2015, 46(2)：43-60.

[9] Fauzi M A, Nya C, Tan L, et al. Evaluating academics' knowledge

sharing intentions in Malaysian public universities [J]. Malaysian Journal of Library and Information Science, 2019, 24 (1): 123-143.

[10] Zhang X, Tang J, Wei X, et al. How does mobile social media affect knowledge sharing under the " Guanxi " system? [J]. Journal of Knowledge Management, 2020, 24(6): 1343-1367.

[11] Yang X. How perceived social distance and trust influence reciprocity expectations and eWOM sharing intention in social commerce[J]. Industrial Management & Data Systems, 2019, 19 (4): 867-880.

[12] Zhang X, Liu S, Chen X, et al. Health information privacy concerns, antecedents, and information disclosure intention in online health communities [J]. Information & Management, 2018, 55 (4): 482-493.

[13] Kang M. Dual paths to continuous online knowledge sharing: A repetitive behavior perspective [J]. Aslib Journal of Information Management, 2019, 72(2): 159-178.

[14] Sin S-C J. Social media and problematic everyday life information-seeking outcomes: Differences across use frequency, gender, and problem-solving styles. Journal of the American Society for Information Science & Technology, 2016, 67: 1793-1807.

[15] Guo S, Guo X, Fang Y, et al. How doctors gain social and economic returns in online health-care communities: A professional capital perspective [J]. Journal of Management Information Systems, 2017, 34(2): 487-519.

[16] Bardakci S, Arslan O, Unver T K. How scholars use academic social networking services[J]. Information development, 2018, 34 (4): 334-345.

[17] Ryan F V C, Cruickshank P, Hall H, et al. Blurred reputations: Managing professional and private information online[J]. Journal of Librarianship and Information Science, 2020, 52(1): 16-26.

[18] Mansour E. The adoption and use of social media as a source of information by Egyptian government journalists [J]. Journal of Librarianship and Information Science. 2018, 50(1): 48-67.

[19] Fang J, Li J, Prybutok V R. Posting-related attributes driving differential engagement behaviors in online travel communities [J]. Telematics and Informatics, 2018, 35(5): 1263-1276.

[20] Taylor P F, Narayan B. #Homeless but at home in cyberspace [C]// ISIC-The Information Behaviour Conference. Information Research: An International Electronic Journal, 2016, 21(4).

[21] Bardakci S, Arslan O, Unver T K. How scholars use academic social networking services [J]. Information development, 2018, 34 (4): 334-345.

[22] Singh J B, Chandwani R, Kumar M. Factors affecting Web 2. 0 adoption: Exploring the knowledge sharing and knowledge seeking aspects in health care professionals [J]. Journal of Knowledge Management, 2018, 22(1): 21-43.

[23] Jung E H, Walden J, Johnson A C, et al. Social networking in the aging context: Why older adults use or avoid Facebook [J]. Telematics & Informatics, 2017, 34(7): 1071-1080.

[24] Wallace L, James T L, Warkentin M. How do you feel about your friends? Understanding situational envy in online social networks [J]. Information & Management, 2016, 54(5): 669-682.

[25] Chen X, Chua A Y K, Deng S. Comparing the web and mobile platforms of a social Q&A service from the user's perspective [J]. Aslib Journal of Information Management, 2018, 70 (2): 176-191.

[26] Sbaffi L, Zhao C. Modeling the online health information seeking process: Information channel selection among university students [J]. Journal of the Association for Information Science and Technology, 2020, 71: 196-207.

[27] Kim K S, Sin S C J. Use of social media in different contexts of in-

formation seeking: effects of sex and problem-solving style[C]// ISIC-The Information Behaviour Conference. Information Research: An International Electronic Journal, 2015, 20(1).

[28]Parveen F, Jaafar N I, Ainin S. Social media usage and organizational performance: Reflections of Malaysian social media managers [J]. Telematics and Informatics, 2015, 32 (1): 67-78.

[29]Khan N A, Khan A N. What followers are saying about transformational leaders fostering employee innovation via organisational learning, knowledge sharing and social media use in public organisations? [J]. Government Information Quarterly, 2019, 36(4): 101391.

[30]Wang C, Lee M K O, Hua Z. A theory of social media dependence: Evidence from microblog users[J]. Decision Support Systems, 2015, 69(Jan): 40-49.

[31]Chen S, Shao B J, Zhi K Y. Examining the effects of passive WeChat use in China[J]. International Journal of Human-computer Interaction, 2019, 35(17): 1630-1644.

[32] Malik A, Dhir A, Kaur P, et al. Correlates of social media fatigue and academic performance decrement: A large cross-sectional study[J]. Information Technology & People, 2020.

[33]Wallace L, James T L, Warkentin M. How do you feel about your friends? Understanding situational envy in online social networks [J]. Information & Management, 2016, 54(5): 669-682.

[34]Zong W, Yang J, Bao Z. Social network fatigue affecting continuance intention of social networking services: The case of WeChat users in China's universities[J]. Data Technologies and Applications, 2019, 53(1): 123-139.

[35]Lee A R, Son S-M, Kim K K. Information and communication technology overload and social networking service fatigue: a stress perspective[J]. Computers in Human Behavior, 2016, 55: 51-61.

[36]Maier C, Laumer S, Eckhardt A, et al. Giving too much social

support: social overload on social networking sites [J]. European Journal of Information Systems, 2015, 24(5): 447-464.

[37] Cao X, Yu L. Exploring the influence of excessive social media use at work: A three-dimension usage perspective [J]. International Journal of Information Management, 2019, 46: 83-92.

[38] Lin J, Lin S, Turel O, et al. The buffering effect of flow experience on the relationship between overload and social media users' discontinuance intentions [J]. Telematics and Informatics, 2020, 49: 101374.

[39] Hsu M H, Chang C M, Lin H C, et al. Determinants of continued use of social media: The perspectives of uses and gratifications theory and perceived interactivity [J]. Information Research, 2015, 20(2).

[40] Hsu M H, Tien S W, Lin H C, et al. Understanding the roles of cultural differences and socio-economic status in social media continuance intention [J]. Information Technology & People, 2015, 28(1): 224-241.

[41] Cheikh-Ammar M, Barki H. The influence of social presence, social exchange and Feedback features on SNS continuous use: The Facebook context [J]. Journal of Organizational and End User Computing (JOEUC), 2016, 28(2), 33-52.

[42] Zhang Y. Understanding the sustained use of online health communities from a self-determination perspective [J]. Journal of the Association for Information Science and Technology, 2016, 67: 2842-2857.

[43] Kim H M, Jung S H, Park J H. The impact of past performance on information valuation in virtual communities: Empirical study in online stock message boards [J]. Information Processing & Management, 2018, 54(4): 740-753.

[44] Min S P, Oh H, You S. Health information seeking among people with multiple chronic conditions: Contextual factors and their asso-

ciations mined from questions in social media[J], Library & Information Science Research, 2020, 42(3): 101030.

[45]Min S P, Oh H, You S. Health information seeking among people with multiple chronic conditions: Contextual factors and their associations mined from questions in social media[J], Library & Information Science Research, 2020, 42(3): 101030.

[46]Naveh S, Bronstein J. Sense making in complex health situations: Virtual health communities as sources of information and emotional support[J]. Aslib Journal of Information Management, 2019, 71 (6): 789-805.

[47]Rupert D J, Gard Read, Amoozegar J B, et al. Peer-generated health information: The role of online communities in patient and caregiver health decisions[J]. Journal of Health Communication, 2016, 21(11): 1187-1197.

[48]Jucks R, Thon F M. Better to have many opinions than one from an expert? Social validation by one trustworthy source versus the masses in online health forums[J]. Computers in Human Behavior, 2017, 70(May): 375-381.

[49]Min S P, Oh H, You S. Health information seeking among people with multiple chronic conditions: Contextual factors and their associations mined from questions in social media[J], Library & Information Science Research, 2020, 42(3): 101030.

[50]Oh S, Zhang Y, Park M S. Cancer information seeking in social question and answer services: identifying health-related topics in cancer questions on Yahoo! Answers[J]. Information Research: An International Electronic Journal, 2016, 21(3).

[51]Yigzaw K Y, Wynn R, Marco-Ruiz L, et al. The association between health information seeking on the Internet and physician visits (The seventh troms study-part 4): Population-based questionnaire study[J]. Journal of Medical Internet Research, 2020, 22(3): e13120.

[52] Liu N, Tong Y, Chan H C. Information seeking in online health-care communities: The dual influence from social self and personal self[J]. IEEE Transactions on Engineering Management, 2017, 64(4): 529-538.

[53] Zhang L, Jung E H, Chen Z. Modeling the pathway linking health information seeking to psychological well-being on WeChat[J]. Health Communication, 2020, 35(9): 1101-1112

[54] Swar B, Hameed T, Reychav I. Information overload, psychological ill-being, and behavioral intention to continue online healthcare information search[J]. Computers in Human Behavior, 2017, 70(May): 416-425.

[55] Dahl S, Eagle L. Empowering or misleading? Online health information provision challenges [J]. Marketing Intelligence & Planning, 2016, 34(7): 1000-1020.

[56] Pian W, Khoo C S, Chang Y K. The criteria people use in relevance decisions on health information: An analysis of user eye movements when browsing a health discussion forum[J]. Journal of Medical Internet Research, 2016, 18(6): e136.

[57] Cutrona S L, Mazor K M, Vieux S N, et al. Health information-seeking on behalf of others: Characteristics of "surrogate seekers" [J]. Journal of Cancer Education, 2015, 30: 12-19.

[58] Reifegerste D, Blech S, Dechant P. Understanding information seeking about the health of others: Applying the comprehensive model of information seeking to proxy online health information seeking [J]. Journal of Health Communication, 2020, 25 (2): 126-135.

[59] Zha X, Zhang J, Yan Y, et al. Does affinity matter? Slow effects of e-quality on information seeking in virtual communities[J]. Library & Information Science Research, 2015, 37(1): 68-76.

[60] Singh J B, Chandwani R, Kumar M. Factors affecting Web 2.0 adoption: Exploring the knowledge sharing and knowledge seeking

aspects in health care professionals [J]. Journal of Knowledge Management, 2018, 22(1): 21-43.

[61] Wang X, Ow T T, Liu L, et al. Effects of peers and network position on user participation in a firm-hosted software community: The moderating role of network centrality[J]. European Journal of Information Systems, 2020, 29(5): 521-544.

[62] Wang X, Ow T T, Liu L, et al. Effects of peers and network position on user participation in a firm-hosted software community: The moderating role of network centrality[J]. European Journal of Information Systems, 2020, 29(5): 521-544.

[63] Nistor N, Dascălu M, Stavarache L L, et al. Informal learning in online knowledge communities: Predicting community response to visitor inquiries [C]. Design for teaching and learning in a networked world, proceedings of the 10th European conference on technology enhanced learning, Springer, Cham, 2015, 447-452.

[64] Yan B, Jian L. Beyond reciprocity: The bystander effect of knowledge response in online knowledge communities[J]. Computers in Human Behavior, 2017, 76(Nov): 9-18.

[65] Bates M J. Toward an integrated model of information seeking and searching[J]. New Review of Information Behaviour Research, 2002, 3: 1-15.

[66] Min S P, Oh H, You S. Health information seeking among people with multiple chronic conditions: Contextual factors and their associations mined from questions in social media[J], Library & Information Science Research, 2020, 42(3): 101030.

[67] Schweiger S, Cress U. Attitude confidence and source credibility in information foraging with social tags [J]. PLOS ONE, 2019, 14(1): 1-23.

[68] Zhao X, Fan J, Basnyat I, et al. Online health information seeking using "#COVID-19 patient seeking help" on Weibo in Wuhan, China: Descriptive study [J]. Journal of Medical

Internet Research, 2020, 22(10): e22910.

[69] Zhang X, Zhou S. Clicking health risk messages on social media: Moderated mediation paths through perceived threat, perceived efficacy, and fear arousal[J]. Health Communication, 2019, 34 (11): 1359-1368.

[70] Gorrell G, Bontcheva K. Classifying Twitter favorites: Like, bookmark, or Thanks? [J]. Journal of the Association for Information Science & Technology, 2016, 67(1): 17-25.

[71] Mansour A. Affordances supporting mothers' engagement in information-related activities through Facebook groups[J]. Journal of Librarianship and Information Science, 2020(2): 096100062093810.

[72] Jung E H, Walden J, Johnson A C, et al. Social networking in the aging context: Why older adults use or avoid Facebook[J]. Telematics & Informatics, 2017, 34(7): 1071-1080.

[73] Frampton J R, Fox J. Social media's role in romantic partners' retroactive jealousy: Social comparison, uncertainty, and information seeking[J]. Social Media + Society, 2018, 4(3): 20563051188 0031.

[74] Panahi S, Watson J, Partridge H. Information encountering on social media and tacit knowledge sharing[J]. Journal of Information Science, 2016, 42(4): 539-550.

[75] Yi C, Jiang Z J, Benbasat I. Designing for diagnosticity and serendipity: An Investigation of social product-search mechanisms [J]. Information Systems Research, 2017, 28(2): 413-429.

[76] Fardous J, Du J T, Hansen P, et al. Group trip planning and information seeking behaviours by mobile social media users: A study of tourists in Australia, Bangladesh and China[J]. Journal of Information Science, 2019(1): 016555151989051.

[77] Ebrahimzadeh S, Sharifabadi S R, Kamran M K A, et al. Triggers and strategies related to the collaborative information-seeking behaviour of researchers in ResearchGate[J]. Online Infor-

mation Review, 2020, 44 (5): 1077-1096.

[78] Liu S, Xiao W, Fang C, et al. Social support, belongingness, and value co-creation behaviors in online health communities[J]. Telematics and Informatics, 2020, 50: 101398.

[79] Zhang X, Feng G, Xu T, et al. What motivates physicians to share free health information on online health platforms? [J]. Information Processing & Management, 2020, 57(2): 102166.

[80] Maheshwari, B, Sarrion, M, Motiani, M, et al. Exploration of factors affecting the use of Web 2.0 for knowledge sharing among healthcare professionals: An Indian perspective [J]. Journal of Knowledge Management, 2020, 25 (3): 545-558.

[81] Guo S, Guo X, Fang Y, et al. How doctors gain social and economic returns in online health-care communities: A professional capital perspective [J]. Journal of Management Information Systems, 2017, 34(2): 487-519.

[82] Weiner J. A personal reflection on social media in medicine: I stand, no wiser than before [J]. International Review of Psychiatry, 2015, 27(2): 155-160.

[83] Yan Z, Wang T, Chen Y, et al. Knowledge sharing in online health communities: A social exchange theory perspective[J]. Information & Management, 2016, 53(5): 643-653.

[84] Lin H C, Chang C M. What motivates health information exchange in social media? The roles of the social cognitive theory and perceived interactivity [J]. Information & Management, 2018, 55 (6): 771-780.

[85] Liu S, Xiao W, Fang C, et al. Social support, belongingness, and value co-creation behaviors in online health communities[J]. Telematics and Informatics, 2020, 50: 101398.

[86] Huang K Y, Chengalur-Smith I S, Pinsonneault A. Sharing is caring: Social support provision and companionship activities in healthcare virtual support communities1 [J]. MIS Quarterly,

2019, 43(2): 395-423.

[87] Yan Z, Wang T, Chen Y, et al. Knowledge sharing in online health communities: A social exchange theory perspective[J]. Information & Management, 2016, 53(5): 643-653.

[88] Mpinganjira M. Precursors of trust in virtual health communities: A hierarchical investigation [J]. Information & Management, 2018, 55(6): 686-694.

[89] Zhang Y, Zhang M, Luo N, et al. Understanding the formation mechanism of high-quality knowledge in social question and answer communities: A knowledge co-creation perspective [J]. International Journal of Information Management, 2019, 48: 72-84.

[90] Hsu C-P. Effects of social capital on online knowledge sharing: Positive and negative perspectives[J]. Online Information Review, 2015, 39(4): 466-484.

[91] Pee L G. Community's knowledge need and knowledge sharing in Wikipedia[J]. Journal of Knowledge Management, 2018, 22 (4): 912-930.

[92] Talip B A, Narayan B, Watson J, et al. The role of information experience on IT professionals' Twitter use[J]. Libri, 2020, 70 (1): 1-15.

[93] Kuang L N, Huang N, Hong Y L, et al. Spillover effects of financial incentives on non-incentivized user engagement: Evidence from an online knowledge exchange platform[J]. Journal of management information systems, 2019, 36(1): 289-320.

[94] Choi G, Nam C, Kim S, et al. Where does knowledge-sharing motivation come from? The case of third-party developer in mobile platforms[J]. Journal of Knowledge Management, 2020, 24(7): 1681-1704.

[95] Kuang L N, Huang N, Hong Y L, et al. Spillover effects of financial incentives on non-incentivized user engagement: Evidence

from an online knowledge exchange platform[J]. Journal of management information systems, 2019, 36(1): 289-320.

[96] Zhang Y, Zhang M, Luo N, et al. Understanding the formation mechanism of high-quality knowledge in social question and answer communities: A knowledge co-creation perspective[J]. International Journal of Information Management, 2019, 48: 72-84.

[97] Hsu C-P. Effects of social capital on online knowledge sharing: Positive and negative perspectives[J]. Online Information Review, 2015, 39(4): 466-484.

[98] Choi G, Nam C, Kim S, et al. Where does knowledge-sharing motivation come from? The case of third-party developer in mobile platforms[J]. Journal of Knowledge Management, 2020, 24(7): 1681-1704.

[99] Wang X, Ow T T, Liu L, et al. Effects of peers and network position on user participation in a firm-hosted software community: The moderating role of network centrality[J]. European Journal of Information Systems, 2020, 29(5): 521-544.

[100] Hsu C-P. Effects of social capital on online knowledge sharing: Positive and negative perspectives [J]. Online Information Review, 2015, 39(4): 466-484.

[101] Yan B, Jian L. Beyond reciprocity: The bystander effect of knowledge response in online knowledge communities[J]. Computers in Human Behavior, 2017, 76(Nov): 9-18.

[102] Tsai C A, Kang T C. Reciprocal intention in knowledge seeking: Examining social exchange theory in an online professional community [J]. International Journal of Information Management, 2019, 48(Oct): 161-174.

[103] Razmerita L, Kirchner K, Nielsen P. What factors influence knowledge sharing in organizations? A social dilemma perspective of social media communication[J]. Journal of Knowledge Management, 2016, 20(6): 1225-1246.

［104］Zhao Y, Zhang X, Wang J, et al. How do features of social media influence knowledge sharing? An ambient awareness perspective[J]. Journal of Knowledge Management, 2020, 24(2): 439-462.

［105］Lipu M, Siibak A. 'Take it down! ': Estonian parents' and preteens' opinions and experiences with sharenting[J]. Media International Australia incorporating Culture and Policy, 2019, 170 (1): 57-67.

［106］Sun Y, Zhang Y, Shen X-L, et al. Understanding the trust building mechanisms in social media: Regulatory effectiveness, trust transfer, and gender difference[J]. Aslib Journal of Information Management, 2018, 70(5): 498-517.

［107］Aharony N. Relationships among attachment theory, social capital perspective, personality characteristics, and Facebook self-disclosure[J]. Aslib Journal of Information Management, 2016, 68 (3): 362-386.

［108］Wang T, Duong T D, Chen C C. Intention to disclose personal information via mobile applications: A privacy calculus perspective [J]. International Journal of Information Management, 2016, 36 (4): 531-542.

［109］Nabity-Grover T, Cheung C M K, Thatcher J B. Inside out and outside in: How the COVID-19 pandemic affects self-disclosure on social media[J]. International Journal of Information Management, 2020, 55: 102188.

［110］Luarn P, Huang P, Chiu Y-P, et al. Motivations to engage in word-of-mouth behavior on social network sites[J]. Information Development, 2016, 32(4): 1253-1265.

［111］Wang T, Duong T D, Chen C C. Intention to disclose personal information via mobile applications: A privacy calculus perspective [J]. International Journal of Information Management, 2016, 36 (4): 531-542.

[112] Dienlin T, Metzger M J. An extended privacy calculus model for SNSs[J]. Journal of Computer-Mediated Communication, 2016, 21(5): 368-383.

[113] Li P, Cho H, Goh Z H. Unpacking the process of privacy management and self-disclosure from the perspectives of regulatory focus and privacy calculus[J]. Telematics and Informatics, 2019, 41(Aug): 114-125.

[114] Xiao L, Li Y. Examining the effect of positive online reviews on consumers' decision making: The valence framework[J]. Journal of Global Information Management, 2019, 27(3): 159-181.

[115] Kim S U, Syn S Y. Credibility and usefulness of health information on Facebook: A survey study with U. S. college students[J]. Information Research, 2016, 21(4).

[116] Thon F M, Jucks R. Believing in expertise: How authors' credentials and language use influence the credibility of online health information[J]. Health Communication, 2017, 32(7): 828-836.

[117] Yin C, Sun Y, Fang Y, et al. Exploring the dual-role of cognitive heuristics and the moderating effect of gender in microblog information credibility evaluation [J]. Information Technology & People, 2018, 31(3): 741-769.

[118] Lee S Y. Effects of relational characteristics of an answerer on perceived credikutity of informational posts on social networking sites: The case of Facebook[J]. Information Research-an International Electronic Journal, 2018, 23(3).

[119] Hussain S, Song X, Niu B. Consumers' motivational involvement in eWOM for information adoption: The mediating role of organizational motives[J]. Frontiers in Psychology, 2020, 10: 3055.

[120] Baxter G, Marcella R, Walicka A. Scottish citizens' perceptions of the credibility of online political "facts" in the "fake news" era: An exploratory study[J]. Journal of Documentation, 2019, 75(5): 1100-1123.

[121] Fadel K J, Meservy T O, Jensen M L. Exploring knowledge filtering processes in electronic networks of practice [J]. Journal of Management Information Systems, 2015, 31(4): 158-181.

[122] Lee T D, Park H, Lee J. Collaborative accountability for sustainable public health: A Korean perspective on the effective use of ICT-based health risk communication [J]. Government Information Quarterly, 2019, 36(2): 226-236.

[123] Yi Y J. Sexual health information-seeking behavior on a social media site: Predictors of best answer selection [J]. Online Information Review, 2018, 42(6): 880-897.

[124] Li J, Tang J, Liu X, et al. How do users adopt health information from social media? The narrative paradigm perspective [J]. Health Information Management Journal, 2019, 48 (3): 116-126.

[125] Sun Y, Wang N, Shen X-L, et al. Bias effects, synergistic effects, and information contingency effects: Developing and testing an extended information adoption model in social Q&A [J]. Journal of the Association for Information Science and Technology, 2019, 70(12): 1368-1382.

[126] Hajli N. The impact of positive valence and negative valence on social commerce purchase intention [J]. Information Technology & People, 2019, 33(2): 774-791.

[127] Han X, Qu J, Zhang T. Exploring the impact of review valence, disease risk, and trust on patient choice based on online physician reviews [J]. Telematics and Informatics, 2019, 45 (Dec): 101276.

[128] Wu D. Withholding effort in sharing knowledge in online space: Differential effects of task characteristics [J]. Journal of Knowledge Management, 2020, 24(10): 2401-2429.

[129] Hajli N. Social commerce constructs and consumer's intention to buy", International Journal of Information Management, 2015,

35(2): 183-191.

[130] Li C-Y. How social commerce constructs influence customers' social shopping intention? An empirical study of a social commerce website [J]. Technological Forecasting and Social Change, 2019, 144: 282-294.

海外媒介效果研究前沿追踪
（2016—2020）*

张　卓　王　竞**

摘　要：对国外八大传播学期刊 2016—2020 年刊发的所有论文进行逐篇检阅，采用文献计量法，从研究主体、研究内容、研究热点等层面，勾勒媒介效果研究的知识图谱。研究发现：（1）心理学范式依旧主导媒介效果研究；（2）媒介效果的本体论和方法论研究渐成气候；（3）媒介技术扩张的负面影响批判成为热点；（4）传统研究对象和经典效果理论在新媒介语境下热度未减；（5）东西方媒介效果研究差距依旧。

关键词：媒介效果；知识图谱；文献计量法

在瞬息万变的媒介实践中，对学术活动进行定期检查，追踪学术思想在"无形学院"中的流动必不可少。卡姆哈维（Rasha Kamhawi）和韦弗（David Weaver）认为，当我们"从远处"观察文献，可以发现大众传播研究中更为宏大的模式和趋势①。了解它们可以帮助研究者确定研究的优势和劣势，探寻理论贫瘠之地，发掘学术

＊　项目基金：本文为武汉大学自主科研项目（人文社会科学）研究成果，得到"中央高校基本科研业务费专项资金"资助（supported by"the Fundamental Research Funds for the Central Universities"），项目编号为 2020HW011。

＊＊　张卓，武汉大学新闻与传播学院，教授。王竞，武汉大学新闻与传播学院，博士生。

①　Rasha Kamhawi, David Weaver. Mass Communication Research Trends from 1980 to 1999[J]. Journalism & Mass Communication Quarterly, 2003, 80(1): 7-27.

资源的"富矿"。

丹尼斯·麦奎尔(Denis McQuail)的名言"传播学研究归根到底是媒介效果的研究",精辟地概括了媒介效果研究的学术地位与学术价值。"效果"既是传播实践的终极目标,又是传播学术研究的重要起点,且长期在传播学研究领域占据支配地位。有关媒介效果的理论、议题与研究方法,无论在数量上,还是质量上,都成为传播学的重要学术构成,在某些方面甚至对传播学的整体发展起到了定位与定向的作用。

然而,媒介效果研究并非整齐划一、铁板一块,相反它是传播学领域中的"是非之地"。纵观西方媒介效果研究的历史,媒介效果研究长期在"强效果"和"弱效果"之间来回摆荡,研究结果有所出入,甚至观点相悖。处于各学科交叉路口的媒介效果研究在黄金时代后鲜有标志性的权威成果出现,媒介效果研究的主导范式也备受质疑和诟病。经验学派腹背受敌,不仅面临内部研究结论的冲突,还需面对学派之外其他学者对其研究动机、学术范式及主要议题的普遍质疑。吊诡的是,媒介效果研究在整体上呈现出明显的悖论:一方面,随着传播学研究的逐步成熟与多元,媒介效果研究的主导性与支配性备受争议,"效果的终结""影响是一个可质疑的传播学研究的核心",等等,诸如此类的学术观点渐成气候。另一方面,媒介效果研究持续不衰。自20世纪20年代媒介效果研究发轫至今,相关研究文献已累计5 000余篇。新媒介一经出现,便成为效果研究首要关注的对象。截至2020年底,4G网络覆盖了全球85%的人口,93%的用户可以通过移动设备接入宽带网络①。Facebook、Twitter等社交媒介从尚在襁褓到日益壮大,并一跃成为互联网巨头,而传统媒介已经并将持续经历深刻变革。复杂多变的媒介环境为效果研究提供了新的试验场,新兴媒介技术为媒介效果研究带来了新的研究对象。

---

① International Telecommunication Union Development Sector:"*Measuring digital development:Facts and figures* 2020",载 https://www.itu.int/en/ITU-D/Statistics/Documents/facts/FactsFigures2020.pdf,2020 年 12 月。

一、研究样本及分析方法

本研究旨在追踪近五年(2016—2020 年)海外媒介效果研究前沿。"期刊论文是研究趋势的晴雨表"。为了明晰而准确地勾勒西方媒介效果研究的学术动向,本研究将选择 8 种欧美传播学专业期刊作为研究样本来源,这些期刊包括:*Journal of Communication*、*Communication Research*、*Human Communication Research*、*Communication Theory*、*Media*,*Culture & Society*、*European Journal of Communication*、*New Media & Society*、*Journal of Computer-Mediated Communication*。在众多西方传播学期刊中选取这 8 种作为分析样本,主要是考虑样本的下列因素:(1)学术地位,依据美国信息科学学会(Information Sciences Institute,ISI)出版的期刊引用报告(Journal Citation Report,JCR)中的期刊排名和影响因子,在样本中既有排名前十位的重要期刊,也有排名较后的期刊,对不同层次期刊的分析比较,以使研究结论更具有普遍意义。(2)出版地区,兼顾分别代表经验学派的美国期刊和代表批判学派的欧洲期刊。(3)研究历史与研究传统,样本中既有历史悠久的领航性期刊,也有诞生不久的新秀期刊;既有热衷于经验主义研究范式的"保守派",也不乏倡导跨学科视角、坚守批判立场的"改革派"。

通过对八大刊 2016 年至 2020 年刊发的所有论文进行逐篇检阅,从总计2 358篇期刊论文中筛选出了1 646篇文献作为分析样本。论文样本筛选必须符合两个条件:(1)2016—2020 年发表在新闻传播学八大刊上的研究论文(Article,不包含书评和编辑评论);(2)论文主题与媒介效果有关。

不同的研究文献对"媒介效果"有不同的界定。詹姆斯·波特(James Potter)通过回顾多位传播学者对"媒介效果"的界定,把媒介效果定义为"由于大众媒介的影响,个人或社会实体在一个或一系列大众媒介讯息发布后产生的变化"。他还进一步将媒介效果细分为:渐进的长期的变化、强化、即刻的转变和短期的浮动式变化。这一论述将一系列广泛议题囊括进媒介效果研究的范畴中,如效果类型、效果层级、变化、影响、普遍性、媒介刺激、意向性、生效时间、可测性等①。波特的综合概念化为效果研究提供了一个详细的分析矩阵和一种共享的话语体系，也为本研究筛选样本提供了锚定标准。本研究在采用文献计量法总结归纳研究主题和观点、描绘基本研究现状的同时，尝试从研究主体、研究内容、研究热点等层面，勾勒西方媒介效果研究的知识图谱。通过呈现其复杂的知识网络，描摹效果研究的前沿发展态势，思考传统研究范式在新兴媒介生态下的适用性与有效性。

二、主题分布

共词方法能够分析学科的热点内容、主题分布以及学科结构等问题②。把筛选后的样本文献数据导入 CiteSpace，以"keyword"和"term"为节点类型，依据共词分析可绘制得出聚类分析图谱③。一般而言，新兴研究领域的图谱较为分散，传统研究议题的图谱则较为集中。图中每个节点代表一个关键词，节点之间连线的距离代表它们之间的亲疏关系，距离越长关联性愈弱，反之亦然。相近的节点代表了在研究领域分布中的亲密关系。图 1 显示，近五年海外媒介效果研究的结构节点分布有疏有密，这表明效果研究已经形成相对固定的研究范式和研究议题，但同时也在不断开拓新的研究领域。

聚类 #0"社交媒体和选择性接触"（social media/selective exposure）主要依托社交媒体，从政治言论表达、政治新闻传播等

---

① Potter W J. Conceptualizing mass media effect[J]. Journal of communication. 2011(61)：896-915.

② 李杰，陈超美. CiteSpace 科技文本挖掘及可视化[M]. 北京：首都经济贸易大学出版社，2016：194-195.

③ 聚类是由计算所生成的一组数据对象的集合，同组中的对象彼此相似，且与其他组中的对象相异。换言之，在图中一个带"#"的数字标号范围内的节点可以被视为是同一类。本次聚类计算 Modularity 模块化指标 Q=0.5582，一般认为 Q>0.3 意味着聚类结构显著，Q 值越大网络聚类越好。

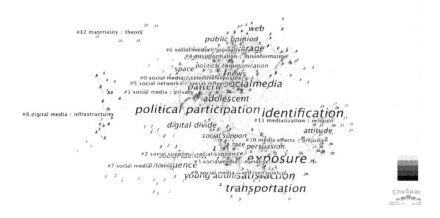

图 1　关键词聚类图

政治传播的角度切入，关注党派政治、选民、媒介之间的关系，借助选择性接触、选择性分享、沉默的螺旋、议程设置等理论工具探究媒介效果。在某种意义上，媒介与政治是传播研究的母题之一。半个世纪以来，社会关系中的政治互动一直都是学者们的兴趣所在①。网络媒介的出现让社交网络成为社会关系和政治讨论交叉融合的新领域②。该部分研究多基于党派政治和全民选举的背景，进一步探索了网络媒介，充分拓展了经典理论的适用场景。

聚类#1"社交媒体和隐私"（social media/privacy）中主要讨论了社交网站上的隐私管理和自我披露。随着媒介技术的发展，移动媒体在日常生活中逐渐显化。传播技术为信息的自由共享和用户的互联互通赋能，但便利使用和信息泄露之间的"隐私悖论"愈加显著。

①　Nir L. Disagreement and opposition in social networks: Does disagreement discourage turnout? [J]. Political Studies, 2011, 59(3): 674-692.

②　Himelboim I, McCreery S, Smith M. Birds of a feather tweet together: Integrating network and content analyses to examine cross-ideology exposure on Twitter [J]. Journal of computer-mediated communication, 2013, 18(2): 154-174.

一方面，社交网络中的自我披露和自我呈现行为越来越日常化，许多人认为这种碎片化的信息展演并不会带来负面影响。但是较多研究表明，在大数据时代的信息处理过程中，信息的聚合（aggregation）和识别（identification）可能为这些用户的隐私带来风险。另一方面，"万物皆媒"的泛媒介化语境下，"基础设施监视"无处不在，并可能进一步延伸至生活中的细枝末节，威胁到个人信息安全。最后，技术助力信息自由共享的愿景似乎也被算法偏见打破。虽然隐私和信息控制并非传统的媒介效果议题，但是伴随着数字媒介的发展，个体对于隐私触犯的感知、下意识中对于自我信息的控制、在线言论中的审查都将成为庞大信息系统中的重要效果变量，探讨这些议题亦有较为辽阔的理论空间。

聚类#2 重点探讨了"社会支持"（social support/social support），尤其是数字技术对于社会支持的赋能。网络社区的发展成熟使其成为在陌生人之间发起和维持社会关系的重要手段。在线社区为用户提供线上"绿洲"，可以逃离线下交往的"荒漠"。如在线支持小组可提供便于用户寻求建议和支持的场域，以应对精神和身体健康问题①。该部分文献侧重探索通过情感支持和支持性沟通改善个人内在的心理状态，"结构方程模型""多层次中介模型""中介模型"是主要研究工具。

聚类#3 重点关注了"社交媒体和叙事"（social media/narrative）。在社会心理学中，叙事被当作一种治疗手段。叙事说服理论认为，故事可以影响一个人在真实世界的信仰和行为②。一旦人们沉浸在

① Rains S A, Brunner S R, Akers C, Pavlich, C A, & Tsetsi E. The implications of computer-mediated communication（CMC）for social support message processing and outcomes：When and why are the effects of support messages strengthened during CMC？[J]. Human Communication Research. 2016, 42（4），553-576.

② Emily Moyer-Gusé. Toward a Theory of Entertainment Persuasion：Explaining the Persuasive Effects of Entertainment-Education Messages [J]. Communication Theory. 2008, 18（3）：407-425. .

故事中，认为它是真实的，并且认同故事中的人物，那么就更可能根据叙事的信念改变自己的信念①。叙事说服的效果引起了诸如健康传播②、娱乐化教育③④和培养理论学者的兴趣⑤。具体而言，本聚类的文献重点关注了叙事的心理效果，如媒介享受、倾向理论、隐性态度、二次筛选、叙事参与等，并就娱乐化叙事、恐惧诉求、威胁诉求等具体叙事策略进行探讨。

聚类#4 重点关注了"错误信息"（misinformation）在不同领域的传播机制和心理效应。首先需要明确的是，错误信息（misinformation）和虚假信息（disinformation）不尽相同，虚假信息是故意传播错误信息以获得金钱、权力或声誉，包含了意向性的概念，强调传播的主体属性⑥，而错误信息则更多偏向于人类的知识局限、信息加工的疏漏、传播渠道的特性、受众自身认知对信息传播解

---

① Green M C, & Brock T C. In the mind's eye: Transportation-imagery model of narrative persuasion. In Green M C, Strange J. J, & Brock T C(Eds.), Narrative impact: Social and cognitive foundations [M]. New York: Lawrence Erlbaum Associates Publishers. 2002: 314-315.

② Green M C. Narratives and cancer communication [J]. Journal of communication, 2006, 56: S163-S183.

③ Moyer-Gusé E. Toward a theory of entertainment persuasion: Explaining the persuasive effects of entertainment-education messages [J]. Communication theory, 2008, 18(3): 407-425.

④ Morgan S E, Movius L, Cody M J. The power of narratives: The effect of entertainment television organ donation storylines on the attitudes, knowledge, and behaviors of donors and nondonors[J]. Journal of Communication, 2009, 59(1): 135-151.

⑤ Busselle R, Ryabovolova A, Wilson B. Ruining a good story: Cultivation, perceived realism and narrative[J]. 2004.

⑥ Swire-Thompson B, Lazer D. Public health and online misinformation: challenges and recommendations [J]. Annual Review of Public Health, 2020, 41: 433-451.

读的影响①②。在该聚类研究具体关注了公共话语中包含统计数据的事实信息、以 YouTube 为代表的在线平台中的错误信息、政治传播和气候问题中的错误信息、假新闻的生产传播机制等。同时探索了诸如"低收入美国非裔老年人"等"易感人群"对错误信息的获取和判断。从错误信息传播的角度探索了媒介效果的新面向。其次，从媒介素养角度对错误信息的识别和传播提出对策。总体而言，选择性接触、选择性注意和自我肯定等心理效应决定了受众的信息甄别传播机制，离散化的在线媒体环境为错误信息的传播铺砖垫瓦。

聚类#5"社交媒体和社会影响"（social media/social influence）关注社交媒体在政治层面的宏观效果，如 Twitter 中情绪化的政治信息及其对选举的影响、政治谈话和政治知识获取的关系，以及社交媒体中的政治意见领袖对集群行动的作用等。相较于聚类#1，该聚类着重考察青少年对政治信息的接触和参与兴趣，以及政治传播对青少年的影响。如在线社交平台 Whatsapp、Facebook、Twitter 中的政治话语传播、政治信息接触和政治参与。与此同时，也关注了极端政治运动中"受害者"所遭遇到的负面刻板印象构建。

聚类#6"社交媒体和新闻业"（social media/journalism）相较于前两者更为侧重讨论新闻（业）和社会舆论的关系，尤其关注社交媒体在社会动员层面的效应。诸如民粹主义在美国的泛滥、政治斗争和抗议，以及美国移民群体的生活处境等。在研究方法上更多基于框架理论采用内容分析和文本分析。具体而言，从社会运动的角度讨论了沙特妇女争取驾驶权运动、穆斯林群体媒介形象以及特朗普总统就职典礼报道中的愤怒民粹主义等。

聚类#7 重点关注"社交媒体和中国"（social media/China）。一

---

① Michael J. O'Brien, Izzat Alsmadi："*Misinformation, disinformation and hoaxes：What's the difference?*"，载 https：//theconversation. com/misinformation-disinformation-and-hoaxes-whats-the-difference-158491，2021 年 4 月。

② Frenda S J, Nichols R M, Loftus E F. Current issues and advances in misinformation research［J］. Current Directions in Psychological Science，2011，20（1）：20-23.

方面表明了中国在媒介实践中的突出成绩，另一方面也昭示了有越来越多的华人学者关注本土媒体发展。作为公共讨论空间的微信和微博是首要焦点：农民工借助网络媒体的维权行动、人肉搜索引擎的社会抗议现象、基于微信进行经营活动的"微商"和代购群体等。还有研究以电视节目为案例，透析媒介内容生产与中国社会文化政治变迁的关系、网络电视的新媒介生态与粉丝文化之关联、中国美剧观众的跨文化感知与媒介消费，以及中国新闻专业主义的多元实践等。此外，新闻业中的女性从业者、残障人士依托信息和通信技术（ICTs）获得社会支持的现状等也得到了学者们的关注。

聚类#8"数字媒体和基础设施"（digital media/infrastructure）表现出传播基础结构的研究转向，具有较强的前瞻性。该聚类的大部分研究将数字基础设施和平台置于历史文化、政治经济等更广泛的学术和公共辩论之中，借鉴媒体产业和文化生产的研究，探讨数字劳动、行业逻辑、政策监管、国家权力、文化实践以及与公民身份有关的数字平台日常使用、数字平台重构等问题。

聚类#9"社交媒体和自我审查"（social media/self-censorship），首先从自我信息的控制层面考察了社交媒体的媒介效果，尤其是在个人的主观幸福感、自我效能、情绪调节、社会压力、饮食失调等方面的作用。其次，关注到宏观社会文化和政治规范下的自我审查，如在乌克兰—俄罗斯的冲突事件中，俄罗斯传播错误信息、制造新闻偏见，乌克兰记者的自我审查实践等。

聚类#10"媒介效果和偏见"（media effects/prejudice）是传播学研究中持续关注的议题，重点研究了刻板印象的形成机制，以及因种族政治差异被割裂的社会群体如何借助媒介实现群体间接触（intergroup contact）来消解刻板印象。奥尔伯特（Gordon Allport）认为，群体间接触可以减少群体间的偏见①。伴随着媒介技术的发展，中介性偏见（mediated prejudice）、中介化接触（mediated contact）、中介效应、社会认同、信息识别、固定效应（fixed effects）等成为新的理论亮点。

---

① Allport G W. The nature of prejudice. Cambridge, MA：addison[J]. 1954.

聚类#11"媒介化和宗教"(mediatization/religion)着重考察了媒介化社会对宗教文化的渗透。泛在的媒体环境业已改变声音、图像和文本的制作、传播和使用的条件,尤其是形塑了普通人的日常生活方式。媒介化成为公共辩论、社会和文化生活中的重要议题①。在媒介化进程中,宗教文化和媒介文化共同形塑了信仰者的身份认同,宗教团体需要应对互联网的冲击,逐步变革宗教的实践形式,通过新媒体建立和年轻人的联系,但在线宗教这种看似灵活且妥协的姿态却在激发现代与传统的冲突。

聚类#12"物质性和理论"(materiality/theory)以媒介物质性为切口,对媒介效果本体论进行再思考,从移动性研究、媒介生态学、社会物质性、媒介调性(media tonality)、二元论、空间研究等层面提出新见解,进一步泛化了对媒介效果生产主体的指涉。

三、研究热点

分析八大刊上研究论文的"共词词频"发现,词频超过 50 的高频关键词主要分为四类:媒介形态、媒介内容、媒介使用和效果类型。与媒介形态相关的包含"社交媒体"(273)、"互联网"(134)、"电视"(96)、"在线"(91)、"Facebook"(125)和"Twitter"(71)等;与媒介内容相关的关键词有"新闻"(152)、"政治"(79)、"性别"(79)和"话语"(51)等;与媒介使用相关的包含"参与"(70)和"接触"(51);与效果类型相关的则包括"感知"(104)、"行为"(65)、"情感"(64)、"态度"(57)、"认同"(50)等。其中,"模式"(94)既可指涉研究的具体操作方法又能代表传播研究中的范式。概言之,这些关键词折射出了媒介效果研究的诸多关注焦点和偏向:媒介形态、内容、使用行为都是影响效果的关键变量,媒介效果可以细腻地展陈在不同的空间和时间层面。

---

① Kaun A, Fast K. Mediatization of culture and everyday life[M]. Södertörns högskola, 2014.

表1　　2016—2020 年媒介效果研究热点关键词 (词频>50)

关键词	词频	中介中心性
1. social media 社交媒体	**273**	0.02
2. news 新闻	152	0.07
3. internet 互联网	134	0.03
4. Facebook 脸书	125	0.03
5. perception 感知	104	0.03
6. television 电视	96	0.05
7. model 模式	94	0.03
8. online 在线	91	0.03
9. journalism 新闻业	88	0.03
10. impact 影响	87	0.04
11. politics 政治	85	0.03
12. gender 性别	79	0.03
13. Twitter 推特	71	0.03
14. participation 参与	70	0.03
15. behavior 行为	66	0.04
16. technology 技术	65	0.04
17. emotion 情感	64	0.02
18. attitude 态度	57	0.07
19. exposure 接触	51	**0.11**
20. discourse 话语	51	0.02
21. identity 认同	50	0.05

表 1 数据显示，词频排序第一的"社交媒体"是近五年海外媒介效果研究最为重要的考察对象，其中尤以 Facebook、Twitter 攫取了学者最多的研究兴趣，且"电视"研究热度未减。就研究主题来

说，"政治传播"和"性别传播"依旧是重点。中介中心性①最高的"接触"是最为重要的连结关键词，它是连接整个知识图谱中不同研究子领域之间的桥梁，统领不同的研究取向，表明其在媒介效果研究领域中是具有较强贯穿性的研究议题，是"参与""情感""态度"和"认同"等效果考察中的重要变量。

探寻社交媒体对民主实践的影响是政治传播效果研究的重要议题。研究发现，可以利用个人化的媒体使用来吸引公众、提升竞选成功率②，还可以获取和分享信息，以促进对社会问题的集体行动③。但在利用技术推动社会变革的同时，也需警惕数字媒体带来的伦理问题。在个人的媒介使用上，有研究通过眼动仪的测量发现，态度一致性并不影响新闻提要中的注意力分布，但用户更愿意选择那些内容强化了他们态度的政治新闻帖子④。过度依赖社交网络获取新闻并讨论公共事务，使人们不再需要主动寻求信息，从而降低了获取政治知识和信息的主动性，并间接影响了参与政治活动的积极性⑤。有研究依托沉默的螺旋和选择性接触理论，从党派媒体接触上探讨了其加强政治参与的可能性⑥。也有学者提出相互加

---

① 中介中心性(betweenness centrality)是 CiteSpace 提供的一个衡量节点在网络结构中重要性的指标，通常高中介中心性(Centrality>0.1)的节点是连接两个领域的关键枢纽。

② Howard P N. New media campaigns and the managed citizen[M]. Cambridge University Press, 2006.

③ Boulianne S. Online news, civic awareness, and engagement in civic and political life[J]. New media & society, 2016, 18(9)：1840-1856.

④ Sülflow M, Schäfer S, Winter S. Selective attention in the news feed：An eye-tracking study on the perception and selection of political news posts on Facebook[J]. New Media & Society, 2019, 21(1)：168-190.

⑤ Gil de Zúñiga H, Diehl T. News finds me perception and democracy：Effects on political knowledge, political interest, and voting[J]. New media & society, 2019, 21(6)：1253-1271.

⑥ Dvir-Gvirsman S, Garrett R K, Tsfati Y. Why do partisan audiences participate? Perceived public opinion as the mediating mechanism[J]. Communication Research, 2018, 45(1)：112-136.

强的螺旋模型，认为党派选择性接触和态度极化，制约了选择性媒
介接触的相互影响及其态度变化过程①。在选择性注意、接触之
后，用户的选择性分享成为社交网络中重要的信息节点。有研究利
用 2012 年美国总统大选期间收集的 Twitter 数据集，分析了党派群
体是如何影响对候选人事实核查信息的分享和评价模式。研究认
为，有选择地发布关于候选人正面或负面的信息，导致事实核查信
息依循着意识形态狭隘地流向他们的追随者②。除了政治群体，宗
教信仰也是在线社交按照身份界限进行群体隔离的标准之一。有研
究发现在政治议题的讨论中民族之间的割裂进一步加剧③。学术界
和政治评论家普遍对年轻公民的选举参与下降感到惋惜。有论文通
过对 Twitter 中"#Votebecause"标签下言论的定性分析，探讨社交网
络、适当的交流空间、先前的团体成员身份对吸引学生参与投票的
重要性，探讨青年群体的投票动机④。

　　对情感和认同效果的追踪主要分布在新闻、广告的叙事效果和
种族、性别等群体的相关研究之中。如有研究对比了叙述性广告和
非叙述性广告对购买意向的影响，其结论支持了消极和积极情感反
应的中介作用⑤。另外，视觉化的企业社会责任信息及其内含的情

① Song H, Boomgaarden H G. Dynamic spirals put to test: An agent-based model of reinforcing spirals between selective exposure, interpersonal networks, and attitude polarization[J]. Journal of Communication, 2017, 67(2): 256-281.

② Shin J, Thorson K. Partisan selective sharing: The biased diffusion of fact-checking messages on social media[J]. Journal of Communication, 2017, 67(2): 233-255.

③ Nisser A, Weidmann N B. Online ethnic segregation in a post-conflict setting [J]. European Journal of Communication, 2018, 33(5): 489-504.

④ Sloam J. #Votebecause: Youth mobilisation for the referendum on British membership of the European Union[J]. New Media & Society, 2018, 20(11): 4017-4034.

⑤ Krakow M M, Yale R N, Jensen J D, et al. Comparing mediational pathways for narrative-and argument-based messages: Believability, counterarguing, and emotional reaction[J]. Human Communication Research, 2018, 44(3): 299-321.

感价值能够增加受众对企业社会责任感的态度和行为意向的感知①。也有研究探讨了自我肯定对情绪反应的影响②。论文《如何改善对不喜欢群体的态度：叙事与数据证据对政治说服力的影响》以信息说服和群体外接受为理论基础，对证据类型、促进条件和基本机制进行解释，发现叙事导致了更充分的信息接受度和沉浸感，在"鼓励移情"的条件下这种效应更为明显。叙事在移情条件下的说服力由沉浸感起到中介作用③。有学者通过对比悲伤基调的纪录片《终结游戏》和非虚构喜剧叙事的《站起来的星球》，发现喜剧叙事能够在意识、知识和行动方面产生更明显的效果，作者认为这些影响借叙事的亲和力、积极的情绪和娱乐价值而发生效力④。电视研究中，有学者遵循经典议题进一步验证了惊悚影视对儿童情绪的影响，并认为其对十岁以下儿童效果更为显著⑤。通常而言，多种心理效果是综合发生的，单一效果的讨论多作为多种变量的中介因素出现。态度作为一种复杂的效果结果，也受到多种因素的影响，如"态度极化"的效应中，动机性推理、自我刻板印象和群体间敌

① Chung S, Lee S Y. Visual CSR messages and the effects of emotional valence and arousal on perceived CSR motives, attitude, and behavioral intentions [J]. Communication Research, 2019, 46(7): 926-947.

② Wang X, Hickerson A A, Arpan L M. The role of self-affirmation and user status in readers' response to identity-threatening news[J]. Communication Research, 2016, 43(8): 1045-1064.

③ Wojciesza, M, & Kim N. How to improve attitudes toward disliked groups: The effects of narrative versus numerical evidence on political persuasion [J]. Communication Research. 2016, 43(6): 785-809.

④ Borum Chattoo C, & Feldman L. Storytelling for social change: Leveraging documentary and comedy for public engagement in global poverty [J]. Journal of Communication, 2017, 67(5): 678-701.

⑤ Krakow M M, Yale R N, Jensen J D, et al. Comparing mediational pathways for narrative-and argument-based messages: Believability, counterarguing, and emotional reaction[J]. Human Communication Research, 2018, 44(3): 299-321.

意等均具有中介作用①。

与"认同"相关的研究多依循传统媒体的媒介文本，建立起其与不同政治文化群体的勾连。如在 Uongozi 这个旨在展示青年人领导力的真人秀节目中，尽管缺乏高质量的青年候选人，但其依旧构建并推广了一种理想化的进步青年领袖形象，提升了选举活动的参与度，并制造了民族团结和非种族的肯尼亚集体身份认同②。同时，娱乐媒体还具有挑战单一民族认同概念的潜力，两部在德国电视台播放的土耳其家庭喜剧以高质量的剧本叙事博得了好评，通过剖析剧中的人物和叙事，结合公共领域中的相关讨论，作者认为家庭喜剧为跨文化协商提供了空间③。种族割裂和歧视问题依旧严峻，有研究通过对 145 名年轻穆斯林的实验显示，右翼民粹主义广告的接触增加了人们对歧视的感知，这反过来又降低了实验参与者的自我效能和民族认同，并从侧面增加了他们对更多数人的敌意④。新媒体环境中复杂的、多方向的媒体跨国化和在线粉丝流动的过程也备受关注，尤其是从东方到西方的跨国媒体流动。有论文对韩剧观众进行了在线民族志研究，探讨其对西方粉丝的吸引力及其对粉丝身份和世界观的影响⑤。越来越多的研究关注到在线平台

① Han J, Federico C M. The polarizing effect of news framing: comparing the mediating roles of motivated reasoning, self-stereotyping, and intergroup animus[J]. Journal of Communication, 2018, 68(4): 685-711.

② Tully M, Tuwei D. We are one Kenya: representations of the nation, leadership, and de-ethnicized identity on reality TV[J]. Media, Culture & Society, 2016, 38(8): 1119-1135.

③ Zambon K. Negotiating new German identities: transcultural comedy and the construction of pluralistic unity[J]. Media, Culture & Society, 2017, 39(4): 552-567.

④ Schmuck D, Matthes J, Paul F H. Negative stereotypical portrayals of Muslims in right-wing populist campaigns: Perceived discrimination, social identity threats, and hostility among young Muslim adults [J]. Journal of Communication, 2017, 67(4): 610-634.

⑤ Lee H. A 'real' fantasy: hybridity, Korean drama, and pop cosmopolitans [J]. Media, Culture & Society, 2018, 40(3): 365-380.

的传播现象，如内容生产者如何在 Instagram 上展示他（她）们的性别身份①，电视节目官方 Twitter 如何为观众提供身份认同和群体认同的空间，以及在线表演、协商阶级和种族的场域②。但传统媒体依旧没有脱离研究者的视野，有研究考察了杂志上关于女性的性别描述对长时间媒介接触的受众，在未来自我感知上带来的影响③。

近五年海外媒介效果研究奉献了独特的、多维的、跨学科的视野，丰富、拓宽、细化了媒介效果研究的主题。来自不同学科的研究者从不同角度展陈了媒介全方位塑造的社会景观，并力图揭示其背后的深层机制，以加深人们对媒介效果的理解。但是，媒介效果视阈下的政治传播研究在路径上总体依循传统的效果范式：通过访谈和调查研究受访者的政治接触和参与行为；通过框架分析、内容分析或话语分析，深入剖析传播内容。沉默的螺旋、选择性接触、议程设置等经典理论在社交媒体时代焕发出新的生机。社交媒体的确改变了公民获得政治信息、进行政治讨论和政治参与的方式，党派政治、种族冲突、社会运动依旧是主要议题。遗憾的是，新媒介虽然为政治传播增添了新议题，但囿于已有研究范式，并无多少推进。在聚焦政治传播的同时，围绕叙事效果的广告说服、健康传播也占据了一席之地。并且伴随全球化、移民的跨国流动等现象而出现的种族宗教差异、群体交流割裂等相关社会文化现象也逐渐博得了研究者的兴趣。

四、新兴议题

突发性检测（burst detection）通过侦测变量在短期内的巨大变化

---

①　Baker S A, Walsh M J. 'Good Morning Fitfam': Top posts, hashtags and gender display on Instagram[J]. New Media & Society, 2018, 20(12): 4553-4570.

②　Smit A, Bosch T. Television and black Twitter in South Africa: Our perfect wedding[J]. Media, Culture & Society, 2020, 42(7-8): 1512-1527.

③　Kennard A R, Willis L E, Robinson M J, et al. The allure of Aphrodite: How gender-congruent media portrayals impact adult women's possible future selves[J]. Human Communication Research, 2016, 42(2): 221-245.

来探测文献中呈现的新兴议题。由表2中排名前十的关键词可见，具有较强突发性的议题，或与媒介形态和媒介运行机制的飞速变化相关，或与人类社会整体的"媒介化"进程密不可分。

表2　　　　　　　　　　　关键词突发性检测

关键词	词频	突发性	开始时间	结束时间
1. political economy 政治经济学	17	4.38	2018	2020
2. mediatization 媒介化	23	4.34	2016	2017
3. surveillance 监视	16	4.12	2018	2020
4. activism 行动主义	15	3.86	2018	2020
5. social change 社会变革	10	3.70	2016	2017
6. television news 电视新闻	9	3.32	2016	2017
7. history 历史	9	3.32	2016	2017
8. stereotype 刻板印象	9	3.32	2016	2017
9. journalist 记者	9	3.32	2016	2017
10. satisfaction 满足	24	3.09	2018	2020

（一）媒介化：社会、文化和经济

媒介化试图捕捉媒介技术发展与社会变化之间长期的互动关系。作为制度化和技术化的传播手段，媒介已经成为人类生活中必不可少的组成部分。它不仅是中立的信息中介，也是社会和文化变革的中介①。媒介理论和效果研究作为传播学研究的两大传统，以不同的方式探讨了媒介的影响。媒介理论认为占主导地位的媒介是

① Mihelj S, Stanyer J. Theorizing media, communication and social change: towards a processual approach[J]. Media, Culture & Society, 2019, 41(4): 482-501.

社会和文化变革的建构者，人类历史可分为口头文化、经文文化（scribal culture）、印刷文化和电子文化四个阶段①。传统的媒介效果研究则侧重分析某些媒体内容对社会短期内的影响②。这两种方法都推动了人们对媒体、文化和社会之间关系的理解，但又各有不足。媒介理论过于夸大了媒介对于社会的意义，效果研究则忽略了媒介本身的特殊性和文化背景的问题。媒介已不再是"在社会之外"的旁观者，而是在社会的内部，成为文化结构的一部分。在数字化媒介的全面推进下，媒介越来越多地涵盖了整个文化和社会——"万物皆媒"③。

　　媒介化是和全球化等其他转型性社会变革过程同等重要的元过程（meta-process）④⑤⑥，不仅适用于政治和民主的背景⑦⑧，也囊括了更广泛意义上的文化和社会。媒体在深度融入其中的同时，对社会不同领域的影响越来深刻⑨。媒介化是指"媒介（被视为一种文化技术和一种社会机构）的影响扩展到社会和社会生活的所有领

①　Meyrowitz J. Medium theory［J］. The International Encyclopedia of Media Literacy，2019：1-7.

②　Rosengren K E. Media Effects and Beyond：Culture［J］. Socialization and Lifestyles，London，1994.

③　Livingstone S. Foreword：Coming to terms with'mediatization'［J］. Mediatization：Concept，changes，consequences，2009：9-13.

④　Hjarvard S. The mediatization of culture and society［M］. Routledge，2013.

⑤　Bühlmann M，Kriesi H，Lavenex S，et al. Democracy in the Age of Globalisation and Mediatization［J］. 2013.

⑥　Krotz F. The meta-process ofmediatization'as a conceptual frame［J］. Global media and communication，2007，3（3）：256-260.

⑦　Kepplinger H M. Mediatization of politics：Theory and data［J］. Journal of communication，2002，52（4）：972-986.

⑧　Schillemans T. Mediatization of public services：How organizations adapt to news media［M］. Frankfurt am Main：Peter Lang，2012.

⑨　Strömbäck J. Four phases of mediatization：An analysis of the mediatization of politics［J］. The international journal of press/politics，2008，13（3）：228-246.

域"①,或是"社会越来越多地服从或依赖媒介及其逻辑的过程"②。

《亲密的媒体和社会性的技术本质》③认为数字媒体已经进入公共生活的所有领域,网络社会生活已经完全自然化。持续的在线连接以及用户的高度碎片化和分散的传播实践对受众的感知结构变化起着重要作用。有研究认为,无线电报使空气媒介化,媒介化的空气改变了气象学、计时、流动性和运输,并对空中边界的管理提出了挑战④。《媒介化研究的三项任务》⑤阐述了媒介化研究的历史性、特殊性和可测量性,并提出了媒介化研究议程的三个跨学科和跨范式任务。《生日、纪念日和时间性》⑥试图通过分析"历史上的今日"来研究媒体机构如何结构、组织和代表媒介化的时间,以促进对媒介化的理解。还有研究关注社交网络平台中媒介化的自我呈现⑦、人工智能机器人如何作为更深层次的媒介化的表现⑧等议题。宗教的媒介化挑战了现有宗教组织的权威,同时媒介也使新的

① Mazzoleni G. Mediatization of society[J]. The international encyclopedia of communication,2008.

② Hjarvard S. The mediatization of society: A theory of the media as agents of social and cultural change[J]. Nordicom review, 2008, 29(2): 102-131. : 113

③ Luthar B, Pušnik M. Intimate media and technological nature of sociality[J]. New Media & Society, 2021, 23(5): 1257-1277.

④ Rikitianskaia M, Balbi G, Lobinger K. The Mediatization of the Air: Wireless Telegraphy and the Origins of a Transnational Space of Communication, 1900-1910s[J]. Journal of Communication, 2018, 68(4): 758-779.

⑤ Ekström M, Fornäs J, Jansson A, et al. Three tasks for mediatization research: Contributions to an open agenda[J]. Media, Culture & Society, 2016, 38(7): 1090-1108.

⑥ Humphreys L. Birthdays, anniversaries, and temporalities: Or how the past is represented as relevant through on-this-date media[J]. New Media & Society, 2020, 22(9): 1663-1679.

⑦ Szulc L. Profiles, identities, data: Making abundant and anchored selves in a platform society[J]. Communication Theory, 2019, 29(3): 257-276.

⑧ Hepp A. Artificial companions, social bots and work bots: Communicative robots as research objects of media and communication studies[J]. Media, Culture & Society, 2020, 42(7-8): 1410-1426.

宗教信仰和实践形式成为可能。在媒介化的环境中，宗教的合法性不仅通过传统仪式产生，还依赖于个体的自愿接受和对流行文化的引用①。在现代性和传统的冲突下，当代媒体实践会对既定宗教范式持续驯化②。

此外，媒介化触角也深入到政治经济领域。《媒介化所有权》③探讨了媒介化的资本如何能够为建设性的、创造性的企业家精神和行动主义创造机会，《勘探 Facebook》④对社交媒体研究中注意力经济框架的实用性和普遍性提出质疑。另有学者通过研究 Facebook 的经济增长和移动生态系统中不断扩大的平台边界，尝试展示已有平台如何扩展其他的应用程序为自己的平台，从而获得基础设施属性的过程⑤。与之类似，腾讯视频、DAZN 和 Prime Video 等资本雄厚的互联网服务商正在介入报道权市场，改变了电视、电脑、游戏机、平板电脑和智能手机屏幕上体验和分享体育直播的方式。这标志着全球体育报道权市场和直播内容流通的历史性转变⑥。

（二）监视：技术伦理和信息控制

在超全景敞视中（super-panopticism），网络用户通过自我披露和自我呈现，主动为大数据时代的网络监视添砖加瓦。直接的监视

---

① Hjarvard S. Mediatization and the changing authority of religion[J]. Media, Culture & Society, 2016, 38(1): 8-17.

② Eisenlohr P. Reconsidering mediatization of religion: Islamic televangelism in India[J]. Media, Culture & Society, 2017, 39(6): 869-884.

③ Schneider N. Mediated ownership: capital as media[J]. Media, Culture & Society, 2020, 42(3): 449-459.

④ Elmer G. Prospecting Facebook: the limits of the economy of attention[J]. Media, Culture & Society, 2019, 41(3): 332-346.

⑤ Nieborg D B, Helmond A. The political economy of Facebook's platformization in the mobile ecosystem: Facebook Messenger as a platform instance[J]. Media, Culture & Society, 2019, 41(2): 196-218.

⑥ Hutchins B, Li B, Rowe D. Over-the-top sport: live streaming services, changing coverage rights markets and the growth of media sport portals[J]. Media, Culture & Society, 2019, 41(7): 975-994.

会导致个人行为的自我审查和抑制①。而在察觉到监视后，对自我行为的约束普遍存在②。因为它的抑制效应，监视成了社会控制的工具。在"权力眼睛"的凝视之下，每个人都会逐渐自觉地变成监视者，这样就实现了社会中的自我监禁③。公开的监视之所以产生这样的效果，是因为它威胁到了"作为主体的纯粹自由意识"，"把自己当作一个细察的对象，作为别人注意的焦点，使人产生一种新的自我意识，就像通过别人的眼睛所看到的东西一样。"④虽然每个社会都在一定程度上进行监控，但过多的社会控制会对公民的自由、创造力和自我发展产生负面影响⑤。

信息的自由共享和对隐私泄露的担忧始终是互联网博弈的两极。就如在社交网络中，进行自我披露和自我呈现是不由自主的，大部分人可能认为这些碎片化的信息并不会带来负面影响，但是在大数据时代的信息处理过程中，信息的聚合和识别可能带来隐私风险。《我应该分享这个吗?》⑥考察了社会规范的显性和隐性线索如何影响社交网站中的披露和隐私决策，《社交网站上的隐私管理和

① Kang J. Information Privacy in Cyberspace Transactions [J]. Stanford Law Review. 1998, 50(4): 1193.

② Fengler S. From media self-regulation to 'crowd-criticism': Media accountability in the digital age[J]. Central European Journal of Communication, 2012, 5(09): 175-189.

③ [法]米歇尔·福柯. 权力的眼睛: 福柯访谈录[M]. 严锋, 译, 上海: 上海人民出版社, 1997.

④ Benn S I. Privacy, freedom, and respect for persons [M]. New York: Routledge. 2017: 1-26.

⑤ Solove D J. A taxonomy of privacy [J]. University of Pennsylvania Law Review, 2006, 154(3): 477.

⑥ Spottswood E L, Hancock J T. Should I share that? Prompting social norms that influence privacy behaviors on a social networking site[J]. Journal of Computer-Mediated Communication. 2017, 22(2): 55-70.

自我披露》①考察了个人情绪状态对隐私披露的影响，认为人们在高度紧张时可能会减少对隐私泄露的担忧。

数字技术挑战了个人和社会对隐私的期望，但公众对于隐私的讨论和认识是滞后的。《隐私的灾难?》②通过分析德国媒体对隐私问题的报道认为，更多的隐私问题被报道所隐匿。此外，基础设施监视也引发了学者的注意，如汽车自动驾驶技术，数据的聚集、限制可能行动的协议、优先化的分布式治理模式以及主体的被封闭特性是基础设施监视的四大特征③。随着这些技术的发展和普及，它们往往带来新的伦理挑战，查尔斯·埃斯（Charles Ess）认为，数字媒介伦理力图解决由计算技术和数字媒体引起的伦理问题，已经成为一个相对稳定的应用伦理学子领域④⑤。

消费者在现代社会中也被视为被监视的对象，研究认为，现代监视技术和社会基础设施创造了一种新的主体：被监视的消费者。监视已经成为一种正常化的人际关系模式，它敦促消费者使用监视的产品和服务来管理其周围的人⑥。有研究通过考察海外代购者对社交媒体的使用，揭示其是如何通过选择性的自我披露来维系、跨

---

① Zhang R, Fu J S. Privacy management and self-disclosure on social network sites: The moderating effects of stress and gender[J]. Journal of Computer-Mediated Communication, 2020, 25(3): 236-251.

② von Pape T, Trepte S, Mothes C. Privacy by disaster? Press coverage of privacy and digital technology[J]. European Journal of Communication, 2017, 32(3): 189-207.

③ Gekker A, Hind S. Infrastructural surveillance[J]. new media & society, 2020, 22(8): 1414-1436.

④ Ess C. Digital media ethics[M]. Cambridge: Polity. 2013.

⑤ Ess C, Fossheim H. Personal data: Changing selves, changing privacies[J]. The digital enlightenment yearbook 2013: The value of personal data, 2013: 40-55.

⑥ Stark L, Levy K. The surveillant consumer[J]. Media, Culture & Society. 2018, 40(8): 1202-1220.

越或重构隐私边界的①。

新闻媒体的自我审查、网络中的信息监管也是研究重点之一。《2011—2012 年反政府抗议活动后俄罗斯的民主、抗议和公共领域》②研究了俄罗斯的混合政治制度如何在限制言论自由和加强国家宣传之间取得平衡，以及它如何调解媒体的压迫和自我审查。《发声还是沉默?》③认为，在审查行为密集时，人们倾向于保持沉默，而当他们自己经历了审查制度或目睹了审查发生在他们的朋友或"可参照者"身上时，他们则倾向于通过发表意见来"反抗"审查制度。《乌克兰的自我审查制度》④基于记者的访谈，关注传统媒体中自我审查文化的影响。《第三人效应中的效能信念》⑤的调查表明，受访者表现出了自我与他人不对称的效能信念，这种效应与公众对审查制度的支持有关。

显而易见，传播学者的触角已经伸往更为广泛的媒介实践中。隐私和信息控制虽然并非传统的媒介效果议题，但是伴随着数字媒介的发展，个体对于隐私触犯的感知、下意识中对于自我信息的控制、在线言论中的审查都将成为庞大信息系统中的重要效果变量，探讨这些议题亦拥有了辽阔的理论空间。

(三)行动主义：社交媒体和社会变革

在社会动员和集体运动中，传播和媒介是关键因素。作为社会

---

① Zhao X. Digital labour in transnational mobility: Chinese international students' online boundary work in daigou [J]. New Media & Society, 2020: 1461444820934096.

② Denisova A. Democracy, protest and public sphere in Russia after the 2011-2012 anti-government protests: digital media at stake [J]. Media, Culture & Society. 2017, 39(7): 976-994.

③ Zhu Y, Fu K W. Speaking up or staying silent? Examining the influences of censorship and behavioral contagion on opinion (non-) expression in China [J]. New Media & Society. 2020. .

④ Fedirko T. Self-censorships in Ukraine: Distinguishing between the silences of television journalism [J]. European Journal of Communication. 2020, 35(1): 12-28.

⑤ Rosenthal S, Detenber B H, & Rojas H. Efficacy beliefs in third-person effects [J]. Communication Research. 2018, 45(4): 554-576.

变革的前奏或过程，社会运动者通过参与各种集体行动来阐明他们的利益，表达不满和批评，并提出相应的解决方案①。有关对活动家和抗议运动使用网络技术的研究将自己置于"社会背景、政治目的和技术可能性之间的交叉点"之上②。有学者认为，尽管媒介大亨的权力不应被忽视，但互联网的出现为受众参与开辟了新的渠道，减少了权力集中的可能性③。人们可以通过使用 Facebook、电话联系或面对面的交流来了解抗议活动④，被高度监控的活动团体利用 Snapchat 组织活动⑤，甚至许多社会运动将社交媒体视为不同的利益相关者进行合作众筹的手段⑥。网络媒介通过广泛赋权，变革了公民与政府的互动模式和话语形式⑦。

社交媒体已经被认为是一个主导的"组织机制"，从根本上塑造着社会运动的组织结构，而不单单是沟通渠道⑧。社会活动家越

① Cammaerts B. Social media and activism[J]. The international encyclopedia of digital communication and society, 2015: 1-8

② Gillan K, Pickerill J, Webster F. Anti-war activism[J]. New York, NY: Palgrave Macmillan, 2008, 10: 9780230596382.

③ Gerard Hauser. Vernacular discourse and the epistemic dimension of public opinion. *Communication Theory*, 2007, 17(4), pp. 333-339.

④ Zeynep Tufekci, Christopher Wilson. Social media and the decision to participate in political protest: Observations from Tahrir Square [J]. Journal of communication. 2012, 62(2): 363-379.

⑤ Valenzuela S. The Big Question: Have social media and/or smartphones disrupted life in your part of the world? [J]. 2014.

⑥ Lovejoy K, Saxton G D. Information, community, and action: How nonprofit organizations use social media [J]. Journal of computer-mediated communication, 2012, 17(3): 337-353.

⑦ Gao L. The emergence of the human flesh search engine and political protest in China: Exploring the Internet and online collective action [J]. Media, Culture & Society, 2016, 38(3): 349-364.

⑧ Segerberg A, Bennett W L. Social media and the organization of collective action: Using Twitter to explore the ecologies of two climate change protests[J]. The Communication Review, 2011, 14(3): 197-215.

来越多地看到社交媒体在招募、公众参与和运动组织方面的潜力。卡斯泰尔(Manuel Castells)在论著中也佐证了上述论点①。社交媒体还可以有效地实现跨越地理等传统障碍的数据共享②。《作为一个连续的跨国活动家》③在对 250 万 Twitter 用户数据集进行统计分析后，发现社交网络分析中具有突出网络位置的 Twitter 用户，可能原本并不显眼，但通过在宣传、支持或帮助协调集体行动后呈现出了不同的数据结果。

女性更有可能成为活跃的社交媒体用户④。《社交媒体和连接性行动》⑤分析了社交媒体在沙特女性争取驾驶权运动中的作用，《"安妮为堕胎权而叛变!"》⑥探讨了"流氓安妮"形象如何被活动家所引用、如何在社交媒体上获得知名度，从而推动社会运动的发生发展。还有研究探索精通社交媒体的年轻人如何影响印刷文化的推广方式，以提升文学活动对表达政治愿景的重要性⑦。

---

① Castells M. Communication power[M]. OUP Oxford，2013.

② Worland J. How activists are using Facebook check-in to help Dakota access pipeline protesters. Time[J]. 2016.

③ Mercea D, Bastos M T. Being a serial transnational activist[J]. Journal of Computer-Mediated Communication, 2016, 21(2)：140-155.

④ Correa T, Hinsley A W, De Zuniga H G. Who interacts on the Web?：The intersection of users' personality and social media use [J]. Computers in human behavior, 2010, 26(2)：247-253.

⑤ Schmuck D, Matthes J, & Paul F H. Negative stereotypical portrayals of Muslims in right-wing populist campaigns：Perceived discrimination, social identity threats, and hostility among young Muslim adults[J]. Journal of Communication. 2017, 67(4)：610-634.

⑥ Myles D. 'Anne goes rogue for abortion rights!'：Hashtag feminism and the polyphonic nature of activist discourse[J]. New Media & Society, 2019, 21(2)：507-527.

⑦ Chonka P. # Bookfairs：New 'old' media and the digital politics of Somali literary promotion[J]. New media & society, 2019, 21(11-12)：2628-2647.

五、研究主题的流动与重组

　　引用其他论文的行为可以看作知识从不同的研究主题流动到当前进行的研究，是知识单元从游离状态到重组产生新知识的过程①。两篇文献共同出现在了第三篇施引文献的参考文献中，这两篇文献就形成了共被引关系。共被引的次数越多，他们之间的学科专业关系就越密切，距离也就越近。对引文网络进行分析既可以对知识进行追根溯源，又能追踪其发展轨迹。

　　共被引的图谱(图2)中形成了三个可观察到的自然聚类。图中右下角聚类中，共被引频次最高的是 Hayes A. 的《中介、调节和条件过程分析简介》②，该研究在中介分析、调节分析和条件分析的基本原理阐释之上，提出"条件过程分析"以整合两种统计分析方法来了解效果的运作机制，并使用调节分析来探索效果的偶然性和边界条件。该方法不仅是众多媒介效果研究的依据，还可被广泛应用于行为、心理相关的研究中。左下角的聚类中，《Facebook 中对意识形态不同的新闻和舆论的接触》③和《被策划的数据流：绘制数字时代媒介接触的框架》④构成了聚类中的主要共被引文献，"媒介接触"是该聚类的研究重点。在该聚类之上，《监视资本主义和挑战集体行动》⑤、《基础设施研究遇到谷歌和 Facebook 时代的平台

---

① 路红，凌文辁，吴宇驹，等. 基于著者同引分析的组织行为学研究知识地图绘制[J]. 科技进步与对策，2010(2)：140-144.

② Hayes A F. Introduction to mediation, moderation, and conditional process analysis：A regression-based approach[M]. Guilford publications，2017.

③ Bakshy E, Messing S, Adamic L A. Exposure to ideologically diverse news and opinion on Facebook[J]. Science, 2015, 348(6239)：1130-1132.

④ Thorson K, Wells C. Curated flows：A framework for mapping media exposure in the digital age[J]. Communication Theory, 2016, 26(3)：309-328.

⑤ Zuboff S. Surveillance capitalism and the challenge of collective action[C]// New labor forum. Sage CA：Los Angeles, CA：SAGE Publications, 2019, 28(1)：10-29.

研究》①及《压迫的算法：搜索引擎如何强化种族主义》②重点讨论了数字时代的媒介巨头及其社会影响。

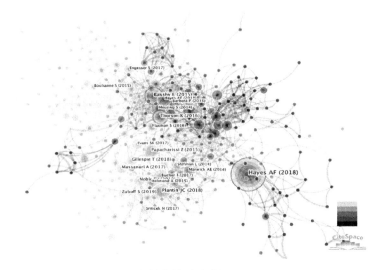

图 2　文献共被引聚类图

（一）研究范式：对传统概念与方法的依赖

沃特拉（Ellen Wartella）三十年前就已反思，每当新的传播方式出现时，几乎相同的媒介效果问题会被重复提出，从电影和漫画书到电视，相同的研究议题循环出现③。这种趋势依然存在。米切尔斯坦（Eugenia Mitchelstein）认为互联网新闻消费的主流研究模式也

①　Plantin J C, Lagoze C, Edwards P N, et al. Infrastructure studies meet platform studies in the age of Google and Facebook[J]. New Media & Society, 2018, 20(1)：293-310.

②　Noble S U. Algorithms of oppression：How search engines reinforce racism [M]. nyu Press, 2018.

③　Wartella E, Reeves B. Historical trends in research on children and the media：1900-1960[J]. Journal of Communication. 1985, 35(2)：118-133.

依赖于传统的概念和方法论①。关于社交媒体和电脑游戏影响的研究遵循了类似的模式②③。遗憾的是，主导媒介效果的理论范式在经过几十年的研究后，仍未产生坚实的证据来支持其主张④。聚类10#和聚类12#的研究中，学者们一方面坚守传统的研究议题探讨游戏暴力、色情媒介内容和培养理论，另一方面也在积极通过对数字媒介的反思拓展着新效果理论的领地。

作为媒介暴力研究领域的经典理论，培养理论不仅频繁地出现在有关新旧媒体暴力的分析中，还出现在政治传播和健康传播研究中。如今，对于媒介素养的关注，引领学者们将注意力转向了其他的方面。《在线色情制品与女性物化之间的关系》⑤意图通过对青少年媒介素养的干预来减弱接触色情内容带来的负面影响。还有学者将"共同观看"作为性内容接触的重要变量⑥。2016 年特朗普当选引发了人们对专制主义，甚至法西斯主义的担忧，有学者将电视观看和威权主义者联系起来，通过大范围的调查发现，电视观看更容

① Mitchelstein E & Boczkowski P. Online news consumption research: An assessment of past work and an agenda for the future[J]. New Media and Society. 2010, 12(7): 1085-1102.

② Ferguson C J. Understanding why scholars hold different views on the influences of video games on public health[J]. Journal of Communication. 2017, 67: 305-327.

③ Neuman W R & Guggenheim L. The evolution of media effects theory: A six stage model of cumulative research[J]. Communication Theory. 2011, 21(2): 169-196.

④ Lang A. Discipline in crisis? The shifting paradigm of mass communication research[J]. Communication Theory. 201, 23(1): 10-24.

⑤ Vandenbosch L, Van Oosten J M. The relationship between online pornography and the sexual objectification of women: The attenuating role of porn literacy education[J]. Journal of Communication, 2017, 67(6): 1015-1036.

⑥ Tal-Or N, Tsfati Y. Does the co-viewing of sexual material affect rape myth acceptance? The role of the co-viewer's reactions and gender[J]. Communication Research. 2018, 45(4): 577-602.

易使人成为专制主义者①。关于培养的心理过程研究通常根据判断的类型和时刻来区分一阶和二阶效果②，有学者就传统培养理论的研究做了进一步的拓展，该研究引入了"评估需求"作为二阶培养中的影响因素，讨论了基于记忆的态度对二阶培养过程的意义③。

（二）数字时代的研究扩张

数字媒体几乎存在于生活的各个方面，这将传播学推到了过度扩张的边缘④。然而，新媒介研究的激增似乎还没有带来一种权威性的观点、分析框架或理论，以应对瞬息万变的媒介局势。甚至基于计算机技术本身的研究方法也会受到诟病，数字化方法的优势来自于海量的平台数据和常人难以匹敌的计算能力，然而媒介本身的影响和其内容的效果难以被有效分离。有学者就此讨论了因媒介和信息之间缺乏分离而产生的方法上的困境，并提出了相应的应对措施⑤。《数字时代的媒体传播研究》⑥从媒介本体论的反思入手，讨论了二元论对媒介研究的限制，并提出了一个动态本体论框架。

媒介化无形蔓延的同时，打破了既往广播研究、电影研究和电视研究等因媒介形态而形成的研究分野，《基础设施研究遇到谷歌

---

① Morgan M, Shanahan J. Television and the cultivation of authoritarianism: A return visit from an unexpected friend[J]. Journal of Communication. 2017, 67(3): 424-444.

② Shrum L J, Lee J, Burroughs J E, & Rindfleisch A. An online process model of second-order cultivation effects: How television cultivates materialism and its consequences for life satisfaction[J]. Human Communication Research. 2011, 37(1): 34-57.

③ Coenen L & Van den Bulck J. Cultivating the opinionated: The need to evaluate moderates the relationship between crime drama viewing and scary world evaluations[J]. Human Communication Research. 2016, 42(3): 421-440.

④ Corner J. The many spaces of theory: Perspectives on a dispersed future[J]. Communication Theory. 2015, 25(4): 416-419.

⑤ Venturini T, Bounegru L, Gray J, & Rogers R. A reality check (list) for digital methods. New media & society. 2018, 20(11): 4195-4217.

⑥ Wang G. Media Communication Research in the Digital Era: Moving Beyond Ontological Dualism[J]. Communication Theory. 2018, 28(3): 235-253.

和 Facebook 时代的平台研究》①对基础设施研究和平台研究做出论述。前者专注于分析广泛共享的社会技术系统，强调基础设施的关键特征，平台研究主要探讨计算设备（如芯片）和软件环境（比如游戏系统）如何影响应用软件的特征。在媒介生态学的引领下，基于媒介化流动的概念，有学者提出了基于情绪和信息的一个综合模型，在其看来"媒介"一词不仅指技术实体，也指主体、实践和地方，技术的融合将使对媒介的理解进一步迈向物质化和实体化②。

传统理论在媒介技术革新后的迭代亦是研究重点。有学者认为，数字网络中的个人信息接触是一种"被策划"的过程，是由各种能动者操纵的③。也有论文探索了在线社交网络如何影响跨越意识形态实现观点接触，研究认为相较于算法，个人的选择在限制接触异质意识形态内容上发挥了更大的作用④。

除此之外经典文献中也不乏批判视角，如基于政治经济学的思考，有学者认为数字技术在先进资本主义组织中的地位越来越重要，在物联网和人工智能迅速扩张的背景下，发展一种新的机器道德经济（moral economy of machines）尤为紧迫⑤。另有学者提出了监视资本主义（surveillance capitalism）的概念，它大胆地要求将私人经验转化为可替代的商品，并迅速投入激进的市场实践中，严重破坏了早期数字技术作为一种赋权和解放自由力量的梦想，而是成功孕育了一个新兴的以监视为基础的经济秩序。"资本主体对监视权

---

①　Plantin J C, Lagoze C, Edwards P N, et al. Infrastructure studies meet platform studies in the age of Google and Facebook[J]. New Media & Society, 2018, 20(1)：293-310.

②　Hildebrand J M. Modal media：Connecting media ecology and mobilities research[J]. Media, Culture & Society. 2018, 40(3)：348-364.

③　Thorson K, Wells C. Curated flows：A framework for mapping media exposure in the digital age[J]. Communication Theory, 2016, 26(3)：309-328.

④　Bakshy E, Messing S, Adamic L A. Exposure to ideologically diverse news and opinion on Facebook[J]. Science, 2015, 348(6239)：1130-1132.

⑤　Nieborg D B, Helmond A. The political economy of Facebook's platformization in the mobile ecosystem：Facebook Messenger as a platform instance[J]. Media, Culture & Society, 2019, 41(2)：196-218.

力的争夺压迫着我们的身体、我们拥有的物品和我们居住的环境，挑战着人类的自主权和民主权利"①。《压迫的算法》②认为互联网构建了一套有偏见的搜索算法，使白人享有特权，还揭露了搜索引擎偏见中的种族主义和性别歧视文化。《互联网的监护人》③认为新媒体内容管理者的权力并非来自媒体本身，而是来自用户的赋予。

六、结论与反思

在社交媒体时代，"大众传播"演变为"大众自我传播"。观看"春晚"时通过社交媒体分享观后感便是两种传播模式最明显的融合，这种多任务媒体使用已屡见不鲜④；媒体设备的移动性和可穿戴趋势让它从"客厅中央"来到我们的办公桌，进入我们的口袋，最后到我们的手腕和鼻梁上。虚拟现实设备让传播越来越接近具身感受。媒介使用模式的颠覆使我们花在媒介技术上的时间大大增加，专注使用某一种媒介的时间大幅减少。在泛媒介化语境下，孤立单一且微观的媒介效果研究愈发困难。而在媒介使用发生翻天覆地变化的同时，媒介内容也越来越多地被控制，个性化推荐算法被运用到各种互联网场景，这可能会增加用户的认知和情感参与，增强媒介效果⑤。面对眼花缭乱的媒介变迁，媒介效果研究可能陷入了两难的困境：一是因循守旧的传统范式，二是多样化和碎片化的

① Zuboff S. Surveillance capitalism and the challenge of collective action[C]// New labor forum. Sage CA: Los Angeles, CA: SAGE Publications, 2019, 28(1): 10-29.

② Noble S U. Algorithms of oppression: How search engines reinforce racism [M]. nyu Press, 2018.

③ Gillespie T. Custodians of the Internet: Platforms, content moderation, and the hidden decisions that shape social media[M]. Yale University Press, 2018.

④ Rideout V J, Foehr U G, Roberts D F. Generation M 2: Media in the Lives of 8-to 18-Year-Olds[J]. Henry J. Kaiser Family Foundation, 2010.

⑤ Sundar S S, Jia H, Waddell T F, et al. Toward a theory of interactive media effects (TIME): Four models for explaining how interface features affect user psychology [J]. 2015.

拿来主义①②③④。当新研究领域的出现速度和研究设计的创新难以同步时，这样的困境似乎无法避免。安妮朗（Anne Lang）"危机中的学科"之论断⑤⑥或许并非危言耸听。

通过对近五年海外媒介效果研究文献的考察发现：（1）基于行为心理学和社会心理学的效果范式依旧主导了媒介效果研究，包括选择性接触、选择性分享在内的个人化使用成为学者关注的重点；（2）在数字媒介技术的微观效果探寻之外，学者们开始关注媒介效果的本体论和方法论，并形成了相对独立的研究领域；（3）挖掘哲学、经济学中的理论资源批判反思媒介技术扩张的负面社会影响成为热点；（4）诸如政治传播、性别种族等传统研究对象和经典效果理论的探索依旧热度未减，学者们纷纷探寻其在新媒介语境下的理论拓展；（5）东西方媒介效果研究差距依旧，美国学术机构及学者是主要的研究力量，欧洲紧随其后，亚洲和中东奋起直追。

西方从事媒介效果研究的机构之间普遍具有较高的学术合作度，同时依据其研究领域的不同，也形成了不同的合作关系。学术机构图谱（图3）直观地呈现出研究机构及其合作关系的基本情况。具有紫色外圈的高中介性机构在研究合作上表现较为突出。英国的利兹大学和伦敦政治经济学院两者合作紧密且构成了独立的学术研

① Boromisza-Habashi D. Which way is forward in communication theorizing? An interview with Robert T. Craig[J]. Communication Theory, 2013, 23(4)：417-432.

② Corner J. The many spaces of theory：Perspectives on a dispersed future[J]. Communication Theory, 2015, 25(4)：416-419.

③ Hanitzsch T. Celebrating 25 years of communication theory：Growing diversity under heavy strain[J]. 2015.

④ Ziegler L D. Computational journalism：Shaping the future of news in a big data world[M]//Journalism and Ethics：Breakthroughs in Research and Practice. IGI Global, 2019：410-423.

⑤ Perloff R M. Progress, paradigms, and a discipline engaged：A response to Lang and reflections on media effects research[J]. Communication Theory, 2013, 23(4)：317-333.

⑥ Lang A. Discipline in crisis? The shifting paradigm of mass communication research[J]. Communication Theory, 2013, 23(1)：10-24.

究阵地；哥本哈根大学和以色列希伯来大学孤立地分散开来，与以美国学术机构为中心的密集阵地形成鲜明对比。北美大学仍然是媒介效果研究的重镇。俄亥俄州立大学和荷兰的阿姆斯特丹大学不仅合作密切也产出了大量的学术成果，加州大学圣特巴巴拉分校和宾夕法尼亚大学也不容小觑，不仅成果丰硕，在学术机构合作关系中同样表现不俗。就研究者国籍而言（图4），美国学者最多，其次是德国、英国、荷兰、澳大利亚、中国、以色列、新加坡和瑞典。欧美发达国家始终是媒介效果研究的中心，尤其是美国，其霸主地位暂时难以撼动。但荷兰、澳大利亚、芬兰、中国、挪威等国的研究者都表现出了较强的跨国合作学术研究态势，力图通过跨国合作来获取新鲜的学术理念和思想。这些国家和学者在近五年的媒介效果研究中已经获得了更多的代表性。这或许预示着未来的媒介效果研究在视角、方法和议题等层面会更具多样性。尤其是中国在媒介效果研究领域的崛起值得关注，他们关注本土媒体实践的发展，并努力融入媒介效果研究的主流话语中，逐步跻身媒介研究的前沿行列。

图 3 学术机构合作图谱

对媒介效果的关注发端于 20 世纪 20 年代，到 50 年代末成为

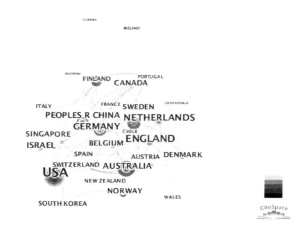

图4　研究者国籍分布图

传播研究的焦点。这些研究产生了大量的媒介效果理论成果。但"在大多数情况下，传播学者忽略了对大众传播的系统性研究"①。纵观媒介效果研究的历史，一个引人注目的特点是，研究者们一边审慎考察经典理论的核心概念、前提假设、主要观点，以此来夯实其根基、维护其学术地位及价值；另一边也在努力探索它们的生命活力和应用边界，不断寻找理论创新的突破口。《传播学期刊》（*Journal of Communication*）中所有已发表的研究论文显示，由经典理论所驱动的实证主义范式研究依旧占据主导地位，无经典理论依托研究的相对比例呈下降趋势，但新理论的发展也明显放缓②。与此同时，虽然效果研究一直被诟病难以摆脱心理学研究的痕迹，缺

①　Dennis T. Lowry. An Evaluation of Empirical Studies Reported in Seven Journals in the '70s[J]. Journalism & Mass Communication Quarterly, 1979, 56(2): 262-282.

②　Walter N, Cody M J, Ball-Rokeach S J. The ebb and flow of communication research: Seven decades of publication trends and research priorities[J]. Journal of Communication, 2018, 68(2): 424-440.

乏独有的研究范式①，但跨学科的理论资源也让传播学能够紧跟时代变迁的步伐。总体而言，媒介效果研究相较于前十年表现出了更强的反思性和批判性。这种前瞻思维和忧患意识才是学科葆有前进动力的源泉。

在媒介技术变革日新月异的今天，学者们的研究对象越来越广泛，结论却越来越含糊，鲜少有权威研究能够达成共识。回溯至传播学诞生原初，从涂尔干到马克思再到米德的研究，虽然没有直接关注媒介效果，但其著作均把媒介和受众作为宏观社会系统的组成来对待。大众传媒不仅作为经济系统参与了劝服和娱乐，而且作为信息系统参与了社会、群体和个人层面的社会行动的维持、变化和冲突过程②③④。若企图解释大众传播信息给受众带来的认知、情感或行为方面的变化，就必须考虑到受众、媒体和社会之间的相互关系。我们不仅生活在媒介世界中，每个人也成为媒介生产实践的一部分。大众自我传播与大众传播有共同的指涉，即信息被传递给潜在的大量受众，对媒体内容的接收是受众的自我选择。大众传播研究关注媒体接收过程，而大众自我传播则关注媒介接收和生成过程，以及媒介对生成者本身的影响⑤。在大众传播与大众自我传播共存共生的当下，从根源于对单向线性效果的假设到现时对复杂相互作用的媒介社会的认识，"媒介化"为媒介效果研究描绘出新的思考路径。

---

① Potter W J, Riddle K. A content analysis of the media effects literature[J]. Journalism & Mass Communication Quarterly, 2007, 84(1): 90-104.

② Durkheim E. The division of labor in society[M]. New York: The Macmillan Company, 1933.

③ Fromm E, & Marx K. Marx's Concept of Man: Including 'Economic and Philosophical Manuscripts'[M]. New York: Bloomsbury Academic, 2013.

④ Mead G H. Mind, self and society[M]. Chicago: University of Chicago Press, 1934.

⑤ Castells M. Communication, power and counter-power in the network society[J]. International journal of communication, 2007, 1(1), 29.

海外健康传播研究前沿(2016—2020): 议题、方法与启示*

吴世文　王一迪　杜莉华**

摘　要：使用共词分析、合作网络分析等方法，梳理 Web of Science 核心合集中 2016—2020 年健康传播研究文献(1905 篇)发现：健康传播研究的核心力量集中于美国，全球范围内有效的学术共同体尚需建设。健康传播的经典议题持续焕发活力，社交媒体中的健康问题以及健康信息是研究热点，新冠疫情背景下健康宣导、信息疫情、心理健康等议题引起广泛关注。大数据与计算传播、"身体"作为数据成为热门研究方法与研究视角。借鉴海外健康传播研究的前沿理论与方法，我国的健康传播研究需要探究细分的健康传播议题，注重采取微观的研究视角，基于中国实践与中国问题推动健康传播研究的知识生产与理论创新。

关键词：健康传播；科学计量学；知识图谱；新冠疫情；多元文化

---

* 本文系"2020 年度武汉大学海外人文社会科学研究前沿追踪项目"之"海外健康传播研究前沿追踪"(项目批准号 2020HW012)成果，得到"中央高校基本科研业务费专项资金"资助。

** 吴世文，武汉大学媒体发展研究中心研究员、新闻与传播学院副教授；王一迪，佐治亚大学富兰克林艺术与科学学院博士研究生；杜莉华，武汉大学新闻与传播学院硕士研究生。

引　言

　　健康与传播是人类日常生活中的重要命题，因其"实用主义取向"和"问题导向"，① 吸引了公共卫生学、社会学、新闻传播学、信息管理学、图书馆与档案管理等领域众多学者的关注。②③④ 这意味着，健康传播处于多学科的交汇点上。其中，传播学和公共卫生学视域的健康传播研究尤为瞩目。⑤

　　传播学视域下现代意义上的健康传播起源于 20 世纪 70 年代的美国。1971 年，斯坦福大学的医疗专家和传播学者合作推广"斯坦福心脏预防计划"，这常常被视为美国健康传播研究的里程碑。⑥之后，健康传播研究快速发展，国际传播学会（International Communication Association，ICA）设立了健康传播学分会（Division of Health Communication），不少高校纷纷开设健康传播课程。进入新世纪以来，"非典"、口蹄疫、禽流感、埃博拉病毒等波及范围较广的公共卫生事件频发，促使人们更加关注健康议题，推动健康传播成为传播学研究的热点领域。⑦ 自 2020 年新冠疫情在全球大流行以来，相关的生理健康问题和心理健康问题日益凸显，健康传播

---

①　张自力. 健康传播研究什么：论健康传播研究的 9 个方向[J]. 新闻与传播研究，2005(3).

②　刘瑛. 美国之健康传播研究[J]. 华中科技大学学报(社会科学版)，2011(5).

③　喻国明，路建楠. 中国健康传播的研究现状、问题及走向[J]. 当代传播，2011(1).

④　张自力. 健康传播研究什么：论健康传播研究的 9 个方向[J]. 新闻与传播研究，2005(3).

⑤　孙少晶，陈怡蓓. 学科轨迹和议题谱系：中国健康传播研究三十年[J]. 新闻大学，2018(3).

⑥　Rogers，E. M. The field of Health Communication Today. Hispanic Journal of Behavioral Sciences，1994，38(2)：208-214.

⑦　闫婧，李喜根. 健康传播研究的理论关照、模型构建与创新要素[J]. 国际新闻界，2015(11).

研究被提上了新的议事日程。Kreps 教授在访谈中倡导：传染病的跨国传播，促使健康议题无国界，需要国际共同合作，推动全球健康发展。①

以美国为代表的西方国家的健康传播研究起步早、发展速度快，研究主题多元，研究范围广，在某种程度上引领着全球健康传播研究的发展。我国早期的健康传播研究注重追踪西方健康传播研究的发展，但缺乏理论指导。早期的研究关注实践与问题，而对理论问题关注不多。张自力在本世纪初曾提出，健康传播应当以"实用性"和"功能主义"为导向，在发展早期多研究实用问题。② 这不无道理。不过，"实用性"在经过多年发展后，暴露出多种弊病。例如，实用性导致研究的"实践应用取向"，即以现实问题带动学术研究，而这恰恰反映出学术研究没有"成型的研究路线"。③ 而由热点驱动的研究，只是流于表面地"研究现象"，而不是致力于揭示"联系与因果"。④

当前，韩纲所批判的传播学者"缺席"健康传播研究的状况有所改善，⑤ 越来越多的传播学者关注健康传播问题。例如，蒋俏蕾等对比分析国内外健康传播研究中有关于老年人的文献，认为国内研究可以继续结合医疗健康领域的相关成果，探讨新媒体技术和老年人在线健康信息行为。⑥ 徐开彬与万萍对健康叙事的主要面向进行了归纳总结，提出健康叙事未来应关注普通人、叙述结构、企业

① Gary Kreps，陈怡宁，陈韬文. 科际整合与社群导向的健康传播[J]. 传播与社会学刊，2011(17).

② 张自力. 健康传播研究什么：论健康传播研究的 9 个方向[J]. 新闻与传播研究，2005(3).

③ 喻国明，路建楠. 中国健康传播的研究现状、问题及走向[J]. 当代传播，2011(1).

④ 闫婧，李喜根. 健康传播研究的理论关照、模型构建与创新要素[J]. 国际新闻界，2015(11).

⑤ 韩纲. 传播学者的缺席：中国大陆健康传播研究十二年：一种历史视角[J]. 新闻与传播研究，2004(1).

⑥ 蒋俏蕾，黄悦鑫，张晶. 老年人健康传播研究：热点与趋势：基于1997—2019 年中外文献的比较分析[J]. 新闻与写作，2020(9).

组织中的健康叙事等。① 然而，我国的健康传播研究大多采用的是传统的理论。② 这样的作法在新媒体语境下需要反思，胡百精认为经典的"知信行"单线模式正在变得"可疑"，③ 出现了如宫贺所提出的传统理论无法回应社会现实的问题，④ 这呼唤我国的健康传播研究激发新的想象力。苏婧与李智宇批判道，中国的健康传播研究应当"超越想象力的贫瘠"。⑤ 结合"健康中国 2030"战略的实施，⑥ 亟需大力推动健康传播研究的发展。

如果说，20 年前的健康传播研究，专注于回答一个实然的问题：海外的健康传播在研究什么？⑦ 那么，在当下我们需要进一步提问：海外的健康传播研究前沿在何处？对我国健康传播研究有何启示？本研究追踪近年来海外健康传播研究的前沿话题、理论与方法，回答上述问题，致力于为发展中国健康传播研究提供思考与借鉴。

一、研究问题与研究设计

（一）研究问题

近年来，文献计量学被越来越多地用来探讨学术社区的特征、

---

① 徐开彬，万萍. 健康叙事研究的主要面向：基于 2007—2016 年《健康传播》文献的分析[J]. 武汉大学学报(哲学社会科学版)，2019(4).

② 孙少晶，陈怡蓓. 学科轨迹和议题谱系：中国健康传播研究三十年[J]. 新闻大学，2018(3).

③ 胡百精. 健康传播观念创新与范式转换：兼论新媒体时代公共传播的困境与解决方案[J]. 国际新闻界，2012(6).

④ 宫贺. 对话何以成为可能：社交媒体情境下中国健康传播研究的路径与挑战[J]. 国际新闻界，2019(6).

⑤ 苏婧，李智宇. 超越想象的贫瘠：近年来海内外健康传播研究趋势及对比[J]. 全球传媒学刊，2019(3).

⑥ 新华社. 2016. 中共中央国务院印发《"健康中国 2030"规划纲要》[EB/OL]. [2021-01-08] http://www.xinhuanet.com//politics/2016-10/25/c_1119785867.htm.

⑦ 张自力. 健康传播研究什么：论健康传播研究的 9 个方向[J]. 新闻与传播研究，2005(3).

演变、贡献评估以及传播等。① 例如，包洪岩等基于 Web of Science 中 20818 条有关健康传播与健康教育的文献题录，开展了知识图谱的可视化研究。② 段永杰与徐开彬借助 Citespace 软件对网络民族志的学术研究场域，进行了国内外的对比分析。③ 曹树金等提出，知识图谱的方法能够挖掘海量数据，并利用可视化处理的形式追踪学术领域的动态变化。④ 故而，本研究采用文献计量学的方法追踪海外健康传播近五年的研究，探讨如下问题：

其一，海外健康传播研究的核心力量有何特征？哪些学术机构与学者是健康传播研究的主力军？

其二，近五年的海外健康传播研究关注的核心议题与热点话题为何？核心议题研究有何特征？涌现了何种研究视野与研究方法？

其三，海外健康传播研究对我国的健康传播研究有何启示？

（二）数据收集

根据以上研究问题，本研究于 2021 年 6 月 23 日-24 日，基于 Web of Science 核心合集数据库，采用"Health Communication"作为主题词进行搜索，增加筛选条件"学科类别=（COMMUNICATION）""文献类型"=（Article）、年份为 2016—2020 年，并将检索数据用 Citespace（版本 v5. 2 R1）软件进行去重，最终获得新闻传播学有关健康传播研究的有效文献 1 905 篇。近五年逐年发文量，如图 1 所示。

（三）数据分析

采用科学计量学的相关方法，对健康传播研究文献的题名、著者、出版年份等特征进行挖掘，并借助数据可视化工具进行呈现，

---

① Borgman, C. L. Bibliometrics and Scholarly Communication：Editor's Introduction. *Communication Research*，1989，16（5）：583-599.

② 包洪岩，殷晓莉，兰小筠. 基于知识图谱的健康传播学可视化研究[J]. 新闻与传播研究，2013（12）.

③ 段永杰，徐开彬. 国内外网络民族志的研究场域与知识生产：基于 CiteSpace 计量分析的对比研究[J]. 新闻与传播评论，2020（2）.

④ 曹树金，吴育冰，韦景竹，等. 知识图谱研究的脉络、流派与趋势：基于 SSCI 与 CSSCI 期刊论文的计量与可视化[J]. 中国图书馆学报，2015（5）.

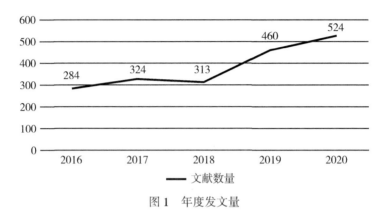

图 1　年度发文量

分析与阐述该领域的研究现状与研究前沿。

借助 Citespace(版本 v5.2 R1)软件与 Gephi 软件(版本 0.9.2)分析不同研究主体粒度在健康传播研究领域的合作情况,发现核心作者的分布情况。此外,设置时间片(Time Slicing)为 1 年,通过阈值(c,cc,ccv:2,2,30;2,2,20;1,1,20)筛选满足条件的文献,采用最小生成树算法(Minimal Spanning Trees)裁剪(Pruning)并聚类主题,形成可视化图表。检测发现,类群之间耦合较小,聚类显著且节点内部同质性较高,适合开展分析。

二、海外健康传播研究的核心力量分布

(一)美国的健康传播研究引领全球

在 Citespace v5.2 R1 中将节点类型设定为"Country",运行软件输出文件并导入 Gephi 0.9.2 中进行可视化处理、分析,结果如图 2。

图 2 中的节点与标签的大小依据出现的频率排序,节点标签越大说明出现的频率越高。例如,美国(USA)节点标签最大(中心度0.9552),说明美国的健康传播研究成果较为丰硕。边的颜色依照年份逐年由黄色至蓝色渐变说明合作关系,如美国与其他国家(瑞典、以色列、新西兰、新加坡等)维持合作关系。中国与新加坡、

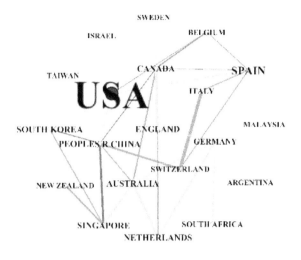

图 2　高产国家合作情况共现图

加拿大、韩国、澳大利亚连接的边的颜色为蓝色，说明中国近年与这些国家产生了诸多合作项目。图 2 的网络密度为 0.242，平均路径长为 1.982，说明网络密度较低，总的来说国家地区之间的合作连接较少，并没有形成较为紧密的学术连接。即使在新冠疫情流行的当下，Kreps 期待的国际共同合作推动全球健康发展的景象，仍未形成。①

　　总体来看，近五年来，美国在健康传播研究领域居于领军地位，一枝独秀。这与美国学者在该领域获得了相对充裕的经费支持，以及学术机制相对健全(包括既有的学科基础好，学术研讨会频繁召开，学术刊物发展迅速等)有关，亦与自 2000 年以来逐步形成的以美国为中心的健康传播研究格局相适应。② 此外，西欧地区

　　①　Gary Kreps，陈怡宁，陈韬文．科际整合与社群导向的健康传播[J]．传播与社会学刊，2011(17)．

　　②　苏婧，李智宇．超越想象的贫瘠：近年来海内外健康传播研究趋势及对比[J]．全球传媒学刊，2019(3)．

（英国、比利时、瑞士、瑞典等）、北美地区的加拿大与大洋洲的澳大利亚也是健康传播的重要研究阵地，并彼此产生了合作关系。但"健康弱势地区学者缺位"的现象并未改观，发展中国家的健康议题被遮蔽，反映了全球不平等的健康传播研究现状。①

（二）核心作者与研究机构分布情况

在 Citespace v5.2 R1 中将节点类型设定为"Author"，运行软件输出文件并导入到 Gephi 0.9.2 进行可视化处理，输出图3。

图3　核心作者分布

在图3中，节点标签越大则该作者贡献的文献越多。例如，Mohan J. Dutta 关注全球健康不平等、健康政策制定以及弱势群体、边缘人群的健康照顾等问题，注重以文化中心方法（Culture-

---

① 马超. 国际健康传播研究的议题流变、研究主力与经典文献：基于健康传播领域两本 SSCI 专业期刊的文献计量分析[J]. 西华大学学报（哲学社会科学版），2020（4）.

centered Approach)开展研究。① 后来他和 Elers 等沿此路径，考察在新西兰低收入社区中文化病态如何造成不良的健康结果，以及如何通过抵抗行为获得恢复健康和福祉的权利。② 蒋少海(Jiang Shaohai)等持续关注"以患者为中心的沟通"(Patient-centered Communication)，从自我效能视角切入，探讨网络健康信息搜寻的内在机制。③ Jeff Niederdeppe 关注健康信息设计、健康信息行为等问题，从健康叙事角度考察女性消费鱼类食品的好处，以及过度消费的风险。④ Rachel A. Smith 聚焦疾病污名化的效应，致力于运用"信息效应模型"修正疾病污名化。⑤ Andrew C. High 关注社会资本、社会网络与社会支持等理论的应用。⑥⑦ 杨清华(Yang QH)等

① Dutta, M. J., Collins, W., Sastry, S., Dillard, S., Anaele, A., Kumar, R., ... Bonu, T. A Culture-Centered Community-Grounded Approach to Disseminating Health Information among African Americans[J]. *Health Communication*, 2019, 34(10): 1075-1084.

② Elers, P., Te Tau, T., Dutta, M. J., Elers, S., & Jayan, P. Explorations of Health in Aotearoa New Zealand's Low-income Suburbia[J]. *Health Communication*, 2020: 1-11.

③ Jiang, S., & Liu, J. Examining the relationship between Internet health information seeking and patient-centered communication in China: taking into account self-efficacy in medical decision-making[J]. *Chinese Journal of Communication*, 2020, 13(4): 407-424.

④ Niederdeppe, J., Connelly, N. A., Lauber, T. B., & Knuth, B. A. Effects of a personal narrative in messages designed to promote healthy fish consumption among women of childbearing age. *Health communication*, 2019, 34(8): 825-837.

⑤ Smith, R. A., Zhu, X., & Fink, E. L. Understanding the effects of stigma messages: Danger appraisal and message judgments[J]. *Health communication*, 2019, 34(4): 424-436.

⑥ High, A. C., & Crowley, J. L. Gaps Among Desired, Sought, and Received Support: Deficits and Surpluses in Support When Coping With Taboo Marital Stressors[J]. *Communication Research*, 2018, 45(3): 319-338.

⑦ High, A. C., & Buehler, E. M. Receiving supportive communication from Facebook friends: A model of social ties and supportive communication in social network sites[J]. *Journal of Social and Personal Relationships*, 2019, 36(3): 719-740.

关注雾霾信息的传播与处理问题。① 从以上学者的研究可见，海外健康传播研究侧重于媒介呈现与效果、劝服、健康运动、健康教育与健康行为等方面。

为分析研究机构的情况，本研究将节点类型设定为"Institution"，时间片段选择 1（一年），阈值设置为 Top = 50，输出如图 4。节点大小前五名分别为：宾夕法尼亚州立大学（Penn State University）、德克萨斯大学奥斯汀分校（University Texas Austin）、佐治亚大学（University Georgia）、犹他大学（University Utah）与伊利诺伊大学（University Illinois）。前十名中仅 1 个亚洲机构，即新加坡国立大学（National University Singapore），其发文量近五年来增长迅猛。导入 Gephi 软件计算图密度，仅为 0.028，其原因为学术机构间的合作并不密切，尚未形成明显的合作群组。随着健康传播研究议题的细分，各学术机构形成了自身的特色，学术合作难以实现。

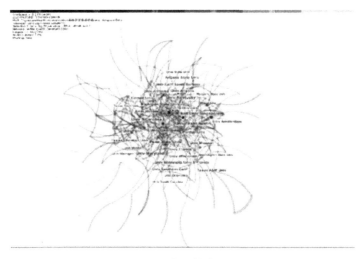

图 4　研究机构共现图

① Yang, Q. , & Wu, S. How Social Media Exposure to Health Information Influences Chinese People's Health Protective Behavior during Air Pollution: A Theory of Planned Behavior Perspective[J]. *Health Communication*, 2021, 36(3): 324-333.

三、近五年海外健康传播研究的主要议题

健康传播涉及多层面的研究、理论与实践，与人际传播、科学传播、风险传播和媒介研究等相互勾连。有学者指出，健康传播与风险传播、科学传播的研究对象与研究热点高度"重合"，涉及大量科学内容以及专家和公众的沟通问题。[①] 在公共卫生领域，健康传播与危机事件管理、风险沟通密切相关。[②] 当涉及医患关系、社会支持时，健康传播被视为"以人际沟通为核心"的传播方式。为厘清近五年海外健康研究的主要议题，本研究运用共词分析探究关键词，以最小生成树精简算法(Purning：MST)剪枝，最终生成关键词共现图谱(如图 5 所示)。节点间连线为关键词的共现关系，其颜色与初现年份对应。[③] 从图5可见，在健康传播研究演变过程中，学术议题呈现细分特征，涉及多种细化的应用场景。

(一)新传播环境下持续探讨经典议题

近五年来，学界持续关注艾滋病、控烟、癌症、健康决策(Health Decision-Making)等议题。在理论应用上，从早期"知—信—行"模式扩展至社会支持、劝服理论(Persuasion)、幽默(Humor)等理论。与此同时，女性、老年人、青少年等群体作为研究对象进入研究者的视线。

首先，社会支持理论持续应用在对经典议题(如癌症、慢性病等)的探讨之中，关注人们寻求信息与情感支持的过程。病患在诊断后对社会支持的需求提高，当缺乏来自朋友或家人恰当且充足的

---

① 贾鹤鹏，苗伟山. 科学传播、风险传播与健康传播的理论溯源及其对中国传播学研究的启示[J]. 国际新闻界，2017(2).

② Massarani, L., Waltz, I., & Leal, T. COVID-19 in Brazil：an analysis about the consumption of information on social networks [J]. *Journal of Science Communication*，2020，19(07)：1-21.

③ 李杰，陈超美. Citespace：科技文本挖掘及可视化(第二版)[M]. 北京：首都经济贸易大学出版社，2017：122.

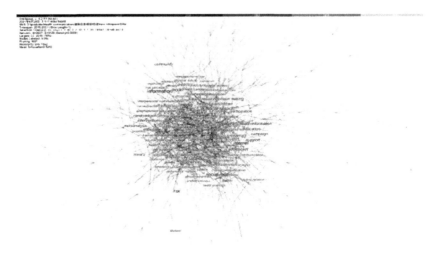

图5 关键词共现图谱

社会支持时，他们会转向寻求网络社会支持。① 一项针对癌症患者的研究，证实了在线寻求支持的功能优势，Namkoong 等认为当缺乏面对面的社会支持时，互联网技术或可成为替代品。② 亦有研究表明乳腺癌患者之间的在线支持除了提供信息支持之外，亦能够提高生活质量并降低抑郁症的发病率。③ 有研究探讨了移动媒体为受到慢性病疼痛折磨的老年人，提供社会支持网络与互动的新途径。

---

① Mikal, J. P., Beckstrand, M. J., Grande, S. W., Parks, E., Oyenuga, M., Odebunmi, T., ...& Horvath, K. (2021). Online support seeking and breast cancer patients: changes in support seeking behavior following diagnosis and transition off cancer therapy[J]. *Health communication*, 2020, 36(6): 731-740.

② Namkoong, K., Shah, D. V., & Gustafson, D. H. Offline social relationships and online cancer communication: effects of social and family support on online social network building [J]. *Health communication*, 2017, 32 (11): 1422-1429.

③ Moon, T. J., Chih, M. Y., Shah, D. V., Yoo, W., & Gustafson, D. H. Breast cancer survivors' contribution to psychosocial adjustment of newly diagnosed breast cancer patients in a computer-mediated social support group[J]. *Journalism & Mass Communication Quarterly*, 2017, 94(2): 486-514.

老年人策略性地利用手机彼此鼓励，获取社会支持并管理人际互动。① 如何给予社会支持是研究者关注的话题，有学者指出网络社会支持的给予与个体不同程度的自我表露以及礼貌程度有关。② 而从支持提供者的角度出发，预期结果、性健康专业知识成为他们提供支持的基础，并向健康状况不确定的朋友提供多样化支持。③

其次，相较于既往的恐惧诉求研究，幽默在健康传播中的作用得到重视。有研究表明，幽默叙事可以触发人际交往中产生更高频率、更长时间的关于广告与酒精内容的对话。这解释了酒精广告对酒精消费的影响，并为使用幽默作为一种潜在的叙事方式提供了依据。④ 有学者运用对话分析发现，癌症患者倾向于发出笑声或幽默的表达，以应对麻烦和挑战性的情况，而理解癌症患者的幽默和笑声有助于提升医疗护理水平。⑤

最后，新传播环境下经典议题的研究得以延展。例如，研究者对控烟议题的研究从传统卷烟转向电子烟，但仍未脱离传播效果的研究思路。有研究采用劝服理论，以健康威胁时间/距离的感知为变量，探讨影响青少年电子烟使用态度和行为意向可能的

① Chang, P. F., Bazarova, N. N., & Wethington, E. How Older Adults with Chronic Pain Manage Social Support Interactions with Mobile Media[J]. *Health Communication*, 2020: 1-13.

② Pan, W., Feng, B., Wingate, V., & Li, S. What to say when seeking support online: A comparison among different levels of self-disclosure[J]. *Frontiers in psychology*, 2020, 11: 978.

③ McManus, T. G. Providing support to friends experiencing a sexual health uncertainty[J]. *Journal of Applied Communication Research*, 2020, 48(4): 515-536.

④ Hendriks, H., & Strick, M. A Laughing Matter? How Humor in Alcohol Ads Influences Interpersonal Communication and Persuasion [J]. *Health Communication*, 2020, 35(14): 1821-1829.

⑤ Beach, W. A., & Prickett, E. Laughter, Humor, and Cancer: Delicate Moments and Poignant Interactional Circumstances[J]. *Health Communication*, 2017, 32(7): 791-802.

心理机制。① 有学者从信源可信度角度，探讨人们对电子烟感知危害、感知成瘾等信源的信任问题，结果表明个体对相同来源的信息的信任度较低（例如医生、政府卫生机构、卫生组织等）。②

健康干预是健康传播的重要一环。网络环境中的健康干预注重结合娱乐的方式，以期取得更好的健康促进效果。例如，如何寓教于乐地影响公众采取健康的生活方式，是健康教育工作者新的关注点。Hanson 等在儿科急诊室设置了教育漫画，发现漫画的喜剧性教育具有可行性。③ Booker 等探讨了娱乐教育剧集《Shuga》对安全性行为的传播，发现该剧明确传递了避孕套使用和消除艾滋病歧视的信息。④

由上述可见，近五年来，海外健康传播研究结合新传播环境持续对经典议题开展研究，关注这些经典议题出现的新变化，对理论发展起到了促动作用。

（二）聚焦社交媒体平台中的健康问题

与社交媒体相关的健康议题，已经成为健康传播研究重要的学术主题领域。⑤⑥ 研究者常常针对一个或多个特定的社交媒体平台

① Liu, S., & Yang, J. Z. The role of temporal distance perception in narrative vs. non-narrative persuasion related to E-cigarettes [J]. *Journal of Health Communication*, 2020, 25(7): 543-553.

② Case, K. R., Lazard, A. J., Mackert, M. S., & Perry, C. L. Source Credibility and E-Cigarette Attitudes: Implications for Tobacco Communication [J]. *Health Communication*, 2018, 33(9): 1059-1067.

③ Hanson, A., Drendel, A. L., Ashwal, G., & Thomas, A. The Feasibility of Utilizing a Comic for Education in the Emergency Department Setting [J]. *Health Communication*, 2017, 32(5): 529-532.

④ Booker, N. A., Miller, A. N., & Ngure, P. Heavy Sexual Content Versus Safer Sex Content: A Content Analysis of the Entertainment Education Drama Shuga[J]. *Health Communication*, 2016, 31(12): 1437-1446.

⑤ Bode, L., & Vraga, E. K. See Something, Say Something: Correction of Global Health Misinformation on Social Media[J]. *Health Communication*, 2018, 33(9): 1131-1140.

⑥ Moreno, Á., Fuentes-Lara, C., & Navarro, C. COVID-19 communication management in Spain: Exploring the effect of information-seeking behavior and message reception in public's evaluation[J]. *Profesional de La Informacion*, 2020, 29(4): 1-16.

开展研究，如 Yang 等分析了 Twitter 中影响心血管疾病及其风险的相关推文的转发因素，发现治疗和管理的推文转发量较少，而有关支持的推文转发量较多。① 这为利用 Twitter 传播心血管教育和支持信息提供了参考。有研究探讨了公民在沟通公共卫生风险时，社交媒体能力和政府信息信任的影响，发现满足公众对健康信息效益和时间效率期望会产生积极的影响。② 此外，有学者比较美国疾病控制与预防中心(CDC)和州与地方卫生部门在 Facebook 上发布的内容，发现 CDC 的推文更有可能包括严重性、易感性、自我效能感和应对效果的内容，州与地方卫生部门的推文倾向于采用增益框架(Gain Frames)，而 CDC 则会同时采用增益和损失框架(Loss Frames)。③

社交媒体的兴起，助推用户建立与维系社交关系。例如，匿名 Facebook 页面允许成员分享亲密关系和性健康方面的困惑，④ 癌症病人能够在社交网络上找到比以往的在线社群更大的"病友"交流群。⑤ 在线网络所提供的虚拟空间延展了健康信息的传播空间，能够促进健康信息共享，培养在线健康社区，可供人们相对自主地生

① Yang, Q., Tufts, C., Ungar, L., Guntuku, S., & Merchant, R. To retweet or not to retweet: Understanding what features of cardiovascular tweets influence their retransmission [J]. *Journal of health communication*, 2018, 23 (12): 1026-1035.

② Park, H., & Lee, T. Adoption of e-government applications for public health risk communication: government trust and social media competence as primary drivers[J]. *Journal of Health Communication*, 2018, 23(8): 712-723.

③ Meadows, C. Z., Meadows III, C. W., & Tang, L. The CDC and State Health Department Facebook Messages: An Examination of Frames and the Extended Parallel Processing Model[J]. *Communication Studies*, 2020, 71(5): 740-752.

④ Yeo, T. E. D., & Chu, T. H. Sharing "Sex Secrets" on Facebook: A Content Analysis of Youth Peer Communication and Advice Exchange on Social Media about Sexual Health and Intimate Relations [J]. *Journal of Health Communication*, 2017, 22(9): 753-762.

⑤ Wang, J., & Wei, L. Fear and hope, bitter and sweet: Emotion sharing of cancer community on twitter[J]. *Social Media and Society*, 2020, 6(1): 1-12.

产、浏览、获取健康信息。① 这也吸引着诸多学者关注社交媒体中的健康问题。

总体观之，与社交媒体健康话题相关的研究覆盖面广，既关注信息传播本身，又关注社会文化结构，研究视角多元，成果积累丰富。

(三)健康信息成为研究热点

健康信息与人们的生活息息相关，泛指与人们的健康、营养、疾病、养生等有关的信息。② 健康信息作为一个涵盖较广的概念，囊括了养生保健、特定疾病、治疗方法、美容瘦身、心理健康等话题。③ 人们从网络中不仅能够快速地获取医疗信息，而且还能基于这些信息做出更加科学的自我护理。④

相关研究关注健康信息的传播过程及其特征。首先，对于健康信息的传播过程，情报与档案管理、信息管理学、新闻传播学、医学等学科都给予了关注。诸多主题，如健康信息获取(Health Information Acquisition)(包括主动搜寻(Seeking)、被动获取(Scanning))、信息讨论(Discussing)、⑤ 信息回避(Avoidance)、信息分享(Sharing)等都引起了研究者的兴趣，这些主题与社交媒体的结合是研究热门。

---

① Smith, C. N., & Seitz, H. H. Correcting misinformation about neuroscience via social media[J]. *Science Communication*, 2019, 41(6): 790-819.

② 李月琳, 蔡文娟. 国外健康信息搜寻行为研究综述[J]. 图书情报工作, 2012(19).

③ 王学成, 刘长喜. 互联网在健康传播、病患医疗决策中的作用与影响研究——基于对上海中心城区居民的调查分析[J]. 新闻大学, 2012(1).

④ Gretchen K. Berland, Elliott, M. N., Morales, L. S., Jeffrey I. Algazy, Kravitz, R. L., Broder, M. S., Kanouse, D. E., Munoz, J. A., Puyol, J.-A., Lara, M., Watkins, K. E., Yang, H., & McGlynn, E. A. Health Information on the Internet: Accessibility, Quality, and Readability in English and Spanish [J]. *International Encyclopedia of Public Health*, 2016, 285(20): 414-417.

⑤ Liu, P. L., & Jiang, S. Patient-centered communication mediates the relationship between health information acquisition and patient trust in physicians: a five-year comparison in China[J]. *Health communication*, 2021, 36(2): 207-216.

　　研究者对网络健康信息行为的研究，关注健康信息获取、分发以及处理等传播过程。例如，Cain 等指出，青壮年频繁地使用网络搜寻健康信息，可能意味着他们更愿意寻找医疗卫生方面的专业人士咨询意见。① 积极在网络搜寻健康信息的人，或因多渠道的健康信息受益，从而提升健康信息获取与评估方面的能力。② 从健康信息分发角度观之，人们早先获取的健康信息可能来自医疗团队、专业机构或病友、熟人。但随着社交媒体的广泛应用，公众转向在社交媒体平台转发、分享与获取健康信息。"网络化公众"在社交媒体的赋权之下，承担了分享健康知识、经验和情绪的角色，其生产的与健康相关的用户原创内容（UGC）正在重塑医疗保健。例如，男性较低的性尊重与较高的性好奇与高频率的 UGC 使用有关，而女性更容易搜寻到与两性有关的专业内容。③ 但在信息处理评估的过程中，人们会依据自身的信息偏好与个人价值观来选择性地读解信息，回避挑战他们既有的健康信念和行为方式的信息，而偏好强化自身认知的内容。这会导致网络健康信息搜寻的误差。例如，可信度较高的专家提出相互矛盾的电子烟建议，会触发人们的信息回避现象。④ 有研究表明，过度地传播体重管理的健康信息可能诱发信息疲劳（Message Fatigue），导致老年人和女性比其他人群更容易

① Cain, J. A., Armstrong, C., & Hou, J. Somebody google a doctor! urgent health information seeking habits of young adults[J]. *Online Journal of Communication and Media Technologies*, 2020, 10(2): 1-14.

② Lwin, M. O., Panchapakesan, C., Sheldenkar, A., Calvert, G. A., Lim, L. K., & Lu, J. Determinants of eHealth literacy among adults in China[J]. *Journal of health communication*, 2020, 25(5): 385-393.

③ Holmberg, C., Berg, C., Dahlgren, J., Lissner, L., & Chaplin, J. E. Health literacy in a complex digital media landscape: Pediatric obesity patients' experiences with online weight, food, and health information[J]. *Health Informatics Journal*, 2019, 25(4): 1343-1357.

④ Yang, Q., Herbert, N., Yang, S., Alber, J., Ophir, Y., & Cappella, J. N. The role of information avoidance in managing uncertainty from conflicting recommendations about electronic cigarettes[J]. *Communication monographs*, 2021, 88(3): 263-285.

表达对反肥胖信息的疲劳。① 学者们关注影响健康信息搜寻行为的因素。例如，信息搜寻综合模型(The comprehensive model of information seeking, CMIS)主要关注信息搜寻者个体的特征。②

其次，健康信息自身的特征影响其分发与接受度。不少网络健康信息存在信息不准确、信源不明确等问题，这会成为健康信息行为的阻碍，间接影响人们的健康素养。特别是，社交媒体中伪健康信息泛滥，容易诱导人们建立错误的健康观念、做出错误的健康决策。有学者指出，个人信息卷入度(Personal Involvement)、健康谣言类型和纠正性信息(Counter-Rumors)的存在，有助于解释网络健康谣言的信任和分享意图，即个人对既定谣言的卷入程度越高，恐惧类谣言比希望类谣言更能激发信任和分享意愿，而纠正性信息的存在，降低了信任意愿而不是分享意愿。③ 伪健康信息的传播涉及信任与健康素养问题。从信息可信度层面，有研究探讨年轻人在突发健康危机时，会选择何种媒体获取信息，其影响因素为何。④ 从健康素养角度出发，有学者阐述了电子健康素养(eHealth Literacy)对自我效能感的正向预测作用，发现网络素养不再是电子健康能力的主要决定因素，反而对卫生信息的兴趣在提高电子健康能力方面发挥了关键作用。⑤ 在中老年人的健

① So, J., & Alam, N. Predictors and effects of anti-obesity message fatigue: A thought-listing analysis[J]. *Health communication*, 2019, 34(7): 755-763.

② Fetherston, M. What influences college students' career information seeking on the internet? A test of the comprehensive model of information seeking[J]. *Journal of Applied Communication Research*, 2019, 47(3): 322-343.

③ Chua, A. Y., & Banerjee, S. Intentions to trust and share online health rumors: An experiment with medical professionals[J]. *Computers in Human Behavior*, 2018, 87: 1-9.

④ Cain, J. A., Armstrong, C., & Hou, J. Somebody google a doctor! urgent health information seeking habits of young adults[J]. *Online Journal of Communication and Media Technologies*, 2020, 10(2): 1-14.

⑤ Lwin, M. O., Panchapakesan, C., Sheldenkar, A., Calvert, G. A., Lim, L. K., & Lu, J. Determinants of eHealth literacy among adults in China[J]. *Journal of health communication*, 2020, 25(5): 385-393.

康信息搜寻过程中，当中老年人对个人信息素养不自信时，如果遭遇家庭成员"贬损式沟通"，会导致自我效能感降低。① 这不利于中老年人提升健康素养。

健康谣言、伪健康信息带来的问题，促使学者们探讨如何降低乃至消除其危害。Vraga 等指出，社交媒体中的信息流行病（Infodemic）需要多方合力抗击，新闻素养和科学素养可以为社交媒体用户提供识别、消费和分享高质量信息的工具，② 为打击 COVID-19 有关的错误信息创造条件。Bode 和 Vraga 通过让用户观看模拟的 Facebook 动态消息，探讨社交媒体中算法的作用，发现算法和社会中的其他纠正手段同样具有效用。③ 纠正伪健康信息需要注意纠正文化背景。Soto-Vásquez 等认为，伪信息的分享和纠正具有"社会性"和"文化偶然性"，美国和墨西哥交界处的拉丁裔很有可能不会公开纠正社交媒体上的信息，而是选择和亲密的人一起讨论伪信息。④

综上，从信息生产到信息传播再到信息搜寻，社交媒体在其中都扮演着重要的角色。技术可供性影响健康信息从生产到传播的过程，也深刻地影响着健康传播及其研究。

---

① Magsamen-Conrad, K., Dillon, J. M., Billotte Verhoff, C., & Faulkner, S. L. Online health-information seeking among older populations: Family influences and the role of the medical professional[J]. *Health communication*, 2019, 34(8): 859-871.

② Vraga, E. K., Tully, M., & Bode, L. Empowering users to respond to misinformation about COVID-19[J]. *Media and Communication*, 2020, 8(2): 475-479.

③ Bode, L., & Vraga, E. K. See Something, Say Something: Correction of Global Health Misinformation on Social Media[J]. *Health Communication*, 2018, 33(9): 1131-1140.

④ Soto-Vásquez, A. D., Gonzalez, A. A., Shi, W., Garcia, N., & Hernandez, J. COVID-19: Contextualizing Misinformation Flows in a US Latinx Border Community (Media and Communication During COVID-19)[J]. *Howard Journal of Communications*, 2020: 1-19.

（四）健康传播视野中的新冠疫情研究

在新冠肺炎病毒大流行的背景下，研究者对此次公共卫生事件的研究，主要集中在如下几个方面：

其一，围绕防疫传播，研究健康宣传工作。有研究在 COVID-19 背景下探讨社交媒体中公益广告的变化，发现大量类似公益广告的新冠疫情防疫内容，并非来自官方或者专业人士，而是通过名人在社交媒体中推出，鼓励预防行为，倡导社会规范，以期遏制新冠疫情的传播。① van Dijck 和 Alinejad 探讨了在荷兰 COVID-19 疫情爆发后的前 4 个月中，社交媒体在科学家（专家）、政府（政策制定者）、大众媒体（记者）和公民（非专家）之间公共信息交流中的作用，发现近十年以机构间信息流线性向量为基础的科学传播模式，已逐渐转变为社交媒体推动信息在所有参与者之间流动的"网络化模式"。②

其二，研究者关注新冠疫情引发的"信息疫情"（Infodemic）。从本质上讲，"信息疫情"是突发事件中伪信息大量滋生、破坏信息环境的产物。伪信息的出现带来了两方面的后果：一是导致有关突发事件的信息良莠不齐，鱼龙混杂，信息环境遭到破坏，正常的信息秩序遭到冲击。二是加重信息超载，即突发事件中的信息流动量远大于人们能够管理与处理的信息的数量，这在给个体带来压力的同时，也会导致决策失效。③ 在突发事件发生时，信息超载使得人们难以找到和处理自己所需求的信息，更难以甄别伪信息，从而产生焦虑和恐惧，并容易受到伪信息的影响。Massarani 等区分无意间生产或传播的伪信息（Misinformation）和故意捏造的虚假信息

---

① Manganello, J., Bleakley, A., & Schumacher, P. Pandemics and PSAs：Rapidly changing information in a new media landscape[J]. *Health Communication*, 2020, 35(14)：1711-1714.

② van Dijck, J., & Alinejad, D. Social media and trust in scientific expertise：Debating the COVID-19 pandemic in the Netherlands[J]. *Social Media and Society*, 2020, 6(4)：1-11.

③ Wilson, T. D. Information overload：implications for healthcare services[J]. *Health Informatics Journal*, 2001, 7(2)：112-117.

（Disinformation），但它们均会对个人和社会小团体造成伤害。① 有学者关注信息不平等问题，担忧大量虚假信息流向健康素养参差不齐的公众后，可能产生负面后果。② 事实的确如此，虚假信息网络自成一体，且置身其中的网民难以了解或不愿接触"圈外"信息。Pérez-Dasilva 等使用社会网络分析的方法分析疫情假新闻，发现在诸多网络行动者中，科学家和公共组织的存在感不强，而且假新闻会分散人们的注意力。③ 另有一些研究关注用户的主体性。Mututwa 与 Matsilele 从个体出发，探究信息疫情中民众获取高质量信息的路径，关注感染新冠肺炎病毒的名人，如何利用 Twitter 来对外宣布感染的资讯，并以此促进民众对于新冠肺炎病毒的认识。④ Kim 等研究了在新冠疫情全球流行的早期阶段，美国、韩国、新加坡的民众暴露于 COVID-19 错误信息所受到的影响，发现伪信息的暴露弥补了信息不足，进而导致更多的信息回避和启发式加工，减少了对 COVID-19 信息的系统性加工。⑤

其三，学者们关注新冠疫情大流行所带来的心理健康问题。有学者担忧新冠疫情促使人们更加依赖社交媒体平台，致使社交媒体平台的内容审核队伍发生改变，进而加剧平台的不稳定性，并难以

---

① Massarani, L., Waltz, I., & Leal, T. COVID-19 in Brazil: an analysis about the consumption of information on social networks [J]. *Journal of Science Communication*, 2020, 19(07): 1-21.

② Viswanath, K., Lee, E. W., & Pinnamaneni, R. We need the lens of equity in COVID-19 communication [J]. *Health Communication*, 2020, 35 (14): 1743-1746.

③ Pérez-Dasilva, J. Á., Meso-Ayerdi, K., & Mendiguren-Galdospín, T. Fake news and coronavirus: Detecting key players and trends through analysis of twitter conversations[J]. *Profesional de La Informacion*, 2020, 29(3): 1-22.

④ Mututwa, W. T., & Matsilele, T. COVID-19 infections on international celebrities: self presentation and tweeting down pandemic awareness [J]. *Journal of Science Communication*, 2020, 19(5): 25-29.

⑤ Kim, H. K., Ahn, J., Atkinson, L., & Kahlor, L. A. Effects of COVID-19 Misinformation on Information Seeking, Avoidance, and Processing: A Multicountry Comparative Study[J]. *Science Communication*, 2020, 42(5): 586-615.

执行既往的心理健康安全方面的政策。① 还有学者关注记者们在新冠疫情之中的经济生计和职业安全，提出了帮助记者保护自己的心理健康和福利的相关措施。②

其四，针对信息疫情，学者们从不同的方面提出了应对策略。谷歌搜索为多个官方语言设立了新冠疫情信息的 SOS 警报，并通过置顶让网民优先获得来自世界卫生组织等权威机构的健康信息。③ 这意味着，技术平台可以"先入为主"地传播权威、科学的健康信息，在真伪信息可信度的博弈中力争"优先"赢得公众的信任，并在公众信息认知上敲响警钟，以挤压伪健康信息的传播空间。研究表明，对网络中的一些可疑节点安置"监视器"，可以有效地限制伪健康信息的恶意扩散。④

总之，新冠肺炎病毒为重新思考数字网络中的健康传播问题提供了契机。研究者从关注现实和介入现实的角度研究新冠肺炎疫情，反思新媒介格局带来的可能性与危机，客观上推动了健康传播研究的发展。

四、研究视野与研究方法

（一）多元文化视野中的健康传播研究

在多元文化背景下，文化因素成为海外健康传播研究的热点。

---

① Gerrard, Y. The COVID-19 Mental Health Content Moderation Conundrum [J]. *Social Media and Society*, 2020, 6(3): 1-5.

② Wake, A., Paton, E., & Pryor, R. Communicating about suicide during a global pandemic: impact on journalists and media audiences[J]. *Media International Australia*, 2021, 178(1): 47-53.

③ Zarocostas J. How to fight an infodemic [J]. The Lancet, 2020, 395 (10225): 676.

④ Amoruso, M., Auletta, V., Anello, D., & Ferraioli, D. Contrasting the spread of misinformation in online social networks[J]. *Proceedings of the International Joint Conference on Autonomous Agents and Multiagent Systems*, AAMAS, 2017, 3 (Aamas): 1323-1331.

Pun 等介绍了东亚地区(中国大陆、中国香港地区、日本、韩国和中国台湾地区)的医患关系的复杂性和异质性，提示在理解和解释东亚地区的医疗接触时，需要考虑当地文化的重要性。① 另有研究发现，中国互惠文化促使老年人交换社会支持，分享健康信息。②

在新冠疫情背景下，各国学者根据自身的文化语境开展研究，或结合本土文化，或进行跨国对比分析，突出了文化要素，丰富了研究视野。首先，各国学者结合本国疫情及防控情况开展研究。一方面，学者们探究了疫情爆发时的防疫措施。例如，荷兰疫情爆发前期，虽然各方信息混乱但公众仍旧信任专家机构。van Dijck 和 Alinejad 收集了荷兰 COVID-19 疫情爆发后的前 4 个月内的公共辩论，发现即便社交媒体平台在科学传播中逐渐处于中心地位，但是科学传播的机构化模式仍然强大，因此网络化模式是改变而非取代了线性的机构化模式。③ 新西兰采取的迅速封锁的方式，大大减少了疫情的传播。不过，边缘社区(毛利人、太平洋岛裔和难民)中的新西兰人遭遇了结构性的不公平待遇，表现在食物获取、就业等方面，这加剧了"边缘社区的边缘化"。④ 另一方面，研究者反思疫情未能得到较好控制的原因。例如，巴西学者 Massarani 等通过研究疫情前期在巴西社交网站上参与度最高的 100 条健康信息，发现信源中专业的健康传播研究机构或大学"缺席"，而且伪信息占比

① Pun, J. K., Chan, E. A., Wang, S., & Slade, D. Health professional-patient communication practices in East Asia: An integrative review of an emerging field of research and practice in Hong Kong, South Korea, Japan, Taiwan, and Mainland China[J]. *Patient education and counseling*, 2018, 101(7): 1193-1206.

② Liu, M., Yang, Y., & Sun, Y. Exploring Health Information Sharing Behavior Among Chinese Older Adults: A Social Support Perspective [J]. *Health Communication*, 2019, 34(14): 1824-1832.

③ van Dijck, J., & Alinejad, D. Social media and trust in scientific expertise: Debating the COVID-19 pandemic in the Netherlands[J]. *Social Media and Society*, 2020, 6(4): 1-11.

④ Elers, C., Jayan, P., Elers, P., & Dutta, M. J. Negotiating Health Amidst COVID-19 Lockdown in Low-income Communities in Aotearoa New Zealand[J]. *Health Communication*, 2021, 36(1): 109-115.

较高(13.5%)。Massarani 认为巴西政府系统没有创造有利于健康传播的政策环境，健康信息质量仍有很大的进步空间。① 在印度尼西亚，政府层面倾听"温和派"和"严厉派"两种不同的声音，试图在两派声音中保持平衡。政府在四月中旬才推行大规模社会限制(PSBB)的政策，错过了严格政策的最佳时机。②

其次，学者们或进行跨国比较研究，或主张合作，共同探讨多元文化中的健康传播问题。在新冠肺炎病毒全球流行的早期，有学者收集了美国、韩国和新加坡关于暴露于伪健康信息的影响的数据，进行跨国对比分析，强调新冠肺炎病毒全球大流行期间伪健康信息的负面后果，阐释了人们在解释和应对伪健康信息方面的文化差异和情景差异。③ 巴西学者 Massarani 等认为，基于公众参与的"共同知识生产模式"是理想的疫情信息沟通模式。④

(二)大数据驱动的健康传播研究

虽然问卷调查、控制实验以及内容分析等量化方法是健康传播研究的主要方法，但随着大数据技术与计算社会科学的发展，推动研究者关注大数据并用其探讨公众对健康事件、健康状况的看法，监测疾病及其演变。

大数据和计算传播可以辅助研究者提出、回答新问题。例如，Rains 认为，不同于问卷调查和控制实验法，大数据与计算社会科

---

① Massarani, L., Waltz, I., & Leal, T. COVID-19 in Brazil: an analysis about the consumption of information on social networks [J]. *Journal of Science Communication*, 2020, 19(07): 1-21.

② Eriyanto, & Ali, D. J. Discourse network of a public issue debate: A study on COVID-19 cases in indonesia [J]. *Jurnal Komunikasi: Malaysian Journal of Communication*, 2020, 36(3): 209-227.

③ Kim, H. K., Ahn, J., Atkinson, L., & Kahlor, L. A. Effects of COVID-19 Misinformation on Information Seeking, Avoidance, and Processing: A Multicountry Comparative Study[J]. *Science Communication*, 2020, 42(5): 586-615.

④ Massarani, L., Waltz, I., & Leal, T. COVID-19 in Brazil: an analysis about the consumption of information on social networks [J]. *Journal of Science Communication*, 2020, 19(07): 1-21.

学能够帮助研究者从人们的行为痕迹中识别模型，① 从而推动健康传播理论的发展。在埃博拉疫情爆发期间，大数据等技术通过更快速地诊断、更准确地预测和评估、更多的知识传递，提高了公众对疫情的感知，也有助于对抗伪健康信息。②

大数据结合机器学习的方式，使得大规模地分析社交网络中的推文成为可能。Kostygina 等通过机器学习，分析了 30 多万条推文，证实了在网络健康行动中，充分利用社交媒体文化中的独特元素（比如意见领袖、网络名人等）能够产生积极效用。③ 大数据结合机器学习的方式，促进了长时段的历时性研究的发展。例如，Siegel 等使用监督式机器学习和非监督机器学习以及人工编码相结合的方式，发现 2014—2017 年美国四家媒体上"烟草 21"政策的报道，和年轻吸烟者的支持率之间呈现相似模式。④

此外，数据驱动的健康传播研究可以彰显人文关怀。有研究者开发了自动图像识别算法，发现了数字图片中自残的因素，并通过网络抓取技术，获取了既定时间内"自残"标签下英语与德语的图片，探讨如何保护弱势群体，避免其接触 Instagram 中的自残图片。⑤

---

① Rains, S. A. Big data, computational social science, and health communication: A review and agenda for advancing theory[J]. *Health communication*, 2020, 35(1): 26-34.

② Bempong, N. E., De Castañeda, R. R., Schütte, S., Bolon, I., Keiser, O., Escher, G., & Flahault, A. Precision Global Health-The case of Ebola: A scoping review[J]. *Journal of Global Health*, 2019, 9(1): 1-12.

③ Kostygina, G., Tran, H., Binns, S., Szczypka, G., Emery, S., Vallone, D., & Hair, E. Boosting Health Campaign Reach and Engagement Through Use of Social Media Influencers and Memes[J]. *Social Media and Society*, 2020, 6(2): 1-12.

④ Siegel, L. N., Levin, A. V., Kranzler, E. C., & Gibson, L. A. Do Longitudinal Trends in Tobacco 21-Related Media Coverage Correlate with Policy Support? an Exploratory Analysis Using Supervised and Unsupervised Machine Learning Methods[J]. *Health Communication*, 2020: 1-10.

⑤ Bartsch, A., Scherr, S., Mares, M. L., & Oliver, M. B. Reflective thoughts about violent media content-development of a bilingual self-report scale in English and German[J]. *Media Psychology*, 2020, 23(6): 794-819.

不过，大数据、算法并不能驱动健康传播研究诞生新理论。它们的价值在于提供新的研究方法与研究视角。首先，大数据与计算社会科学技术使得获取群体以及群体内个体的行为成为可能，如探讨在线健康社区中的每一次互动。其次，尽管既有的健康传播理论对健康行为能够做出预测，但数据驱动使得信息与具体的行为指标可以联系起来。最后，获取动态数据如追踪在线健康运动的演变过程，可以更好地理解该运动的产生与消散。①

(三)"身体"作为数据纳入健康传播研究

将身体数据纳入健康传播研究范畴是新的趋势。自我报告式的研究，有时难以探查人们的真实想法。Jeong 等指出，对数据进行分析以发现隐藏的意义，并将它们转化为有价值的信息是至关重要的。② 大数据拓展了数据的来源，使得生物等行为信息得以纳入研究之中。自然数据通过非反应与无干扰的测量方式获得，其特点在于研究对象并不知情研究者在研究他们，因而"自然地"留下社会行为或行动记录。因此，研究者所获得的数据更加接近真实情况。身体数据可以通过眼动追踪、认知神经科学、脑电技术等被纳入研究。

首先，眼动追踪(Eye Tracking)是一种过程跟踪方法，记录视觉运动，如眼球运动和注视(眼球停止)，可用于调查未被充分研究的心理机制。③ 有研究者对比幽默策略和非幽默策略对人们暴露于社交媒体上的伪信息和纠正性信息的影响，发现幽默的纠正增加了对纠正推文图片部分的关注。这种关注通过降低虚假推文的可信

---

① Rains, S. A. Big data, computational social science, and health communication: A review and agenda for advancing theory[J]. *Health communication*, 2020, 35(1): 26-34.

② Jeong, Y. S., Pan, Y., Rathore, S., Kim, B., & Park, J. H. A parallel team formation approach using crowd intelligence from social network [J]. *Computers in Human Behavior*, 2019, 101: 429-434.

③ Kessler, S. H., & Zillich, A. F. Searching Online for Information About Vaccination: Assessing the Influence of User-Specific Cognitive Factors Using Eye-Tracking[J]. *Health Communication*, 2019, 34(10): 1150-1158.

度间接降低了人们对 HPV 的误解。①

其次，认知神经科学正在给健康传播研究带来新的促动。认知神经科学是一门新兴的学科，由心理学、人类学、神经科学、语言学、计算机科学等交叉而来，借助功能磁共振成像探查人们在信息加工、认知、发生情绪时的脑电变化。它对传播效果研究的影响日渐明显。② 在控烟议题中，研究者捕捉到参与者在信息暴露过程中的神经活动，并将其与他们随后的语言模式联系起来，以进一步理解大脑反应。③

将身体数据纳入健康传播研究之中，可以促成行为层面与生理层面的数据相互关联与印证，这对还原人们的真实意图，解释心理、生理动因具有意义。但亦有学者批判此类研究是"花哨的方法论"与"新颅相学"，需要通过整合媒介研究以重塑媒介心理学等方式，推动不同情境中的媒介认知科学研究。④

五、总结与展望

分析 2016—2020 年的健康传播研究文献发现，首先，在全球的健康传播研究格局中，形成了美国独树一帜的图景，其他主要西

---

① Kim, S. C., Vraga, E. K., & Cook, J. An Eye Tracking Approach to Understanding Misinformation and Correction Strategies on Social Media：The Mediating Role of Attention and Credibility to Reduce HPV Vaccine Misperceptions［J］. *Health Communication*，2020：1-10.

② 何苗. 认知神经科学对传播研究的影响路径：回顾与展望［J］. 新闻与传播研究，2019(1).

③ Liu, J., O'Donnell, M. B., & Falk, E. B. Deliberation and Valence as Dissociable Components of Counterarguing among Smokers：Evidence from Neuroimaging and Quantitative Linguistic Analysis［J］. *Health Communication*，2021，36(6)：752-763.

④ 何苗. 认知神经科学对传播研究的影响路径：回顾与展望［J］. 新闻与传播研究，2019(1).

方国家紧随其后。这与美国的健康传播研究起步早，① 学术建制较为完善，研究经费充足有关。社会资本、文化资本和经济资本是影响学术发展水平的重要因素。② 可喜的是，韩国、中国与新加坡学者结合自身的文化语境探讨健康传播问题，已经发出了越来越多的声音。与此同时，全球健康传播研究领域出现了诸多细分化的研究领域。在新媒体环境下持续探讨经典议题，推动了理论模型的检验与修正；社交媒体中的健康问题继续被学界关注，其中健康信息质量、健康信息行为成为研究热点。新冠疫情在全球流行，吸引学者聚焦研究疫情中的健康宣导、信息疫情、心理健康等议题，相关研究具有多元文化视野，彰显了全球意识与文化关怀。在研究方法层面，大数据与计算社会科学技术的结合推动健康传播研究朝着更为实证的方向发展，以"身体"作为数据成为新的研究取向。不过，基于本研究的综述不难发现，以美国为代表的西方健康传播研究呈现微观化和变量琐碎化的特点。从学科发展的角度看，这一趋势如同一把"双刃剑"：一方面，有助于形成垂直细分的研究领域，推动研究走向更深层次；另一方面，过于琐碎化的变量和微观化的研究使得变量的重要性趋同，也可能演变成同等不重要，不利于理论创新。

其次，结合疫情相关研究，从比较的视角反思我国和海外健康传播研究，可以发现：第一，国内的疫情研究多从宏观着手。在宏观层面有公共管理学者呼吁从国家层面构建"数字健康"体系，进行有效的健康治理。③ 有传播学者分析短视频在疫情期间的功能作用，落脚于"正向引导舆论""动员民众"等宏观思考。④ 中观与微

---

① 刘瑛. 美国之健康传播研究[J]. 华中科技大学学报（社会科学版），2011(5).

② 冯广超. 大数据解析全球传播学学科制度化的发展历程与规律[J]. 国际新闻界，2020(12).

③ 申曙光，吴庆艳. 健康治理视角下的数字健康：内涵、价值及应用[J]. 改革，2020(12).

④ 黄楚新，朱常华. 短视频在突发公共事件中的功能与作用——以新冠肺炎疫情信息传播为例[J]. 视听界，2020(2).

观角度的研究有待加强，比如疫情信息在家庭内如何传播的问题,① 等等。而海外的健康传播研究更加重视微观研究。例如，有学者从心理健康视角切入，从算法伦理角度强调社交媒体平台的内容审核员的工作重要性。② 第二，对比中国重视集体叙事和社会叙事的研究取向，海外的疫情叙事更加重视个人视角。比如 Elers 等使用深度访谈法倾听新西兰处于边缘地位的毛利人、太平洋岛裔和难民的声音，关注他们在疫情中因国家封锁政策遭遇的困难。③ 由重大公共卫生事件驱动的研究值得借鉴海外健康传播研究的微观视角，以彰显"民本主义的视角"。

再次，新冠疫情的爆发及其带来的不确定性，催生了人们新的健康信息需求，推动健康传播研究异常活跃并迈向深入。这是推动我国健康传播研究的契机，也对健康传播研究提出了新的挑战，未来的研究需要回应新冠疫情的"提问"。同时，我国的健康传播研究需要结合文化语境以及社会转型的实际，关注我们的人文医学传统，面向中国实际研究中国问题。在研究议题选择中，值得持续关注健康传播的细分议题，并持续深耕。

健康问题是全球性议题，中国的健康传播研究还需要注重比较研究。这不仅是因为如今海外的健康传播已经呈现跨文化演变的趋势，健康传播领域的研究主题进一步延伸,④ 也是因为同一研究问题在不同的文化中呈现迥异的样态，"文化之间的互动"是推进学

---

① 周裕琼，杨洸，许广梅. 新冠疫情中的数字代沟与健康代沟：基于2018年与2020年中国家庭祖孙三代的问卷调查[J]. 新闻与写作，2020(10).

② Gerrard, Y. The COVID-19 Mental Health Content Moderation Conundrum [J]. *Social Media and Society*, 2020, 6(3): 1-5.

③ Elers, P., Te Tau, T., Dutta, M. J., Elers, S., & Jayan, P. Explorations of Health in Aotearoa New Zealand's Low-income Suburbia [J]. *Health Communication*, 2020: 1-11.

④ 苏婧，李智宇. 超越想象的贫瘠：近年来海内外健康传播研究趋势及对比[J]. 全球传媒学刊，2019(3).

术研究理论化的重要步骤。① 同时，历时性分析和比较研究等综合的视角能够回应健康传播的发展态势，推动理论创新。

最后，本研究在展示海外健康传播研究的前沿议题与方法的过程中，仍可能存在基于工具的计算误差以及基于主观的研判失当等问题。这意味着，对适用工具需要"祛魅"，聚焦反常并持续思考。② 通过 Citespace 进行文献计量学分析，虽然可以较为直观地发现近五年健康传播领域的经典文献以及有影响力的作者，但这可能造成停留在关注研究现状层面的问题。因此，需要更多地关注可视化结果呈现的特殊节点，并回归文献本身去理解、反思健康传播领域的发展态势。

---

① 李晓静，付思琪. 智能时代传播学受众与效果研究：理论、方法与展望：与香港城市大学祝建华教授、斯坦福大学杰佛瑞·汉考克教授对谈[J]. 国际新闻界，2020(3).

② 廖金英. 愿景与悖论：传播学 CiteSpace 可视化工具引入现状批判[J]. 国际新闻界，2018(7).

比较新闻学研究：趋势、嬗变与路径[*]

曹　皓[**]

摘　要：自"二战"后，比较新闻学研究经历了三次主要的范式与路径转换。在 1950s—1960s，比较新闻学研究主要被现代与传统二元对立的范式所主导；从 1960s 后期到 1980s，比较新闻学研究反映了中心-边缘二元对立的逻辑；而从 1990s 开始，全球化范式下的新自由主义和另类全球化的二元对立主导了比较新闻研究。今年来，反全球化的力量打破了上述二元对立的比较路径，学术阵营中的领跑者、崛起者、落后者则反映了在新形势下比较新闻研究新的权力格局。

关键词：比较新闻学；反全球化；二元对立；三个阵营

引　言

　　学术范式的转换不仅反映而且可反作用于新闻传播实践。自"二战"以来，现代化理论、依附理论、全球化理论相继主导了比较新闻传播的研究和实践。每个范式都被一个主要的二元对立矛盾所支配。在现代化理论范式下，各国新闻传播实践被置于传统-现

　　* 本文为武汉大学自主科研项目(人文社会科学)研究成果，得到"中央高校基本科研业务费专项资金"资助(supported by "the Fundamental Research Funds for the Central Universities")，项目批号 2020HW014。
　　** 曹皓，武汉大学新闻与传播学院新闻系副研究员。

代的对立框架下进行考察。而二十世纪六十、七十年代，依附理论范式让学者主要关注比较各国在全球传播体系中的不平衡，采用中心-边缘的框架分析新闻传播现象。自二十世纪九十年代以来，全球化理论让比较的焦点转移到新自由主义和另类全球化的对立上。而近年来，全球化范式下的二元对立被来自反全球化力量的打乱。本研究试图了解在不同宏观背景下，比较新闻学研究经历了如何的改变，并从其趋势、嬗变和路径来展现反全球化范式下学术权力的延续与变迁。

一、比较新闻学研究的范式与路径转换：
1950s—2000s

（一）现代化理论范式下的现代-传统二元对立

二十世纪上半叶，两次世界大战，尤其是第二次世界大战瓦解了殖民体系，同时十九世纪诞生的共产主义的思潮和实验也在国家层面上得到实践。美苏及其盟友的对立将世界分割为冷战的两极格局。美欧等前殖民地宗主国及其联盟形成了第一世界，它们都或多或少地具备现代化社会的标志，如经济上的工业化、政治上的民主化和法律制度化、社会层面的有机团结整合、以及个人层面上的情感中立和自我取向等。苏联及其联盟国则被划分为第二世界，这些国家无论在经济、政治、社会等层面都和以市场经济、民主政治、社会分层的第一世界迥异。新独立的前殖民地虽然也建立了现代国家，但它们在各层面上都在摸索合适的社会制度，而第一世界和第二世界都希望吸纳这只新生的力量来扩展自己的政治版图。例如以美国为首的第一世界，意图通过现代化的理论和实践，将第三世界国家改造为其复制本。

首先，在此背景下，欧美国家不仅被当作现代化的范本，并将所有不符合这种模式的国家定义为传统国家和社会，从而建立现代-传统的二元结构划分。采取社会进化论（evolutionism）、结构功能主义（structural functionalism）及内生性（endogenism）的视野，现代化被认为是最大化利用工具和资源的能力。① 而只有社会分门别类化(differentiation)为不同的专业领域，才能更好地提高使用资源的效率。② 第一世界之所以能率先步入现代社会，正是由于实现了上述两点。与之相对，第三世界国家之所以无法实现现代化或进程缓慢，正是由于缺乏必要的资本、技术、人才等投资，并且社会关系还处于未分化的机械团结状态。③ 从第一世界的经验出发，现代化进程不仅被认为是一个必然的线性发展历程，而且是为所有国家所向往的终极理想状态。第三世界国家要实现现代化进程，则必须抛弃其落后的传统。④

与之对应，欧美为首的第一世界国家将传统视为现代化最大的敌人和障碍。⑤ 这不仅体现在现代化社会的建立，意味着"传统的消逝"，⑥ 也表现在传统制度、文化、个人身份对现代化进程的阻滞作用。⑦ 针对以上问题，第一世界国家提出了以外部刺激、援助为主要手段的解决策略。从第三世界国家出发，它们可以通过和现代化国家的交流，刺激其模仿后者的经验，从而实现现代化。⑧ 而

---

① Levy, M. J. *Modernization and the structure of societies：A setting for international affairs*[M]. Princeton University Press, 1966.

② Smelser, N. Toward a Theory of Modernization. Social Change. In A. Etzioni and E. Etzioni Halevi (eds.), *Social Change：Sources, Patterns, and Consequences.* NY：Basic Books, 1964.

③ Smelser, N. Toward a Theory of Modernization. Social Change. In A. Etzioni and E. Etzioni Halevi (eds.), *Social Change：Sources, Patterns, and Consequences.* NY：Basic Books, 1964.

④ So, A. Y. *Social change and development：Modernization, dependency and world-system theories.* Sage, 1990.

⑤ Bendix, R. H. Tradition and Modernization Reconsidered[J]. *Comparative Studies in Society and History*, 1967, IX, 3, 311.

⑥ Lerner, D. *The passing of traditional society：Modernizing the Middle East.* Glencoe, IL：Free Press, 1958.

⑦ So, A. Y. *Social change and development：Modernization, dependency and world-system theories.* Sage, 1990.

⑧ Levy, M. J. *Modernization and the structure of societies：A setting for international affairs*[M]. Princeton University Press, 1966.

已经实现现代化的国家可以从资金、人才、技术等多方面对传统国家施以援助，以刺激其摆脱原始传统的状态。在这一思想的指导下，第一世界通过世界银行、国际货币基金、国际非政府组织、私人慈善机构等部门，向第三世界国家开展了一系列的援助项目。但是，这些援助项目大部分失败了，第三世界国家不仅没有实现现代化，有些还呈现出发展停滞、甚至倒退的局面。①

在现代化理论范式的传统-现代二元对立假设下，比较新闻学也不可避免地采用了此框架。这种局面是在内外双重因素的作用下形成的。② 从外部看，为将新兴独立国家纳入自己的阵营，美国政府及私人基金会，投入了大量资金，支持相关研究；从学术界内部看，战后新兴的新闻传播学及其他社会科学为合法化自己的学术地位，亦积极主导和参与这些研究项目和机构。对新闻传播学来说，在"二战"中的宣传研究，既锻炼了诸多学者的能力，也构建了一个学者间的网络，让其更好推进该理论范式的发展。

在这样的背景下，这些学者把现代化理论应用在新闻传播学，研究如何更好地将现代化的传播体系和西方信息扩散到发展中国家，并要求实现信息的自由流通。③ 一大批以现代化理论为支撑的新闻传播学经典作品由此诞生，包括 Daniel Lerner 的《传统社会的消逝：中东的现代化》(*The Passing of Traditional Society*：*Modernizing the Middle East*)(1957)④ 及《传播体制和社会体制》(*Communication Systems and Social Systems. A Statistical Exploration in History and Policy*)(1958)、Siebert、Peterson 和 Schramm 的《报刊的四种理论》*Four Theories of the Press*：*The Authoritarian*，*Libertarian*，

---

① Servaes, J. Handbook of communication for development and social change. Springer, 2020.

② Shah, H. *The production of modernization*：*Daniel Lerner*，*mass media*，*and the passing of traditional society*. Temple University Press, 2011.

③ Servaes, J. Handbook of communication for development and social change. Springer, 2020.

④ Lerner, D. Communication systems and social systems. A statistical exploration in history and policy. *Behavioral Science*, 1957, 2(4)：266-275.

Social Responsibility，and Soviet Communist Concepts of What the Press Should Be and Do)（1956）①及由 Lucien Pye 主编的《传播与政治发展》(*Communications and Political Development*)（1963）②等。

具体来说，这些研究主要从两个层面：一是新闻传播媒体本身及其在社会中扮演的角色，二是考察新闻传播与现代化之间的关系。首先，受功能主义的影响，持现代化理论的新闻传播学者认为，传统和现代社会必定对应截然不同的传播体制。其中，Daniel Lerner 在《传播体制和社会体制》一研究中，将现代-传统二元框架加诸于新闻传播体制，把现代国家的传播体制归为媒体体系(Media Systems)，而把传统国家的传播体制归为口语体系(Oral Systems)。前者主要以报纸、广播和电视等中介化(mediated)媒体介质为主要传播渠道，其主要信息传递方式是从专业化的传播者一对多的将客观、中立的信息传递给大众。而在传统口语体系下，告诫性的信息由地位高的人向地位低的人以点对点方式通过口语传播。同时，Daniel Lerner 也认为，传播体制将由后者逐步进化到前者。其次，衡量传播体制是否进化到现代体制的重要标志加入了日报阅读、收音、电影院等数量指标。

与以上直接应用现代-传统的二元划分不同，Siebert、Peterson 和 Schramm 的《报刊的四种理论》则将该对立隐藏在对报刊体制的划分中。与功能主义观点一脉相承，该比较新闻体系认为新闻传播体制和社会类型具有对应关系。他们指出，"报刊总是带有它所属社会和政治结构的形式和色彩"(p. 1)。根据个人的特质、个人与社会的关系、知识和真理的生成，及媒介与政府的关系和在社会中的角色，该理论框架将各国报刊体制划分为四种类型：集权式、苏式共产主义式、自由至上式及社会责任式。虽然这种划分比上述比

---

① Siebert, F., Siebert, F. T., Peterson, T., Peterson, T. B., & Schramm, W. *Four theories of the press*：*The authoritarian，libertarian，social responsibility，and Soviet communist concepts of what the press should be and do*[M]. University of Illinois press，1956.

② Pye, L. W. *Communications and Political Development* [M]. Princeton University Press，1963.

较媒介体制更加细致，但苏式共产主义式新闻体制被认为是集权主义的变种，因为它们均显示出传统社会的特征，如媒体需要服从并服务于权威或者国家意志。而后两种模式则更符合现代化社会中对个人、媒体、及国家关系的假设。正如 John Nerone（1995）尖锐地指出，Siebert 等人"并未提出报刊的四种理论，而是一种理论下的四个例子"（p. 18）。通过将欧美的范式描绘为新闻体制的完美范本，报刊的四种体制将现代化理论的价值判断巧妙地包裹在看似中立的类型划分中。

除了将现代/西方-传统/东方的对立置于比较新闻体制研究中，现代化理论的支持者热衷于考察新闻传播在现代化过程中的角色和作用。例如，在《传统社会的消逝：中东的现代化》中，Daniel Lerner 根据中东九个国家人民的所持意见的范围（opinion range）、共情能力（empathy）及幸福水平（happiness）三个参数将该地区划分为三种不同类型：传统型（traditional）、转型类（transitional）及现代型（modern）。而要实现从前者到后者的转变，须依赖大众传播媒体特别是电子媒体把现代化的思想、生活方式播种在传统社会。具体来说，传统社会的个体通过大众媒体接触来自外国新闻媒体的信息并培养共情能力是重要的手段。这种共情能力让他们向往西方的经济、政治、社会发展模式，从而促使他们采取相应的行为，如购买消费品、参与投票等，最终实现现代化。在对中东、拉美、南亚、非洲中的六个国家近 6000 人的比较研究中发现，相比教育，接受大众媒体的信息和工厂工作的经历是促使人们现代化的最显著因素。同样，在对印度 150 个村庄的对比实验里，Neurath（1962）[1]也发现类似的媒介效果，收听相关广播不仅使当地农民关于农业的知识大幅增长，而且促使他们采用现代化的农耕行为，如给家禽接种疫苗等。几乎毫无例外，这些研究都表明，通过现代大众媒体技术传播的西方社会信息和知识，会刺激第三世界抛弃传统的阻碍，推进其现代化进程。

---

① Neurath, P. M. Radio farm forum as a tool of change in Indian villages[J]. *Economic Development and Cultural Change*, 1962, 10(3)：275-283.

由于接收来自西方及其媒体的信息至关重要，以美国为首的第一世界国家一直鼓吹甚至威胁要求国际信息的自由流通。① 这不仅体现在对自由报刊体制、言论自由权利毫无保留的支持，同时它们也在假信息自由之名，要求私有化媒介，在信息与观点的自由市场里实现真理。这些理论为欧美跨国传媒公司进入第三世界正名，从而兜售其信息产品。② 国际通讯社、大媒体公司让西方事务与信息迅速流入第三世界，这既成为第一世界现代化项目的主要推手，也为其埋下了隐患。

从二十世纪七十年代以来，以上的比较新闻传播研究受到了广泛的批评。除质疑其二元划分框架未考虑到现代和传统的交融，批判者也发现通过外部刺激、援助的发展项目很少实现其目标，主要的原因是这些项目没有调动当地人民的参与，让他们对发展成果有归属感。③ 同时，对采用现代化视角的比较新闻传播研究最尖锐的指责是其将第三世界国家落后的原因归结于内部经济增长缓慢、政治专制腐败、文化束缚等，而未看到这些表象后的根本原因是西方长期对殖民地的掠夺和剥削，现代化项目则是新殖民的手段。

（二）依附理论范式下的中心-边缘二元对立

二十世纪六十年代末期后，现代化理论在第三世界，尤其是拉丁美洲，受到了两方面的质疑。一方面，以进口主导的经济增长模式虽然带来了短暂的经济繁荣，但是这些国家随之进入了和现代化发展完全相悖的状态：许多拉美国家不仅经济上陷入停滞，而且社会抗议此起彼伏，最终，在民粹势力的驱动下，许多国家的军政府

---

① Servaes, J. Handbook of communication for development and social change [M]. Springer, 2020.

② Servaes, J., & Malikhao, P. Participatory communication: The new paradigm. *Media & global change* [J]. *Rethinking communication for development*, 2005: 91-103.

③ Waisbord, S. Family tree of theories, methodologies, and strategies in development communication [J]. *Handbook of communication for development and social change*, 2020: 93-132.

和集权政府取代了此前的民选制。① 这些经济和政治剧变，让人们开始广泛怀疑现代化实践的有效性。

另一方面，作为现代化国家模范的西方国家，也深深陷入各种经济、政治和社会问题中。经济上，石油危机导致了欧美经济的长期滞涨，结束了战后二十多年的经济高速增长期；政治上，美苏争霸造成的古巴导弹危机及国内政治丑闻，开始让国内外人民反思西式民主制度；社会上，各式社会运动（如民权运动、学生运动、反战运动、女性运动等）带来了一个动荡的六十年代。②③ 第一世界的这些困难动摇了现代化的合法性，它不再作为一个不受质疑的目标被接受和推广。

在这样的背景下，依附理论在拉丁美洲诞生了，并被美国国内年轻的、激进的知识分子所接受；在他们的双重作用下，依附理论的框架也随后被用于考察其他第三世界国家在现代化进程中产生的问题。④ 首先，从第三世界国家遭遇的困境出发，依附理论沿着新马克思主义（Neo-Marxism）的道路，主要从国家间不平等的关系考察为何单个国家会处于发达或不发达的状态。⑤ 现代化理论从时间维度把发展看成社会进化的过程，依附理论则从空间维度把发展视为一体两面的进程，即发展和不发展（underdevelopment）是相互依存的。因此，世界各国包括第三世界国家内都呈现出"大都市

① So, A. Y. *Social change and development*: *Modernization*, *dependency and world-system theories*. Sage, 1990.

② Chirot, D. Changing fashions in the study of the social causes of economic and political change[J]. *The State of Sociology*, 1981: 259-282.

③ Gitlin, T. *The Sixties*: *Years of Hope*, *Days of Rage* [M]. New York: Bantam, 1987.

④ Landsberg, M. Export-led industrialization in the Third World: manufacturing imperialism. *Review of Radical Political Economics*, 1979, 11(4): 50-63.

⑤ Frank, A. G. The development of underdevelopment[M]. *Monthly Review*, 1969, 18(4): 17-31.

（metropolis）-卫星（satellite）"①或"中心-边缘"（center-periphery）的结构。②③ 在国际间不平等的依附结构下，呈现出一种"不发达的发展"（development of underdevelopment）。不推翻这个结构，第三世界国家将不能实现真正的自我发展。④

在这样的理论视角下，依附理论诊断，第三世界国家不发达的原因应为外部结构因素。具体来说，殖民主义的历史掠夺和当时国际分工的不平等是阻碍第三世界国家发展的最大因素。⑤ 首先，殖民主义及其遗留不仅造成了第三世界国家大量财富、自然资源的外流，同时也造就了其依附于第一世界中心国家的本土精英，这些人帮助前者一直维持剥削体系。在 Baran（1957）⑥对印度被殖民历史考察中，他指出，英国不仅通过不平等条约直接从印度攫取利润，并且通过和本地地主的合谋，将印度的棉纺业去工业化，从而使棉花等原料源源不断地被供给到英国，以此维持英国工业品的市场竞争力。而在经过了数百年的殖民统治后，独立后的殖民地国家不仅经济基础羸弱，且仍然处于被剥削的位置。另外，现有国际分工的不平等加剧了后发国家发展的困境。"二战"后，欧美各国通过殖民已大多完成原始积累及工业化进程，而第三世界国家则刚刚开始这个进程。要实现发展，它们必须通过出卖本国的农产品、原料、人力等附加值低的产品，来换取现代化国家的先进机械技术、工业

---

① Frank, A. G. The development of underdevelopment［M］. *Monthly Review*, 1969, 18(4): 17-31.

② Amin, S. Accumulation and development: a theoretical model［M］. *Review of African Political Economy*, 1974, 1(1): 9-26.

③ Wallerstein, I. Dependence in an interdependent world: the limited possibilities of transformation within the capitalist world economy［J］. *African Studies Review*, 1974: 1-26.

④ Landsberg, M. Export-led industrialization in the Third World: manufacturing imperialism. *Review of Radical Political Economics*, 1979, 11(4): 50-63.

⑤ Frank, A. G. The development of underdevelopment［M］. *Monthly Review*, 1969, 18(4): 17-31.

⑥ Baran, P. A. *Political Economy of Growth*［M］. NY: NYU Press, 2019.

品、资本等。但这种国际交换本质是不平衡的，因为前者的价值总是远远低于后者。① 这样，采取这种出口导向的第三世界国家最后总会陷入贸易不平衡，甚至深陷借贷危机。于是，学者们断言，不平等的世界体系是第三世界欠发达的最主要原因。

依附理论对于第三世界国家发展中的问题也提出了与现代化理论完全相反的解决方案。现代化方案要求第三世界国家要和发达国家保持交流，从中学习并效仿其发展路径。但依附理论认为，正是因为这种不平等的交流，让依附关系一直被再生产。因此，他们主张脱离发达国家，从而实现自我独立发展。② 这并不代表这些国家的彻底封闭，他们主张类似状况的发展中国家之间应进行交流合作、共同发展。其中，许多第三世界国家从中国和古巴的国家建设中吸取经验，主张通过社会主义革命来推翻国内精英，从而建立平等的社会结构，实现均衡的发展。同时，由于国内的精英被视为维持依附关系的重要链条，推翻他们的统治，也被视为砍断依附关系的重要一步③，最终，这些国家成立了"不结盟运动"，提出建立"新经济秩序"，试图在两个世界之外，寻求第三条道路。

依附理论在比较新闻学领域的兴起始于对现代化理论在国际传播实践中的反思和批判。一方面，西方主要通讯社垄断了国际新闻信息流，将第一世界的新闻和观点不断输入第三世界国家，使后者对其形成依赖。④⑤ 同时，除国际新闻内容的不平衡，传播技术的

---

① Amin, S. Accumulation and development: a theoretical model[M]. *Review of African Political Economy*, 1974, 1(1): 9-26.

② So, A. Y. *Social change and development: Modernization, dependency and world-system theories*. Sage, 1990.

③ Chilcote, R. H., & Edelstein, J. C. *Latin America: The struggle with dependency and beyond*[M]. Halsted Press, 1974.

④ Galtung, J. The True Worlds[M]. New York: Free Press, 1980.

⑤ Preston, W., Herman, E. S., & Schiller, H. I. *Hope & Folly: The United States and Unesco*, 1945-1985 (Vol. 3)[M]. U of Minnesota Press, 1989.

发展加深了第一世界和第三世界国家之间的差距和冲突。①② 其中，新兴卫星通信技术的发展尤其加深了后者的担忧。由于该技术可以绕过国家物理边界，直接向它国人民传递信息。这些战后刚刚获得政治独立的第三世界国家认为，媒介所有权的丧失会带来本国文化主权丧失。而以美国为首的西方国家对卫星通信技术的垄断，引发了对新闻传播基建层面，如广播电视传输、计算机电子技术等的垄断的更广泛的讨论。③ 国际新闻流的不平衡及新闻生产和传输手段的垄断，使基于依附理论的媒介帝国主义（media imperialism）视角成为该时期比较新闻研究的主要理论框架。④⑤⑥

媒介帝国主义继承文化马克思主义和法兰克福批判的视野，指出国际新闻传播也具有"中心-边缘"的不对称结构。⑦⑧ 在此不对称的结构下，中心国家利用先进的媒介技术，通过和国家及军方的合作，在发展中国家和地区建立媒介分支，让新闻信息源源不断流入边缘国家。在此范式下，比较新闻学在二十世纪七十到八十年代

---

① Carlsson, U. The rise and fall of NWICO: From a vision of international regulation to a reality of multilevel governance[J]. *Nordicom Review*, 2003, 24(2): 31-67.

② Pickard, V. Neoliberal visions and revisions in global communications policy from NWICO to WSIS[J]. *Journal of Communication Inquiry*, 2007, 31(2): 118-139.

③ Preston, W., Herman, E. S., & Schiller, H. I. *Hope & Folly: The United States and Unesco*, 1945-1985 (Vol. 3)[M]. U of Minnesota Press, 1989.

④ Boyd-Barret, O. Media imperialism[M]. London: Sage, 1977.

⑤ Galtung, J. A structural theory of imperialism[J]. *Journal of peace research*, 1971, 8(2): 81-117.

⑥ Schiller, H. Mass Communications and American Empire [M]. Boulder, CO: Westview Press, 1992.

⑦ Galtung, J. A structural theory of imperialism[J]. *Journal of peace research*, 1971, 8(2): 81-117.

⑧ Schiller, H. Mass Communications and American Empire [M]. Boulder, CO: Westview Press, 1992.

诞生了一系列的国际新闻流研究。例如，学者 *Gerbner* 和 *Marvanyi*（1977）①的比较新闻研究，考察来自三种不同制度，即资本主义、社会主义及"第三世界"的九个国家如何报道外国新闻。结果显示，无论哪种体制下的新闻媒体都会对西方各国发生的事务给予最多报道。针对黎巴嫩当选总统 Bachir Gemayel 刺杀的报道，Van Dijk（1988）②的研究团队，选取第一及第三世界国家各十几份报纸，分析其对此事报道的异同。结果发现，这些报纸从报道主题、文章内容、话题类型等多个方面都类似，这是因为欧美通讯社是大多数国家报纸最主要的信源。这些研究结果从多方面为中心-边缘的新闻传播信息流通模式提供了有力佐证。

同样，持媒介帝国主义视角的学者也把信息从中心向边缘的单向流动归咎于殖民主义及第一世界跨国媒体公司对国际信息流的垄断。例如，在对西方通讯社垄断带来的新闻同质化的分析中，学者们发现这种不公平的现象是由于前者在电报线路上垄断所造成的。③ 而这始于英法美等国在殖民时期即给予本国私有通讯社以特权，铺设相关设施，以维持对殖民地的统治。同时，欧美国家的私人公司，通过和政府及军方的合作，控制了电子通信设备、专利、特许使用权及频率等，从而进一步掌控传媒的物质基础，维持不平等的结构。④ 另一方面，Tunstall（1977）⑤则从媒介市场的视角解释了不平等的流动。具体来说，他指出媒介产品所特有的规模效应也是导致国际信息单向流动的原因。由于欧美，尤其是美国，具有庞

---

① Gerbner, G. , & Marvanyi, G. The many worlds of the world's press[J]. *Journal of communication*, 1977, 27(1): 52-66.

② Van Dijk, T. A. *News analysis: Case studies of international and national news in the press*[M]. New Jersey: Lawrence, 1988.

③ Thussu, D. K. *International communication: Continuity and change*[J]. Bloomsbury Publishing, 2018.

④ Schiller, H. Mass Communications and American Empire [M]. Boulder, CO: Westview Press, 1992.

⑤ Tunstall, J. *The media are American*[M]. New York: Columbia University Press, 1977.

大的、消费能力高的受众群体。因此，仅仅通过国内市场，其制作新闻信息的大部分成本即可收回。此后，其复制及传送信息的成本非常低廉，这样，以美国为首的跨国媒体公司，可以通过非常低廉的价格，打败第三世界国家的新闻机构，收割其媒体市场。总之，媒介帝国主义理论认为，第三世界国家无法掌握媒介制作和传播设施的所有权，因而造成了信息流通的不平等。①②

最后，针对现代化理论鼓吹的"信息的自由流通"，媒介帝国主义论针锋相对地主张新闻信息自主，提出了传播权力（the right to communicate）的理念，要求把传播信息作为一项基本的人权。③ 从二十世纪七十年代中期开始，第三世界国家的媒介从业者、学者及第一世界国家的反抗现状者，以联合国教科文组织（UNESCO）和"不结盟运动"（Non-Aligned Movement）为平台，展开了一场要求"新世界信息秩序"（NWICO）的运动。④ 一方面，"新世界信息秩序"在联合国层面推动了一系列共识、决议、委员会的达成和建立。例如，1978 年通过的"大众媒体宣言"（The Declaration on Mass Media）就取代了"信息的自由流通"，提出"在更广更好层面实现信息的平衡流通"（wider and better balanced dissemination of information）。而麦克布莱德委员会的成立及其提交的《多种声音，一个世界》，则针对传播中的一些列不平等问题提出了政策提议，如对新闻信息的应答权和纠正权等。⑤ 但是，由于美英等国的强烈

---

① Boyd-Barret, O. Media imperialism[M]. London：Sage, 1977.

② Fejes, F. Media imperialism：An assessment [J]. *Media*, *Culture* & *Society*, 1981, 3(3)：281-289.

③ D'Arcy, J. Direct broadcast satellites and the right to communicate[J]. *EBU Review*, 1969, 118(1969)：14-18.

④ Nordenstreng, K. *The Mass Media Declaration of UNESCO*[M]. Norwood：Ablex Publishing Corporation, 1984.

⑤ Pickard, V. Neoliberal visions and revisions in global communications policy from NWICO to WSIS[J]. *Journal of Communication Inquiry*, 2007, 31(2)：118-139.

反对，这些倡议均未进入实践阶段。① 更重要的是，1964 年成立于罗马的国际新闻社（Inter Press Service），逐步由沟通拉美和欧洲的桥梁，变成了"新世界信息秩序"的重要支持力量。它打破了欧美通讯社的垄断，成为第三世界国家之间的沟通网络。② 总而言之，围绕"新世界信息秩序"的一系列行动，旨在改变不平等的传播结构，从而实现第三世界国家的文化自主。

媒介帝国主义的视角也受到了类似针对依附理论质疑的多种批评。首先，批评者认为，该理论带有浓厚的决定论色彩。它认为媒介经济和物质基础会决定内容的生产和消费，却没有看到本地媒体机构、受众等在国际传播中的主观能动性。Straubhaar（1991）③发现，巴西的环球电视网（O'Globo）不仅对美国输出的节目进行了本地化处理，而且还进一步输出到其他拉美国家。他指出，文化接近性（cultural proximity）是类似环球电视网等第三世界国家媒体机构及其制作内容能够成功的重要原因。同时，与现代化理论假设的现代-传统或东-西二元对立一样，媒介帝国主义的研究往往将中心和边缘或南方与北方视为两个不可调和对立面。因此，虽然他们进行了许多实证比较新闻研究，但往往将边缘国家的媒介状况视为同质化的被剥削状态，而没有根据各国各地区的特殊背景，深入分析其独特的成因、表征及发展轨迹。因此，从总体来说，该理论框架并没有走出二元对立的思维。

（三）全球化理论范式下的新自由主义——另类全球化的二元对立

二十世纪八十年代，世界格局发生剧变，原有的三个世界逐渐融合。第二世界在东欧颜色革命后逐渐瓦解，并在苏联解体中彻底

① D'Arcy, J. Direct broadcast satellites and the right to communicate[J]. *EBU Review*, 1969, 118(1969): 14-18.

② Tupper, P. IPS, an alternative source of news: From NWICO to civil society. In Frau-Meigs et al (eds) *From NWICO to WSIS: 30 Years of Communication Geopolitics-Actors and Flows*, *Structures and Divides*, 2012: 55-68.

③ Straubhaar, J. D. Beyond media imperialism: Assymetrical interdependence and cultural proximity[J]. *Critical Studies in media communication*, 1991, 8(1): 39-59.

终结。在革命后，它们都拥抱了资本主义和美式民主政体。第三世界在外部债务的压力、国内及国家间的冲突下，被迫接受结构调整方案（structural adjustment programs），被美国主导的世界银行、国际货币基金组织等国际机构逐渐改造为适应外资进入的资本主义-自由政治体。①② 而在第一世界内部也发生了经济、政治层面的大调整：里根及撒切尔的上台不仅代表福利资本主义在第一世界遭遇"紧缩"（entrenchment），且其推行的自由化、解除管制、私有化，则让新自由主义成为经济、政治、社会的主导逻辑。③④

正是在各国经济、政治趋同、国家力量减弱的历史背景下，各国的政治、经济、文化等交流都进一步加强，而传播技术的发展更促进各种物理边界的削弱或瓦解，这些现象被定义为全球化。⑤ 虽然有学者指出，全球化始于资本主义对外扩张的早期模式——殖民主义，但自二十世纪八十年代开启的全球化时代标志着以前小规模、零星的国家和地区交流，升级到社会生活的方方面面，并且成为不可逆转的趋势（Giddens，1990）。⑥ 因此，现阶段的全球化标志一个崭新的历史时代。

全球化理论派别众多、思路繁复、且各种流派间冲突重重。其中，占主导地位且被批评最多的是以经济为中心的新自由主义全球化（neoliberal globalization）。根据不同的切入点，新自由主义全球化的不同分支从历史、哲学、政治、制度管制等不同角度，对其产

---

① Guttal, S. Globalisation[J]. *Development in Practice*，2007，17(4)：523-531.

② McMichael, P. *Development and social change* [J]. Sage Publications，2017.

③ Pierson, P. *Dismantling the welfare state?：Reagan，Thatcher and the politics of retrenchment*[M]. Cambridge University Press，1994.

④ Harvey, D. *A brief history of neoliberalism*[M]. Oxford University Press，2005.

⑤ Steger, M. B. *Globalization：A very short introduction*（Vol. 86）[M]. Oxford University Press，2020.

⑥ Giddens, A. The consequences of modernity[M]. Cambridge：Polity Press，1990.

生、发展轨迹及逻辑进行了解释。虽然这些解释路径差异巨大并时常矛盾，但它们亦有一定共识。首先，它们普遍认为，新自由主义全球化代表市场的力量和逻辑冲出此前以领土为边界的民族国家，在全球范围内主导社会生活的方方面面。因此，新自由主义全球化的主导者是跨国公司。它们的生产、投资、贸易进行跨国流动，在全球进行横向和纵向整合资源以降低成本赚取最大利润。① 因此，一些学者认为，新自由主义全球化即是资本主义扩张进入一个新阶段。②③

同时，在新自由主义全球化进程中，以物理为边界的国家政治干预被视为全球化进程中最大的障碍。因此不管是在全球北方还是在全球南方，新自由主义全球化都要求移除对国外资本、投资的限制，以出口主导经济，重构地区或本土市场以适应跨国资本的需求。同时，它们也要求私有化社会项目（如教育、医疗、养老等），因为跨国资本可以更有效地配置资源。④ 因此，从二十世纪八十年代末以来，在一系列国际共识（如"华盛顿共识"）和贸易组织（如由"关贸总协定"衍变的"世界贸易组织"（World Trade Organization））的推动下，通过不断的双边和多边谈判，越来越多的国家同意降低或移除国家壁垒。⑤⑥ 新自由主义全球化拥护者认为，随着国家干预的力度逐步减小直至消失，全球市场会最终融合，并促进生产贸易增长、技术及思想交流，最终实现人类文明整体进步。

---

① Guttal, S. Globalisation[J]. *Development in Practice*, 2007, 17(4): 523-531.

② Cahill, D., Cooper, M., Konings, M., & Primrose, D. (Eds.). *The SAGE handbook of neoliberalism*. Sage, 2018.

③ McMichael, P. *Development and social change*[J]. Sage Publications, 2017.

④ Harvey, D. *A brief history of neoliberalism*[M]. Oxford University Press, 2005.

⑤ Guttal, S. Globalisation. *Development in Practice*, 2007, 17(4): 523-531.

⑥ Babb, S. The Washington Consensus as transnational policy paradigm: Its origins, trajectory and likely successor[J]. *Review of International Political Economy*, 2013, 20(2): 268-297.

新自由主义全球化的实践引发了几次全球范围的经济危机（如1997 年东南亚金融危机、2008 年美国次贷危机），它们不仅使全球南方国家在经济上更加脆弱，而且加大了南北方国家之间及国家内部的不平等。① 因此，新自由主义全球化理论框架不仅受到了学术界的广泛批判，还刺激了另类全球化运动的诞生和发展。这股力量以社会运动、论坛协商会议、草根组织等多种形式，讨论如何实现"另外一种世界"。② 虽然另类全球化就自由、平等、发展等话题提出了与新自由主义全球化不同的观点，并进行了一些小规模的在地实践，但是它们缺乏一个统一独立的分析框架，也未在经济、政策层面上形成宏观层面的影响。③

如果说在现代化和依附理论中，新闻传播学仅仅被视为其中的一部分、处于相对边缘的地位，那么在全球化视野中，新闻传播则占据着中心位置。其中，学者 Manuel Castells（2000）④提出的"信息社会"或"网络社会"的理论框架对这样的社会进行了系统阐述。他认为由物理空间定义的社会结构已经让位于网络为特点的"信息社会"或"网络社会"。在网络社会里，一方面，信息和网络技术构成所有社会存在和交往的物质基础，全球经济的运转、政治的运行、社会文化交往都依赖于底层网络；另一方面，信息和网络技术也带来了组织形式的根本变革，原有的层级式的组织模式，在产品、资本、信息等的流动中必须让位于去中心化、流动的网络组织形式。也就是说，网络构成了信息社会的基本物质载体和逻辑形式。

正是在这样的思考框架下，媒介和传播的全球化成为其他层面全球化的推动器和指标。首先，信息和网络技术的全球化为其他领

① McMichael, P. *Development and social change* [J]. Sage Publications, 2017.

② Pleyers, G. *Alter-globalization：Becoming actors in a global age*[J]. Polity, 2010.

③ Evans, P. B. *Embedded autonomy：States and industrial transformation*[M]. Princeton University Press, 2012.

④ Castells, M. *The Information Age：end of millennium* [M]. Oxford：Blackwell Publishing, 2000.

域的全球化提供了基本的物质基础。现在各国国内以及连接全球互联网的跨国管道都由以前和现在的通信或新型的媒体公司（如美国电报电话公司、Verizon、Google 等）所建设和拥有。① 经济、金融、政治、文化交换和交流都在这些跨国电子"脉搏"里流通。同时，传统媒体公司也借助基建上的优势，开展了多样化的服务。

其次，媒介所生产的符号在跨国流通中可以促进一种全球文化的想象，从而推进了全球融合其他方面的进程。这是因为这些跨国流动的符号，能促进全球文化的融合。人类学家 Arjun Appadurai（1990）提出要从五个方面理解全球化：族群景观（ethnoscape，即在全球流动的人）、媒体景观（mediascape，媒介及其生产内容）、科技景观（technoscape，帮助跨国流动的科技）、金融景观（finanscape，跨国资本流动）以及意识形态景观（ideoscape，观点尤其是政治观点的跨国流动）。而这些景观是在"想象的世界"（imaged worlds）里产生的，超越"想象的（民族国家）共同体"（imagined nations）。同时，文化的全球化并不代表同一化：全球化在跨国流动和地方区别的交融和碰撞中产生的，本质上是一种全球在地化的过程（glocalization），② 即外来文化观念在全球流通中需要融入本地现有的文化结构。另外，全球化也刺激了民族主义、本土主义的涌动，挑战全球化带来的同化力量。因此，全球化同时带来同一和异质的多重力量，其过程和影响都是复杂的、矛盾的及断裂的。③

最后，媒体全球化推动了多种主体、特别是大众参与到全球化进程中。这体现在多种类型的主体开始参与到全球治理过程中。例如，虽然以新自由主义全球化组成的跨国组织仍然以国家为基本单位（如世贸组织、世界银行等），而以文化全球化视角审视，全球治理应包含多个层级的主体，如国家、跨国企业、非政府组织、社

---

① Winseck, D. The geopolitical economy of the global internet infrastructure [J]. *Journal of Information Policy*, 2017, 7: 228-267.

② Robertson, R. Globalisation or glocalisation? [J]. *Journal of international communication*, 1994, 1(1): 33-52.

③ Appadurai, A. Disjuncture and difference in the global cultural economy[J]. *Theory, culture & society*, 1990, 7(2-3): 295-310.

会运动者等多个主体。例如，从 2001 年开始举办的世界社会论坛（World Social Forum）即进行了这样的实践，它以公民社会组织和个人行动者为主体，并以扁平化的架构，让参与者共同探讨全球化过程中出现了的问题并提出治理建议。① 而在地方层面上，各种发展项目（如参与式预算）也强调大众参与决策过程。②

总而言之，全球化框架下的比较新闻传播研究亦假设了一种对立，即从上而下（top-down）的新自由主义全球化和从下往上（grassroots）的另类全球化之间的张力。而在比较新闻学中，西方主导的跨国公司一方面通过网络将新自由主义全球化的信息产品、观念、实践向各国用户传播，另一方面各国人民也运用网络提出另类全球化、平等参与全球治理的诉求。③

二、反全球化范式下比较新闻学的新趋势

近年来，在左派另类全球化的呼声中，来自右翼、民粹主义反全球化的势力也在多个发达国家日渐增长，并掀起种种冲突。一系列保守领导人的当选，如美国总统特朗普及英国首相约翰森，代表这股势力的崛起。他们既反对政治、经济、文化精英对新自由主义全球化的鼓吹，认为其伤害了本国人民的经济利益、政治权利、传统文化；④ 同时，他们也反对左翼另类全球化者要求让更多草根，特别是来自第三世界的人民，参与到全球化的决策和治理过程中。

---

① Smith, J., Reese, E., Byrd, S., & Smythe, E. *Handbook on world social forum activism*[M]. Routledge, 2015.

② Baiocchi, G. *Militants and citizens：The politics of participatory democracy in Porto Alegre*[M]. Stanford University Press, 2005.

③ Van Aelst, P., & Walgrave, S. New media, new movements? The role of the internet in shaping the 'anti-globalization' movement [J]. *Information, Communication & Society*, 2002, 5(4)：465-493.

④ Cao, H. Diagnosis and prognosis of neo-liberal globalization：From the Tea Party movement's perspective[J]. *Global Media and Communication*, 2017, 13(2)：105-122.

相反，他们要求恢复以前不平等的国际格局，以保障发达国家人民的利益。在反全球化时代下，发达国家与发展中国家之间以及发达国家内部的矛盾均日益增长。在这样的背景下，比较新闻学研究经历了何种改变呢？本研究将从近年来比较新闻学研究的趋势出发，展现反全球化范式下学术权力的变迁。这是因为，比较新闻学学术成果既反映了新闻传播实践的现实权力格局，又影响不管是合法化还是挑战该格局的结构。

（一）研究方法

本研究以 2016—2020 年比较新闻学领域的学术成果为研究对象。选取该时间段是由于此时间段是涵盖反全球化力量的高潮时期。其中，代表该势力的美国前总统特朗普及英国首相约翰森均在此期间击败该国自由派的候选人并成为该国领导。在其执政期间，他们推行了一系列的反全球化措施。这些措施不仅阻碍了政治、经济和贸易交流，也为国际学术交流和合作设置了巨大障碍。同时，反全球化势力也对科学研究，特别是人文社科的资助，进行大幅削减。这都对现有学术生产产生巨大影响。因此，考察该时期的学术作品出版状况，可窥知反全球化时代比较新闻研究出现的新动向和权力变迁。

本研究选取科学网核心集（Web of Science Core Collection）发表的相关文章，收集比较新闻领域最权威的学术成果。这是因为该数据库收录经过"同行评议、高质量"的学术期刊文章。同时，本研究团队在 2020 年 9 月以 "comparative journalism"（比较新闻）为关键词，搜索过去五年（2016 年 1 月—2020 年 8 月）的所有相关文章。去除重复及非原创性的文章，如评论（editorial）和书评（book review）后，共获得共 312 篇论文、会议文章及文献回顾文章。总的来说，本研究对比较新闻研究的定义非常宽泛，只要研究设计中含有比较的框架，研究内容与新闻学有关，就被纳入本数据集中。相比以往研究窄口径的严格筛选,[①] 本研究可以最大程度地覆盖各种

---

① Hanusch, F. , & Vos, T. P. Charting the development of a field: A systematic review of comparative studies of journalism[J]. *International Communication Gazette*, 2020, 82(4): 319-341.

比较新闻学研究对象。除论文本身，本研究还抓取了文章所有的"元数据"，包括标题、作者及其附属单位、国家、关键词、摘要、引用文献、次数等。由于这些信息均为英文，从而更方便被分析软件处理。

本研究使用 R 语言的 Bibliometrix 软件包，对该论文集及元数据进行计量文献分析。Bibliometrix 软件包是目前被学术界广泛使用的开源科学文献计量软件，它可以将科学网、SCOPUS、PUBMED 等多个数据库的多种格式文献数据直接导入、分析并可视化。以发表文章的国家、网络关系、引用等情况为出发点，该软件包可以从定量、社会网络关系角度展现学术成果的总体趋势和相互关联。与以往研究采取内容分析不同，① 本研究使用软件对学术成果进行定量分析，可以降低人工分析的编码者间理解差异带来的低效度，从宏观层面上展现比较新闻学的研究格局，为后续研究提供借鉴。本研究将展示，过去 5 年间比较新闻研究从"二元对立"转向更复杂的"三分鼎立"的学术格局，而这也代表了在全球化各种力量的复杂、矛盾互动下，比较新闻研究的视野需要进行根本变革。

（二）比较新闻研究权力格局新趋势

在反全球化的背景下，比较新闻学研究总体从二元对立走向了三个阵营的图景。第一阵营以美国、英国、德国等传统比较新闻学研究的国家为代表，它们无论在发表成果还是资助方面都持续处于领先地位。第二阵营以智利、巴西等拉美国家、西班牙以及以中国、俄罗斯为代表，它们在近年从各方面追赶第一阵营。第三阵营既包括比较新闻学研究一直较低迷的广大非洲、中东、亚洲等国，也包括近年来该研究领域发展迟滞的法国、日本等发达国家。总的来说，不管是前全球化时代的东-西、南-北二元对立还是全球化时代的精英-草根二元对立，都无法解释近年来出现的新局面。

---

① Cao, H. Diagnosis and prognosis of neo-liberal globalization: From the Tea Party movement's perspective[J]. *Global Media and Communication*, 2017, 13(2): 105-122.

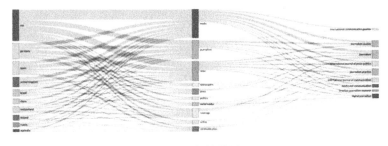

图 1　三领域绘图

1. 比较新闻研究的总体格局

从 Bibliometrix 的三领域绘图（Three-Field Plot）（图 1）可见，在过去反全球化的浪潮中比较新闻学研究领域延续与变化的趋势。首先，比较新闻学成果发表数量最多的国家仍然是在该领域根基深厚的美国、德国、英国、瑞士、芬兰等西北欧国家及澳大利亚。这些国家占据比较新闻学研究发表前十国家的六位。但在欧洲国家内部，西班牙的比较新闻学研究在近年取得长足进步，其发表成果仅次于美国和德国，共产出 31 篇论文，位居第三位。然而传统比较新闻研究强国，如法国和意大利仅分别发表 3 篇和 4 篇作品，在过去几年内远远落后于其他同类国家。

在发展中国家，金砖国家和拉丁美洲的部分国家在过去几年内硕果累累。其中，巴西、中国、俄罗斯三国成果分别位列 5、6、9位，智利、墨西哥、南非也紧随其后进入发表数量前二十的国家。它们成为挑战发达国家主导比较新闻学研究地位的主力军。与此同时，众多的亚非拉国家仍然是比较新闻学研究"被遗忘的角落"，它们的发表数量均在 2 篇及以下。过去 5 年内，北非、中非、大部分中东地区及东南亚国家均未出现任何收录在该数据库的作品。总而言之，从比较新闻学的研究成果看，领跑者、崛起者与滞后者形成三个明显的阵营。它们打乱了以前国家地域上的划分，无论是发达国家还是发展中国家内部，其落差均在加大，学术权力格局在反全球化时代急剧重组变革。

其次，以上成果分布的图景也从某种程度上反映了国际期刊所代表的语言文化霸权。在发表比较新闻学最多成果的十份学术期刊中，9份期刊来自于英语世界，它们是《新闻学》(*Journalism*)、《新闻学研究》(*Journalism Studies*)、《数字新闻学》(*Digital Journalism*)、《新闻学实践》(*Journalism Practice*)、《国际新闻/政治学刊》(*The International Journal of Press/Politics*)、《国际传播公报》(*International Communication Gazette*)、国际传播学刊(*International Journal of Communication*)、《媒体与传播》(*Media and Communication*)；仅有1份期刊来自非西方世界，即《巴西新闻学研究》(*Brazilian Journalism Research*)。该期刊文章虽然也最终以英文发表，但其接受葡萄牙语、西班牙语和法语等非英语文章。在过去五年，《巴西新闻研究》发表的文章不仅半数以上来自本国研究者，而且几乎所有学术作品都以巴西为研究对象。同样，排名前二十的其他非英文学术期刊包括《拉丁社会学信息学刊》(*Revista Latina de Comunicación Social*)、《专业信息》(*Profesional de la Información*)等期刊，它们均发表西班牙语与英语学术作品。这些期刊被收录在科学网核心集中，大大提升了该国及相近语言文化圈学术的能见度和凝聚力。无论是西班牙还是拉丁美洲国家近年来在比较新闻学研究领域的崛起，很大程度上应归功于这些期刊建立起的语言文化共享平台。同样，俄罗斯的学者也以《莫斯科国立大学学报，卷十，新闻卷》为主要平台，发表了一系列具有本国特色以及文学和历史传统的比较新闻学作品。只有中国的作品发表多出版于英语世界的老牌期刊，这虽然提高了研究的能见度，但却不利于建立以汉语为主导的比较新闻学语言文化圈。

再次，各国的出版内容也各有侧重，除了均对媒体(media)、新闻(news)、新闻学(journalism)、报道(coverage)等投入关注，研究实力雄厚的美国、德国、英国等领先阵营国家对传统媒体，如报纸(newspaper)和新媒体，如社交媒体(social media)、在线(online)等话题均有涉及。这样广阔的话题度将在可见的将来保证它们在比较新闻学研究领域的持续领先地位。而新崛起的中国、俄罗斯、巴西则甚少涉及新媒体主题的比较新闻学话题。最后，滞后阵营中的法国、意大利等也多聚焦于传统比较新闻学议题，如记者实践及新闻历史等。后两个阵营对新媒体问题的忽略将使其后续追赶日益困难，因为领先阵营将会利用先发优势设定该子领域的研究议程。

总而言之，过去五年反全球化背景下，发达—发展中国家二元对立的局面慢慢转向了部分西方国家领跑、部分新兴发展中国家崛起及部分发达国家和广大发展中国家滞后的三分局面。其中尤为突出的趋势是，新兴崛起的南欧和拉丁美洲国家由于文化语言接近性，以多语种期刊为交流平台，在比较新闻学领域取得长足进步。

2. 比较新闻学的生产与传播关系网络

由于比较新闻学往往涉及跨国和跨地区的合作，从其研究者的合作及作品的引用情况可以反映出其学术作品的生产与传播关系网络及权力结构。首先，从作者合作层面看，近五年来的所有比较新闻学论文没有单人作者，而均由两个及以上的作者完成。其中，作者人数最多的《乌克兰冲突和欧洲媒体：对 13 个欧洲国家的报纸进行比较研究》(*The Ukraine conflict and the European media: A comparative study of newspapers in 13 European countries*) 一文由 21 位来自欧洲不同国家的学者合作完成。他们将阿尔巴尼亚、捷克共和国、德国、拉脱维亚、荷兰、波兰、葡萄牙、罗马尼亚、塞尔维亚、瑞士和英国，以及乌克兰和俄罗斯 13 个国家报纸对乌克兰冲突的报道进行比较内容分析，得出结论由于各国在地理和文化上的接近性、本地化及经济交流等的不同，各国报道关注点差异巨大。同样，其他关于记者角色认知和实践、新闻编辑室融合状况等大型跨国比较新闻学研究也由 10 人以上的大型团队组成。例如，《调查欧洲、亚洲和拉丁美洲九国新闻记者角色认知和角色实践的差距》(*Investigating the gap between newspaper journalists' role conceptions and role performance in nine european, asian, and latin american countries*) 一文即由知名学者 Claudia Mellardo，Daniel Hallin，和 Collin Sparks 等领头，汇聚不同地区、文化和新闻传统的多国学者，对新闻记者角色认知和实践的差距，采用内容分析和问卷调查的方法进行探索；结果显示记者个人层面及新闻机构层面的差距大于国家间的差距。①

由此可见，虽然反全球化的势力日渐增长，但这似乎并未对学术的全球化连接与合作造成直接即时的影响。可以预见，大型跨国比较新闻研究将逆反全球化潮流，持续刺激多国合作，在某种意义上进一步推进文化全球化。

Country Collaboration

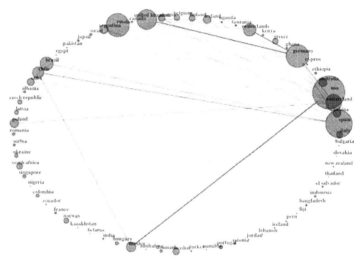

图 2　国家合作网络

另外，从跨国合作关系网络来看(图 2)，除泰国、约旦、尼日利亚、白俄罗斯、斯洛文尼亚、巴基斯坦、新西兰七国，其他国家作者都在不同程度上进行了跨国合作。当然，这种合作并非平等的

---

① Mellado, C., Mothes, C., Hallin, D. C., Humanes, M. L., Lauber, M., Mick, J., ... & Olivera, D. Investigating the gap between newspaper journalists' role conceptions and role performance in nine European, Asian, and Latin American countries. *The International Journal of Press/Politics*, 2020, 25(4)：552-575.

交流。代表美国、俄罗斯、西班牙、英国、德国的节点和关系网络均占据国际合作的主导地位。同时，在国际合作中，欧美，尤其是欧洲国家间的作者合作也远远高于南北合作或南南合作。也就是说，领跑者之间通过合作，更进一步扩大其在比较新闻学领域的优势。在崛起者阵营里，拉丁美洲国家的作者合作相对较多。不仅如此，殖民历史、语言文化的相似性，也让拉丁美洲部分国家（如墨西哥、巴西、智利等）和欧美国家（如美国、葡萄牙、西班牙等）等交流联系更紧密，促进了跨国作者团队的合作。例如，《新闻记者角色实践对客观性报道的影响：比较智利、墨西哥和西班牙的新闻》(*The influence of journalistic role performance on objective reporting： A comparative study of Chilean, Mexican, and Spanish news*)一文即由来自智利、墨西哥及西班牙的三位学者，采用内容分析的研究方法，对7 868篇新闻报道进行分析，结果显示三国虽然具有历史及文化上的亲近性(affinities)，但在客观性报道的实践中也存在巨大差异。① 虽然该结果聚焦于三国记者实践的差异，但正是由于其具有相似的历史文化背景，才让这项合作得以进行，并能发现差异性背后的原因。西语国家之间日益广泛的合作也有望挑战英语在比较新闻，甚至新闻传播学科的绝对霸权地位。相对于拉丁美洲的崛起者，中国和俄罗斯的合作频率均非常低，他们的合作往往限于国内或者同族裔的学者。例如，一篇比较中美两国用户对自动化生产的新闻的感知研究(*When algorithms meet journalism：The user perception to automated news in a cross-cultural context*)即是由中国和美国华裔学者共同合作完成。此外，中国大陆和中国香港学者的合作也较为频繁，共有 3 篇发表由两地学者合作完成。而中国学者唯一加入的跨地区合作则是在以著名学者 Claudia Mellardo，Daniel Hallin，和

① Mellado, C., Humanes, M. L., & Márquez-Ramírez, M. The influence of journalistic role performance on objective reporting：A comparative study of Chilean, Mexican, and Spanish news[J]. *International Communication Gazette*, 2018, 80(3)：250-272.

Collin Sparks 的领导下、以参与者身份作出贡献。① 迄今，尚未出现由中国学者领衔的跨地区比较新闻研究项目的合作。这再次说明建立文化语言学术圈对当前比较新闻学学术生产的重要意义。最后，滞后阵营里，无论是地区内部还是跨地区的合作都比较少，这也可部分归咎于资源缺乏让其无法进行跨国合作。总之，在反全球化时代，跨国合作仍然没有止步，但其更多受限于地理文化接近性。

3. 从引用看比较新闻学的权力关系

学术引用是体现权力格局最重要的指标。一般来说，发表较早的文献较易获得引用，占据优势地位，成为学术经典和权威。但是，本研究却并没有发现被引用次数和年份之间的直接显著关系。也就是说，年份越老并不代表引用越多。相反，引用最多的前十篇文章很多发表于 2018 年，而不是较早的 2016 年(图 3)。

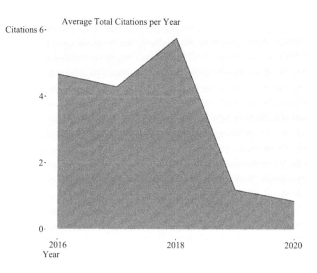

图 3 每年平均被引用量(2016—2020)

① Zheng, Y. , Zhong, B. , & Yang, F. When algorithms meet journalism： The user perception to automated news in a cross-cultural context[J]. *Computers in Human Behavior*, 2018, 86； 266-275.

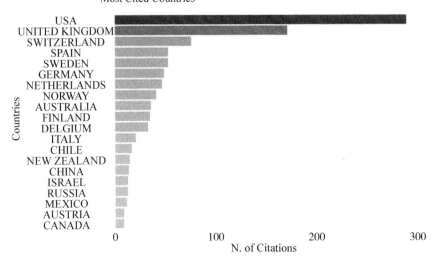

图 4　比较新闻学研究被引用最多的国家

在被引用最多的比较新闻学研究国家中，前 20 名中 14 个国家来自于领跑阵营(图 4)。其中，美国、英国、瑞士三国学者作品更以共计 336 次的引用排在前三名。而崛起阵营中，西班牙及智利、中国、俄罗斯、墨西哥学者作品等也进入了前 20 名；但是，后三国的引用量仍然远低于领跑阵营的国家。最后，在滞后阵营中，意大利学者作品以 21 次的引用排在第 12 位。由于引用情况受制于历史声誉的影响，因此，即使意大利近年来在该领域学术生产的低迷，也没有立即导致其在比较新闻学领域的彻底沉寂。但是，其他亚非中东国家的滞后者则仍然处于边缘位置，大多数并无被引用记录。

表 1　　　　　　　　引用量排名前 20 的研究者

	作者	被引用量
1	HANITZSCH T	131
2	HALLIN D C	115

续表

	作者	被引用量
3	DEUZE M	67
4	MELLADO C	62
5	BENSON R	58
5	ESSER F	58
7	BOURDIEU P	52
8	SCHUDSON M	47
9	NEWMAN N	43
10	HANUSCH F	38
11	LEWIS SC	33
11	MCQUAIL D	33
13	ZELIZER B	31
14	CARLSON M	30
14	HERMIDA A	30
16	WAISBORD S	29
17	REICH Z	28
18	BRUGGEMANN M	26
18	ORNEBRING H	26
19	BRUNS A	25
19	TUCHMAN G	25
19	USHER N	25
19	WASSERMAN H	25

此外，从个人层面看（表1），除来自智利瓦尔帕莱索天主教大学的莫拉窦（Claudia Mellado），这批文献被引用最多的前二十位作者均来自全球北方的研究机构。同时，汉尼驰（Thomas Hanitzsch）和哈林（Daniel Hallin）作为比较新闻学研究的巨擘，成为引用次数

最多的学者。其中，哈林和曼奇尼发表于 2004 年的经典作品《比较媒介体制》(*Comparing Media System*) 被引用高达 76 次，而汉尼驰作为第一作者发表于 2011 年的文章《绘制跨国新闻文化地图》(*Mapping journalism cultures across nations*) 则被引用 31 次。① 可以看出，经典的、具有理论前瞻意义的作品仍然是比较新闻学领域共同对话的基石。但是，这些作者间的互相引用次数较少，大多数作者在此期间发表的文章仅被引用 1～2 次，被引用次数最多的休斯 (Sallie Hughes)（迈阿密大学）也仅获得 5 次引用。所以，虽然在引用方面，来自领跑阵营的学者以巨大优势领先崛起和滞后阵营的研究者，但是互相引用频率低也从侧面说明该领域在近年内未生产出具有绝对权威的学术作品，并未显现明显的马太效应，这可以让新来者有一定发展空间，崛起阵营的研究者应抓住这个机会。

三、小结与建议

综上所述，本研究首先对比较新闻学研究的历史脉络进行文献梳理，指出其经历了现代化范式下的现代-传统、依附理论范式下的中心-边缘以及全球化范式下的新自由主义-另类全球化三种主要理论框架。虽然这几个范式之间对比较新闻学的研究目标与价值假设迥异，但它们无一不持一种二元对立的思维方式。

在对反全球化时代比较新闻学研究进行定量和社会网络分析后，本研究发现，上述二元对立的思路应让位于三个阵营的现实路径。具体来说，从比较新闻学研究的发表总体格局、生产和传播关系网络及引用情况三方面来看，都形成了领跑、崛起、滞后三个不同阵营的差异和权力格局。领跑阵营借助传统科研和人才优势，在

---

① Hallin, D. C., & Mancini, P.（2004）. *Comparing media systems：Three models of media and politics*. Cambridge university press；Hanitzsch, T., Hanusch, F., Mellado, C., Anikina, M., Berganza, R., Cangoz, I., … & Kee Wang Yuen, E.（2011）. Mapping journalism cultures across nations：A comparative study of 18 countries. *Journalism studies*, 12(3)：273-293.

各方面均处于领先地位。而崛起的西班牙及金砖国家则奋力追赶，在各方面缩小与领跑阵营的差距。滞后的部分欧洲国家和广大亚非中东国家则相对封闭，较少与外界交流，在比较新闻学跨国合作日益频繁的时代，其停滞状态很有可能将继续。

同时，以上变化表明，西方国家反全球化的力量的崛起的确和比较新闻学的某些新趋势同步发展，这其中尤为突出的是崛起阵营在此期间的发展。但是，由于本研究仅采用定量方法对宏观趋势进行了勾勒，尚需进一步的深入定性分析以解释为何会产生这样的变化。从目前的一些初步分析看，崛起阵营的国家对比较新闻学研究在近年内进行了诸多资助，这可能是促使其大幅发展的重要原因。其中，智利尤其通过两个国家级别的项目，资助了十余项比较新闻学项目，这对该国比较新闻学的发展起到重要贡献。而中国的"中央高校基本科研业务费专项资金"资助也对推动本国研究的发表起重大作用。今后的研究可进一步探索西方反全球化力量如何造成科研资助的变动及科研成果和权力格局的变化。

最后，由于人力、物力、财力等资源限制，本研究未对该数据集的文章内容进行深入文本解读。通过对关键词和摘要文本的初步分析发现，在过去5年间的比较新闻研究中，传统媒体在民主政治中的作用和角色仍然广受关注；社交媒体的兴起并没有削弱专业新闻媒体机构与政治参与之间的关联。同时，该研究领域存在"去政治化"的研究态势，在一定程度上将技术作为一种中立的工具，较少批判新媒体技术、新闻业及政治政策环境三者如何相互影响。未来研究需要将这些初步发现和现有范式变迁连接起来，使用更细致的文本分析来解释这些趋势和反全球化时代背景的关系。

参考文献

[1]Amin，S. Accumulation and development：a theoretical model[J]. Review of African Political Economy，1974，1(1)：9-26.

[2]Appadurai，A. Disjuncture and difference in the global cultural economy[J]. *Theory，culture & society*，1990，7(2-3)：295-310.

[3] Babb, S. The Washington Consensus as transnational policy paradigm: Its origins, trajectory and likely successor[J]. *Review of International Political Economy*, 2013, 20(2): 268-297.

[4] Baiocchi, G. *Militants and citizens: The politics of participatory democracy in Porto Alegre*[M]. Stanford University Press, 2005.

[5] Baran, P. A. *Political Economy of Growth*[M]. NY: NYU Press, 2019.

[6] Bendix, R. H. Tradition and Modernization Reconsidered [J]. *Comparative Studies in Society and History*, 1967, IX, 3, 311.

[7] Boyd-Barret, O. Media imperialism[M]. London: Sage, 1977.

[8] Carlsson, U. The rise and fall of NWICO: From a vision of international regulation to a reality of multilevel governance[J]. *Nordicom Review*, 2003, 24(2): 31-67.

[9] Cahill, D., Cooper, M., Konings, M., & Primrose, D. (Eds.). *The SAGE handbook of neoliberalism*[M]. Sage, 2018.

[10] Cao, H. Diagnosis and prognosis of neo-liberal globalization: From the Tea Party movement's perspective[J]. *Global Media and Communication*, 2017, 13(2): 105-122.

[11] Castells, M. *The Information Age: end of millennium* [M]. Oxford: Blackwell Publishing, 2000.

[12] Chirot, D. Changing fashions in the study of the social causes of economic and political change [J]. *The State of Sociology*, 1981: 259-282.

[13] Chilcote, R. H., & Edelstein, J. C. *Latin America: The struggle with dependency and beyond*[M]. Halsted Press, 1974.

[14] D'Arcy, J. Direct broadcast satellites and the right to communicate [J]. *EBU Review*, 1969, 118: 14-18.

[15] Evans, P. B. *Embedded autonomy: States and industrial transformation*[M]. Princeton University Press, 2012.

[16] Frank, A. G. The development of underdevelopment[J]. *Monthly Review*, 1969, 18(4): 17-31.

［17］Fejes, F. Media imperialism: An assessment［J］. *Media, Culture & Society*, 1981, 3(3): 281-289.

［18］Galtung, J. A structural theory of imperialism［J］. *Journal of peace research*, 1971, 8(2): 81-117

［19］Galtung, J. The True Worlds［M］. New York: Free Press, 1980.

［20］Gerbner, G., & Marvanyi, G. The many worlds of the world's press［J］. *Journal of communication*, 1977, 27(1): 52-66.

［21］Gitlin, T. *The Sixties: Years of Hope, Days of Rage*［M］. New York: Bantam, 1987.

［22］Guttal, S. Globalisation［J］. *Development in Practice*, 2007, 17(4): 523-31.

［23］Hanusch, F., & Vos, T. P. Charting the development of a field: A systematic review of comparative studies of journalism［J］. *International Communication Gazette*, 2020, 82(4): 319-341.

［24］Harvey, D. *A brief history of neoliberalism*［M］. Oxford University Press, 2005.

［25］Landsberg, M. Export-led industrialization in the Third World: manufacturing imperialism［M］. *Review of Radical Political Economics*, 1979, 11(4): 50-63.

［26］Lerner, D. Communication systems and social systems. A statistical exploration in history and policy［J］. *Behavioral Science*, 1957, 2(4): 266-275.

［27］Lerner, D. *The passing of traditional society: Modernizing the Middle East*［M］. Glencoe, IL: Free Press, 1958.

［28］Levy, M. J. *Modernization and the structure of societies: A setting for international affairs*［M］. Princeton University Press, 1966.

［29］McMichael, P. *Development and social change*［J］. Sage Publications, 2017.

［30］Neurath, P. M. Radio farm forum as a tool of change in Indian villages［J］. *Economic Development and Cultural Change*, 1962, 10(3): 275-283.

[31] Nordenstreng, K. *The Mass Media Declaration of UNESCO* [M]. Norwood: Ablex Publishing Corporation, 1984.

[32] Pickard, V. Neoliberal visions and revisions in global communications policy from NWICO to WSIS [J]. *Journal of Communication Inquiry*, 2007, 31(2): 118-139.

[33] Pierson, P. *Dismantling the welfare state?: Reagan, Thatcher and the politics of retrenchment* [M]. Cambridge University Press, 1994.

[34] Pleyers, G. *Alter-globalization: Becoming actors in a global age* [J]. Polity, 2010.

[35] Preston, W., Herman, E. S., & Schiller, H. I. *Hope & Folly: The United States and Unesco, 1945-1985* (Vol. 3) [M]. U of Minnesota Press, 1989.

[36] Pye, L. W. *Communications and Political Development* [M]. Princeton University Press, 1963.

[37] Robertson, R. Globalisation or glocalisation? [J]. *Journal of international communication*, 1994, 1(1): 33-52.

[38] Schiller, H. Mass Communications and American Empire [M]. Boulder, CO: Westview Press, 1992.

[39] Servaes, J. *Handbook of communication for development and social change* [M]. Springer, 2020.

[40] Servaes, J., & Malikhao, P. Participatory communication: The new paradigm. *Media & global change. Rethinking communication for development*, 2005: 91-103.

[41] Shah, H. *The production of modernization: Daniel Lerner, mass media, and the passing of traditional society* [M]. Temple University Press, 2011.

[42] Siebert, F., Siebert, F. T., Peterson, T., Peterson, T. B., & Schramm, W. *Four theories of the press: The authoritarian, libertarian, social responsibility, and Soviet communist concepts of what the press should be and do* [M]. University of Illinois

press，1956.

[43]Smelser, N. Toward a Theory of Modernization. Social Change. In A. Etzioni and E. Etzioni-Halevi (eds.) , *Social Change： Sources, Patterns, and Consequences*[M]. NY： Basic Books, 1964.

[44]Smith, J. , Reese, E. , Byrd, S. , & Smythe, E. *Handbook on world social forum activism*[M]. Routledge, 2015.

[45]So, A. Y. *Social change and development： Modernization, dependency and world-system theories*[M]. Sage, 1990.

[46]Steger, M. B. *Globalization： A very short introduction* (Vol. 86) [M]. Oxford University Press, 2020.

[47]Straubhaar, J. D. Beyond media imperialism： Assymetrical interdependence and cultural proximity[J]. *Critical Studies in media communication*, 1991, 8(1)： 39-59.

[48]Thussu, D. K. *International communication： Continuity and change*[M]. Bloomsbury Publishing, 2018.

[49]Tunstall, J. *The media are American*[J]. New York： Columbia University Press, 1977.

[50]Tupper, P. IPS, an alternative source of news： From NWICO to civil society. In Frau-Meigs et al (eds) *From NWICO to WSIS： 30 Years of Communication Geopolitics-Actors and Flows, Structures and Divides：* 2012： 55-68.

[51]Van Aelst, P. , & Walgrave, S. New media, new movements? The role of the internet in shaping the ' anti-globalization ' movement[J]. *Information, Communication & Society*, 2002, 5 (4)： 465-493.

[52]Van Dijk, T. A. *News analysis： Case studies of international and national news in the press*[M]. New Jersey： Lawrence, 1988.

[53]Waisbord, S. Family tree of theories, methodologies, and strategies in development communication[J]. *Handbook of communication for development and social change*, 2020： 93-132.

[54]Wallerstein, I. Dependence in an interdependent world： the

limited possibilities of transformation within the capitalist world economy[J]. *African Studies Review*, 1974: 1-26.

[55]Winseck, D. The geopolitical economy of the global internet infra-structure[J]*Journal of Information Policy*, 2017, 7, 228-267.

社会语言学海外前沿研究述评*

阮桂君　余　琪**

摘　要：2019 年到 2020 年，海外社会语言学关注的重点集中在语言政策与语言规划、言语交际和语言与认同三方面。在语言政策与规划研究方面，全球化背景下移民与民族冲突所带来的语言政策与规划问题、超国家组织的语言政策等成为研究热点。言语交际研究广泛涉及公共空间中的多种交际场所，囊括多种交际情境与交际主体。语言与认同研究显示出几大特征：从结构主义语言认同观向建构主义语言认同观的转变、重视语言认同的流变性以及从单一认同观向双重甚至多元认同观的转变。海外社会语言学近两年的研究主题、研究角度和方法对国内学者的研究具有一定的参考价值。

关键词：社会语言学；语言政策与规划；言语交际；语言与认同；海外学术前沿追踪

引　言

社会语言学作为一门学科，诞生于 20 世纪 60 年代的美国，是

---

* 本文为武汉大学自主科研项目(人文社会科学)"社会语言学海外前沿研究"(项目编号：2020HW005)研究成果，得到"中央高校基本科研业务费专项资金"资助(supported by "the Fundamental Research Funds for the Central Universities")。

** 阮桂君，武汉大学文学院副教授，主要研究领域：汉语方言学、语法学及汉语国际教育、跨文化交际。余琪，武汉大学文学院对外汉语教学专业研究生。

在语言学与人类学、民族学、社会学、心理学、教育学等诸多学科交汇处形成的跨学科语言研究领域。社会语言学考察的对象是人的言语行为，即使用的语言、使用语言的人、使用语言的环境以及使用语言变体的动机或意向。其研究主题主要包括语言变异、言语交际、双语现象以及语言规划四大块。作为一门交叉学科，社会语言学拓宽了传统语言学的研究视野，同时也为人类学、社会学、教育学等其他学科的发展和进步提供了支持。

社会语言学研究具有很强的现实性和针对性，发端于"二战"后急剧变革的语言生活现实：原殖民地国家独立后面对的官方语言设定问题、移民群体的语言选择与民族认同问题以及"二战"后争取平权的斗争（如美国民权运动、女权运动以及少数族裔人口争取文化认同的运动等）所带来的种种语言问题。社会问题、教育问题以及由此引发的语言问题就此吸引了美国人文社会科学研究者的关注。1963 年，美国社会科学研究院理事会设立社会语言学委员会。1964 年 5 月，在洛杉矶加利福尼亚州州立大学举行了首次社会语言学研讨会。会后，布赖特（William Bright）编辑了会议论文集《社会语言学》（*Sociolinguistics*），菲什曼（Fishman）宣布编辑《语言社会学读物》（*Readings in the Sociology of Language*）。1964 年秋，美国社会科学院理事会正式成立社会语言学委员会。

一般来说，由拉波夫（Labov）开拓的语言变异研究被称为狭义社会语言学，而海姆斯（Hymes）创建的交际民族志学和菲什曼提出的语言社会学则属于广义社会语言学。其中，交际民族志学研究微观社会语言现象，语言社会学则研究宏观社会语言现象。

社会语言学初期关注的焦点是宏观的社会语言问题，如多语社会中的语言问题、发展中国家的语言问题等。20 世纪 60 年代中后期，微观层面的研究诸如话语分析、儿童交际能力习得等开始迅速发展起来。

语言和社会之间存在着密切的关系。社会结构可能影响或决定语言结构或语言行为，语言结构和语言行为也可能反过来影响或决定社会结构。社会语言学关注的是人们如何运用语言创造和表达认同，使彼此在群体中产生联系。目前，社会语言学在理论研究及实践应用方面都已经发展得较为成熟，它具有综合性、多元性、边缘性等特点，广泛结合了社会学、人类学、心理学、教育学等学科的研究方法，已发展成为语言学研究的重要领域之一。

文章通过 VOSviewer 软件对 Web of Science 中社会语言学领域影响因子最高的十余种期刊在 2019—2020 年所刊载的文章(共 1017 篇)进行可视化分析，选取了 135 个出现次数超过 20 次的关键词，来直观表现这一阶段社会语言学领域研究的热点，并对其研究方法、研究范式以及理论探索进行了概括、比较与分析，供国内相关领域的研究作参考。

一、基于 VOSviewer 的社会语言学研究热点可视化分析

VOSviewer 是一款科学知识图谱软件，通过"网络数据"(主要是文献知识单元)的关系构建和可视化分析，实现科学知识图谱的绘制，展现知识领域的结构、进化、合作等关系。本节将通过关键词排序及关键词可视化分析，展示近两年海外社会语言学研究的重点与热点。

(一)数据来源

我们收录了社会语言学领域 2019—2020 年影响因子最高的 10 余种期刊，包括《社会中的语言》(*Language in Society*)、《国际多语》(*International Journal of Multilingualism*)、《社会语言学》(*Journal of Sociolinguistics*)、《语言与政治》(*Journal of Language and Politics*)、《语言与社会互动研究》(*Research on Language and Social Interaction*)、《语言政策》(*Language Policy*)、《语言与沟通》(*Language & Communication*)、《语言和社会心理》(*Journal of Language and Social Psychology*)、《当代语言规划问题》(*Current Issues in Language Planning*)、《性别与语言》(*Gender and Language*)等，通过 VOSviewer 软件对科学网(Web of Science)2019—2020 年所刊相关论文(共 1017 篇)进行可视化分析，选取了 135 个出现次数超过 20 次的关键词，来直观表现这一阶段社会语言学领域研究

的热点。

（二）关键词排序分析

按关键词频度（occurrence）排序，排名前 20 的详见下表：

表1　　　　　　关键词出现频度（occurrence）前 20 排序表

Term	Occurrences	Relevance
discourse	159	0.40
identity	126	0.50
interaction	115	1.21
language policy	113	1.65
speaker	109	0.59
person	104	0.49
policy	102	1.34
education	90	2.04
participant	90	0.81
perspective	86	0.37
action	80	1.44
level	80	0.53
resource	79	0.29
construction	78	0.50
form	77	0.45
effect	74	0.45
communication	73	0.50
time	69	0.43
politic	68	1.03
development	67	0.65

关键词的频度体现了特定时期研究的焦点。由表 1 可见，话语

（discourse）、认同/身份（identity）、互动/交往（interaction）、语言政策（language policy）等高频关键词体现了语言与认同、言语交际以及语言政策是社会语言学近年来的研究重点与热点。关于个体语言使用的研究也是学者们关注的焦点，如说话人（speaker）、个人（person）、视角/观点（perspective）等关键词在频度上均位列前茅。高频关键词反映出的社会语言学研究的其他热点领域还包括教育（education）、政治（politic）等。

将不同关键词相互之间的关系联系起来看，就可以排出相关度（relevance）序列，排名前 20 的关键词详见下表：

表2　　　研究话题相关度（relevance）关键词前 20 排序表

Term	Occurrences	Relevance
conversation	36	4.06
sexuality	21	3.66
vol	23	3.26
conversation analysis	31	3.17
woman	40	2.67
gender	53	2.63
instruction	31	2.41
implementation	33	2.34
classroom	32	2.28
education	90	2.04
teacher	61	2.01
planning	34	2.00
school	65	1.99
language planning	28	1.89
type	50	1.88
language policy	113	1.65

续表

Term	Occurrences	Relevance
turn	44	1.54
speech	61	1.46
action	80	1.44
self	31	1.37

关键词的相关度排序体现了近两年来海外社会语言学领域发表的文章的内在关联，从侧面反映出该领域集中研究的语言问题以及共同使用的研究方法以及范式。从表 2 可以看出，海外社会语言学研究集中关注语言与性别（sexuality、woman、gender）、教育（classroom、education、teacher、school）、政策（instruction、implementation、language planning）之间的关系。此外，话语分析（conversation analysis）作为重要的研究手段对于社会语言学研究的作用也日益凸显。

（三）可视化分析

我们可以通过 VOSviewer 软件将上述学者们关注的研究焦点通过图示方式直观展现出来：

从图 1 可以看出，社会语言学近两年的研究主要包括三个领域：语言政策、语言认同、语言交际，即图中红、蓝、绿三种颜色所代表的区域。语言政策包括地位规划、本体规划和教育规划等主题；语言认同包括个人认同、民族认同、二语学习认同、英语全球化认同等问题；言语交际则包括交际民族志研究、话语分析以及互动社会语言学等主题。

如果将时间因素考虑进来，观察一段时间内，研究者关注的学术焦点的变化情况，我们还可以看到如下基于时间变量的覆盖式可视化图型：

图 2 是基于 2019 年 1 月至 2020 年 12 月的研究焦点变化覆盖可视化图。图中偏蓝的部分表示接近时间起点，偏黄的部分表示接近时间终点。从图中可以看出，出现频率较高的关键词并没有随时

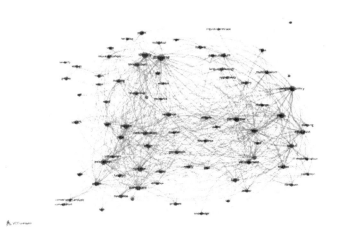

图 1　网络可视化图（Network Visualization）

间变化而变化，如交流（communication）、语言政策（language policy）等。当然，也有部分新的研究话题出现，如语言景观（linguistic landscape）、国家（country）等。

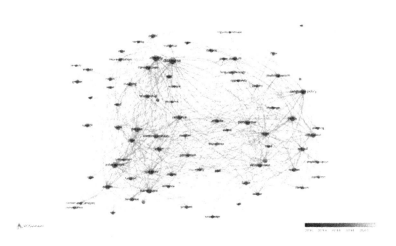

图 2　覆盖可视化图（Overlay Visualization），基于时间变量

我们还可以通过密度图来更加直观地观察社会语言学近两年的研究重点：

从图 3 可以看到，identity、discourse、connection、participant、speaker、interaction、language policy、language ideology 等黄色高亮区域，是近来研究的焦点所在。

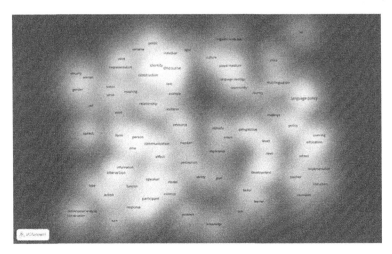

图 3　密度可视化图（Density visualization）

基于以上对社会语言学海外前沿研究内容的宏观考察，我们可以看到语言政策与语言规划、言语交际、语言与认同是重点关注的主题，由于篇幅限制，本研究将对语言政策与规划、言语交际最新的研究进行介绍和阐述，归纳总结这些领域的研究热点、研究范式、研究方法。语言认同部分将另撰文介绍。

二、语言政策与语言规划

语言政策与语言规划一般指政府、学术机构、社会团体对社会使用的语言（口头和书面形式）进行有目的、有计划、有组织的干预和管理。第二次世界大战之后，语言政策与语言规划作为一门专业学科在大学里建立起来。① 对语言政策与语言规划的学术研究随后在 20 世纪 60 年代展开。1959 年，豪根在《现代挪威标准语的规划》(*Planning for a Standard Language in Modern Norway*)一文中首次对语言规划给出定义："一种出于规范正词法、语法和词典的活动，为非同质言语社区进行写作和说话的人提供指导。"②随后，他于 1966 年在《语言学与语言规划》(*Linguistic and Language Planning*)一文中，将这些规范活动看作语言规划者做出的决策中所付之实施的一部分，并没有视其为语言规划的全部。

随着语言学学科的发展，研究者们对语言政策与语言规划的认识进一步深入，其跨学科的属性逐渐彰显。菲利普森(2003)将语言规划分为语言地位规划、语言本体规划以及语言教育规划三部分，认为其作为语言社会学的一个专门领域，需要吸收经济学、人口学、教育学等学科的内容。③

语言地位规划指确立国家或区域内多种语言的地位和职能，使其得到法律的承认和社会的认可；语言本体规划指改善语言系统本身的构成和表现形式，关注、分析语言在使用过程中所产生的变异和创新是否需要加以规范，从而提高语言的使用效率；语言教育规划指有计划地通过语言教育推广一种语言，扩大其使用人数，使其在各种事务中充分发挥作用。

语言地位规划、本体规划以及教育规划均为宏观层面的自上而下的语言规划活动，除此之外，还存在个体或社会群体自下而上的微观层面的语言规划和语言管理。斯波尔斯基(Bernard Spolsky)认为语言政策归根结底是选择语言(包括语言变体)的问题，提出从家庭、学校到各种社会机构、国际组织，每一处都有各自内部的语言政策，对处于其中的个体的语言选择和使用进行规约。

---

① Wright, S. Language policy and language planning [J]//Nationalism to globalisation. Basingstoke：Palgrave, 2004.

② Haugen, E. Planning for a Standard Language in Modern Norway [J]. *Anthropological Linguistic*, 1959, 1(88).

③ Phillipson, R. *English-Only Europe Challenging Language Policy* [M]. New York：Routledge, 2003.

语言政策与语言规划作为一门应用性的学科，与政治、经济、文化等社会因素联系紧密，伴随着全球化进程的推进，语言政策与语言规划面对的社会环境将更加复杂，移民与民族冲突所带来的语言政策与语言规划问题、超国家组织的语言政策、语言规划与政治的关系，以及个人和家庭层面的微观语言政策，都将成为这一领域研究的热点。

(一)语言地位规划

语言的地位规划指的是与语言的外部社会环境相关的规划，包括语言的选择(如官方语言确立)以及对国家或区域内多种语言的地位和职能的确定。近年来，随着全球化趋势的增强以及全球人口流动的加剧，双语、多语国家的语言地位规划问题，移民群体与原有语言政策的适配问题，以及全球化趋势影响下强势语言对弱势语言的冲击和影响，都成为语言地位规划研究的重点。

1. 双语、多语国家的语言地位规划

在双语或多语社会，对各语言地位的规划需要考虑多种因素，包括语言的中立性、使用的广泛性及语言的声望等。

Mackenzie(2020)[①研究了哥伦比亚为促进国民英语学习而启动的英语—西班牙语双语政策，文章对这一双语方案的实施所造成的社会不公正现象进行了评价，展示了不同社会群体在哥伦比亚国家双语方案实施之后，所经历的不同形式的不公正对待。作者认为，哥伦比亚政府的语言政策促使外语学习工具化，削弱了学习外语的其他目的的重要性。此外，本研究显示，缺乏从社会公正的角度对语言学习环境因素的考虑，会导致政策执行上的缺陷和对社会公正问题的忽视。文章最后提出，国家的双语政策不应是压制性或强迫性的，并为哥伦比亚如何在确保社会公正的情况下实施英语—西班牙语双语教育提供了建议。

---

① Mackenzie, L. A critical evaluation of the social justice implications of the Colombian government's English-Spanish bilingualism policies [J]. *Current Issues in Language Planning*, 2020, 21: 2, 117-134.

Petit Cahill(2020)①研究了爱尔兰实施"爱尔兰规则"(Rule of Irish)的原因及其最新进展。该规则禁止在爱尔兰官方指定的爱尔兰语地区(Gaeltacht)的母语沉浸式语言训练营中使用英语。尽管此规则在实施上存在一定难度,但自20世纪初第一所暑期大学办学以来,它的植入一直是毋庸置疑的。文章结合民族志观察,通过对1901年至1916年间出版的新闻报道的研究以及对当代语言政策的分析,提出"爱尔兰规则"的实施旨在为学生提供一种体验:"爱尔兰规则"不仅仅是一种教学手段,它还具有促进该地区的爱尔兰人的身份认同的社会功能。

2. 移民群体影响下的语言地位规划

2019年到2020年,在政治、经济等社会因素的影响下,全球人口流动趋势加剧,移民所带来的的语言问题引发大量研究者的关注。

Jain(2019)②研究了新加坡印度社区的语言政策。尽管异质性(heterogeneity)一直是新加坡的特征,但2019年以来,移民性质的多样化和规模的扩大化导致了新加坡前所未有的社会复杂性。新加坡政府因此放宽了对于印度社区的教育政策,5种印度人常用的语言(孟加拉语、古吉拉特语、印地语、旁遮普语、乌尔都语)允许被使用。然而,这些印度社区的人更倾向选择印地语。印地语地位的日益突出表明,积极的语言政策仍然可能被它试图赋予权力的群体所颠覆。文章分析了这一政策的困境,将新加坡语言政策问题产生的根源追溯到英国殖民主义的遗留,并提出,身份不能仅仅与一种语言、一个种族甚至一个国籍联系在一起,而是偶然的、暂时的和局部的,理解和适应移民社区的"中间"状态和"构建的"身份性质的政策比那些调整实施过程但仍保留其过时的基础的政策更有可

① Petit Cahill, K. Creating places through language rules: A historical and ethnographic perspective on the "Rule of Irish"[J]. *J Sociolinguistics*, 2020, 24: 228-244.

② Jain, R., & Wee, L. Diversity management and the presumptive universality of categories: the case of the Indians in Singapore[J]. *Current Issues in Language Planning*, 2019, 20: 1, 16-32.

能取得成功。

Augustyniak & Higham（2019）①研究了次国家语言（sub-state languages）在两个次国家地区（sub-state regions）——英国的威尔士和西班牙的巴斯克自治区——的移民融合过程中的作用。文章探讨了在这两个官方双语地区，语言和基于语言学习和知识的"归属"（belongingess）观念是如何在融合政策中构建的。文章分析了移民在各个州融入社会的情况，并探讨了语言的作用如何被移民理解、接受或质疑。文章发现，尽管每个地区的官方语言都有其独特的作用，但移民新语者（新说话人）将每种语言赋予某些新的价值和作用，而这些价值和作用在融合政策中并不一定得到承认或设想。移民新语者认识到官方双语的地位，因此期望能够通过习得这两种语言而获得就业机会，这表明，多维整合需要囊括经济和社会收益的可能性，而不是简单地将语言视为理解宿主社区的象征性工具。文章最后建议，了解移民语言学习者的想法，将有助于改善这两个次国家地区的语言和移民融合政策的制定，并有助于根据利益相关者的需求重新定义语言资源在民族"归属"中的作用。

3. 弱势群体及语言的语言地位规划

社会语言学研究者始终关注少数族群及弱势群体的语言，重视对其的研究和保护，对与其相关的语言政策和语言规划展开了一系列研究。

Toró（2019）②主要研究了罗马尼亚少数族群语言政策的实施情况。虽然罗马尼亚目前所使用的语言政策框架为多数人所满意，但深入分析则可以发现这些政策在实施中存在着重大问题。文章揭示了罗马尼亚语言政策的潜藏问题：（1）如果没有明确的问责标准和工具，国家层面的政策实施就留下了谈判的空间，市政当局就可以

① Augustyniak, A. , & Higham, G. Contesting sub-state integration policies： migrant new speakers as stakeholders in language regimes[J]. *Language Policy*, 2019, 18：513-533.

② Toró, T. Detached implementation：Discourse and practice in minority language use in Romania[J]. *Language Policy*, 2019, 19：5-29.

选择是否实施弱势群体的语言政策规定。(2)在许多情况下,匈牙利语地区也不执行弱势群体语言政策规定。其所展现的事实是,匈牙利的政治精英们未能创造出语言政策强制执行的公共压力,他们仅选择在象征性领域和政治领域保留关于少数族群语言使用的主张。论文还强调了微观层面的分析在少数族群语言政策中的重要性,即更多地对执行过程进行研究,而不仅仅局限于基于法律和政策的宏观分析。

Nyati-Saleshando(2019)①研究了近 17 年以来博茨瓦纳共和国为复兴 Shiyeyi 语所做的微观语言规划工作。Shiyeyi 语是博茨瓦纳共和国所使用的 28 种语言之一,它是一种濒危语言。复兴 Shiyeyi 语的努力表明,采用基于人权的微观语言规划可以在语言振兴方面为社会变革创造肥沃的土壤。此外,它还证明了自下而上的努力如何在封闭的社会形态背景下,在语料库、语言地位和习得计划方面为语言的发展开辟新的实施空间。复兴 Shiyeyi 语的微观语言规划为拯救濒危语言提供了成功案例。

4. 政治话语影响下的语言地位规划

语言地位规划作为国家层面的一种自上而下的语言管理,其制定时常与政治过程及特定的政治目的有着密切的关系。

Garaizar 和 Urresti(2019)②研究对比了西班牙巴斯克自治区不同政党对于语言政策和语言权利方面的政治论述。自从 20 世纪 70 年代末建立巴斯克语—西班牙语共同官方语言制度并启动复兴巴斯克语进程以来,巴斯克自治区语言多样性的处理一直是政治辩论的一个热点话题。论文分析了巴斯克民族主义党(the Basque Nationalist Party)、阿伯策尔左翼党(the Abertzale Left)和人民党(the Popular Party)三个政治组织 1980—2016 年的选举方案,分析

---

① Nyati-Saleshando, L. Shiyeyi Language Planning in Botswana: International Connections and Local Imperatives [J]. *Journal of Language, Identity & Education*, 2019, 18:3, 176-189.

② Garaizar, J. G., & Urresti, X. L. Conflicting discourses on language rights in the Basque Autonomous Community [J]. *Language Policy*, 2019, 19, 505-525.

了他们在语言权利方面的论述。巴斯克民族主义党提倡在所有领域都保持西班牙语和巴斯克语的平等使用的权利，其动机是巴斯克民族的民族文化观念。阿伯策尔左翼党积极捍卫巴斯克语的使用权利。人民党承认巴斯克语和西班牙语的法定以及象征性的官方地位，但它选择西班牙语作为主要的，而且几乎是唯一的官方工作语言。分析表明，语言多样性的管理和语言权利的承认在本质上是一个政治性质的问题，巴斯克自治区语言多样性的管理问题，在其成立35年后依然是政治辩论的重要舞台。

Català-Oltra 和 Penalva-Verdú（2019）①研究了政治因素对西班牙巴伦西亚自治区——一个巴伦西亚语—西班牙语官方双语地区——的语言地位及其使用的影响。文章提出，在巴伦西亚政府中的许多领域，双语法并未实施。文章探讨了两种官方语言在该地区城市和镇议会机构的电子通信中的使用情况。作者将目前政府的网页数据与2005年至2010年的数据进行比较，发现西班牙语单语网页正被双语网页取代，这说明双语法取得了一定进展。相关证据还表明，巴伦西亚语在官方社交媒体账户、电话和电子邮件互动中的存在比例更大，然而，在一些公共行政网站上，西班牙语仍然是主流。这项研究证实了巴伦西亚语的使用受到语言的社会使用和政治变量的制约。

（二）语言本体规划

语言本体规划指对语言本身的规划，分析语言在使用过程中所产生的变异和创新是否需要加以规范，从而提高语言的使用效率。

Burnett 和 Bonami（2019）②探讨了社会因素和说话人意识对法语语法性别的使用的影响以及语言政策对语言变化的驱动和推进作用。文章重点考察了法国议会1986年和1998年两次对于女性语法

---

① Català-Oltra, L., & Penalva-Verdú, C. The use of official languages in electronic communications in the Valencian local administration[J]. *International journal of the sociology of language*, 2019, 260, 15-36.

② Burnett, H., & Bonami, O. Linguistic prescription, ideological structure, and the actuation of linguistic changes: Grammatical gender in French parliamentary debates[J]. *Language in Society*, 2019, 48, 65-93.

性别使用的政策辩论。1986 年，法国议会建议在官方的政治语言中使用女性语法性别，但并未造成很大影响。而 1998 年的政策却取得了巨大成功。文章认为造成两者有效性差异的原因是两个日期之间性别意识的变化。20 世纪 90 年代，法国议会中出现了一种新的女性政治家的社会群体类型，只有女性语法性别才能对其进行合理和平等的指称。文章结论是，从男性语法性别到女性语法性别变化的驱动力与 20 世纪 90 年代末法国社会性别意识的变化(即女性政治角色的发展)有关，语言规范只有建立在现有的思想基础上才能成功。

Drackley(2019)①探讨了自下而上的规范性压力在语言政策辩论中的作用及其与自上而下、制度驱动的影响之间的相互作用。文章分析了社交媒体上关于最近法国正字法改革的争论，阐述了在 Twitter 上讲法语的人是如何通过一系列策略来反对这一语言改革的。作者认为，这些策略很大程度上取决于特定话语的动员，尤其是那些"理想的"法语使用者，反对改革的发言者可以与之结盟，从而将那些赞成改革的人视为"糟糕的"法语使用者。这些社会媒体话语中的动态将传统的规范主义权力平衡从制度层面转向公众。最后，作者认为，规范主义意识需要从自上而下和自下而上的压力相互作用的角度来理解，语言规划的问题必须考虑到规范性概念的双向性，即制度权威可能是标准语言的来源和支持它的意识基础，然而，正是公众对这种意识的内化和再生产，才维持了这一标准。

(三)语言教育规划

语言教育规划指有计划地通过语言教育推广一种语言，与语言的教与学密切相关。

1. 对某国语言教育政策规划的纵向研究

这部分的相关研究从宏观的、历时的角度来考察某一国家或地区语言教育规划及政策的发展和演变。

---

① Drackley, P. "Je suis circonfexe": grassroots prescriptivism and orthographic reform[J]. *Language Policy*. 2019, 18, 295-313.

Ildegrada da Costa Cabral（2019）①通过考虑当代语言在东帝汶教育政策制定过程中的性质和意义，并追溯这些过程是如何由其特定的殖民和后殖民历史塑造的，从而有助于建立"南方的社会语言学"。作者通过语言民族志和历史性质的研究，包括观察、录音、分析多语种课堂互动、采访教师以及采访在 2002 年独立后曾密切参与规划和实施语言教育政策的社会精英等。文章从一个长期的角度，追溯了东帝汶的政治、社会语言和教育的历史，主张有必要在全球南方教育政策对语言进行批判性民族志的研究中制定新的方向，考虑当地学校对不同的语言价值观和不同社会角色的理解。

Kirkpatrick 和 Liddicoat（2019）②编写的《劳特利奇国际亚洲语言教育政策手册》（以下简称《劳特利奇国际手册》）对亚洲 30 多个国家的语言教育政策的影响进行了最新的分析和评估，提供了一个比较的视角来观察亚洲不同地区语言政策的系统性影响（如政治、经济、文化、历史、社会等方面）。手册为这些国家的语言教育政策、支持这些政策的社会形态、这些政策在当代的实际影响以及对未来语言政策决定的影响等方面提供了一个历史性的视角，深入审查每个国家的语言政策，每章都探讨了语言政策如何影响该地区的民族语言、土著语言和其他语言，提出不同语言在平衡和竞争之间的紧张关系可以在每个国家和地区作为一个整体的独特的生态环境中得到理解。

手册第一部分对亚洲语言教育政策的当前趋势和未来前景进行了概述。第二部分着重研究东亚国家及部分地区语言教育政策的历史和现实意义，包括中国大陆、中国香港、中国澳门、中国台湾、日本、朝鲜、韩国、蒙古等。第三部分讨论了东南亚国家的语言教

---

① Ildegrada da Costa Cabral. 'As línguas têm de estar no seu devido lugar'（'languages have to be in their proper place'）: language ideologies, languagised worlds of schooling and multilingual classroom practices in Timor-Leste [J]. *Current Issues in Language Planning*, 2019, 20: 1, 33-49.

② Kirkpatrick, A., &Liddicoat, A. J. The Routledge international handbook of language education policy in Asia（Routledge International Handbooks）[J]. New York: Routledge, 2019.

育政策，包括菲律宾、越南、老挝、柬埔寨、泰国、缅甸、马来西亚、新加坡、印度尼西亚、东帝汶和文莱达鲁萨兰国。第四部分涉及南亚国家，包括印度、尼泊尔、不丹、巴基斯坦、孟加拉、斯里兰卡和马尔代夫。最后一节重点讨论语言教育政策的影响和对中亚未来发展方向的考虑，包括阿富汗、哈萨克斯坦、吉尔吉斯斯坦、塔吉克斯坦、土库曼斯坦和乌兹别克斯坦等国。这本书全面汇集了亚洲各国的语言教育政策，并进行了全面的比较分析。

2. 英语全球化影响下的亚非国家语言教育规划

双语及多语地区的语言选择及语言地位的规划及其实现可以通过很多方式进行，语言教育是其中重要的组成部分。语言教育规划的研究范围包括某种语言在教育中的规划现状，对于外语教学的态度，所使用的教学方法、教学手段、教学语言，等等。

东亚各国的语言状况纷繁多样，一些国家曾有过殖民地的历史，受殖民国家语言影响程度较深，如马来西亚、新加坡、文莱等；一些国家因经济、贸易的关系，与英语国家存在经贸上的频繁往来，因而对英语的重视程度较高。这些国家与地区复杂的语言状况，使得它们在语言政策和语言教育方面值得深入研究。从东亚各国的外语教育来看，这些国家在语言教育规划中，倾向于选择对自己国家的发展有帮助的语言，英语就是非常重要的一种，英语的全球传播无疑是语言政策制定的重要背景。东亚各国推行双语教学的方法和目的不尽相同。

Noda 和 O'Regan（2019）①关注的是日本政府从 2013 年起在高中英语教育中实施的英语单语教学政策。日本政府将教师未能良好地培养学生的英语水平归咎于当地的"语法翻译教学法"，并建议"原则上"应该用纯英语教学来代替。文章探讨了这项政策是如何在 2009 年的研究中产生和制定的，以及当地教师是如何接受这项政策的。作者在日本进行了为期三个月的民族志实地研究，使用批

---

① Noda, M., & O'Regan, J.P. L1 marginalisation in Japan: monolingual instrumentalism and the discursive shift against yakudoku in the Japanese government's Course of Study. *Current Issues in Language Planning*, 2019, 21: 2, 135-152.

判性话语分析方法对数据进行了研究。文章认为，日本政府操纵了"语法翻译教学法"一词的含义，目的是将日语在课堂上的使用边缘化，并使其倾向于在学校的英语教学中采用西方中心的学习模式。

Sharbawi 和 Jaidin（2020）①研究了文莱的语言教育政策。2009年，文莱教育部公布了 21 世纪国家教育体系（the National Education System for the twenty-first century），俗称 SPN21，以取代 1984 年以来实施的双语教育体系。SPN21 最突出的一点是，相较于官方语言马来语，明显更为重视英语，英语在课程中的引入要早得多，从一年级开始，英语就作为数学和科学学科的教学媒介而使用。文章旨在评估英语作为教学媒介在 SPN21 教育政策中的有效性。文章不以国家考试成绩作为衡量语言教育政策成功与否的标准，而是对从教师和学生两个微观群体收集的数据进行评估。调查结果令人鼓舞，表明迄今为止实施的提高英语水平的举措确实产生了预期的良好效果。

Lau（2020）②概述了香港的英语教育政策和实践。它审查了整个教育系统在政策制定和实施方面的变化和发展。文章在对政府文件进行定性分析的基础上，运用社会文化框架对殖民地时期和后殖民时期香港的语言政策决策过程和实施策略进行了表征。研究结果揭示了英语教育政策和实践的多层次背景，突出了政治、社会、经济和教育议程在政策制定和实施中的作用。政策建议与实际课堂实践之间的不一致，以及政府反应与公众偏好之间的关系，表明了多个利益相关者（如家长、教师和社区成员）在解释和推动语言教育政策实施方面的权力和能动性。

除东亚一些国家以外，在非洲一些国家和地区，由于殖民残留

① Sharbawi, S., & Jaidin, J. H. Brunei's SPN21 English language-in-education policy: A macro-to-micro evaluation［J］. *Current Issues in Language Planning*，2020，21：2，175-201.

② Lau, C. English language education in Hong Kong: a review of policy and practice［J］. *Current Issues in Language Planning*，2020，21：5，457-474.

的影响，英语也一直是地位较高的语言，这在教育领域体现为英语经常被作为教学媒介而使用。一些非洲国家则致力于通过语言教育政策和规划促进官方双语的实现。

Takam 和 Fassé(2019)①研究了喀麦隆通过教育促进英语和法语官方双语的语言政策。喀麦隆拥有大约 280 种当地语言，自 20 世纪 60 年代以来一直在努力实现官方双语，以促进国家统一和一体化。实施这项语言政策的最大手段是正规教育。喀麦隆于 1963 年发起了一项过时的教育方案，这项方案在培养合格的双语公民上失败了，该方案包括双媒介(英语和法语)和双重课程(英国和法国课程)，这项方案所面临的诸多障碍导致喀麦隆马上就停止了这项实验。文章得出的一个结论是，通过内容和语言综合学习(content and language integrated learning，CLIL)方法可以获得较高程度的双语能力。CLIL 是一个双语教育框架，其原则是通过学生的第二语言学习一些课程内容。这意味着学生的第二语言被用来教授非语言内容。使用 CLIL 大大减轻了家长和学生的负担，最终，CLIL 可用于全国公立学校。更多的喀麦隆学生将能够在小学教育阶段获得较高的英语和法语双语水平。

但近年来，也有很多非洲政府鼓励在低年级教育中使用母语作为教学媒介，以达到更好的教学效果。

Mose 和 Kaschula(2019)②的文章研究了肯尼亚小学教育中所使用的教学语言。在肯尼亚等非洲国家，一直存在着支持英语教学和反对母语教学的争论。然而，反对母语教育的论据从未削弱这样一个事实，即如果使用外语媒介进行教学，特别是在小学低年级，是非常困难的。肯尼亚的语言教育政策建议在小学学习中使用母语进行教学。文章旨在探讨母语作为教学语言在小学低年级的发展状

① Takam, A. F. , &Fassé, I. M. English and French bilingual education and language policy in Cameroon：the bottom-up approach or the policy of no policy? ［J］. *Language Policy*, 2019, 19, 61-86.

② Mose, P. N. , & Kaschula, R. H. Developing Mother Tongues as Academic Languages in Primary Schools in Kenya：Exploring Extent and Indispensability［J］. *Journal of Language*, *Identity & Education*, 2019, 18；5, 329-342.

况，探讨了其在课堂教学中的作用。论文的资料来源于课堂观察及对低年级小学教师的半结构化访谈。研究结果表明，母语在 1~3 年级发挥着重要的教学功能，尽管一些人对母语的使用持否定态度，但在课堂教学中，母语是不可或缺的。这项研究提出，母语在小学低年级的教学中起着不可替代的作用，它不仅是一种语言要求，也是一种与培养自信、自我价值、认同感有关的心理需求。

3. 土著与遗产语言的教育规划

近年来，经济全球化和英语的全球传播，引起学者对这种背景下濒危语言及土著和遗产语言的发展情况的关注。

Kretzer 和 Kaschula(2020)①研究了南非林波波公立学校的语言教育情况。在学校中，殖民者的语言被大量使用，非洲的土著语言却被忽视。南非宪法 1996 年宣布了 11 种官方语言，然而，课程的设计仅有利于南非荷兰语(Afrikaans)和英语的使用和发展。为了分析官方语言政策的执行情况，文章通过 1000 多份教师的调查问卷，分析南非林波波省教师的语言态度。研究发现，林波波省的学校在官方语言政策和日常语言实践之间表现出显著差异。一些教师执行官方语言政策；另一些教师在课堂上以语码转换的形式在口语交流中使用一种或多种非洲语言。

Kim、Burton、Ahmed 和 Bale(2020)②从政策谱系的角度，考察了加拿大安大略省一项极具争议的语言政策即遗产语言计划(Heritage Languages Program，HLP)。加拿大的官方双语政策经常被用来强化某个种族的地位或者特定的语言秩序。通过分析公众和安大略省教育部内部对于遗产语言计划法案的态度，以及对加拿大语言教学和教育部倡议的讨论，文章认为官方的双语和多元文化政策起到了话语抵制的作用，即为传统语言教育的反对者提供了一个

① Kretzer, M. M., & Kaschula, R. H. (Unused) potentials of educators' covert language policies at public schools in Limpopo, South Africa[J]. *Current Issues in Language Planning*, 2020, 21: 3, 254-278.

② Kim, H., Burton, J. L., Ahmed, T., & Bale, J. Linguistic hierarchisation in education policy development: Ontario's Heritage Languages Program [J]. *Journal of Multilingual and Multicultural Development*, 2020, 41: 4, 320-332.

话语工具，使他们能以政治上更能容忍的方式表达反对意见。也就是说，他们在形式上接受语言和文化多样性，但同时对旨在支持上述语言和文化多样性的实际、切实的措施表示反对。这样一来，传统语言教育在安大略省学校的地位才得以加强。文章通过了解官方的双语和多元文化政策在过去是如何被错误地用来阻碍语言多样性的发展，从而能够更好地预测并克服未来学校在扩大语言和文化支持实践时会遇到的阻力。

（四）微观语言政策与规划研究

除上述语言地位规划、语言本体规划和语言教育规划这些由国家或地方政府实施的自上而下的宏观层面的语言规划之外，个人和群体自下而上的微观层面的语言规划或语言管理也是近几年研究的热点，例如国际组织对于工作语言的选择、家庭中的语言选择及管理、由移民产生的语言选择问题等。微观语言规划是这些企业、机构、团体或个人创制的能作为一种语言策略并用于发展他们的语言资源的一些情景，不是宏大的宏观语言规划的结果，而是对自己的语言需求的回应。

1. 国际组织及跨国集团的语言管理

Karlsson 和 Karlsson（2020）①考察了瑞典高等教育机构的语言政策文件，主要焦点是考察如何将国家语言政策和高等教育国际化政策重新解释为地方语言政策。作者通过对 15 份地方语言政策文件中，决策机构会议中有关规定语言的分析，揭示了单语国家的语言政策是如何通过谈判来适应国际化的多语种工作场所的。

2. 家庭语言政策

Wilson（2020）②从双语儿童的视角来看家庭语言政策。根据国家统计局 2018 年的最新报告，34% 在英国出生的孩子的父母至少

---

① Karlsson, S., & Karlsson, T. S. Language policy as 'frozen' ideology：exploring the administrative function in Swedish higher education［J］. *Current Issues in Language Planning*，2020，21：1，67-87.

② Wilson, S. Family language policy through the eyes of bilingual children：the case of French heritage speakers in the UK［J］. *Journal of Multilingual and Multicultural Development*，2020，41：2，121-139.

有一方来自其他国家。文章通过家庭语言政策（Family Language Policy，FLP）的概念，介绍了五名英法跨国家庭儿童在英国的双语学习经历。这项研究探讨了年轻人对双语学习的看法以及他们对父母的语言管理的态度。文章采用访谈、语言肖像和观察相结合的方法，讨论了父母的语言规划决策对儿童体验的可能影响。研究结果揭示每个孩子的双语经历都具有独特性，同时也表明孩子们的观点可能与他们的父母有很大不同，这可能导致家庭内部的不和谐。

O'Rourke 和 Nandi（2019）①考察了新说话人父母（new speaker parents）的角色，他们有意识地使用加里西亚语抚养孩子。尽管代际传承长期以来被认为是语言活力的重要组成部分，但新说话人给这一范式带来了复杂性，尤其是他们作为父母的角色以及在语言复兴过程中作为社会语言变化的潜在推动者的作用。通过他们个人和集体的语言实践，新说话人父母有可能在当地产生可见或无形的语言规划，影响他们孩子的语言学习。因此，这些家长通过他们自己的语言行为，可以在校外振兴和维持加利西亚语方面发挥潜在的重要作用。

3. 新说话人与语言政策

Holm、O'Rourke 和 Danson（2019）②分析了在法罗群岛定居的非北欧血统移民的劳动力市场经验。通过对受雇于三个不同工作场所(一家清洁公司和两家鱼类加工厂)的受过教育的移民工人的经历进行调查，探讨了移民在成为法罗群岛"新说话人"（new speakers)方面的经验，以及他们在劳动力市场准入和参与上面临的挑战。文章在语言政策民族志的框架内，着重介绍了可能影响移民体验的制度性语言政策，以及移民如何在当地制定自己的语言政策和实践。文章特别关注这三个工作场所的内部沟通和语言管理，包

① O'Rourke，B.，&Nandi，A. New speaker parents as grassroots policy makers in contemporary Galicia：ideologies，management and practices［J］. *Language Policy*，2019，18：493-511.

② Holm，A.E.，O'Rourke，B.，& Danson，M. "Employers could use us，but they don't"：voices from blue-collar workplaces in a northern periphery［J］. *Language Policy*，2019，19：389-416.

括雇主和雇员的观点和声音，这些工作场所遵守的语言政策和实践，以及工人对蓝领工作场所语言学习的看法。

Soler 和 Marten（2019）[1]结合爱沙尼亚两个教育机构的研究报告，考察了解新说话人在学习和使用爱沙尼亚语方面的语言态度和经验，集中关注新抵达该国的国际社会成员。研究结果表明，这些说话人在两种典型语篇之间游走，作者将其称为对新说话人语篇的"抵抗"和"适应"，这彰显了新说话人对爱沙尼亚语的两种不同态度。遵循"抵抗"态度的新说话人通常是在最近才抵达爱沙尼亚的。他们不希望停留很长时间，而是专注于工作或学术生涯发展。他们认为学习爱沙尼亚语需要额外的努力和投资，但他们并不一定希望这样做。他们对语言的态度主要是工具性的。然而，"抵制"态度的后果是，他们对爱沙尼亚社会和文化缺乏更深层次的了解，以及对政治和社会进程的长期参与可能会受到限制。相比之下，遵循"适应"态度的新说话人通常在该国停留的时间相对更长，他们认为更好地学习和掌握爱沙尼亚语是有益的和必要的，并且更频繁地在更多样化的环境中使用爱沙尼亚语，这些人可能会感觉到一种综合性的动机，例如，他们认为爱沙尼亚文化很有趣，或者认为学习所居住国家的主要语言是一种尊重。持"适应"态度的新移民不仅能够从长远的角度更好地了解爱沙尼亚文化，还可以通过申请爱沙尼亚公民身份，获得长期居留许可甚至完全参与政治和社会生活等机会。文章阐述了爱沙尼亚的国际社会成员如何在个人层面上体验和应对语言政策问题，强调语言生活经验的重要性。

（五）研究方法与范式归纳

海外语言政策与语言规划的相关研究所采取的研究方法多样，研究角度丰富，比较突出的研究方法包括纵向分析法、访谈法、对比法、语料库语言学方法和微观分析法等。

---

① Soler, J., & Marten, H. F. Resistance and adaptation to newspeakerness in educational institutions: two tales from Estonia[J]. *Language Policy*, 2019, 18: 553-572.

1. 纵向研究法

Kirkpatrick 和 Liddicoat（2019）从宏观的和历时的角度考察了亚洲三十多个国家的语言教育规划及政策的发展和演变。纵向的观察角度对于语言政策的相关研究具有很大的启发性，通过梳理语言政策每次制定和调整的具体情况和细节，对之进行反思，从而能够从中汲取有关语言政策理论与实践的宝贵现实经验，并为之后的政策制定提供支持。

2. 访谈法

Trang Thi Thuy Nguyen（2019）①采用半结构式访谈法，从语言管理的角度考察了在外部因素影响下越南少数民族学生的语言实践。对访谈的分析结果表明，学生在决定使用他们的民族语言和主流语言越南语时，往往选择适应学校和少数民族社区的语言政策。Belhian、Majdoubi 和 Safwate（2020）②根据对摩洛哥公共电视台的专家和媒体从业人员的采访，探讨大众传媒在影响政治和社会变革，从而影响语言政策的制定和实施方面的关键作用。访谈法关注实际的语言使用个体对语言政策实施的意见与看法，从而具体地了解语言政策的实施效果，这也是语言政策制定与相关研究的重要现实意义所在。

3. 对比法

Garaizar 和 Urresti（2019）研究对比了西班牙巴斯克自治区不同政党对于语言政策和语言权利方面的政治论述，分析表明，语言多样性的管理和语言权利的承认在本质上是一个政治性质的问题。Català-Oltra 和 Penalva-Verdú（2019）在时间上进行纵向对比，将西班牙巴伦比亚自治区目前的政府网页数据与 2005 年至 2010 年的数

---

① Trang Thi Thuy Nguyen. Vietnamese ethnic minority students' language practices under the influence of external interventions：A management perspective［J］. *Language in Society*，2019，48：745-767.

② Belhian，H.，Majdoubi，M.，& Safwate，M. Language revitalization through the media：A case study of Amazigh in Morocco［J］. *International Journal of the Sociology of Language*，2020，266：121-141.

据进行比较，发现西班牙语单语网页正被双语网页取代，这说明双语法取得了一定进展，从而揭示了政治因素对西班牙巴伦西亚自治区的语言地位及其使用的影响。对比的研究方法有助于探讨不同语言政策或者同一语言政策在不同时间段之间的差异，为语言政策与语言规划研究提供更为全面的视角。

4. 语料库语言学方法

Diaz 和 Hall（2020）[①]运用语料库语言学的方法，对美国第 113 至 115 次国会会议期间的所有法案（33 968 份文件，85 612 752 个单词）进行了研究，描述了美国语言政策的搭配特征、搭配的语义偏好，并讨论了这些法案暴露出的意识结构。语料库规模的大幅增加和语料库驱动方法的实施扩大了分析的范围，改善了可能的分析结果，进一步的基于语料库的分析将使研究人员能够研究语篇之间和跨语篇之间的关系，例如法律、媒体和社交媒体语篇，以考察它们随着时间的推移对彼此的潜在影响。文章的调查结果为以后的语言政策制定具有重要的参考价值。

5. 微观分析法

语言政策与语言规划的研究除了关注政策本身，对政策执行过程以及政策的不同接受群体的经历等微观层面的分析也具有很强的研究价值和现实意义。Toró（2019）研究了罗马尼亚少数民族语言政策的实施情况，更多地对执行过程进行研究，而不仅仅局限于基于法律和政策的宏观分析，从而发现这些语言政策在实施中所存在的问题。Mackenzie（2020）研究了哥伦比亚为促进国民英语学习而启动的英语—西班牙语双语政策，对这一双语政策实施中不同社会群体所经历的不同形式的不公正展开分析，并对哥伦比亚如何在确保社会公正的情况下实施英语—西班牙语双语教育提供了建议。

---

① Diaz, B. A., & Hall, M. K. A corpus-driven exploration of U. S. language planning and language ideology from 2013 to 2018[J]. *Journal of Language and Politics*, 2020, 19-6: 916-937.

三、言语交际研究

言语交际一直以来都是语言学学者感兴趣的领域之一，除了 *Language in society*、*Journal of sociolinguistics* 等社会语言学领域的权威期刊中有大量言语交际相关论文之外，诸如 *Language and communication*、*Language and intercultural communication* 等跨文化交际相关的期刊也对言语交际持续关注。

研究言语交际的路径有很多，其中，交际民族志学、话语分析学和互动社会语言学占据重要地位。

交际民族志学将传统人类学的民族志研究方法运用至语言研究中，侧重于研究作为文化行为的语言和交际，各种形式的语言连同副语言交流都可以称为言语交际，而通过观察群体的言语交际，可以了解该社群的文化习俗、行为规范和信念。

话语分析学着眼于研究会话的组织规则，包括会话中的话轮转换、话轮序列、合意结构以及会话策略、会话风格等。话语分析学的创始人萨克斯（Sacks）、谢格罗夫（Schegloff）和杰弗逊（Jefferson）在研究大量日常会话的基础上，提出了一整套研究方法，其中话轮转换和邻接对是影响最大的两个分析概念。

互动社会语言学认为会话是一个言语互动的过程，重点研究在互动中产生的社会与语言意义，是交际民族志学和话语分析学有机结合的产物，同时借鉴了交际民族志学参与式的交际观察手段和话语分析学的理论性知识，非常适合用于具有文化和语言多样性的言语交际研究。近年来，言语交际研究呈现出以下特点。

首先是研究对象的丰富和拓展，研究广泛涉及公共空间中的多种交际场所，关注的交际场所更加细致化、具体化。同时，研究囊括多种交际情境，例如法庭、面试、求助热线、政治采访中的交际行为等。值得注意的是，医患交际问题是言语交际研究近两年来比较新颖且热门的研究话题之一。医患沟通学是语言学、医学、认知心理学相结合的热点，是一种多学科、多角度的综合性研究。在近两年的研究中，既有对医患会话交际的宏观分析，也有对实现交际意图的具体语言现象的深入分析，这类研究对于提高医患之间的交际效率具有一定的积极作用。

其次，在研究方法方面，一方面继续沿用并发展言语交际的基本研究方法，例如交际民族志方法、话语分析方法等，另一方面，也在不断吸收接纳其他学科的新的研究方法，并将之与语言学方法结合，例如将话语分析与人类学中的成员分类分析相结合，处理具体的日常对话中因情况不同而发生的身份变化；随着新兴数据采集技术的发展，在传统话语分析的基础上结合多模态的分析，从而能够更精确地记录和分析会话交际中的非言语因素如表情、姿态、手势等。研究手段及理论的扩展和丰富为言语交际研究提供了更多的研究思路和角度以及更细致的分析手段。

（一）研究对象的丰富

近年来海外的言语交际研究呈现出研究对象丰富的特点，广泛涉及公共空间中的多种交际场所，关注的交际场所更加细致具体。同时，研究也囊括多种类型的交际情境和交际主体。

1. 涉及多种交际场所

（1）博物馆中向导与游客的交际研究

Isaac 和 Hamilton（2019）[①]对人类实时互动细节的最新研究表明，直接环境中的人工制品可以促进知识的演示。博物馆中的实体物品可以促进游客的知识获取，这一场所特别适合用来帮助因阿尔茨海默症而导致记忆丧失的患者。在这篇论文中，研究者探讨了从美术馆一个三小时的指导课程中获取的问题和答案。美术馆中的这些向导是经过专门训练来与患阿尔茨海默症游客合作的，他们通过控制话语、改变谈话轨迹和提出自己的问题，为患阿尔茨海默症游客提供参与互动的机会：（1）游客通过向与其自身兴趣相关的向导提出问题来锻炼交互控制能力；（2）向导向游客提出与游客个人生活相关的问题来促进其参与交际互动。

---

① Isaac, A.R., & Hamilton, H.E. Agency and epistemic authority in question-answer sequences between art museum guides and visitors diagnosed with dementia[J]. *Linguistics Vanguard*, 2019, 5：S2, 1-10.

文章认为，这两种话语实践促进了互动的意义，因为前者为游客提供了互动的中介，而后者则允许他们展示自己的认知权威。研究结果指出，患阿尔茨海默症的人所居住的设施丰富的物质环境有可能转化为能够增强其个人交互能动性的场所。例如，在走廊、餐厅和分隔间里的绘画可能会引发一些有意义的讨论，这些物质环境和会话环境可能会促进幸福感的提高，因为社会互动和个人表达在其中得到了支持。最后，文章探寻了如何将从这种治疗模式中获得的经验从博物馆转化到家庭环境中。

（2）公共市场中摊位上的交际与互动研究

Hochuli（2019）①分析了公共市场中水果和蔬菜摊位上发生的交际与互动，重点分析了一次买卖结束和另一次买卖开始时的交际变化。

首先，由于公共市场摊位特有的结构性监管缺失，访客在市场中经常会遇到缺乏对销售地点和销售秩序的了解的问题，而市场卖方通过主动发起交际，将访客转化为未来客户，从而激发了市场摊位上互动配置的整体转变。

其次，市场摊位的设置使得互动形式是松散的，因此更多的参与者可能会被影响，成为其中的一部分，这表面上看来是二元的，但实际上是嵌入当前公共环境不断变化的性质中的复杂互动实体。

此外，当前一次销售结束时，销售接触不会重新从头开始，而是随着订单和角色的建立或解散或重叠，之前销售行为的双方与第三方即将融入一个共同的互动空间。

最后，文章通过详细描述参与者在经典的二元对立之外的互动，从经验上揭示了一个复杂的互动领域，这一领域在早期的研究中是没有涉及的，主要是在商店和柜台的服务接触。总的来说，研究结果将服务接触的话语分析研究与公共空间互动的社会学和民族计量学研究联系起来，通过详细介绍市场访客集体转变为客户的瞬

---

① Hochuli, K. Turning the Passer-by into a Customer: Multi-party Encounters at a Market Stall [J]. *Research on Language and Social Interaction*, 2019, 52: 4, 427-447.

间实践，进一步深入了解个人在公共空间中建立和协商"社交"的机制。

（3）美发店言语交际中的年龄歧视研究

Heinrichsmeier（2019）①发现年龄歧视（ageism）是欧洲最普遍的歧视形式之一，有些形式的年龄歧视是公开的和容易识别的，但在许多情况下，它是无形的，可以深深嵌入一个在长期互动历史中产生的惯例和期望的网络中。这也适用于互动中的年龄歧视。作为一个案例研究，这篇文章将重点放在一个83岁的女人和她的发型师在发廊里的一次邂逅，将其互动中根深蒂固的年龄歧视归因于发型师对客户（年长的）年龄的定位。研究人员认为，当老年人的年龄变得特别明显时，人们对老年人的负面刻板印象会变得尤其明显，他们会认为老年人是不活跃的、固执己见的，因此没有进行互动的必要。而这样的观点又会被他们的互动模式所强化，从而进一步加深了老年人这种陈规定型的形象。文章对突发交互行为进行了更仔细的审查，通过话语分析，并结合更广泛的民族志知识，从而揭示互动中不太明显的年龄歧视现象。

2. 囊括多种交际情境

（1）法庭诉讼对话研究

Du（2019）②的研究发现，由于经济增长和社会发展，中国已成为游客、投资者和各种移民群体的热门目的地。当说外语的移民与中国的刑事司法系统互动时，他们依赖口译员参与诉讼。文章通过对一个外国移民最集中的中国城市进行为期四个月的庭审观察，试图从实证的角度探讨外国被告人和口译员在使用英语作为通用语时的交际复杂性。文章通过对7次涉及非洲国家被告人的刑事庭审录音的语篇分析，揭示了当主要参与者的语言种类不同、英语发音

① Heinrichsmeier, R. Ageism and interactional (mis) alignment：Using micro-discourse analysis in the interpretation of everyday talk in a hair-salon[J]. *Linguistics Vanguard*, 2019, 5：S2, 1-10.

② Du, Biyu. Multilingualism in legal space：the issue of mutual understanding in ELF communication between defendants and interpreters[J]. *International Journal of Multilingualism*, 2019, 16：3, 317-335.

不同时，法律环境下的跨文化交际如何变得具有挑战性。发音上的差异成为理解的障碍，不同的法律文化和法律制度使相互理解更加困难。文章着重分析了口译员与被告沟通中的语言差异如何使被告人在参与司法诉讼过程中处于不利地位，从而损害被告人的合法权益，造成不平等和不公正。文章通过探讨说非洲英语的被告在中国法庭上遇到的交际障碍，对法律空间中如何增进不同英语变体使用者之间的相互理解提出了一些建设性的建议，以期在实践中促进司法机关维护与语言有关的诉讼权利。

（2）求职面试中的交流行为研究

Flubacher(2020)[1]基于在瑞士弗里堡的一个求职培训项目中的民族志观察，讨论了求职者如何在劳动力市场上进行"自我推销"，即如何成功地管理求职面试的规划。研究发现，求职培训项目导师的指导重点在于"获得喜爱的艺术"，求职者被指导在身体语言和交流行为中强调情感性、积极性和能动性。在这种情况下，这些实践可以理解为与新自由主义原则同时发生，而新自由主义原则涉及自我技术以及个体的激活。理想工作者的概念出现在各种各样的指导和练习中：积极、专业，以及至少能掌握当地语言。

（3）求助电话中的会话研究

Tennent 和 Weatherall(2019)[2]指出，对妇女的暴力行为在新西兰社会和全世界都是一个普遍存在的问题。然而，评估暴力的严重程度是很困难的，因为许多妇女都在披露这些暴力行为时面临表达上的障碍。文章探讨了妇女在向受害者援助机构求助时是如何披露暴力行为的。文章使用话语分析和成员分类的方法来描述披露暴力行为的不同方式。只有少数情况下（约 20%），求助者直接提到暴

① Flubacher, M. "Selling the self": packaging the narrative trajectories of workers for the labour market[J]. *International Journal of Multilingualism*, 2020, 17: 1, 30-45.

② Tennent, E., & Weatherall, A. Disclosing violence in calls for help[J]. *Gender and Language*, 2019, 13: 2, 270-288.

力，或明确将自己归类为受害者。对于大多数人来说，求助的妇女根本没有提到"受害者"或"暴力"这两个词。部分原因在于，女性经常为自己的行为负责，在向警方披露暴力行为时倾向于受害者自我指责的方式。此外，援助机构的服务人员的回应方式受到他们机构角色的制约，他们没有接受过在即时的电话中提供情感支持的培训，而是仅仅作为一个将呼叫者与支持人员联系起来的中介角色。因此，求助电话并没有成为提供支持的主要场所。这篇文章的目标是让服务人员更好地了解来电者在寻求支持时提出问题的不同方式，以及处理出现的互动困境的最佳方法。这篇论文在改善对经历过暴力的妇女的服务方面有比较实际的应用和参考价值。

（4）跨国政治谈判

Matulewska 和 Mikołajczyk（2019）①提出，建立当代欧洲联盟的努力早在许多年前就开始了，建立泛欧组织的历史不仅对历史学家和经济学家，而且对翻译人员和语言学家来说都很有研究价值，大部分研究集中在语际交流（谈判和协议）。文章旨在介绍谈判的政治背景，并对其进行社会符号学分析，以期回答这样的问题：国家之间谈判的破裂是由于错误地选择对等词而导致的语际沟通错误，还是由于谈判各方的社会政治和经济利益注定一开始就要失败。作者分析了法国和英国政府在谈判过程中交换的笔记，结合谈判史和语言学分析，阐述了意义建构的复杂性、术语意义的语境依赖性，及其在时间和空间上的动态演变的符号学意义。政治涉及操纵，谈判是操纵的本质。词汇是意义的载体，也是语言操纵的载体。社会政治和法律背景表明，双方（法国和英国政府）的谈判目标和策略实际上给交流信息强加了非常具体的解释，而笔译和口译员采用的语际交流策略可能会影响谈判的总体结果。

---

① Matulewska, A., & Mikołajczyk, M. French engagement versus British commitment. Was it interlingual miscommunication or political manipulation？［J］. *Social Semiotics*, 2019, 29：3, 377-392.

(5)电视直播访谈节目中的对话研究

Feldman 和 Kinoshita(2019)①探讨了在日本电视直播的政治访谈节目中,可能带有"面子威胁"的问题对采访者和被采访者(即政客)的影响。文章以四个电视节目在 12 个月内播出的 120 次访谈中提出的 2422 个问题为研究对象,目标有两个:首先,评估对面子具有一定程度威胁的问题在多大程度上影响了受访者的回答;其次,衡量受访者的答复在多大程度上影响了采访者的后续问题。研究结果表明,面子威胁程度越高的问题,得到的回答就越不清晰易懂。此外,模棱两可的回答增加了后续问题更具威胁性的可能性,即对受访者的回答不满意的采访者不会直接请求被访者做出更明晰的回答,因为这将被视为对节目上的嘉宾表现出的非常冒犯的态度,而是会用更强硬的后续问题来表达他们的不满。把以上研究结果放在一个更为宽泛的视角,可以把政治互动视为一个看不见的心理"讨价还价"过程的舞台,在这个过程中,受访者和采访者分享问题和回答,通过这种"讨价还价",双方对话者不仅传达了信息,而且随着政治对话的发展,双方都会通过给予或忽略对彼此的尊重来回应对方的表达。这项研究对政治对话中的被访者和采访者都具有一定实际意义。

3. 涉及多种交际主体

(1)导游与游客的交际互动

Elizabeth 和 White(2019)②的分析主要针对皮划艇导游及游客的谈话,以了解导游如何在发出命令以保证安全和及时的游览的同时,在乐趣和娱乐体验之间达到互动平衡。研究采用包括话语分析、民族志研究和统计学在内的混合分析方法,分析了 25 个阿拉斯加皮划艇生态旅游视频中的 576 个指令实例,并探讨了导游的指

---

① Feldman, O., &Kinoshita, K. Ignoring Respect: The Effects of Threat to Face on Replies and the Ensuing Questions During Broadcast Political Interviews in Japan [J]. *Journal of Language and Social Psychology*. 2019, 38: 5-6, 606-627.

② Elizabeth, A., & White, C. Authority and camaraderie: The delivery of directives among the ice floes[J]. *Language in Society*, 2019, 49: 207-230.

令在与游客交谈过程中使用的实践，以保持对旅程的控制，同时又不让游客觉得过于强制性。本研究的分析有助于了解行为人如何减轻威胁面子的行为，阐明在生态旅游环境下如何制定指令，并将言语交际的研究范围扩展到目前未被充分调查的领域中，如旅游业等。

（2）记者与受访者的交际互动

Clayman、Heritage 和 Hill（2020）①追溯了 20 世纪后半叶女性在白宫记者团中日益突出的地位，并探讨了这种向性别均衡发展的趋势如何影响了面向总统的提问和质疑。研究发现，在问题的主题内容中，存在适度的性别差异。与男性相比，女性记者更倾向于提问国内政策和私人领域的话题。同时，女记者问的问题更具对抗性，更容易表达对总统的不同意见，并对总统的政策和行动提出批评。可以发现的是，男女记者向总统提问时，话题内容的差异大体上与传统的性别观念相一致，但在提问攻击性程度上的差异却与这种观念背道而驰。

（3）司机和乘客的交际互动

Haddington（2019）②运用基于视频资料的话语分析的方法，研究了司机和乘客如何相互作用，以协调车内的多种活动。这些视频数据是在英国和芬兰的自然驾驶情况下录制的。分析的重点是下车过程中的告别，即驾驶员为了让乘客下车而停车的情况，它展示了在车内的会话参与者如何根据汽车的移动和最终的停止来计时和协调谈话的结束。当驾驶员接近将要让乘客下车的位置时，他们不会先停车，然后再开启并进行告别的对话，而是在这段即将停车的路程中同时与乘客进行交谈，也就是说，他们把告别作为一种多活动来协调。文章认为，把告别作为一种多活动进行管理，将能够确保下车的乘客安全地从车上过渡到周围的交通中，并最大限度地减少

---

① Clayman, S. E., Heritage, J., & Amelia M. J. Hill. Gender matters in questioning presidents[J]. *Journal of Language and Politics*, 2020, 19: 1, 125-143.

② Haddington, P. Leave-taking as multiactivity: Coordinating conversational closings with driving in cars[J]. *Language & Communication*, 2019, 65: 58-78.

下车的持续时间和汽车停下来的时间对周围交通的潜在干扰。因此，通过在谈话结束前，而不是在谈话结束时或之后，就下车地点作出最终安排，将有助于交通安全的建设。

4. 医患交际的相关研究增多

(1) 急诊中患者对受伤问题的描述

Seung-Hee Lee 和 Chan Woong Kim（2019）①利用韩国急诊科医护人员与病人之间互动的视频记录数据，特别考察了患者在受伤问题方面的陈述。文章展示了三种关于受伤的问题陈述，第一种，患者可以用肢体语言表现出他们的损伤部位及其可见的表现，同时在口头上提到受伤的位置或描述伤情，患者可以通过指示引起医护人员对损伤的注意，并将其视为关注的焦点。第二种，患者可以仅仅依靠语言资源描述伤害的原因，他们倾向于使用语言资源，而不是可见的损伤迹象来表达，从而为护士提供新的、未知的信息。这两种陈述方式大多在涉及急性损伤的患者群中出现。第三种，患者可能会详细说明了他们目前的状况，而不是受伤的原因，这是最广泛的问题表现形式，常见于近期受伤后某段时间内出现症状而到急诊室就诊的患者。这些发现表明，有关受伤的问题陈述可能与伤情的特殊性质有关。如前所述，对于患者来说，损伤可能是一种独特的医学问题，因为它通常有明显的迹象。由于损伤表现在身体的外表面，患者可以直接选择用物理表现来显示损伤。此外，当患者描述他们受伤的原因时，他们也可能倾向于描述可见的损伤本质，并提供护士不知道的信息。研究结果表明，患者的描述和护士的理解度可能受伤患处的可见性的影响。

(2) 医护人员与痴呆症患者的会话实践

Jan Svennevig 和 Landmark（2019）②以痴呆症患者和与他们对话

---

① Seung-Hee Lee & Chan Woong Kim. Problem Presentation of Injury During Triage in Emergency Care [J]. *Research on Language and Social Interaction*, 2019, 52: 1, 63-83.

② Jan Svennevig, J., & Landmark, A. M. D. Accounting for forgetfulness in dementia interaction [J]. *Linguistics Vanguard*, 2019, 5: S2.

的人的会话实践为研究对象。第一，痴呆症患者可能会试图通过声称任何人都很难知道或记住一些信息来将他们知识的缺乏合理化。第二，他们声称他们的认知或交流障碍是偶然的，只是暂时使他们无法获取信息。第三，他们可以通过声称他们应该知道的不重要、不相关或不可预期来为自己未能提供信息辩护。这样的会话策略将社会性格与健忘分离开来，从而试图避免因不记得个人经历而丧失面子。研究表明，关于个人经历的问题可能会对痴呆症患者构成交流挑战。因此，这可能需要卫生保健人员和其他相关人员反思，个人经历的问题对痴呆症患者造成社会敏感性（social sensitivity）的情况。

（3）CAT 理论下的医患交际研究

Chevalier、Watson、Barras 和 Cottrell（2020）①通过研究提出，药剂师需要有效的沟通技巧来提供高质量的病人护理。到目前为止，关于药剂师沟通行为的研究还很少，大多数没有将患者和药剂师作为二元体进行研究。文章调查了药剂师和病人对他们共同谈话的看法在多大程度上达成一致，以及这些观点与局外人（观察者）的观点有多大差距。文章使用录音、半结构化访谈，分别对 48 名住院患者和 12 名药剂师进行了基于交际适应理论（Communication Accommodation Theory，CAT）的研究。几位药剂师承认他们说话太快，而且还被观察到与病人的语速或音量不匹配。此外，大多数药剂师在与患者交谈时，几乎没有听取患者的意见。而促进患者在会话开始时的参与不仅可以促进医患之间的平等，而且有助于将讨论集中在关键问题上，从而避免花费大量时间讨论患者熟知的药物。分析指出了病人、药剂师和观察者观点一致的地方和他们不一致的场合，观察者对药剂师交际行为的评价要低于药剂师本身对自己的评价。CAT 理论认为说话人的谈话目标会影响他们的沟通行为。

---

① Chevalier, B. A. M., Watson, B. M., Barras, M. A., & Cottrell, W. N. Assessing Communication Behaviours of Hospital Pharmacists: How Well Do the Perspectives of Pharmacists, Patients, and an Independent Observer Align？ [J]. *Journal of Language and Social Psychology*, 2020, 39: 5-6, 626-652.

观察者和药剂师的观点差异强调了将交际适应理论作为培训工具进一步在沟通领域发展的重要性，药剂师可以从交流教育中获益，以提高他们对言语表达如何影响关系建立的认识，并在适当的时候更加意识到与患者的言语相匹配。

Jin 和 Watson(2020)①采用语言和社会心理学的方法，运用交际适应理论(CAT)，考察了在医学语篇中使用"回放"(playback，一种重复形式)的影响。文章记录了 30 份医生与老年患者之间的对话，研究结果表明，"重复"(repetition)的使用是说话人用来补充或趋同对方的一种策略，以确保医疗任务的有效完成和人际关系的建立。分析也表明 CAT 策略是相互依赖的，两个参与者都倾向于通过"回放"在医疗互动中采取迁就的立场，这可能是他们建立融洽关系的一个指标。医生采用调节性话语管理来鼓励患者积极参与，包括以提问的形式制定"回放"，以便患者信息的提供具有相关性。医生还使用人际控制来增强患者的会话能力，或者限制患者的反应以提高信息收集的效率。患者始终采取一种适应的立场以配合医生，反映出患者对医生专业知识的尊重。文章的结论是，交际适应理论在阐明医患沟通中"重复"的使用原因和潜在的社会心理过程时是一个有价值的框架。研究结果也表明，医疗咨询具有两种适应模式：互补性和融合性。在一个完整的互动中，医生和病人都以高效的信息交换为优先考虑的方向。

(二)研究角度多样

人们进行交际时往往会采取各种各样的表达手段来进行互动，从叹气、嗅闻、口哨声到其他接近语言的行为，这些表达资源通常用于会话中的顺序或转折的管理，以及姿态和情感的标记，它们代表了交互机制的一个方面，既强大又难以捉摸。这些长期以来被认为是超出语言研究范围的非词汇、非语言的现象频繁地出现在人们

---

① Jin, Ying & Watson, B. M. Playback: An Investigation of the Discursive Implications and the Pragmatic Functions of Repetition in Traditional Chinese Medical Consultations[J]. *Journal of Language and Social Psychology*, 2020, 39: 5-6, 716-737.

的交际活动中。它们处于声音和言语的中间地带，是一种边缘的互动资源符号，能够很好地表达细微的互动意图，从而简化我们的语言生活和交际活动。

近年来，除了重视语言本身之外，研究者们对交际过程中的非言语行为（nonverbal interaction）的关注也逐渐增强，包括身体动作、面部表情、触摸行为、声音暗示等。在实际的交际过程中，言语和非言语相互影响、共同作用。

1. 韵律

Gasser、Ahn、Napoli 和 Zhou（2019）①研究了美国新闻广播播音员在语音上的韵律特点及其对听众的影响。听众通常认为广播新闻播音员的讲话在某种程度上"听起来不同"。文章进一步研究了美国新闻广播播音员语篇上的两个特点。首先，文章研究了新闻播音员言语的产生，描述了新闻播音员和普通人在音高、速度、强度和旋律特征上的可衡量差异，并将这些特征与权威感、可信度、魅力和相关特征联系起来。其次，文章研究了新闻播音员的言语知觉，并结合现有的关于韵律的社会语言学和话语效应的研究，文章的研究结果表明，新闻播音员言语的韵律特征促进了可理解性、权威印象和听众参与度。

Rossi（2020）②重点关注自然对话中其他重复（other-repetition）这一会话现象，即说话人在下一个话轮中重复其他发言者刚才所说的全部或部分内容，这些重复会使被重复的内容产生问题，并且通常会引起回应。其他重复可以完成非常不同的互动工作，从寻求澄清、表达惊讶，到质疑所说的话的可接受性。作者把韵律资源——言语的非词汇听觉特征放在中心位置，并将其系统分析纳入语用类型学的新兴领域——语言使用与会话结构的比较研究。专注于稳健

① Gasser, E., Ahn, B., Napoli, D. J., & Zhou, Z. L. Production, perception, and communicative goals of American newscaster speech[J]. *Language in Society*, 2019, 48, 233-259.

② Rossi, G. Other-repetition in conversation across languages: Bringing prosody into pragmatic typology[J]. *Language in Society*, 2020, 49: 495-520.

的会话结构(即重复和回应),为研究韵律与许多其他交互资源提供了一个可控的环境,从而从会话的复杂性和丰富性中挖掘韵律的意义,开创新的研究领域。

2. 笑声

Kantara(2019)①调查了政治家亚历克西斯·齐普拉斯(Alexis Tsipras),通过分析他在 2012 年两次希腊大选期间接受的采访中三次开场白中使用的笑声,来分析笑声在政治采访中对于身份建构的作用。齐普拉斯的笑声有一个额外的预期功能,即邀请听众和他一起嘲笑记者在他的问题中所表达的命题,从而突出了问题的可笑性和非合法性。亚历克西斯·齐普拉斯的笑声不仅具有贬低性,破坏了记者的提问,表现了逃避的答案或反击的声音,而且还在支持他的选民眼中树立了"冷静但果断"的性格。与此同时,在上述采访中,三名记者中有两名同样以微笑回应了这位政治家的笑声,在这种情况下,通过微笑的表情来回应笑声可能被认为是一种战略上的模糊,因为通过这种方式,记者能够"保持"他们所被要求的专业中立的姿态。

3. 嗅闻

Mondada(2020)②对社会交往中非词汇声音资源的研究作出了贡献,将嗅探,即嗅闻参与者在闻气味时发出的声音,描述为人体发出的具有生理意义又同时具有交互作用的声音。文章以视频记录的品酒会为分析对象,分析了在面对面交流中嗅探所发出的声音,其目的有两个:一是对互动中声音的多模态研究作出贡献,二是通过对互动中嗅觉的系统研究,为主体间实践的感官性研究作出贡献。在社会互动中,参与者在"主动嗅"过程中,发出的可听到的声音既揭示了声音是如何成为有意义的互动资源的,也揭示了嗅觉不仅是一种私人的内在感觉,而且是一种可以在主体间分享和分享

① Kantara, A. Laughter and identity construction in political interviews [J]. *Journal of Language and Politics*, 2019, 18:3, 1-21.

② Mondada, L. Audible Sniffs: Smelling-in-Interaction [J]. *Research on Language and Social Interaction*, 2020, 53:1, 140-163.

的感官实践。文章报道的研究结果有助于研究声音在交际中的作用,表明嗅闻是一种多模态现象。具体地说,参与者在闻物体时产生的嗅闻,不仅参与者能听到,而且还具有可观察的可见维度,通过手势、姿势和嗅觉者身体的运动(抓起并举起玻璃杯,将玻璃杯放在鼻子下等)来实现。这项研究为语言边缘的声音资源和互动中的感官实践提供了新的视角,对于社会交往中嗅闻的研究有助于为话语分析提供更多的分析思路,例如提供了对可听的非词汇标记的更好理解,扩大了多模态研究的视野。

Hoey(2020)①在先前的关于呼吸行为的话语分析研究的基础上,以日常会话中70个嗅探(sniffing)案例为研究对象,分析嗅探在会话中不同结构位置的发生情况,说明嗅探与话语的产生密切相关。研究表明,呼吸、叹息和大笑等交际中的非词汇因素是被精心组织起来的,并且是社交互动的重要组成部分。文章描述了嗅探行为在谈话中的两个作用,一是在话题转折过程中,通过用鼻子吸气来延缓转折进程,二是在一个话轮完成后,嗅闻可以指示它的完成。通过将嗅闻行为置于连续的会话情境中,文章证明了呼吸的组织与说话的组织存在一定联系。

4. 呻吟

Hofstetter(2020)②分析了一个34小时的视频记录的棋盘游戏的英语语料库,研究了棋盘游戏互动中的非词汇发声,根据它们在互动中的使用而不是作为情感内容的象征进行分析,重点是"呻吟"(moans)。呻吟是指长时间的、有声音的、回应性的叫声,被视为玩家反应的一种痛苦的情感表达,表明玩家在某种程度上受到了伤害。呻吟与抱怨有关,但游戏的行为从来不会因抱怨而退缩,抱怨被视为可笑的,而词汇上的抱怨则会引发争论和道歉。文章认为,呻吟意味着痛苦,但也表示愿意继续玩下去,以及对先前事件

---

① Hoey, E. M. Waiting to Inhale: On Sniffing in Conversation[J]. *Research on Language and Social Interaction*, 2020, 53: 1, 118-139.

② Hofstetter, E. Nonlexical "Moans": Response Cries in Board Game Interactions[J]. *Research on Language and Social Interaction*, 2020, 53: 1, 42-65.

的确认，这说明呻吟在协调基于游戏的话轮转换中具有一定作用。

5. 口哨

Reber 和 Couper-Kuhlen(2020)①基于大量的英美英语电话和面对面交谈的录音和录像，研究口哨在社会交往中的表现形式和功能。文章的分析确定了会话口哨的两种基本形式：（a）旋律性口哨，即参与者吹出熟悉歌曲的曲调；和(b)非旋律性口哨。文章的重点放在非旋律口哨上，它可以大致分为两种，每种都有其特定的交互目的，一是用于召唤（动物或人类）的音调口哨，二是用于对违反规范的信息做出充满感情的反应的滑动口哨，后一种类型的哨子所使用的音高轮廓（pitch contour）与更多词汇声音对象（例如哦，啊，哇）相匹配。文章认为非旋律性口哨已经构成了常规化的口语符号，虽然其没有具体的指称语义和语音内容。

6. 表情符号

互联网技术的发展推动了社会的进步，各种借助于网络科技的移动终端设备日益成为人们彼此之间互相联络沟通的主要方式。互联网的出现，改变了人们的生活，也改变了人们的交际方式。Leone(2020)②的研究发现，在数字通信中，表情符号已成为大多数社交网络用户交流习惯的一部分。用一个表情符号"笑到泪"来表达对某个陈述的搞笑态度，这与口头陈述相同的内容是不一样的。数字对话中的表情符号和面对面的口头对话中的面部表情之间的主要结构差异可以归结为"间隔符号学"（Semiotics of the Interval）。在面对面对话中，面部是社交互动的基本界面。它可以通过生理上的控制来引导它对对话者产生的实际交际效果；此外，面部表情必须不断地对外界的请求做出即兴的反应，而表情符号则是一种成熟的、相对固定含义的典型表达。文章通过对这一差异进

---

① Reber, E., & Couper-Kuhlen, E. On "Whistle" Sound Objects in English Everyday Conversation[J]. *Research on Language and Social Interaction*, 2020, 53: 1, 164-187.

② Leone, M. Mona Lisa's emoji: digital civilization and its discontents[J]. *Social Semiotics*, 2020, 30: 3, 312-327.

行反思，以期对身体从交流中消失和通过数字模拟替代身体的文化原因和影响进行更全面的思考。

（三）研究方法及范式归纳

在研究方法方面，言语交际研究一方面继续沿用基本的语言学研究方法，另一方面也在不断吸收其他学科的研究方法，将之与语言学方法结合，根据实际需要进行选择。研究方法的发展为言语交际研究提供了更丰富多样的研究思路和更为细致的分析手段。

1. 交际民族志

Creese 和 Blackledge（2019）①采用语言民族志的方法，以作为语言学习场所的城市图书馆咨询台为研究对象，分析了咨询台的信息助理与图书馆读者之间的互动。研究发现，除了提供有关图书馆资源的信息外，咨询台也是教授各种语言的场所，这样的语言教学和学习的情节创造了包容并受欢迎的互动。与语言相关的事件创造了人们接触和交际的时刻，这些时刻通过互动者的翻译实践、图书馆工作人员的性格和工作能力以及咨询台的空间生态来维持。这篇文章的结尾还提出，学校和语言教育可以从公共图书馆的运营中学习经验，从而创建保持社群凝聚力和表达多样性，以及促进公民技能发展的舞台。

Theodoropoulou（2019）②采用语言民族志的研究方法，通过调查卡塔尔建筑工地实现沟通的方式，帮助理解语言在多语种蓝领工作场所中的作用。由于卡塔尔 90% 以上的人口都为非本国公民，因此这一场所为与迁徙有关的语言问题提供了一个独特、有趣的研究环境。在成功申办 2022 年世界杯之后，卡塔尔目前正进行着迅速转变的发展过程，来自世界各地的不同种族和社会阶层背景的人们被雇佣来共同开发基础设施。文章的研究重点是卡塔尔一所大学

---

① Creese, A., & Blackledge, A. Translanguaging and Public Service Encounters: Language Learning in the Library [J]. *The Modern Language Journal*, 2019, 103: 4, 800-814

② Theodoropoulou, I. Blue-collar workplace communicative practices: a case study in construction sites in Qatar[J]. *Language Policy*, 2019, 19: 363-387.

的建筑工地上调动的社会语言资源，调查来自印度的蓝领工人与来自世界各地的项目现场工程师和主管的沟通实践。在这种跨国领域，通过多种语言来完成有效的沟通是项目成功的必要条件。文章收集了近 13 个月的民族志数据，包括语音记录的互动、参与者现场的观察笔记以及与部分蓝领工人及主管的民族志访谈，考察了卡塔尔蓝领工作场所的语言、交流和话语实践。

2. 话语分析

话语分析是言语交际研究的重要方法，近年来的研究在继续沿用并发展传统的言语交际的基本研究方法的同时，也在不断吸收接纳其他学科的新的研究方法，根据研究的实际需要进行选择。

成员分类分析（Membership Categorisation Analysis）研究人们如何使用语言资源在交际中对自我和他者身份进行类别描述，并诱发与身份相关的道德责任以及义务。两者都可以用来分析言语互动，都可以用来处理具体的日常对话中因情况不同而发生的身份变化。近年来越来越多的学者将二者结合起来研究互动实践。

Charalambidou（2019）①使用成员分类分析（MCA）和话语分析（CA）的方法来分析一组有着长期互动经历的老年希族塞人妇女的自我记录的日常对话，探讨老年人在和他人的偶然互动中对自我和他人所采用的社会成员分类方法。会话中"老年标签"的使用表明成员们倾向于将自己归类为老年类别，同时，成员们对分类还存在一套复杂的规则，即谁可以被谁分类，用什么样的年龄类别术语以及在什么背景下进行分类。序列分析和分类分析提供了一套强大的分析工具，用于调查参与者自身的年龄身份归属系统。结果表明，成员分类分析和话语分析的结合可以扩展到话轮生成类别的分析之外，并且可以用来分析灵活的、语境型的社会成员类别识别，这些类别识别也具有超越当地互动场合的通用性，为显性和隐性的身份分析工作提供了一个成熟的框架。

随着数据采集技术的不断发展，更多的材料可以被用来辅助话

---

① Charalambidou, A. Repairs and old-age categorisations: interactional and categorisation analysis[J]. *Linguistics Vanguard*, 2019, 5: S2, 1-10.

语分析，由此形成了多模态的话语分析方法。*Gardner*（2019）①在文章中首先回顾了使用话语分析和其他交互方法的课堂互动研究的局限性。随着数据收集技术的改进（4K 视频、翻领话筒），高质量的视频和音频为课堂上所有参与者的详细多模态分析提供了更好的机会，通过更加精确地跟踪观察声音、微表情、姿态变化，甚至是非常小的手势，从而使证据库变得极其丰富，极大地促进了课堂互动研究的发展。

话语心理学（Discursive Psychology）也被运用来与话语分析进行结合，从而达成综合性的研究方法。Humǎ、Stokoe 和 Sikveland（2019）②提出，社会心理学把"说服"这一行为背后的认知过程理论化，而没有考虑到它的互动基础，即说服是通过互动完成的话语行为。这篇文章旨在填补这一空白，通过运用话语心理学和话语分析来研究 153 个电话交谈内容，销售人员在这些电话中寻求与潜在客户的会面。文章的结论是，说服行为是指通过促进一致性和减少阻力来管理会面请求的响应。总的来说，文章将态度、记忆、情感等心理现象"具体化"，将有助于将话语心理学的方法从社会认知领域到社会互动领域。

Robles（2019）③将话语心理学与话语分析相结合，分析了一群朋友之间的嘲弄的言语行为，以检验这种话语实践是如何调动范畴来管理差异的立场，并构建群体的规范和边界。文章重点考察了在同龄群体中，如何通过重申围绕男性气概的共同立场和规范，无端地贬低或戏弄、嘲弄参与者，来处理群体内的差异。这项分析强调了群体在互动过程中如何利用差异和认同，展示了群体内和群体外评估的道德标准是如何在日常对话中建立起来的。话语心理学的一

①　Gardner, R. Classroom Interaction Research：The State of the Art［J］. *Research on Language and Social Interaction*, 2019, 52：3, 212-226.

②　Humǎ, B., Stokoe, E., & Sikveland, R. O. Persuasive Conduct：Alignment and Resistance in Prospecting "Cold" Calls［J］. *Journal of Language and Social Psychology*, 2019, 38：1, 33-60.

③　Robles, J. S. Building up by tearing down［J］. *Journal of Language and Social Psychology*, 2019, 38：1, 85-105.

个核心观点在于，所谓的心理问题，如观点和态度，是通过互动实践产生的。这篇文章探讨了群体成员的男性化倾向和身份是如何在社会互动中建立起来的，从而也解释了社会心理学中的一个关键问题：如何在日常生活中设定边界，从而完成分组或分类。

3. 互动社会语言学方法

Emily Greenbank 和 Marra（2020）①采用互动社会语言学的方法，探讨了难民为了在东道国得到合理的安置以及稳定、理想的就业就会，是采取怎样的话语来讲述他们的身份和"逃亡故事"的。文章分析的焦点是，难民们表现出的话语能力和身份与雇主可能期望的脆弱性和无助感的社会刻板印象相冲突。研究发现，支持难民的就业活动，需要首先改变社会的偏见，即难民缺乏能力、可悲、易受伤害的刻板印象，最重要的是需要承认他们是复杂的人，有着复杂的社会关系，而不是仅仅被赋予难民的标签。文章认为为了管理难民的就业问题，应采取多管齐下的方法来创造社会变革，就业的负担不应该落在难民身上，尽管在他们的叙述中看到了话语的尝试和能动性，但这些人并不能够独自承担改变自己身份的责任。

Mononen（2019）②分析了护理者如何使用具有情感的触摸作为一种资源来促进互动。通过触摸，护理者与他们所看护的对象建立了积极的社会情感关系。文章在互动社会语言学框架下，揭示了看护者在日常生活中是如何展现亲情与亲密的。触摸人的肩膀、抚摸或拥抱被用于建立看护者和住院者之间的联系。这篇文章阐述了具有情感的触摸是如何通过调节参与和安抚居民、培养积极的人际关系来促进互动的。

---

① Emily Greenbank, E., & Marra, M. Addressing societal discourses: negotiating an employable identity as a former refugee [J]. *Language and Intercultural Communication*, 2020, 20: 2, 110-124.

② Mononen, K. Embodied care: affective touch as a facilitating resource for interaction between caregivers and residents in a care home for older adults [J]. Linguistics Vanguard, 2019, 5: S2, 1-15.

4. 市民社会语言学方法

市民社会语言学方法（Citizen Sociolinguistics）提供了一种新的能够收集大量自然语言数据，尤其是难以捕捉的短暂的社会交互中的语言数据的数据收集方法。

SturtzSreetharan、Agostini、Brewis 和 Wutich（2019）①运用市民社会语言学方法研究女性之间以抱怨肥胖为话题的闲谈，使用传统的社会语言学方法很难获得这种独特的谈话类型，因为它既简短，又是在随意的谈话中自发产生的。市民社会语言学方法通过与市民社会指导者合作来收集公共场所中自发的闲聊，并将其与基于小插图的话语完成任务中收集的口语交流进行了比较。研究表明，通过市民社会语言学方法收集的关于肥胖的谈话更具有多样性。市民社会语言学方法可以帮助语言研究人员解决长期以来面临的挑战，包括如何生成包含难以捕捉的自然语言形式的大型、多样的数据集，极大地丰富语言数据的理解和解释方式。

5. 语料库语言学方法

语料库语言学立足于大量真实的语言数据，主要通过概率统计的方法得出结论，对于一些语言问题的研究具有很大价值。在此基础上，通过建立两个或多个语料库，进行横向的对比研究，往往能够发现单一语料库研究难以发现的问题。

Coimbra-Gomes 和 Motschenbacher（2019）②运用定量和定性的语料库语言学方法，研究了一个在线心理健康论坛的一组有关性取向强迫症（SO-OCD）的帖子的语篇，揭示了男性异性恋性强迫症患者在他们的帖子中是如何走向规范化的。这些帖子是由病态地怀疑自己的性观念的异性恋男性撰写的。通过对关键词、自然语言处理中的 n-gram 模型和一致性的分析，可以发现在用户对规范性的定向

---

① SturtzSreetharan, C. L., Agostini, G., Brewis, A. A., & Wutich, A. Fat talk: A citizen sociolinguistic approach [J]. *Journal of Sociolinguistics*, 2019, 23: 263-283.

② Coimbra-Gomes, E., & Motschenbacher, H. Language, normativity, and sexual orientation obsessive-compulsive disorder (SO-OCD): A corpus-assisted discourse analysis[J]. *Language in Society*, 2019, 48: 565-584.

以及与 SO-OCD 相关的强迫症行为中起核心作用的语言机制。研究发现，这些男性性取向强迫症患者相较于最传统的异质规范形式，更倾向于通过病理学的方式来表现他们对于自己性取向的焦虑，即比起拥有(健康的)非异性恋欲望，他们更倾向于宣称自己的强迫症症状(从而导致精神障碍)，因为这使他们暂时保持异性恋身份的完整性和无焦虑感。此外，这项分析揭示了患者是如何接受某些制度化的 SO-OCD 话语的，这些话语可以作为规范性的指导方针来理解他们的强迫症行为和性身份。

Mougeon 和 Rehner(2019)①采用语料库语言学方法，以安大略省四个地区的 59 名教师在教中学生时所用的法语口语语料库为基础，探讨教师与学生在课堂中进行言语交际互动时五种变体的使用情况。首先，研究使用两个比较语料库，在更广泛的社区中建立变体的社会标记。其次，根据教师的社会标记性，考察了他们的词汇表和使用变体的频率。研究表明，尽管对课堂会产生一定的负面影响，教师们还是使用了在更广泛的社区中发现的所有标准和非标准变体，这是因为教师需要在课堂上履行各种交际功能，而这些功能又与不同的社会文体语域相联系，使用特定的变体在这些语域中更有利。此外，本研究还探讨了教师的社会专业特性和课堂交际功能对教师选择的影响。研究结果表明，教师所使用的变体受性别、所教科目和课堂交际功能的影响，其方式与变体与在更广泛的社区中的社会标记性相一致。

6. 综合建议模型

综合建议模型(Integrated Model of Advice Giving，IMA)提出，支持性互动(supportive interactions)中的建议应分为三个步骤：情感支持、问题询问和分析建议(emotional support-problem inquiry and analysis-advice，EPA)。先前的研究表明，这一框架在对支持性互动中的建议有效性的研究具有一定价值。

---

① Mougeon, R., & Rehner, K. Patterns of sociolinguistic variation in teacher classroom speech[J]. *Journal of Sociolinguistics*，2019，23：163-185.

Guntzviller、Pulido、Liao 和 Butkowski（2020）①提出并测试了一个扩展的综合建议模型，在这个过程中增加了尊重支持（esteem support）作为第四步。文章进行了两个实验，实验一对371名从土耳其亚马逊机械公司招募的参与者进行研究。结果显示，EPAS序列与EPA序列或EPSA序列相比，对咨询质量的提高并不显著。实验二对364名大学生进行了重复研究，结果发现与其他两个序列相比，EPAS序列对建议质量或遵循建议的意愿的评价没有显著提高。这两项研究零发现的一个解释是天花板效应，即一个简短的尊重信息可能不足以改变接收者对建议的看法。另一方面，只有当压力情境在相当大程度上损害了受试者的感知能力时，尊重支持信息才有助于提升他们的自尊。

文章基于现有的研究理论和研究方法，根据自身研究的实际需求对之进行调整或拓展，并使用新的语言材料或实验数据对之进行检验，在完成研究的同时，也推动了相关理论和学科的发展。

四、对汉语研究的启发

（一）国内社会语言学研究近况

社会语言学近年来逐渐成为中国语言学界研究的重点领域。通过以"社会语言学"为关键词对知网2018—2020年发表的论文进行检索，总结归纳出以下目前国内社会语言学研究的重点与热点。

1. 城市社会语言学研究

当今世界发展最基本的两个特征是全球化和城市化，以此为出发点产生了许多城市社会语言学研究。

语言景观研究是城市社会语言学研究的重要组成部分。国内语言景观研究的论文数量在逐年上升，主要是针对店铺招牌、政府的

---

① Guntzviller, L. M., Pulido, M. D., Liao, D., & Butkowski, C. P. Advisor Interaction Goals and Verbal Messages：Merging a Multiple Goals Approach and the Integrated Model of Advice Giving[J]. *Journal of Language and Social Psychology*, 2020, 39：3，292-317.

公示标牌、路边指示牌等城市语言景观展开研究。在这一领域，有理论方面的研究，如周晓春（2019）①构建了语言景观研究的"双层面六维度"多维分析模型，旨在拓宽语言景观研究的维度和视域，逐步实现从信息层面到象征层面的递转，为探索隐匿在语言景观背后的深层信息和社会意义提供新的路径。也有实证的对比研究，如张子烨（2019）②对中国城乡语言景观进行了对比研究，以合肥城乡两地所收集到的 540 个有效语言标牌样本作为研究对象，从语言标牌的语码取向、语码排列顺序、招牌的繁简、招牌用字的字体选择、官方标牌的性能、私人标牌的类型以及标牌的材质、放置的方式等方面，对城乡两地的语言景观进行对比，进而探究在当今城镇化狂飙突进的城镇化进程中，语言景观的异同所反映出的城乡两地语言权势、社会认同、社会心理的异同。但国内的语言景观研究也存在研究对象不够丰富，研究方法局限等问题。国内学者可以扩大研究范围，拓宽研究视野，增强语言景观研究的跨学科性。研究方法也可以从共时层面的实证考察扩展到历时层面的考证调查，挖掘影响区域语言景观历时变迁的因素。

此外，还有对于城市语言生活与语言管理的研究，徐大明（2020）③对城市语言管理与城市语言文明建设展开分析，发现我国城市语言文字工作在制定和落实语言文字规范方面取得巨大成就的同时，开始转向全方位的语言生活管理。将语言管理理论与语言生活研究相结合，提出建设城市语言文明的新目标。袁柳和韩明（2020）④调查分析桂林城市语言生活的实际状况，全面系统地了解桂林城市语言生活的基本面貌，考察在推广普通话和建设国际旅游

① 周晓春. 语言景观研究的多维分析模型构建［J］. 上海理工大学学报（社会科学版），2019（41）.

② 张子烨. 中国城乡语言景观对比研究［D］. 集美大学硕士学位论文，2019.

③ 徐大明. 城市语言管理与城市语言文明建设［J］. 云南师范大学学报（哲学社会科学版），2020（52）.

④ 袁柳，韩明. 桂林城市语言生活与语言变异状况的研究构想［J］. 文化学刊，2020（7）.

名城的时代背景下桂林语言生活和城市发展共生共变的动态过程。

近年来随着全球人口流动的加剧，城市特别是港口城市是人口迁移、多语交流与互动的典型空间，这些城市中的多语现象与多语环境下的语言应用也成为学者关注的热点。杜宜阳(2019)①以上海五个外国人聚居区的公共空间为研究范围，以上海跨国移民和公共领域从业者为研究对象，探究国际化都市中语言生活可能面临的新现象与新挑战，发掘智能技术在多语交际中所能发挥的作用对城市语言生活的治理有着重要的理论意义和实践意义。邢路威、Louis-Jean、Calvet 和郑立华(2018)②采用观察、问卷调查、访谈等调查方法，于 1985 年至 2015 年在广州清平路及广东外语外贸大学进行调查，跟踪广州 30 年的多语现象演变。

2. 社会语言学视角下的方言研究

中国地域辽阔，语言资源丰富，近年来国内学者从社会语言学角度对方言进行的研究也非常多。有学者从社会语言学视角分析方言的词汇和语法，蔡悦和崔莉萍(2020)③对大安汉语方言特色词汇进行研究，分析历史、地理等社会文化因素对大安汉语方言词汇的影响。李玥(2020)④选择 95 后上海市区方言使用者作为调查对象，考察上海市区方言语法中的旧形式在最新派方言中的留存情况，并通过定量分析来研究性别、年龄、语言习得、语言使用等社会变量与语法变项之间的关系。也有学者探讨推广普通话的语言政策和社会环境对于方言使用的影响，强调在推广普通话的同时，也应注重

---

① 杜宜阳. 智能时代国际化城市的语言生活治理[D]. 上海外国语大学硕士学位论文，2019.

② 邢路威、Louis-Jean，Calvet、郑立华. 广州多语现象及其演变——一项持续 30 年的跟踪调查[J]. 广东外语外贸大学学报，2018(29).

③ 蔡悦、崔莉萍. 从社会语言学视角分析大安方言词汇[J]. 白城师范学院学报，2020(34).

④ 李玥. 最新派上海市区方言语法的社会语言学研究[D]. 上海大学硕士学位论文，2020.

保护地方语言。田王丽和王丽洁(2018)①以汾阳方言文白异读字的变异为研究对象，分析文白异读的使用情况。研究发现汾阳方言文白异读正向文胜白弱阶段转变，文白异读的叠置呈现较为复杂的状态，总趋势是正逐步朝着普通话靠拢。毛春洲(2019)②通过问卷调查和访谈等方法对海南疍民的语言态度进行实地调查研究，从社会语言学的角度对疍民语言态度与疍家话退化的关联性加以探究，并提出保护疍家话的措施和策略。

3. 少数民族语言生活研究

中国是个少数民族众多的国家，关注少数民族的语言研究，对于构建良好语言生态，传承并推广少数民族文化，维护国家边境稳定具有一定意义。杨雨菡(2019)③对云南贡山边境"直过民族"村寨的国家通用语言认同及传播的现状进行研究，将语言认同类型和语言传播要素结合起来，调查贡山边境"直过民族"对国家通用语言信息、信息内容、传播媒介、传播效果的认知程度。余文婧(2020)④对国家级贫困县云南勐腊的"直过民族"哈尼族儿童家庭国家通用语言规划进行了调查研究，以家庭语言规划为基础，国家通用语言传播为背景，儿童、家长及教师为目标对象，对勐腊"直过民族"哈尼族儿童家庭国家通用语言规划状况进行剖析。敖台(2020)⑤基于在太仆寺旗唯一一个蒙古族居住的苏木—贡宝力格苏木的实地调查材料，阐述了只有2000多名蒙古族居住的贡宝力格苏木的蒙古族语言使用现状，寻找促进贡宝力格苏木蒙古族的语言

① 田王丽，王丽洁. 汾阳方言文白异读变化的社会语言学研究[J]. 现代语文，2018(9).

② 毛春洲. 社会语言学视角下的海南疍民语言态度研究[J]. 海南大学学报(人文社会科学版)，2019(37).

③ 杨雨菡. 云南贡山边境"直过民族"村寨国家通用语言认同及传播研究[D]. 云南师范大学硕士学位论文，2019.

④ 余文婧. 云南勐腊"直过民族"哈尼族儿童家庭国家通用语言规划调查研究[D]. 云南师范大学硕士学位论文，2020.

⑤ 敖台. 语言保持与语言传承个案研究[D]. 内蒙古大学硕士学位论文，2020.

保持与语言传承的有利因素。

4. 语言与教育

语言教育、语言能力与语言学习相关的研究也是国内学者关注的重点。吴志华和孙迪（2019）①基于社会语言学视角对教师课堂对话行为进行了分析，主要关注语言和语境之间的关系，包括课堂提问的语境、内容以及学生和教师对问题的反馈等。海拉（2019）②运用个案研究的方法，以呼伦贝尔市蒙古语授课中小学为调查点，考察蒙古语授课中小学英语教学现状，探讨蒙古族学校英语课程设置存在的问题，并提出改进建议。李静（2019）③基于交际社会语言学理论，探讨分析交际社会语言学对大学英语教学的启示，以期在英语教学实践中提高学生的英语综合应用能力。

5. 语言与新媒体

在全球化与信息化浪潮加速的今天，新媒体大众传播中的语言现象受到广泛关注，网络新生代的网络语言特征及由此体现出的身份认同引起了许多学者的注意。国内对于语言与新媒体的社会语言学研究主要集中在运用社会语言学的不同方法分析网络流行语及其背后的社会因素。张梓一、王淼和杨裕博（2019）④从社会语言学角度分析网络流行语的生命力，分析了网络流行语的产生及使用情况与其生命力的关系。万佳佳（2019）⑤对网络语言传播的新环境进行探讨，认为网络语言文本作为网络通信中交流形式的基础，开辟了新的语言学空间，是现代语言的一种变异形式，有助于人们适应网

---

① 吴志华，孙迪. 语境下的课堂：基于社会语言学视角的教师课堂对话行为分析[J]. 教育理论与实践，2019（39）.

② 海拉. 呼伦贝尔市蒙古语授课中小学语言教学现状的社会语言学分析[D]. 内蒙古大学硕士学位论文，2019.

③ 李静. 从交际社会语言学视角看大学英语教学[J]. 文学教育（下），2019（5）.

④ 张梓一、王淼、杨裕博. 从社会语言学角度分析网络流行语的生命力[J]. 现代交际，2019（4）.

⑤ 万佳佳. 从社会语言学角度分析网络语言传播的新环境[J]. 传媒论坛，2019（2）.

络传播的新环境。车越娇(2019)①基于言语社区的理论，对网络中女性粉丝的言语展开分析，考察该群体内部的言语使用情况即言语使用规范和言语态度的一致性，研究发现粉丝言语作为一种新兴的语言现象，其形成的原因主要是指粉丝间的身份认同。还有一些学者对网络新媒体中言语互动与言语交际的特点进行分析，如冯薇和吴东英(2019)②采用互动社会语言学视角及话语分析方法，对比国有制中国银行和股份制招商银行的新浪官博粉丝对银行企业身份的话语反建构作用，认为企业在新媒体平台不但要充分重视，而且要善于利用对话受众的话语参与性，从而更好实现预期的企业身份建构目的。

在现阶段，国内的社会语言学研究还有许多待补充的方面，基于对海外社会语言学近两年研究的总结和归纳，我们提出以下可供进一步研究的课题方向与研究方法以供参考。

(二)可进一步研究的课题

1. 关注医患间的言语交际问题

社会语言学作为一门经验性学科，具有很强的现实性和针对性。自 2020 年初以来，新冠疫情在全球范围内造成了巨大影响，对于各国的医疗系统来说都是一场严峻的考验。针对这一现实，从社会语言学的角度出发，通过分析医务人员与患者之间言语交际的特征及规律，从而探寻提高医患交流效率的方法，具有着重要的现实意义。关于医患之间的言语交际问题，近两年来也有不少语言学者对其进行了考察，可为国内学者提供借鉴。Seung-Hee Lee、Chan Woong Kim(2019)和 Kevoe-Feldman(2019)③都研究了急诊这一医院中对交流效率要求较高的场所中医护人员与患者之间的互动，前者

---

① 车越娇 . 基于社会语言学的女性粉丝言语社区研究[D].渤海大学硕士学位论文，2019.

② 冯薇、吴东英 . 新媒体语境话语互动中的企业身份反建构[J]. 语言学研究，2019(2).

③ Kevoe-Feldman, H. Inside the Emergency Service Call-Center: Reviewing Thirty Years of Language and Social Interaction Research[J]. *Research on Language and Social Interaction*, 2019, 52: 3, 227-240.

考察了急诊患者对自己受伤问题的不同描述方式，后者则研究了急诊的紧急呼叫中心，呼叫者与接受者之间的言语交际问题。Barnes（2019）①对医疗会诊中的医患沟通进行了话语分析研究。Chevalier、Watson、Barras 和 Cottrell（2020）采用交际适应理论（CAT）对患者和医护人员之间的对话进行分析，发现医生和患者都以高效的信息交换为对话中优先考虑的方向，并在此基础上对自己的言语交际进行调节。除此之外，对社会产生较大影响的紧急医疗事件对人们日常交际互动模式的改变也是值得研究的话题，例如Mondada（2020）②等学者运用多模态话语分析方法，考察了新冠疫情爆发期间，人们之间问候语的多样性及其组织方式，及其在疫情期间的变化。从语言学角度出发关注社会中的重点、热点话题及现象，不仅能够增强社会语言学学科的活力，同时也为社会的交流、沟通等行为效率的提高产生了积极的影响。

2. 关注语言景观研究

从引论里基于时间变量的覆盖可视化图中可以看出，在 2019年 1 月至 2020 年 12 月 的时间段内，语言景观（Linguistic Landscape）是一个较为新颖的研究角度。语言景观是语言学研究者在城市环境中通过语言实践来挖掘社会、政治和文化意义的一个重要角度和途径。最近社会语言学研究的一个趋势就是关注多语种城市环境的视觉维度，思考在日益全球化和超多样化的世界中，如何解决由多语种构成和重塑的城市空间的复杂性和互动秩序。如Lipovsky（2019）③调查了巴黎贝尔维尔街区的街道标牌，尤其是店

---

① Barnes, B. K. Conversation Analysis of Communication in Medical Care: Description and Beyond[J]. *Research on Language and Social Interaction*, 2019, 52: 3, 300-315.

② Mondada, L., Bänninger, J., Bouaouina, S. A., Camus, L., Gauthier, G., Hängi, P., Koda, M., Svensson, H., & Tekin, B. S. Human sociality in the times of the Covid-19 pandemic: A systematic examination of change in greetings[J]. Journal of Socialinguistics, 2020, 24: 4, 441-468.

③ Lipovsky, C. Belleville's linguistic heterogeneity viewed from its landscape [J]. *International Journal of Multilingualism*, 2019, 16: 3, 244-269.

面上的多种语言，探索书面符号以及其他话语形式（如图像和建筑元素）如何在贝尔维尔的语言景观中实现文化多样性。Tang（2020）①对新加坡 30 个地铁站的公共标识进行了语言景观分析，探讨新加坡作为一个具有语言多样化特征的国家在公共场所的语言使用的基本特点。此外，移民城市或国家以及政治冲突比较剧烈的国家作为多种语言互动频繁的重点领域，也是语言学者研究的热点区域，Buckingham（2019）②研究了哥斯达黎加——拉丁美洲移民人数最多的国家之一——外籍居民比例最高的三个省的商业招牌上多种语言和文化参照物的出现情况，研究发现在希望吸引更多移民劳动力者的城市中心，语言和文化的多样性程度更高。Themistocleous（2019）③研究了塞浦路斯共和国作为一个长期分裂冲突的国家，两种官方语言（希腊语和土耳其语）以及英语在其边境附近的多语种公共空间的可见性，了解多语种地区的公共空间是如何被社会建构的。国外学者对于不同类型的城市空间的语言景观的研究，可以为中国学者研究中国城市的语言景观提供丰富的思路与研究方法。

3. 关注微观语言规划研究

语言规划从宏观上指导着一个国家的社会语言活动，但宏观层面的语言政策与规划往往与具体的语言生活之间存在着一定距离，而从社会、团体、个人等微观层面自下而上地进行语言规划的研究，对于宏观语言规划问题的研究能够进行一定的补充。Karlsson 和 Karlsson（2020）考察了瑞典高等教育机构是如何通过语言管理与规划来适应国际化的多语种工作场所的。Wilson（2020）、O'Rourke

① Tang, H. K. Linguistic landscaping in Singapore: multilingualism or the dominance of English and its dual identity in the local linguistic ecology? [J]. *International Journal of Multilingualism*, 2020, 17: 2, 152-173.

② Buckingham, L. Migration and ethnic diversity reflected in the linguistic landscape of Costa Rica's Central Valley [J]. *Journal of Multilingual and Multicultural Development*, 2019, 40: 9, 759-773.

③ Themistocleous, C. Conflict and unification in the multilingual landscape of a divided city: the case of Nicosia's border [J]. *Journal of Multilingual and Multicultural Development*, 2019, 40: 2, 94-114.

和 Nandi(2019)都探讨了在家庭中，父母的语言规划决策对儿童语言习得的影响。Holm 和 Danson(2019)分析了法罗群岛的移民工人如何在当地根据工作场所的沟通需要制定自己的语言政策和实践。目前国内关于微观语言规划的研究相对较少。我国地域宽广，不同地区的社会经济文化存在巨大差异，对历史背景、文化融合、民族聚集比较复杂的城市或地区开展微观语言规划研究，能够从更加细致的角度探讨中国的语言规划现状，具有很强的现实意义。另外，对不同机构(学校、企业、政府机构等)、不同行业群体的语言管理和规划进行研究，关注个人在不同语境下方言和普通话之间的语码转换策略、对母语和外语在不同场景下的选择，等等，这些角度都可供国内学者参考。

4. 关注流动人口的方言与身份认同问题

语言与认同研究一直以来都是社会语言学关注的重点问题之一，近年来，随着全球范围内人口流动的加剧，语言学家越来越多地关注到语言与身份认同和归属之间的关系，基于身份认同的相关理论，运用问卷调查、访谈、人类学观察等方法对之进行考察。Hajek 和 Goglia(2020)①探讨了生活在荷兰的东帝汶人的语言实践、语言态度和身份归属。Lin(2019)以近年来台湾移民母亲语言转换现象为大背景，探讨资本主义跨国婚姻的影响，着重探讨权力关系、语言意识形态、家庭空间中身份协商的复杂互动关系。Musolff(2019)采用了文化人类学中的"超多样性"(super-diversity)的概念，分析了最近大规模移民导致的民族身份认同的多维变化。在中国，各省间的人口流动现象同样显著：前往不同城市求学的大学生群体、选择离开家乡去往一线城市发展自己的职业生涯的群体，语言作为人际交流的主要行为，他们在新城市的各种语境下的语言选择是值得探讨的问题。海外学者在研究移民的语言与身份认同时所采用的研究思路和方法，能够为国内学者研究国内人口流动对个体语

---

① Hajek, J. & Goglia, F. The East Timorese in Australia: multilingual repertoires, language attitudes, practices and identity in the diaspora[J]. *Journal of Multilingual and Multicultural Development*, 2020, 41: 3, 264-281.

言选择和身份认同的影响提供参考。

结　　语

社会语言学研究需要紧贴实际，与语言生活、语言政策与规划等社会发展相协调，与时俱进，才能具有生命力。在不断发展的中国社会中，中国素材、中国经验对于社会语言学学科的发展具有重要意义，其理论构建与研究范式的探索之路，也离不开中国学者的参与。因此，通过对 2019—2020 年海外社会语言学最前沿研究状况的整理总结，帮助国内相关学科的学者掌握该学科国际研究的现状及关注的热点问题，了解最新的研究方法，从而开拓国际化的研究视野，并提供具有启发性价值的研究课题、思路和方法，从而推进语言研究的世界步伐。

域外中国道教文学研究述评[*]

吴光正[**]

  域外学界对中国道教文学的翻译和研究已经有一百年的历史了，但是取得突破性进展还是近三十来年的事情。20 个世纪 50 年代，域外学术界还在使用西方的宗教观坚持认为中国没有宗教，直到 70 年代，才有学者认为中国存在自身的宗教[①]。这样一种学术理念影响到学者对中国宗教文学的理解，他们一直认为中国文学缺乏"宗教启发性问题"[②]，80 年代美国一部权威中国文学作品选依

---

  [*] 本文为国家社科基金重大招标项目"中国宗教文学史"（项目编号：15ZDB069）阶段性成果。

  [**] 吴光正，武汉大学珞珈特聘教授、武汉大学中国传统文化研究中心研究员、武汉大学中国宗教文学与宗教文献研究中心主任。

  [①] Maurice Freedman. *On the Sociological Study of Chinese Religion*, *In Religion and Ritual in Chinese Society* [M]. edited by Arthur P. Wolf, Stanford：Stanford University Press，1974：19-41.

  [②] 如 1959 年出版《楚辞》英译本、1964 年开始英译《红楼梦》的戴维·霍克斯就指出："如果我们检讨我们文学与中国文学难以并置而论的发展过程，我们会发现其中最显著的不同，是缺乏'宗教启发性'的问题⋯⋯常人泛论中国文学，或因此而涉及中国社会时，多用'世俗性'一词加以描述。" David Hawkes, *Literature*，*in The Legacy of China*，ed. Raymond Dawson，Oxford：Clarencon Press，1964：86-87.

然认为中国文学缺乏超越性。① 随着西方学者对中国宗教研究的深入，他们一方面批评界限分明的学术分工阻碍了学术界对道教文学的观照，另一方面又批评西方的宗教观、文学观无法发现中国宗教文学的特质。他们开始体贴中国道教文学自身的发展传统，中国道教文学研究由此走向深入，以致西方近年出版的两部中国文学史——《哥伦比亚中国文学史》《剑桥中国文学史》均拿出相当篇幅论述中国道教文学。② 反观国内，百年来生产的四百多部《中国文学史》，没有一部关注过道教文学。他山之石可以攻玉，我们有必要将域外的学术成果介绍给国内学术界，以推进中国道教文学研究和中国文学史书写进程。由于域外中国道教文学研究涉及的语种和国家太多，域外相关学者又无一专门研究中国道教文学的人，笔者无力全面综述此一发展进程，只能就笔者所看到的、所看懂的相关论著加以述评，重点聚焦于研究思路和研究视野，期望能对中国学者有所启迪。挂一漏万，在所难免。③

---

① 如沃森在《哥伦比亚大学中国诗词选》导言中指出："大体而言，中国诗词表现出来的传统态度，大多出之以不凡的人本精神与常识感，鲜少触及超自然的层面，遑论敢在幻想与修辞上耽迷于放纵的翱游。"*The Columbia Book of Chinese Poetry*：*From Early Times to the Thirteenth Century*［M］. trans. and ed. Burton Watson，New York：Columbia University Press，1984：3.

② Victor H. Mair，Edited. *The Columbia History of Chinese Literature*［M］. New York：Columbia University Press，2001. Kang-I Sun chang，Stephen Owen，Edited. *The Cambridge History of Chinese Literature*，Cambridge：Cambridge University Press，2010.

③ 读者欲了解此一领域的详细情形，请参阅即将出版的《国际视野下的中国宗教文学研究》(吴光正主编)、《百年中国佛道文学研究史论》(吴光正著)、《域外中国道教文学研究论文选》(吴光正、李松主编)、《欧美学者论中国道教文学》(吴光正、陈伟强主编)、《日本学者论中国道教文学》(吴光正、土屋昌明主编)。本文的写作要感谢所有支持、参与以上五书编撰的学者。由于篇幅的关系，道教说唱、道教戏剧与道教传记、道教小说的相关研究综述另文处理。

一、先秦两汉宗教祭祀与文本生成研究

正如道教起源要追溯到先秦两汉宗教祭祀，道教文学的起源也同样需要追溯到先秦两汉的文本。在这个领域，域外学术界关注的是先秦两汉宗教祭祀与文本的内在关联性。在他们看来，任何文学乃至任何文本的产生均要追溯到先秦两汉的宗教祭祀和宗教仪式。在这一点上，学者们似乎一致认同文艺的宗教起源说，张光直和艾兰的商周神话研究、韦利和藤野岩友的楚辞研究、葛兰言和周策纵的诗经研究、柯马丁的仪式与文本研究、巫鸿的图像与神话研究，均体现了这一特色。

关于中国古代宗教与神话，早期的西方学者用神话理论加以观察时认为中国没有神话故事，马伯乐等人都将其归因于文人学士的理性思索和对神话中无理性特征的抑制。如，马伯乐用远古文献和人类学田野调查文献相结合的办法，分析了太阳神话、洪水神话、重黎绝地天通神话，认为尧舜及其臣子的历史记载都是上古创世神话被历史化的结果，他称之为历史即神话论。① 但也有学者如格兰言受神话是祭祀延伸出来的理论的影响，试图重建与古代神话传说相关的祭祀仪式和舞蹈。②

中国古代宗教与神话的研究在考古学的伟大成就的推动下获得了突破性进展，这些进展让学界重新界定中国神话、艺术的概念与内涵。张光直认为中国古代的文字和神话都是宗教祭祀的产物，古代中国的艺术与神话和政治有着不解之缘。他指出，"中国文明的起源，其关键是政治权威的兴起与发展。而政治权力的取得，主要依靠道德、宗教、垄断稀有资源等手段，其中最重要的是对天地人

① Henri Maspero, Légendes mythologiques dans le Chou King, *Journal Asiatique* 204，1924：11-100. 冯沅君译. 书经中的神话，载马伯乐著，伭晓笛、盛丰等译. 马伯乐汉学论著选译[M]. 中华书局，2014.

② Marcel Granet. *Danses et légendes de la Chine ancienne*[J]. Paris：Presses Universitaires de France，1959.

神沟通手段的独占。中国古代文明有一个重要观念：把世界分为截然分离的两个层次，如天与地、人与神、生者与死者。上天和祖先是知识和权力的源泉。天地之间的沟通，必须以特定的人物和工具为中介，这就是巫师和巫术。统治者只要掌握了这二者，以及附属于他们的艺术、文字等物和事，就占有了与上天和祖先的交通，也就取得了政治的权威。"①围绕着这一学术理念，张光直发表了一系列论文讨论神话和青铜纹饰的宗教功能和政治功能。②

艾兰认为十日神话是商代宗教的核心，商人起源神话、卜辞先公先王干支标志、扶桑与若木神话、一月十旬制度、羲和与帝俊神话，都与这密切相关。扶桑十日神话是商代信仰，到周代被一个太阳的信仰所取代，这就是所谓的后羿射日神话。商人灭亡后，扶桑神话的原型流传到周边地区，在中原地区则衍变为商人起源神话而残留下来。在这个分析的基础上，艾兰认为，商代以前的历史，从黄帝到建立夏王朝的传说都可以看作商代神话在后来的系统化结果和衍变形式。他由此得出如下结论：中国宗教的动力是祖先崇拜，用"超自然的故事"来界定中国神话并不合适，"神话最重要的特点是突破自然界的限制，对人间现实、常识逻辑的冲破是神圣化的标志，它不是偶然而是必然性的。"商代祭祀礼器的目的"只有一个，就是供奉神灵进食，出于这一点，它们的装饰是用神灵世界的语言，通过它，活人跟死人的界限就可以穿越了，用它献上的祭品就被神灵接收了。这些纹饰的含义不在于这个世界，它表明生死之界

---

① K. C. Chang. Art, Myth, and Ritual: The Path to The Political Authority in Ancient China[M]. Cambridge: Harvard University Press, 1983; 张光直著, 郭净译. 美术、神话与祭祀（"译者的话"）[M]. 辽宁教育出版社, 2002.

② 张光直：《中国远古时代仪式生活的若干资料》，《中央研究院民族学研究所集刊》第9辑，1960年；《商周神话之分类》，《中央研究院民族学研究所集刊》第14辑，1962年；《商周神话与美术中所见人与动物关系之演变》，《中央研究院民族学研究所集刊》第16辑，1963年；《商周青铜器上的动物纹样》，《考古与文物》1981年第2期；《中国古代艺术与政治——续论商周青铜器上的动物纹样》，《新亚学术季刊》1983年第4期；《仰韶文化的巫觋资料》，《中央研究院历史语言研究所集刊》第64辑，1994年。

的穿越。"①

近些年来，以柯马丁为代表的一批学者致力于探索先秦两汉文本和宗教仪式之间的关系。如柯马丁考察了"文"的发展史，认为"文"的概念经历了从仪式符号向经学文本的过渡，"儒"的身份也经历了从指导礼仪实践的专家到研习经典文献的学者的演变。② 他主编的《早期中国的文本与仪式》一书由柯马丁、戴梅可（Michael Nylan）、鲍则岳（William Boltz）、罗泰（Lothar Von Falkenhausen）、根茨（Joachim Gentz）、史嘉柏（David Schaberg）、齐思敏（Mark Csikszentmihalyi）七人撰写，采取通论和个案分析相结合的方式对先秦两汉文本与宗教仪式之间的关系进行了考察。柯马丁在序言中指出，先秦两汉文本的创作与流传符合仪式性结构，礼仪的实践同时也具备文本性特质；他还指出，五经都是仪式性的文本：《诗经》《尚书》有大量的仪式描述，《礼记》是理想的礼仪准则，《易经》是仪式中所用的占卜手册，《春秋》则通过仪式将消息传递给祖先的魂灵。③ 再如柯马丁将秦始皇石刻铭文所运用的表达模式纳入周代（多为东周末年）的文学传统之中加以分析，认为这些石刻铭文是精致的礼仪文本和文学文本，是周代宗庙祭祀传统和巡狩传统的延续，这表明秦始皇将周代的知识系统和知识传承人纳入了国家系统，所谓的焚书坑儒需要重新认识。在柯马丁看来，汉代作者出于意识形态需要对秦始皇作了过多的妖魔化处理。为了分析这些石刻，柯马丁对周代铭文和诗歌作了研究。他指出，颂诗与铭文文本"在宗庙祭祀中各有其特定的位置，并借助不同的媒介传递给神灵。颂诗通过演唱，铭文则通过声音（如钟磬）、馨香（如礼器里盛

---

① Sarah Allan. *The Shape of the Turtle：Myth，Art，and Cosmos in Early China*[M]. lbany：State University of New York Press，1991. 艾兰文集·龟之谜——商代神话、祭祀、艺术和宇宙观研究[M]. 商务印书馆，2010：208，163.

② Martin Kern，Ritual. Text，and the Formation of the Canon：Historical Transitions of wen in Early China[M]. *T'oung Pao*87. 1-3，2001：43-91.

③ Martin Kern，ed.，*Text and Ritual in Early China*，Seattle and London：University of Washington Press，2005.

的酒食)将其呈至所祭奉的对象之前。"①

　　韦利和藤野岩友等一批学者的楚辞研究均聚焦于其巫术信仰。韦利翻译了《九歌》,认为《九歌》表现了中国古代的巫术文化。② 其弟子戴维·霍克思翻译了《楚辞》全书,③ 并指出《楚辞》代表着由早期宗教、口头文学所组成的崭新的、世俗的文学传统:《九歌》是根据传统宗教素材而加以文学改写而成,如《湘君》展示的是巫觋上下寻觅却没有联系上河中女神,《湘夫人》也是一种宗教仪式的体现;《离骚》沿袭了这一传统,展现了一个更甚于诗化和激动的追寻女神过程的中国文学想象力;《楚辞》中的许多作品在巫觋传统上发展出两大新的质素,即哀怨之诗和巡游之诗。④ Gopal Sukhu 的《巫与异端:〈离骚〉新解》对《离骚》中出现的巫觋形象展开细读,对其象征性与隐喻性作了深入研究。⑤ 藤野岩友亦视《楚辞》为巫系文学,并从巫者掌管的占卜、祝辞、神歌、神舞、神剧、招魂歌中寻求《楚辞》的起源。他指出,"采用这样的方法来研究楚辞,可以归纳出以下五个系列文学,即(1)问卜文学(来源于问卜辞,采取设问形式);(2)祝辞文学(来源于祈祷,采取自序形式);(3)占卜文学(由并用的问卜辞和占断辞构成,为问答形式,也有不经占卜而由神人直接对话构成的形式);(4)神舞剧文学(神前歌舞剧的歌曲);(5)招魂文学(招生人魂之歌)。这五个系列的

　　① 柯马丁.秦始皇石刻:早期中国的文本与仪式[M].刘倩译,杨治宜、梅丽校.上海古籍出版社,2015:83.

　　② Arthur Waley. *The Nine Song*:*A Study of Shamanism in Ancient China*[J]. London:Allen&Unwin,1955.

　　③ David Hawkes. *The song of the south*:*A Anthology of Ancient Chinese Poems by Qu yuan And Other Poems*[M]. Harmonsworth:Penguin,1985.

　　④ David Hawkes. The Quest of the Goddess[M]. *Asia Major* n. s. 13,1967:71-94. Cyril Birch, ed. , In *Studies in Chinese Literary Genres*,Berkeley:University of California Press,1974.

　　⑤ Gopal Sukhu. *The Shaman and the Heresiarch*:*A New Interpretation of the Li sao*[M]. Albany:State University of New York Press,2012.

文学都是出自巫觋系统的宗教文学。"①他指出，这五类文学均属口头文学的范畴，其代表作分别是《天问》《离骚》和《九章》《卜居》和《渔父》《九歌》《招魂》和《大招》。

葛兰言致力于描述中国宗教史中最古老的事实，认为《诗经》的"风"起源于宗教祭祀，并试图通过风诗去复原远古的宗教祭祀图景。他指出，《诗经》风诗表达了乡野主题、乡村爱情和山水之歌，是古代农民共同体在春秋举行的季节性节庆过程中青年男女在竞赛时相互挑战、轮流演唱的产物。"传统的权威性、节庆的庄严性、仪式的重要性和参加者的数量，所有这些共同体赋予神圣的狂欢一种非同寻常的情感力量"，"他们在日常生活的贫乏语言中找不到合适的表达办法：要想真实地表达这些庄严的感情，就必然需要一种庄严的语言，即诗歌的语言。"②他还指出，透过《诗经》可以看到地方性的祭礼、季节性的共同体祭礼以及对神圣地的盛大祭礼，这些祭礼有着认同或区别地方性部落与性别性团体的社会功能，它调整了社会生活的过程。夏含夷研究颂诗时亦持类似观点，认为《周颂》中的早期诗篇是直接在仪式中吟唱、表演的祷文（liturgical prayer），后期的篇章则是仪式结束之后对仪式过程的描述（description），这一变迁导致了诗篇书写与仪式实践的分离，为专门化、个人化的诗歌创作提供了可能。③

周策纵指出，古巫以玉事神，巫之名称即由玉字转变而成，是中国医药的创始者；古巫与古代求生祭高禖有关，又常以歌辞乐舞娱神与人，巫师之巫术对中国古代诗歌文学艺术浪漫传统的起源与发扬居功厥伟：陈、齐、郑、卫的《国风》之所以多含美艳的情诗，

---

① [日]藤野岩友. 巫系文学论[M]. 韩国基译，重庆：重庆出版社，2005：491.

② [法]葛兰言. 古代中国的节庆与歌谣[M]. 赵丙祥、张宏明译，赵丙祥校，桂林：广西师范大学出版社，2005：184.

③ Edward Shaughnessy. *Before Confucius: Studies in the Creation of the Chinese Classics*[M]. Albany: State University of New York Press, 1997. 中译本参见夏含夷. 孔子之前：中国经典诞生的研究[M]. 黄圣松、杨济襄、周博群等译，万卷楼图书股份有限公司，2013.

楚国文化之所以能产生恣肆的乐舞和敏感而富于形象力的辞赋，《九歌》湘灵、《离骚》驾龙、宋玉《高唐赋》《神女赋》《登徒子好色赋》《招魂》《九辩》诸作，都与巫的高禖活动有关；古代所谓六诗或六义——赋比兴风雅颂实际上是六种诗体，可能与古巫有过密切关系。①

正如古代宗教在春秋战国开始实现"哲学的突破"，古代宗教文学也开始挣脱远古宗教祭祀和宗教仪式而走向突破。域外汉学家的研究对这一突破路径也做了仔细研究，探索了先秦宗教文学发展、突破的几个面相。一是继续在通俗宗教中发展。侯思孟就指出，五世纪的神弦歌是俗教中应用的一组特殊诗歌。第一首诗请神降临，恰是仪式开始所用的诗；其后六个题目 11 首诗属于不同的神，其中三神来自南京，后面 3 题 6 首属于流行的民歌，与前面 12 首诗没有关系，其宗教意义不明。"这些诗歌的最大价值，是证明了我们知之甚少的通俗宗教的存在。"②二是演变为个人化的世俗文学。如顾彬认为中国诗歌起源于宗教，但到了三曹尤其是曹植手上实现了从宗教仪式到艺术的飞跃："在他的作品和人格中不仅预示着中国诗歌创作从宗教仪式向语言艺术、从歌颂统治者向（一个新的阶层）自我表达、从诗行的统一向诗的统一的逐渐过渡，而且也预示了从歌唱向写作、从听到读、从纯粹的声音向有条件的思想性的逐步过渡。这时第一次出现了一个虽然依旧保持模糊但却可以被感觉到的抒情的我，一个将情感世界的关联——这是新生事物——主要当作诗意的终结来热爱的我。"③三是在后世文学中置换变形。如桀溺就《陌上桑》和法国诗人马卡布律的牧羊诗进行溯源考察，网罗关于桑园的祭祀和传说史料，认为《陌上桑》描写的桑园并非

---

① 周策纵．古巫医与"六诗"考——中国浪漫文学探源[M]．上海：上海古籍出版社，2009：171．

② 侯思孟．神弦歌：中国五世纪的通俗宗教诗歌[J]．载乐黛云、陈珏、龚刚编选，欧洲中国古典文学研究名家十年文选[M]．南京：江苏人民出版社，1998：82．

③ 顾彬．宗教仪式到艺术——曹植和五言诗[J]．余常译，载阎纯德主编，汉学研究，2013（15）：358．

仅仅是春季劳动场所，而是古代节庆时青年男女幽会和庆祝婚礼的圣地；《诗经》中有大量反映这种古代春祭活动的情歌，但是这些情歌的桑园主题后来在道德家的禁锢下产生了变异，即经历歌颂、诋毁、乔装和道德化阶段后，原先放荡不羁的采桑女变成了儒家道德典范，终于有了被公开接受的模式——《陌上桑》。他最后指出，"'罗敷'一诗承担了、也概括了一个悠长的过去，以及一个最有原始想象和基本冲突的领域。桑树和桑园在引发礼仪风习、神话传说或者道德思辨的繁荣间，展现了一幅中国文化初始阶段的画图。《陌上桑》继承了这一遗产，并或多或少地表现出其矛盾之处。可以说，它既集中了一切传统的成果，同时作为新诗体的样板，又是一个新的起点。"①当然，最重要的发展和突破，便是道教文学的诞生。域外汉学家对道教文学投注了极大的兴趣，这是下文要综述的主要内容。

二、道教经典的文学研究

域外学术界对汉魏两晋南北朝的道教经典的出色研究让学者们关注到它的文学成就，或者说关注到文学尤其是诗歌在道教实践中的突出地位和卓越贡献。

学者们或对道教经典生成中的文学要素展开分析，进而揭示其生成、传播的文化语境。柏夷对早期道教神灵塑造和经典诞生神话的关注就属于这类研究，且具有方法论意义。他对《六度集经》、支谦《菩萨本愿经》、圣坚《太子须达挈经》以及灵宝经《智慧定志通微经》中的佛本生情节进行了辨析，试图对佛教"影响"道教的研究模式提出质疑。他认为，灵宝经对道教神祇前世的描写借鉴了佛本生故事，但是佛教版本生故事凸显了布施者与家庭成员之间的矛盾即宗教奉献与社会责任之间的矛盾，而道教版的本生故事则凸显了家庭成员合作共谋宗教奉献，柏夷将这一考验情节中的情感呈现称

---

① 桀溺. 牧女与蚕娘[J]. 载钱林森编，法国汉学家论中国文学——古典诗词，北京：外语教学与研究出版社，2007：313.

为"感情校准"。这表明，所有的译者都是针对其预期的受众来进行创作的，佛本生故事中凡是符合家庭情感关怀的情节可能都是译者添加的。① 他与小林正美对话，认为关注老子和《道德经》的灵宝经文应当是道教天师的作品，这些经文关注道在仪式中的实践，并影响了它们如何描述老子，即老子在他还没有被称呼为"老子"的前世中，在成为灵宝想象故事中的五方神之西方的皇老君之前，作为女性经历了转世，由此可断定灵宝经的书写都是在重塑天师信仰。② 他还指出，成书于 3 世纪末或 4 世纪初的《灵宝五符经序》有一则游历洞天的故事，是陶潜所著《桃花源记》的灵感来源。在此基础上他还对这类故事乃至所谓的志怪小说研究方法提出了质疑，认为"我们对于六朝时文人可能已准备相信什么并将其作为事实而记录下来，实际上所知甚少。简而言之，在我们决定志怪小说中何者为真实何者为想象之前，仍有一个庞大的知识文学库等待我们去研究，即圣人传记、地理书、神话故事及其相关文献。"③

学者们或将道教经典当作文学经典展开分析，进而揭示文学书写对宗教实践的重要意义以及这批道教经典在文学史上的地位。吴鲁强和特利·戴维斯认为《周易参同契》最显著的特色便是精致的文风及隐语的创制。④ 柏夷认为杨羲是中国文学史上的创新者之一，他的语言隐晦、凝练、朦胧而含蓄。⑤ 神塚淑子认为《真诰》和《上清经》在文学史上的地位引人注目。她指出，《上清经》的大部

① ［美］柏夷. 佛教须达拏太子本生故事与其道教版本［J］. 载柏夷著，孙齐、田禾、谢一峰、林欣仪译，秦国帅、魏美英、纪赟、谢世维校，道教研究论集，北京：中西书局，2015.

② Stephen Bokenkamp. The Prehistory of Laozi：His Prior Career as a Woman in the Lingbao Scriptures［M］. *Cahiers d'Extrême-Asie 14*，2004：403-421.

③ Stephen Bokenkamp. The Peach Flower Font and the Grotto Passage［M］. *Journal of the American Oriental Society 1061*，1986：65-77.

④ Wu Lu-ch'iang and Tenney L. Davis. *An Ancient Chinese Treatise on Alchemy Entitled Ts'an T'ung Ch'i*［M］. Isis 18，1932：210-289.

⑤ Stphen Bokenhanmp. *Early Taoist Scriptures*［M］. Berkeley：University of California Press，1997：277-278.

分最初仅确定了经名，是后来根据《魏夫人内传》这一类"内传"所记载的经名目录加以再创作的，而"内传"类的故事性及文体特征对上清经产生了影响。通过对《皇天上清金阙帝君灵书紫文上经》《上清后圣道君列纪》《洞真太上神虎玉经》《上清金真玉光八景飞经》思想内容和文体特征的考察，她认为，来自"内传"类的神秘、幻想的故事性内容和说明道术、科仪等程序的实用性部分，都是以不同的文体写成的，其中故事性内容多使用五言诗和骈文等修辞文体，这与上清派道教的主体是江南士族密切相关。① 陈伟强的系列论文则旨在透过存思修炼来分析上清道经意象，揭示其宗教内涵与文学境界，进而思考道经书写与文学书写的内在关联。其《早期道教诗歌中的"玉华"意象与玄境之游》一文指出，"玉华"一词在早期文献中指玉造之花，是戴于马首的饰物。它在道教文献中有玉女之名、耳旁的头发、额门头发、修炼成果等含义，这些含义在道士的修炼活动中扮演着不同角色，并对玄境之游这个文学和宗教的主题作出了重要贡献。作者在文中强调，玄游在文学文本和道教文本之间呈现着一个重要的差异，即两者各自体现不同的双重世界观，文学作品中的玄游在尘世上空的想象世界发生，道教关于冥想的文学作品一方面旨在保存人身内的神，另一方面和培养神通视野的文学理论有相同之处。② 在另外一篇文章中，作者尝试从文献学和文学角度研读上清经典《上清高圣太上道君洞真金元八景玉箓》，认为该经虽以"箓"为体，但主要描写太上道君的生平和功德，在行文上体现了上清经以意象飞翔为主的艺术手段。作者结合上清派存思理论审视《上清高圣太上道君洞真金元八景玉箓》的诵读与文学的交叉关系，从而确认此经和上清经系作品的文学性，是道教修炼的重要手段之一。这篇文章的成功之处在于作者对道教存思活动和道

---

① 神塚淑子. 六朝道經の形成とその文體——上清經の場合[J]. 東洋文化研究所紀要，1996(129)：53-118.

② Tim Chan. "*Jade Flower*" *and the Motif of Mystic Excursion in Early Religious Daoist Poetry* [J]. Alan K. L. Chan and Yuet-Keung Lo, eds, Interpretation and Literature in Early Medieval China, New York：State University of New York Press, pp. 165-87.

教隐语的深入体悟，认为这些道经体现的上清诗学使得上清道经具有"意象飞翔"的特质，这表明造经的道徒在其撰写上清经文时极度注重文学技巧。① 在另外一篇文章中，陈伟强干脆以《意象飞翔：〈上清大洞真经〉中所述之存思修炼》命名。他首先从《上清大洞真经三十九章》的文献考辨入手，揭示文本结构和文体特征，然后追溯存思的历史，探讨该经图像与文字的表意特点和关系，审视形象思维活动在修炼中的运作情况和特色。透过作者的分析，我们可以知道，所谓的存思是一种意念集中的冥想，修炼者通过观看图像、阅读文字以及诵经、念咒、烧香、扣齿、咽津等声音语和仪式动作，精思冥想，将神灵招回体内，引入神光，照彻脏腑，以保健康，达致长生，整个精思冥想的过程本质上就是在思维活动中将神灵及其活动的世界视觉化从而构建一个形象的世界。《大洞真经》所述由形象思维活动建构的世界包括大小宇宙两个图景，既有天宫神明的遨游也有神明进入人体内的进程及其在体内的飞翔，其主要描写对象有三：神明活动、天宫景象、降魔伏妖。由于上清经派特定的宗教规定和存思需要高强度的情感，修炼者在存思中要调动所有感觉器官来开展思维活动，因而使得《大洞真经》开辟了无限深广的艺术境界，其时空之跨越、色彩之绚烂、动态之奔腾、静态之清穆、事项之姿采，均对《离骚》《远游》有所超越。作者用"意象飞翔"来描述这种艺术境界，可谓神来之笔。② 此外，康若柏通过《黄天上清金阙帝君灵书紫文上经》的内容、修辞以及存、祝、书符等宗教活动的扮演特质的分析，指出上清经典之修炼方法的中心意旨可视为一种想象式的角色扮演活动，即一种在现时实地进行的表演模式。③

---

① Tim Chan. The Quest of Lord of the Great Dao: Textual and Literary Exegeses of a Shangqing"Register"(HY1378)[M]. *T'ang Studies 26*, 2008：143-73.

② 陈伟强. 意象飞翔：《上清大洞真经》中所述之存思修炼[J]. 中国文化研究所学报，2011(53).

③ 康若柏. 上清经的表演性质[J]. 载陈伟强主编，道教修炼与科仪的文学体验，南京：凤凰出版社，2018.

　　还有一批学者就道教经典中的各类文体尤其是诗歌的宗教功能和文学成就进行了深度剖析。柯睿译注了灵宝经尤其是上清经《真诰》中的大部分诗歌，并进行了深入研究。他在《道教诗歌与求仙》一文中对道教早期诗歌如《远游》、天师道七言诗和四言诗、上清派七言诗和五言诗进行了评点，既强调这些诗歌在诗歌发展史上的独特地位，又揭示了这些诗歌在道教实践即沟通人神中的核心地位和独特魅力。他认为，《远游》是最早的一首基于（可识别的）道教主题的长篇诗歌，是六朝与唐朝游仙诗的鼻祖；七言诗的出现要归功于早期天师道，曹植的七言诗可能就受到天师道的影响；道教的咒语诗表明四言诗依旧是魏到西晋、甚至东晋头两三个世纪最重要的诗体；《真诰》诗歌所体现的炉火纯青的文学技巧正是此书最动人、最引人瞩目的特征，以《真诰》为代表的道教诗歌具有个性化、甚至私人化的特点，和西方宗教诗歌的虔诚性不太相同，因此用西方的宗教诗歌理论是无法解释这些诗歌的。就道教实践来说，《远游》是《楚辞》诗歌背后的萨满神歌、祈祷与后世道教游仙叙述的重要连接点，这首诗中独特的用语已被中古早期道士用来描述重要的修炼实践；真人们对杨羲的降诰是中古道教全新且具深远意义的转折点，标志着"北方"天师教理与"南方"（即吴越之地）本土玄学的合流，这些降诰的文学技巧是为了将这位东晋王朝中文学造诣颇高、且老于世故的士子引入迷狂的境地，因此完美的将内心的愉悦与诗词的技巧结合起来；四言咒语诗具有很强的节奏性，反复念诵能够使人达到入迷的效果，是在特定修行中可以不断重复念诵的仪式语言，与诗歌甚至是真人所作的相比，更富有严格意义上的宗教性。① 他还在《中古道教诗歌中的天光》一文中分析了《真诰》仙真降诰诗歌对天光的描写，认为上清派对彼岸世界的探索开启了人们

---

　　① Paul W. Kroll. *Taoist Verse and The Quest to the Divine*[M]. Legerwey, John and Lü Pengzhi, eds., Early Chinese Religion. Part 2: The Period of Division (220-589 AD), Leiden: Brill, 2010: 963-996.

对天界更为广泛的探索，开拓了中国诗歌的表现视域和符号体系。① 柯睿还对《真诰》中的真人仙曲进行了研究。② 比如，他勾勒了紫薇夫人向杨羲展示的、以诗歌形式抒写的生涯，对这位美丽脱俗的诗人所用的众多非同一般、我们所不熟悉的术语进行了准确阐释。他在文中强调，在上清派和灵宝派诰语形成之后的三四百年，道教历史与中国的文学、社会、政治的发展已然紧密地交织在一起。许多重要的、具有启示性的经典为了迎合受众的偏好，都是用诗歌的形式写成，这也开创了中国宗教史上一个极具影响力的新时代。因此，这些道教文学作品的重要性非同寻常。杜鼎克对诗歌体《老君变化无极经》进行了介绍和分析，他按韵部将该经逐节逐段加以翻译，并还原到历史语境中加以探讨，认为该经的叙事主体包括老君的显灵和作者的逃亡经历、现实苦闷和宗教诉求，推定该经作者为王羲之（303—361），该经创作时间应该在357年后不久。③

除了诗歌外，还有学者对早期道经的仪式文体作了研究。傅飞岚（Franciscus Verellen）认为《赤松子章历》是一本关于祈祷的书，认为该书全方位地呈现了中古时代中国社会的宗教仪式、物质条件以及宗教信仰，并细致分析了《赤松子章历》所反映的天师道教科仪规范，即上章仪式的本质特征及上章文献的结构性特征，对天师

---

① Paul W. Kroll. *The Light of Heaven in Medieval Taoist Verse*, *Journal of Chinese Religions 27*[M]. 1999：1-12.

② Paul W. Kroll. *Seduction Songs of One of the Perfected*, in *Religions of China in Practice*, ed. Donald S. Lopez, Princeton：Princeton University Press, 1997：180-187. Paul W. Kroll, *The Divine Songs of the Lady of Purple Tenuity. Studies in Early Medieval Chinese Literature and Cultural History：In Honor of Richard B. Mather & Donald Holzman*, ed. Kroll & David R. Knechtges, Provo：T'ang Studies Society, 2003：149-211.

③ A. Dudink. *The Poem Laojun bianhua wuji jing：Introduction*, *Summary*, *Text and Translation*, Edited by Jan A. M. De Meyer and Perter M. Engelfriet, Linked Faiths：Essays on Chinese Religion and Traditional Culture in Honour of Kristofer Schipper. Brill, 2000.

传统中拯救与赎罪的关系进行了探讨。① 如柏夷反对本尼迪克特用耻感和罪感来区分东西文化，认为中古道教灵宝经中的忏悔文同时存在就社会期待而言的"耻"和就个体之错而言的"罪"。他指出，忏悔仪式提供公开表达羞耻感的场合，促成了群体的凝聚性与共同行动；同时，忏悔仪式也唤醒个人的罪恶感，并对这些只有透过个体改善才能缓和的罪恶感提出适当的引导对应之道。②

还有一些学者对早期道经中的通灵书写展开了分析。吉川忠夫对上清派道士周子良生平、冥通过程、冥通记录和编撰情形进行了详细的分析和阐释，尤其长于结合《真诰》来分析《周氏冥通记》所涉神灵世界，对于了解上清派的宗教实践具有重要意义。③ T. C. 拉塞尔对《周氏冥通记》的分析旨在说明宗教启示和神话之间的特殊而又复杂的关系。作者从幻想与神启、神交的开始、神启与现实生活、约定与怀疑、仙箓等层面分析了周子良的通灵记录，认为《周氏冥通记》"辩证处理了神灵的精神领域的高贵、纯洁的需求与周子良所生活的黑暗的、阴沉的充满死亡的物质世界之间的冲突与矛盾"，"这一冥通(个人)剧，实际上就是一个同自己的社会环境抗争着的、一个努力要不仅在这样的社会环境中而且是在更大范围内的整个宇宙中谋求自身位置的年轻人的矛盾和恐惧心理的反映。"作者进一步指出，"包括周子良在内的茅山道士的神交血统的地位和作用，就在于他们以自发的文学作品的形式，开发和利用这种创造和表达的潜能。或许，很少有人在阅读《真诰》后而不对杨羲等神灵的鲜明的文学形象留下深刻印象。虽然，造访周子良的那

① Verellen. Franciscus, The Heavenly Master Liturgical Agenda according to Chisong zi's Petition Almanac[M]. *Cahiers d'Extreme-Asie* 14, 2004: 291-344.

② [美]Stephen R. Bokenkamp. 早期灵宝经中的定型忏悔文[J]. 张显华译, 载李丰楙、廖肇亨主编, 沉沦、忏悔与救度: 中国文化的忏悔书写论集, 北京: 中央研究院中国文哲研究所, 2013.

③ [日]吉川忠夫. 梦的记录——《周氏冥通记》[J]. 载吉川忠夫, 中国古代中国人的梦与死, 东京: 平凡社, 1985; 又载麦谷邦夫、吉川忠夫编. 周氏冥通记研究(译注篇), 济南: 齐鲁书社, 2010.

些神灵在这方面缺乏天赋，但周子良的贡献（我们再次假定是无意识的）就是他的冥通体验的记录成为非常个性化的表现工具。他的神灵启示允许他去述说一个追求神仙的年轻人的精神拼搏过程。"①

域外中国道教经典文学性研究的深入是建立在道经研究和道教经典研究方法反思的基础上的。司马虚、贺碧来、柏夷等人对六朝隋唐道教经典的研究，施舟人、傅飞岚组织编撰《道藏通考》②，京都大学人文科学研究所于 1980—1990 年代组织"六朝道教研究"读书班，③ 对于推动欧美、日本中国道教经典的文学性研究和中国道教诗歌研究厥功至伟。如，司马虚对茅山宗降授的历史背景（江南士族接受天师道）、茅山宗降经的传播特征（降授的垄断与精神拯救事业）以及降经研究、整理者的真实面目（被装饰为隐士的高道）进行了深入辨析，澄清了上清派发展历程中的重要节点。我们由此可知，茅山宗的降授从一些精彩而私人化的"情景碎片"逐渐演变成一个稳定的宗教组织的权威文献，并在社群和国家的精神生活中发挥重要作用。④ 再如，贺碧来对上清派的存思与神游作了分析。⑤

---

① T. C. Russell, Revelation and Narrative in the Zhoushi Mingtongji, *Early Medieval China*, Volume 1. T. C. 拉塞尔.《周氏冥通记》中的神启和故事[J]. 刘雄峰译，载麦谷邦夫、吉川忠夫编，周氏冥通记研究（译注篇），山东：齐鲁书社，2010：303-304.

② Schipper, Kristofer, Verellen, Franciscus, ed. *The Taoist Canon: A Historical Companion to the Daozang* [M]. Chicago: University of Chicago Press, 2005.

③ 先后完成《中國古道教史研究》，同朋舍 1992 年版；《六朝道教の研究》，春秋社 1998 年版；《真誥研究（譯著篇）》《周氏冥通記研究（譯注篇）》。其中的两部书已经翻译成中文：[日]吉川忠夫、麦谷邦夫编：《真诰校注》，朱越利译，中国社会科学出版社 2006 年版；[日]麦谷邦夫、吉川忠夫编：《周氏冥通记研究（译注篇）》，刘雄峰译，齐鲁书社 2010 年版。

④ Michel Strickmann. The Mao Shan Revelation: Taoism and the Aristoeracy [J]. *T'oung Pao*, 1977(63): 1-64.

⑤ Robinet, Isabelle. *Visualization and Ecstatic Flight* [M]. In Livia Kohn, ed. Taoist Meditation and Longevity Techniques. Ann Arbor: Center for Chinese Studies, Michigan: University of Michigan, 1989: 157-190.

她认为，存思修行发生于一个"精神得以呈现、肉体得以神圣化"的图像世界，其目标在于建立一种对身体的全新认识（即陶弘景所谓的"身神"、内丹派所谓的"阳神"），修行者通过存思不仅能成为自身机体的中心和主宰，而且能在根本上获得与宇宙完全相同的本质和结构。她利用上清派文献详细分析了道教徒在修行中对世界遥远尽头和天界尤其是日月以及北斗所进行的存思，并认为这些存思活动有着诸如折返与退藏、折返与重复、反转、编织与覆叠、开启与关闭、到来与前往、分解与融合等共同的主题与结构。学术反思如上文提到的伯夷诸文，此外如祁泰履对白牧之与白妙子《〈论语〉辨》、小林正美《六朝道教史研究》的考据学研究方法进行的反思也颇具参考价值。① 他指出，小林正美的主要创新是建立道家学说关键概念的发展轮廓，然后运用这些概念的呈现与否，判定经文的存有散佚；白牧之对《论语》的研究采用了一种全新的方法，采用各种考据方法说明《论语》不是一个单独的文本，而是由一系列不同年代的文本汇聚形成，这其中只含有小部分可以追溯到孔子的时代，其他大部分是接下来的两世纪中继承者添加的内容。在祁泰履看来，他们的研究方法为中国宗教研究打开了新视野，但也存在着很多缺陷。这类研究对于推进学术界对道教经典的认识厥功至伟，对道教文学的研究具有重要启发意义。

三、道教诗歌研究

在域外道教经典研究和域外汉学语文学传统的推动下，道教徒的诗歌创作和文人的道教诗歌创作研究取得了突破性进展。为了叙述的方便，我们还是按照朝代展开相关综述。

先来谈汉魏六朝道教诗歌研究。在此一研究领域，域外学术界一般都会溯源到《远游》，并就这一时期的代表性诗人和代表性题材展开分析。大卫·霍克斯认为《远游》的作者可能是公元前一世

---

① Kleeman. Terry F. Reconstructing China's Religious Past: Textual Criticism and Intellectual History[J]. *Journal of Chinese Religions*, 2004(32): 29-45.

纪三十年代聚集在淮南王刘安门下的一位门客，刘安主持汇编了
《淮南子》以及一些诗歌的早期版本，这些诗歌后来被王逸收集汇
编成《楚辞》。① 柯睿认为《远游》中关涉到的道教自我修行的观念
其实应该是在屈原后的时代才形成的，《远游》诗人可以被认作是
不同于巫师的道教徒，但其作者目前无法确认。这首诗歌是现存最
早的以道教为主题进行创作的诗歌，"或许可实际上被看作是六朝
以及唐代游仙诗的鼻祖，因而它是《楚辞》诗歌背后的萨满神歌、
祈祷与后世道教游仙叙述的重要连接点。这种游历过程中全方位的
探求、令人着迷的远游，是中古时期道教思想中"存思"的核心活
动之一，也是道教思想在这一领域开花结果的表现。"② 关于游仙
诗，侯思孟和宇文所安的研究代表了两种解读策略。侯思孟等人力
图揭示游仙诗作者与道教之间的内在关联。其《曹植与神仙》一文
致力于解读曹植诗文对于神仙的矛盾态度。他结合曹植的政治命运
来解读曹植早晚期关于神仙的诗文，认为"虽然曹植在青年时代对
道教和求仙术士抱有恶感，但是因为他成年时过着接近软禁的生
活，对获得某种成就又产生了失望，所以使这个纯粹的儒家弟子在
他的生活中要从儒家之外来寻找精神的满足。神仙的神话在当时的
艺术和宗教中无所不在，为他提供了一条道路，使他可以得到实际
生活未能给予他的想象的自由"，③ 由此确认曹植游仙诗除了表达
自己对命运的隐喻性抱怨外，确实渴望着某种不朽之追求。他还认
为，阮籍拜访孙登，首先被表现成一位传统学者，随即又被表现成
一位道家啸者，追求长生的道家思想确实在他的生活和作品中起了

---

① David Hawkes. *The song of the south*：*A Anthology of Ancient Chinese Poems
by Qu yuan And Other Poems*[M]. Harmonsworth：Penguin，1985：191. 霍克斯在他
的早期译文中提出的观点代表了一个转变，认为《远游》的作者写这首诗是对司马
相如《大人赋》的模仿；详参《楚辞，南方之歌——中国古代文学选集》，波士顿：
灯塔出版社(Beacon Press)1962 年版，第 81 页。

② Paul W. Kroll. On" Far-Roaming"[J]. *Journal of the American Oriental
Society*，1996(4)：653-669.

③ Holzman，Donald. Ts'ao Chih and the Immortals[J]. *Asia Major*，1998(3)：
15-57. 侯思孟. 曹植与神仙[J]. 法国汉学，1999(4)：217.

重要作用。他那些描写神仙的诗歌，有的具有鲜明的讽喻色彩，有的描述了神仙们因长生而享受到的永恒的快乐，有的表达了对能否长生的怀疑和寻找替代长生办法的努力。① 此外，侯思孟还对嵇康的求道与诗歌创作也作了勾勒。② 陈伟强《阮籍、嵇康寻仙考论》一文利用各种资料考订出阮籍曾两度拜访孙登，其后嵇康亦曾从游孙登三年，后又从王烈入山学仙，阮籍、嵇康的思想行为受孙登、王烈的影响很深。③ 郭璞的游仙诗赋，则有大平幸代作了分析。④ 宇文所安讨论汉代游仙诗时指出，"我感兴趣的不是这些主题的思想背景或社会历史背景，而是它们在一个诗学话语中的构成方式"。"游仙主题具有目的论性质，它的目的是得仙（或得仙的否定形式，即求仙的失败或求仙的徒劳）。但是有一些基本的变量，把话题组织成两个互有重叠的次主题。第一个次主题以获得仙丹为焦点，也有少数强调获取道术或真秘。第二个次主题的核心是古老的周游天庭。"⑤在这一理念的指引下，他对汉代三曹游仙诗和乐府游仙诗一一作了分析。

关于山水诗，一些学者也认为道教的影响起了关键性的作用。保尔·戴密微认为中国文学发现山岳并从中汲取艺术力量比西方足足早了一千五百多年，道家道教的传统让山岳成了一块净土，即一个与尘世明确划定界限的天堂。他还进一步指出，佛教"在 4 至 5 世纪中国文学和艺术的变革中，仅仅是产生新流派的催化剂，此外

---

① 侯思孟. 论阮籍二题[J]. 载钱林森编，法国汉学家论中国文学——古典诗词，北京：外语教学与研究出版社，2007. 钱林森译自 Holzman Donald，*Poetry and Politics. The Life and Works of Juan Chi*[M]. Cambridge University Press，1976.

② Donald Holzman. *La vie et la pensee de Hi K'ang*（223-262 ap. J. C.），Leiden：Brill，1957. Donald Holzman，La poesie de Ji Kang，*Journal Asiatique*，1980（268）：107-177. 陈文芬. 寻找中国诗歌中的美——访汉学家侯思孟教授[J]. 国学新视野，桂林：漓江出版社，2011：10-13.

③ Tim Chan. Ruanji's and Xikang's Visits to Two 'Immortals'[J]. *Monumeta Cerica*，1996（44）：41-65.

④ 大平幸代. 郭璞「遊仙詩」の孤立[J]. 東方学，2001（101）：59-74.

⑤ [美]宇文所安. 中国早期古典诗歌的生成[M]. 胡秋蕾、王宇根、田晓菲译，田晓菲校，上海：三联书店，2012：161-163.

没有起过其他作用。人们熟悉其种种特点的近代禅学，那时只不过处于萌芽阶段。如果说'禅那大师'给我们留下了不少令人赞叹的山水诗，那当在六朝之后很久的唐朝，尤其是宋朝。谢灵运时代的山水诗依旧恪守古典的主题与方法。"①日本学者对道教与谢灵运的研究似乎印证了戴密微的看法。北岛大悟认为谢灵运不仅受到佛教、玄学而且也受到道教的影响，他以谢灵运出生传说和早年寄住道观这一事实为切入点，探讨谢灵运家族与钱塘天师道道士杜明师(文献中提到的杜昊、杜昺、杜昺应为一人)的密切关系，进而认为这一道教经历影响了谢灵运的宗教关注和文学创作。② 在此基础上，他仔细分析了道教思维对谢灵运文学创作的影响。③ 堂薗淑子则聚焦有待、无待一类玄学话语将谢灵运诗作和《真诰》作了比较分析。④

另外，还有学者从宏观上考察道教对六朝文学的影响。如赤井益久批评日本中国文学研究界没有同步吸收宗教研究和历史研究成果，认为探究中国文学中的道教因素时要反复思考道教对文学本身具备的特定内容即语言、修辞和表达、样式等的投射，同时还要通过考察道教与文学的关系去发现中国文学自身的特质。他分别以"长啸""叩齿"和"步虚""飞翔"在诗歌中的呈现为例，考察诗人如何通过感官捕捉、感知周身的世界，并以处世观之隐逸观为主线，分析隐逸场所的空间意义，探明山岳、园林以及作为宗教性空间的"静室""精庐"与"山斋""郡斋""读书斋"等的关系。他最后总结道："中国文学由于与道教的遇合而变得丰富起来，其特色可以归纳为以下几点：一是开始设想'长生不死'的神仙世界，构想超越

① Paul Demiéville. La montagne dans Tart littéraire chino[J]. *France-Asie* 1965 (183)：7-32. 保尔·戴密微. 中国文学艺术中的山岳[J]. 载钱林森编，法国汉学家论中国文学——古典诗词，北京：外语教学与研究出版社，2007：263.

② 北岛大悟. 謝霊運における道教的背景[J]. 筑波中国文化論叢，2003 (23)：97-110.

③ 北岛大悟. 謝霊運にみる道教的思惟の受容[J]. 日本中国学会報，2005 (57)：33-47.

④ 堂薗淑子. 謝霊運の文学と『真誥』—「有待」「無待」の語を中心に[J]. 日本中国学会報，2016(68)：17.

现实的世界。二是在领悟宇宙、自然之际，能够用身体去感性地把握。三是成为自然观、处世观之格局发生变化的契机。"①

在唐代道教诗歌研究领域，薛爱华无疑是一个开拓性的人物。他先后著有《神女：唐代文学中的龙女与雨女》②、《步虚：唐代对星空的探讨》③、《唐代的茅山》④、《时间之海上的幻景：曹唐的道教诗歌》⑤四部著作以及一系列论文⑥，被认为"破译了曾给中国中古诗歌带来丰富意象和隐喻的道教玄义"⑦。这些论著透过唐代诗歌、唐代小说来分析唐代的道教想象和道教蕴涵，把诗歌当作思想史、文化史的史料来处理，诚如他在研究茅山的宗教地理和历史地理时指出，"唐代诗歌作为一种史料是多么重要……无论其诗歌的质量如何。"⑧又如他研究步虚，是从唐代文人和道士对星空的认识

---

① 赤井益久. 身体・小風景・宇宙—中国文学に見える道教的なものについて[J]. 筑波中国文化論叢, 2003(23)：1-25.

② Edward H. Schafer. *The Divin Women：Dragon Ladies and Rain Maidens in T'ang Literture*[M]. San Francisco：North Point Press, 1978.

③ Edward H. Schafer. *Pacing the Void：T'ang Approaches to the stars*[M]. Berkeley：University of Califorlia Press, 1977.

④ Edward H. Schafer. *Mao Shan in T'ang Times*[M]. Boulder：the Society for the Study of Chinese Religions, 1980.

⑤ Edward H. Schafer. *Mirages on the Sea of Time：The Daoist Poetry of Ts'ao T'ang*[M]. Berkeley：University of Califorlia Press, 1985.

⑥ Edward H. Schafer. Mineral Imagery in the Paradise Poems of Kuan-hsiu. *Asia Major*, 1963(10)：73-102；Empyreal Powers and Chthonian Edens：Two Notes on T'ang Taoist Literature[J]. *Journal of American Oriental Society*, 1986(106)：667-678；Li Po's Star Power. *Bulletin of the Society for the Study of Chinese Religions*, 1978(6)：5-15. Wu Yun's Cantos on Pacing the Void[J]. *Harvard Journal of Asiatic Studies*, 1981(41)：377-415；The Jade Woman of Greatest Mystery[M]. *History of Religions*, 1978(17)：387-398. Three Divine Women of South China, *Chinese Literature：Essays*[J]. *Articles, Reviews*, 1979(1)：31-42.

⑦ [法]索安. 西方道教研究编年史[M]. 吕鹏志、陈平等译, 北京：中华书局, 2001：84.

⑧ [法]索安. 西方道教研究编年史[M]. 吕鹏志、陈平等译, 北京：中华书局, 2001：84.

着手，关注星空体系背后的心理和文化依据。再如他的《神女：唐代文学中的龙女与雨女》聚焦李贺、李群玉等诗人的诗歌和唐代民间传说、传奇故事，阐释龙女、蛇女在不同时代不同版本不同文献语境中的发展和变异，"旨在通过唐代文学的片段，揭示神话、宗教、象征以及浪漫想象诸端彼此之间的纠结。很显然，即使最隐微的诗篇，或者最平顺的故事，也会混合神话与历史、传说与事实、虔诚的希望和理性的信念。这么做的时候，它表达了人们对于古代神仙世界所普遍持有的看法。"[1]他的最大研究特色是运用西方语文学的汉学传统解读词汇尤其是名物背后的道教意蕴。如他发现《女冠子》词存在大量的套语，这些套语关乎女冠举行科仪的坛场、动作、穿戴、发式、情态等。他在深入解读这些词汇的道教蕴涵后指出，"《女冠子》词重要的主题不是世间恋人的分离——这些显然是道教徒假扮的，而是女道士对于嫁给仙人或与上清仙界的悟道者神秘媾合的渴望"。[2] 薛爱华本人曾指出，"一个语文学家对名称感到兴趣——物的名称，抽象概念的名称，制度的名称，对这些字词在文学之流中的生命感兴趣，对它们在人类的理性、想象和情感生活中起到的作用感兴趣"。[3] 了解了这一点，我们就会明白薛爱华何以会在分析道教诗歌时紧扣相关词汇不厌其烦地加以铺陈。他的学生柯睿在唐代道教诗歌的研究上也取得了突出成就，《中古道教与李白诗歌论文集》一书就是这一成就的体现。[4] 此外，他还发表了

---

① ［美］薛爱华. 神女：唐代文学中的龙女与雨女［M］. 程章灿译、叶蕾蕾校，上海三联书店，2014：202.

② Edward H. Schafer. The Capeline Cantos Verses on the Divine Loves of Daoist Priestesses［M］. *Asiatische Studien*，1978(32)：5-65.

③ 转引自田晓菲. 关于北美中国中古文学研究之现状的总结与反思［J］. 载张海惠主编. 北美中国学：研究概述与文献资源［M］. 北京：中华书局，2010：604.

④ Paul W. Kroll. *Studies in Medieval Taoism and the Poetry of Li Po*［J］. *Aldeshot*，Eenland：Ashgate，2009.

一系列论文。① 日本方面，也有一批学者关注唐代文学尤其是唐代诗歌中的道教意蕴。游佐升《道教和文学》一文分六朝唐代的文学与道教、中国小说与道教、敦煌俗文学与道教、近代的俗文学与道教四节对道教文学进行了纵向梳理，揭示了中国道教文学在文体、题材等方面的诸多面向。作者也坦言，相比于佛教文学，道教文学这个概念也难以确定。从这个角度来说，游佐升对道教文学的梳理代表 1990 年左右日本道教文学研究的前沿水平。②

在唐代道教诗歌研究领域，一批域外学者关注唐代一些著名诗人与道教的内在关联。李白、李商隐、吴筠等著名诗人成为研究热点。关于李白，柯睿、柏夷等人的研究值得重视。如柯睿认为亚洲和西方的学者们几乎都故意忽视或者可悲地错译了李白在其诗中所使用的道教意象和措辞，因此细致分析李白诗歌中的一组道教词汇（锦囊、紫霞篇、鸣天鼓、流霞、天关、金阙、玉京）、受箓诗、登太白山诗，认为道家天庭和经文的迷人魅力以明显而又变幻的力度闪耀于李白的诗歌中。③ 再如，他考察了李白六首《游泰山》诗的道教思想，并进一步指出，准确理解这些诗需要读者恢复这些诗整体上的宗教架构，而要恢复此一架构，不仅要对道教有通盘认识，还要对符咒、打坐和仙山圣地有深刻体认。④ 柯睿统计李白诗歌颜色用词时发现李白对紫色特别偏爱，指出紫霞是太阳精华的凝炼物，乃道教修炼中的重要食物。他对李白诗歌中的紫霞、紫烟进行了剖析，认为紫霞、紫烟象征着那些超越世俗、超越俗世生命的存

---

① Paul W. Kroll. Li Po's Purple Haze[M]. *Taoist Resources*，1997(2)：21-37. Paul W. Kroll. Lexical Landscapes and Textual Mountains in the High T'ang[M]. *T'oung Pao*，1998(84)：62-101.

② 福景康顺等监修、朱越利等译. 道教[M]. 上海：上海古籍出版社，1992.

③ Paul W. Kroll. Li Po's Transcendent Diction[J]. *Journal of the American Oriental Society*，1986(101). 又见保罗·W·克罗尔. 李白的道教词汇[J]. 载倪豪士编选. 美国学者论唐代文学[C]. 上海：上海古籍出版社，1994.

④ Paul W. Kroll. Verses from on High：The Ascent of T'ai Shan[M]. *T'oung Pao*，1983(69)：223-260.

在区域，李白将宇宙的全部和整体的光辉视为紫色，有点类似于西方基督教世界诗人对白色象征意蕴的理解和运用。① 柯睿还翻译了李白的《大鹏赋》，从注释中可以看出，他运用了大量道教知识来翻译该赋中的词句，这表明柯睿是将《大鹏赋》当作道教文学作品来解读和翻译的。② 柏夷用大量上清、灵宝经文解析李白多达十首描写黄山或与黄山有关的诗歌，认为黄山是李白想要炼制自己丹药的处所，并在诗中频频召唤友人归隐黄山炼丹，最后丹成并中毒身亡。他在文章中强调，《草创大还丹赠柳官迪》《宿鰕湖》《古风》其四对于确定李白何时炼丹十分重要。③ 土屋昌明《唐代诗人与道教——以李白为中心》一文强调道教诗歌研究要关注道教发展的多样性和个别性，即在厘清与道教相关文学作品之个体背景的同时将其放置在唐代社会与道教界的整体发展状况之中进行读解。他认为与李白等诗人交往的焦炼师应该是同一人，即茅山派道士司马承祯之高足、备受玉真公主尊崇的焦静真；李白是经由焦炼师或元丹丘认识玉真公主，玉真公主进而推荐李白参加科举考试、进入翰林院，李白诗歌所本之上清经典的冥想道法由此可以比较具体的得以判明。在此基础上，作者指出，判明唐诗中道士身份后还有必要梳理道士道法之特征和门派之立场及其对诗人的影响，进而思考这些因素是否有可能成为文学史划时代变革的诱因之一；作者还指出，道教研究界需要向佛教研究界学习，开展道观的具体位置、宗教功能、教众的交际网络的研究，这有利于我们了解道观和道士们的生

---

① Paul W. Kroll. Li Po's Purple Haze[J]. *Taoist Resources*，1997(7)：21-37. 又载柯睿. 李白与中古宗教文学研究[M]. 白照杰译. 山东：齐鲁书社，2017.

② Paul W. Kroll. Li Po's Rhapsody on the Great P'eng-Bird[J]. *Journal of Chinese Religions*，1984(12)：1-17. 又载柯睿. 李白与中古宗教文学研究[J]. 白照杰译. 山东：齐鲁书社，2017.

③ Stephen R. Bokenkamp. *Li Bai，Huang Shan，and Alchemy*[J]. T'ang Studies，2007(25)：1-27. 中文译文见柏夷. 李白、黄山与炼丹术[M]. 载柏夷，孙齐、田禾、谢一峰、林欣仪译，秦国帅、魏美英、纪赟、谢世维校. 道教研究论集[C]. 中西书局，2015.

存状况、诗人的宗教背景以及二者之间的互动。① 他指出，李白深受古上清经影响，其道教背景与司马承祯的弟子、唐玄宗妹妹玉真公主的师傅——女道士焦静真有关，这一背景可以解决关于李白入长安的问题。② 他还指出，李白探求洞天、倡导神仙实践冥想的思想渊源为司马承祯的洞天思想，即五岳名山之洞天有神仙栖息、于洞天冥想上清经法可获得神仙指教。③ 砂山稔《李白与唐代道教——复古和现代之间》一文认为李白对永恒的生的希求突出表现在对道教的青睐上，他倡导清真复古，和唐代当时风行一时的重玄派没有任何关系，而是欣赏能够长生不死的具有神秘实践性的道教，所以他亲近以李含光为代表的茅山宗道士。④ 在这个领域，值得一提的还有金秀雄《中国神仙诗研究》，该书围绕屈原、曹植、嵇康、郭璞、谢灵运、鲍照、谢朓、萧衍、沈约、张正见、王绩、卢照邻、王勃的创作梳理神仙诗从屈原到初唐的发展轨迹，并重点从山岳、鸟类意象探讨了李白的神仙诗。⑤

关于李商隐，深泽一幸等人的研究颇有参考价值。深泽一幸认为，晚唐五代保持了本来原型的真本《真诰》被隐藏起来，似乎不大为众人所见，取而代之的是经过修改的故事以《真诰》之名流传于世，而这影响到诗人对《真诰》的体悟。他指出，韦应物、白居易、李贺乃至顾况、曹唐、秦系这样与道教关系密切的诗人在咏叹、引用真诰事典时有隔膜之感，而李商隐理解的《真诰》世界有茅君和许掾两个中心，其相关诗作尤其是《戊辰会静中出贻同志二十韵》对《真诰》的理解广博而深入，不仅有贴近原本的鲜活生动之感，而且就像是从他心中已经形成的形象里自然而然地流露出来，

---

① 土屋昌明. 唐代の詩人と道教——李白を中心に[J]. 筑波中国文化論叢，2003(23)：27-53.

② 土屋昌明. 李白之创作与道士及上清经[J]. 四川大学学报，2006(5).

③ 土屋昌明. 李白与司马承祯之洞天思想[J]. 载陈伟强主编. 道教修炼与科仪的文学体验，南京：凤凰出版社，2018.

④ 砂山稔. 李白と唐代の道教[J]. 赤壁の碧城——唐宋の文人と道教，东京：汲古书院，2016.

⑤ 金秀雄. 中國神仙詩の研究[J]. 东京：汲古书院，2008.

这与李商隐道观修炼并阅读到原本《真诰》密切相关。① 他还考释李商隐为从叔李褒代书之公文以及李商隐写给李褒的书信，发现两人之间以茅山道教为媒介的交流极为深入，从而认定李商隐之向道与李褒的引导密切相关。② 此外，加固理一郎还从道教存思修炼的角度观照李商隐的诗歌。③

关于吴筠其人其作，日本和荷兰学者均有重要贡献。神塚淑子和麦谷邦夫对其生平事迹和思想作了考辨。④ 麦谷邦夫广搜文献尤其是从道经、文集、地方碑刻等资料中搜罗出《宗玄先生全集》未收诗文近 20 种，采用年谱式的手法考证吴筠的道教师承、嵩山活动、长安期间与玄宗对答的道教义理思想。在此基础上，麦谷邦夫又撰成《吴筠的生平、思想与文学》一文。⑤ 在该文中，作者主要以被视为吴筠最早期作品的诗、其在长安担任翰林供奉时期及在庐山躲避兵乱时期所作的诗以及步虚词作为考察对象，指出其步虚词刻意驱除了陆修静步虚词中的佛教影响，并多次流露出自身的想法和意识。麦约翰批评体现儒家价值观的正统史学文献对道士生平的记载不仅简陋而且漏洞百出，转而希望借助诗歌、轶事和方志材料来复原道士的生平。他通过两首联句(尤其是《中元日鲍端公宅遇吴天师联句》)及其关联的历史语境的深入分析，"看到了吴筠作为道士、医者以及地位尊崇的社会人物的一面。作为颜真卿、严维、鲍防等名人高官的座上宾和文友，他与江南的豪门望族例如谢家建立

① ［日］深泽一幸. 李商隐与《真诰》[J]. 载深泽一幸. 诗海捞月——唐代宗教文学论集[C]. 王兰、蒋寅译. 北京：中华书局 2014 年版。

② 深澤一幸. 李商隠を茅山に導きし者—従叔李褒[J]. 载麥谷邦夫編. 三教交渉論叢[C]. 東京：京都大学人文科学研究所，2005：587-621. ［日］深泽一幸. 引导李商隐到茅山的人物——从叔李褒[J]. 载深泽一幸. 诗海捞月——唐代宗教文学论集[C]. 王兰、蒋寅译. 北京：中华书局，2014.

③ 加固理一郎. 李商隠の詩歌と道教—存思内観を描いた詩[J]. 文京大学国文，2013(42)：1-10.

④ 神塚淑子. 吴筠の生涯と思想[J]. 东方宗教，(54)；麥谷邦夫. 吴筠事跡考[J]. 東洋学報，2010(85)：243-270.

⑤ 麦谷邦夫. 吴筠的生平、思想与文学[J]. 载陈伟强主编. 道教修炼与科仪的文学体验[M]. 南京：凤凰出版社，2018.

了友好的宗教关系，并让他们的家庭成员例如王氏终身信道。"这表明大历期间是吴筠声望最高的时期，吴筠不仅仅像传统认为的那样只是一个好隐居、好诗歌的道士。① 此外，麦约翰翻译了吴筠的《览古诗》，对其隐逸思想进行了解读，认为其"反映归隐的文章和这系列特殊的《览古》诗主要表达了他对两方面的关注：对于仕宦和本国政治文化的态度，以及在生理与精神上更高水准的追求。"这表明，全身远害、入世不如隐逸正是吴筠的情操和志趣所在。②

关于道教步虚词，施舟人③、薛爱华、④ 深泽一幸⑤、柏夷⑥等域外学者投注了巨大热情。施舟人认为步虚至少在东晋后期已经被熟知和践行，并对灵宝步虚之内容和实践作了辨析，提醒人们关注唱诵、存思、舞蹈等步虚要素。柏夷在史料记载的基础上重构再现斋坛步虚仪式场景，对"步虚章"的起源和影响进行了探究。他指出，灵宝经步虚章是一种道教科仪颂歌，这种颂歌既是宗教表达，也是文学作品，其源头可以上溯至四世纪末。他从上清经、灵宝经中寻找步虚文献，紧扣巡游虚空描述步虚过程、科仪斋官、飞升目的地玉京山的特点以及佛道对于步虚科仪的交叉影响，指出步

---

① Jan A. M. de Meyer. *Linked Verse and Linked Faith：An Inquiry into the social circle of an eminent Tang Dynasty Taoist Master in Linked faiths：essays on Chinese religions and traditional culture in honor of Kristofer Schipper*［M］. edited by Jan A. M, De Meyer and Peter M. Engelfriet. Leiden：Brill, 2000：148-183.

② Jan A. M. de Meyer. A Daoist Master's Justification of Reclusion：Wuyun's Poems on 'Investigating the Past'［M］. *San Jiao Wen xian*, 1998(2)：11-40.

③ Schipper Kristofer. *A Study of Buxu：Taoist Liturgical Hymn and Dance*, ［M］. in *Studies of Taoist Rituals and Music of Today*, Pen-yeh Tsao and Daniel O. L. Law eds. Hong Kong：The Chinese Music Archive, Music Department, CUHK, and Society of Ethnomusiciological Research in Hong Kong, 1989：110-20.

④ Schafer, Edward H. Wu Yun's Cantos on "Pacing the Void"［J］. *Harvard Journal of Asiatic Studies*, 1981(41)：377-415.

⑤ 深澤一幸. 步虚詞考［J］. 吉川忠夫編. 中国古道教史研究［C］. 日本同朋舍出版, 1992：363-416.

⑥ 柏夷著，罗争鸣译. 灵宝经"步虚章"研究［J］. 古典文献研究, 2018(21).

虚章是以主持科仪的法师为视角展开叙事，其主题包括描述斋仪陈设、飞升、逍遥玄都、与道合一四个连续性主题，具有五言、长短不一的十节、十个不同的韵部、以飞行星空为主要内容、用叙述性诗句描述飞升过程等五个特征。他认为，后世乐府诗中的步虚词无论风格还是题材均被调适以适应世俗诗歌的迫切要求：庾信步虚词直接延续步虚章，但诗句有标准化倾向、放弃了天国、强调炼养以确保占有仙界之位，这些特点标志着步虚词的世俗化；唐代吴筠能够把步虚作品中的仙真角色送入真正的步虚之旅，但已经高度个人化了。除了吴筠外，唐代其余步虚词作者的书写在各自诗作的首数、每首句数、每句长短、是否合律等方面已经和道教步虚词大异其趣，作者本人在步虚仪式中的参与视角已经发生了重大转变，即从法师本人作为密切的参与者到作为旁观者的转变，所有这一切均表明，唐代乐府诗题下的步虚词仅仅是游仙诗下的一个次类，其早期步虚章的文体特征已经荡然无存。除了前文提及的专著外，薛爱华对吴筠的十首步虚词作了翻译和释读，在分析其语言和意象的基础上确认吴筠作品的独特性，即其步虚词与道场和宇宙炼丹过程关联不那么密切，它更个人化、更让人神迷。此文的贡献在于对词语的准确释读和翻译。如果说施舟人关注仪式本身、薛爱华关注词语本身，那么深泽一幸则更关注文学本身，他的《步虚词考》一文对道教文学史上的步虚词作了深入的分析。如他认为，陆修静《步虚词》的内容特征与押韵特征与《真诰》收录的众真诰授之诗密切相关，两者有着共同的古老来源。

透过对唐代诗歌的深入考察，域外学者们发现道教对唐代社会和唐代文学的渗透无所不在。薛爱华弟子柯素芝叙述了唐朝铜镜的道教意象与主题的多样性，并将理想的道教实践者与文人的精英理想联系起来，认为我们以宋代儒家的理念来观照唐朝是对唐朝的误解。①柯睿也试图透过唐诗去了解唐代道士司马承祯，他

---

① Suzzane Cahill. *The Moon Stopping in the Void*：*Daoism and the Literati Ideal in Mirrors of the Tang Dynasty* （618-907）［J］. Bulletin of the Cleveland Museum of Art, Claudia Brown, ed. , special volume on First International Conference on Chinese Mirrors, 2007.

对唐玄宗以及一大批诗人咏叹司马承祯的诗作——加以分析，揭示
这个道士和唐代宫廷和诗坛的密切关系。① 陈伟强探讨了误入桃源
故事在唐代诗词中的意蕴，认为该故事在唐代出现新的理解，一是
如刘禹锡的政治讽刺诗那样借助这一典故表达政治寄托，一是成为
士子风流生活的喻象，故事中的女子被仙化，成为女冠和风月女子
的喻体，催生了众多诗词名篇。② 日本学术界较早高举"茅山派（上
清派）"的术语来解读唐代诗歌的是森濑寿三。③ 深泽一幸通过考释
杜甫《望岳》（泰山、华山、衡山）诗、三大礼赋和《前殿中侍御史柳
公紫薇仙阁画太一天尊图文》等作品的用词蕴涵来说明杜甫对道教
世界的兴趣，认为杜甫对道教体系的理解非常深刻、非常独特，凌
驾于同时代诗人之上。④ 而砂山稔《赤壁の碧城——唐宋の文人と
道教》一书对王维、杜甫、沈全期、宋之问、李白、柳宗元、韩
愈、李商隐与道教关系的揭示有力地表明道教对唐代诗歌的影响无
所不在。⑤

　　与上述关注道教实践与唐诗创作的研究路径不同，海外唐诗研
究权威宇文所安的兴趣点则在于道教给唐代诗歌创作所给予的灵
感。他在《晚唐——九世纪中叶的中国诗歌》之第九章《道教：曹唐
的例子》中指出，尽管薛爱华揭示了曹唐诗歌对道教意象的运用，
但他自己则认为"也许理解曹唐与其道教诗的关系的最好方式，是
撇开信仰的问题，将他的道教看成既是一种话语，也是一种专门的
学问。"在他看来，曹唐的"小游仙诗描绘神仙世界，展示了丰富的

　　①　Kroll, Paul. Ssu-ma Cheng-chen in T'ang Verse[J]. *Society for the Study of Chinese Religions Bulletin*, 1978(6)：16-30.

　　②　Tim Chan. A Tale of Two Worlds：The Late Tang Poetic Presentation of The Romance of the Peach Blossom Font[J]. *T'oung Pao*, 2008(94)：209-245.

　　③　森濑寿三. 李賀詩の道教的側面[J]. 日本中国学会报，日本：关西大学出版社，1998.

　　④　[日]深泽一幸. 杜甫与道教[J]. 载深泽一幸. 诗海捞月——唐代宗教文学论集[C]. 王兰、蒋寅译. 北京：中华书局，2014.

　　⑤　[日]砂山稔. 赤壁の碧城——唐宋の文人と道教[M]. 东京：汲古书院，2016.

技术性知识；大游仙诗涉及神仙，但是这些故事大多已传入普通文化之中。"①他认为，"李白并不关心道教的宇宙观，也不醉心炼养服食的道家仙术。他只是利用仙人道术等概念来进行玄想和释放灵感"。② 这和柯睿的观点迥然相反。这让柏夷开始思考该如何解读唐诗中的道教意象，其《道教思想与文学：从"碧落"一词说开去》一文，通过对灵宝经词汇"碧落"一词原意的解读及其在唐诗中的借用提出了自己的看法："若作者诗中某道教词汇被认定为概念借用或复合借用，则可推断作者已通过某种渠道对道教有所了解，但我们不能据此认定作者是'道教徒'（姑且不论'道教徒'在中古时期的含义）。反言之，若作者诗中的道教借用词只属于形式借用或只为增添文采，就不能断定作者对道教一无所知。"③

宋元明清一直到近现代的道教诗歌研究相对沉寂，但不乏力作。砂山稔《赤壁の碧城——唐宋の文人と道教》一书是这方面的力作。该书分为上下两部，分论唐宋文人、文学与道教的关系，下部涉及欧阳修、曾巩、王安石、苏洵、苏轼、苏辙、苏过、苏符、苏籍等著名作家。④ 法国内丹学者胡法心试图透过苏轼的养生修炼来观察宋代文人圈中的道教信仰。她认为，以苏轼为代表的宋代士大夫有着丰富的道教修炼实践并得到了详实记录，这些记录可以帮助我们考察他们对于道教的态度。就苏轼来说，他有儒道释的素养和实践，熟悉养生诀、胎息法、养生说、龙虎铅汞说等养生技术和理论，对金丹尤其是朱砂的功效也深信不疑。他对道教有强烈的求知欲与好奇心，经常慷慨分享自己炼丹及养生的心得，但没有足够

---

① ［美］宇文所安．晚唐——九世纪中叶的中国诗歌（827—860）［M］．贾晋华、钱彦译．上海：三联书店，2011：312、316.

② Stephen Owen. The Great Age of Chinese Poetry：The High T'ang［M］. New Haven：Yale University Press，1981：140.

③ Stephen Bokenkamp. Taoism and Literature：the "Pi-lo" Question［J］. Taoist Resources，1991（3）：57-72.

④ ［日］砂山稔．赤壁の碧城——唐宋の文人と道教［M］．东京：汲古书院，2016.

的恒心，金丹炼好后亦不敢服用。① 蜂屋邦夫利用王重阳和全真七子诗词别集研究全真宗师的生涯和教说，试图尽可能地接近他们的宗教精神本身。作者指出，由于这些诗词充满了内丹学的隐语和比喻，所以需要研究者尽可能努力地去理解隐藏在文意背后的秘而不宣的修行方法和他们自己的心情。② 高万桑分析了全真教留下的十五首"五更"组诗，认为这些诗歌记录了全真道士在众多冥思之夜为长生不老所付出的努力，试图引导读者"认识到抒情诗的传统，并自我追问苦行实践与诗歌体裁之间的关系。"在他看来，五更诗记录了全真道士夜晚战睡魔苦修的主题和方法，但这类诗歌的持续创造并不构成一个体系，只是为全真道士将独一无二、无法言说的因素融入到集体经验中提供了一种方法。③ 大木康梳理了明清戏曲、小说、诗歌中的道教、神仙思想，在综述相关研究成果的基础上指出明清时代的道教文学作品其直接的宗教性意识薄弱但道教、神仙思想渗透到各个文学领域；他还分别以皇帝、士大夫、民众为对象，考察道教、神仙思想在社会上的传播，并思考其对文学的影响，发现道教影响下的高雅生活理念和庭园思想在明清社会和文学中颇为风行。④

关于明代道教与文坛的互动，王岗和王安作出了重要贡献。很久以前，柳存仁教授曾强调，明代是中国道教发展的高峰，道教对社会的渗透前所未有，道教炼养是当时士大夫的公共知识。最近的

---

① Baldrian-Hussein Farceen. Alchemy and Self-Cultivation in Literary Circles of the Northern Song Dynasty：Su Shi(1037-1101) and his Techniques of Survival Cahier [J]. d' Extreme-Asie, 1997(9)：15-53.

② [日]蜂屋邦夫. 金代道教研究——王重阳与马丹阳[M]. 钦伟刚译. 北京：中国社会科学出版社，2007；蜂屋邦夫. 金元时代的道教——七真[J]. 金铁成等译. 济南：齐鲁书社，2014.

③ Goossaert Vincent. Poèmes taoïstes des cinq veilles[J]. Etudes Chinoises xix, 2000(1)：249-270.

④ [日]大木康. 明清文学における道教・神仙思想に関する覚え書き[J]. 筑波中国文化論叢，2003(23)：55-85.

研究证明了他的看法。王安主要研究昙阳子信仰与王世贞文学集团之间的宗教互动。① 如他以王世贞所撰《昙阳大师传》为核心材料，分析昙阳子存思修炼以致羽化成仙的过程和昙阳子崇拜得以形成的原因。从这个个案研究可以看出，晚明的神仙崇拜是一个儒道释杂糅、精英文化与民间文化互动密切的宗教行为。② 王岗研究明代道教时发现，明代藩王的文学创作中，王府属官和方外与他们有密切交流，以道教为主题的书写格外耀眼，且在数量上要比其他文人高。许多藩王组织文社，讨论诗歌创作，撰写游仙诗和步虚词，出版道家圣地作品集；许多藩王沉迷丹道，频繁参与道教实践，甚至以道士自居，编撰、刊刻了大量道书。他们创作、刊刻道教典籍的主要目标和读者是皇帝和其他亲属，包括他们的后代和其他藩王。有时出于道教信仰，他们会将这些典籍送给道观。③ 他还指出，他们修炼内丹时喜欢从事内丹著作的编撰和刊刻，不少藩王喜欢采用诗赋的方式吟咏内丹。④ 王岗的上述研究是建立在他多年访求明代藩王著述的基础之上，扎实而厚重。他还指出，全真教能在上清派基地茅山建立乾元观开创法脉和王世贞集团的文学支援密切相关：以王世贞为核心的江南文学集团的 40 多位文人为茅山撰写了 80 多篇诗文碑记，这些作品作为象征性资本对乾元观的发展至关重要。⑤

　　刘迅则对清代和民国时期的道教诗歌作了深入探讨。他通过对晚清江南官僚、诗人陈文述诗歌、序跋、回忆文章等材料尤其是

---

① Ann Waltner. *The World of a Late Ming Mystic*：*T'an Yang-Tzu and her Followers*[J]. Berkeley：University of Califounia Press，2000.

② Ann Waltner. Tan-yang-tzu and wang shih-chen：visionary and bureaucrat in the late Ming[J]. *late imperial china*，1987(1)：105-133.

③ Wang Richard G. *The Ming prince and Daoism*：*institutional patronage of an elite*[J]. Oxford University Press，2012.

④ 王岗. 明代藩王与内丹修炼[J]. 秦国帅译. 全真道研究，2016(5).

⑤ 王岗. 明代江南士绅精英与茅山全真道的兴起[J]. 载刘大彬编、江永年增补、王岗点校《茅山志》，上海古籍出版社，2016.

《西泠仙詠》的梳理探讨了晚清士人的道教信仰和宗教实践。① 他指出，修仙的愿望推进了陈文述与梁溪画家女道士王清微、杭州金盖山道士闵一得等人的交往，也促使他研习道经进行内丹修炼，并与妾室管筠一道沉迷扶鸾。他还指出，陈文述领导了一个由诗人、艺术家组成的以女性为主体的社交圈，其中包括陈文述的七大道教女弟子，陈文述对道教的体认深深影响了这个团体。他还以《自然好学斋诗钞》为分析文本，探讨晚清江南女诗人汪端的道教追求和文学创作。他指出，汪端婚后活跃于其家族内部的文学交游网络中，并经常参与经典背诵、治疗仪式、冥想和扶乩等宗教活动，诗人高启被地方神殿尤其是江南地区的精英阶层的乩坛团体奉为天神和汪端的个人崇拜及其信仰活动直接有关。他还指出，汪端创作的诗歌记录、反映了她的宗教经验与宗教追求，这些经验和追求被她参与的社会文学圈的其他精英女性分享，这些诗歌因此成了建立和维持文学宗教团体或友谊的一种重要方式。② 他还对发表在 20 世纪三、四十年代专为追求内丹修炼而创办的《扬善半月刊》和《仙道月报》上的五首丹道旅行诗进行了分析，试图透过诗歌分析彰显这一时期丹道修炼的历史面貌和新的发展轨迹。他认为这些旅行诗透露了四方面的信息：旅行依然是二十世纪早期与内丹修炼关系密切、且不可缺少的组成部分，旅行诗反映了内丹修炼及其相关旅行的社会和个人生活，修炼者开创性地号召用团结的力量来满足"法、侣、财、地"四个修炼根本条件，旅行可以作为修行的隐喻和一种知识论范式用来思考整个内丹修炼过程。③

王燕宁曾参加过祁泰履和柏夷教授主持的"道教文献与历史"暑期学者班，对清代道教诗歌颇为关注。如她曾就清代女作家的道教书写发表过两篇长文。一篇论文对骆绮兰、顾太清、凌祉媛和高

① Xun Liu. An Intoning Immortal at the West Lake: Chen Wenshu and His Daoist Pursuits in Late Qing Jiangnan[J]. *Cahiers d'Extrême-Asie*, 2016(25): 77-111.

② Xun Liu. Of Poems, Gods, and Spirit-Writing Altars: The Daoist Beliefs and Practice of Wang Duan (1793-1839)[J]. *Late Imperial China*, 2015, 36(2): 23-81.

③ Xun Liu. In Search of Immortality: A study of travels in early 20th century neidan poems[J]. *Taoist Resources*, 1997(1).

凤阁四位女诗人撰写的以《女游仙》为题的诗歌进行了深入研究①，另一篇论文对女作家钱希的写作和扶乩信仰作了分析②。透过前者的分析，她指出：女游仙诗很可能是在女性文学空前繁荣的明清时期由清代女诗人首创。这类诗歌的崛起体现了女作家在男性传统中艰难探寻她们自己声音的历程以及日益高涨的女性意识。女诗人们通过重塑仙界来突破人间内外有别的性别空间的桎梏，而她们的文学创作则在中国文学史上赢得了一席之地。透过后者的分析，她指出：扶乩在建构钱希文学想象和提升钱希创作产量方面扮演着意义非凡的角色；在满足其情感需要、突显其才女的身份、展示其独特存在价值方面，钱希利用扶乩刺激文学创作的书写策略非常重要。清代的厉鹗曾写过多达 300 首的游仙诗，王燕宁撰文分析了厉氏游仙诗中关于梦的典故。③她指出，厉鹗游仙诗中的梦幻典故是一种修辞策略，其中隐含着厉鹗对于自身身份的多重思考。厉鹗透过游仙诗展示了他的复杂思想，他时而遵循儒家传统寻求政治荣誉，时而选择其他传统尤其是道教文化以追求个人的不朽，时而远离政治而寻求个人的浪漫情感，用多种手法塑造一个在人间和天上皆被认可的才子形象。

四、小结

域外中国道教文学研究表明，中国道教文学渊源于先秦两汉宗教祭祀和宗教仪式，深深地扎根于中国的现实土壤中，有着自身的

---

① Wang, Yanning. "*Roaming as a Female Transcendent.*" In Wang. *Reverie and Reality: Poetry on Travel by Late Imperial Chinese Women*[M]. Lanham: *Lexington Books*, 2014: 31-65.

② Wang, Yanning. "*Gendering the Planchette: Female Writer Qian Xi's* (1872-1930) *Spiritual World.*" [J]. *Journal of Chinese Literature and Culture*, 2017(4): 160-179.

③ Wang, Yanning. "*The Dream of the 'Talented Man': Dream Allusions in Qing Poet Li E's* (1692-1752) *Youxian Poetry.*" [J]. *Extrême-Orient, Extrême-Occident*, 2018(42): 129-152.

精神传统和文学传统。域外汉学家们逐渐发现，对这一精神传统和文学传统的研究不能完全套用西方理论，而是需要凸显中国宗教文学自身的属性，建构中国自己的宗教理论和宗教文学理论。域外中国道教文学研究表明，宗教经典研究的语文学传统和宗教社会学、人类学分析对于中国宗教文学现象和宗教文学文本研究的突破居功厥伟，这意味着中国道教文学研究绝不能仅仅采用纯文学视野或单一学科视野，而应该聚焦文本释读和宗教实践，进行跨学科研究。域外中国道教文学研究还表明，道教文学研究在短暂的时间内取得突破性进展后很快就进入文学史书写领域，这对中国大陆的文学史书写无疑具有重要的启示意义。不过，我们也必须看到，域外汉学家在文献释读方面或多或少都存在着误读，在理论建构层面亦存在对文献求之过深或理论表达过于晦涩的问题，中西文化对话中的西方模式还有待于转变。

近十年国外认知神经语言学研究的
主题演化和前沿热点分析*

王宇波　谢　芳**

摘　要：对 WoS 数据库中的 2092 篇认知神经语言学文章进行文献计量分析后发现，研究主题社区可分为神经科学与认知、功能磁共振与失语症、认知神经科学与语言习得、言语演化与计算神经科学、神经语言学与语言理解、语言知识与大脑机制、语用学与推理七个领域。密度可视化图显示，研究主要集中在认知科学、语言、fMRI、失语症、大脑、记忆等。近年来的研究主题多有分化，体现了此领域的跨学科交叉性。

关键词：主题关联网络；可视化；文献计量；VOSviewer；Gephi

1　引言

认知神经语言学"是一门以有限的大脑神经科学的研究成果为框架，通过分析语言现象来构建理论模型，研究探讨语言和大脑的

＊ 本文为武汉大学自主科研项目(人文社会科学)"近十年国外认知神经语言学研究的主题演化和前沿热点分析(批准号：2020HW009)"的研究成果，得到"中央高校基本科研业务费专项资金"资助。

＊＊ 王宇波，男，武汉大学文学院副教授；谢芳，女，瑞士苏黎世大学语言学系博士生。

关系的学科"（常欣 2009），作为语言研究的分支学科，主要致力于从脑科学、心理科学、认知科学与神经科学的研究视角，研究人类语言的本体性特征和内在机制，揭示语言作为人的一种心智现象的奥秘。

随着脑科学和认知神经科学技术的进步和研究方法的创新，近 10 年来，认知神经语言学取得了新的进展，不仅使语言学相关研究领域得到深入发展，也与神经科学、心理学、人类学、人工智能等认知科学相关学科进行了多层次、多维度、多领域、动态的交叉融合。认知神经语言学作为一种以语言认知为研究方向的新的语言分支科学，本身就是跨学科研究的产物，它不仅将语言学与脑神经科学联系起来，而且将语言学与计算科学和人工智能研究联系起来，其理论和模型具有相当的发展前景和应用价值。由于该领域的科研成果主要散见于各类期刊文章中，最新的研究专著较少，因此本文的研究对象为主要为期刊论文的研究成果。

2 认知神经语言学的研究主题提取与可视化

领域主题划分及演化体现了某一领域的发展态势和未来走向，是研究学科发展规律的重要方法。本文基于信息计量学、复杂网络科学及可视化手段进行认知神经语言学领域研究内容的主题挖掘与可视化展示。

2.1 数据获取

本文以国际主流的科研数据库 WoS 为检索对象，包括"SCI-EXPANDED, SSCI, A&HCI, CPCI-S, CPCI-SSH, BKCI-S, BKCI-SSH, ESCI, CCR-EXPANDED, IC."检索方式是 TOPIC：（neuroscience）AND TOPIC：（language）OR TOPIC：（neurolinguistics），即以"神经科学"和"语言学"或"神经语言学"为检索词在主题字段进行检索，时间为 2011 年至 2021 年，获取认知神经语言学研究的核心期刊论文文献的题录数据，以此样本作为后续的分析基础。

共获取文献 2092 篇，主要集中于美国、英国、中国、澳大利亚、加拿大、西班牙、德国、意大利和荷兰等国。从涉及学科上看，分布较为广泛，反映出认知神经语言学为多学科交叉性研究领域。

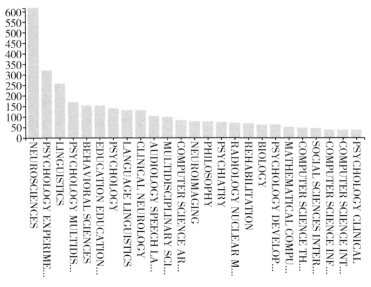

图 1　认知神经语言学领域涉及学科分布柱形图（bar graph）

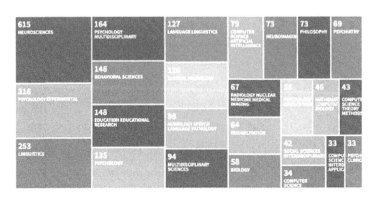

图 2　认知神经语言学领域涉及学科分布树图（treemap）

从上图可以看出，近十年认知神经科学主要集中于如下学科领域：神经科学，实验心理学，语言学，多学科心理学，行为科学，教育教育研究，心理学，语言和语言学，临床神经病学，听力学，言语语言病理学，多学科科学（neurosciences，psychology experimental，linguistics，psychology multidisciplinary，behavioral sciences，education educational research，psychology，language linguistics，clinical neurology，audiology speech language pathology，multidiscplinary sciences）等，其中神经科学、实验心理学和语言学三个学科的文献最多。

对以上文献的引用情况进行分析后发现，近十年文献的每年的引用率增长很快，将图3，总引用次数为31965，平均引用率很高，约为15%，H指数为82，见表1。

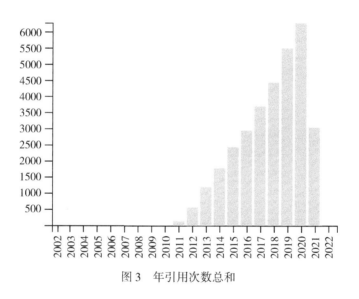

图3　年引用次数总和

表1　　　　　　　　　　　有所论文的引用数据

Results found	2092
Sum of the Times Cited	31965
Average Citations per Item	15.28
h-index	82

这些文献中，引用最高的前十篇文章涉及多个研究领域，包括

阅读障碍、语义学的神经科学研究、情绪知觉、名词和动词的神经语言研究综述、脑功能和神经网络、颅内脑电图、自闭症、共情等方面。表二为近十年文献中引用最高的十篇文章的引用情况。

表2 被引前十篇论文

Title	Authors	Source Title	Publication Year	Total Citations
A temporal sampling framework for developmental dyslexia	Goswami, Usha	TRENDS IN COGNITIVE SCIENCES	2011	404
Coming of age: A review of embodiment and the neuroscience of semantics	Meteyard, Lotte; Rodriguez Cuadrado, Sara; Bahrami, Bahador; Vigliocco, Gabriella	CORTEX	2012	351
Context in Emotion Perception	Barrett, Lisa Feldman; Mesquita, Batja; Gendron, Maria	CURRENT DIRECTIONS IN PSYCHOLOGICAL SCIENCE	2011	340
Nouns and verbs in the brain: A review of behavioural, electrophysiological, neuropsychological and imaging studies	Vigliocco, Gabriella; Vinson, David P.; Druks, Judit; Barber, Horacio; Cappa, Stefano F.	NEUROSCIENCE AND BIOBEHAVIORAL REVIEWS	2011	276
Mapping distributed brain function and networks with diffuse optical tomography	Eggebrecht, Adam T.; Ferradal, Silvina L.; Robichaux-Viehoever, Amy; Hassanpour, Mahlega S.; Dehghani, Hamid; Snyder, Abraham Z.; Hershey, Tamara; Culver, Joseph P.	NATURE PHOTONICS	2014	256

Title	Authors	Source Title	Publication Year	Total Citations
High-frequency neural activity and human cognition：Past，present and possible future of intracranial EEG research	Lachaux，Jean-Philippe；Axmacher，Nikolai；Mormann，Florian；Halgren，Eric；Crone，Nathan E.	PROGRESS IN NEUROBIOLOGY	2012	225
GABA system dysfunction in autism and related disorders：From synapse to symptoms	Coghlan，Suzanne；Horder，Jamie；Inkster，Becky；Mendez，M. Andreina；Murphy，Declan G. ；Nutt，David J.	NEUROSCIENCE AND BIOBEHAVIORAL REVIEWS	2012	217
Putting together phylogenetic and ontogenetic perspectives on empathy	Decety，Jean；Svetlova，Margarita	DEVELOPMENTAL COGNITIVE NEUROSCIENCE	2012	210
Speech production as state feedback control	Houde，John F. ；Nagarajan，Srikantan S.	FRONTIERS IN HUMAN NEUROSCIENCE	2011	204
Auditory processing in autism spectrum disorder：A review	O'Connor，K.	NEUROSCIENCE AND BIOBEHAVIORAL REVIEWS	2012	197

2.2 分析方法与工具

本文采用共现理论，首先在提取关键词的基础上，计算关键词共现数据，构建关键词共现网络，从而实现从关键词到研究主题识别的过程。

2.2.1 共词分析

共词分析是共现分析的一种具体应用，是将各种信息载体中的共现信息定量化的分析方法，以揭示信息的内容关联和特征项所隐含的寓意。在计算机技术的辅助下，共现分析以其方法的简明性和分析结果的可靠性，成为信息内容分析研究过程的重要手段和工具。

共词分析法利用文献集中词汇对或名词短语共同出现的情况，来确定该文献集所代表学科中各主题之间的关系。一般认为词汇对在同一篇文献中出现的次数越多，则代表这两个主题的关系越紧密。由此，统计一组文献的主题词两两之间在同一篇文献出现的频率，便可形成一个由这些词对关联所组成的共词网络，网络内节点之间的远近便可以反映主题内容的亲疏关系。共词分析就是以此为原理，将文献主题词作为分析对象，利用包容系数、聚类分析等多种统计分析方法，把众多分析对象之间错综复杂的共词网状关系简化为以数值、图形直观地表示出来的过程。

2.2.2 分析过程与工具

本文按照共词分析的一般步骤，协同运用复杂网络科学和信息可视化的手段与工具。

首先，对研究文献进行关键词提取。本文将关键词作为分析对象，利用文献中作者自行添加的关键词，或通过题目、摘要等文献主要内容的分词分析提取关键词，以此代表每篇文献在认知神经语言学研究上的主题分布。其次，将关键词及其共现关系进行格式化处理。本文采用 VOSviewer，Gephi 等信息计量和可视化分析工具。从 Web of Science(WoS) 上筛选并下载的文献导入 VOSviewer，进行关键词提取与共现关系分析。因大量关键词存在不规范现象，如缩写、词性变化等问题，在筛选的基础上进行合并。实现共现网络数据的计算和主题社区划分，识别认知神经语言学研究领域的核心与边缘主题、研究主题共同体及发展趋势等；进而将主题社区划分后的共现网络实现可视化展示，完成主题演化趋势的可视化。此外，通过把网络文件导入 Gephi 计算网络的各项指标．

2.3　认知神经语言学研究主题提取

本文在提取认知神经语言学研究领域关键词及其共现关系的基础上，构建共词网络，从而得到主题间的语义关联关系；通过社区划分等可揭示当前认知神经语言学的总体发展趋势和研究主题在整个领域中的地位。社区划分从主题关联网络特征的角度进行主题类别的划分，每个主题社区可视为一个子研究方向，通过其网络指标的对比分析，则可揭示其发展态势。

2.3.1　认知神经语言学研究主题分布

本文共提取"认知神经语言学"研究领域的主题词8867个，其中出现频次大于等于10的关键词为324个。频次超过40的关键词有54个，共出现了4832次，占总频次的30%左右，根据二八法则的原理和信息计量学中的齐普夫定律，可称之为认知神经语言学研究的主要主题或主要集中方向。具体如表3所示，当前认知神经语言学研究主要集中于神经科学、大脑、认知神经科学、功能磁共振成像、感知、儿童、认知、神经语言学、记忆能力、理解、皮质、识别、注意、前额叶皮层、进化、失语症、情感、神经基础、机制、语言理解、语法、句子理解、脑电图、事件相关电位、语义等主题。

表3　　　　　　　认知神经语言学研究领域的主要主题词

序号	关键词	频次
1	language	616
2	neuroscience	394
3	brain	299
4	cognitive neuroscience	182
5	fmri	161
6	perception	147

序号	关键词	频次
7	speech	138
8	children	119
9	memory	109
10	cognition	108
11	neurolinguistics	107
12	working-memory	105
13	comprehension	101
14	cortex	87
15	activation	84
16	recognition	82
17	attention	77
18	prefrontal cortex	77
19	representation	75
20	evolution	72
21	aphasia	70
22	emotion	67
23	model	66
24	information	61
25	neural basis	60
26	organization	59
27	acquisition	58
28	representations	57
29	functional connectivity	56
30	human brain	56
31	mechanisms	54
32	language comprehension	53
33	syntax	53
34	knowledge	51

续表

序号	关键词	频次
35	sentence comprehension	51
36	mind	50
37	eeg	49
38	communication	48
39	embodied cognition	48
40	networks	48
41	connectivity	47
42	individual-differences	47
43	event-related potentials	46
44	music	46
45	plasticity	46
46	semantics	46
47	systems	46
48	brocas area	45
49	metaanalysis	43
50	words	43
51	performance	41
52	responses	41
53	behavior	40
54	social cognition	40

进一步分析发现，关键词的词频分布服幂律分布（如图 4 所示），表明认知神经语言学的研究结构为一无尺度网络结构，即少数的研究主题受到大多数研究者的关注，而大多数研究主题被关注较少且比较分散；同时也说明了当前认知神经语言学研究的在某些主题上非常集中，但总体上看又非常分散。

2.3.2 认知神经语言学主题关联网络

主题关联网络的分析有助于揭示认知神经语言学研究的总体态势。研究主题的网络指标计算，能够发现研究主题在认知神经语言

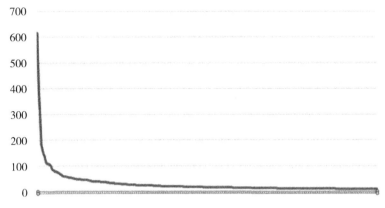

图 4　主题词频次的幂律分布

学研究领域中的地位和作用，展示了认知神经语言学研究领域的主题关联网络，很明显地被划分为 7 个子方向，且每个方向因包含的主题及关联关系不同而具有明显的主题特征。具体分析如下。

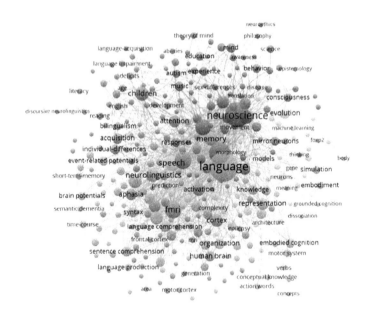

图 5　认知神经语言学主题关联网络

整体网络分析。如表 4 所示, 阈值在 10 以上的关键词为 324 个, 共有 12690 条边, 平均中心度、中心势(度数中心势和接近中心势)都处于较高的水平。"中心性"是关联网络研究的重点, 节点(如个人、组织等)在关联网络中具有什么样的权力, 或者说居于什么样的中心地位, 对于信息在整个网络中如何传播, 以及传播效果都有十分重要的意义。认知神经语言学领域主题网络较高的度数中心势表明了网络中主题之间的集中趋势较为明显。接近中心势表明网络整体上直接关联而非间接关联的程度, 本文中接近中心势较高说明认知神经语言学主题间的关联距离都较短, 不容易受到其他节点的影响或控制; 而中介中心势则意味着节点间关联需要中介节点的可能性大小, 表 4 可看出认知神经语言学领域主题间关联大多不需要中介节点。同时, 结合主题网络较高的聚集系数和密度, 则可初步推断认知神经语言学领域研究领域的主题集中性较强, 具有明显的主题类别倾向。

表 4　　认知神经语言学主题关联网络的整体性指标(原创)

网络指标	2011—2021 年
节点数	324
关联边数	12690
平均中心度	78.33
网络度数中心势	0.508
网络接近中心势	0.4180
网络中介中心势	0.0742
网络聚集系数	0.117
网络密度	0.243

2.4　研究社区划分与演化态势

根据主题间的关联关系, 认知神经语言学研究领域可划分为 7

个社区(或子研究主题或方向)(如表5)分别是社区1(神经科学与认知),红色区域;社区2(功能磁共振与失语症),绿色区域;社区3(认知神经科学与语言习得),深蓝色区域;社区4(言语演化与计算神经科学),黄色区域;社区5(神经语言学与语言理解),紫色区域;社区6(语言知识与大脑机制),浅蓝色;社区7(语用学与推理),橙色区域。

表5　　　　　　　认知神经语言学研究的主题社区

社区1	Action, affect, amygdala, autism, awareness, behavior, biological motion, brain, child development, cognition, communication, consciousness, culture, decision-making, depression, disease, disorders, emotion, emotions, empathy, environment, epistemology, experience, expertise, explanation, framework, future, gender, gender-differences, history, imitation, infants, learning, management, metaanalysis, mind, mirror neuron system, mirror neurons, model, movement, music, neural responses, neurobiology, neuroethics, neuroimaging, neuropsychology, neuroscience, neurosciences, orbitofrontal cortex, outcomes, pain, perception, perspective, phenomenology, philosophy, prevalence, psychology, recognition, responses, reward, risk, schizophrenia, science, self, sex-differences, social cognition, social interaction, strategies, stress, symptoms, synchronization, systems, theory of mind, thinking, translation 行动, 情感, 杏仁核, 自闭症, 意识, 行为, 生物运动, 大脑, 儿童发展, 认知, 沟通, 意识, 文化, 决策, 抑郁, 疾病, 障碍, 情绪, 情绪, 同理心, 环境, 认识论, 经验, 专业知识, 解释, 框架, 未来, 性别, 性别差异, 历史, 模仿, 婴儿, 学习, 管理, 元分析, 心智, 镜像神经元系统, 镜像神经元, 模型, 运动, 音乐, 神经反应, 神经生物学, 神经伦理学, 神经成像, 神经心理学, 神经科学, 神经科学, 眼窝前额皮质, 结果, 疼痛, 知觉, 视角, 现象学, 哲学, 流行, 心理学, 认知, 反应, 奖励, 风险, 精神分裂症, 科学, 自我, 性别差异, 社会认知, 社会互动, 策略, 压力, 症状, 同步, 系统, 心理理论, 思考, 翻译

社区2	Activation, anatomy, anterior cingulate cortex, aphasia, arcuate fasciculus, areas, brain activity, brain imaging, brain networks, brain plasticity, brain-stimulation, broca's area, cerebral-blood-flow, cerebral-cortex, Chinese, connectivity, connectome, cortex, default-mode network, electrophysiology, epilepsy, episodic memory, event-related fmri, facial expressions, fmri, fnirs, frontal-cortex, functional connectivity, functional magnetic resonance imaging, functional mri, functional neuroanatomy, human brain, in-vivo, individual differences, inferior frontal gyrus, language lateralization, language learning, localization, magnetoencephalography, medial temporal-lobe, mental rotation, motor cortex, mri, near-infrared spectroscopy, network, networks, neuroanatomy, neurology, neurore-habilitation, performance, plasticity, prefrontal cortex, primary motor cortex, recovery, rehabilitation, retrieval, stimulation, stroke, structural connectivity, superior temporal gyrus, supplementary motor area, temporal-lobe, temporal-lobe epilepsy, therapy, tractography, transcranial magnetic stimulation, verbal fluency, white-matter, word form area 激活, 解剖, 前扣带皮层, 失语症, 弓状束, 区域, 大脑活动, 脑成像, 脑网络, 大脑可塑性, 脑刺激, 布洛卡区, 脑血流, 大脑皮层, 中文, 连接, 连接体, 皮层, 默认模式网络, 电生理学, 癫痫, 情景记忆, 事件相关功能磁共振、面部表情、功能磁共振、fnirs、额叶皮质、功能连接、功能磁共振成像、功能磁共振、功能、神经解剖学、人脑、体内、个体差异、额下回、语言侧化、语言学习、定位、脑磁图、内侧颞叶、心理、旋转运动、皮层、核磁共振、近红外光谱、网络神经解剖学、神经学、神经康复、表现、可塑性、前额叶、初级、运动皮层、恢复、康复、提取、刺激、中风、结构连通性、颞上回、补充、运动区、颞叶、颞叶、癫痫, 治疗, 束造影, 经颅磁刺激, 语言流畅性, 白质, 单词形成区

续表

社区 3	2nd-language, abilities, acquisition, adolescents, adults, age, aging, attention, bilingualism, brain activation, childhood, children, cognitive control, cognitive neuroscience, deficits, development, development dyslexia, discrimination, discursive neurolinguistics, dyslexia, education, English, executive function, executive functions, grammar, impairment, individual-differences, instruction, intervention, language acquisition, language development, language impairment, language-acquisition, literacy, mismatch negativity mmm, number, patterns, phonological awareness, proficiency, reading, rhythm, sensitivity, skills, spoken language, task, technology, vocabulary, word recognition, writing, young-children 第二语言，能力，习得，青少年，成人，年龄，衰老，注意力，双语，大脑激活，儿童，儿童，认知控制，认知神经科学，缺陷，发育，发展性阅读障碍，辨别，话语性神经语言学，阅读障碍，教育，英语，执行功能，执行功能，语法，缺陷，个体差异，指导，干预，语言习得，语言发展，语言障碍，语言习得，读写能力，错配否定嗯，数字，模式，语音意识，熟练度，阅读，节奏，敏感性，技能，口语，任务，技术，词汇，单词识别，写作，年幼的孩子
社区 4	Ability, architecture, artificial intelligence, association, asymmetry, basal ganglia, categorization, cerebellum, cerebral lateralization, classification, cognitive science, complexity, computational modelling, computational neuroscience, deep learning, dynamics, emergence, evolution, expression, foxp2, frequency, gene, genetics, gesture, handedness, hippocampus, humans, individuals, intelligence, language evolution, laterality, lateralization, linguistics, machines learning, mechanisms, models, morphology, natural language processing, neurons, objects, oscillation, regions, reliability, speech, tools, working memory 能力，建筑，人工智能，联想，不对称，基底神经节，分类，小脑，大脑侧化，分类，认知科学，复杂性，计算模型，计算神经科学，深度学习，动力学，出现，进化，表达，foxp2，频率，基因，遗传学，手势，利手性，海马体，人类，个体，智力，语言进化，侧性，侧化，语言学，机器学习，机制，模型，形态学，自然语言处理，神经元，物体，振荡，区域，可靠性，语言，工具，工作记忆

社区5	Alzheimers-disease, auditory-cortex, brain potentials, brocas area, comprehension, context, cortical representation, dementia, discourse, eeg, erp, event-related potentials, eye-movements, functional-anatomy, information, integration, language comprehension, language processing, language production, lexical access, meg, memory, mismatch negativity, n400, neural basis, neural mechanisms, neurolinguistics, prediction, psycholinguistics, semantic dementia, sentence, sentence comprehension, short-term-memory, speech perception, speech production, speech-perception, syntax, time-course, visual-cortex, word, word production, working-memory 阿尔茨海默病、听觉皮层、脑电位、布 cas 区、理解、语境、皮层表征、痴呆、话语、脑电图、erp、事件相关电位、眼球运动、功能解剖、信息、整合、语言理解、语言加工、语言生成、词汇通达、meg、记忆、错配负性、n400，神经基础、神经机制、神经语言学、预测、心理语言学、语义痴呆、句子、句子理解、短期记忆、言语感知、言语产生、言语感知、句法、时间过程、视觉皮层、单词、单词产生、工作记忆
社区6	Action words, body, brain mechanisms, concepts, conceptual knowledge, cortical organization, dissociation, embodied cognition, embodiment, grounded cognition, knowledge, language, meaning, modulation, motor, motor system, nous, object, organization, parkinsons-disease, premotor cortex, representation, representations, semantic memory, semantics, simulation, system, temporal cortex, verbs, words 动作词汇、身体、大脑机制、概念、概念知识、皮层组织、分离、具身认知、具体化、扎根认知、知识、语言、意义、调节、运动、运动系统、理性、物体、组织、帕金森病、运动前皮层、表征、表征、语义记忆、语义学、模拟、系统、颞叶皮层、动词、单词

社区 7	Creativity，generation，inference，meta-analysis，metaphor，pragmatics，right-hemisphere，time 创造力、生成、推理、元分析、隐喻、语用学、右半球、时间

从演化趋势上看(图6)，2011—2014 年期间，认知神经语言学的研究主要集中在语言理解、语言感知、语言演化、语义记忆等，图中蓝色节点。2015-2016 年期间，研究主要集中在失语症、大脑、工作记忆、儿童、fMRI 等，图中绿色节点。2017 年至今，研究主要集中在自然语言处理、发展意识，元分析，脑电图，振荡，预测等。研究主题多有分化，体现了此领域的跨学科交叉性。在研究主题上，传统的语言理解和感知研究逐步向自然语言处理、脑电等领域发展。

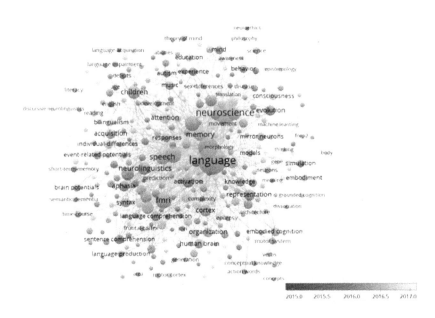

图 6　近十年认知神经语言学研究主题演化图

从研究密度可视化图的分析上看，近十年的认知神经语言学研究的最为集中的研究主题是认知科学、语言、FMRI、失语症、人脑、记忆等，见图7黄色区域。

图7 近十年认知神经语言学研究密度图

3 认知神经语言学研究热点分析

根据上述分析，本文将认知神经语言学每个子主题下的文献进行归纳和提炼，从如下4个部分进行分析。

3.1 失语症

图7中可以发现，失语症的研究一直是认知神经语言学研究的热点，从共词网络该词的节点及边可以发现，失语症研究与多个研究社区都有非常密切的观念。见图8。

Paul Broca 和 Carl Wernicke 是经典失语症研究的先驱，后来的

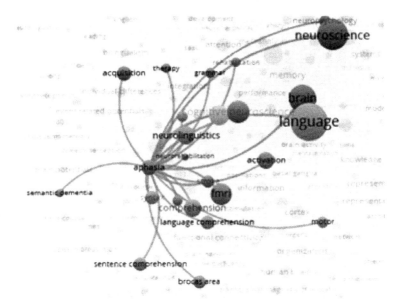

图 8　失语症研究的共词网络图

研究经常使用先进的技术(如 f MRI)来建立它们。对于失语症的分类，学术界仍有不同的看法。虽然基于疾病分类的方法存在一定的缺陷，但该方法在区分性别特征的一些失语症分类中具有通用性，如布罗卡失语症的特点是语言表达能力差，句子理解语言复杂和复述困难，患者术后主要是左额叶损伤，常包括周围皮层及白质及前脑损伤。主要研究包括：

David Kemmerer (2015)认为，原发性进行性失语症(PPA)是一种由神经退行性疾病引起的语言障碍。近年来，PPA 的研究主要集中在其类别和特点上。目前，主流观点认为 PPA 主要有三种相互关联、相互独立的类型，即进行性语言障碍/语法障碍(progressive language impairment/grammar disorder，PNFA)、语义性痴呆(semantic dementia，SD)和词法损失性进行性失语症(vocabulary loss progressive aphasia，LPA)。研究表明，三种类型的 PNFA 具有独特的语言障碍和脑萎缩分布特点：(1)PNFA 以词法形态和句法认知功能退化为特征，脑萎缩区域位于左侧额后下回。（2）SD 以概念知识变性为主，脑萎缩主要发生在左侧前颞叶。（3）LPA 主要表现为词汇检索和听者-语言短期记忆的恶化，并与左侧颞后上回萎缩有关。展望 PPA 的研究，该书作者指出，研究有望最终揭示语言学、神经生物学和分子科学三大学科之间相互依存、相互整合的关系，这将为 PPA 的有效治疗开辟道路，并有助于阐明人类大脑中的语言结构。

Alfredo（2021）研究了两种语法子系统和两种语法类型的失语症。文章认为语法不仅包括使用动词的能力，还包括表达和理解句子中单词之间存在的关系的能力。分析与理解句子中单词之间的关系有关的大脑区域。它的干扰与第二种语法现象相对应。结果表明：介词、副词和语法格被用来表示句子单词之间的关系。有证据表明语义性失语症是一种真实的失语症，大脑中确实存在两种语法子系统和两种语法类型的失语症。Chang（2020）开发了一种神经计算的双侧语言生成路径模型，旨在提供一个统一的框架来模拟来自健康参与者和失语症患者的不同类型的数据。该模型为理解行为表现和大脑激活之间的关系提供了基础，模型与语言恢复的退化和可变神经移位理论相一致。Sreedharan（2020）测试了（1）脑卒中表达性失语症患者是否能够学习上调大脑语言区，即额下回（Broca's area）和颞上回（Wernicke's area）的血氧合水平依赖（Blood Oxygenation Level Dependent，BOLD）信号，以实时功能磁共振成像为基础的 BOLD 激活神经反馈和语言区域之间的功能连接；（2）习得性上调可以促进语言表达的提高。文章认为，失语症患者的神经反馈训练诱发了布罗卡区、韦尼克区及其右侧同源物的显著激活，尽管健康个体在这些区域的激活程度高于患者组。训练也显著激活了被试罗兰盖、中央前回和中央后回的病灶周围区域。Garraffa（2020）在"Linguistic theory and aphasia：an overview"对语言理论与失语症的相关研究进行了综述，文章认为失语症研究在很大程度上受到语言理论的影响。语言理论也从失语症患者的数据中得到了启发。失语症学专刊《失语症与语言理论：迄今为止我们所捕捉到的东西》阐述语言理论对失语症研究的贡献，心理语言学、认知心理学和神经科学的对失语症的研究贡献也很大。Adornetti(2019)分析了两种习得性语言障碍：布洛卡氏失语症和韦尼克氏失语症。人们普遍认为，这些障碍分别影响与语言产生和语言理解相关的功能，它们被认为是由两种特定类型的大脑损伤造成的：布洛卡氏失语症来自第三左额回的损伤；韦尼克氏失语症是由左颞上回后部病变引起的。由于这个原因，这些大脑区域，也被称为布洛卡区和韦尼克区，长期以来一直被认为是与语言产生和理解相关的神经解剖学区域。研究表明，从目前的研究来看：关于语言障碍，不再可能将布罗卡和韦尼克失语症视为单一障碍；关于语言功能的大脑定位，不再可能认为布洛卡区和韦尼克区是唯一涉及语言产生和理解的区域。

Teng(2018)研究了汉语的失语症，认为阅读障碍是原发性进行性失语症(PPA)的一个公认特征。表层阅读障碍以规则化错误为特征，在英语语义变体 PPA (svPPA)中常见。文章在通过对比英语 svPPA 组和汉语 svPPA 组来描述和描述这组患者的阅读障碍模式。作者假设患有 svPPA 的讲中文的人可能会犯更少的表面阅读障碍错误。通过访问新加坡国家神经科学研究所和美国国家阿尔茨海默氏症协调中心的数据库，作者分别找出了 3 名说中文和 18 名说英语的 svPPA 患者进行比较。研究表明，与表面阅读障碍不同，汉语个体的 svPPA 存在严重的深度阅读错误。基于现有证据表明时间极作为语义收敛中心的作用，作者认为该区域也在逻辑语言中调节和收敛词汇语义意义。

3.2 言语知觉与语音感知

言语感知是认知神经语言学的一个重要研究领域。很多学者提出了不同的理论模型，并进行了实验研究。根据语言感知的双流模型(DSM)，颞上回分为两种不同的加工路径：(1)ventral stream 经颞中回至颞下回完成语言理解；(2)dorsal stream 通过颞顶叶区域实现听者-运动转换。

在言语表达研究中，主要有两种神经认知模型，一种是 lemma model 模型，另一种是 directions into velocities of articulators 模型(David Kemmerer 2015)。前者由词语选择和词形编码两个子系统构成，其后期神经成像研究表明不同加工阶段涉及不同大脑皮层：在词语选择阶段，实体名词主要在前颞叶生成概念，行为动词则主要在左额下回完成词元选择；在词形编码阶段，音位编码的速度受词频影响，发生在左后颞上/中/下回；音节化和语音编码由左后额下回执行；发音由补充运动区和小脑控制。后者包括两个子系统：前馈控制和反馈控制。前者负责发出发音模式的指令，并通过皮层下核将其传送到发音器官。后者使用自发的发音和体感过程来识别错误，并将正确的指令传递到声音的区域。

在语音感知上，Hong et al.（2018）研究了语音意识（PA）技能差的学龄前儿童是否存在识别语音特征的皮质基础受损，以及语音感知是否影响学龄前儿童未来的读写结果。记录了 52 名中国学龄前儿童对言语的 ERP 反应。结果表明，差 PA 组处理的语音失配负性（MMN）和晚期区别负性（LDN）与对照组有显著差异。幼儿言语知觉可预测习得后的识字结果。结果表明，在正式阅读教学之前，语言特征检测的障碍就已经发生了，并且语言感知在阅读发展中起着重要的作用。Rampinini &Ricciardi（2017）回顾了近年来通过神经成像和神经生理学技术在节段水平上对言语感知、表象和产生的研究，表明音素被加工为离散的实体，在认知中被归类为其声学和发音特征的独特产物，尽管语音信号是无缝的。这些结果似乎扩大了言语感知的运动理论的范围。Koskinen et al.（2020）让 10 名健康成年人听一段时长 1 小时的有声书，同时记录他们的脑磁图（MEG）大脑活动。将 MEG 信号与声学语音包络相关联，以及在有和没有上下文单词序列（N-gram 和 Unigram）的情况下贝叶斯单词概率的估计（分别为 N-gram 和 Unigram），重点关注时间滞后。结果表明在听过的连续讲话中，单词序列的可预测性，证实和扩展先前的结果，证明深度学习的知识和最近的上下文信息被动态地使用，并以一种左脑主导的方式来预测自然语音中即将出现的单词。

3.3 语言运用的神经科学研究

David Kemmerer（2015）认为在阅读领域，定域联合检测模型（local combination detector，LCD）是文字视觉加工中一个最有影响力的研究框架。有关神经成像研究证实了 LCD 的主要观点：字母串在具有多层级特征的腹侧枕颞区完成知觉加工，同时整合了前加工的某些特征并且向左脑侧化。然而，枕颞区的顶层是否存在一个视觉词形区（VWFA）颇受学界质疑，即使在对健康脑和损伤脑的相关 f MRI 研究中也存在争议。另外，根据广泛接受的认知模型，不同文字的语音和语义加工通道不尽相同，如阅读真字通过形位-音位转换通道或者运用包含词库和语义系统的中心通道加工，假字则只通过前者加工。尽管视觉文字在赋音和赋义时的神经基质研究目前尚不清楚，但是神经成像和神经心理学研究表明，视觉文字赋音主要取决于外侧裂周区的语音加工，赋意主要取决于颞顶额区的概念加工。

在阅读领域，David Kemmerer（2015）认为，Local Combination Detector（LCD）是文本视觉处理领域最具影响力的研究框架。神经影像学研究证实了 LCD 的主要观点：字母串在枕颞区进行多级知觉加工，同时整合了左脑预处理和偏侧化的部分特征。然而，枕颞区顶部的视觉词汇区（VWFA）的存在长期以来一直受到质疑，甚至在与健康和受损大脑相关的 F-MRI 研究中也是如此。Whitford et al.（2018）认为，虽然精神分裂症和发展性阅读障碍是不同的疾病，但它们都涉及熟练阅读过程的中断，包括语言、听觉感知、视觉感知、动眼肌控制和执行功能。提出这两种疾病有共同的神经基础，表现为遗传和病理生理重叠。研究表明，在精神分裂症和阅读障碍中，阅读可能受到类似的影响。文章调查了关于精神分裂症患者阅读能力的研究，并回顾了精神分裂症患者阅读缺陷的潜在机制，这些缺陷可能与阅读障碍有关。阐明精神分裂症阅读障碍和阅读障碍之间的关系，有助于更好地理解精神分裂症的病理生理学基础，并有助于纠正影响日常功能的认知缺陷。

在视觉处理上，Ford et al.（2021）将机器学习方法应用于脑电图数据，以分类视觉语言理解跨多个参与者。对 24 名聋人进行 26 通道的脑电记录，并分别以时间直接和时间反转的方式播放手语句子的视频，以模拟可理解和不可理解的手语。Gianelli（2020）在两个实验中，比较了母语者和顺序双语者在处理视觉或语言呈现的面向工具的手部动作时皮质脊髓兴奋性的动态。在第三个实验中，使用相同的程序来测试非运动的、低水平的刺激。研究认为在视觉和语言模式的皮质脊髓兴奋性的动力学上的强烈相似性。

在书写上，写作的认知神经研究尚不成熟，目前主要探讨文字书写的神经机制。写作的神经机制研究发现文字拼写形态存储在VWFA，音位-形位转换涉及颞顶额区，字形输出缓冲由内侧额叶皮层（包括布洛卡区）执行，字素变体转换和书写肌动策划取决于背侧额顶区。Yokoyama et al.（2013）研究采用功能性磁共振成像技术，比较了两组日语假名学习者在二语和母语正字法背景不同的情况下的大脑活动。Shah et al.（2013）为了调查创意写作过程的不同方面，使用功能性磁共振成像技术，让28名健康参与者执行了与创意写作相关的新范式。创造性写作激活了大脑的运动和视觉区域，除此之外，还有认知和语言区域。在创造性写作减去复制比较中，双侧海马、双侧颞极（BA 38）和双侧扣带后皮层的右侧激活模式下观察到情景记忆提取、自由联想和自发认知以及语义整合。创造性写作减去复制与创造力指数的相关性分析显示，创造力指数在左额下回（BA 45）和左颞极（BA 38）均有激活。认为创造性写作中的言语创造力与言语记忆、语义记忆以及语义整合有关。

在手语上，手语是具有复杂层级性的符号系统，其认知神经研究显示，跟口语相似，手语是左半脑支配型语言，但也涉及右侧脑区，手语的左侧化机制既与口语类似又有所区别。Campbell&Woll（2017）提供了从脑科学研究的手语感知的例子。Howerton-Fox & Falk（2019）对发展手语失聪儿童的读写技能的影响进行了探讨，特别是围绕着"手语熟练度和基于印刷的读写能力之间的桥梁"的理论构建。

3.4 词义、词法、句法、篇章的神经机制

词义研究中，有三种理论模型：amodal symbolic model、grounded cognition model 和 hub and spoke model。GCM 认为词义通过激活高级知觉和运动表征而获得理解。HSM 模型整合了 ASM 和 GCM，认为概念不仅是基于不同脑区的模态特异系统，而且是基于前颞叶的非模态集合系统。神经科学实验研究显示，ASM 流行于认知心理学的某些领域，但没有得到神经科学实验的佐证，GCM 和 HSM 则

得到了有力的佐证。Ichisugi & Takahashi（2019）提出了大脑皮层语言区语义分析机制的形式化模型。对理论语言学中的语法描述框架组合范畴语法框架进行了修改，使其不再使用 lambda 演算来表示语义规则。该模型使用了一种新的语义表示形式——层次地址表示，并且只使用固定长度的数据结构。在该模型中，语法知识和语义知识明显分离。Tomasello et al.（2018）认为认知神经科学中最具争议的争论之一是语义知识的皮层位置和人类大脑的加工。实验数据显示，大脑皮层存在多个与意义加工相关的区域，从一般参与语义加工的语义中枢到参与特定概念类别加工的模态优先感觉运动区。文章改进现有的神经计算语义模型，通过在额叶、颞叶和枕叶区域共同激活的神经元群之间进行联想学习，模拟动作和知觉中的语义学习和符号基础。目前的神经计算模型整合了不同的概念化实验结果，解释了语义中心和类别特定区域是由两个主要因素决定的突现过程：神经解剖连接结构和相关神经元的激活。Pulvermuller（2018）着重讨论了几个关键问题：语义回路的内部结构；语义启动机制；语义激活的任务特异性。Matsuo et al.（2018）研究表明，句子生成的语义信息在整个大脑皮层中广泛存在。

词法研究中，词汇屈折变化在语法和语音层面的加工方式是认知神经语言学界争论已久的重要问题。David Kemmerer（2015）认为，近年来 f MRI 和 ERP 研究发现，在言语表达过程中，词汇屈折变化的语法和语音加工在布洛卡区存在不同的时空分布模式。词汇屈折在语音层面的神经机制研究大多支持两系统加工模型，即规则变化采用操作加工，不规则变化采用记忆加工，而不是经典的单系统加工模型。

句法的认知神经研究中，最具影响力的是句法编码模型。该模型有两个独立层面：功能层面和位置层面。前者负责用动词词元检索论元结构并且将论元投射到语法关系中；后者汇编语法成分，并且将封闭词插入合适的词槽内。最新研究显示，该句法编码模型具有较强解释力，同时发现布洛卡区在句法编码中起到重要作用。近年来的实证研究认为，句子理解的复杂过程涉及左脑神经网络多种运算操作和加工资源。例如，f MRI 研究发现颞上回前部对词语通过层级性加工生成短语和句子起到重要作用，颞中回后部主要负责提取词汇语义和句法特征；ERP 研究发现 N400 主要体现句义加工，P600 反映句法加工以及语义-句法互动加工，早期持续负向成分显示工作记忆负荷。Tyler et al. (2011)结合左脑损伤患者和健康参与者的功能活动、灰质完整性和表现来考察左额下回是否对句法处理至关重要。研究认为左额下回本身可能不是专门用于句法处理的，但在执行句法计算的神经网络中起着重要的作用。Frana & Gomes(2015)对三种情况下的句子进行了两个 ERP 实验(主动语态和被动语态)，试图重建句法优先模型和在线句子加工之间的直接对应关系，并将其与两种加工途径的新神经生理发现联系起来。研究发现了支持语法优先的证据，N400 和 P600 受主客体不对称的调节，分别反映了内部理据与动词的合并和外部理据的整合。

3.5 小结

自 2013 年以来，欧盟、美国、日本和中国等国家先后启动了新一轮的脑科学研究计划，将脑科学研究提升到国家战略层面。脑科学研究进入了新纪元，认知神经科学取得了新进展。语言的认知神经科学研究，即认知神经语言学，对脑科学的发展具有重要意义。有关语言和脑科学研究的国际期刊，如《大脑和语言》(Brain and Language)、《语言、认知和神经科学》(Language，Cognitionand Neuroscience)和《神经语言学期刊》(Journal of Neurolinguistics)，为认知神经语言学领域研究者所熟知。David Kemmerer (2015)《认知神经语言学》(Cognitive Neuroscience of Language)等著作也为重要参考资料。

通过分析文献发现，目前的认知神经语言学研究方法，不仅采用了经典的神经生理学、解剖学和病理学方法，而且还采用了神经成像的结合研究。近年来，认知神经语言学的研究热点涉及失语症、言语感知与表达、词义理解与表达以及词汇、句法和语篇连贯的理解与表达，这些课题的新发现主要是由于脑科学、病理学、神经心理学、神经科学和神经成像的方法和技术的进步，这些探索语言认知神经机制的新技术和方法主要包括功能神经成像(如 f MRI 和 PET)、电生理方法(如 EEG/ERP)和经颅磁刺激(r TMS)，先进的神经成像技术和方法为认知神经语言学的研究提供了保障，促进了该领域新研究成果的产出。David Kemmerer（2015）认为，认知神经科学对言语感知和表达、意义、形态、句法和话语的研究表明，神经心理学和神经成像方法在各种话题的研究中都是常见的。每种方法都有其优缺点，将多种技术和方法的结合，不仅可进一步揭示语言的认知神经机制，也有助于临床诊断和治疗一些影响语言理解和表达的神经系统疾病。

4 展望

认知神经语言学作为一门新兴学科，具有显著的前沿性、跨学科性、国际性，吸引着越来越多的不同学科领域的研究者。在脑电等非侵入性技术的帮助下，对正常人的研究越来越多，语言学者在研究中扮演着越来越重要的角色，研究正在扩展到不同的语言和语言的不同层面。近年来，将汉语为语料的神经语言学的研究也逐渐增多，国内的认知神经语言学研究也越来越受到学界重视，相关研究逐年增长，相关学术会议也连续举办了多届，产生了重要的学术影响。

"认知神经语言学大会"已经在我国连续举办了九届，每一届的主题都有所变化，会议主题涉及的研究涉及面广，与国际研究紧密接轨。2016 年会议主题为：非字面语言认知神经心理机制研究，主要议题包括：非字面语言的神经心理加工模型研究；隐喻、习语、反语、幽默、谜语的认知的神经心理机制研究；大脑受损者加工非字面语言的神经心理机制研究；聋哑人加工非字面语言的神经心理机制研究；非母语者加工非字面语言的神经心理机制研究；双语或多语者加工非字面语言的神经心理机制研究；单语、双语、多语加工的神经心理机制及其对比研究；语言认知脑机制研究，等。2017 年大会主题：单语和多语的跨学科研究，主要议题包括：单语和多语的认知研究；单语和多语的认知心理学研究；单语和多语的神经心理学研究；单语和多语的生物心理学研究；单语和多语习得的教育神经科学研究；单语和多语的语言病理问题研究等。2019

年大会内容更加丰富，邀请了认知神经语言学、心理语言学、语言病理学等领域知名专家做大会主旨发言，举办 ERP 脑电和眼动工作坊。会议议题包括：汉语词汇、句法和语义加工神经机制研究；外语词汇、句法和语义加工神经机制研究；汉语语篇加工神经机制研究；双语及多语加工神经机制研究；单语和多语跨学科研究；特殊群体语言加工认知及神经机制研究；神经语言学视角下的二语习得研究；神经语言学研究范式和方法；翻译认知加工研究等。会议主题分场包括：失语症的语言特征和诊断研究、词汇及句法加工神经机制研究、语言障碍及其临床干预研究、翻译过程的认知神经语言学视角研究、汉语二语加工神经机制研究、神经语言学视角下的二语习得与磨蚀研究、具身语义的认知神经机制研究、汉语非字面语言认知加工研究、老年人语言认知老化研究等。2020 年大会期间也举办了语音处理、ERP 脑电、眼动工作坊，会议的议题包括：语言认知神经基础理论研究；母语和二语习得、加工研究；语音产出与感知研究；口、笔译心理认知神经研究；语言加工与人工智能研究；语言障碍及其诊断、干预研究；语言学习与教学研究；语言认知神经科学方法论研究；其他语言应用认知神经研究，等。

高新技术的发展给认知神经语言学的研究带来了新的前景。在研究方法日益丰富、研究层次日益广泛的背景下，要具有交叉学科、跨学科和超学科的意识，更深刻地揭示语言和大脑之间的关系。作为新兴的语言学的边缘学科和前沿学科，认知神经语言学有着广阔的发展前景和应用价值。

参考文献

[1] Almairac, Fabien. Herbet, Guillaume. Moritz-Gasser, Sylvie. de Champfleur, Nicolas Menjot. Duffau, Hugues. 2015. The left inferior fronto-occipital fasciculus subserves language semantics: a multilevel lesion study. Brain structure & function. 4. 1983-1995.

[2] Amunts, Katrin. Zilles, Karl. 2012. Architecture and organizational principles of Broca's region. Trends in cognitive sciences. 8. 418-426.

［3］Appler, Jessica M.. Goodrich, Lisa V.. 2011. Connecting the ear to the brain: Molecular mechanisms of auditory circuit assembly. Progress in neurobiology. 4. 488-508.

［4］Austin, Mark W.. Ploughman, Michelle. Glynn, Lindsay. Corbett, Dale. 2014. Aerobic exercise effects on neuroprotection and brain repair following stroke: A systematic review and perspective. Neuroscience research.. 8. 15.

［5］Baggio, Giosue. Hagoort, Peter. 2011. The balance between memorpy and unification in semantics: A dynamic account of the N400. Language and cognitive processes. 9. 1338-1367.

［6］Bak, Thomas H.. Chandran, Siddharthan. 2012. What wires together dies together: Verbs, actions and neurodegeneration in motor neuron disease. Cortex. 7. 936-944.

［7］Barrett, Lisa Feldman. Mesquita, Batja. Gendron, Maria. 2011. Context in Emotion Perception. Current directions in psychological science. 5. 286-290.

［8］Barton, Robert A.. 2012. Embodied cognitive evolution and the cerebellum. Philosophical transactions of the royal society b-biological sciences. 1599. 2097. 2107

［9］Beaty, Roger E.. 2015. The neuroscience of musical improvisation. Neuroscience and biobehavioral reviews.. 108-117.

［10］Beckers, Gabriel J. L.. Bolhuis, Johan J.. Okanoya, Kazuo. Berwick, Robert C.. 2012. Birdsong neurolinguistics: songbird context-free grammar claim is premature. Neuroreport. 3. 139-145.

［11］Bemis, D. K.. Pylkkaenen, L.. 2013. Basic Linguistic Composition Recruits the Left Anterior Temporal Lobe and Left Angular Gyrus During Both Listening and Reading. Cerebral cortex. 8. 1859-1873.

［12］Benedek, Mathias. Beaty, Roger. Jauk, Emanuel. Koschutnig, Karl. Fink, Andreas. Silvia, Paul J.. Dunst, Beate. Neubauer, Aljoscha C.. 2014. Creating metaphors: The neural basis of figurative language production. Neuroimage.. 99-106

[13] Berry-Kravis, Elizabeth. Hessl, David. Abbeduto, Leonard. Reiss, Allan L.. Beckel-Mitchener, Andrea. Urv, Tiina K.. 2013. Outcome Measures for Clinical Trials in Fragile X Syndrome. Journal of developmental and behavioral pediatrics. 7. 508-522.

[14] Berthier, Marcelo L.. Pulvermueller, Friedemann. 2011. Neuroscience insights improve neurorehabilitation of poststroke aphasia. Nature reviews neurology. 2. 86-97.

[15] Binney, Richard J.. Parker, Geoffrey J. M.. Ralph, Matthew A. Lambon. 2012. Convergent Connectivity and Graded Specialization in the Rostral Human Temporal Lobe as Revealed by Diffusion-Weighted Imaging Probabilistic Tractography. Journal of cognitive neuroscience. 10. 1998-2014.

[16] Bocanegra, Yamile. Garcia, Adolfo M.. Pineda, David. Buritica, Omar. Villegas, Andres. Lopera, Francisco. Gomez, Diana. Gomez-Arias, Catalina. Cardona, Juan F.. Trujillo, Natalia. Ibanez, Agustin. 2015. Syntax, action verbs, action semantics, and object semantics in Parkinson's disease: Dissociability, progression, and executive influences. Cortex. 237-254.

[17] Butterworth, Brian. Kovas, Yulia. 2013. Understanding Neurocognitive Developmental Disorders Can Improve Education for All. Science. 6130. 300-305.

[18] Carandini, Matteo. 2012. From circuits to behavior: a bridge too far? . Nature neuroscience. 4. 507-509.

[19] Cartwright, Kelly B.. 2012. Insights From Cognitive Neuroscience: The Importance of Executive Function for Early Reading Development and Education. Early education and development. 1. 24-36.

[20] Coghlan, Suzanne. Horder, Jamie. Inkster, Becky. Mendez, M. Andreina. Murphy, Declan G.. Nutt, David J.. 2012. GABA system dysfunction in autism and related disorders: From synapse to symptoms. Neuroscience and biobehavioral reviews. 9. 2044-2055.

[21] Conner, Christopher R.. Ellmore, Timothy M.. Pieters, Thomas

A.. DiSano, Michael A.. Tandon, Nitin. 2011. Variability of the Relationship between Electrophysiology and BOLD-fMRI across Cortical Regions in Humans. Journal of neuroscience. 36. 12855-12865.

[22]Cutini, Simone. Moro, Sara Basso. Bisconti, Silvia. 2012. Functional near infrared optical imaging in cognitive neuroscience: an introductory review. Journal of near infrared spectroscopy. 1. 75-92.

[23]de Gelder, B.. de Borst, A. W.. Watson, R.. 2015. The perception of emotion in body expressions. Wiley interdisciplinary reviews-cognitive science. 2. 149-158

[24]Decety, Jean. Svetlova, Margarita. 2012. Putting together phylogenetic and ontogenetic perspectives on empathy. Developmental cognitive neuroscience. 1. 1-24.

[25]Decety, Jean. 2011. The neuroevolution of empathy. Social neuroscience: gene, environment, brain, body.. 35-45.

[26]Di Ieva, Antonio. Grizzi, Fabio. Jelinek, Herbert. Pellionisz, Andras J.. Losa, Gabriele Angelo. 2014. Fractals in the Neurosciences, Part I: General Principles and Basic Neurosciences. Neuroscientist. 4. 403-417.

[27]Duffau, Hugues. 2012. The challenge to remove diffuse low-grade gliomas while preserving brain functions. Acta neurochirurgica. 4. 569-574.

[28]Eggebrecht, Adam T.. Ferradal, Silvina L.. Robichaux-Viehoever, Amy. Hassanpour, Mahlega S.. Dehghani, Hamid. Snyder, Abraham Z.. Hershey, Tamara. Culver, Joseph P.. 2014. Mapping distributed brain function and networks with diffuse optical tomography. Nature photonics. 6. 448-454.

[29]Fernald, Lia C. H.. Weber, Ann. Galasso, Emanuela. Ratsifandrihamanana, Lisy. 2011. Socioeconomic gradients and child development in a very low income population: evidence from Madagascar. Developmental science. 4. 832-847.

[30]Fernandino, Leonardo. Conant, Lisa L.. Binder, Jeffrey R..

Blindauer, Karen. Hiner, Bradley. Spangler, Katie. Desai, Rutvik H.. 2013. Parkinson's disease disrupts both automatic and controlled processing of action verbs. Brain and language. 1. 65-74.

[31] Fitch, W. Tecumseh. Friederici, Angela D.. 2012. Artificial grammar learning meets formal language theory: an overview. Philosophical transactions of the royal society b-biological sciences. 1598. 1933-1955.

[32] Fitch, W. Tecumseh. 2014. Toward a computational framework for cognitive biology: Unifying approaches from cognitive neuroscience and comparative cognition. Physics of life reviews. 3. 329-364.

[33] Gabriels, Robin L.. Agnew, John A.. Holt, Katherine D.. Shoffner, Amy. Pan Zhaoxing. Ruzzano, Selga. Clayton, Gerald H.. Mesibov, Gary. 2012. Pilot study measuring the effects of therapeutic horseback riding on school-age children and adolescents with autism spectrum disorders. Research in autism spectrum disorders. 2. 578-588.

[34] Gerdes, Karen E.. Segal, Elizabeth. 2011. Importance of Empathy for Social Work Practice: Integrating New Science. Social work. 2. 141-148.

[35] Giusti, Chad. Ghrist, Robert. Bassett, Danielle S.. 2016. Two's company, three (or more) is a simplex Algebraic-topological tools for understanding higher-order structure in neural data. Journal of computational neuroscience. 1. 1-14.

[36] Goswami, Usha. Wang, H. -L. Sharon. Cruz, Alicia. Fosker, Tim. Mead, Natasha. Huss, Martina. 2011. Language-universal Sensory Deficits in Developmental Dyslexia: English, Spanish, and Chinese. Journal of cognitive neuroscience. 2. 325-337.

[37] Goswami, Usha. 2011. A temporal sampling framework for developmental dyslexia. Trends in cognitive sciences. 1. 3-10.

[38] Grahn, Jessica A.. 2012. Neural Mechanisms of Rhythm Perception: Current Findings and Future Perspectives. Topics in cognitive sci-

ence. 4. 585. 606.

[39] Greve, Douglas N.. Van der Haegen, Lise. Cai, Qing. Stuffle-beam, Steven. Sabuncu, Mert R.. Fischl, Bruce. Brysbaert, Marc. 2013. A Surface-based Analysis of Language Lateralization and Cortical Asymmetry. Journal of cognitive neuroscience. 9. 1477-1492.

[40] Grossman, Murray. 2012. The non-fluent/agrammatic variant of primary progressive aphasia. Lancet neurology. 6. 545-555.

[41] Hari, Riitta. Salmelin, Riitta. 2012. Magnetoencephalography: From SQUIDs to neuroscience Neuroimage 20th Anniversary Special Edition. Neuroimage. 2. 386-396.

[42] Herbet, Guillaume. Lafargue, Gilles. Bonnetblanc, Francois. Moritz-Gasser, Sylvie. de Champfleur, Nicolas Menjot. Duffau, Hugues. 2014. Inferring a dual-stream model of mentalizing from associative white matter fibres disconnection. Brain. . 944-959.

[43] Heyes, Cecilia. 2012. Grist and mills: on the cultural origins of cultural learning. Philosophical transactions of the royal society b-biological sciences. 1599. 2181-2191.

[44] Howard-Jones, Paul A.. 2014. SCIENCE AND SOCIETY Neuroscience and education: myths and messages. Nature reviews neuroscience. 12. 817. 824

[45] Jackendoff, Ray. 2011. What is the human language faculty? Two views. Language. 3. 586-624.

[46] Johnson, Sara B.. Riis, Jenna L.. Noble, Kimberly G.. 2016. State of the Art Review: Poverty and the Developing Brain. Pediatrics. 4.

[47] Khalsa, Sahib S.. Lapidus, Rachel C.. 2016. Can Interoception Improve the Pragmatic Search for Biomarkers in Psychiatry? . Frontiers in psychiatry...

[48] Koelsch, Stefan. 2011. Towards a neural basis of processing musical semantics. Physics of life reviews. 2. 89-105.

［49］Korkmaz, Bars. 2011. Theory of Mind and Neurodevelopmental Disorders of Childhood. Pediatric research. 5. 101R-108R.

［50］Kroll, Judith F.. Bobb, Susan C.. Hoshino, Noriko. 2014. Two Languages in Mind: Bilingualism as a Tool to Investigate Language, Cognition, and the Brain. Current directions in psychological science. 3. 159-163.

［51］Lachaux, Jean-Philippe. Axmacher, Nikolai. Mormann, Florian. Halgren, Eric. Crone, Nathan E.. 2012. High-frequency neural activity and human cognition: Past, present and possible future of intracranial EEG research. Progress in neurobiology. 3. 279-301.

［52］Lakoff, George. 2012. Explaining Embodied Cognition Results. Topics in cognitive science. 4. 773-785.

［53］Lum, Jarrad A. G.. Conti-Ramsden, Gina. Page, Debra. Ullman, Michael T.. 2012. Working, declarative and procedural memory in specific language impairment. Cortex. 9. 1138-1154.

［54］Marien, Peter. Ackermann, Herman. Adamaszek, Michael. Barwood, Caroline H. S.. Beaton, Alan. Desmond, John. De Witte, Elke. Fawcett, Angela J.. Hertrich, Ingo. Kueper, Michael. Leggio, Maria. Marvel, Cherie. Molinari, Marco. Murdoch, Bruce E.. Nicolson, Roderick I.. Schmahmann, Jeremy D.. Stoodley, Catherine J.. Thuerling, Markus. Timmann, Dagmar. Wouters, Ellen. Ziegler, Wolfram. 2014. Consensus Paper: Language and the Cerebellum: an Ongoing Enigma. Cerebellum. 3. 386-410.

［55］Marshall, Peter J.. Meltzoff, Andrew N.. 2011. Neural mirroring systems: Exploring the EEG mu rhythm in human infancy. Developmental cognitive neuroscience. 2. 110-123.

［56］Marshall, Peter J.. Meltzoff, Andrew N.. 2014. Neural mirroring mechanisms and imitation in human infants. Philosophical transactions of the royal society b-biological sciences. 1644.

［57］Medaglia, John D.. Lynall, Mary-Ellen. Bassett, Danielle S.. 2015. Cognitive Network Neuroscience. Journal of cognitive neuroscience.

8. 1471-1491.

[58] Meteyard, Lotte. Rodriguez Cuadrado, Sara. Bahrami, Bahador. Vigliocco, Gabriella. 2012. Coming of age: A review of embodiment and the neuroscience of semantics. Cortex. 7. 788-804.

[59] Moseley, Rachel. Carota, Francesca. Hauk, Olaf. Mohr, Bettina. Pulvermueller, Friedemann. 2012. A Role for the Motor System in Binding Abstract Emotional Meaning. Cerebral cortex. 7. 1634-1647.

[60] Nelson, Matthew J.. El Karoui, Imen. Giber, Kristof. Yang, Xiaofang. Cohen, Laurent. Koopman, Hilda. Cash, Sydney S.. Naccache, Lionel. Hale, John T.. Pallier, Christophe. Dehaene, Stanislas. 2017. Neurophysiological dynamics of phrase-structure building during sentence processing. Proceedings of the national academy of sciences of the united states of america. 18. E3669-E3678.

[61] Nicholls, Michael E. R.. Thomas, Nicole A.. Loetscher, Tobias. Grimshaw, Gina M.. 2013. The Flinders Handedness survey (FLANDERS): A brief measure of skilled hand preference. Cortex. 10. 2914-2926.

[62] Nieto-Castanon, Alfonso. Fedorenko, Evelina. 2012. Subject-specific functional localizers increase sensitivity and functional resolution of multi-subject analyses. Neuroimage. 3. 1646-1669.

[63] Obrig, Hellmuth. 2014. NIRS in clinical neurology a 'promising' tool? . Neuroimage. . 535. 546.

[64] O'Connor, K.. 2012. Auditory processing in autism spectrum disorder: A review. Neuroscience and biobehavioral reviews. 2. 836-854.

[65] Penhune, Virginia B.. 2011. Sensitive periods in human development: Evidence from musical training. Cortex. 9. 1126-1137.

[66] Pickering, Martin J.. Clark, Andy. 2014. Getting ahead: forward models and their place in cognitive architecture. Trends in cognitive sciences. 9. 451-456

[67] Poeppel, David. Emmorey, Karen. Hickok, Gregory. Pylkkaenen, Liina. 2012. Towards a New Neurobiology of Language. Journal of

neuroscience. 41. 14125-14131.

[68] Portfors, Christine V.. Perkel, David J.. 2014. The role of ultra-sonic vocalizations in mouse communication. Current opinion in neurobiology.. 115-120.

[69] Pulvermueller, Friedemann. 2018. Neural reuse of action perception circuits for language, concepts and communication. Progress in neurobiology.. 1. 44

[70] Ralph, Matthew A. Lambon. Ehsan, Sheeba. Baker, Gus A.. Rogers, Timothy T.. 2012. Semantic memory is impaired in patients with unilateral anterior temporal lobe resection for temporal lobe epilepsy. Brain.. 242-258.

[71] Sarubbo, Silvio. De Benedictis, Alessandro. Merler, Stefano. Mandonnet, Emmanuel. Balbi, Sergio. Granieri, Enrico. Duffau, Hugues. 2015. Towards a functional atlas of human white matter. Human brain mapping. 8. 3117-3136.

[72] Schlegel, Alexander A.. Rudelson, Justin J.. Tse, Peter U.. 2012. White Matter Structure Changes as Adults Learn a Second Language. Journal of cognitive neuroscience. 8. 1664-1670.

[73] Shafi, Mouhsin M.. Westover, M. Brandon. Fox, Michael D.. Pascual-Leone, Alvaro. 2012. Exploration and modulation of brain network interactions with noninvasive brain stimulation in combination with neuroimaging. European journal of neuroscience. 6. 805-825.

[74] Sharp, Carla. Monterosso, John. Montague, P. Read. 2012. Neuroeconomics: A Bridge for Translational Research. Biological psychiatry. 2. 87-92.

[75] Siegmund, Janet. Kaestner, Christian. Apel, Sven. Parnin, Chris. Bethmann, Anja. Leich, Thomas. Saake, Gunter. Brechmann, Andre. 2014. Understanding Understanding Source Code with Functional Magnetic Resonance Imaging. 36th international conference on software engineering (icse 2014). 378. 389.

[76] Silvia, Paul J.. 2015. Intelligence and Creativity Are Pretty Similar

After All. Educational psychology review. 4. 599-606.

[77] Smitha, K. A.. Raja, K. Akhil. Arun, K. M.. Rajesh, P. G.. Thomas, Bejoy. Kapilamoorthy, T. R.. Kesavadas, Chandrasekharan. 2017. Resting state fMRI: A review on methods in resting state connectivity analysis and resting state networks. Neuroradiology journal. 4.

[78] Stevens, Courtney. Bavelier, Daphne. 2012. The role of selective attention on academic foundations: A cognitive neuroscience perspective. Developmental cognitive neuroscience. . S30-S48.

[79] Taylor, Jason R.. Williams, Nitin. Cusack, Rhodri. Auer, Tibor. Shafto, Meredith A.. Dixon, Marie. Tyler, Lorraine K.. Cam-Can. Henson, Richard N.. 2017. The Cambridge Centre for Ageing and Neuroscience (Cam-CAN) data repository: Structural and functional MRI, MEG, and cognitive data from a cross-sectional adult lifespan sample. Neuroimage. . 262-269.

[80] Tremblay, Pascale. Dick, Anthony Steven. 2016. Broca and Wernicke are dead, or moving past the classic model of language neurobiology. Brain and language. . 60-71.

[81] Trevarthen, Colwyn. 2011. What Is It Like to Be a Person Who Knows Nothing? Defining the Active Intersubjective Mind of a Newborn Human Being. Infant and child development. 1. 119-135.

[82] Tyler, Lorraine K.. Marslen-Wilson, William D.. Randall, Billi. Wright, Paul. Devereux, Barry J.. Zhuang, Jie. Papoutsi, Marina. Stamatakis, Emmanuel A.. 2011. Left inferior frontal cortex and syntax: function, structure and behaviour in patients with left hemisphere damage. Brain. . 415-431.

[83] Ueno, Taiji. Saito, Satoru. Rogers, Timothy T.. Ralph, Matthew A. Lambon. 2011. Lichtheim 2: Synthesizing Aphasia and the Neural Basis of Language in a Neurocomputational Model of the Dual Dorsal-Ventral Language Pathways. Neuron. 2. 385-396.

[84] Ursache, Alexandra. Noble, Kimberly G.. 2016. Neurocognitive

development in socioeconomic context: Multiple mechanisms and implications for measuring socioeconomic status. Psychophysiology. 1. 71-82.

[85] Vigliocco, Gabriella. Vinson, David P.. Druks, Judit. Barber, Horacio. Cappa, Stefano F.. 2011. Nouns and verbs in the brain: A review of behavioural, electrophysiological, neuropsychological and imaging studies. Neuroscience and biobehavioral reviews. 3. 407-426.

[86] Walhovd, K. B.. Johansen-Berg, H.. Karadottir, R. T.. 2014. unraveling the secrets of white matter - bridging the gap between cellular, animal and human imaging studies. Neuroscience.. 2. 13

[87] Willems, Roel M.. Frank, Stefan L.. Nijhof, Annabel D.. Hagoort, Peter. van den Bosch, Antal. 2016. Prediction During Natural Language Comprehension. Cerebral cortex. 6. 2506-2516.

[88] Willems, Roel M.. Labruna, Ludovica. D'Esposito, Mark. Ivry, Richard. Casasanto, Daniel. 2011. A Functional Role for the Motor System in Language Understanding: Evidence From Theta-Burst Transcranial Magnetic Stimulation. Psychological science. 7. 849-854.

[89] Willems, Roel M.. Van der Haegen, Lise. Fisher, Simon E.. Francks, Clyde. 2014. On the other hand: including left-handers in cognitive neuroscience and neurogenetics. Nature reviews neuroscience. 3. 193-201.

[90] Zatorre, Robert J.. 2013. Predispositions and Plasticity in Music and Speech Learning: Neural Correlates and Implications. Science. 6158. 585-589.

《牛津现代中国文学手册》
与元-方法论的建构与实践 *

李 松 刘 欢**

　　摘　要：21 世纪以来英语世界的现代中国文学研究取得了重要进展，美国学者罗鹏、白安卓主编的《牛津现代中国文学手册》展现了海外现代中国文学研究新的角度、思路与方法。《牛津现代中国文学手册》深受西方学术传统和文化语境的影响，在跨语际、跨文化的背景下重点考察多元化的现代中国文学，试图打破传统研究方式的僵硬化、模式化、均质化，旨在探索文学文本解读的多种可能性，体现了文学研究自觉的方法论探索与反思。

　　关键词：《牛津现代中国文学手册》；元-方法论；文学史；后现代主义；汉学

引　言

　　21 世纪以来海外汉学界的现代中国文学研究取得了不少重要的进展，新作迭出，在海内外学界影响很大。作为西方汉学界颇有

　　* 本文为武汉大学自主科研项目(人文社会科学)研究成果，得到"中央高校基本科研业务费专项资金"资助(supported by "the Fundamental Research Funds for the Central Universities")。武汉大学海外人文社会科学研究前沿追踪项目：海外中国文学史著述前沿问题追踪(2020 年专项项目，2020HW003)。

　　** 李松，武汉大学文学院教授。刘欢，武汉大学文学院博士研究生。

影响力的中国文学史研究成果，无论是梅维恒（Victor Mair）主编的《哥伦比亚中国文学史》①、孙康宜和宇文所安主编的《剑桥中国文学史》②，还是近几年张英进主编的布莱尔威尔版《现代中国文学指南》③、邓腾克（Kirk Denton）主编的《哥伦比亚现代中国文学指南》④、王德威（David Der-wei Wang）主编的哈佛版《新编现代中国文学史》⑤、魏朴和（Wiebke Denecke）和李惠仪（Wai-yee Li）、田晓菲等编撰的《牛津中国古典文学手册》⑥等，他们都以域外理论视角与方法观照中国文学，极大地丰富了文学史研究的理论与实践，扩大了中国文学的世界影响力，展现了西方汉学研究者独特的研究思路和学术风格，这对国际学术界认识和了解汉学研究具有深刻的启示价值。其中，以罗鹏（Carlos Rojas）、白安卓（Andrea Bachner）主编的《牛津现代中国文学手册》⑦（以下简称《手册》）展现了海外现

① Edited by Victor H. Mair, The Columbia History of Chinese Literature, ［M］. Columbia：Columbia University Press Homepage. 2001.

② Edited by Kang-i Sun Chang, Stephen Owen, The Cambridge History of Chinese Literature, Cambridge University Press, 2013.

③ Edited by Yingjin Zhang, A Companion to Modern Chinese Literature, Wiley Blackwell, 2015.

④ Edited by Kirk A. Denton, The Columbia Companion to Modern Chinese Literature, Columbia University Press, 2016.

⑤ Edited by David Der-wei Wang, A New Literary History of Modern China, Belknap Press：An Imprint of Harvard University Press, 2017.

⑥ Wiebke Denecke, Wai-yee Li, Xiaofei Tian, eds. , The Oxford Handbook of Classical Chinese Literature, 1000BCE-900CE. Oxford：Oxford University Press, 2017.

⑦ Edited by Carlos Rojas, Andrea Bachner. The Oxford Handbook of Modern Chinese Literatures, Oxford：Oxford University Press, 2016. 姚新勇将该书翻译为《牛津中国现代文学手册》（姚新勇：《关于中国现代文学的学术命题——采访罗鹏》，《华文文学》2018 年第 4 期。），刘莹翻译为《牛津现代华文文学手册》（刘莹：《论罗鹏的中国现当代文学研究》，《当代作家评论》2019 年第 2 期。）笔者认为都有欠妥当。"中国现代文学"的起止时间通常指的是 1919 至 1949，而《手册》覆盖了从晚清到 21 世纪为止的科幻文学。"现代华文文学"中的"华文"一词，海内外的学者有不同的理解。《手册》一书的内容涵盖了中国大陆文学与港澳台为主体，同时包含部分海外其他国家的华文或华语语系文学。既然中国是作为源泉的文学母体，而海外华文文学是支流，那么翻译为"现代华文文学"则有以偏概全之嫌。

代中国文学研究别样的视域与思路。罗鹏的西学功底相当深厚，在中国文学与文化研究方面的涉猎甚广，在翻译方面也具有卓越的成就。《手册》承继了西方汉学研究的学术涵养和研究理路，与国内的文学史研究不同的是，编者尝试从方法论建构及其反思的角度出发，展现了现代中国文学研究的开放性和对话性，力图呈现出多元、多面的反本质主义文学历史，对本质主义的、一元论的、线性式的历史叙述提出了质疑。目前该书尚无中文版，只有导论部分翻译发表①。同时，除了三个访谈②之外，相关的研究论文也并不多见。本研究聚焦《手册》元-方法论③构建的学术背景、理论资源与建构依据，并对此进行批判性反思。

一、《牛津现代中国文学手册》与元-方法论的建构

（一）元-方法论与文学史重写

一代有一代之文学，一代亦有一代之学术。每当社会发展到一个新的阶段时，它都会向人文学科提出新的课题。陈寅恪曾说："一时代之学术，必有其新材料与新问题。取用此材料，以研求问题，则为此时代之新潮流。"④学术研究范式的建构与转型受制于特定历史时期的社会制度和文化环境，随着社会历史环境的变化，中国文学呼唤新的编撰方法和书写观念，必然要求学科建制和学术体

---

① 罗鹏. 导论："文"的界限[J]. 南方文坛，2017(5).

② 关于《牛津现代中国文学手册》，相关的研究成果主要如下：杨鸥：《中国当代文学引发海外汉学研究热》，《人民日报》海外版2017年9月29日，第6版。姚新勇：《关于中国现代文学的学术命题——采访罗鹏》，《华文文学》2018年第4期。季进：《关于概念、类别和模糊界限的思考——罗鹏教授访谈录》，《南方文坛》2018年第5期。刘莹：《论罗鹏的中国现当代文学研究》，《当代作家评论》2019年第2期。

③ 罗鹏采用的"元-方法论"一词不同于学界通常的"元方法论"这一表述，该词来自《牛津现代中国文学手册》的导言部分，即meta-methodology，本文根据英文翻译为"元-方法论"。

④ 陈寅恪. 陈垣敦煌劫余录序[M]//陈美延主编. 金明馆丛稿二编. 北京：生活·读书·新知三联书店，2001：266.

系作出相应的改变和调整。在当今全球化时代的文学研究视野中，后殖民主义、新历史主义、女性主义等西方思潮对曾经作为一元论的本质主义思维提出了挑战，不断解构传统的文学历史观与文学史哲学，冲击着旧有的文学史观念和文学史书写模式。与此同时，随着网络数字化、图像化等各种新媒介的普及化与大众化，旧有的文学史无法完美解释文学的新现象，文学文本范围的扩容和边界的泛化对新型文学史的书写提出了新的要求和挑战。于是，文学史研究领域的学术反思迅速蔓延，在世界范围内掀起了对于作为文人学科建制式文学史的学术反思，文学史研究如何积极地应对 21 世纪以来出现的新的文学文化现象就成为现在凸显的问题。中国学术界一度呼吁"重写文学史"，试图以此来缓解和解决文学史研究所面临的危机和挑战。在这场"重写文学史"思潮的影响下，国内数部堪称典范的文学史经典著作相继问世，冲击并改写了旧的文学史叙事格局，对其他文学史的重新书写发挥着重要的引领和示范作用。然而，不可否认的是，当前众多的现代文学史著作仍然存在着良莠不齐的情况，且思路、体例、框架、观念多有重复。

《手册》是西方汉学界建构新型文学史书写理论的产物，它对长久以来僵硬化、模式化、均质化的文学史理念进行了反拨与拆解。该书跳脱出了传统文学史研究的桎梏和窠臼，自觉地追求和探索新的文学史研究范式，对当前现代中国文学史研究作出积极的理论反思。毫无疑问，文学史研究的理论与方法对文学史书写实践至关重要，毕竟认识范式受制于理论基础，反过来也会作用于文学解读的实践。罗鹏以"文"的重构作为反思方法论的逻辑起点，提出建构元-方法论的文学史观，倡导文学史研究方法的多元化和开放性，强调文学多样性、复杂性和丰富性的书写实验。对此姚新勇指出："在罗鹏的文学史中，我们似乎看到的是'残缺'的未完结的文学史，在这里没有时间顺序的罗列，没有作家作品的完整介绍，而是一篇篇零散的学术论文，这些文章在传统'三段式'逻辑思维方式的组织下各归其位，围绕某个核心主题展开论述。正如编者本人自己承认：'张英进的《指南版》跟我们主编的《牛津版》根本不是文学史，因为都不试图介绍一种完整的文学史，反而都强调一些不同的分析法跟分类法.'"①从某种意义上来说,《手册》与其说是文学史重写思潮的在异国的呼应,毋宁说是文学史研究范式的颠覆性转向。这种转向吸收了西方后现代主义的创造性破坏思路,反映了对当前众多文学史研究著作的不满与反拨,也包含了对当代社会与文化转型的批判性反思。《手册》重构了文学史研究的方法论哲学,完成了方法论问题的思考与方法论体系的实践,这对于国内外的现代中国文学研究来说具有重要的革新意义,体现出异域学术传统的学术风格与理论视野。

罗鹏的学术研究具有非常明确、清醒的理论自觉,他说:"我认为实际上每个人都会用理论来研究文学。如果完全没有理论框架的话,那文学分析就无从开展。因而文学研究者的主要区别并不在于是否运用理论,而在于他们是选择强调所使用的理论还是重点关注分析过程。一方面,我认为文学研究中不一定必须要强调所运用的理论假设,就像很多历史学家、人类学家、电影学者和音乐学者那样,他们的理论构想贯穿于作品之中,但他们并不刻意在作品中强调这些构想。另一方面,我也认识到在很多情况下关注理论问题确实会带来启发。这种对理论的思考可以揭示出那些帮助我们分析但未得到验证的理论设想,也会启发我们找到新的方式和方法。"②《手册》的导言《"文"的界限》完整表达了罗鹏的思路、观点和方法,体现了他对现代中国文学研究的敏锐洞见,是我们把握和评价该书的重要切入口。他认为,马来西亚华人作家黄锦树的短篇小说《刻背》中一位华人苦力背上所刺的一组神秘纹身字符,其来源与意义的谜团成为驱动整个叙事的线索。由此得到启发,罗鹏认为:"类似地,我也提议我们可以使用这些几乎不可识别的纹身字符来重新检视我们对于现代华文文学这一概念的理解。"③如果对"文"

① 姚新勇.关于中国现代文学的学术命题:采访罗鹏[J].华文文学,2018(4).

② 季进.关于概念、类别和模糊界限的思考:罗鹏教授访谈录[J].南方文坛,2018(5).

③ 罗鹏.导论:"文"的界限[J].南方文坛,2017(5).

的含义追根溯源的话，它来自象形意义的"纹"。《说文解字》描述了这个字的形式、外观和用途，而不是试图明确界定它的含义。"相应地，我提议把这一虚构的纹身文本看作现代华文文学的一种独特形式，以此来重估使一个文本成为现代的、华文的、文学的文本的根本原因。换句话说，通过思考这个似乎处于通常意义上的现代华文文学的边缘的文本，我们将有可能重估这一概念本身的结构性条件和分类学逻辑。"①在甲骨文的"文"提供的关联性思维的启迪下，罗鹏建构了元-方法论的理论模式，重新组织中国文学的理论资源和话语空间，对一百多年来的中国进行分类并予以全新的解读。这不仅解构了传统的中国文学研究固有成见，而且开启了现代中国文学研究的方法论转向，对国内外学界具有重要的理论启示。

（二）元-方法论与后现代主义文学史观

20世纪六七十年代以来，欧美文学和史学研究领域进入了后学时代。文化研究、新文化史、新历史主义、解构主义、女性主义等理论相继出场，为文学史研究提供了丰厚的理论土壤。《手册》的理论灵感与西方的后现代主义理论，特别是新历史主义、新文化史学的历史观有一定的联系。新历史主义历史观认为传统的文学史和文化史所主张的历史整体目标是可疑的，分裂、断续与异质符合当代史学发展趋势，历史最终将从整体的历史转向部分或片段的历史，从纪念碑式的历史转向图表式的历史，从历史主义的历史转向结构的历史，从档案的历史转向推测的历史。无论是福柯的"谱系学"还是德勒兹的"组合"论、"皱褶"论，都告诉我们历史是一系列的断裂而非一个连续的整体，原先那种大写的历史被无数小写的历史所代替，历史从"唯一的故事"变成了"某一个故事"。如果按照新历史主义的历史观来透视，那么，文学与历史的关系会发生一些根本的变化。文学不再是反映历史的客观实体，历史也不仅仅是文学的"背景"，文学作为历史和意识形态的结合部，二者之间是一种互动的、相互影响与相互塑造的关系。张英进在谈到中西方文学史的编撰与现当代中国文学的关系时指出："北美学界自20世纪

---

① 罗鹏.导论："文"的界限[J].南方文坛，2017(5).

80 年代以来文学范式的变迁强化了一种对整体性消失的共识，这种共识激励了以异质性和片段化为标志的解构主义和后现代主义文学研究的发展，并且让人们逐渐倾向于寻求他者性和非连续性。"①新历史主义历史观影响下的文学史研究也发生了重要的变化，即主张打破统一、主流的历史叙事，力图在宏大的文化语境之中关注多元的声音，强调各种文本之间的互文性，强调边缘与差异，强调文学变迁背后的意识形态性，为文学史研究提供了多维视角和多重视野。《手册》的理念、方法和结构，正是对"摒弃连续性的历史叙述"学术潮流的延续和再创造。《手册》在内容上的"不完整"恰恰体现了开放而非封闭，动态而非静止的历史考察方法。新历史主义文学史观的出现，颠覆和解构了传统主流意识形态、精英话语所建构出来的宏大叙事，动摇和瓦解了传统历史叙事的权威性和合法性，文学史由此开始将目光投向大众的、底层的、日常的、边缘的历史细节。新历史主义理论对于去权威、去中心、去等级的强调，在《手册》中有着鲜明的体现。罗鹏说："关于《牛津中国现代文学手册》，安卓和我从未将其看作文学史。相反，我们想要强调的是在方法论和结构方面的思考，这些思考能够首先帮助我们理解什么是现代中国文学以及如何来解读它。"②他认为："我们的目的不是给中国现代文学绘制全景式的图谱，不是要谱写中国现代文学史，而是为了凸显这些学者如何研究如何理解中国现代文学的一系列方法。我认为对于方法论导向的重视尤为关键。"③《手册》旨在容纳尽可能丰富的学术观点和研究方法，尽最大努力还原中国复杂、多样的现代文学景观，而不是做简单划一的归纳和归类。所以，书中的各部分都保持了不同书写者的学术思考和学术个性，淡化了各篇章之间的逻辑联系，呈现出一种多元、多角度的文学史研究模式，

① 张英进.历史整体性的消失与重构：中西方文学史的编撰与现当代中国文学[J].文艺争鸣，2010(1).

② 季进.关于概念、类别和模糊界限的思考：罗鹏教授访谈录[J].南方文坛，2018(5).

③ 杨鸥.中国当代文学引发海外汉学研究热[J].人民日报，海外版，2017-9-29(6).

企图建立一种哲学方法论意义上的现代文学研究范式。这种追求多样化解释、不强求研究者统一观点和统一视角的研究原则，揭示了中国现代文学事实上的多样性和复杂性，以及复杂问题的多个层面，以便读者能全方位领略和把握到中国文学发展的整体风貌。由此可见，元-方法论在这里首先强调颠覆传统宏大的历史叙事，追求文本的历史性和建构性，进而倡导现代文学研究方法的多元性和多样化。

在《手册》中罗鹏并没有直接界定元-方法论是什么，对此，笔者予以进一步的廓清和解释。罗鹏说："我们在这里能展示的解读方法论是有限的，仍有无数种阐释学策略等待我们去使用。最后再次强调，我们的目的并不是要区分孰优孰劣，而是鼓励对于现存方法论的诸种隐而不显的前设进行批判性的重估。换句话说，我们追求的是一种'元-方法论'，能在研究文学现象的同时思考这一解读范式本身。"①从这里我们可以理解其具体内涵，一方面，罗鹏果断反对本质主义式或一元论式的思维方式来理解元-方法论，坚决杜绝元-方法论做出概念式的图解，目的是避免落入传统文学史研究范式知识论的窠臼。另一方面，罗鹏认为元-方法论是不完整的，是开放的、动态的历史过程，呼唤着研究者和阅读者对元-方法论本身进行再反思，进而追求方法论本身背后隐藏的元问题，推动元-方法论自身的完善和发展。罗鹏的元-方法论以文学研究方法自身作为研究对象，分析文学研究方法的内在机制和外部关涉，揭示研究对象的构成性、研究方法处身语境的合法性以及作为研究结论的知识的有限性，元-方法论正是在不断探索中敞开其本体形态。从方法到元-方法论，存在着研究对象和研究范式的双重转变，是对以往"将存在视为某种客观实体，并使之与主体一刀两断"②思维方式的反击，它集中体现了强烈的自我反思意识。

与此同时，进入后理论时代，随着反本质主义哲学和文化批判理论的展开，学术界普遍掀起了一场理论反思思潮，对现有的学科

① 罗鹏. 导论："文"的界限[J]. 南方文坛，2017(5).
② 范建刚."元批评"[D]. 兰州大学硕士学位论文，2007.

建制以及研究范式展开彻底的批判，新出现的学科概念和研究术语冲击着旧有的学术格局，文学研究面临着严重挑战。为了摆脱学科的建制危机，各学科开始深入地反思自身存在的合法性，在现代理论研究中借助在学科名称前加前缀"meta-"（元）来指称由此形成的新学科，众多诸如元哲学、元史学、元美学、元伦理等学科不断涌现。所谓"元"，出自希腊文"meta-"，是"之后""后设"的意思，指研究对象的二阶关系，用以指称比既有层次更深的一个解释性层次，如科学的科学、方法的方法、言谈的言谈、语言的语言。有学者指出："在英语或其他源于希腊语的西欧语言中，'meta-'作为前缀，与某一学科名词相连时，意味着一种概念从另外的概念中概括出来，用于对后者的完成或补充后，本学科就进入了一种更高级的逻辑形式。"①许多学者试图采用这种方法来建构新的理论体系，并进行了有益的尝试，在这里特以"元批评"举例说明。"元批评"即批评的批评，作为批评的一种后置形态，其目的是推翻以"文学批评就是对对象的阐释和评价"为主导的传统观念，解构批评对象的确定性、批评主体的合法性和批评结论的权威性。杰里米·霍桑的《当代文学理论词典》认为："元批评（即批评的批评）：换言之，批评理论将文学批评（或其他批评）作为其主题，试图分析和归纳各种批评实践，进而为批评实践建立普遍适用的原则。在其当代用语中，这个术语通常被文学理论所替代，尽管后者的含义可能要宽泛得多。"②此外，《文学批评术语词典》如此定义："它以分析、考察某种批评的概念范畴、逻辑构架、方式方法、价值原则为主要目的，它的作用主要不是作出解释性和评价性的陈述，而是追溯和考察这类陈述的逻辑，分析我们作出这些陈述时所从事的工作以及所应用的代码和模式。"③也就是说，"'元批评'就是将文学批评自身

---

① 赵志义. Metahistory 的翻译及对海登·怀特史学思想的理解[M]. 史学理论研究，2012(1).

② Jeremy Hawthorn. A glossary of contemporary literary theory[M]. London：Arnold，2000：207.

③ 王先霈，王又平主编. 文学批评术语词[M]. 上海：上海文艺出版社，1999：146.

作为主题进行理论研究，通过对大量批评实践的分析和概括，超越批评实践经验层面对文学批评做理论反思，形成一种普遍适用的批评原理，建立起文学批评的后设理论。这种理论应该既包括文学批评的性质、功能、程序、构成要素及运动规律等内涵，又涉及批评赖以建立的各种思想理论基础和意识形态观念。"①由此可见，正如余夏云所说："作为元理论的哲学虽然以某一学科域为对象，但其原则、方法和结论却不限于它所研究的对象，而具有更大的普遍意义。"②从某种意义上来说，"元"理念和"后设"视角为罗鹏元-方法论的构建提供了哲学启示，为他揭示方法本身的复杂性有着重要的镜鉴意义。面对众多文学史研究著作，罗鹏不止对研究方法的"量"提出了要求，还对方法本身的"质"作出了要求，即反思元-方法论的内在机制和外部关涉。

（三）元-方法论与"文"的启示

如果说后学赋予了罗鹏理论灵感，那么中国的象形文字则给予了他方法启示。许慎在《说文解字》中开宗明义对汉字起源作了总结性描述："古者庖羲氏之王天下也，仰则观象于天，俯则观法于地，视鸟兽之文与地之宜，近取诸身，远取诸物，于是始作易、八卦，以垂宪象。"③这表明汉字是先民们在劳动与生活的实践中，经由感性直觉逐渐发现了两物类似、两物对比的事实，并从这种类似和对比中看到了两物之间的"自然联系"，这种联系促使用某物记载和标示另一物成为可能，也就是我们通常所说的观物取象。汉字具有明显的符号象征意味，不仅是对客观物象的摹仿，还渗透了人们的情感和价值判断，表达了主体的主观情意、审美判断乃至艺术文化思想，因此汉字总是携带可供分析的意义信息。"一个符号，可以是一种偶然生成的事物，即一种可以通过某种不言而喻的或约

① 范建刚，张进."元批评"的思维特征与学科取向[J].兰州大学学报（社会科学版），2007(4).

② 余夏云.作为"方法"的海外汉学：以英语世界的中国现代文学研究为例[D].苏州大学博士论文，2012.

③ （汉）许慎.说文解字[M]//（宋）徐铉校定.北京：中华书局，1963：314.

定俗成的传统，去标示某种与它不同的另外的事物。"①此外，许慎还在《说文解字》里对"文"和"字"进行解释，认为"文"与"字"是两种不同的汉字，合体之"字"是由独体之"文"演化而来。他在《说文解字·叙》中指出两者的区别："仓颉之初作书，盖依类象形，故谓之文，其后形声相益，即谓之字，字者言孳乳而浸多也。"②从这里我们会找到许慎把汉字分为两大类的依据和来源，在他看来汉字构成的要素主要是形和声。第一类"文"是用"依类象形"的方法创造的，这一类字的形体是独立的，不能拆分的，是对某一具体事物的指称，如我们所熟悉的象形文字"文""日""月"等。第二类"字"则是用"形声相益"的方法组合起来的，这里的字就是词了，它是由独体之"文"拆开和拼并组合而成的，更多的是一种写词的方法。由此可见，"文"与"字"是源与流的关系，"字"是在文的基础上派生出来的。与此同时，文字作为一种记录符号，也反映了汉字从"文"到"字"的发展演变过程。"关心的是人类的'给予意义'的活动结构和意义，即这个活动如何产生了人类的文化，维持并改变了它的结构。"③由此可见，《说文解字》中蕴含着丰富的方法论思想。我们对于汉字的认识和理解是有迹可寻的，关于汉字的形体结构、汉字的分类、字形和字义之间的关系等都可以从《说文解字》中找到答案。正如罗鹏所说："《说文解字》在这里所提供的并不是像今天的字典里的那一类解释，而它试图通过指出一个字符可推定的词源、其视觉形式，以及可能的造字用途来表明其意义。"④

在《手册》的导论部分，罗鹏选取马来西亚华人作家黄锦树的短篇小说《刻背》作为思考的切入点，通过对故事线索"纹身"的论述，发现"纹"与"文"字之间存在千丝万缕的关系，之后在《说文解字》中找到答案，即作为词的"纹"是在"文"的基础上派生出来的，

① ［美］苏珊·朗格．艺术问题［M］．北京：中国社会科学出版社，1983：125.

② （汉）许慎．说文解字［M］//（宋）徐铉校定．北京：中华书局，1963：314.

③ ［日］池上嘉彦．符号学入门［M］．张晓云译．北京：国际文化出版公司，1985：3.

④ 罗鹏．导论："文"的界限［M］．南方文坛，2017(5).

对"纹"的理解离不开"文"的释义参考，进而追溯"文"字的产生，挖掘出作为象形文字的"文"背后所蕴藏的文化意义和方法论思想。与此同时，在《手册》的导论中，罗鹏就"文"的界限详细地表明了此书的学术立场和学术目标。即"就如同《说文解字》对于'文'的解释，本书的目标并不是要界定什么是现代华文文学，也不是要对这一概念可能涵盖的东西做一个全面的调查，而是提倡通过一系列策略性的介入来阐明决定现代华文文学如何出现，如何被认识，以及如何被解释的结构性条件。换句话说，我们的目标是展示一系列能在处理现代华文文学文本的同时提供不同方式以重估什么是现代华文文学的方法论。我们主张现代华文文学不是一个静态的概念而是一个动态的实体，其意义和局限在解读的过程中被不断重塑。同理，它也不是一个单一、统一的概念，而是关于什么是现代华文文学的不同概念相互重合所形成的复合体。"①

为了更好地理解罗鹏的元-方法论，这里我们不妨借用现代数学的集合概念对元-方法论作出细致的剖析。集合作为现代数学的基本概念，是指具有某种特定性质的事物的总体。一定范围的、确定的、可以区别的事物，当作一个整体来看待时都可以称为集合，简称集。组成一集合的对象叫作集合的元素（或简称元）。集合具有如下性质：首先是确定性，即每一个对象都能确定是不是某一集合的元素，没有确定性就不能成为集合，例如"个子高的同学""很小的数"都不能构成集合。其次是互异性，即集合中任意两个元素都是不同的对象，一个集合中每个元素只能出现一次。最后是无序性，即一个集合中，每个元素的地位都是平等的，元素之间是无序的，没有先后顺序。集合元素的三个特性使集合本身具有了确定性和整体性。元素与集合的关系主要是"属于"与"不属于"，而集合与集合之间的关系主要有两种：并集和交集。如果我们将元-方法论看作一个整体，那么贯穿本书每篇文章的具体研究方法是这一个集合中的元素，例如对现代文学概念的认识，可以从政治、语言、文学发行机制等方面展开考察，也可以从区域与族群、移民、文学

---

① 罗鹏.导论："文"的界限[J].南方文坛，2017(5).

体裁等方面展开辨析，甚至可以从历史、心理、性别、身份政治等
方面展开研究。这些不同角度、不同层次、不同侧面的研究方法共
同构成了方法论的集合，方法论集合中的每一个具体研究方法都通
向现代文学概念的理解。如果从成书的编撰体例来看，将本书的三
个部分分别看作是结构、分类学、方法论的集合，那么，分属这三
个集合下面的具体研究方法都是集合的元素，这些元素依据特定的
标准汇聚在集合之下，形成现代文学的认识和理解。以元-方法论
命名的集合可以看作是这三个集合的并集，虽然这些不同的元素存
在相互交叉、重合的部分，但是它们为重估中国现代文学提供不同
的研究路径，有利于我们把握中国文学的复杂性和多样性。综上所
述，《说文解字》启发了罗鹏对方法论问题的思考，正是在"文"这
一条目释义的方法启示下，他发现方法论对现代文学研究有着至关
重要的作用，进而有意识地去建构元-方法论体系。

二、《牛津现代中国文学手册》与元-方法论的 批评实践

以罗鹏（Carlos Rojas）、白安卓（Andrea Bachner）主编的《牛津
现代中国文学手册》①展现了海外现代中国文学研究别样的视域与
思路。《手册》目前尚无中文版，只有导论部分翻译发表②。同时，
除了三个访谈③之外，相关的研究论文也并不多见。《手册》对现代
中国文学进行多样化考察，构建元-方法论研究范式，并在此方法
论指导下进行现代文学研究的方法论实验，解构了传统的中国文学

---

① Carlos Rojas, Andrea Bachner, eds. The Oxford Handbook of Modern
Chinese Literatures[M]. Oxford：Oxford University Press，2016.

② 罗鹏. 导论："文"的界限[J]. 南方文坛，2017(9).

③ 关于《牛津现代中国文学手册》，相关的研究成果主要如下：杨鸥：《中
国当代文学引发海外汉学研究热》，《人民日报》海外版 2017 年 9 月 29 日，第 6
版。姚新勇：《关于中国现代文学的学术命题——采访罗鹏》，《华文文学》2018
年第 4 期。季进：《关于概念、类别和模糊界限的思考——罗鹏教授访谈录》，
《南方文坛》2018 年第 5 期。

史书写实践。笔者首先探讨元-方法论建构的缘起,然后抓取"现代""中国""文学"三个关键词,以此视角观照现代文学研究中最具代表性且为学界所热切关注的学术话题,即"现代"文学史的生成、如何理解"中国"现代文学、"文学"文本的解读方法,从而揭示元-方法论所展示的文学世界与批评实践。

(一)元-方法论的建构缘起

《手册》的《导论:"文"的界限》细致交代了在《说文解字》的影响和启示下元-方法论构建的逻辑线索。罗鹏选取马来西亚华人作家黄锦树的短篇小说《刻背》作为思考的切入点和落脚点,通过对故事线索"纹身"的论述,发现神秘字符"纹"与汉字"文"之间存在千丝万缕的关系。他在《说文解字》中找到答案,"纹"是在"文"的基础上派生出来的,对"纹"的理解离不开"文"的释义参考,进而追溯到"文"的产生,从而挖掘出作为象形文字的"文"背后所蕴藏的文化意义和方法论思想。在《手册》的导论中,罗鹏具体阐述了编撰此书的学术立场和学术目标:"就如同《说文解字》对于'文'的解释,本书的目标并不是要界定什么是现代华文文学,也不是要对这一概念可能涵盖的东西做一个全面的调查,而是提倡通过一系列策略性的介入来阐明决定现代华文文学如何出现,如何被认识,以及如何被解释的结构性条件。换句话说,我们的目标是展示一系列能在处理现代华文文学文本的同时提供不同方式以重估什么是现代华文文学的方法论。我们主张现代华文文学不是一个静态的概念而是一个动态的实体,其意义和局限在解读的过程中被不断重塑。同理,它也不是一个单一、统一的概念,而是关于什么是现代华文文学的不同概念相互重合所形成的复合体。"①元-方法论视域中的研究范式、视角和立场必将带来文学史书写模式的革新,其不拘一格的编撰体例、推陈出新的材料和真知灼见也必将给读者带来非凡的阅读体验。

如果说后现代主义理论赋予了罗鹏思想灵感,那么中国的象形文字则给予了他方法论启示。关于中国象形文字的起源,许慎在

① 罗鹏. 导论:"文"的界限[J]. 南方文坛,2017(9).

《说文解字》中详尽概括了汉字的生成脉络和构形特点，言简意赅地指出："古者庖羲氏之王天下也，仰则观象于天，俯则观法于地，视鸟兽之文与地之宜，近取诸身，远取诸物，于是始作易、八卦，以垂宪象。"①这表明汉字是先民们劳动与生活实践的产物。在清苦的劳动生活积累中，先民们经由感性的直觉经验渐渐地找到了不同事物之间的相似点，并从这些相似、类似的地方捕捉到了物与物所具有的相通的"天然属性"。这种两物相通的"天然属性"无疑确保了用此物来标记彼物这一构想的实现，也就是通常所说的观物取象。汉字具有明显的符号象征意味，不仅是对客观物象的摹仿，还渗透了人们的情感和价值判断，表达了主体的主观情意、审美判断乃至艺术与文化思想，因此汉字总是携带可供分析的意义信息。"一个符号，可以是一种偶然生成的事物，即一种可以通过某种不言而喻的或约定俗成的传统，去标示某种与它不同的另外的事物。"②此外，许慎在《说文解字》里对"文"和"字"二者之间的区分和联系作了详细的阐述，认为合体之"字"是由独体之"文"演化而来，这两种不同类型的汉字存在着本与源的关系。他在《说文解字》中进一步表明："仓颉之初作书，盖依类象形，故谓之文，其后形声相益，即谓之字，字者言孳乳而浸多也。"③许慎把汉字分为两大类的依据和来源至此显而易见，在他看来汉字构成的要素主要是形和声。第一类"文"是用"依类象形"的方法创造的，这一类字的形体是独立的，不能拆分的，是对某一具体事物的指称，如我们所熟悉的象形文字"文""日""月"等。第二类"字"则是用"形声相益"的方法组合起来的，这里的字就是词了，它是由独体之"文"拆开和拼并组合而成的，更多的是一种写词的方法。由此可见，"文"与"字"是源与流的关系，"字"是在"文"的基础上派生出来

① （汉)许慎.说文解字[M]//（宋）徐铉校定，北京：中华书局，1963：314.

② [美]苏珊·朗格.艺术问题[M].北京：中国社会科学出版社，1983：125.

③ （汉)许慎.说文解字[M]//（宋）徐铉校定，中华书局，1963：314.

的。与此同时，文字作为一种记录符号，也反映了汉字从"文"到"字"的发展演变过程。"关心的是人类的'给予意义'的活动结构和意义，即这个活动如何产生了人类的文化，维持并改变了它的结构。"①《说文解字》中蕴含着丰富的方法论思想，对于汉字的认识和理解是有迹可寻的，关于汉字的形体结构、汉字的分类、字形和字义之间的关系等都可以从中找到确切的答案。正如罗鹏所说："《说文解字》在这里所提供的并不是像今天的字典里的那一类解释，而它试图通过指出一个字符可推定的词源、其视觉形式，以及可能的造字用途来表明其意义。"②《手册》关于元-方法论研究方法的主张，是对当今类型化和封闭化的文学史著述泛滥的反拨，其目的是解构和突破传统文学教条化、僵化和均质化的阐读方式和书写模式，鼓励和倡导多元性、多层面和多视角的文学研究方法，从而跳脱出唯方法至上的本质主义思维桎梏，对以中国大陆为中心的现代文学史的书写提供了有益的价值参照。与传统文学史阅读经验不同的是，元-方法论研究方法在《手册》中的运用旨在为读者展示和提供理解现代华文文学的不同路径，从而引导读者获取丰富而多元的认识。从某种意义上来说，读者最终收获的不是作为知识与学理属性上概念界定明晰的现代文学，而是可以畅享每一次采用不同方法近距离接触现代文学的旅行过程。

(二)"现代"文学史的生成

《手册》的内容主要由三部分组成，第一部分以"结构"(Structure)命名，重点探讨现代中国文学生产、传播和消费的结构性条件，第一部分开头编者开宗明义论述了编撰"结构"的缘由。编者对现代文学结构性条件的探求缘于《说文解字》中"文"的第一条解释的启示，正如汉字的产生源于"错画"的图案。《说文解字》中对于'文'的第一条解释指出这个字符图案包含一对交错的笔画('错画也')。这条解释既可以理解为是在讲这个字符本身如何被

---

① ［日］池上嘉彦.符号学入门［M］.张晓云，译，北京：国际文化出版公司，1985：3.

② 罗鹏.导论："文"的界限［J］.南方文坛，2017(9).

书写，也可以理解为是在指涉传说中那启发了汉字产生的由痕迹交叉而成的图案。可以说，'文'字条目的第一句同时点明了'文'这个字和整个汉字书写系统（也被称作'文'）得以产生的结构性条件。类似地，在本书的第一部分中，我们试图思考影响现代华文文学产生、传播和消费的结构性条件。这些条件不仅帮助我们理解某些文本，还使我们理解这些文本所处的整体社会文化环境。"①那么现代文学是如何产生的呢？是何种现代？《手册》第一部分将关注点集中在现代华文文学的生成机制，也就是从发生学的角度来探究现代文学的产生，通过结构性条件的讨论深刻地把握现代文学生产的来龙去脉，对生产这些文本的整体社会文化环境有了更加明晰的认识。文学生产是在一定的文学观念指导下进行的，文学观念回答"文学是什么"，涉及文学的本质，它主要表达对文学的基本认识和看法。文学观念是流动的、变化的和多元的，不同时代的社会气候和文化环境孕育着不同的文学观念。罗鹏认为："这些关于结构性的思考并不严格处于文本之外，而可以被看作是文本的直接延伸，作为一种同步为文学生产提供必要条件的类文本。通过分析多种结构性条件，对于作为其结果的文学文本，以及文本解读本身的根本意义，我们都将获得更精微的理解。"②在《手册》中，读者用不着再拘泥于传统的文学认知观念，固执地把文学的审美性和社会性作为衡量文学之所以为文学的主要指标。相反，《手册》追求一种更宏大、更具包容性的文学观，展示和提供了一系列策略性的方法介入来阐明现代文学的生成途径。这些策略性方法的介入在编者罗鹏看来并不存在孰优孰劣，不仅包括文学界定所依赖的语言角度，而且还涵盖文学生产的机制等诸多方面，这些众多因素的汇聚共同构筑了现代文学书写的全面理解。

那么，影响现代文学生成的结构性条件究竟有哪些呢？《手册》的第一部分"以小见大"列举了众多学者和作家对于这些结构性条件的讨论。例如邓腾克（Denton）的《鲁迅，归国与五四现代性》、

---

① 罗鹏. 导论："文"的界限[J]. 南方文坛，2017(9).

② 罗鹏. 导论："文"的界限[J]. 南方文坛，2017(9).

纳撒尼尔·艾萨克森(Nathaniel Isaacson)的《东方学、科学实践与晚清通俗文化》、韩嵩文(Michael Gibbs Hill)的《论所不知的：翻译、知识与现代文学》等。其中，陈平原的《文学史的故事》从认识论范式详细地勾勒了作为文体的文学史是如何在近代中国出现和兴起的。他首先以鲁迅为何从事文学史写作的话题展开讨论，分析鲁迅撰写诸如《中国小说史略》《汉文学史纲要》等著述是教书授课的需要。显然，鲁迅的教师角色决定了他在北京大学任教期间必须编写属于自己的教材，"如果没有学术教学，或者教学机构没有把文学史作为一门学科来教授，鲁迅等学者可能就不会从事文学史的写作。"①与此同时，教材的出色编写能够在全国范围内得到推广，给作者带来极大的声望，迅速改善作者的生活条件。"为北京大学编写的教材不仅用于这个特定的机构，而且还在全国各地传播。"②这些优秀的教材成为日后学界撰写文学史的重要范本。鲁迅的个人经历以及北京大学教材的编写有助于我们更好把握新教育体系下文学史的教学与研究，文学史的写作和研究与书写者的教学工作密切相关。教材的编写是高等学校最重要的任务之一，质量较高的教材能为教师开展教学和指导学生提供重要的知识来源。陈平原从晚清以来中国向西式教育体制转型的重大历史背景下展开对文学史的追踪和考察，文学史作为一种新型学术体系下的知识无疑是近代中国西化过程的产物，在新的教育体制的推动下，文学史自觉地承担起构建文学知识生产和传播的话语工具。与传统以修辞学、审美情趣和写作为核心的文学教育不同，"文学研究的核心已经从'文体写作'技能的培养转向文学史知识的积累。它不是建立在个别作家或学者的审美观之上，而是成为中国整体现代化进程中不可或缺的一部分。"③从某种程度上来说，文学史的写作和研究已然化为一种知识

① Andrea Bachner, Carlos Rojas, eds. The Oxford Handbook of Modern Chinese Literatures[M]. Oxford：Oxford University Press，2016：132.

② Andrea Bachner, Carlos Rojas, eds. The Oxford Handbook of Modern Chinese Literatures[M]. Oxford：Oxford University Press，2016：136.

③ Andrea Bachner, Carlos Rojas, eds. The Oxford Handbook of Modern Chinese Literatures[M]. Oxford：Oxford University Press，2016：142.

体系，这种知识体系因文化的需要在表达民族情感、团结民族精神、吸收外国文化和进入"世界文学"中发挥着重要作用。当然，影响文学史的书写有众多的因素，在这里讨论的只是其中的某一个方面。正如陈平原在结尾时所总结的："谈论'重塑文学史'而不是'重写文学史'可能更合适，因为这个过程不仅涉及作家的文学评价或学术思想和学术地位，而且还涉及阅读和训练、学科和写作、学术研究和意识形态、教育机构和市场等因素。对我们所熟悉的文学史形象进行思考、较量和重构，目的在于揭示学术所蕴含的情感、诗情、想象和批判精神等深层内涵。"① 一代有一代的文学史，无数文学史著述的书写并不排除炒现饭式的重复，同时，也有不少作品是重新构建新文学观念的产物。

（三）如何理解"中国"现代文学

《说文解字》关于"文"的第二条解释"象交文"，描绘了这一字符所显示的外观形式与笔画状态，这种笔画形式与前面第一条的字符图案极其相似，根据上述关于汉字字符起源过程的论述，可以发现字符本身的笔画结构是建立在对最原始图案的摹拟基础之上。在罗鹏看来："这两条解释的主要差异在于第一条强调这一字符的组成结构（'错画也'），而第二条侧重于描述它的视觉外观（'象交文'）。第二条解释依赖的是《说文解字》中的'象形'法，即假定字符的外观可以反映它的意义。这一方法表达出一种观念：形式具有意义和价值。"② 在文学史研究领域，随着现代文学的深入发展，一些新的文学现象、文学类型、文学体裁等众多问题浮现，从某种意义上来说，这也是文学史常写常新无法忽视的重要因素。如果说《手册》的第一部分主要从结构方面来探讨现代文学的生成机制，那么第二部分则回归到现代文学的具体内容，采用分类学（Taxonomy）的思维方法来研究不同的文学概念和类型。罗鹏在《手册》中指出："在本书的第二部分中，我们试图采用一种类似于'象

---

① Andrea Bachner, Carlos Rojas, eds. The Oxford Handbook of Modern Chinese Literatures[M]. Oxford: Oxford University Press, 2016: 147.

② 罗鹏. 导论："文"的界限[J]. 南方文坛, 2017(9).

形'的方法来考察文学的分类。一些最有影响力的文学分类法都以表面的相似性作为基础，而我们将特别考察一系列历史的、族群的、区域的和形式的因素和与其相对应的文学概念。我们这么做并不是要分出孰优孰劣，而是试图阐明思考不同分类学及其逻辑的多样方法，并最终探索现代华文文学这一概念背后的诸种预设。"①多样化的分类模式体现如下，例如田晓菲以分析浩然小说为切入点重新思考特定时期的历史与文化，马修·法拉利(Matthew Fraleigh)从十九世纪汉字文化圈的诗学交流讨论中国文学的边界，江慧珠(Belinda Kong)分析作家郭小橹从而展开对英语文学概念的思索，季进重点考察了改革开放之后中国的西方文学翻译作品问题，宋明炜将目光投向处于文学体制边缘的科幻小说，安敏轩(Nick Admussen)回溯了散文诗这一复杂体裁的生成路径。正如罗鹏在《手册》中所说："以上讨论的每种文学分类法都以形式上的近似作为基础，但在每一个例子中这些表面上的近似性都阻碍我们看到潜在的更复杂的，甚至相对的结构性逻辑。但是，考察这些近似性正是批判性地重新检视其对应的结构性逻辑的出发点，并且在这些过程中一系列多样的另类的文学分类概念也将得到考虑。"②多元化的文学分类法的共同交织进一步加深了我们对现代文学的理解。

近些年，国内外学界对"华语文学"相关话题一直保持高度的关注，关于华语文学的相关问题，罗鹏在相关的访谈中明确表达过自己的见解。他指出《手册》中为什么使用 Chinese literature 而不是 Sinophone，以及他对于 Chinese literature 的理解。罗鹏认为："英文的 Chinese literature 的意思很有弹性，因为 Chinese 这个形容词可以被翻译成'中国的'、'中国地区的'、'中文的'、'汉族的'、'中国/汉族/华文文化的'等。所以，我所使用的 Chinese literature 一词有多种意义，无论是直接翻译成'中国文学'、'中文文学'、'华语语系文学'等，都是以偏概全，有问题的。我们所关心的作品与文学现象既包括来自中国大陆的，也包括来自港台、南洋、欧

---

① 罗鹏. 导论："文"的界限[J]. 南方文坛, 2017(9).
② 罗鹏. 导论："文"的界限[J]. 南方文坛, 2017(9).

美等地区的；既包括用中文写的作品，也包括一些用日文、英文、彝文等语言书写的作品。"①与传统封闭、固化的释义参考不一样，Chinese literature 在罗鹏眼里只是一个虚构性的标签词汇。无论被翻译成"华语语系文学""华文文学"，还是"中国文学"和"世界中文文学"，这个标签术语囊括了所有基于语言、内容、起源或作者身份背景等角度的"中国"文学作品。罗鹏想表达的是，作为读者必须坚持采用包容、开放、发展的眼光来看待文学，而不是执着于概念内涵的本身。"中国文学的标签不是给定的，而是作为审查的对象本身需要不断重新定义。坚持使用复数来绘制中国现代文学的版图，也就是说，没有一个连贯的、统一的文学语料库，而是多种多样的表达方式，这也就意味着这些文学与汉语形容词之间的联系是复杂的、多重的。"②罗鹏认为，面对华语文学这一复杂的学术话题时，与其纠结于复杂概念的本身，不妨在研究方法上实现变革和突破，因此他采用分类学的集合理念来重新认识华语文学。罗鹏在与季进的对话中具体阐述："就像我在《牛津中国现代文学手册》的引言中写道，我发现基于家族相似逻辑来理解华语语系、世界中文文学或我统称为'中国文学'的分类是可以带来新的思考的。也就是说，没有唯一的标准（如用中文书写）来严格定义这一集合具体包含的内容，而集合中的每一元素都符合一项或多项一系列互相重合的条件。……最终，不同历史时期的不同文化作品研究往往凝聚成分离的学术子域，每个子域都有其自身的阐释方法，从这一角度看，这种对现有时期划分传统边界的质疑确实可以被看作一种跨学科的研究方法。"③这段论述清晰地展示了《手册》元-方法论研究范式构建的思考路径。对于华语文学的再认识，与其说是罗鹏提议读者大众持一种更广阔、更有弹性的文学观，毋宁说是元-方法论研

① 姚新勇.关于中国现代文学的学术命题——采访罗鹏[J].华文文学，2018(4).

② Andrea Bachner, Carlos Rojas, eds. The Oxford Handbook of Modern Chinese Literatures[M]. Oxford：Oxford University Press，2016.

③ 季进.关于概念、类别和模糊界限的思考：罗鹏教授访谈录[J].南方文坛，2018(5).

究范式的一场理论实践。

(四)"文学"文本的解读方法

《说文解字》中关于"文"的第三条解释是"凡文之属皆从文"，这个条目清晰交代了与"文"相关的构字方法和理解方式，换句话说，凡是与文有关的字都可以从"文"字身上找到答案，即罗鹏所说："第三条解释则转向其意义，以及其构造其他表达类似意义的汉字的方法。"①不同于前两条的解释主要围绕这个字符的本体展开，对其结构条件和外观形状进行精确的概述和细致的描绘。第三个条目的释义更侧重于这个字符实践方法的普适性，指出这种理论方法的意义和价值。罗鹏认为："它指出了一种解读方法的运用，即理解一个字符的一部分的意义可以促进我们理解整个字符的意义。"②正是由于《说文解字》关于"文"第三条解释的方法论启示，罗鹏重新思考现代中国文学研究方法的相关问题，进而尝试并构建元-方法论研究范式。《手册》的第三部分主要围绕"方法论"展开，通过列举一些具体的文学解读的实践案例，为读者展示和提供了一系列新颖的文学文本解读方法。这些方法纵穿古今横跨东西，既有中国传统的诗学方法又有西方现代的批评方法，多样化的解读从实践操作层面再次论证元-方法论研究范式的必要性和合理性。在与季进的访谈对话中，罗鹏谈到了对于现代文学研究中常见术语"纯文学"的理解，他认为："'纯文学'涉及两种相互关联却截然不同的现象。首先，它指的是经典文学这一类别，即不以商业或政治为目的而是因独特的美学价值而得到认可的作品。其次，它也指一种阐读方式，即主要是对作品的美学价值而非社会文化或意识形态的含义进行阅读和评价。因为任何试图要勾勒出纯文学范畴的做法必然会受到意识形态和制度因素的影响，而传统的观点却恰恰把这些要素与纯文学对立了起来。"③从某种意义上说，罗鹏对于"纯文

---

① 罗鹏.导论："文"的界限[J].南方文坛，2017(9).
② 罗鹏.导论："文"的界限[J].南方文坛，2017(9).
③ 季进.关于概念、类别和模糊界限的思考：罗鹏教授访谈录[J].南方文坛，2018(5).

学"概念的理解正是元-方法论理念影响的实践产物，他摒弃了传统"非此即彼"的二元对立的思维模式，而追求一种方法论意义的研究路径。他并没有直接下定义告诉人们"纯文学"是什么，而是从多元性的思维角度出发深入细致地剖析概念所涉及的关系层面，进而引导对于这个概念的认知。罗鹏不遗余力的将元-方法论这种新颖的研究方法应用到具体问题的研究。纵观他所从事的学术研究，我们会发现其对于学术问题另辟蹊径的独到见解无一例外都贯穿着方法论思考，几乎都是元-方法论视阈观照中的延展。

《手册》的面世可谓元-方法论指导下现代中国文学史的新型书写。与前面两个部分相同的是，第三部分也合计包含十五篇文章，内容主要表现为四方面：第一，以历史与历史编撰学为出发点。例如王德威探讨了现代时期中国文学思想的三种相遇，苏源熙（Haun Saussy）和葛兆光重点描述了 20 世纪初诗学转向思想潮流的基本特征，并指出"新史学"研究方法的理论价值和现实意义。第二，以政治与心理学为立足点。例如王斑借用精神分析的力比多概念，挖掘丁玲 30 年代小说创作所凸显的"积极性升华"气质。第三，以一系列社会与社群问题为突破点。例如唐丽园从人和生态危机的关系出发，深刻揭示朱天文同性恋小说《荒手人记》和阎连科作品《丁庄梦》共同所蕴含的生态问题。第四，以时间性和族群政治身份问题为切入。例如贝纳（Brian Bernards）通过考察马华文学的国族身份与族群身份之间的紧张关系，为读者提供一种"马来西亚作为方法"的分析模式。罗鹏在《手册》中最后总结："我们在这里能展示的解读方法论是有限的，仍有无数种阐释学策略等待我们去使用。最后再次强调，我们的目的并不是要区分孰优孰劣，而是鼓励对于现存方法论的诸种隐而不显的前设进行批判性的重估。换句话说，我们追求的是一种'元-方法论'，能在研究文学现象的同时思考这一解读范式本身。"①一千个读者有一千个哈姆雷特，同一个文学文本采取不同的阅读方法会获得新鲜、陌生的阅读经验，因而关于解读方法远远不止《手册》中所呈现的，但学者所聚焦的研究对象和

---

① 罗鹏. 导论："文"的界限[J]. 南方文坛，2017(9).

采用的研究方法无疑展现了广阔的学术视野，拓宽了研究范围，推动学界同仁自觉反思当下现代中国文学研究的不足，从而促使文学史的不断重写成为可能。

随着海外汉学研究的蓬勃发展，域外汉学家对现代文学的翻译、书写和研究，已经成为不容忽视的力量。毫无疑问，海外汉学家独特的理论视角和新颖的研究方法，拓宽了现代中国文学研究的理论视野、提升了研究水平，对中国文学在世界范围内的传播产生深远的影响。因而，从宏观视野来考察中西方对现代中国文学史书写研究的比较，反思现有研究的不足之处，也一直是学术界密切关注的课题。在《手册》的第三部分，罗鹏有意识地对这类问题作了积极回应。笔者选取张英进的文章来进一步说明这一问题，他的《历史整体性的消失与重构——中西方文学史的编撰与现当代中国文学》①主要以西方文学史的编撰为切入点，文章开篇部分结合具体的文学史著述描述了西方文学史编撰的历史过程，即文学史的书写经历着由强调外部研究到注重内部研究的循环发展过程。他重点考察了西方学界将文学史研究理论化的趋向，指出后现代主义理论思潮对文学史书写方式的影响，即"新的文学史把片段化和断裂性变成文学史编写的结构原则"。② 关于这种影响最突出的特征是："北美学界自20世纪80年代以来文学范式的变迁强化了一种对整体性消失的共识，这种共识激励了以异质性和片段化为标志的解构主义和后现代主义文学研究的发展，并且让人们逐渐倾向于寻求他者性和非连续性。"③随后，张英进梳理、阐述了北美和大陆学界眼中的文学史学，并敏锐地捕捉到中西方文学史编写存在差异，言简意赅地指出："研究'现当代中国文学'的中文学界拥有众多的文学

---

① 张英进撰写的内容已被译作中文发表于国内期刊，因而笔者在这里主要围绕中文译作展开详细的论述，阐析这篇文章如何从理论到实践上体现了编者罗鹏所倡导的"元-方法论"理念。

② 张英进，雷俊. 历史整体性的消失与重构：中西方文学史的编撰与现当代中国文学[J]. 文艺争鸣，2010(1).

③ 张英进，雷俊. 历史整体性的消失与重构：中西方文学史的编撰与现当代中国文学[J]. 文艺争鸣，2010(1).

史著作,而北美学界的这个领域却几乎无人问津大型的文学史著述,而更关注特定的作家、群体、时期和主题的研究。"①作为文学史重要组成部分的文学史著述,从某种程度上可以反映当前文学史研究的基本学术倾向。张英进通过对这一现象的洞察和思索展开对中国现代文学研究的反思。"我希望通过把中国和欧美不同的学术走向放在一起进行比较,以探求文学史的另类视野与实践(譬如跨国族的、跨区域的、跨地方的),即那些由于过度强调整体性消失及其再度想象时可能遭到忽略的视野和实践。"②他山之石,可以攻玉。张英进以宏观比较的视野分析和反思了当前中国现代文学研究的不足,以及发掘出这种差异产生的背后原因,并由此提出摆脱目前研究困境的可操作性方法,即唤醒文学史作者的主体意识,构建新型的比较文学史。总之,笔者通过对张英进所撰章节的细读,发现他对于中国文学研究的思考无不包含着方法论思想,其中比较文学史的提出从某种意义上来说就是元-方法论研究范式的具体实践形式之一,它清晰地表明了现代中国文学研究最新的学术动态和研究趋势,从而为重建中国文学史新视野创造了现实可能和理论准备。

三、《牛津现代中国文学手册》与元-方法论的反思

罗鹏提出的"元-方法论"文学史构想,使我们了解到方法论的实践意义和价值。罗鹏对方法论问题甚感兴趣,这与他者视域不无关系。在众多文学史的编写著作中,我们所熟悉的文学史大多数是采用传统文学史的写法,如以时间朝代、作家作品、文体类型来编排各章节内容。《手册》则完全抛弃了传统文学史工具书式的书写模式,立足于"方法论"的理论视野,展开对中国现代文学研究的

---

① 张英进,雷俊. 历史整体性的消失与重构:中西方文学史的编撰与现当代中国文学[J]. 文艺争鸣,2010(1).

② 张英进,雷俊. 历史整体性的消失与重构:中西方文学史的编撰与现当代中国文学[J]. 文艺争鸣,2010(1).

方法探讨。对文学史研究方法的探索既缘于西方理论话语环境的长期浸淫，又源于编者对多样化文学史研究方法的自觉追求。从导言的论述和目录来看，这部文学史汇聚了国内外专家学者近些年来重要的学术成果，对当前建制式文学史研究做出深刻的理论反思。从汉字"纹"到"文"，在中国象形文字的启发下，编者依据汉字的随物赋形特点建构起"元-方法论"体系，并自觉应用于中国文学史研究中，从而开启了文学史研究的方法论转向。

罗鹏作为海外现代中国文学研究者，目前是海外汉学家中脱颖而出的新锐代表，他生长于西方求学于西方，深受耿德华(Edward Gunn)、杰夫·威特(Geoff Waite)、王德威等名师的学术点拨。他与导师王德威都强调了对中国现代文学史的书写谱系进行多元与多源的阐释。季进说："对于罗鹏而言，'牛津版'通过一系列堪称'边缘性'的观察，所要处理的是对于'现代华文文学'这一概念的来龙去脉。与其老师王德威一样，他将文学史书写视为一个开放的、动态的生产过程，以散点辐射的编纂结构呼应中国现代文学史中的种种幽暗意识。甚至更进一步，他取消了另外三种文学史或多或少的编年传统，代之以一个非线性的论述宇宙，以不断彰显中国现代文学话语自我建构过程中的时间纵深，并试探其包容的界限。"①罗鹏对文学史研究方法论问题的关注和重视，这既与西方学科建制的学术传统和学术资源有关，又与学者本人的人生背景和理论训练有关。其学术兴趣和学术面貌，根植于西方学科长年累月的理论知识浸染和学术思维训练。

海外汉学现代文学的研究热潮，不同体例的文学史相继问世，促使罗鹏自觉的对方法论问题展开全方位的思考。在与国内学者的访谈中，罗鹏不止一次表述了对方法问题研究的痴迷和热爱，认为方法论具有普遍性和普适性，能够不加区别地适用于渊源完全不同的文学和文化中，并且避免落入认识论上的帝国主义的窠臼，驳斥了那些拒绝运用西方知识来剖析本土文本文学或囿限只用本土的概念理论来分析本体文学的偏狭观念，从而带来理论范式的创新和革

---

① 季进. 无限弥散与增益的文学史空间[J]. 南方文坛，2017(5).

新。他在与季进的对话交流中，直接说道："一方面，我赞同要认识到任何一种分析范式背后特定的文化和知识传承，这一点非常重要。不论理论体系与其被用于分析的文化形态之间的关系或远或近，这一点都是必须要认识到的。现在我们讨论是否应把西方理论用于分析中国的文学文化时会引起争议，这其实掩盖了这样一个事实，那就是我们永远不应忽视不同的文化假设会对这些理论范式带来的改变。另一方面，我觉得那种认为西方的分析范式具有全球普适性而其他范式则只适用于其所产生的环境中的看法是有问题的。虽然我对只能用中国理论来分析中文文本的论断表示怀疑，但我认为如果在分析时能借鉴更为广泛的范式和方法论确实会更有意义。"①从某种意义上来说，罗鹏对方法论问题的理解，更类似于荣格的"集体无意识"，这种方法论是世界性的，根植于人类所有的文化形态之中，它们之间可以互相启发、相互借鉴，并且相互促进、共同生长。除此之外，罗鹏热衷于将方法论问题落实到具体的文学研究之中，身体力行地去实践自己的方法论构想。对于自己最近的研究方向和计划，他介绍道："关注的都是方法论的问题"，"其中一本受到近期以'某某作为方法'（'X as method'）为题目的研究启发，比如受到了陈光兴《亚洲作为方法》（*Asia as Method*）的启发（该书本身其实也是受到了两本以中国作为方法的日本著作的启发）。我请作者去探讨不同的分析对象对方法论产生的影响，如'边界作为方法''武侠作为方法'或'报告作为方法'等。我们不仅想将这些有关方法论的思考同要讨论的具体主题或领域产生关联，我们还想借此更加深入地探讨它们对整个文学或文化研究的影响。"②由此可见，罗鹏对方法论问题的关注不仅于形而上的思维建构层面，而且还落实到实实在在的实践操作层面，旨在全面地挖掘出不同研究对象背后所蕴含方法论的理论价值，进而深刻地揭示方

① 季进. 关于概念、类别和模糊界限的思考：罗鹏教授访谈录[J]. 南方文坛，2018(5).

② 季进. 关于概念、类别和模糊界限的思考：罗鹏教授访谈录[J]. 南方文坛，2018(5).

法论所带来的文学研究范式的革新意义。

四、结语

元-方法论视域中的现代中国文学研究，可用《庄子·逍遥游》里的"瓠落"来解释。有些问题如惠子的大葫芦一样大而无用，却能够引导我们展开进一步的思考，从而完成对研究对象的整体把握。《手册》非常重视元-方法论的理论实践，在导言中多次强调运用方法论来研究中国现代文学。贯穿了这些理念和方法的《手册》，重新书写了"现代中国文学"的历史故事，展现了美国汉学界独特的理论视角、学术传统和研究模式，凸显出中国现代文学研究新的可能。《手册》与其说是对现代中国文学进行多样化考察而构建的元-方法论研究范式，毋宁说是元-方法论指导下的现代文学研究的一场实验，解构传统的中国现代文学批评实践。

《手册》的出版集中反映了西方汉学家对文学史书写的探索，也正是诸多西方汉学家孜孜不倦的努力书写中国文学史，我们才能在更大程度上了解西方汉学家对于中国文学史的认识。从某种意义上来说，西方汉学家书写文学史的热情，为我们打开了西方汉学研究的一扇窗户，透过这扇窗户，我们不仅了解当前西方汉学的中国文学研究的理论走向，而且还可以反思国内学者研究的不足，形成一种广阔的参照视野，从而提高中国文学研究在世界文学理论中的阐释力。诚如宇文所安说："在学习和感受中国语言方面，中国文学的西方学者无论下多大功夫，也无法与最优秀的中国学者相比肩；我们唯一能够奉献给中国同事的是我们处于学术传统之外的位置，以及我们从不同角度观察文学的能力。"①当然，这是学者自谦的表述，但不可否认西方学者的学术研究活动客观上提供了一个宝贵的旁观视角。正是这种旁观的他者视角，激发了学术研究活动的活力，扩大了文学研究活动的学术境界。总之，《牛津现代中国文学手册》可谓世界中国文学史书写的重要研究成果，虽然它并非完

---

① 蒋寅. 在宇文所安之后，如何写唐诗史[J]. 读书，2005(4).

美之作，但是以元-方法论的认识范式观照中国文学，无疑拓宽了书写文学发展历史与逻辑的理论视野，拓展了文学史的学理认知。衷心期待《牛津现代中国文学手册》能够早日译成中文，以飨更多的中国文学研究者。《牛津现代中国文学手册》非常重视元-方法论的理论实践，在导言中多次强调运用方法论来重新剖析文学史。贯穿了这些理念和方法的《牛津现代中国文学手册》重新书写了"现代中国文学"的故事，展现了美国汉学界独特的理论视角、学术传统和研究模式，凸显了现代文学研究领域生机勃勃的发展态势。《牛津现代中国文学手册》与其说通过对现代中国文学多样化、多层面、多角度的考察构建元-方法论研究范式，不如说是现代中国文学研究的一场方法论实验，解构了传统僵化、模式化、均质化的文学解读，激活了现代文学研究的创新实践与学术生长点。

海外语言景观研究前沿追踪*

张妍岩 安 然**

摘 要：语言景观（Linguistic Landscape）指"在某个特定领域、地区或城市群中，所有公共路标、广告牌、街名、地名、店牌和政府建筑物上的公共标识所使用的语言情况"（Landry & Bourhis，1997：25）。在全球化时代背景下，英语成为国际通用语，语言景观不但可以反映不同国家的语言使用风貌，而且能够为英语在世界各地的传播提供客观真实的写照，因而成了新的学术领域和研究热点，受到广泛关注。本研究旨在追踪二十多年来海外语言景观研究，试图厘清核心研究问题，展望未来研究趋势。

关键词：语言景观；国际通用语；公共标识

语言景观相关研究始于 20 世纪 70 年代，但是早期研究主要调查了城市公示语的单语现象，直到 1997 年加拿大学者 Landry 和 Bourhis 在 *Journal of Language and Social Psychology* 上发表了名为《语言景观与民族语言活力》（*Linguistic Landscape and Ethnolinguistic Vitality：An Empirical Study*）的文章，语言景观（Linguistic

---

* 本文为武汉大学自主科研项目（人文社会科学）"海外语言景观研究前沿追踪"（批准号：2020HW013）研究成果，得到"中央高校基本科研业务费专项资金"资助（Supported by"the Fundamental Research Funds for the Central Universities"）。

** 张妍岩，武汉大学外国语言文学学院，教授；安然，武汉大学外国语言文学学院，在读博士生。

Landscape）这一术语才正式进入大众视野。Landry & Bourhis（1997）①通过调查加拿大魁北克地区中学生的语言使用情况来探究法语的语言活力，发现语言景观给人的语言意识和行为造成的影响超乎我们的想象。可以说这篇文章是语言景观研究的奠基之作，Landry 和 Bourhis 也被视为将语言景观作为学术术语提出的奠基人。随后，语言景观研究的热度不断攀升，在过去二十多年里已经成为语言学研究的热门话题，同时也吸引了来自不同学科研究者的关注。

语言景观研究着眼于描述公共标识上的语言表达，不仅考察真实社会背景下语言使用的特征，也深入挖掘潜藏在语言使用背后的社会权力、社会取向和民族身份标志等社会现象。笔者通过分析和归纳语言景观研究相关文献，从概念范畴与理论模型、多语语言景观与权势关注、语言政策的实施、以及全球化背景下的英语传播等四个方面梳理海外语言景观研究，从宏观上讨论语言景观研究的相关理论框架，微观上整理语言景观的热门研究话题，追踪多语语言景观的发展现状，探讨各个国家语言政策的实施情况，以及世界各地英语语言景观研究，并以此反观国内语言景观相关研究，旨在帮助我国学者更好地了解该领域的研究趋势，扩宽研究思路。

一、概念范畴与理论模型

本研究第一部分旨在梳理语言景观相关理论，试图丰富和拓展其理论内涵。根据学者们的理论视角，语言景观相关理论涉及社会语言学理论、社会学理论、符号学理论、人文地理学理论等，所构建的模型包括 SPEAKING 模型和三维分析模型等。下面，我们将逐一介绍各个理论和模型。

---

① Landry, Rodrigue., Richard Bourhis. Linguistic Landscape and Ethnolinguistic Vitality: An Empirical Study [J]. *Journal of Language and Social Psychology*, 1997(16.1): 23-49.

(一)社会语言学理论范畴

Gorter(2006)①对语言景观的定义很好地反映了社会语言学理论在语言景观研究中的应用。Gorter 指出语言景观是公共场所的书面语言表现，而语言景观研究就是描述和分析特定国家的语言场所特征，或者是某一更大地理区域的语言现象和语言使用现象。Spolsky 和 Cooper(1991)②是通过建立社会语言学理论模型来研究语言景观的代表人物，他们提出了公共标识上的语言选择模型，认为公共标识的语言选择需要考虑以下三方面因素：(1)使用熟悉的语言书写：这一点可以解释为什么某一国家的非官方语言通常不会出现在公共标识上，以及为什么语言景观上的外语常常出现拼写或语法错误；(2)使用读者可以理解的语言书写：语言景观的存在是为了实现交际目的，所以英语作为一种国际通用语，常常会出现在外国人较多的旅游景点语言景观中；(3)使用自己的语言或是能表明自身身份的语言书写，也被称之为"符号价值条件"(Symbolic Value Condition)：这一因素通常带有政治或社会心理考虑，在多语地区使用某一语言设立公共标识可以暗示某一民族在该地区的存在与地位。这三项因素展现了语言景观在语言选择上的政治和民族身份意识。

Blommaert(2013)③认为语言景观具有超多样性(Superdiversity)、流动性(Moving)和标准性(Normalization)等三个特征。他认为语言景观研究不仅是描述性的，也是解释性的。受全球化影响，社会文化和语言结构的变迁速度已经达到了前所未有的程度，很多现象已经不能用现有的思想理论来解释，所以语言景观研究需要考虑公共空间语言的历史并且兼顾其复杂性特点，描述和解释需要延伸到语言使用空间，将其视作公共空间的历时性变化写照。流动性是由超

---

① Gorter, Durk. *Linguistic landscape*: *a new approach to multilingualism* [M]. Clevedon: Multilingual Matters, 2006.

② Spolsky, Bernard. , Robert Cooper. *The Language of Jerusalem* [M]. Oxford: Clarendon Press, 1991.

③ Blommaert, Jan. *Ethnography*, *superdiversity and linguistic landscapes*: *Chronicle of complexity* [M]. Bristol: Multilingual Matters, 2013.

多样性造成的，因为人们的社交活动和语言的使用具有跨空间性和跨时间性，于是流动性旨在表达人们在这种流动中使用语言的特点，以及人们如何在语言使用中表现或失去他们的移动能力。Blommaert 认为人员和语言的流动性造成了语言的复杂性，从而导致了语言景观的复杂性和流动性。标准性则是指在这个空间内部，充满着各种标准、规范和传统，规定并制约着人们的言语行为。它帮助每一个语言社区建立一套交际准则，否则，被视作符号的语言很难被人理解。这要求公共标识上的语言必须是清晰的、可以用规则说明的，不能是表达模糊的或者难以理解的。

（二）社会学理论范畴

语言景观中最常使用的社会学理论模型由 Shohamy（2006）①和 Ben-Rafael（2009）②提出。Shohamy（2006）③认为某些语言在公共空间的存在与缺乏，直接或间接地表明了其在社会上的中心性（Centrality）与边缘性（Marginality）。他通过调查以色列街道的名字证实了他的理论：当以色列的街道路牌中出现希伯来语、阿拉伯语和英语时，那就表明阿拉伯人或讲阿拉伯语的人居住在该地区。但是当当权者使用希伯来语，而路牌上仅出现希伯来语，甚至在阿拉伯地区和城镇中也是这种情况时，那么可能意味着在该地区的阿拉伯人处于被忽视的境况。这表示语言景观可以展现权力关系，谁占主导地位，谁不是，也可能据此提升某些较弱语言群体的社会地位。这一理论使得语言景观背后的社会权势关系首次在社会学的视角得以证实。

另一代表人物 Ben-Rafael 在 2009 年发表了他的代表作《语言景

---

① Shohamy, Elana. *Language policy: hidden agendas and new approaches*[M]. London, UK: Routledge, 2006.

② Ben-Rafael, Eliezer. *A sociological approach to the study of linguistic landscape*[M]. London, UK, Routledge, 2009.

③ Shohamy, Elana. *Language Policy: Hidden Agendas and New Approaches* [M]. London, UK: Routledge, 2006.

观研究的社会学方法》(*A Sociological Approach to the Study of Linguistic Landscape*)①，提出了语言景观的社会学研究框架和语言景观的四条建构原则，即凸显自我原则(Presentation of Self)、充分理性原则(Good Reasons)、权势关系原则(Power Relations)和集体认同原则(Collective Identity)：(1)突显自我原则是指社会生活中的行动者会通过他们的语言选择来表达自己的身份，从而达到交际目的。在语言景观中，各类语言标牌要互相竞争来吸引路人的注意，这些标牌的使用者通过展现自身的独特性来赢得竞争。这一原则通常适用于自下而上(即非官方)的语言景观，而在单语地区的语言景观中使用外语也可以被认为是这一原则的体现；(2)充分理性原则指的是设计者在进行语言景观设计时应当适应公众的价值观或者社会常识。同时，由于需要强调标牌的吸引力，设计师也应当考虑在标牌上展现出顾客的动机与愿望；(3)权势关系原则指的是在语言景观上，社会行动者可以在一定程度上将行为模式强加于他人，优势群体对语言的使用强加于弱势群体。这种情况常常体现在官方语言在语言景观中的使用。例如，政府或官方机构是官方标牌的创设者(自上而下的标牌)，他们比私人标牌的创设者(商家或个人，自下而上的标牌)更有权势，因此他们可以对私人标牌的语言使用进行管制，如规定语言标牌必须把本国官方语言或某地法定语言放在突出位置；(4)集体认同原则指的是标牌设计者在设计语言景观时要清楚自己的身份，突出自己身份的特殊性，了解语言景观的受众群是怎样的人，从而获得公众中一定群体的认同。需要强调的是突显自我原则和集体认同原则之间的异同：两者都属于身份认同，但突显自我原则体现的是身份独特性，而集体认同原则体现的是对公众喜好的迎合。四个原则相互兼容，紧密结合在一起，每一条原则都至关重要，但在语言景观设计中哪一原则需要重点考虑则视不同情况而定。

---

① Ben-Rafael, Eliezer. *A sociological approach to the study of linguistic landscape*[M]. London, UK, Routledge, 2009.

相比于 Shohamy(2006)①的理论，Ben-Rafael(2009)②的理论更加全面和详细。Shohamy 的理论通过提供隐藏的中介物来展现语言在社会中的整体功能和地位，更具有解释性作用。Ben-Rafael 则从社会认同的角度对建立语言景观的社会原则进行了更为细致的分类，他的理论可能成为社会行动者在建立语言景观时的实用性和指导性工具。

(三)符号学理论范畴

语言景观研究中的符号学理论是地理符号学研究的分支，主要是分析语言符号在真实环境中的使用。符号学的研究侧重于定性分析，其在语言景观研究中的代表人物是 Scollon，Kress 和 van Leeuwen。实际上，他们在研究过程中的相互补充促进了语言景观中的符号学理论的发展。

语言景观中的符号学理论源起于 Peirce(1985)③提出的"指示性概念"(Indicative Concept)，即符号受上下文的约束。之后，Kress & van Leeuwen(1996)④使用视觉符号的框架来研究"场所中的话语"(Discourse in Place)。Scollon & Scollon(2003)⑤运用 Peirce 提出的概念并将其应用于符号分析，发展了符号的社会建构性，并将其称为"地理符号学"(Geosemiotics)。该理论认为符号分析不仅应着眼于符号的内容、组织、结构和布局，还应研究符号在特定社会语境中是如何设计和置放的，其中有三个子系统：语码取向(Code Preference)、字刻(Inscription)和置放(Emplacement)。

———————————

① Shohamy, Elana. *Language policy: hidden agendas and new approaches*[M]. London, UK: Routledge, 2006.

② Shohamy, Elana. *Language policy: hidden agendas and new approaches*[M]. London, UK: Routledge, 2006.

③ Peirce, Sanders Charles. *Logic as semiotics: the theory of signs*[M]. IN: Indianan University Press, 1985.

④ Kress, Gunther., Theo van Leeuwen. *Reading images: the grammar of visual design*[M]. London: Routledge, 1996.

⑤ Scollon, Ron., Suzie Wong Scollon. *Discourse in place: language in the material world*[M]. London: Routledge, 2003.

　　语码取向是指双语或多语标牌上各种语言的关系，这可以反映这些语言在某一语言社区中的社会地位，暗示哪种语言位于优先位置。在许多地方，尤其是在多语地区，政府会制定相关政策来规范语言的使用，从而决定哪种语言应被广泛使用，哪种语言应当位于标牌的优先位置。一般而言，优先语言会出现在公共标识的中心位置，非优先语言则位于边缘位置；当文本水平排列时，优先语言位于标牌的顶部，非优先语言则位于底部；垂直排列时，优先语言位于左侧，非优先语言则位于右侧。这种语言的排列可以是基于政治思想、语用上的便利或当前的流行时尚。字刻包括字体、材料和语言环境的其他组成部分。字体是指书写文字的方式，材料是指字刻的物质载体。置放存在三种形式：（1）去语境化放置（Decontextualized），表示标牌上的文字不受其出现的语境影响；（2）越轨式放置（Transgressive），是指标牌放置在"错误"的位置，即不该出现的位置；（3）场景化放置（Situated），指的是标牌在适当的场景中发挥其该有的功能。

　　最后，Kress 和 van Leeuwen（2006）①发展了 Scollon 的地理符号学，并在此基础上提出了社会符号学（Social Semiotics）的理论框架。他们将符号视为构成现实世界的真实的、重要的代理物，并且指出放置在较大话语环境中的符号设计也与其他符号有关。社会符号学框架的提出不仅揭示了符号如何置于特定的社会行为背景中，也揭示了社会行动者之间的话语对话性。

（四）人文地理学理论范畴

　　人文地理学模型是语言景观研究中一个相对较新的视角。由于语言景观在城市景观中占据一席之地，作为人文地理的标志，它可以直接展现某一地区的地理位置、地形特征和历史发展状况，因此一些地理学家认为，地理学理论可以应用于语言景观研究，从而建立起人文地理学的语言景观研究模型。

　　人文地理学理论在语言景观研究中的应用起源于从历史和文化

---

① Kress, Gunther., Theo van Leeuwen. *Reading images* [M]. London/New York：Routledge，2006.

的角度研究城市或村庄的名称。从这个方面来看，语言景观被视作某些国家或社区在特定地理范围内使用具有特定功能的语言工具来进行区域性语言特征的传承。它是特定地理空间中历史文化的变迁，是自然文化的体现。这其中包括自然和城市景观、官方和非官方景观、口头和书面语言景观，因此地理学家常常下意识地将语言景观视为典型的文化景观和城市景观的重要样本（Rubin，1979）①。

人文地理学家认为景观不仅是一个物件，而且是意识形态的象征，反映了社会实践生产的过程和人类的社会认同。景观应当是可以进行"阅读"和"理解"的"教科书"（Mitchell，2000）②，因为历史文化与景观的创建、描述和解读密不可分。人文地理学强调在日常生活中重塑城市符号和空间制度的过程，语言景观的符号功能有助于加深我们对社会空间的重构、城市空间的布局以及位置感知的理解，并可以解释城市景观环境在城市建设过程中的作用。

人文地理学在语言景观上的研究理论主要来源于地理学理论，很少有研究者将其用于实证研究。语言景观作为一种人文地理学现象，应当被视作一种文化资源而受到地理学研究的关注。它不仅可以丰富人文地理学的研究，而且可以为建设语言政策和法规提供重要参考。

（五）SPEAKING 模型

SPEAKING 模型最早由美国语言人类学家 Hymes（1972）③提出。他从人类交际文化学的视角出发，在研究人类言语活动交际效率时发现人类言语活动的主要要素可以用 SPEAKING 中的八个字母表示，于是提出了 SPEAKING 模型。其中，S 代表场景和场合（Setting and Scene）；P 代表参与者（Participant）；E 代表目的

① Rubin Barbara. Aesthetic Ideology and Urban Design[J].. *Annals of American Association of Geographers*，1979，（3）：339-361.

② Mitchell Donald. *Cultural Geography*：*A Critical Introduction*[M]. Oxford：Blackwell Publishers Ltd，2000.

③ Hymes，Dell. Models of the Interaction of Language and Social Life. *Directions in Sociolinguistics*：*The Ethnography of Communication*. Eds. J. Gumperz and Dell. Hymes. New York：Holt，Rinehart and Winston，1972：35-71.

（Ends），即交际目的和对交际所期待的结果；A 代表行为次序（Act Sequence），指的是交际中的言语行为与事件发生的形式和顺序；K 代表基调（Key），指交际中的语气、表情和情态等；I 代表媒介（Instrumentalities），也就是交际传播的方式、形式和风格；N 代表规约（Norms），也就是在交际中需要遵守的各种社会规则；G 代表体裁（Genre），即言语活动、行为或者事件的类型。上述八个英语单词的首字母组合在一起就是 SPEAKING。

Huebner（2009）①认为语言景观的分析也可以参考 SPEAKING 模型，并且利用语言学的方式进行分析。具体分析模型即是将 SPEAKING 理论套用至语言景观分析上：（1）背景与场合：研究语言景观的标牌放置位置和所在语境，即标牌对于读者的时间、空间意义和它所构建的社会、文化意义；（2）参与者：语言景观的参与者包括创设者和读者，这些人是谁，对于他们而言语言景观的意义是什么；（3）目的：考察语言景观和标牌所发挥的功能，如广告牌的功能在于推销或推广产品、服务或活动，而街牌的功能在于标明街道名称；自下而上的标牌往往具有盈利和商业功能，而自上而下的标牌则多为信息功能；（4）行为次序：主要考察语言景观上的文字、图像或其他标识的空间组织方式，包括语言排列的先后顺序、凸显程度、信息呈现等；（5）基调：研究语言景观上的文字密度、信息的明确程度及语码选择；（6）媒介：探究语言景观中文字的词汇选择、正词法、句法等语域层面的问题，也可以考察语码转换和语码混合等语码层面的问题，这一方面的研究与社会语言学和系统功能语言学理论联系较为紧密；（7）规约：研究交际过程中约定俗成的社会规定，在语言景观中主要表现为文字和内容的设计是否反映出社会文化特征。由于社会规约会因为社会阶层、年龄、种族和言语社区的不同而不同，研究语言景观中的规约即是理解规约语言景观特征的具体社会文化意义；（8）体裁：将语言景观进行分类研

---

① Huebner, Thom. "A Framework of the Linguistics Analysis of Linguistic Landscapes." *Linguistic landscape*：*Expanding the Scenery*. Eds. E. Shohamy and Durk. Gorter. London：Routledge，2009：270-283.

究，如分为路牌、广告牌、布告、传单、海报和涂鸦等。Huebner
(2009)①认为，采用 SPEAKING 模型能够更加全面分析语言景观
的语言形式、与语境之间的关系、创设人的动机、读者的反应等，
其研究结果也更具有社会实践价值。

（六）三维分析模型

三维分析模型的原型由法国社会学家、哲学家 Lefebvre
(1991)②提出。他从后现代视角出发，关注空间的社会性和空间产
生的政治经济因素。在他看来，空间不是静止的，也不是实践的产
物，而是一种社会产物，其形成是各个群体制约、权衡和追逐各自
利益的政治过程。他提出的空间概念包含三个维度：空间实践
（Spatial Practice）、构想空间（Conceived Space）和生活空间（Lived
Space）。其中空间实践指的是人类在物质空间内的活动，这也是塑
造生活空间结构的重要元素；构想空间指的是由技术专家、规划
者、政客及其他决策者所建构的空间，即通过控制和支配等建立秩
序；生活空间则是居民和使用者的空间，即人们在日常生活中所经
历的空间。此模型的本质是利用这三个紧密相关又不断演化的维度
来阐释资本主义的空间生产及表征。

Trumper-Hecht(2010)③把 Henri Lefebvre 的空间理论进一步扩
展至语言景观研究。与 SPEAKING 模型的研究方式一样，语言景
观也可以参照三维空间理论进行分析。在原来的三维分析模型中，
Lefebvre 将景观视作空间的视觉层面，认为景观也可以体现一种社
会关系，并且有时会成为社会群体在一定的社会秩序中地位争夺的
焦点。语言景观恰恰也是如此。语言是社会、民族和种族身份的象

---

① Huebner, Thom. "A Framework of the Linguistics Analysis of Linguistic
Landscapes. " *Linguistic landscape*：*Expanding the Scenery*. Eds. E. Shohamy and
Durk. Gorter. London：Routledge，2009：270-283.

② Lefebvre, Henri. *The Production of Space*[M]. Oxford：Blackwell，1991.

③ Trumper-Hecht, Nira. "Linguistic Landscape in Mixed Cities in Israel from
the Perspective of 'Walkers'：The Case of Arabic. "*Linguistic landscape in the city*.
Bristol：Multilingual Matters. Eds E. Shohamy. , Ben-Rafael and M. Barni，2010：
235-251.

征，语言景观上的语言选择和排序会成为语言族群权势斗争的焦点。基于原有理论，Trumper-Hecht 将语言景观研究与三个维度关联到一起：（1）实体（Physical）维度，对应于"空间实践"，即可观察到的、能用相机记录的标牌语言的实际分布情况；（2）政治（Political）维度，对应于"构想空间"，即考察决策者的观点和意识形态是如何通过塑造语言景观来实现的。这一维度常常可以用来分析语言景观背后的权势关系和语言政策；（3）体验（Experiential）维度，对应于"生活空间"，考察居民或语言使用者对语言景观的态度和理解。语言景观作为社会语言与空间范畴的现象，其理论和实践需要把握这三个维度及其内部关系。

综上，虽然 Landry & Bourhis（1997），Scollon & Scollon（2003），Ben-Rafael（2006），Spolsky（2009）等学者从"语言"与"符号"两个维度探讨了语言景观的概念，然而其理论构建还有待进一步完善。人文地理学在语言景观上的研究理论主要来源于地理学理论，很少有学者将其应用于语言景观实证研究。此外，SPEAKING 模型和三维分析模型也需要在实际调查中得到验证。

二、多语语言景观与权势关注

多语语言景观研究重点关注多语环境下语言的权势地位与民族语言活力，这是目前国外语言景观研究的主要领域之一（Gorter，2006；① Huebner，2006）②。本研究的第二部分旨在回顾和概括多语语言景观研究的发展现状。

（一）国际多语语言景观研究

国际多语语言景观研究视野较为广阔，同时也十分注重文化的

---

① Gorter, Durk. *Linguistic landscape：a new approach to multilingualism*[M]. Clevedon：Multilingual Matters，2006.

② Huebner, Thom. Bangkok's Linguistic Landscapes：Environmental Print，Codemixing and Language Change[J]. *International Journal of Multilingualism*，2006，3(1)：31-51.

多样性，其研究多集中于非英语母语国家。语言景观可以为研究多语现象提供一种新角度（Gorter，2006）①，国外语言景观研究的大多数成果也都集中于此。在英语作为第二语言或者英语作为外语的国家及地区中，由于多语现象普遍存在，其语言使用特征可以很清楚地体现在语言景观上。这些国家和地区的语言景观不仅会显示英语和官方语言，还会出现一些常用的外语或者方言。在国际城市和旅游景点，尤其是国际化大都市中，多语语言景观十分普遍。无论是政府设置的官方公示语还是私人商业性质的标牌，城市规划者都更倾向于建立多语言的语言景观。Ben-Rafael，Shomamy，Amara 和 Trumper-Hecht（2006）②调查和分析了东耶路撒冷的以色列犹太社区、巴勒斯坦社区和非以色列-巴勒斯坦社区中的希伯来语、阿拉伯语和英语的语言景观。研究结果表明，不同种族社区对语言景观上的语言使用有着不同标准。Backhaus（2006）③对日本东京著名的地铁线路山手线沿线 28 个车站周围的语言景观进行了深入研究，发现虽然日本是单语种国家，但沿线的多语种语言景观比例达到了 19.6%；而在这些多语种语言景观中，英语和日语的使用比例分别高达 97.6% 和 72.1%，此外还出现了其他 11 种外语，如汉语、韩语、法语和西班牙语等。Lee（2019）④调查了韩国首尔最受关注的两个旅游景区——明洞和仁寺洞地区有关美容和餐饮行业的商业性质语言景观，并分析了其特色语言、内容和作用。这项研究的结果表明，美容行业的语言景观中英语较多，但是由于"韩流"普及的 K-Beauty 的兴起，中文和日文的使用不可避免。一般来说，美容行

① Gorter, Durk. *Linguistic landscape*: *a new approach to multilingualism*[M]. Clevedon: Multilingual Matters, 2006.

② Ben-Rafeal, Eliezer, et, al. Linguistic landscape as symbolic construction of the public space: the case of Israel[J]. *International Journal of Multilingualism*, 2006 (1): 7-30.

③ Backhaus, Peter. Multilingualism in Tokyo: A look into the linguistic landscape[J]. *International Journal of Multilingualism*, 2006(1): 52-66.

④ Lee, Jamie Shinhee. Multilingual advertising in the linguistic landscape of seoul[J]. *World Englishes*, 2019, 38(3): 500-518.

业使用英语语言景观比餐饮行业更多。此外，由于仁寺洞更注重展现韩国传统文化，因此比起明洞，这里的韩语语言景观更多。这表明即使在同一城市，出于商业和盈利目的，语言景观中语码的选择也会有所不同。Inal，Bayyurt，Ozturhan 和 Bektas（2020）①从伊斯坦布尔各个地区的街道收集语言景观的数据，探讨了全球化和移民带给土耳其语言景观的影响，通过社会语言学理论的分析，揭示了土耳其语，英语和阿拉伯语之间存在相互作用。

另一个有趣的现象是多语语言景观研究的结果常常表明英语是多语言国家及地区中使用最多的语言，或仅次于官方语言。Coluzzi（2016）②研究了文莱首都斯里巴加湾市的语言景观后发现，决定语言景观能否吸引人们注意力的首要因素是其语码的多样性。该地区的语言景观常常使用三种语言来书写：马来语，英语和汉语，并且这三种语言会呈现出三种不同的文字。尽管马来语是该国唯一的官方语言，但英语在语言景观中却占有重要地位。McKiernan（2019）③将研究对象定为一个马来西亚边境的城镇，着重研究了这里居民区的语言景观。该地是一个多民族聚集地，不仅有本地土著，还有华裔和印度裔。结果表明，英语占所有语言使用量的37%，与 BM（本地语言）一起享有很高的地位（44%），尤其是在自下而上的语言景观中。汉语占18%，意大利语、西班牙语、阿拉伯语和拉丁文占1%左右，原因可能是该城市与新加坡拥有较为密切的经济关系，而新加坡将英语视为他们的通用语，因此尽管马来西亚政府将马来语规定为唯一官方语言，英语也能在该地区得以蓬勃发展。英语作为一种代表实力、经济和时尚的国际语言，被世界上许多的多语国家和地区所接受，享有较高的声望，并且正在作为一种中立的语言在国际贸易和人们的日常生活中扮演着重

① Inal，Dilek，et，al. Multilingualism in the linguistic landscape of istanbul[J]. *World Englishes*，2020(5)：1-10.

② Coluzzi，Paolo. The linguistic landscape of brunei[J]. *World Englishes*，2016，35(4)：497-508.

③ McKiernan，Thomas. The linguistic landscape of a malaysian border town[J]. *English Today*，2019，12：1-12.

要的角色。

(二)少数民族语言活力与权势关注

少数民族的语言研究也可以纳入多语语言景观的话题中。传统的少数民族语言研究主要集中在语言保护、语言迁移、语言濒危与复兴、家庭语言交流与政策，教育与语言政策上(Schlick，2003)①。语言景观的研究为少数民族语言的研究提供了新的视角。由于语言景观是控制公共空间并维持官方意识形态、语言地位和语言政策的机制和具象化，该研究可以反映特定语言背景下公共空间中少数群体语言的存在与活力，也可以从侧面反映出某一语言的权势和地位。语言政策的实施可以用语言景观来隐晦地展现，而官方语言、外语及民族语言之间的权势关系会更加鲜明地体现在语言景观中。Coupland(2010)②发现在威尔士，为了实施所谓的"双语"制度，政府规定威尔士语和英语具有同等地位，必须平等对待，并且必须在公共场合上建立威尔士语—英语的双语语言景观以实现双语系统的"平衡"，这可以视作政府为维持少数民族语言生命力而采取的强制性措施。但少数民族地区的多语语言景观研究并不关注景观本身的特点，更多的是反映背后的语言权势，或者是在一定程度上与语言政策有关。

Cenoz 和 Gorter(2006)③把研究主体定于西班牙语、荷兰语、英语以及当地少数民族语言的使用，对西班牙的巴斯克地区和荷兰的弗里斯兰地区街道上的语言景观进行了调查和对比研究。他们发现，在巴斯克地区，语言景观中的巴斯克语十分普遍，这是由于当地政府制定了保护巴斯克少数民族语言的政策，所以巴斯克语的使用率仅低于西班牙语，英语则排在第三。而在弗里斯兰地区，语言

---

① Schlick，Maria. The english of shop signs in europe[J]. *English Today*，2003，19(1)：3-17.

② Coupland，Nikolas. Welsh linguistic landscapes from above and from below [J]//*Semiotic Landscapes*：*Language*，*Image*，*Space*. Eds. A. aworski and C. Thurlow. London：Continuum，2010：77-101.

③ Cenoz，Jasone.，Durk Gorter. Linguistic landscape and minority languages [J]. *International Journal of Multilingualism*，2006，1：67-80.

景观中使用荷兰语的比例排在第一，英语排名第二，弗里斯兰语排名第三。Coluzzi（2009）①为了研究当地语言和少数民族语言的使用，对意大利城市米兰和乌迪内的语言景观进行了调查。研究表明，在意大利的语言环境中使用少数民族语言极为罕见，而使用英语则更为常见。他认为，应采取有效的语言规划来保护少数民族语言，否则将不可避免地导致少数民族语言活力衰退。由此可见，少数民族语言的活力程度绝大部分仍是取决于各个国家和政府的语言政策制定。在大部分情况下，英语和官方语言仍占据较大权势。

多语语言景观不仅是语码的选择，还是经济和文化的选择。多语言环境包含对特定经济交易对象的期望，对文化传播的默许以及对某种语言权势的包容。在多语言的语言环境中，我们可以看到在全球化背景下人们对于文化多样性持有更加积极和开放的态度。

三、语言政策的实施

国外学者发现语言景观在形成过程中由于受到各种因素的影响，会出现实际使用语言与官方语言政策不相符的情况（如Backhaus，2007；② Lado，2011）③。结合语言景观探讨各个国家语言政策的实施情况是本研究的内容之三。

语言政策（Language Policy）是国家对语言的指导方针和法律约束，语言规划（Language Planning）是语言的长期发展计划。语言景观是国家语言政策和语言规划的一面镜子。一方面，自上而下的语言景观由政府或官方机构创造，它们的地位可以明确反映一个国家的语言政策，说明哪种语言是优势语言。另一方面，自下而上的私

① Coluzzi, Paolo. The italian linguistic landscape: the cases of milan and udine [J]. *International Journal of Multilingualism*, 2009, 3: 298-312.

② Backhaus, Peter. *Linguistic landscape: A comparative study of urban multilingualism*[J]. Clevedon: Multilingual Matters, 2007.

③ Lado, Beatriz. Linguistic landscape as a reflection of the linguistic and ideological conflict in the valencian community [J]. *International Journal of Multilingualism*, 2011, 2: 135-150.

人及商业语言景观可以隐晦地展现语言政策在社会环境中的表现，通过显示某一地区使用最广泛的语言来展示社会身份。因此，对语言景观的研究可以使我们了解显性政策与隐性政策之间的差异，同时为制定国家语言政策提供参考。语言政策会影响语言景观的设计，一个国家的官方语言政策可以决定在公共场所中使用哪种语言，这种标识可以反映地方政府的意识形态(Gorter，2013)[1]。在某些地区，地方政府还会制定相应的语言政策，以规范公共场所使用用的语言。Backhaus(2007)[2]比较了加拿大魁北克地区和日本东京的语言规定，发现加拿大魁北克政府规定公共场所的标牌必须使用法语以保持法语的地位和活力，而东京政府则鼓励在公共场所使用英语和其他外语。

虽然政府的语言政策可以在一定程度上抑制或者增强某一语言的使用，但在同一国家或地区，公共场所的语言使用和该政策的实施可能存在一定的冲突。例如，Lado(2011)[3]分析了西班牙巴伦西亚地区两个城市的公共和私人语言景观中的语言使用情况，发现官方语言政策与实际语言使用并不一致。在巴伦西亚地区，尽管当地政府在法规中明确表示巴伦西亚语与西班牙语享有同等地位，要求民众在日常生活中更多地使用巴伦西亚语，并且让巴伦西亚语在官方语言景观中拥有比西班牙语更多的数量和占比，但是在这一地区的私人语言景观中，西班牙语的占比与数量却远远高于巴伦西亚语。尚国文和赵守辉(2014)[4]在对各国语言政策进行研究时发现，

---

① Gorter, Durk. "Linguistic Landscape." *The Encyclopedia of Applied Linguistics*. Ed. C. A. Chapelle. Boston: Blackwell Publishing Ltd, 2013: 3476-3481.

② Backhaus, Peter. *Linguistic landscape: A comparative study of urban multilingualism*[J]. Clevedon: Multilingual Matters, 2007.

③ Lado, Beatriz. Linguistic Landscape as a Reflection of the Linguistic and Ideological Conflict in the Valencian Community [J]. *International Journal of Multilingualism*, 2011, 2: 135-150.

④ 尚国文，赵守辉. 语言景观的分析维度与理论构建[J]. 外国语, 2014 (6).

马来西亚规定公共场所的广告牌和路牌都必须使用马来语、英语、汉语或泰米尔语，并且马来语必须列在第一行，即最显眼的位置。西班牙的加泰罗尼亚地区的地方法律也规定，公共或私人标牌上都必须有加泰罗尼亚语。但是，Manan，David，Dumanig 和 Naqueebullah（2015）①在对吉隆坡的语言景观进行调查时发现，官方语言景观中有 80% 是只出现马来语的单语语言景观，20% 是使用马来语和英语的双语语言景观，而私人语言景观则以双语和多语标牌居多，马来语单语标牌相对较少。在其研究样本的私人语言景观中，马来语单语标牌只有 17%，并且汉语、缅甸语、阿拉伯语等也出现在了单语私人语言景观中。Bruyèl-Olmedo 和 Juan-Garau（2015）②也发现，虽然加泰罗尼亚语在西班牙的加泰罗尼亚地区享有极高的官方地位，但由于其经济价值和声望较低，旅游业者和当地人对加泰罗尼亚语的认同感不强，用以身份表征的意愿很低，因此私人语言景观中出现加泰罗尼亚语的比例并不高。

语言景观与语言政策研究可以是描述性的，即描述一个地区的语言政策是什么，也可以是解释性的，即探索语言景观的设置与语言政策的实施是否一致。虽然政府规定在语言景观中使用哪种语言会对语言使用产生一定的影响，但由于人们存在语言权利意识、语言身份表达的需求以及英语全球化的影响，语言景观上的实际语言使用与政策规定常常是存在出入的。因此，一些政府部门会将公共场所的语言使用纳入语言规划的范围内，并制定特殊政策来规范这一点。通过调查与分析语言景观来管窥各个国家语言政策的实施情况也是社会语言学的一个研究热点和学术增长点。

①　Manan, Syed Abdul, et al. Politics, economics and identity: mapping the linguistic landscape of Kuala Lumpur, Malaysia [J]. *International Journal of Multilingualism*, 2015, 12(1): 31-50.

②　Bruyèl-Olmedo, Antonio., M. Juan-Garau. Minority languages in the linguistic landscape of tourism: The case of Catalan in Mallorca [J]. *Journal of Multilingual and Multicultural Development*, 2015, 36(6): 598-619.

四、全球化背景下的英语传播

随着研究视角不断扩大，学者们近年来针对各地语言景观中的英语使用情况开展了广泛研究，范围涵盖了尼日利亚（Adetunji，2015）①、印度（Kathpalia & Ong，2015）②、韩国（Tan & Tan，2015）③、日本（Barrs，2015；④ Rowland，2016）⑤、荷兰和比利时（Vandenbroucke，2016）⑥、土耳其（Selvi，2016）⑦、巴基斯坦（Manan，David & Dumanig，2017）⑧、乌干达（Nojea，2018）⑨、约

---

① Adetunji, Akin. English in a Nigerian Linguistic Landscape [J]. *World Englishes*, 2015, 34(4)：654-668.

② Kathpalia, Sujata. , and Kenneth Keng Wee Ong. The use of code-mixing in indian billboard advertising[J]. *World Englishes*, 2015, 34(4)：557-575.

③ Tan, Shanna Xin-Wei. , Tan Ying-ying. Examining the functions and identities associated with English and Korean in South Korea：A linguistic landscape study[J]. *Asian Englishes*, 2015, 17(1)：59-79.

④ Barrs, Keith. Errors in the Use of English in the Japanese Linguistic Landscape[J]. *English Today*, 2015, 31(4)：30-33.

⑤ Rowland, Luke. English in the japanese linguistic landscape：a motive analysis[J]. *Journal of Multilingual and Multicultural Development*, 2016, 37(1)：40-55.

⑥ Vandenbroucke, Mieke. Socio-economic stratification of English in globalized landscapes：A market-oriented perspective[J]. *Journal of Sociolinguistics*, 2016, 20(1)：86-108.

⑦ Selvi, Ali Fuad. English as the language of marketspeak[J]. *English Today*, 2016, 32(4)：33-39.

⑧ Manan, Syed Abdul, et, al. The Glocalization of English in the Pakistan Linguistic Landscape[J]. *World Engishes*, 2017, 36(4)：645-665.

⑨ Nojea, Teodora. Uglish：the unavoidable dialect. A passage from British English to Ugandan English from a sociolinguistic and historical perspective [J]. *Philologica Jassyensia*, 2018, 14(2)：219-226.

旦（Alomoush，2019）①、刚果（Kasanga，2019）②、中国潮汕（Yuan，2019）③等国家及地方。各地英语语言景观研究是本研究的第四个内容，也是重点研究内容。

英语作为一种世界通用语言，几乎遍布世界各地的多语种语言环境中。可以说，使用英语的语言景观已经无处不在。英语传播的研究主题可以从宏观和微观两个方面来探讨。从宏观上来说，随着英语的传播，英语和其他语言在语言景观上的地位不同，发挥的作用也不尽相同。从微观上看，英语的传播即是英语在语言景观上的表现，不同地区语言景观上的英语表达受当地语言或方言的影响也会有所不同，英语可以反映出本地的文化价值观和习俗。这一类研究大多结合当地语言特点对语言景观上的英语表达形式进行分析，将其视为文化冲突和英语多样性的展现，并试图从文化和英语多样性的角度来解释这种现象。接下来，本研究将从宏观与微观两个方面回顾海外语言景观的相关研究。

（一）英语传播与语言景观的功能

从宏观上来说，英语在语言景观上的作用及影响可以分为三类。首先，英语提供实用性信息，信息接受者主要是本地公民而不是海外游客。例如，McArthur（2000）④对瑞典的乌普萨拉市和瑞士的苏黎世市的语言景观进行了调查，发现英语路牌分别占两个城市路牌总数的45%和58%。在双语或多语地区，如在加拿大的魁北克或者欧洲的一些多语地区，语言景观中的英语主要是为了传递实用性信息，作为工具和交际语言使用。其次，英语作为象征性语言在语言景观中频频出现，使用英语代表着全球化、时尚性和现代潮

---

① Alomoush, Omar Ibrahim Salameh. English in the linguistic landscape of a northern Jordanian City. *English Today*, 2018, 35(3)：35-41.

② Kasanga, Luanga Adrien. English in Advertising in Lubumbashi, Democratic Republic of Congo[J]. *World Englishes*, 2019, 38：561-575.

③ Yuan, Mingming. Submission and Resistance in the English Linguistic Landscape of Chaoshan. *English Today*, 2019, 35(2)：20-28.

④ McArthur, Tom. Interanto：The Global Language of Signs [J]. *English Today*, 2000, 16(1)：33-43.

流(*Piller*, 2001)①。这类语言景观中的英语主要是面向海外游客，并带有商业色彩。譬如，Curtin(2009)②在研究中国台北市的语言景观时发现，英语作为一种流行语言，在这个城市的语言景观中主要起到了装饰功能，因为英语代表着高品质的产品、时尚的城市形象、现代化和国际视野。Hult(2009)③对瑞典城市中商店橱窗和餐厅的多语种标牌的研究还发现，许多标识上的英语都是象征性的，只是为了表明其商品或餐厅的国际性。MÁRTA(2011)④研究了匈牙利东南部一个快速发展的旅游小镇，发现在旅游景区和宾馆标牌上如果写上其他国家的语言(主要是英语)，那么就可以吸引更多的游客，并让游客有宾至如归的感觉。Tan & Tan(2015)⑤着眼于分析韩国首尔的语言景观，通过研究自下而上的公共标牌在不同区域所发挥的功能阐明英语和韩语在社会中的作用，以及它们的地位、关系以及与这两种语言相关的意识形态。它表明英语在韩国起着交流或象征作用，且英语在韩国具有商业价值。最后，英语的传播可能会取代某些地区以前的本地语言或者外来语言。Huebner(2006)⑥研究了泰国 15 个地区的语言景观，并分析了泰语、英语

①　Piller, Ingrid. Identity constructions in multilingual advertising[J]. *Language in Society*, 2001, 30(4): 153-186.

②　Curtin, Melissa. Languages on Display: Indexical Signs, Identities and the Linguistic Landscape of Taipei." *Linguistic landscape: Expanding the scenery*. Eds. E. Shohamy and Durk Gorter. London: Routledge, 2009: 221-237.

③　Hult, Francis. "Language Ecology and Linguistic Landscape Analysis." *Linguistic landscape: Expanding the Scenery*. Eds. E. Shohamy and Durk. Gorter. London: Routledge, 2009: 22-104.

④　Márta, Galgóczideutsch. Making tourists feel at home: Linguistic Landscape of Hódmezövásárhely[J]. *Agricultural Management*, 2011, 13(1): 31-38.

⑤　Tan, Shanna Xin-Wei., Tan Ying-ying. Examining the functions and identities associated with English and Korean in South Korea: A linguistic landscape study[J]. *Asian Englishes*, 2015, 17(1): 59-79.

⑥　Huebner, Thom. Bangkok's linguistic landscapes: Environmental print, codemixing and language change[J]. *International Journal of Multilingualism*, 2006。3(1): 31-51.

和汉语在曼谷的使用，探索了语言融合的现象。他发现曼谷的主要外语正在从汉语变为英语，英语成为除泰语之外最重要的语言，其影响力在不断加深，泰语也受到英语的影响。Kasanga（2012）①使用语言活力理论框架分析了柬埔寨首都金边商业区的语言景观分布，发现高棉语占最大比例，英语占比紧随其后并逐渐取代了法语（前殖民地主权国家的语言），这反映出英语在经济活动中的影响力日益增强。Lai（2012）②分析了从中国香港四个地区收集的1160张样本照片后得出的结论是：香港的中英文使用比例接近，但是在语言景观中使用简体汉字并不常见。语言景观可以直接显示这种语言变化，同时也暗示着语言景观可以成为语言意识和认知变化的明显媒介。英语在语言景观中的分布、地位和功能一直是语言景观研究的热点之一。

（二）英语传播与语言景观中的英语变体

从微观上来看，英语的传播造就了不同的英语变体，而这些带有地域色彩的英语变体又在语言景观上形成了一道独特的文化风景。在英语传播的理论模型中，影响力最广泛的就是印度语言学家Braj Karchu提出的"三大同轴圈"理论（1982/1992）③。在这一理论中，Karchu将世界英语变体根据其习得范式和功能分为三大类："内圈英语"，即英语为母语（ENL），如美国英语、英国英语、澳大利亚英语和新西兰英语等；"外圈英语"，即英语为第二语言（ESL），如新加坡英语、印度英语、尼日利亚英语等；"扩展圈"英语，即英语为外语（EFL），如中国英语、日本英语、韩国英语等。如果将Karchu有关英语变体的"三大同轴圈"理论应用到语言景观研究中的话，有关英语传播与英语变体的多语言景观研究则主要集

①　Kasanga, Luanga Adrien. Mapping the linguistic landscape of a commercial neighbourhood in central phnom penh［J］. *Journal of Multilingual and Multicultural Development*, 2012, 6：553-567.

②　Lai, Mee Ling. The linguistic landscape of Hong Kong after the change of Sovereignty［J］. *International Journal of Multilingualism*, 2012, 1：1-12.

③　Kachru, Braj. *The other tongue：English cross cultures*［M］. Urbana and Chicago：University of Illinois Press, 1982/1992.

中在"外圈"国家和"扩展圈"国家。虽然这一话题的研究历史并不长，但在近十年中已经成为热门研究主题。

1."外圈"国家的语言景观

"外圈"国家语言景观中的英语传播现象往往可以和当地的文化及民俗特色产生碰撞，从而体现出鲜明的本地特征。Adetunji（2015）①将研究对象定为尼日利亚的 Ibadan 市，通过照片采样和质性数据分析的方式，研究了当地一种独特的语言景观类型，即语言景观重叠（Layering），指新的语言景观在旧的语言景观上直接进行叠加，探讨了尼日利亚的语言景观重叠现象对 Ibadan 当地的语言环境的意义。结果发现这种语言景观传递了关于社会经济发展和居民消费行为变化的信息。语言景观叠加中的英语在这一城市里表现更多的是索引功能而不是象征性功能，并且几乎没有揭示语言的意义或语言学的价值。这一研究着眼于当地特色的语言景观现象，将本土特色与英语相结合，为之后的语言景观研究提供了新的视角。

Buckingham（2015）②研究了阿曼商店中商品的标识和提供促销活动的文本以及服务的表达。他在全国范围内拍摄了 1600 多个商业标识并建立起语料库，从中分析词汇特征，发现当地语言与其英语变体所产生的词汇特点包括：文化概念的词语化、词汇创新和借用、词汇重复、属性泛化和规范化策略的使用。这项研究有助于我们了解在英语与本地语言文化差异明显的地区，英语是如何展现在语言景观中并被理解的，并且更着重于研究语言景观中的英语表现。Kathpalia 和 Ong（2015）③指出"印式英语"已经成为印度媒体和广告语言景观中的主流表达，其中"语码转换"则是最常见的表达形式。他们将印度 1911 块广告牌进行分析后发现，英语、印地

① Adetunji, Akin. English in a Nigerian Linguistic Landscape [J]. *World Englishes*, 2015, 34(4)：654-668.

② Buckinghan, Louisa. Commercial signage and the linguistic landscape of oman [J]. *World Englishes*, 2015, 34(3)：411-435.

③ Kathpalia, Sujata. , and Kenneth Keng Wee Ong. The use of code-mixing in Indian Billboard Advertising[J]. *World Englishes* , 2015, 34(4)：557-575.

语和印式英语的交融不可避免，但这种语言交融对消费者的影响并不大，特别是在印度这种多语现象随处可见的国家。可见即使同为"外圈"国家，国民对英语及当地英语变体的态度也有所不同。Manan 等（2017）①调查了巴基斯坦某一地区的语言景观，并探讨了本地化非罗马文字中语言的使用和英语的普遍性。尽管英语对于大多数巴基斯坦人来说是外语，但英语却广泛出现在公共场所的标牌中。在通过对商人的采访以及分析私人招牌、广告牌、墙壁广告、路边路标和海报的数据之后发现，英语化的乌尔都语和乌尔都英语在语言景观中占据了主导地位。

虽然英语在"外圈"国家已然成为除官方语言外传播及使用最广泛的第二语言，但在研究英语传播对语言景观上语言表现所产生的影响的同时，一些语言学家也表达了担忧。他们认为英语的传播可能导致"语言帝国主义"，威胁当地或官方语言的生存状态。Alomoush（2019）②通过研究约旦地区购物袋上的英语表达，认为英语在约旦的传播可能会威胁阿拉伯语的生存现状。他认为无论是纯正的英语还是带有本土化特征的约旦英语在本地都已经成为社会声望、地位的象征、和商业成就的基础，但是如何保持约旦特有的本土文化，以及如何让阿拉伯语和这种英语变体和谐相处仍然是一个需要思考的问题。

2."扩展圈"国家的语言景观

"扩展圈"国家的英语语言景观研究大多集中于亚洲国家，尤其是中日韩三国，也有少量研究在欧洲和非洲国家开展。Lawrence（2012）③利用社会语言学理论分析了韩国语言环境下英语语言景观的使用，并通过对语言景观的拍照和分析，计算了韩国不同地区英语、韩语、韩式英语和汉语在语言景观中所占的百分比。他发现英

---

① Manan, Syed Abdul, et, al. The Glocalization of English in the Pakistan Linguistic Landscape[J]. *World Engishes*, 2017, 36(4): 645-665.

② Alomoush, Omar Ibrahim Salameh. English in the Linguistic Landscape of a Northern Jordanian City[J]. *English Today*, 2018, 35(3): 35-41.

③ Lawrence, Bruce. The Korean English Linguistic Landscape [J]. *World Englishes 3*, 2012, 31(1): 70-92.

语主要出现在主要干道、游乐园、啤酒葡萄酒酒厂、与服装产品有关的领域、具有现代性的奢侈品领域和青少年活动较多的地方。值得注意的是，这篇论文首次把"扩展圈"英语变体"韩式英语"纳入语言景观研究的范围，并提出从英语变体理论视角来研究特定地区语言景观的特征。Barrs（2015）①发现，在日本的语言环境中，英语语言景观中的错误主要来自借词以及日英语音和拼写法差异。他得出的结论是，语言景观中的英语错误可能只是因为日本人的粗心导致的，但可以推断出许多错误是与英语借词引入和日本英语的形成有关。Rowland（2016）②同样研究的是日本的英语语言景观，但他并未将研究重点放在日本英语语言景观的表达上，而是探讨了在日本的语言景观中使用英语的动机。其中三个主要的动机是文化的交融、全球化影响和商业利益驱使。

Selvi（2016）③研究了英语在土耳其安卡拉市的企业主多语商店命名实践中的影响，发现英语命名已经成为一种潮流，更多地代表了象征意义。Vandenbroucke（2016）④认为全球化会极大地改变城市构造并且加剧社会经济的不平等，与荷兰城市阿姆斯特丹相比，比利时布鲁塞尔的商业街中英语使用的比例更容易受到当地商业动态和语言市场的影响。这一研究将英语的传播与商业和经济研究相结合，为之后的研究提供了全新的思路。Kasanga（2019）⑤将刚果第二大经济体卢本巴希市作为研究对象。随着当地采矿业和国际贸

① Barrs, Keith. Errors in the Use of English in the Japanese Linguistic Landscape[J]. *English Today*, 2015, 31(4): 30-33.

② Rowland, Luke. English in the Japanese Linguistic Landscape: A motive analysis[J]. *Journal of Multilingual and Multicultural Development*, 2016, 37(1): 40-55.

③ Selvi, Ali Fuad. English as the Language of Marketspeak[J]. *English Today*, 2016, 32(4): 33-39.

④ Vandenbroucke, Mieke. Socio-economic stratification of english in globalized landscapes: A market-oriented perspective[J]. *Journal of Sociolinguistics*, 2016, 20(1): 86-108.

⑤ Kasanga, Luanga Adrien. English in advertising in Lubumbashi, Democratic Republic of Congo[J]. *World Englishes*, 2019, 38: 561-575.

易的崛起，英语已经成为这些外贸公司展示自己身份的象征，产生的影响便是在国内的1000块语言景观牌中，英语标识占了40%以上，这些英语语言景观主要为商业利润服务，如展示企业和城市形象。然而，英语在当地日常生活中却很少使用，这与当地语言景观大规模使用英语形成了鲜明对比。可见在"扩展圈"国家中，英语语言景观的出现往往带有商业性质，其形成往往带有一定目的性。

有少量研究探讨了英语在中国语言景观中的发展情况，但遗憾的是他们并未利用英语变体模型进行分析，也未谈及和"中国英语"这一英语变体在语言景观中产生的原因及其影响，而是集中于研究翻译问题。例如，Li(2019)①研究了中国苏州语言景观中英语用法和汉语翻译的语言表达，并提出了通过语言翻译实践将英语解构并重构为中文的表达方式。Yuan(2019)②分析了潮汕的语言景观，发现公共标牌和私人标牌的英文翻译由国家、地区、历史和国际背景等多个因素决定。这些研究虽然将英语的传播纳入到语言景观的研究范围，但本质上还是对语言景观翻译问题的讨论。

五、国内语言景观研究

与海外语言景观研究相比，国内相关研究开始于2009年，由孙利(2009)③最早将Linguistic Landscape译为"语言景观"，这一概念的引入比国际晚了十余年。国内语言景观相关研究主要集中于多语语言景观与权势关注，而对语言政策的实施、英语全球化现象和语言景观翻译问题虽也有涉及，但是数量相对较少。本研究将从上述四个方面简要梳理国内语言景观相关研究，并分析国内研究与海外研究的差距，以期帮助我国学者更好地了解该领域的研究趋势。

---

① Li, Songqing. English in the Linguistic Landscape of Suzhou[J]. *English Today*, 2015, 31(1): 27-33.

② Yuan, Mingming. Submission and resistance in the english linguistic landscape of chaoshan[J]. *English Today*, 2019, 35(2): 20-28.

③ 孙利. 语言景观翻译的现状及其交际翻译策略[J]. 江西师范大学学报(哲学社会科学版), 2009(6).

多语现象是种族融合的产物，多语研究旨在突破中国的单语系统，促进多语言的共存与交流。中国幅员辽阔，是典型的多民族国家，有许多少数民族语言和方言。随着经济的发展，人口流动性增大，我国民族地区的语言生态的复杂性不断加强。多语现象在我国不仅仅指汉语和外语的碰撞，还包含了汉语和少数民族语言的交融。在推广普通话的同时，如何保持语言多样性是保护文化遗产和当地文化的重要问题。少数民族语言的生态环境和生命力，以及其背后的权势象征是中国语言景观研究的重要内容。我国目前的多语语言景观研究主要集中在特定城市中的外语，如韩语（俞玮奇、王婷婷、孙亚楠，2016）①、葡萄牙语（张媛媛、张斌华，2016）②、日语（黄小丽，2018）③、阿拉伯语（许文强、柴改英，2020）④等，还有在香港、澳门和广东省广泛使用的粤语（繁体中文）（何钠文、李明泰，2019）⑤以及少数民族语言，如纳西族语（徐红罡、任燕，2015）⑥、苗语（单菲菲、刘承宇，2016）⑦、彝语（聂鹏、木乃热哈，2017）⑧、藏语（沈群英，2015）⑨、维吾尔语（江志贤、韩芳、

① 俞玮奇，王婷婷，孙亚楠．国际化大都市外侨聚居区的多语景观实态：以北京望京和上海古北为例[J]．语言文字应用，2016(1)．

② 张媛媛，张斌华．语言景观中的澳门多语状况[J]．语言文字应用，2016(1)．

③ 黄小丽．上海市日文语言景观的立体化建设现状与思考[J]．外语电化教学，2018(5)．

④ 许文强，柴改英．义乌市"异国风情街"阿拉伯语景观调查研究[J]．未来传播，2020(1)．

⑤ 何钠文，李明泰．佛山粤方言景观的现状及其影响：以祖庙景点及其商圈为例[J]．教育教学论坛，2019(37)．

⑥ 徐红罡，任燕．旅游对纳西东巴文语言景观的影响[J]．旅游学刊，2015(1)．

⑦ 单菲菲，刘承宇．民族旅游村寨语言景观调查研究：基于社会符号学与文化资本理论视角[J]．广西民族研究，2016(6)．

⑧ 聂鹏，木乃热哈．西昌市彝文语言景观调查研究[J]．语言文字应用，2017(1)．

⑨ 沈群英．四川甘孜藏区可视性语言景观调查与分析[J]．中国民族博览，2015(9)．

岳瑞娜、雪琪琪、何英杰、娜迪热·依明江，2020)①和回语(陈阳，2020)②等。这些语言景观研究都是实证研究，旨在调查特殊语言地区独特的文化和人文元素，大多数基于多元文化主义的传播，讨论特定地区文化的发展和未来。通过对比上述研究，我们发现当多语现象存在于外语和汉语之间时，研究者们往往会采取国际文化传播和经济发展的视角，研究汉语权势的大小以及为何会产生这种现象。而当冲突发生在汉语与粤语，或是少数民族语言之间时，研究者们出于对本土文化多样性的保护，会辩证地考虑这种语言权势的利弊。在国家语言(汉语/普通话)、全球通用语言(英语)和其他主要语言的作用下，少数民族语言的生命力受到不同程度的影响，如何利用构建语言景观来增强少数民族的自我认同和文化认同，以恢复和维护少数民族语言生命力及其生态环境是一个值得深入研究的课题。

与海外研究相比，中国的语言景观与语言政策的研究成果相对较少，并且大多数论文旨在通过研究语言景观来提出实际并有益于当地语言发展的语言规划建议。例如，国内学者研究了语言景观与语言政策的关系，提出制定相应的语言规划以促进国际社区语言生活和谐发展(尚国文，2016)③，还有学者通过对比自上而下和自下而上的语言景观，从经济学角度来规范语言景观中的语言使用，以此来提高经济效益(倪洪源、李婷颐，2018)④。自上而下的语言景观是官方的、非盈利的，而自下而上的标牌则几乎都带有盈利性质，因此这些研究可以从经济发展层面为语言景观的语言使用规范提供建议。

① 江志贤，韩芳，岳瑞娜，等. 乌鲁木齐市商业标识语言景观调查研究[J]. 现代商业，2020(1).

② 陈阳. 少数民族地区历史文化景区语言景观探究：以西夏王陵为例[J]. 智库时代，2020(9).

③ 尚国文. 语言景观的语言经济学分析：以新马泰为例[J]. 语言研究战略，2016(4).

④ 倪洪源，李婷颐. 海洋文化语言景观研究：以宁波市为例[J]. 湖北函授大学学报，2018(4).

在全球化趋势不断发展的背景下，英语在世界范围内的传播已势不可挡。国内目前对英语在语言景观中的传播问题，主要关注了双语景观，即英汉语言景观。李贻（2011）①采取实证研究的方式对北京和广州的道路上"汉语—罗马字"双语语言景观进行了历时性调查，发现这些景观大部分都存在"汉英新造单词"和其他具有英语本土化特征的语言现象，但此研究也只是阐明了这种现象，而没有分析其背后的原因。邓骁菲（2015）②发现豫园商城比上海老街使用了更多的英汉双语景观；林小径（2017）③发现汕头市的商业英汉双语语言景观的数量并不多，传统商店的名称更倾向于使用繁体汉字；张斌华和徐伟东（2017）④则发现虎门镇的大多数标识是双语的。然而，我国在英语传播与语言景观的研究还停留在表面，即仅描述双语现象，而没有深入分析其文化和语言内涵，较少分析英语与当地语言在双语语言景观中是如何结合并本土化的过程，也很少从社会语言学的角度出发，探讨使用英语的深层次原因。在我国的语言景观研究中，大多数研究将英语的传播与英汉翻译相混淆。虽然在国际化程度较高、对外交流较丰富的地区，语言景观中的英语表达会比较多，但对英语在中国的特点和英语对当地语言的影响的深入分析很少。随着全球化的进一步发展，英语作为一种全球性语言，其交际功能势必会不断增强，对当地语言的影响也会逐渐渗透到拼字法、词汇和句法等不同层面。公共标识上的语言形式不再是简单的不同语种的分层表示，而是会随着多语混合形式和英语变体形式的出现变得更加复杂，这对研究中国语言环境中的双语现象提

---

① 李贻. 语言景观研究法：对广州北京路的历时性调查[J]. 海外英语，2011(13).

② 邓骁菲. 豫园商城和上海老街语言景观对比分析[J]. 现代语文(语言研究版)，2015(10).

③ 林小径. 汕头市商店标牌语言景观研究[J]. 现代语文(语言研究版)，2017(9).

④ 张斌华，徐伟东. 城市化进程下中国城镇语言景观研究：以东莞市虎门镇商业步行街为例[J]. 语言政策与语言教育，2017(1).

出了更大的挑战。

最后，语言景观的翻译问题也是目前中国在语言景观研究中的热门话题。尽管公共标识的翻译研究在 2009 年之前相对流行，文章数量庞大，但其中大多数文章仅限于找出翻译错误并进行纠正，将重点放在了语言本身。因此，在提出"语言景观"概念之后，随着交际翻译理论的兴起和应用，实现交际目的以及如何传达文化和政治内涵成为人们关注的焦点。王晓蕾(2017)[①]使用语言交流翻译策略理论对英汉双语的道路标识、街道名称、车站名称、政府标识以及私营公司标识进行了调查，发现译语缺失，译语不统一，译语"拼音化"等问题，并提出了相应建议。刘琳红(2017)[②]调查了广西南宁市的公共标识，发现语言景观中存在用词不当、语法错误等现象，并在交际翻译理论下提出了语言景观的翻译原则和方法。值得注意的是，公示语研究和语言景观研究之间存在诸多不同之处(巫喜丽、战菊、刘晓波，2017)[③]。一是学科属性不同。公示语研究属于翻译领域，语言景观研究属于应用语言学、社会语言学、符号学乃至人文地理学领域。二是，语言景观研究涉及面更广。公示语往往是官方设置的标牌，而语言景观中所包含的私人标牌因为本身具有多样性，主要功能是进行信息交际和传播，所以更容易引起研究者的关注。三是，研究视野不同。公共标识研究的主要关注点之一是主体语言向目标语言转换的语法性和适当性，而语言景观研究则将公共标牌文本置于宏观的社会、文化和语言政策背景下进行审查，无论语言是否标准或适当，在社会，文化和政治机制下，均被视为合理存在，研究视野更加广阔。

---

① 王晓蕾.城市双语语言景观调查及译写研究：以合肥为例[J].黑河学院学报，2017(3).

② 刘琳红.从交际翻译的角度看语言景观的翻译策略：以南宁公示语英译为例[J].海外英语，2017(4).

③ 巫喜丽，战菊，刘晓波.语言景观研究的理论视角、问题取向及研究方法：国内语言景观研究十年综述[J].学术研究，2017(7).

六、结语

近二十年来，语言景观研究已经成为应用语言学、社会语言学、社会学和符号学领域的热门研究话题，吸引了来自世界各地研究者的目光，研究成果丰硕，研究话题不断扩展。作为一种特殊的空间语言形式，语言景观不仅仅是一种静态的语言现象，更是一种多方位的互动文本，这种文本可以反映语言政策和规划背后的语言权势，并且为社会集体提供了一扇表达社会身份的窗口。当今，英语已经成为国际通用语，双语或多语的语言景观现象已经十分普遍，对于国际性大都市而言，多语语言景观已经成为其潮流和标志。探寻语言景观的特征和观察其语言的规律对于研究社会历史文化变迁有着深远的意义，并且也能为我们研究全球化给语言使用带来的影响提供借鉴意义。海外语言景观研究注重探究语言权势关系、社会身份和文化融合，在多语现象和英语的传播方面都已经有了丰富的研究成果，而有关语言政策和语言景观的研究虽然也有一定进展，但是数量上远不如多语现象和英语传播，这可能是由于语言政策作为一个国家长远的发展计划，其变化和形式不如另外两个话题丰富，因此研究成果数量相对较少。总体而言，海外语言景观研究尽管在研究方法和理论构建上还有待完善，部分话题由于环境和方法限制未能产生较多的研究成果，但总体发展前景是明朗的。

相比而言，国内语言景观研究更加注重语言表现形式，研究方向大多是将汉语与少数民族语言或者其他外语的占比和使用方法进行对比研究，以此来探讨中国的多语或双语现象。翻译问题也是国内语言景观研究的焦点，前期研究主要集中在指出中英语言景观的翻译错误，后期研究则探讨减少翻译错误的技巧和策略。少部分研究涉及语言政策，但是这些研究大多集中于拥有特殊语言现象和语言政策的其他国家，并没有从宏观的角度讨论中国的语言政策给国内语言景观带来的影响。

综上，语言景观已经成为当前语言学研究一大热点。本研究主要从概念范畴与理论模型、多语语言景观与权势关注、语言政策的实施、全球化背景下的英语传播等四个方面梳理了近二十年来海外语言景观研究。除了上述四个方面，语言景观研究还可以摆脱实体空间限制，延伸至虚拟空间，分析语言服务和语言政策的关系，助力英语教学模式改革，加强历时变化研究。对语言景观进行历时考察可以洞察文化、语言政策、社会历史的变迁，具有重要的参考价值。与海外语言景观研究相比，中国语言景观研究话题虽然也日渐丰富，但是研究主体主要集中于语言形式、外语使用以及翻译错误，对于语言景观所反映的身份、权势、社会关系和英语的传播带来的影响等方面则鲜少提及，而这些正是海外语言景观研究的焦点。此外，国内语言景观研究理论多借鉴国外，未形成具有本土化特色的理论体系。我国今后的研究可以尝试构建符合中国国情、民情和时代需求的具有中国特色的语言景观理论体系。

东南亚与华南史前考古研究现状及其对中国考古学"走出去"的启示[*]

李英华　赵春光^{**}

摘　要：东南亚包括大陆和岛屿两个部分。东南亚地区史前考古肇始于 19 世纪末，经过百余年的发展，东南亚考古学在国际上具有举足轻重的地位，是世界考古学的重要组成部分。现有研究表明，和平文化起源与传播、早期农业社会的起源与扩散、青铜技术的起源、南岛语族研究等东南亚史前考古的核心议题都离不开中国考古材料的支持。有鉴于此，中国文物考古工作者，应追踪学术前沿，积极参与东南亚考古研究，推动中国考古学"走出去"战略的实施。

关键词：东南亚与华南；考古学研究；史前文化交流；"走出去"战略

引　言

东南亚地处亚洲与大洋洲、太平洋与印度洋的十字路口，以热带季风气候和赤道多雨气候为特征，地貌从山地雨林到海湾岛屿都

　＊ 本文为武汉大学自主科研项目(人文社会科学)"东南亚史前考古研究新进展"(2020HW004)研究成果，得到"中央高校基本科研业务费专项资金"资助(Supported by"the Fundamental Research Funds for the Central Universities")。

　＊＊ 李英华，武汉大学长江文明考古研究院，教授；赵春光，武汉大学长江文明考古研究院，博士研究生。

有分布。特殊的地理地貌使该地区自古以来就形成了多样的生态和人类文化。在考古学上，东南亚的人类活动遗存从更新世早期一直到历史时期均有发现，可谓材料丰富、特征鲜明，因而从上世纪早期开始西方学界就开始在此区域开展连续的系统研究，建立了体系。随着中国"一带一路"倡议和文化"走出去"战略的深入实施以及国际学术一体化的加强，东南亚的考古学尤其是史前考古研究近年来也成为国内学者关注的焦点，不过相比于西方学者在东南亚长期构建的体系而言，国内学者如何从了解到深入开展跨境考古学研究再到融入国际学术界的话语体系到最终建立自己的话语权，可能还有很长的路要走，所以笔者针对东南亚与华南史前考古研究，对该研究领域的历史与现状、前沿、难点与方法路线、前景等进行初步的探讨，尝试对近年来中国考古学"走出去"的问题提出粗浅的思考，以就教于大方。

一、东南亚与华南史前考古研究史及现状

东南亚在地理范围上包括大陆部分和岛屿部分，本研究侧重于考古材料相对丰富且大部分地区与华南"山同脉、水同源"的缅甸、老挝、越南、泰国、柬埔寨、马来半岛这一部分。华南在本研究中取其狭义，指云贵、广西、广东、香港、澳门、福建、海南、台湾等。考虑到晚更新世中期以前东南亚与华南人类文化间的关联较弱，而青铜时代中晚期和铁器时代以后已有文献记载可以佐证，本研究将"史前"界定在旧石器时代晚期至青铜时代早期，大致在距今 5 万年—3000 年(由于东南亚文化发展与华南相比存在明显的时间差，其青铜时代结束时间更晚，所以这里主要以华南地区年代序列为参照)。

从 20 世纪开始至今，东南亚与华南已经发现了大量旧石器时代晚期至青铜时代早期的遗址。其中较重要并发表了简报与报告的遗址，经初步统计，东南亚方面，重要的旧石器时代遗址约 120 个，重要的新石器时代遗址超过 40 个，重要的青铜时代早期遗址

(以泰国和越南为主)超过 30 个；华南方面，旧石器时代遗址超过 100 个，新石器时代遗址超过 100 个，青铜时代早期遗址超过 20 个。因为有不少遗址仅有调查并未发表报告，所以保守估计这两个区域从旧石器时代晚期到青铜时代早期的遗址至少在 600 个以上，为后续的考古学研究积累了极丰富的资料。总体而言，国内外对东南亚与华南史前考古的研究大致可分为两个阶段：

(一)20 世纪上半期—70 年代

此阶段国内外学者主要以民族学的文化因素(特质)归纳和考古发现之单类典型器物如石器、陶器为基础，将东南亚与中国东南划分为相连的文化圈，同时强调东南亚与华南文化之间的密切关联，尤其注意到华南在探讨东南亚文化与人群来源问题上的重要性。代表有克鲁伯(A. L. Kroeber)、① 林惠祥、② 凌纯声、③ 海涅·戈登 (Robert V. Heine-Geldern)、④ 鸟居龙藏、⑤ 金关丈夫、⑥ 鹿野忠雄、⑦

---

① Kroeber, A. L. *Peoples of the Philippines*, Handbook series No. 8[M]. New York：American Museum Press, 1919.

② a. 林惠祥. 福建武平县的新石器时代遗址[J]. 厦门大学学报(哲学社会科学版), 1956(04). b. 林惠祥. 中国东南区新石器文化特征之一：有段石锛[J]. 考古学报, 1958(03). c. 林惠祥. 南洋马来族与华南古民族的关系[J]. 厦门大学学报(社会科学版), 1958(01).

③ a. 凌纯声. 东南亚古文化研究发凡[J]. 新生报(民族学研究专刊), 1950(03). b. 凌纯声. 中国古代海洋文化与亚洲地中海[J]. 海外杂志, 1954 (03). 凌纯声另有一系列文章, 具体可参见, 凌纯声：《中国边疆民族与环太平洋文化》, 台湾联经出版事业公司, 1979 年版.

④ Geldern, R. H. Urheimat und früheste Wanderungen der Austronesier[J]. *Anthropos*, 1932, 27：543-619.

⑤ 鸟居龙藏. 台湾に於ける有史以前の遗迹[J]. 地学杂志, 1987, 9 (107)：503-506.

⑥ 国分直一, 金关丈夫. 台湾考古学研究简史与工作[M]//谭继山(编). 台湾考古志. 台湾：台湾武陵出版有限公司, 1990：36-40.

⑦ a. 鹿野忠雄. 台湾先史时代的文化层[J]. 学海, 1943, 1(6). b. 鹿野忠雄. 东南亚西亚的黑陶彩陶及红陶[J]. 台湾风物, 1952, 2(3).

宋文薰、① 拜叶（Henry O. Beyer）、② 索罗海姆（Wilhelm G. Ⅱ Solheim）③等。

（二）20 世纪 80 年代至今

此阶段国内外相关学者继续以单类器物如石器、陶器或文化因素为标准探讨人群迁徙和交流，不过与考古学的文化时空框架和出土情境结合更紧密、论证更充分，同时随着各地区考古学文化时空框架的构建完善和文化内涵的细致揭示，用来探讨史前文化交流的物质文化遗存种类增多，研究的方法也不断多样化。此阶段相关研究历史的梳理如表 1 所示。

表 1　　东南亚与华南史前文化交流研究概述（20 世纪 80 年代至今）

研究对象或内容	所涉时代	所涉区域	研究方法	结论概要	文献来源
砾石石器	旧石器	华南与大陆东南亚	类型学	华南砾石石器工业可能与和平文化有关但不确定	戴国华；④ 王幼平⑤
砾石石器	旧石器	华南（云南临沧）与大陆东南亚	石器技术分析方法	目前亚洲发现的最早的和平文化石器工业	Ji et al.⑥

---

① a. 宋文薰. 圆山贝塚的石器及骨角器工业[N]. 中国东亚学术研究计划委员会年报，1964（03）. b. 宋文薰. 长滨文化：台湾首次发现的先陶文化[J]. 中国民族学通讯，1969（09）.

② Beyer, H. O. Philippine and East Asia Archaeology and its relation to the origins of the Pacific Islands Population[J]. *Bulletin of National Research Council of the Philippines*. 1948（29）：34-36.

③ Solheim, Ⅱ W. G. Reworking southeast asian prehistory[J]. *Paideuma*：*Mitteilungen Zur Kulturkunde*. 1969，15：125-139.

④ 戴国华. 论东南亚"和平文化"及其与华南文化的关系[J]. 东南亚，1988（1）.

⑤ 王幼平. 中国南方与东南亚旧石器工业的比较[M]//考古学研究（三），科学出版社，1997：1-18.

⑥ Ji, X. P., Kuman, K., Clarke, R. J., et al. The Oldest Hoabinhian Technocomplex in Asia （43.5ka） at Xiaodong Rockshelter, Yunnan Province, Southwest China[J]. *Quaternary International*. 2016，400：166-174.

续表

研究对象 或内容	所涉时代	所涉区域	研究方法	结论概要	文献来源
有段石锛和 有肩石器	新石器	东南亚与华南	类型学	华南史前人群可能分东路 和西路南下迁徙传播	傅宪国①
石拍	新石器-青铜	东南亚与华南	类型学、 民族学等	南部蒙古人种海洋扩散的 证据	邓聪②
农作物(水 稻、小米等)	新石器	东南亚 与华南	植物考古、 体质人类学、 环境等	由华南传入东南亚	Higham;③ Zhang and Hung④
陶器	新石器 及更晚	华南与岛 屿东南亚	器型、纹饰等 宏观比较、区 域地层分布	由中国东南沿海向南，与 农业一同传播	Bellwood;⑤ Bellwood et al⑥
玉器	新石器—铁 器以后	岛屿东南亚 为主，涵大陆东 南亚沿海	电子探针 显微分析	从台湾南下的玉器海洋贸 易网	Hung et al⑦

① 傅宪国. 论有段石锛和有肩石器[N]. 考古学报，1988(1).

② 邓聪. 史前蒙古人种海洋扩散研究：岭南树皮布文化发现及其意义[J]. 东南文化，2000(11).

③ Higham, C. F. First farmers in Mainland Southeast Asia [J]. *Journal of Indo-Pacific Archaeology*. 2017, 41：13-21.

④ Zhang, C., Hung, H. The Emergence of Agriculture in Southern China[J]. *Antiquity*. 2010, 84：11-25.

⑤ Bellwood, P. A Hypothesis for Austronesian Origins[J]. *Asian Perspectives*. 1984, XXVI(1)：107-117.

⑥ Bellwood, P., Chambers, G., Ross, M., et al. Are "cultures" inherited? Multidisciplinary perspectives on the origins and migrations of Austronesian-speaking peoples prior to 1000 BC[J]//Roberts, B., Lingden, M. V. (Eds.), *Investigating Archaeological Cultures：Material Culture, Variability and Transmission*. Dordrecht：Springer, 2011：321-354.

⑦ Hung H, Lizuka Y, Bellwood P, et al. Ancient Jades Map 3,000 Years of Prehistoric Exchange in Southeast Asia[J]. *Proceedings of the National Academy of Sciences of the United States of America*. 2007, 104(50)：19745-19750.

续表

研究对象或内容	所涉时代	所涉区域	研究方法	结论概要	文献来源
驯化动物（猪、鸡、水牛）	新石器及以后	岛屿东南亚为主	古DNA、动物考古、几何形态测量	驯化动物的传播既既有由南向北，也有由北到南的路线	Cucchi et al；① Larson et al；② 刘莉等③
青铜技术	青铜时代早期	大陆东南亚	^{14}C测年、冶金学、同位素、制作技术分析等	①中国西北起源说（沿青藏高原东缘经川滇于距今4000年时到达湄公河流域）；②中国中原地区起源说（经长江河谷、岭南于距今3500年后到达东南亚）	White and Hamilton；④ 乔伊斯 C 怀特；⑤ Higham and Higham⑥；Higham et al；⑦ Pryce et al⑧

① Cucchi T, Fujita M, Dobney K. New insights into pig taxonomy, domestication and human dispersal in Island South East Asia：molar shape analysis of Sus remains from Niah Caves, Sarawak［J］. *International Journal of Osteoarchaeology.* 2009, 19(4)：508-530.

② Larson G, Dobney K, Albarella U, et al. Worldwide phylogeography of Wild Boar reveals multiple centers of pig domestication［J］. *Science.* 2005, 307：1618-1621.

③ 刘莉、杨东亚、陈星灿. 中国家养水牛起源初探［J］. 考古学报, 2006(2).

④ White J C, Hamilton E G. The transmission of Early Bronze technology to Thailand：New perspectives［J］. *Journal of World Prehistory.* 2009, 22(4)：357-397.

⑤ 怀特·乔伊斯著. 班清与泰国东北部青铜文化的编年问题［J］//石应平，译//四川大学博物馆，中国古代铜鼓研究学会编. 南方民族考考古（第3辑），成都：四川科学技术出版社，1991：15-22.

⑥ Higham, C.F., Higham, T.F. A new chronological framework for prehistoric Southeast Asia, based on a Bayesian model from Ban Non Wat［J］. *Antiquity.* 2009, 83(319)：125-144.

⑦ Higham, C, F., Douka, K., Higham, T. F. A New Chronology for the Bronze Age of Northeastern Thailand and Its Implications for Southeast Asian Prehistory［J］. *PLoS ONE.* 2015, 10(9)：e137542.

⑧ Pryce, T. O., Brauns, M., Chang, N., et al. Isotopic and technological variation in prehistoric Southeast Asian primary copper production［J］. *Journal of Archaeological Science.* 2011, 38(12)：3309-3322.

续表

研究对象或内容	所涉时代	所涉区域	研究方法	结论概要	文献来源
人群交流	新石器至青铜	华南、大陆东南亚、岛屿东南亚	体质人类学、现代与古DNA分析	南岛语人群确是从华南迁徙至岛屿东南亚；华南人群自北向南迁入大陆东南亚与原和平文化狩猎采集者发生交流	Hung et al;① Matsumura et al;② McColl et al③ ④⑤⑥⑦

---

①　Hung, H. C. , Zhang, C. , Matsumura, H. , et al. Neolithic transition in Guangxi: A long development of hunting-gathering society on Southern China[J]// Matsumura, H. , Hung, H. C. , Li, Z. , et al (Eds.). *Bio-anthropological studies of early Holocene hunter-gather sites at Huiyaotian and Liyupo in Guangxi, China*, Monograph No. 47. Tokyo: National Museum of Nature and Science, 2017, 205-228.

②　Matsumura, H. , Shinoda, K. , Shimanjuntak, T. , et al. Cranio-morphometric and aDNA corroboration of the Austronesian dispersal model in ancient Island Southeast Asia: Support from Gua Harimau, Indonesia[J]*PLoS ONE*. 2018, 13 (6): e198689.

③　Mccoll, H. , Racimo, F. , Vinner, L. , et al. The prehistoric peopling of Southeast Asia[J]. *Science*. 2018, 361: 88-92.

④　Zhang, X. , Liao, S. , Qi, X. , et al. , Y-chromosome Diversity Suggests Southern Origin and Paleolithic Backwave Migration of Austro-Asiatic Speakers from Eastern Asia to the Indian Subcontinent[J]. *Scientific Reports*, 2015, 5: 15486.

⑤　Bai, F. , Zhang, X. L. , Ji, X. P. , et al. , Paleolithic Genetic Link Between Southern China and Mainland Southeast Asia Revealed by Ancient mitochondrial Genomes[J]. *Journal of Human Genetics*, 2020. 65(12): 1125-1128.

⑥　Li, Y. C. , Wang, H. W. , Tian, J. Y. , et al. , Ancient Inland Human Dispersals from Myanmar into Interior East Asia since the Late Pleistocene[J]. *Scientific Reports*, 2015, 5(1): 9473.

⑦　Yang, M. A. , Fan, X. C. , Sun, B. , et al. , Ancient DNA Indicates Human Population Shifts and Admixture in Northern and Southern China[J]. *Science*, 2020, 369(6501): 282-288.

续表

研究对象 或内容	所涉时代	所涉区域	研究方法	结论概要	文献来源
区域文化 比较研究	新石器 至铁器	华南、大陆 东南亚	类型学、文 化历史比较 与综述	东南亚(以越南北部为主) 史前文化与华南的关联紧 密,存在较明显的文化 交流	程能钟;① 陈洪波;② 彭长林③

从上述梳理可以看出,到目前为止关于东南亚与华南从旧石器时代晚期到青铜时代早期的考古学研究方法与视角较之以前更加多元,观察视野也逐渐将微观与宏观结合,可以说取得了明显进展,但也存在一些难题,这样的现状可以用"一个共识,三大问题"来概括。

一个共识是:东南亚与华南从旧石器时代晚期到青铜时代早期一直关系密切,华南在多个阶段都曾是东南亚文化和人群的源头,但也存在东南亚对华南的文化影响或反馈(如家养水牛从东南亚传入华南④),同时小区域间文化还可能存在独立发展的现象。总之,东南亚与华南的史前文化关系相当复杂多样,需要深入研究。

三大问题。这三大问题既涵盖了之前取得进展的重要领域,又是东南亚与华南史前考古研究的难题所在,当然从某种意义上说也正是可以突破的前沿方向。它们包括:

---

① 程能钟.越南北部和中国南方史前文化交流比较研究[M].越南社会科学出版社,2009.

② 陈洪波.东南亚与华南新石器时代的文化面貌、生业经济与族群迁徙[M].桂林:广西师范大学出版社,2016.

③ 彭长林.石器时代环南海地区的文化互动[J].东南亚南亚研究,2015(04).

④ 刘莉,杨东亚,陈星灿.中国家养水牛起源初探[J].考古学报,2006(02).

1. 和平文化的起源与传播

以往学界一般认为旧石器时代晚期东南亚广泛流行的和平文化其源头在东南亚地区如越南，但近来中国西南发现了距今43000年左右的和平文化石器工业①，让学界开始重新思考其源头是否可能在中国西南。但是这一石器技术究竟是由北向南还是由南向北传播以及东南亚内部的传播方式等并不清楚。

2. 东南亚新石器时代文化的起源与传播

在距今5000—4000年，大陆东南亚(如泰国、越南等)突然出现许多新的陶器类型，尤其是许多原来没有陶器的地方突然出现数套制作技术相当成熟的陶器组合、新的花纹样式、石器类型、驯化动植物。伴随着农业技术的出现，人群的基因及体质形态特征也出现了新的变化。许多新近的研究包括语言学、考古学、遗传学以及体质形态学研究等都指出华南是这些东南亚农业人群的主要来源，但是这些人群来自华南何地、其交流与传播线路如何等问题有待进一步的研究。

3. 东南亚青铜技术与文化的来源

相比于中原和长江流域，东南亚青铜遗址和遗存发现较少，主要集中在泰国和越南，且年代普遍偏晚。东南亚青铜技术的起始年代及来源问题在学界已经争论超过四十年，但仍没有定论。东南亚的青铜技术和文化是否来自中国？如果是，来自中国何地？其传播路线如何？这些问题也亟待进一步的研究予以解答。

总之，得益于学术研究的国际化和区域合作的加强，东南亚与华南史前考古学研究无论是在广度还是深度上都取得了长足进步，但是制约其深入发展的原因仍是多方面的，而且有些方面如民族主义、本位主义、语言隔阂等是深层次的存在，短期内难以改变。同时，与西方学界在东南亚考古研究上建立的话语体系和主导权相比，中国学者进入晚、持续短、相对分散、没有形成几代学者构建体系

---

① Ji, X. P., Kuman, K., Clarke, R. J., et al. The Oldest Hoabinhian Technocomplex in Asia (43.5ka) at Xiaodong Rockshelter, Yunnan Province, Southwest China[J]. *Quaternary International*. 2016, 400: 166-174.

的状态和规模，因而在国际上的参与度和话语权还需要进一步提升。

二、东南亚与华南史前考古学研究的前沿方向

在回顾东南亚与华南史前文化关系研究史的基础上，笔者以为，目前以及未来要解决的总体问题或目标是在考古学的视角下，探索东南亚与华南从旧石器时代晚期至青铜时代早期人类文化关系的各种表现形式、过程及其背后的社会、环境、生业等方面的动因。目前可利用的研究对象是在旧石器时代晚期、新石器时代、青铜时代三个较大的时段，华南和东南亚重要考古遗址发现的各类文化遗迹与遗物，包括聚落结构布局、重要遗迹以及相关遗物包括人类骨骼、石器、陶器、玉器、骨器、青铜器、动植物遗存等。

围绕东南亚与华南史前考古学研究现状中的共识和三大问题，结合已有的成果，未来的研究或可从四个方面具体展开，既呼应已有的共识，又代表了需要突破的前沿方向。

（一）东南亚和平文化的起源与传播

晚更新世晚期至全新世早期人类文化的交流在石器这种物质遗存上留下了重要线索，所以对石器工业的分析构成了文化交流研究的必要组成部分。已有研究表明，华南晚更新世晚期以砾石石器工业为特征，而且一直延续到全新世以后，① 东南亚在晚更新世至全新世过渡期的石器工业以广泛分布的属于晚期狩猎—采集者的"和平文化"为代表。不管"和平"的定义是"考古学文化"、②"复合

---

① a. Wang, Y. P. Human adaptations and Pleistocene environment in South China[J]. *L'Anthropologie*. 1998, 36(1-2): 165-175; b. 张森水. 近20年来中国旧石器考古学的进展与思考[J]. 第四纪研究, 2002(1); c. Bar-Yosef, O., Wang, Y. P. Paleolithic Archaeology in China[J]. *Annual Review of Anthropology*. 2012, 41: 319-335.

② Colani, M. Quelques Paléolithes hoabiniens typiques de l'Abri sous roche de Lang-Kay[J]. *Bulletin de la Société préhistorique de France*. 1929, 26(6): 353-384.

体"，① 还是"工业类型"、②"技术复合体"，③ 它都是一套砾石石器工业，与华南的砾石石器工业具有很大的可比性，鉴于此，早期有学者基于东南亚与华南石器对比提出两个区域文化可能存在关联和交流，但是由于所用的研究与比较标准并不统一，大多只停留在印象层面，缺乏具体论证。

由于和平文化最早在越南发现并定名，而且其发现数量多、时间比东南亚其他地区早，所以以往学界一般认为其源头在东南亚地区如越南，但近来中国西南发现了距今43000年左右的和平文化石器工业，让学界开始重新思考其源头是否可能在中国西南。此前有学者对东南亚相关石器文化做过介绍并试图与华南对比，但是这一石器技术究竟是由北向南还是由南向北传播以及东南亚内部的传播方式等并不清楚；东南亚和平文化与其之前的山韦文化、之后的北山文化在技术上究竟是什么关系？在中国西南地区以外的华南其他区域也有使用石器的人群，他们与山韦、和平、北山文化是否有交流？如果有，其传播方式和路线是什么？其传播的意义是代表了人群的迁移还是技术的传播？解答这些问题对于我们认识晚更新世晚期至全新世早期东南亚与华南人群与文化交流的过程非常重要，而其中和平文化的问题尤为关键，所以和平文化的起源与传播就构成了一个重要的研究方向。

（二）东南亚新石器时代文化的起源与传播

从新石器时代文化的三大指标（农业出现、陶器出现以及磨制石器出现）来看，东南亚与华南新石器时代文化呈现出发展不平衡、复杂多样的特点。从陶器方面来说，华南发现了以甑皮岩、大

① Heider, K. G. A Pebble-Tool Complex in Thailand[J]. *Asian Perspectives*. 1958, 2(2): 63-67.

② White, J. C., Gorman, C. F. Patterns in "Amorphous" industries: The Hoabinhian viewed through a lithic reduction sequence. in: Paz, V. (Eds.), *Southeast Asian archaeology: Wilhelm G. Solheim II Festschrift*. Quezon City: University of the Philippines Press, 2004, 411-441.

③ Gorman, C. F. Excavations at Spirit Cave, North Thailand: some interim interpretations[J]. *Asian Perspectives*. 1970, 13: 79-107.

岩、庙岩、青塘、奇和洞等遗址为代表的早期陶器遗存，它们与长江流域的仙人洞、吊桶环等遗址一起代表了世界最早出现的陶器。① 磨制石器在华南和东南亚的出现则晚于陶器，一般在许多洞穴遗址的晚期、沙丘及贝丘遗址有较多发现。而农业在华南及大陆东南亚则到距今 5000—4000 年才出现。② 这样的发展序列与近东或世界其他地区明显不同。

总体而言，在上述三大指标当中，农业的起源和扩散是当前世界考古研究的热点，也是东南亚与华南新石器文化关系的关键问题所在。从目前考古发现来看，华南与大陆东南亚的早期农业呈现出由北向南越来越晚的年代顺序，且东南亚与华南新石器时代文化交流主要有两大路径，一是从中国东南沿海经台湾，到菲律宾、东马来西亚(婆罗洲)、印度尼西亚、东帝汶等地，该线路与南岛语族的起源和扩散有关；二是华南与大陆东南亚(包括越南、泰国、柬埔寨等一直延伸到马来半岛)的交流，该线路与南亚语族的起源和扩散有关,③ 其中可能又可细分两到三条传播路径，包括海线和陆线等。

从传播的方式和机制来说，岛屿东南亚和大陆东南亚这两大路径都与稻作农业和粟作农业的传播扩散有关，不过岛屿东南亚(包括南岛语族)研究涉及的时空范围极大，故本研究将主要针对华南与大陆东南亚的新石器时代文化关系展开探讨。

从华南和东南亚农业出现的重大影响来看，其伴随着新石器化技术的传播给史前人群带来了革命性的变化。近年来多学科的研究包括体质人类学和古 DNA 分析证实，农业人群由华南向东南亚扩散并造成了人口的快速增加，使得东南亚原生的旧石器时代晚期狩猎—采集人群和距今 4000 年前由华南进入东南亚的农业人群在体

① 陈宥成，曲彤丽．中国早期陶器的起源及相关问题[J]．考古，2017(6)．

② 张弛，洪晓纯．华南和西南地区农业出现的时间及相关问题[J]．南方文物，2009(3)．

③ Bellwood, P. *First Farmers：The Origins of Agricultural Societies*，Malden.MA：Wiley-Blackwell, 2005.

质特征和基因上出现显著差异，而后者则奠定了当今东南亚主要人群的基础。① 东南亚与华南的稻作农业从长江中、下游传播而来已是学界共识，而粟作农业的来源、稻作农业传播的时间、路径和动力机制等在学界尚无定论，这些问题需要通过植物考古学研究和年代测定来解决。② 东南亚与华南在农业发生以前分布在以台湾大坌坑文化（早期）、福建壳丘头文化、环珠江口咸头岭文化、广西顶蛳山文化、越南东北部多笔（Da But）文化、盖萍（Cai Beo）文化、泰国农诺（Nong Nor）等沿海贝丘遗址为代表的渔猎采集文化，③ 在生业方式、文化面貌上既有同一性又表现出复杂性与多样性，其后又有很长一段时间在生业形态及社会文化面貌上处于缓慢发展状态。在距今 5000—4000 年，东南亚与华南开始出现丰富的陶器遗存，这与该地区农业发生的时间相当，其中以泰国班考（Ban Kao）遗址出土的空足三足器、圈足豆、曲腹壶、折腹釜等陶器组合为代表，④ 该类遗存集中分布在泰国中、西部的他钦河流域（Tha Chin River）、奎内河流域（Khwae Noi River）和马来半岛，为考察泰国乃至东南亚新石器时代社会内涵与文化交流提供了较好的案例。

总体而言，距今 5000—4000 年东南亚与华南农业人群来源及其与狩猎采集人群之间的关系，即非农业社会向农业社会转变的模式、农业社会之间、农业与非农业社会之间的相互关系是研究东南亚与华南新石器时代发生的历程以及区域间文化交流互动的关键，

---

① Matsumura, H., Hung, H. C., Higham, C. F., et al., Craniometrics Reveal "Two Layers" of Prehistoric Human Dispersal in Eastern Eurasia[J]. *Scientific Reports*. 2019, 9：1451.

② a. 邓振华. 粟黍的起源与早期南传[J]. 中国社会科学报，2019-06-14(5). b. 高玉，等. 论史前农业从中国南方向中南半岛的传播[J]. 中国科学：地球科学，2020-02-25.

③ Hung, H. C., Prosperity and Complexity without Farming：the South China Coast, c. 5000-3000BC[J]. *Antiquity*. 2019, 93：325-341.

④ Sorensen, P. *Archaeological Excavations in Thailand Volume II：Ban Kao, Neolithic Settlements with Cemeteries in the Kanchanaburi Province Part One：The Archaeological Material from the Burials* (*The Thai-Danish Prehistoric Expedition* 1960-1962), Copenhagen：Munksgaard, 1967.

因而也构成了未来的重要研究方向。

(三)东南亚青铜技术与文化的来源

青铜时代于大陆东南亚和岛屿东南亚有所区别,岛屿东南亚缺乏严格意义上的青铜时代,直到公元前 500 年左右,铜、铁制品开始传入到该地区,通称为金属时代,所以本研究讨论的主要是大陆东南亚的青铜技术与文化的来源问题。

青铜时代是衡量社会生产力水平进步程度的概念,高超的青铜冶铸技术和复杂的社会组织结构是青铜时代文化内涵的重要内容。东南亚与华南从新石器时代晚期至青铜时代早期社会发展水平相对于中原和长江流域明显滞后,出现了一些无青铜制品或是整个文化阶段几十处遗址却仅有零星几件青铜器的青铜时代早期遗存,如广东的浮滨文化、越南的冯原(Phung Nguyen)文化。同时,东南亚与华南青铜时代早期区域内部遗址背景、文化类型、青铜器组合关系等方面的差异也为探讨该地区社会组织结构和形式提供了线索。

东南亚的青铜技术应该是由外来传入,这一观点已成为学界共识,① 从空间传播的角度看,其北面的中国和西面的印度都可能是源头。公元前 1000 年之前,南亚次大陆与大陆东南亚交流的证据贫乏,直到公元前 500 年以后,两地之间交流才逐渐频繁,因此学者认为印度可能并非东南亚青铜技术的源头。目前,学界关于东南亚大陆青铜技术起源主要有两种观点:一种认为东南亚的青铜冶炼技术脱胎于公元前 3 千纪晚期的"塞伊马—图宾诺"文化系统,从中国西北部沿青藏高原东缘,经四川、云南,于公元前 2000 年到达湄公河流域;② 另一种认为青铜冶炼技术源于中国中原地区,经

---

① Pigott, V. C., Ciarla, R. On the Origins of Metallurgy in Prehistoric Southeast Asia: The View from Thailand. In Niece, S. L., Hook, D., & Craddock, P. (Eds.) *Metals and Mines: Studies in Archaeometallurgy.* London, Archetype Publications Ltd. 2007, pp: 76-88.

② 乔伊斯·怀特,伊丽莎白·汉密尔顿著. 东南亚青铜技术起源新论[J] 陈玮,译//四川大学博物馆等,四川大学考古学系,成都文物考古研究所编. 南方民族考古(第七辑). 北京:科学出版社,2011:59-112.

长江河谷、岭南地区，在公元前 1500 年以后到达大陆东南亚。①

复杂社会研究中，不同阶层的文化交流对比更能够充分揭示文化交流的复杂与多样性，有利于清晰地认识文化内部的层级结构以及社会组织结构模式。社会中上层作为权力系统，以特殊器物为介质的长距离交流贸易为观察社会中上层获取和维持权力的方式提供了较好的视角。有领环（T 型镯）和牙璋是研究东南亚与华南青铜时代早期社会上层文化交流的重要器物。② 典型器物有领环在广东棠下环遗址、村头遗址、广西感驮岩遗址、香港深湾遗址、大湾遗址、云南义立遗址、四川三星堆遗址、金沙遗址、越南仁村遗址（Xom Ren）、冯原遗址（Phung Nguyen）、长晴遗址（Trang Kenh）、曼北遗址（Man Bac）；泰国班农瓦遗址（Ban Non Wat）、农诺遗址（Nong Nor）、班那迪遗址（Ban Na Di）班清遗址（Ban Chiang）、班鲁考遗址（Ban Lum Khao）等东南亚与华南多个遗址，甚至北至湖北、河南、山东、陕西，南至马来西亚、菲律宾等地广泛发现；典型器物牙璋在越南仁村遗址、冯原遗址、广西感驮岩遗址、广东墨依山遗址、红花林遗址、福建虎林山遗址、香港大湾遗址、东湾遗址、四川三星堆遗址、金山遗址以及长江中游、黄河流域等 30 余处遗址被发现。这两类代表性器物反映的可能是活跃的长距离交流贸易、高级工艺技师的沟通甚至有可能是工匠的流动，勾勒出东南亚与华南新石器时代晚期至青铜时代早期社会中上层文化交流贸易的图景。

陶器是东南亚与华南青铜时代早期人们的主要生活用具，在考古遗址中也有诸多发现，且风格多样。如环珠江口地区以罐、尊、豆、釜类遗存为代表，纹饰以雷纹、云纹为特征；广西感驮岩遗址以罐、壶、釜、簋形器等为代表，纹饰为刻划纹、条带纹和彩绘，

---

① 查尔斯·海汉姆，托马斯·海汉姆，罗伯特·强南，等. 东南亚青铜时代的起源［J］//董红秀，译. 四川大学博物馆等编. 南方民族考古（第 9 辑）. 北京：科学出版社，2013：55-112.

② Chao, H. *The Allure of Jade：T-Sectioned Bangles and Yazhang in Ancient China and Mainland Southeast Asia（ca. 2300-500BC）*［J］. The Dissertation of The Australian National University，2017.

亦可见于越南冯原文化遗址；云南海门口遗址以罐、盆、钵、壶类遗存为代表，纹饰以素面和彩绘为主；泰国班农瓦遗址则以釜、豆、罐、钵、壶为主，纹饰有彩绘和条带纹。这些陶器与大量的中小型墓葬（葬式、葬俗及随葬品等）为研究区域内不同文化的时空关联和社会底层文化的交流提供了依据，进而为我们观察多元谱系结构的文化社会创造了条件。

总之，东南亚与华南青铜时代的年代问题、青铜技术起源与传播路径、东南亚与华南青铜时代早期不同社会阶层的文化交流模式，以及东南亚与华南青铜时代早期的社会组织结构是观察东南亚与华南青铜时代早期文化交流的关键，因而也是未来的重要研究方向。

（四）东南亚与华南旧石器时代晚期至青铜时代早期的人类迁徙

东南亚与华南史前文化交流本质上是人群的交流与迁徙传播，所以探索人类本身的迁徙交流也极为重要。

晚更新世晚期以来现代人向欧非大陆以外的地方尤其是东亚、东南亚的扩散是国际古人类学界关注的热点和重点问题。从晚更新世到全新世，东南亚与东亚（华南）的人类经历了重要变化，其背后的人群在特征、分布、组成方面也相应地具有明显的阶段性变化特征，大致可以分为三个阶段：

1. 晚更新世晚期，大陆东南亚的老挝、① 越南、② 泰国③等地均有现代人活动，而且晚更新世至全新世大陆东南亚与华南人群之

① Demeter, F., Shackelford, L. L., Bacon, A. M., et al. Anatomically Modern Human in Southeast Asia (Laos) by 46 ka[J]. *Proceedings of the National Academy of Sciences*, 2012, 109 (36)：14375-14380.

② Matsumura, H., Yoneda, M., Dodo, Y., et al. Terminal Pleistocene Human Skeleton from Hang Cho Cave, Northern Vietnam：Implications for the Biological Affinities of Hoabinhian People[J]. *Anthropological Science*, 2008, 116 (3)：201-217.

③ Matsumura, H., Pookajorn, S. A Morphometric Analysis of the Late Pleistocene Human Skeleton from the Moh Khiew Cave in Thailand[J]. *HOMO*, 2005, 56 (2)：93-118.

间有过混合,① 人群交流图景非常复杂;岛屿东南亚至少曾有吕宋人、② 丹尼索瓦人、③ 佛罗瑞斯人(*Homo Floresiensis*)④存在。所以, 虽然晚更新世至全新世现代人在东南亚普遍活动已是共识,但是大陆和岛屿东南亚的现代人种类非常多样, 在现代人迁徙的大框架内, 小区域范围内的扩散路径、人群基因与体质特征的多样性及其人群交流等问题仍不十分清楚。

2. 距今 5000—4000 年, 东南亚与华南由狩猎采集向农业社会转变, 体质人类学上的"二层假说"模式认为东南亚的狩猎采集人群(澳大利亚—美拉尼西亚人种 Australo-Melanesian)和农业人群(蒙古人种 Mongoloid)有很大的差异, 华南地区也有此类迹象。⑤ 这一假说也逐渐被东南亚和平文化时期、新石器时代、青铜时代和铁器时代的多个遗址出土的人骨材料体质人类学研究、古 DNA 研究和其他物质遗存分析所验证, 但是东南亚狩猎采集人群与华南狩猎采集人群的关系、农业人群进入东南亚的时间、路径、动因与机制, 以及狩猎采集人群与农业人群之间的交流互动等仍有待深入探索。

3. 东南亚青铜技术起源是管窥东南亚与华南新石器时代晚期至青铜时代早期文化交流的关键。复杂的青铜冶铸技术的起源可能是上层社会的交流、青铜技术层面的交流或者冶铸工匠的流动;该

---

① Mccoll, H. , Racimo, F. , Vinner, L. , et al. The prehistoric peopling of Southeast Asia[J]. *Science*, 2018, 361: 88-92.

② Détroit, F. , Mijares, A. S. , Corny, J. , et al. A new species of Homo from the Late Pleistocene of the Philippines[J]. *Nature*, 2019, 568 (7751): 181-186.

③ Reich, D. , Patterson, N. , Kircher, M. et al. Denisova Admixture and the First Modern Human Dispersals into Southeast Asia and Oceania[J]. *The American Journal of Human Genetics*, 2011, 89 (4): 516-528.

④ Westaway, K. E. , Rink, W. J. , Bird, M. I. et al. Archaeology and age of a new hominin from Flores in eastern Indonesia[J]. *Nature*, 2004, 431 (7012), 1087-1091.

⑤ Matsumura, H. , Hung, H. C. , Higham, C. F. , et al. Craniometrics Reveal "Two Layers" of Prehistoric Human Dispersal in Eastern Eurasia[J]. *Scientific Reports*, 2019, 9: 1451.

时期典型器物有领环和牙璋起源与交流也存在相似的问题。这可能也需要从生物考古学层面去解析跨区域和区域内文化交流互动背后是人群的迁徙还是技术的交流抑或二者交织，等等。

总之，从人类本身出发，从人类体质特征、几何形态学、骨骼生物力学、古 DNA 二代测序等方面综合解析东南亚与华南旧石器时代晚期至青铜时代早期现代人的起源与扩散、狩猎采集人群与农业人群的起源与扩散以及新石器时代晚期至青铜时代早期人群的交流也是一个关键的研究方向。

三、东南亚与华南史前考古研究的难点与方法路线

东南亚与华南史前文化关系的考古学研究既包括单一遗址和区域内的考古学研究，更涉及跨境跨区域的比较研究，加上东南亚较其他区域而言也有特殊性，所以该研究要在几大方向取得突破就面临一定的困难。客观而言造成这些困难背后的原因是多方面的，但集中起来有两个方面显得尤为突出：

(一)材料发现不均衡，研究方法不尽一致，比较研究有较大难度

作为旧石器时代的重要遗存，石器虽然在两个区域都有大量发现，但是由于研究方法是类型学，致使比较标准并不统一，难以进行跨区域的对比整合，所以需要运用新的石器技术分析方法和标准来研究和比较；作为新石器时代的重要遗存，陶器尤其是典型遗址的完整陶器在东南亚发现比较少，尚未像华南通过陶器类型学研究建立起时空框架与谱系，使得东南亚与华南新石器时代陶器难以综合对比。

(二)跨区域合作相对有限，难以获得关键的一手考古材料，制约了跨区域文化关系的观察

虽然学界认识到在东南亚与华南之间开展考古学的比较研究很关键，但是由于受到各自国家语言、民族、历史、政治背景及学术传统的影响，中国学者多局限于华南内部少数遗址点，较少将视野向南延伸，东南亚学者多囿于其中一国或邻国，很难将视野真正向

北拓展，这种人为的空间割裂，使关键的一手考古材料的获取成为瓶颈，在很大程度上造成了比较研究的不完整和片面化，使得研究结果更偏重微观，而较难上升到跨区域的宏观层面。

针对上述难点，结合已有实践，笔者以为研究方法与路线至少可以从以下两方面来加强。

1. 具体的研究方法与手段

东南亚与华南史前文化关系问题涉及多个方面，面对的研究对象即考古材料也是丰富多样，所以它本身就是一项跨学科的研究，所需方法来自多个学科领域，包括但不限于：

(1)石器技术和技术—功能分析法。通过对石制品的"技术阅读"和操作链复原来揭示古人类认知模式及特征，进而探索区域石器技术交流、传播或者多元化发展图景；

(2)石器微痕分析法。通过对石制品刃缘的破损、光泽等微使用痕迹并结合实验推测石器的功能和使用方式等，揭示人群特殊的生计行为模式，为区域内人群可能存在的生计行为模式、文化技术传统的交流传播提供线索；

(3)考古类型学。通过比较遗迹遗物在形态、结构、风格等方面的异同，来追寻人群文化交流的线索；

(4)碳十四测年。以含碳-14物质的放射性衰变测定遗存和地层年代的方法，将提供人类行为与文化交流的年代框架；

(5)植物考古。重点通过遗址、遗物中存在的水稻、粟等农作物遗存或其他类型的植物残留物来探索农业发生以前该地区植物资源的利用方式和农业起源扩散以及区域间人群文化交流的证据；

(6)动物考古。通过狗、鸡、猪、水牛、贝类等动物遗存的研究来探索动物资源的开发及其传播以及人类的环境适应策略，进而推断区域间人类文化交流的证据；

(7)聚落考古方法。通过对不同文化的聚落形态、布局进行比较从而推断人群间文化交流；

(8)文化谱系方法。以文化因素为基础、通过比较考古学文化的不同类型，来揭示不同文化之间的交流、互动、探索特定文化的源流以及文化的动态变迁过程；

（9）体质人类学方法。主要通过骨骼几何形态测量方法、CT扫描技术、骨骼病理微观分析技术等手段综合运用，来探索区域间人类的亲缘关系、微观演化及人群交流传播；

（10）同位素分析。通过比较碳、氮、氧、锶、铅等元素的稳定同位素在生物遗存、文化遗存（如青铜器）中的数值，来探索人类饮食习惯及人群和相关技术的来源与迁徙过程；

（11）古DNA分析。通过提取分析人类或动物骨骼内遗留的DNA，并在不同材料间比较来研究区域本土人群（动物）与外来人群（动物）的关系从而判断人群起源迁徙及驯化动物起源传播的路径。

2. 宏观的操作路线

客观而言，东南亚与华南史前文化关系的考古学研究难以推向深入的原因是多方面的，但主要制约因素有两个，一是语言障碍，二是一手考古材料的获取。所以在宏观的操作路线上，必须要综合考量、创造条件、突破局限。笔者结合国内已有的实践，提出一点粗浅的认知。

（1）以灵活多样的方式克服语言障碍

随着学科发展的国际化进程加快，外国考古成为中国考古学的一个新兴领域，从事该方向研究面临的首要问题就是除了英语这门最基本的国际语言以外，还需掌握很多小语种，东南亚就是一个极典型的例子。由于历史原因，这一区域考古学研究的文献除了英语以外，还有相当一部分用法语、少部分日语和至少6种当地语言刊布，所以学习并掌握这些语言就成了首先要克服的困难。在这方面，也许有多种灵活的方式可以采用。诸如，学者可以自学所需要的一到两门语言；国内高校考古专业学生通过多种途径学习掌握所需要的小语种；国内高校考古专业与本校外国语专业联合培养学生，比如北京大学"外国语言与外国历史（考古）"专业的新实践；对于不具备相关小语种的高校，可以联合其他高校小语种专业联合培养学生或开展合作，也可以与东南亚国家高校考古专业联合培养学生或开展合作；最后，短期工作也可聘请东南亚国家或中国从事小语种研究的人员进行翻译。总之，为了对东南亚考古研究进行全面深入的了解，英语是最基本的，法语也必不可少，理想状态是以团队为单位、采用可行的方式学习掌握东南亚本土国家语言（以能读文献为基本目标），虽然比较困难，但只有突破这个局限，才能真正了解该区域的考古研究、学术传统、文化习惯等，为可持续地开展该区域的相关研究打下基础，使我们不仅能"走出去"，而且能"走进去"。

（2）以"平等共享、产权明确"的模式开展国际合作

东南亚与华南史前文化关系的考古学研究有一个重要的条件，就是需要获得大量境内外尤其是境外的一手考古材料，同时也涉及境外的田野调查、发掘、采样分析等工作，这样的研究内容包含多个领域、研究人员来自多个机构，所以客观上要求建立一个实质性的稳定的国际合作团队。结合已有的实践，比较好的方式就是本着"平等共享、产权明确"的原则，与境内外相关机构始终以签订协议的方式开展工作，推进研究的可持续性发展，争取产出真正具有国际合作性质的精品成果。在国际合作过程中，平等共享是第一位的，因为东南亚与华南史前文化关系研究落脚点还是要回答华南以及中国早期人群从史前到复杂社会这一文化多元一体格局在早期的形成问题，所以中国学者需要在不断扩展国际学术视野、提升自身学术研究水平的前提下，坚持国际合作的主导权，做到产权明确且对等。

四、思考与展望

进入 21 世纪后，在"一带一路"倡议的推动下，东南亚与华南史前考古学研究的热度不断升高，不论在社会、学术、学科建设发展还是话语体系方面都具有重大意义。

在社会层面，该研究通过梳理东南亚与华南史前文化关系的发展历史、特征，将增进国际学术界和公众对东南亚与华南古代文化关系的认知，为当今的区域文化交流提供历史启迪与借鉴，以考古学独有的方式推动国际文化交流的发展。

在学术层面，该研究从东南亚与华南的大量一手考古材料出

发，将在很大程度上突破原有的国别与区域、学术背景与研究传统的局限，推进我们对重大学术问题诸如现代人迁徙、石器技术交流、农业起源传播、青铜技术扩散的认知，重建东南亚与华南史前人类文化的演进历史。在研究理路上，作为跨区域文化比较研究的实践，该研究由点到线，由线到网，使原有的小区域的文化比较上升到大区域综合研究的高度，有助于我们从更宏观的视野和历史纵深的角度来把握华南和东南亚史前人类文化关系的发展史及其背后的机制，是"区域性材料、国际化视野"理念在考古学中的运用，有望塑造考古学开展跨区域文化比较研究的范例，为今后跨区域的考古学研究提供参考和借鉴。

在学科建设发展层面，该研究以华南考古材料的研究为核心，以东南亚考古材料为参照，将有助于深入解读和阐释华南早期人类文化发展演化的过程及其与东南亚的关系，使我们能在真正理解中国文化历史的基础上参与到对世界人类历史的诠释中，同时对于如何突破国境区域局限、如何开展高效共赢的国际学术合作、产出在国际学界有影响的实质性合作成果，为考古学二级学科"外国考古"的建设提供参考。

在话语体系方面，以往学界（包括考古学界和历史学界）在研究华南早期文化历史时大多将视野局限于境内小区域，有少数关注到东南亚者也多停留在二手资料的观察梳理上，而西方学者由于在东南亚长期文化渗透形成的基础，加上比较宏观的视野及语言优势，在相关研究中往往比中国学者发声更快，也更具国际影响力。该研究立足于华南早期文化的考古学研究，通过研究东南亚相关重点遗址的实物遗存，深入解读两大区域早期文化之间的关系，将推动中国考古学者真正参与到对世界历史的诠释当中，贡献中国考古学者独有的思想和智慧，为提升中国学者的话语权贡献力量。

当然，东南亚与华南史前考古学研究因为所需要的方法众多、涉及的研究机构和学者很多、面对的东南亚各国国情语言均不同，需要不断探索创新、突破局限、找到一条可持续发展的道路，因而不是一蹴而就的过程。泛言之，从东南亚地区扩展至"一带一路"涵盖的世界各大区域，中国考古学以及相关学科要"走出去"可能面临着相似的困境，借此机会笔者提出几点粗浅思考，希望能为中国考古学"走出去"贡献绵薄力量。

首先，推动考古学的二级学科——"外国考古"融入区域国别学、国际战略传播学的框架，与历史学、地理学等学科合作，各展所长，形成合力，充分发挥考古学在人文学科领域的交流优势，"形成同我国综合国力和国际地位相匹配的国际话语权，为我国改革发展稳定营造有利外部舆论环境，为推动构建人类命运共同体作出积极贡献"。①

其次，克服语言障碍。推动与非通用语言高校教学、人才培养、科学研究的合作，建立考古+外语的复合人才培养联盟或体系，充分发挥国内非通用语言高校的资源优势。根据已有机构学者的积累，可选择"一带一路"相关区域，分国别，抓重点，一对一地开展合作，由点到面，带动更大区域的联合，促进更大区域的研究走向深入。

再次，国家要增加投入并提供稳定的经费支持，由全国具备条件的科研机构和高校学者具体实施。在具体执行方面，笔者有四点建议。

(1) 国家文物局等管理部门在国际合作项目选题设置上，可以以五年或四年为一个周期，采取由上到下的规定选题和由下而上的自拟选题结合的方式，确定最终项目的选题后采用招标、申请、同行评审的方式，无论是否获得项目资助，都向申请团队反馈专家评审意见，做到公平、公正、透明。

(2) 建议对境外合作考古项目按照地域制定相应的标准，综合考虑交通、食宿、当地物价、货币汇率等因素，以 2 年为一个周期拨付一定数额的经费，周期满后根据变化进行一定的调整，既保证工作质量，又使得钱尽其用。

(3) 对于境外合作项目，由于地域及所在国的差异，其组织管理应该较国内项目有所不同，是否可以以最终的成果为导向，根据

① 习近平总书记 2021 年 5 月 31 日在中央政治局第三十次集体学习时的讲话。

初期工作建立合作科研信用制度，对于按时且取得高级别合作科研成果的项目滚动支持，且简化最终的验收，对于不能按时按质量完成任务的，可以减少甚至停止支持，通过竞标将项目转与其他有资质、有能力的项目组。

（4）国际科研合作中最重要的是责权利的划分，所以在合作过程中尽量坚持付出与回报相符，与所有参与单位签订"合作共享、产权明确"协议，经商议后，对于成果的共享和利用方式做出明确规定，以建立长久可持续性的国际合作模式。制定详细的规则，对于项目共同取得的科研成果，要有明确的知识产权归属方面的界定。

当然，上述建议和思考仅为一孔之见，客观而言，中国考古学乃至整个中国文化"走出去"要几代人连续努力、稳定投入。我们期待中国类似的跨境跨区域的考古学研究不断深入，相信不久的将来会看到中国考古学在世界考古学界发声更响亮、更具影响力。

最后，东南亚与华南史前考古学研究范围很广，本研究仅针对大陆东南亚，未述及岛屿东南亚，也未述及青铜时代中期以后，所以笔者在此仅做抛砖引玉、向同行请教，同时希望学界关注相关研究，共同推动其向前发展。

美国货币政策及现代货币理论追踪*

李 卓 崔 炎**

摘 要：为应对新冠疫情，以美国为代表的发达国家向市场注入了大量的流动性，更多的国家通过积极的财政措施干预经济，从而使现代货币理论以一种既古老又现代的形式进入了人们的视野，受到广泛关注。现代货币理论以功能性财政为逻辑，以国家信用支持为货币基础，对凯恩斯主义宏观经济学的核心思想进行了重新阐述，这种理论重新构建了货币政策和财政政策在发行自己主权货币国家中的作用。从这种角度来讲，现代货币理论对理解和解读世界主要国家宏观经济政策和走势具有一定的启发意义。本研究通过研究现代货币理论的历史渊源与其内在理论，分析这种思想在当前形势下的可用性。

关键词：现代货币理论；凯恩斯理论；货币政策与财政政策

一场突如其来的疫情，带来了很多意料之外的结果。在货币政策领域，近几年有一个非常热门的话题，就是现代货币理论（Modern Monetary Theory，MMT）。之所以热门，是因为争议特别

---

* 本文为武汉大学自主科研项目（人文社会科学）研究成果，得到"中央高校基本科研业务费专项资金"资助（supported by"the Fundamental Research Funds for the Central Universities"）项目编号：2020HW027，申请人：李卓，项目名称：美国货币政策及现代货币理论追踪。

** 李卓，武汉大学经济与管理学院，教授。崔炎，武汉大学经济与管理学院。

大，有一部分人支持，但也有更多人坚决反对。按理说，一个国家的央行执行怎样的货币政策，是真正的社稷大事，如果要对货币政策进行较大的调整，应该经过谨慎的讨论，取得广泛共识之后再执行。但是，在新冠疫情席卷全球以来，以美联储为代表的全球多个央行，以迅雷不及掩耳之势，推出了一系列的典型"现代货币理论"的政策。"风起于青萍之末"，不仅仅是疫情以来的事态变化太快，有关现代货币理论的讨论其实早已有之，尽管直到目前还缺乏集大成之作，甚至也不容易看到比较完整的关于这种理论的利弊的系统讨论。而且，虽然在名义上还没有哪家央行公开宣称其货币政策的指导思想就是现代货币理论，但是事实上大家都已经在这么干了。

一、现代货币理论的历史与理论渊源

首先，现代货币理论中的"现代"并非修饰"理论"，而是修饰"货币"，即关于"现代货币"的理论。这一名称来自于 Keynes 对现代国家和现代货币的界定，他在《货币论》的定义是，当一个国家政权具有征税以及指定征税货币这两项权利时，便可认为是现代国家，"所有现代国家（modern states）都应当具备这种功能和权利"，并且"现在一切文明国家的货币无可争辩的都是国定货币"。后凯恩斯经济学家借用了"现代国家"这个词，认为现代国家所发行的货币就是现代货币，由此形成了现代货币理论。

现代货币理论的起源可以追溯到德国历史学派经济学家克纳普（Georg F. Knapp，1924）提出的国定货币学说。根据 Goodhart（1998）的总结，货币理论分为金属货币学说（metallism）和国定货币学说（chartalism）。当然，这种区分其实也可以从商品货币与信用货币的角度进行划分。其中，商品货币，或者金属货币学说强调货币最主要的职能在于充当交易媒介，从原始社会的物物交换过渡到以货币为媒介的交换，市场交易成本降低了。而货币自身也是由某种具有价值的商品演化而来，贵金属的能储存、可分割、易计量、便携带等实物特性使其天然成为货币的首选。之后，基于贵金

623

属价值的信用货币体系被发展出来，信用货币的价值来自于与其具有固定交换比例的贵金属价值。在这样的体系中，理论上任何一种商品都可以被视作货币，货币也同样是瓦尔拉斯一般均衡中的普通商品，货币与商品之间只存在由供求所决定的一套相对价格。基于此，货币只被看作实体经济的面纱，并不会对实体经济产生影响。由此推出的结论自然是货币中性论，这也是当前主流经济学的核心观点。Knapp 的国定货币学说是信用货币理论的一种，强调货币最核心的职能不是交易媒介，而是价值尺度和支付手段。他认为货币的起源早于市场交换的出现，其最初的职能就是计价单位和债务清偿。Knapp 将货币的概念分为符号表征上的记账货币（money account）和实物形态上的货币物（money thing）。国定货币的含义也就是一个国家政权具备了规定具体哪种货币物可以作为对应的记账货币。凯恩斯认为"当国家要求有权宣布什么东西可以作为符合现行计算货币的货币时，当它不仅要求有权强制执行品类规定，而且要求有权拟定品类规定时，就达到了国家货币或国定货币时代"。

现代货币理论由国定货币学说发展而来，也被称作新国定货币学说（neo-chartalism）、货币国定论（money as a creature of the state）或税收驱动货币（tax-driven money）。税收驱动货币这一观点在斯密那里也得到了支持，他认为"一国君主，如果规定赋税中有一定部分必须用纸币缴纳，那么，即使纸币什么时候兑现，全视国王的意志，亦定能多少提高纸币的价格"。

根据 Tcherneva（2006）的总结，现代货币理论可概括为七个方面的要点。①现代货币体系下国家政权具有两个重要权利，征税权以及确定税收支付货币的权利。②国家政权因此确定了与政府之间的债务清偿所能接受的货币。③征税的目的并非为政府支出提供融资，而是为经济体系创造对货币的需求，即"税收驱动货币"。④在理论上和经验上，都是先有政府支出再有税收，政府支出提供给私人部门用于缴税的货币。⑤在现代社会中，国家政权垄断了发行货币的权利，这种权利保证了政府不会面临财政约束。⑥具有货币发行权的国家不需要通过征税或发债来为其支出进行融资，其征税的目的在于确立哪种借据被视作法定货币，发债的目的在于调节市场利率，由此导致了与主流经济学完全不同的政策主张。⑦垄断了货币发行权的政府也同时拥有了为货币定价的权利，既包括利率，也包括货币与其他某种商品的相对价格。

现代货币理论的主要提出者包括 Wray（1998，2015）、Forstater（2006）等，他们继承了明斯基对于凯恩斯经济理论的重新解读（Minsky，1977），也是新凯恩斯学派中的重要代表。经历过新古典经济学对凯恩斯主义的革命后，凯恩斯学派的理论思想也在不断推陈出新，尽管在新古典经济学一统天下的年代，现代货币理论只是在一个相对封闭的学术空间里"自娱自乐"，鲜为外界所关注。但本轮国际金融危机以及美国财政当局经历了多次所谓"财政悬崖"后，近年来，出于现实的需要，现代货币理论逐步进入了公众视野并引起广泛争论。

二、现代货币理论的核心内容

现代货币理论的核心包括四方面的内容：信用货币的基础、财政赤字货币化、最后雇佣者计划以及收入分配调节。其内在逻辑如下：在未充分就业的情况下（比如在萧条期、周期的下行阶段等），政府有义务也有能力通过财政扩张（包括赤字货币化）来动员资源，实现充分就业。由于货币是国定的，其扩张不受约束；由于未充分就业，扩张也不会带来通胀；政策调节的有效性最终还取决于居民收入及社会财富的公平性。这四方面具有内在的逻辑性，收入分配以及雇佣者计划是目标，财政赤字货币化是手段，而货币国定论是理论基础。这些内容完全不同于主流宏观经济学的分析框架，构成了现代货币理论最鲜明的特征。

（一）信用货币的基础

作为信用货币理论的货币国定说是货币名目论的一种代表学说，认为货币是国家政权所创造的，其价值由国家法律所规定。只要获得国家法律和行政力量的支持，任何没有价值的东西都可以充当货币。传统认为，货币国定说的先驱为英国古典经济学家巴本。他认为：铸币重要的并非其金属内容而在于国家权威所赋予它的法定价值。国家权威是货币价值存在的基础，而金银价值则是从货币价值中派生的，因而金银本身是无内在价值存在的。

　　传统主流经济学对于货币本质的描述是基于市场经济体系的，货币作为一般等价物具有贮藏、交换、价值尺度等功能，中性的货币可以降低交易的成本，最大化个人收益。博尔顿（2017）针对货币主义理论的货币作用提出了货币的三重属性：货币是主权、货币是股权、货币是中央银行。他把一个国家看成一个公司，而国家的法定货币看成公司的股权，国民则是持有股权的股东。一个国家政府通过发行货币去购买生产资料和生活资料，同时出售生产资料和生活资料的市场主题所取得的货币可以看作他们持有的国家这一大公司所拥有的股权。民众作为国家的股东，持有国家股票也就是我们谈论的主权货币，从而就拥有了对"公司"的索取回报的权力。显然，股权不同于债权，国家在发行货币这支股票的时候，不用担心自己的偿债能力的限制，从货币的股权假说出发，虽然处于对通货膨胀的担心，政府会控制自己货币的发行量。博尔顿和黄海洲从国家的资本结构出发，探寻国家资本结构假说，推导出一个国家可以发行股票最优的数，也就是最优的货币发行量。

　　刘磊（2019）指出在现代货币理论里，一种代表性观点是强调国家货币是政府债务的一种体现，现代货币的价值来源于国家所赋予的征税权。即国家通过货币来收缴税收，因此创造了国民对货币的需求，这便体现了国家主权赋予货币价值这一观点，现代国家货币是中央银行的负债，政府的支出创造了货币的发行，并且通过税收回笼货币。贾根良、兰无双（2019）在"现代货币理论的赤字观与西方主流经济学谬误"一文中指出，MMT 理论考虑了货币的内生性，也就是货币供给的变动并不是取决于货币当局的主观意愿，起决定作用的是经济体系中实际变量如收入、储蓄、投资、消费等因素以及微观主体的经济行为。因此，这一方面凸显了财政政策的作用，同时似乎也隐含着央行的作用被削弱甚至是剥夺的可能性，自新冠疫情以来，这种冲突性在美国央行货币政策与财政政策相互关联的讨论中表现得越来越明显。

　　如前所述，现代货币理论的基础是国定货币。国定货币学说突出了货币的符号意义，并认为其最重要的职能是价值尺度以及记账功能——记录债务人与债权人之间的关系。基于此，很多研究者更倾向于认为现代货币理论其实是根植于信用货币体系之中的：货币首先是一种债权债务关系，现实社会的债权债务关系是一个金字塔式结构，最上层的政府借据就是货币。在这个金字塔式结构中，处于底层的是民间借据，包括居民、非金融企业、非银金融机构等之间经济活动所形成的借据。这些借据之间不能进行清算（即 A 公司不能用其持有 B 公司的欠条来偿还其对 C 公司的债务），而只能以金字塔中更高一层的借据来进行债务清偿。高于非银行借据的债务是银行借据，银行对其债权人所开具的借据在现实中就是银行存款（即 A 公司可以用其在 D 银行的存款来偿还其对 C 公司的债务），但银行之间的债务清偿也无法通过银行存款来抵消，只有是更高层级的政府借据（包括国债和法定货币）才能成为银行借据之间清偿的手段。而政府借据本身就是最高层级的债务，政府可以用法币来偿还国债，但没有其他东西可以用来清偿法币。政府法币具有不可兑换性，其价值来自于政府的税收权，并规定在税收中只接受法币的支付。从金字塔的顶端向下，信用风险逐渐上升，利率逐渐升高，借据的规模也越来越大。可以说，处于金字塔第二层再向下的全部信用体系都建立在政府借据基础之上，是一个社会内生的信用创造行为。但处于顶端的政府借据则外生于政府的货币和财政政策，在宏观经济中具有重要意义。

明斯基（Minsky，1986）认为，货币来自于社会债权债务关系，所有人都可以创造债务，但究竟哪种债务可以被视作货币则取决于让其他人也接受这个借据的能力。因此在债务体系的金字塔形结构中，处于最顶端的才可以被称作货币。最能够被普遍接受的是基于政府收税权的通货，其次是银行存款，之后才是各类其他民间借据。

（二）财政赤字货币化

金融与财政的英文都是 Finance，其本质也几乎相同。金融是指全社会的融资活动，而财政则专指政府部门的融资。在经济发展的早期阶段，金融与财政并不分家。但随着现代民族国家的崛起以及资本主义制度的建立，金融与财政的职能开始出现分化。尤其当独立的央行制度形成后，财政当局与货币当局有了专业化分工，货币政策与财政政策具有了完全不同的含义。但现代货币理论对央行的独立性以及量入为出的古典财政理论提出了反对意见，主张将财政赤字货币化，且认为并不存在独立的中央银行。

根据国民收入恒等式，私人部门的盈余只能来自于政府赤字。因此现代货币理论便认为政府可以无约束地负债，且政府支出也不受任何融资约束。只要政府具有发行货币的权利，则政府支出就可以被调节在任意水平上。同时，政府支出具有一定的乘数效应，可以拉动名义经济目标达到相应的理想水平。

现代货币理论基于政府的货币发行权，支持所谓功能性财政（functional finance）主张（Lerner，1947）。不同于古典的预算平衡财政，功能性财政认为相机抉择的财政支出与税收政策应同时达到两个目标：一是保持币值稳定；二是达到充分就业。这就要求政府支出和收入要达到一个均衡水平，在这个水平下就业不多不少，恰好满足充分就业；同时要求政府一定要通过债务和货币进行融资，而不能仅靠收税。

财政赤字货币化的关键环节在于政府具有发行货币的能力，而这与主流经济学所推崇的中央银行独立性是冲突的。央行有自己独立的政策目标和政策工具，当财政当局进行债务融资时，不能直接与央行进行对接，而只能在私人部门获得融资支持。这样一来，财政当局仍然具有融资约束，无法无限量地发行国债，从而政府依然要寻求预算平衡。

现代货币理论则从理论机制上否定了央行的独立性，并在现实社会中也找到了大量证据。财政当局的账户一般开在中央银行，由此，税收、发债、政府支出等财政性操作都是央行账户与商业银行账户之间的交易，直接对银行准备金规模产生影响。例如，征税行为的结果是私人部门的银行存款转变为财政部的存款，同时这部分存款从商业银行账户转移到央行账户，也就是由商业银行的超额准备金变为政府性存款。超额准备金规模的下降势必对银行间市场利率产生向上的压力。此时，央行为保持市场利率稳定，需要通过公开市场买入国债，释放出相应的基础货币(准备金)。以上过程所产生的最终效果是央行的资产负债表在资产端增加了一定规模的国债，而在负债端增加了相应的政府性存款，政府债务实现了货币化。现实中这一过程虽然需要更多复杂的步骤才能完成，但其基本原理就是如此。因此，只要央行有维持币值和利率水平稳定的职能，货币政策就只能从属于财政政策。由于货币与财政政策之间进行协调的必然性，现代货币理论提出了合并货币与财政当局，成立大政府的政策主张，并认为只要制度设计合理，合并的货币与财政当局与各自独立运行的效果是相同的。

总体而言，现代货币理论的财政政策体系是与新凯恩斯主义相一致的，以至于那些现代货币理论的支持者被称为"财政政策乐观主义者"，因为他们都倾向于认为财政政策是扭转经济导向，实现充分就业的必要条件，他们都对财政政策抱以非常大的信心，认为通过政策的刺激，经济最终会反弹，回归到稳定增长的状态。

相对而言，其他宏观经济学理论则没有那么乐观，Palley(2013)通过分析认为，如同凯恩斯主义的模型一样，扩张性的财政政策虽然可以解决需求的问题，但是更高的政府支出往往意味着更高的税收和平衡预算，这些都是不利于供给侧的税收效应，从而会使得供给侧的价格偏离正常价格，形成额外的成本。

关于现代货币理论在财政政策方面的不同看法典型地表现在针对供给侧效应和棘轮效应的探讨上。现代货币理论认为借助于货币融资的财政政策可以解决资本主义社会的问题，比如：通胀、就业、经济增长。而Palley(1998，2012)认为凯恩斯的需求管理政策并不能很好的实现充分就业，因为还需要解决劳动力市场的议价能力问题和全球化引起的国际经济问题。他认为财政政策不能完全的解决这些问题，随着时间的推移，收入分配的不同会导致经济退回停滞状态或者是形成经济周期。Foster(2010)也不同意结构性凯恩斯主义，认为这类观点过于乐观，并且他重申了Magdoff(1983)的观点，也就是资本主义本身存在一个倾向——随着事业和不平等的现象，经济最终会停滞不前，这些问题是财政政策无法解决的，更激进的政策也仅仅是像补丁一样修正经济的偏离，却不能完全的扭转局势。因此 Foster 和 Magdoff 等人对财政政策解决根深蒂固的结果失衡问题是持有很大的怀疑态度。

国内文献也有许多探讨了 MMT 的财政政策导向。黄亚捷 (2020)针对于现代货币理论，指出 MMT 实际上是提出了一套由财政政策主导，低利率或零利率辅助以稳定就业和价格水平为目标的政策配合机制，为政府实行财政赤字货币化却不引发通胀提供了理论支持。闫坤和孟炎(2020)将蒙代尔弗莱明理论下的财政政策搭配货币政策与现代货币理论进行了对比，他指出对于传统的初代财政政策和货币政策搭配效果并不能满足当今世界经济发展的需求，针对于蒙代尔弗莱明模型下的搭配政策以及类似美国的量化宽松政策，其财富最终都是流入高收入群体的。原因在于，在应对危机的过程中，量化宽松所投入的货币其最终很大比例都是进入了金融市场，为了提高有价证券的价格，而并没有充分的流入实体行业去提升人们的工资水平。资产价格的膨胀不利于低收入群体收入水平上升，从而拉大了人口收入水平的差距。但是现代货币理论下的财政政策效果有利于解决财富分配的问题，这是由于该理论的本身就是在零利率的条件下，通过货币政策和财政政策去配合调控宏观经济，通过货币政策以及零利率水平可以提供充裕的资金供给，通过财政政策由政府进行资金的分配向一些企业、教育、基础设施、研发等进行投资，在刺激经济增长的同时可以调控收入分配。

(三)最后雇佣者计划

基于功能财政的政策主张与大政府的制度设计，关于就业的两种主张被提出。一是由明斯基(Minsky，1986)首先提出的最后雇佣者计划；二是 Mitchell(1998)所提出的就业缓冲池模型。两者在本质上类似，皆旨在同时达到充分就业和价格稳定的政策目标。

最后雇佣者(employer of last resort，ELR)是与央行的最后贷款人(lender of last resort)职能相对应，意指大政府通过债务融资来保证全社会的充分就业。只要经济系统中存在非自愿失业，政府就应该通过债务融资来雇佣劳动者，以此来保持充分就业。在充分就业的同时，政府还可以确立一个货币的价格基准，即最后雇佣者计划中劳动者单位劳动时间的报酬。有了这个劳动工资的价格基准，全部商品的相对价格体系便可以建立起来。Wray(1998)认为只要最后雇佣者工资是固定的，货币的币值稳定就可以得到保证。

由于始终要保持劳动者充分就业，这个机制也成为政府支出的自动缓冲器，具有逆周期调节机制。当经济萧条，私人部门就业不足时，政府的工资支出会自动增加，从而减轻通货紧缩的压力；相反，如果经济繁荣，私人部门增加劳动力需求，则政府的工资支出下降，从而缓解通货膨胀压力。

雇佣者政策主张的逻辑可以概括为四点：①政府部门是唯一可以不考虑利润而雇佣劳动者的机构，并且不受融资约束，从而可以提供具有无穷弹性的劳动需求。②通过外生设定最后雇佣者劳动工资，政府部门可以为货币的购买力价值锚定一个基准。③政府通过就业缓冲池的机制保证其支出总是在合适的水平上。④保持充分就业和币值稳定是财政当局的职责，而不是货币当局的职责。因此健全的财政安排不再是平衡财政，而是要以充分就业和价格稳定为目标。

最后雇佣者计划假设政府通过发行货币，也就是通过财政赤字货币化为 ELR 进行融资，并且由于非充分就业的存在，因此不会产生工资、物价上涨而造成通货膨胀，从而有助于维持经济的稳定和充分就业。但是政府为了 ELR 计划进行融资也并不是没有成本的，许多学者认为政府发行货币的数量是有一定上限的，因此 ELR 的支出会存在一定的机会成本。因此，针对 ELR 的担忧从未停止过，首先是政治问题，由于 ELR 设置的工资是低于市场工资水平，以避免与私营部门产生劳动力竞争。然而在这种情况下政府的 ELR 计划可能会利用办公自动化、AI 技术等替代公共部门的人工，从而削弱工会和公共部门的薪酬，这就会引发政治上的紧张关系，这种紧张关系也会对私营部门产生压力、继而迫使工资降低到劳动报酬率水平以下，从而损害工人的利益，同时也可能会导致私营部门萎缩。

(四)收入分配调节

现代货币理论受到广泛关注的一个现实背景还在于，尽管自2008 年金融危机以来，包括美国在内的发达国家普遍实行了前所未有的量化宽松政策，即便是直接开动印钞机、开启"直升机撒钱"模式，各国经济在宏观层面仍表现为非典型的"三低组合"——低利率、低通膨胀、低增速现象，传统理论无法给予合理解释。而基于现代货币理论，一个较为贴合现实的逻辑是：贫富差距、收入分配不均等造成"三低组合"。

Atif Mian，Ludwig Straub，Amir Sufi 在 Indebted Demand（房债：为什么会出现大衰退，如何避免重蹈覆辙）利用 2008 年的住房债务危机，重新审视了 2008 年美国危机的形成原因，以及美国的债务，主要是住房债务影响。他们认为，造成大衰退的原因是由于收入分配不均，穷人被房贷债务等债务束缚。概括而言，其作用和形成机制大致如下：首先，宽松的货币政策并不会将投入到市场上的流动性平均的分配给经济中的每一个人，大部分是流向了极少数的富人以及高流动性的资本市场，反而留给穷人和实体经济的的是很少的一部分。但是前者的消费和投资倾向很低，投资之外的货币很大一部分被储蓄了起来，而没有被消费，而后者消费倾向很高，但是由于没有足够多的财富去支撑，所以只能去进行借款和贷款。为弥补经济中的消费和投资不足，政府扩大财政赤字和债务规模主动加杠杆。于是，伴随贫富差距扩大的，是宏观层面企业、家庭和政府负债占 GDP 比重不断上升。同时，经济中的总储蓄大于总投资，由此利率随着贫富差距的扩大而降低，由于缺乏足够的消费和投资，也很难刺激经济的增长，经济体系中的需求不高，物价因此不会上升，从而通货膨胀也处于低位，由于资本价格的上涨不计入通货膨胀，因此宽松政策继续维持，于是这样一个恶性循环无法被打破。

随着人们逐渐认识到使量化宽松的货币政策失灵的原因可能是贫富差距、收入分配不均的问题，越来越多研究者参与到了贫富差距问题的讨论中来，其实这个问题是一个老生常谈但是历久弥新的话题。在一本受到广泛关注的著作《21 世纪资本论》中，法国经济学家皮凯蒂指出，现代国家发展的长期趋势是税收收入比重的提高，进而体现在国家支出的教育和医疗开支比重的增加，替代收入和转移支付比重的增加。他依据主要国家超长时间段的时间序列数据分析了主要西方国家三百年来收入与财富分配发展变化的轨迹，验证了市场经济导向贫富不平等分配的长期历史趋势。皮凯蒂通过从政府存档的纳税税表入手，跟踪每年各部分群体的收入和财富变化，最后得出结论：占发达国家前1%，0.1%，0.01%收入和财富的个人占整个国民收入和净财富的比重在1980年之后是逐渐扩大的，而排名在50%之后的工人收入财富基本上没有增加，这背后的核心因素便是税率的变化，同时全球化的经济增长、以及资本市场的繁荣使得穷者越穷，富者越富。

班纳吉和达弗洛（2019年诺奖得主）著有《贫穷的本质》一书，作者通过实地研究探索，得出结论：贫穷是一个循环，贫困不仅仅是意味着缺乏金钱，更多的是使人丧失挖掘自身潜力的能力，同时还会造成社会上的资源更少的倾斜于贫困的一番。从而造成穷者越穷，富者越富的现象。而戴蒙德（2010年诺奖得主）等学者则从不同的角度，重新分析了莫里斯的模型，从理论上阐释有必要对美国富裕家庭征收60%~80%以上的最高边际税率。

受益于这类理论和现实研究，现代货币理论认同财政政策，比如，税收具有调节财富分配的作用，并且以税收驱动型货币为基础构建其理论模式——核心要件是政府必须坚持税收，必须以政府发行的货币去支付，让民众接受以法定货币去支付税款，从而使得主权货币被广泛接受。在此基础上，基于现代货币理论的政策组合就可以通过税收调节社会收入分配从而解决"三低问题"。此外，税收创造型货币理论也与前述国定货币论具有内在的一致性，其另一个优势是政府预算约束不存在货币偿付限制，比如前美联储主席伯南克曾在接受哥伦比亚广播公司电视采访时曾这样表述了他的观点：美联储并不使用税收收入来支出，商业银行在美联储拥有自己的账户，就像你在一家商业银行里拥有账户一样。所以，如果要借钱给银行，只需使用计算机在他们的美联储账户上标注一笔款项即可。

在传统应对金融危机的方法中主要是通过降低利率增强流动性为主的量化宽松政策，但是这可能会导致财富分配更加不均，富者愈富，穷者愈穷的现象。原因在于，在应对危机的过程中，量化宽松所投入的货币其最终很大比例都是进入了金融市场，为了提高有价证券的价格，而并没有充分的流入实体行业去提升人们的工资水平。资产价格的膨胀不利于低收入群体收入水平上升，从而拉大了人口收入水平的差距。但是现代货币理论下的财政政策效果有利于解决财富分配的问题，这是在于该理论的本身就是在零利率的条件下，通过货币政策和财政政策去配合调控宏观经济，通过货币政策以及零利率水平可以提供充裕的资金供给，通过财政政策由政府进行资金的分配向一些企业、教育、基础设施、研发等进行投资，在刺激经济增长的同时可以调控收入分配。

三、现代货币理论的"非主流"研究范式

主流经济学的研究范式，主要有三大特质：一是强调"一般均衡的分析方法"（the first best principle）。其方法论的根基是福利经济学第一定理及福利经济学第二定理，为了实现福利最大化，经济体系通过需求优化及供给优化来实现一般均衡，且这种一般均衡就是福利最优的状态。二是强调微观与宏观相统一的分析方法，现在经济理论早已摈弃了凯恩斯宏观经济分析的外生假说模式，所有的模型构造都需要从消费者以及生产者等微观主体的最优选择出发。三是强调演绎逻辑的严谨性，演绎逻辑的一种主要表象就是数学化、模型化，理论构建强调理论逻辑的自洽，主要注意力放在模型的内部逻辑一致性上而非实际问题的解决上；同时，通过设立一系列外围假设来免除自身理论被经验材料证伪的可能性，从而形成一种逻辑"演进"的解释体系。克鲁格曼（Krugman，2000）写道："为什么有的思想被人们接受，而有的却被拒之于门外呢？答案对于局外人也许有些神秘，但对从事经济学研究的人而言却再明显不过了，那就是只有可以模型化的思想才会得到垂青。"

参照以上标准，现代货币理论显然都不太符合要求。一方面，现代货币理论并未完全摆脱凯恩斯的传统分析模式，很多假说也缺乏严谨的数理模型，这是其被划归非主流的重要原因。虽然现代货币理论借鉴了存流量一致等宏观经济模型，显得更为学术化，但比起主流经济学严谨的逻辑推演和模型化表达，仍有很大差距。另一

方面，通过下文的分析可以看出，在理论逻辑的自洽上，现代货币理论仍有不少瑕疵。

现代货币理论的非主流研究范式主要有以下几个突出的特点：

（一）强调需求侧分析，对供给侧分析不足，缺乏一般均衡体系

后凯恩斯经济学、以及新凯恩斯经济学是凯恩斯之后英国的剑桥学派在美国的继承和发展。这一学派内部也呈现出多样性特征，包括对卡莱斯基模型的发展（Bhaduri & Marglin，1990），对卡尔多和哈罗德模型的发展（Pasinetti，1962；Setterfield，2000），存流量一致模型（Godley & Lavorie，2016），代理人模型（Tesfatsion & Judd，2006），金融不稳定性假说（Minsky，1986）等。这些都被归为后凯恩斯经济学，他们有很多共性，其中重要的一点就是基于需求的分析逻辑。凯恩斯最早提出了宏观国民收入恒等式，即"储蓄＝投资"，他认为是投资决定了储蓄，也就是需求决定了供给，从而开创了宏观分析的新范式。后凯恩斯经济学继承了凯恩斯的有效需求理论，重点强调需求侧的因素，而较少考虑到生产函数对供给的限制。后凯恩斯经济学虽然也承认生产函数的存在，但认为经济不能达到充分就业是常态，因此在大部分时候生产函数都不会成为决定总产出的核心因素。

以需求为出发点的分析范式也成为后凯恩斯经济学与主流理论的重要区别。以生产函数为基础的主流经济学更强调供给侧因素，各类生产要素一定要通过生产函数来影响到总产出。这种分析范式对于经济增长、经济发展等问题都具有重要的含义，但由于对需求侧的关注度不够，对于由需求侧导致的问题缺乏政策指引。

现代货币理论作为后凯恩斯经济学的一个重要分支，继承了凯恩斯强调需求分析的研究范式，最后雇佣者计划也主要是从需求角度提出的，未考虑供给侧的资源配置效率。

就研究的理论范式而言，尽管普遍的观点认为现代货币理论并不存在一个一致、完整的模型范式，但是，研究者普遍认同，MMT 实际上是对 IS-LM 分析中所包含的货币融资以及财政政策的另一种演绎。比如，Jane. E Ihrig（2020）描述了美联储在具有充足储备制度下，实施货币政策的一种操作框架，作者通过一个程式化的模型刻画了在储备充足下保持利率稳定的工具，并且提供了美联储在过去货币政策上的理解，提出了税收体系对于调节社会经济的重要性。这种理论体系和现代货币理论的思想很接近——同样是维持利率稳定，同时也强调税收调节经济的政策导向。

众所周知，根据凯恩斯理论，如果经济最初远离充分就业，政府应当适当地使用调整工具（税收和财政支出）增加赤字以向市场提供货币支持。但是，如果政府支出总是大于赤字的，并且支出的增加无法通过税收收入来收回成本，则政府的干预政策终究无以为继。与此形成差异的是，现代货币理论排除了平衡性预算政策的思路，认为没有必要因为赤字融资而进行税收调节，其框架的主要创新点是扩展了 IS-LM 模型，将内生货币、内部债务和内部债务效应纳入传统凯恩斯 AD 模型分析中。

我们从经典 AD 模型的需求和供给曲线入手，从图 1 中可以看出，预算赤字增加了高能货币的供应量，产生了实际的平衡效应，通过增加 AD 最终增加了产出，推动了经济的发展以及充分就业。

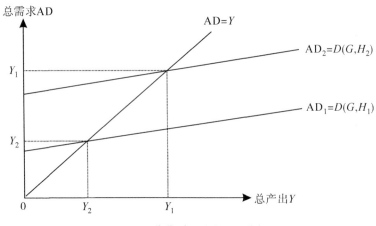

图 1　现代货币理论的 AD 分析

此外，如前所述，现代货币理论还引入了税收驱动型货币的概念。借助以下简单的模型可以看出，在货币市场上：

$$H_s = H(y-T, \ i, \ k), \ H(y-T) > 0, \ H(i) < 0, \ H(k) > 0$$
$$H_s = H(-1) + m + s$$
$$m = G - T - B$$

（其中 B 为转移支付，T 为税收，G 为政府支出）

第一个方程式代表着货币的供给等于货币的需求，其中货币需求是和可支配收入、投资需求、资产总量相关的，第二个方程式表示货币供应的演变过程，与上一期的货币存量相关。第三个方程式代表政府预算约束的表达式，将这三个方程式结合起来可以得到：

$$H(-1) + G - B + S = H(y-T, \ i, \ k) + T$$

这个方程的左边代表着货币供给量，右边则是私营部门对于货币的需求量加上税收支出，这样税收支出便形成了对于货币的需求。

(二) 货币的内生性与非中性

货币（信用以至金融）的内生性和非中性既是凯恩斯主义的重要特质，又为后凯恩斯主义以及现代货币理论所继承。货币内生性理论强调的是，中央银行并不能够外生决定货币数量，实体经济需求才是决定货币规模的主要原因（此前的货币国定论已有论述）。凯恩斯在《就业、利息和货币通论》中虽然认为"投资决定储蓄，需求决定供给"，但 Hicks（1937）的 IS-LM 模型重新将货币供给外生化了。Davidson（1972）认为，凯恩斯在《就业、利息和货币通论》发表之后又重新强调了货币的融资性需求（Keynes，1937）：货币是最重要的组织生产的工具，资本家需要用货币来预付工资、购买生产资料，由此货币的需求取决于实体经济需求。这并不是否认中央银行对货币调节的功能，他们也认为中央银行是影响货币供给的重要变量，中央银行调节基础货币可以直接影响到全社会的信用环境。但后凯恩斯主义基于对货币发展更为深刻的认识，更偏向于经济需求对货币的影响，并由此形成了著名的"水平主义"和"结构主义"观点。"水平主义"强调了信用的内生性和央行的被动性。信用是内生的，而在全部信用中可以被社会看作为货币的形式也是可以发生变化的，因此货币便不可能独立于实体经济而被外生决定。与此同时，为了维持全社会信用环境的稳定，中央银行只能被动调节信用环境来维持价格和利率的稳定。"结构主义"则进一步强调了金融市场和商业银行的力量。他们认为，在现代金融体系下，通过金融创新，商业银行等微观金融机构可以创造出丰富的金融工具作为货币的替代品，从而使中央银行的基础货币供给失效。二者虽然有区别，但关于内生性货币供给的结论是一致的。正如罗宾逊夫人所谓的"企业到哪里，金融会跟随到哪里"（Robinson，1952）。

货币非中性观点是与主流经济学的货币面纱论相对立的，因此，现代货币理论认为货币环境是影响实体经济的重要变量。后凯恩斯主义建立了包含货币金融体系的宏观经济模型，明斯基和戈德利等学者都极为强调资产负债表分析方法，而这种方法就是一种基于货币非中性的理论，认为资产负债表中的名义变量可以影响到实体经济变量和金融稳定性。这一理论模型也在现代货币理论中得以展现，并成为其政策主张的理论基础。

（三）存流量一致模型

后凯恩斯学派从凯恩斯的国民收入恒等式出发，并且又向前推进了一步，即不仅关注流量指标，也关注存量指标，强调资产负债表方法与存流量一致方法，并在此基础上构建了新的理论逻辑和分析范式。而这些方法或者说分析范式的演进，与宏观经济统计的发展是密切相关的。

凯恩斯的同事、剑桥大学经济学家斯通（Richard Stone）最初构建了国民账户体系（SNA）。但无论是凯恩斯的模型，还是斯通最初构建的统计体系都是只考虑了经济流量，而忽视了资产负债表这类存量指标。随着国家资产负债表编制方法所取得的进展，一些发达经济体建立起了一整套同时反映存量和流量的国民账户统计体系。这使得越来越多的学者开始重视采用资产负债表分析方法，利用资产负债表恒等式来构建经济模型，其中最为著名的是格利和肖的《金融理论中的货币》（Gurley & Shaw，1960）、明斯基倡导的从资产负债表出发的分析方法（Minsky，1986）和剑桥大学戈德利等提出的"存流量一致"分析方法（Godley & Lavorie，2006）。其中后两者是后凯恩斯经济学的主要代表，他们基于资产负债表的研究范式也为其他后凯恩斯学者所广泛采用。而现代货币理论正是在资产负债表恒等式中推导出了这一理论的两个重要假设：信用内生性假设（宏观资产负债表的四式记账法，借贷行为产生信用）和政府部门赤字支持私人部门盈余的假设（全社会净金融资产为0的约束）。

假设将全部经济体分为四个独立的部门，即居民部门、非金融企业部门、政府部门和国外部门。对于每一个部门，总收入与总支出之差成为部门的净储蓄；对于每一项收入和支出，部门之间一定存在着对应关系，即一个部门的收入一定对应着其他部门的相应支出。后凯恩斯经济学家形象的用水槽来比喻货币资金在部门之间的流动，这一性质可以概括为水槽之间不存在黑洞，即每一笔流动的资金既有来源也有去处。

存量的恒等关系更为直接地体现了现代货币理论的基本逻辑，即金融财富来源于赤字。私人部门金融财富的积累完全对应于政府和国外部门的债务，无论是货币形式，还是债券形式。换句话说，金融资产的本质是一纸借据，对于其持有者表示资产，对于其发行者则表示负债，负债与资产总是大小相等、方向相反。从而在全社会范围内，全部负债一定等于全部金融资产。基于此，现代货币理论为政府负债以及债务货币化等行为找到了逻辑上的支撑，从而推出了其一系列区别于主流经济学的政策主张。

四、对现代货币理论的评述

现代货币理论与很多非主流理论一样，既存在各种各样的问题，为主流所不屑，又有其创新突破之处，对主流的理论和政策均有启发，下面对现代货币理论做一评论性分析。

（一）围绕现在货币理论的争议

1. MMT 与通货膨胀

传统经济理论基本都认同：通过无节制地印钱去增加政府的支出最终会导致通货膨胀。拉里·萨摩斯（Larry Summers）针对通货膨胀的产生提出了如下看法：在现代货币理论体系下，政府创造货币去偿还债务时，就像人们在酒吧一次性购买双倍饮料从而通过锁定价格、暂时阻止了价格每小时上涨，显然，如果超过一定的限制的话，同样也会导致恶性通货膨胀。因此，他认为即使按照现代货币理论的逻辑，政府的支出并不是没有约束的，对于一个具有完全货币主权的国家来说即使在政府支出方面没有金融约束，依然要面临资源、环境等其他因素的约束。类似的，博尔顿（2017）认为：通货膨胀的成本在于价格的重新分配导致了价格机制的破坏，由于物价的普遍上涨，相对价格的变化导致市场信号失灵，由于物价的普遍上涨，生产者不知道是该增加产量还是该减少产量。而消费者同样不知道一个商品是否应该购买，是否值得购买。从而导致金融市场、产品市场失去原本的秩序规则，减缓了经济增速。贾根良、何曾平在(2020)首先解释了货币数量论的缺陷，他们认为货币数量论是基于充分就业且产量过剩的情况下的，实际产出已经达到了最高水平是保持不变的，这时候政府增加货币支出所带来的需求就会引起价格的上升，但是市场经济条件下产能不足是常态，同时由于价格水平上升，企业生产成本增加会增加贷款，如果企业可以通过银行的资信审查，那么新增的贷款就会带来更多的存款增加，从而带来了货币供给的增加，所以学者们认为并非政府支出带来了价格增加，反之应该是价格的上升带来了银行存款增加，从而增加了市场上的流动资金。

　　同时还有一些现代货币理论的支持者认为通货膨胀的起因并不是经济的增长引起的需求性通货膨胀，而是因为一个具有冲突性的问题：企业的过度定价能力，垄断性的企业通过制定高的价格去获取超额的利润，从而使其他企业联动提高价格，从而造成了宏观层面的通货膨胀，因此他们建议政府应当去打击垄断，阻止银行过度发放贷款去应对通货膨胀。其中包括有关 MMT 的三名著名作家 Scott Fulwiler，Rohan Grey，以及 Nathan Tankus 在写给美国《金融时报》的一封信中解释到：并非所有的通货膨胀都是由于过度需求引起的，事实上过度需求反而是一个很小的原因，因此当大公司决定利用定价权去牺牲公众利益从而换取超额利润时，减少需求并非一个可靠的工具。

2. MMT 的理论预期与现实发展不符

虽然现代货币理论认为在保持稳定就业的情况下可以消除通货膨胀，是一种理想的政策性指导理论，但是许多国家如委内瑞拉、一些欧盟国家在采取财政赤字货币化后都产生了巨额的通货膨胀甚至爆发了经济危机，如 2010 的欧债危机。因此大部分学者对于现代货币理论仍然是持怀疑的态度，认为现代货币理论、财政赤字货币化仅仅是美国为了其财政巨额赤字所找的借口和托辞。对于 MMT 的批评，许多中坚学者称其为"现代货币胡说理论"其中最具有代表性的便是 Palley（2015），他总结了反对现代货币理论的观点，他认为现代货币理论简化了针对降低通货膨胀的同时保持稳定就业的目标。而忽略了菲利普斯曲线的替代效应，并且从政治经济学的角度分析了现代货币理论政策的利率建议可能会产生不稳定性。

黄亚捷（2020）在财政赤字货币化的国际实践及在我国的适用性分析提到，首先财政赤字货币化或导致财政支出端的风险难以控制，一旦财政赤字过多，"开闸放水"量过大，赤字依存度上升会导致政府收支脆碎，抗风险能力减弱，并且大量的赤字会挤压私营部门的融资渠道，使实体部门融资渠道变窄。由于民间投资启动时间一般晚于政府融资渠道开放，导致财政支出会存在刚性，也就是说财政支出会一直遵循着以前所建立的项目，所以不利于真正新兴项目的发展。张晓晶、刘磊（2019）指出 MMT 理论所存在的一些缺点，现代货币理论基于大政府的角度，认为高能货币等于国债，用不付息的高能货币代替国债，政府无利息负担。央行的唯一职责就是将银行间隔夜利率一直保持为零。这就是所谓的零利率政策。但是零利率政策在面临流动性陷阱的情况下，零利率甚至负利率都是无法增加流动性需求的。如果在没有经济危机的时候实行零利率的政策很有可能导致像 2008 年一样的经济危机。同时该作者还指出了最后雇佣者计划的缺陷，即缺乏相应的理论基础。最后雇佣者计划所依靠的瓦尔拉斯一般理论均衡实际上与菲利普斯曲线存在一定的冲突性。在现代货币理论的框架下不能够体现失业率和通货膨胀率之间的替换关系。该理论只是简单的将供给曲线分为充分就业时的完全弹性和充分就业的零弹性，忽视了经济体系中许多变量之间的复杂的相互作用。

3. MMT 的政策主张并不可行

现代货币理论针对现实中的问题，提出了自己的主张且富有创见，但不是在一般均衡的框架下进行的，因此能看到一些理论逻辑与政策主张往往是顾此失彼。比如，强调充分就业但忽视刺激政策可能带来的通膨胀。强调政府发债无约束，但忽视其负面影响，因为即便不会带来通货膨胀，也可能带来资产价格攀升，这和其主张的零利率政策一样。尽管现代货币理论的非主流方法一直为人们所诟病，但批评重点仍在于其"激进"的政策主张。

首先，政府债务应该是有边界的。现代货币理论吸引眼球的地方在于强调政府发债可以不受预算约束。但实际上政府债务是有边界的，除了前述 Larry Summers 以及 Bolton 提到的限制和约束以外，政府债务至少还面临以下三方面的约束：通胀约束；竞争性货币约束；金融风险约束。

通胀约束是指，财政扩张刺激总需求，总需求超过经济的供给能力，就带来通胀和对私人部门的挤压。现代货币理论假定，在非充分就业情况下政府扩张不会带来通胀。但实际上，自然失业率处在什么水平本身就存在争议。所以，政策扩张往往会带来通胀压力。

竞争性货币约束是指，在一个开放经济中，存在着竞争性货币，尤其是，当这个竞争性货币具有更大吸引力的时候（往往是国际储备货币甚至是霸权货币），本币增发面临贬值压力，从而形成外部的约束。货币国定学说成立的先决条件是一国政府拥有货币发行的主权，即发行主权货币的规模与相对价格只由财政货币当局决定。这就要求在一个经济体系中不能存在竞争性货币，主权货币既要与黄金脱钩，也要与外币脱钩。历史上存在过的金本位制和固定汇率制显然都是与这一前提假设相冲突的。纯浮动汇率制国家并不存在，各国央行出于对外汇储备充足性及金融体系稳定性的考虑，都会对外汇市场进行干预，从而使得汇率成为影响货币供给的重要因素。即使是美国，依然存在黄金这类的替代货币。因此，完全意义上的无竞争货币是不存在的。

关于加入外汇市场后的现代货币理论，Wary(1998)虽然谈到了关于开放经济和汇率的问题，但是却没有提供相应的解决方案，以及外汇市场通过何种机制去约束限制货币融资的预算赤字，就像通货膨胀一样，当引入了外汇时候，预算赤字就会变得十分复杂。

当加入了外汇市场后，预算赤字会增加高能货币的供应，货币供应的增加一部分用于购买外国货币余额和进口外国的商品，这将导致汇率的贬值，反过来放大通货膨胀和通货膨胀的预期，从而加剧了金融市场和外汇市场的不稳定。克鲁格曼和泰勒(1978)曾探讨了关于紧缩性贬值的可能性，结合现代货币理论的财政政策我们可以大致推测出开放经济下的现代货币理论体系。当进行货币融资的时候会造成贬值，汇率的贬值会降低经济活动，这种结果取决于经济的特点，比如进出口需求的价格弹性，进口价格对国内价格的影响情况，等等。在传统宏观模型中，汇率是通货膨胀的一个决定性因素，当高度依赖进出口投资的国家，汇率波动时必然会引起国内物价的波动，比如拉丁美洲经济体，汇率对国内价格水平传导的速度很快，程度很高，因此汇率的贬值可能会引起比预期更高的通胀水平。Cagan(1956)描述了开放经济下的通货膨胀恶性循环，他指出从宏观经济的角度来看高通胀引起了国内资金的抽离，去寻找更好的价值存储手段，这提高了货币流通速度，从而加速了通货膨胀，并根据研究提出相应的 cagan 模型。

同时，具有高通胀率的小型开放经济也表明，自己本国的货币很容易由于进出口产生货币替代或"美元化"的现象。美元化的现象表明了货币体系中货币是一种重要的财产。强调了货币的贮藏价值，这与现代货币理论的货币角色是相违背的。Cripps 和 Godley(1978)强调了国际收支的重要性去调节国内经济波动，通过财政政策扩大反倾销。但是现代货币理论否定了这个观点，因为这会导致账户显著恶化，使国家暴露于外债问题上，如果通过汇率机制去平衡国际收支的话，则会导致国家面临通胀的危险和金融体系的混乱。

金融风险约束在于政府过多发债可能会加剧金融风险。财政赤字货币化的本质是政府部门可以无限加杠杆，也正是政府的主动加杠杆才使得私人部门获得净积累。而本轮国际金融危机后的一个重要反思就是，政府杠杆率对宏观经济的破坏作用，政府杠杆率过高既拉低了经济增速，又推升了发生金融风险的概率（Reinhart & Rogoff，2010）。关于金融风险约束这一点，实际上是明斯基最为强调的，但在现代货币理论中却常常被忽视（比如下面提到的零利率政策）。

其次，零利率政策并不现实。现代货币理论基于大政府的角度，认为高能货币等于国债，用不付息的高能货币代替国债，政府无利息负担。央行的唯一职责就是将银行间隔夜利率一直保持为零。这就是所谓的零利率政策。零利率货币政策是日本自 2001 年就开始提出的货币政策目标，全球金融危机之后美国和欧洲也纷纷开启了零利率货币政策。在面临凯恩斯所谓"流动性陷阱"的情况下，有时候零利率甚至负利率政策也都没有办法扩大需求，于是有了非常规的货币政策（如量化宽松等）。可见，零利率政策只能是非常规时期的权宜之计，不应该成为货币政策的常规目标。因为，如果在常规时期也维持超低利率或零利率，必然会带来通胀特别是资产价格泡沫，这已经被 2008 年爆发的金融危机所证明。

与零利率政策相关的是央行服从于财政，中央银行的独立性完全没有了。但一个不可忽略的事实是，具有更高独立性的央行，其通胀问题往往也能控制得更好（Bayoumi et al，2014）。这是因为央行的独立地位可以有效地限制财政赤字，并在赤字和货币之间建立一道防火墙。我们沿着现代货币理论的逻辑继续推演，不但货币当局可以与财政当局合并在一起，甚至商业银行和中央银行也可以合并，但这完全忽略了不同机构之间的竞争和权衡关系，并不具有可行性。

最后，雇佣者计划缺乏理论基础。最后雇佣者计划强调了仅依靠财政政策便实现无通胀环境下的充分就业。其理论基础是全社会由瓦尔拉斯一般均衡决定一套相对价格体系，只要政府可以控制其中一个价格，即最后雇佣者计划下的最低工资水平，整个商品体系的价格便都可以被决定下来，此时通胀水平是可以被政府控制的。但这种推论与菲利普斯曲线产生了明显的冲突，菲利普斯曲线强调了失业率与通胀率之间的反向关系，随着失业率的下降，通胀率无疑都会产生上涨的压力。但现代货币理论框架下却无法体现出这种关系，其供给曲线只有零弹性和无限弹性这两种状态，在未实现充分就业时供给曲线具有无限弹性，总需求的上升只能抬升总产出而并不影响价格水平；但当到达充分就业点后，需求的提升便不能再提高产出，而只能使价格上升。这种供给曲线的假设方式忽视了现实经济中的复杂性，缺乏经验事实的支撑。

现代货币理论建议财政当局设立最后雇佣者计划，将有意愿但在私人部门找不到工作的劳动者全都雇佣到政府部门，并将这个计划的劳动报酬定在低于普通公共部门劳动者的工资之下。这种政策安排显然没有考虑到公共部门相对于私人部门的低效率，大量经验事实已经说明了公共部门在经济活动中的占比越高，整体经济的生产效率就越低。结构复杂的产业结构也并没有被现代货币理论所考虑。微观上的瓦尔拉斯一般均衡要求要素之间既具有完全可替代性，又要能够充分流动。但现实中不同产业的生产要素并没有完全替代性，往往是某些部门已经实现了充分就业，甚至劳动力不够用，同时另一些产业还存在大量剩余劳动力。这就使得不同产业中，充分就业和非充分就业并存。在充分竞争的市场环境下，这部分未就业劳动力可能会面临失业压力而进行职业培训，以此来适应产业结构的变迁升级。但最后雇佣者计划可能会阻断这一产业结构升级的动力，造成某些产业的产能过剩。

（二）现代货币理论的启示

虽然存在诸多问题，但现代货币理论仍包含很多有价值的内容，特别是对于认识货币的本质，丰富和完善宏观经济学研究范式，以及解决实际问题方面都具有很重要的启示。

1. 后凯恩斯学派重视存流量一致的分析方法

存流量一致方法有两个主要含义。其一，同时强调经济存量和经济流量。传统经济学较为重视消费、投资、GDP 等这类经济流量，而对由流量积累所形成的存量重视不够。其二，强调"一致性"，即将整体宏观经济看作一个体系后，从流量角度看一笔支出一定对应着一笔来源，从存量角度看一笔债务一定对应着相应的一笔资产。从全社会角度来看，全部金融资产和负债是可以相互抵消的。现代货币理论借鉴了后凯恩斯存流量一致的分析方法，用其构造了全社会收入支出恒等式和央行的资产负债表。这种分析方法与IMF所倡导的国家资产负债表研究方法有异曲同工之妙。一个完整的资产与负债相对应的国家资产负债表可以展示出传统主流经济学所不具备的一些经济特性，尤其是在表现政府和私人部门净财富的相对地位上更具实际意义（张晓晶、刘磊，2017）。资产负债表方法的兴起也使得存流量一致方法获得了新的关注。尽管二者背后的理念不尽相同，但对于资金流量表以及资产负债表的重视改变了传统的宏观经济分析范式。只关注流量忽视存量的分析，以及资产与负债只顾及一端而未能将二者关联起来的分析，都是非常片面的，对现代经济金融的复杂性、关联性与潜在风险将缺乏足够的理解。这是现代货币理论所推崇的存流量一致方法所带来的重要启示。

2. 关于货币金融政策与财政政策的协调关系

银行从属财政是经济发展的阶段性特征，现代货币理论强调央行与财政"合体"，从而能更好地实现最后雇佣者计划。尽管这一说法无视近几十年来央行独立性的实践以及由此带来的治理通胀的成效，从而显得有些不接地气，但如果以历史的眼光来考察，银行与财政的合体并不是什么新鲜事，相反，这是一国经济发展重要的阶段性特征。

Vernengo（2016）对英国大国崛起过程的分析中指出，17世纪末英格兰银行最初成立的目的就是通过掌握货币发行权而为政府提供融资，这为当时英国的军事扩张和经济发展提供了关键支持，然而当19世纪中期英国已经成为全球制造业中心后，其转向了平衡财政预算和金本位制度。因而，发展中国家应充分利用中央银行所代表的货币发行主权为经济赶超提供条件，而不是一味效仿发达国家的独立央行制度。Goodhart（1988）也列举了各国中央银行演进过程的大量事实来说明其独立性往往都是在完成了经济高速增长后才逐步实现的。张晓晶等（2019）也强调主导信贷配置是发展型政府的共性。这等于把央行的独立性抛在一边了。

如果结合中国传统计划经济时代的实践，以及20世纪八九十年代关于财政与银行关系的探讨，就会发现，现代货币理论并不陌生，中国甚至将其认真付诸了实践。银行从属于财政是中国计划经济时代的重要特征。1978年以前，中国实行的是高度集中统一的计划经济体制，财政作为实现国家计划的重要手段，在社会资源配置中充当了重要角色。国家财政不但承担了从国防、外交、行政到教育、文化、卫生等各项政府职能的经费，而且社会再生产的各个环节都由财政统收统支，担负了国有企业的固定资产投资和定额流动资金供给。人民银行只提供给企业超定额流动资金，虽然行政上与财政部是平级关系，但由于财政在资金、政策上都处于突出地位，银行只是"总会计、总出纳"，长期服从于财政，甚至在"文革"期间被并入财政部，与之合署办公（王珂敬、于光耀，2011）。

李扬（1999）也指出，中国过去存在着"财政出赤字，银行发票子""财政和银行穿连裆裤""财政和银行是国家的两个钱口袋"等说法。如果说这些表述非常形象地概括了计划经济体制下财政政策和货币政策之间关系的话，那么，在市场经济条件下，对此却应当重新审视。这是因为，从市场经济的运行来看，货币当局的调控对象——货币供求，和财政当局的调控对象——政府收支，并不是同一个层面上的问题。这是从动态演进的角度来看待银行与财政的关系，既承认了银行从属财政的事实，又强调了新时期需要对于二者关系重新审视。这也引出二者协调配合的重要性。

3. 财政政策与货币政策的协调配合

无论是从主流宏观经济学理论出发，还是从经济政策的实践出发，财政政策与货币政策的协调配合都是极其重要的，现代货币理论只是将这样的配合推向了极致——合二为一，于是配合的问题可以直接取消了。

现代货币理论的这一论调随着欧债危机的爆发而得以加强。他们认为，欧债危机表明，财政货币要一体，不能截然分开。从欧洲货币联盟(EMU)的角度来看，财政政策与货币政策分开并不是缺陷，而是一个设计特色——分离的目的是确保没有成员国可以操纵欧洲央行，使其敲敲键盘就可以得到资助。不然，这些国家的预算赤字可能会肆无忌惮地出现。欧洲货币联盟相信，如果迫使成员国到市场上去寻求资金，市场规则会将预算赤字保持在合理范围内。如果政府想借入的资金过多，利率就会上升，这会迫使政府削减支出，提高税收。因此，放弃货币主权理应有利于遏制某些国家的挥霍无度。但实际上，这样的市场约束并没有阻止一些国家(如希腊等)过度借债。结果是：政府借了很多债(搭了欧元债的便车，因为如果是希腊的本币债而非欧元债，可能就没有那么多人买了)，却不能用本币来偿还(因为本币已经没有，货币主权让渡给了统一的欧元)。这样，原来的精致设计(即将财政与货币分开)就出现了矛盾。现在欧元区货币是统一的，但财政却是分割的。这种现实与理想的矛盾终于导致了欧债危机的爆发。事实上，欧洲需要一个统一的财政部，但要实现这一点，还有太长的路要走。本轮欧债危机对于如何正确对待财政与货币间的协调提出了新的挑战。现代货币理论由此宣称自己的理论是正确的，财政与货币本应是一家，这样就不会产生欧债危机了。

就国内而言，如何推进财政、货币政策的协调，早在 20 世纪 90 年代就有了初步构想。王传纶(1992)认为，即使从财政银行关系这一方面来看，政策协调也不能仅限于财政政策和货币金融政策之间的协调，其涉及的范围要广得多。仅仅在中央银行和财政部门之间达成一个协议，如 20 世纪 40 年代美国所做的那样，是不足以处理好政策协调问题的。这样的协议往往是暂时的，难以持久，难以认真实施。我们是社会主义国家，宏观经济政策的协调具有良好的条件。吸取经验和教训，有必要在国务院下设一个财政金融委员会或办公室，既在体制上也在日常运行上谋求财政政策和货币金融政策以及其他经济政策的协调。在这样的制度前提下，加强中央银行的独立性方是可行的，中央银行方能较好地行使其职能，财政部门和中央银行工作上的协调才可能实现。

五、结语

本研究就现代货币理论进行了简短的梳理和评述，不难看出目前这种理论还面临着很大的争议。这也从侧面反映了一个现实，那就是目前无论是理论上还是实践中，我们对货币政策的认知还很粗浅。但是，作为事后的检验，在 2008 年金融危机之前，如果我们咨询当时主流的经济学家世界主要国家的央行和政府推出三、四轮大规模的量化宽松，会不会带来通货膨胀？估计所有的经济学家都会说肯定会带来严重通货膨胀。而在现实中美欧主要发达国家进行了这么多轮量化宽松，至今还并没有出现实质性的通货膨胀，这似乎解释了现在货币理论受到关注的主要起因。但是，我们也应当坦陈：现代货币理论究竟会带来怎样的结果，目前也是未知的，不过鉴于全球很多央行已经在践行这种理论了，我们并不缺乏观察样本。到底效果如何，让我们拭目以待。

参考文献

[1] 来自于国际货币基金组织(IMF)前首席经济学家奥利维尔布兰查德(olivier blanchard)在美国经济学会(American Economics Association)发表总统演讲。2016.

[2] Patrick Bolton，黄海洲 "the Capital Structure of Nation" 2017. Social Science Electronic Publishing，DOI：10. 2139/ssrn. 2787982.

[3] Adil, A., Chohan, U. W. Climate Chang as Socioeconomic Threat：International Perspectives[J]. CASS Working Papers on Sustainability. Working Paper SUS001AAUC. 2020.

[4] Alessandro Galesi, Galo Nuño, Carlos Thomas. The natural interest rate：concept, determinants and implications for monetary policy[J]. Economic Bulletin, Banco de Espa；Economic Bulletin Homepage, 2017(MAR)：1-10.

[5] Minsky, Hyman P. Stabilizing an Unstable Economy. New Haven,

Connecticut：Yale University Press，1986.［Google Scholar］.（金融不稳定假说不仅仅是在明斯基的一篇文章中体现的，而是在三十年中出版多篇文中对金融危机进行阐述，逐步形成今天众多文献广泛应用的假说，在这里只选取了其中一篇重点文献列示。）.

［6］张杰.货币价值的"双重结构"与金融不稳定的内生性：兼评明斯基的"金融不稳定假说"［J］.中国金融学，2018(01)：120-133.

［7］Atif Mian，Ludwig Straub，Amir Sufi.何志强、邢增艺译.房债：什么会出现大衰退，如何避免重蹈覆辙［M］.*Indebted Demand*，2015.

［8］《21 世纪资本论》(*Capital in the Twenty-First Century*)托马斯·皮凯蒂(Thomas Piketty)(2014).巴曙松译。

［9］《贫穷的本质：我们为什么摆脱不了贫穷》(*Poor Economics*：*A Radical Rethinking of the Way to Fight Global Poverty*)阿比吉特·班纳吉(Abhijit V. Banerjee)与埃斯特·迪弗洛(Esther Duflo)(2013).

［10］*Macroeconomics* by Mitchell，Wray and Watts. 2019.

［11］Taylor，L.(2019). Synthetic MMT：Old Line Keynesianism with an Expansionary Twist. Institute for New Economic Thinking Working Paper Series，(103).

［12］Dvaid Graeber 在著作(*Debt*：*the First* 5000 *Years*)(2012).

［13］Godley，W.，& Lavoie，M.(2006). Monetary economics：an integrated approach to credit，money，income，production and wealth. Springer.

［14］Ray Dalio 的答疑集锦.［EB/OL］.和讯网，2019-03-31. https：//news. hexun. com/2019-05-31/197388555. html.

［15］王冬放.货币发展变迁与货币政策思考［J］.华北电力大学学报(社会科学版)，2019(02)：69-75.

［16］张明.宽松货币政策常态化与现代货币理论仍有重大区别［J］.中国外汇，2020(11)：28-30.

［17］Solow Blinder Robert M . Does fiscal policy matter？［J］.Journal of Public Economics, 1973.

[18] Statement by Alan Greenspan, Chairman, Board of Governors of the Federal Reserve System, before the Task Force on Social Security, Committee on the Budget, U. S. Senate, November 20, 1997[J]. Federal Reserve Bulletin, 1998, 84.

[19] Fiebiger, B. (2012) Modern money and the real world of accounting: the U. S. Treasury does not spend as per a bank, in: Modern Monetary Theory: a debate, Working Paper No. 279, Political Economy Research Institute, University of Massachusetts, Amherst, MA.

[20] Hein E, Lavoie M, Treeck T V . Some instability puzzles in Kaleckian models of growth and distribution: a critical survey[J]. Cambridge Journal of Economics, 2010.

[21] Ihrig J E, Senyuz Z, Weinbach G C . The Fed's "Ample-Reserves" Approach to Implementing Monetary Policy[J]. Finance and Economics Discussion Series, 2020.

[22] Godley, W. & Lavoie, M. (2007) Monetary Economics: An Integrated Approach to Credit, Money, Income, Production and Wealth, London: Palgrave/Macmillan.

[23] Blinder, A. S. & Solow, R. M. (1973) Does fiscal policy matter?, Journal of Public Economics, 2, pp.

[24] 刘磊. 从货币起源到现代货币理论: 经济学研究范式的转变[J]. 政治经济学评论, 2019, 10(05): 181-203.

[25] 贾根良, 兰无双. 现代货币理论的财政赤字观与西方主流经济学的谬误[J]. 教学与研究, 2019(03): 75-85.

[26] Wray, L. R. (1998) *Understanding Modern Money: The Key to Full Employment and Price Stability*, Cheltenham, UK: Edward Elgar. [Google Scholar].

[27] Palley, T. I. (2013) A neo-Kaleckian-Goodwin model of capitalist economic growth: monopoly power, managerial pay, and labor market conflict, Cambridge Journal of Economics, doi: 10.1093/

cje/bet001. Available at http：//cje. oxfordjournals. org/content/
early/2013/03/18/cje. bet001. abstract.

[28] Peacock, A. T. & Wiseman, J. （1961） The Growth of Public
Expenditure in the United Kingdom, Princeton：Princeton Univer-
sity Press.

[29] Palley, T. I. （2012a） From Financial Crisis to Stagnation：The
Destruction of Shared Prosperity and （2012a）the Role of Econom-
ics, Cambridge： Cambridge University Press. Palley, T. I.
（2012b） Monetary policy and central banking after the crisis：the
implications of rethink-ing macroeconomic theory, in：G. Epstein
& M. Wolfson （Eds） The Handbook on Political Economy of Finan-
cial Crises, Oxford：Oxford University Press.

[30] J. B. & McChesney, R. W. （2010） Listen Keynesians, it's the
system!, Monthly Review, 61, pp. 44-56.

[31] Magdoff, H. , Sweezy, P. M. Listen Keynesians, Monthly Review,
1983(8)：1-11.

[32] 黄亚捷. 财政赤字货币化的国际实践及在我国的适用性分析
[J]. 新金融, 2020(08)：19-24.

[33] 闫坤, 孟艳. 现代货币理论与货币政策、财政政策协调配合
的3.0版[J]. 学习与探索, 2020(02)：101-110.

[34] Ihrig, Jane, and Scott Wolla (2020). \ Let's close the gap：Re-
vising teaching materials to re ect how the Federal Reserve imple-
ments monetary policy, "Finance and Economics Discussion Series
2020-092. Washington：Board of Governors of the Federal Reserve
System, https：//doi. org/10. 17016/FEDS. 2020. 092.

[35] Milton Friedman, The Best of the OLL NO. 17：Milton Friedman,
《Capitalism and Freedom》(1961)(Indianapolis：Liberty Fund,
2013).

[36] Krugman P R . Purchasing power parity and exchange rates：An-
other look at the evidence[J]. Journal of International Economics,
1978, 8(3)：397-407.

［37］Cagan，P. The Monetary Dynamics of Hyperinflation. In：Friedman，M.，Ed.，Studies in the Quantity Theory of Money，The University of Chicago Press，Chicago，1956：25-117.

［38］T. F. & Godley，W. Control of imports as the means to full employment and the expan-sion of world trade：The U. K. 's case，Cambridge Journal of Economics，2，pp. 327-334. Cripps，t. f. & Godley，w. （1978）.

［39］Larry Summers：Modern Monetary Theory is a recipe for a disaster （video）cnbc.

［40］贾根良，何增平. 现代货币理论与通货膨胀［J］. 学术研究，2020（02）：83-88+177.

［41］An MMT Response on What Causes Inflation. Scott Fullwiler，rohan grey，nathan tankus（2019）来自 ResearchGate.

［42］Palley，T. I. Money，fiscal policy，and interest rates：A critique of Modern Monetary Theory. Review of Political Economy，2015，27（1）：1-23.

［43］张晓晶，刘磊. 现代货币理论及其批评：兼论主流与非主流经济学的融合与发展［J］. 经济学动态，2019（07）：94-108.

［44］Jayadev，A.，& Mason，J. W. Mainstream Macroeconomics and Modern Monetary Theory：What Really Divides Them？. Institute for New Economic Thinking，2018，6.

［45］Vithessonthi，C. Deflation，bank credit growth，andnon-performing loans：Evidence from Japan. International review of financial analysis，2016，45，295-305.

［46］Chohan，Usman W.，A Green New Deal：Discursive Review and Appraisal （March 3，2019）. Notes on the 21st Century （CBRI），2019.

［47］Furman 2016 Foreign Affairs "美国人仍未找到工作" 的文章.

［48］FURLAN J. Stimulus Bill Historic Paradigm Shift，We Are All MMTersNow［EB/OL］. FURLANJ，2020-03-25. https：//medium. com/@ jcfurlan19/stimulus-bill-historic-paradigm-shift-we-areall-mmters-now-6e35f8d89817.

[49]张晓晶，刘磊．国家资产负债表视角下的金融稳定[A]．中国人民大学国际货币研究所．《国际货币评论》2017 年合辑[C]．中国人民大学国际货币研究所，2017：21．

[50]Sayuri Shirai，"Modern money theory and its implementation and challenges：The case of Japan"，VOX，2019-07．

[51]王柯敬，于光耀．我国财政与银行关系的演进与定位[J]．中央财经大学学报，2011(01)：1-5+20．

[52]张晓晶，刘学良，王佳．债务高企、风险集聚与体制变革：对发展型政府的反思与超越[J]．经济研究，2019，54(06)：4-21．

[53]刘新华，彭文君．全球疫情下的"功能财政"与"就业保障计划"：基于现代货币理论视角的分析[J]．陕西师范大学学报（哲学社会科学版），2020，49(05)：25-37．

欧美老年权利研究理论追踪[*]

张万洪　刘　远[**]

摘　要：欧美法学家、法律从业者们围绕"老龄与法律"议题进行了长期的研究，逐步构建起老年法学的理论框架。随着老年人的人权状况引起普遍关切，国际老年人权运动的兴起，基于人权的老年法研究在过去的二十年间得到蓬勃发展，并逐步渗透进欧美老年法研究的方方面面。对欧洲与美国的主要老年法研究进路进行了梳理后发现，应当发展基于人权的中国老年法研究，以人权方法实现人口老龄化的积极应对。

关键词：老年法；老年法学；人权保障；欧美老年法

引　论

联合国前秘书长科菲·安南在 1998 年国际老年人年庆祝活动献辞中将人口老龄化形容为一场"无声的革命"。这场革命将"大大超出了人口变迁的范围，给经济、社会、文化、心理和精神均带来

　＊　本文为武汉大学自主科研项目(人文社会科学)"海外老年人权利研究前沿追踪"(课题编号 2020HW030)研究成果，得到"中央高校基本科研业务费专项资金"资助。

　＊＊　张万洪，武汉大学人权研究院执行院长，法学博士。刘远，武汉大学人权研究院研究人员。

重大影响。"①回应人口老龄化带来的治理挑战，"老龄与法律"运动深入发展。以老年人相关法律问题为研究对象，以跨学科跨领域为方法特征的"老年法"作为独立的法学研究领域得以形成。另一方面，老年个体权利遭受侵害而且得不到国际和国内人权机制之妥善保护的事实引起普遍关注，全球、区域和国家层面的老年人权保护实践深入发展。两次世界老龄大会提出的老年人权保障指导性行动方案，联合国老年人享有所有人权问题独立专家对于各国老年人权利保障状况的调查，以及美洲、非洲和欧洲的区域性人权"立法"实践凸显了人权话语和人权机制对于应对人口老龄化、促进老年人享有所有人权的重要意义。老年法学研究亦与人权实践日益结合，基于人权的老年法研究进路已经成为该领域最具发展前景的研究热点。因此，聚焦域外关于老年人权、老年权利的主流研究成果，梳理其发展脉络，提炼优秀的价值理念、分析工具和实践方案，对于解决我国老龄事业发展过程中的痛点难点，推进积极应对人口老龄化国家战略的顺利实施大有裨益。

一、人口老龄化的法学回应：欧美主流老年法理论的发展

（一）初期的老年法研究

年龄是人类的基本自然属性，以年龄为标准确定权利和义务的制度实践屡见不鲜。在历史上的法律与政治实践中，"老年人"往往作为"年龄较大且作出贡献的社会成员"而受到优待。工业时代中与老年生活相关的法律与政策讨论往往围绕劳动就业和医疗服务展开，如社会成员如何离开工作岗位以及在退出劳动就业后如何保障其生活来源。随着美国以及许多发达国家逐步迈入老龄化乃至深度老龄化社会，老年法律实践在现实需求面前得到蓬勃发展，为系

---

① Kofi Annan. "A 'Society for All Ages' Honors Traditional Leadership Role of Elders-Secretary-General's Statement to the Opening International Year of Older Persons", UN Doc. SG/SM/6728. 1998. 10. 1.

统化的老年法和老年权利研究提供了土壤。一般认为，以老龄与法律作为专门研究对象的老年法学科兴起于 20 世纪 90 年代的美国，并随着律师执业活动、法律诊所教学的发展而兴盛，呈现出鲜明的实践导向和专题化趋势。① 这一时期老年法研究的关注范围大大扩展，包括成年监护、照护服务、老年理财、退休制度、年龄歧视、安乐死、老年虐待以及老年维权等涉及不同法律制度的议题。研究主题多依据法律实务之热点确定，虽然与老年人和老年生活相关，但并非以"老年"范畴为核心关切，所依据的理论工具也各不相同。② 被誉为老年法学科创始人的 Lawrence Frolik 教授在首部关注老年与法律的专题刊物《老年法杂志》(*The Elder Law Journal*) 创刊

① Israel Doron, "Jurisprudential Gerontology: Theorizing the Relationships between Law and Aging" in Vern L. Bengtson, Daphna Gans, Norella M. Putney and Merril Silverstein (eds), *Handbook of Theories of Aging*, (London: Springer, 2009): 644.

② 比如，在成年监护方面的研究主要包括 Alison Barnes, "The Liberty and Property of Elders: Guardianship and Will Contests as the Same Claim," *The Elder Law Journal*, vol. 11 (2003). A. Frank Johns, "Ten Years After: Where is the Constitutional Crisis with Procedural Safeguards and Due Process in Guardianship Adjudication?", The Elder Law Journal, vol. 7 (2009). Mark D. Andrews, "The Elderly in Guardianship: A Crisis of Constitutional Proportions," *The Elder Law Journal*, vol. 5 (1997). Paula L. Hannaford and Thomas L. Hafemeister, "The National Probate Court Standards: The Role of the Courts in Guardianship and Conservertorship Proceedings," *The Elder Law Journal*, vol. 2 (1994). 这些文章虽然都从保障老年人意思自主和财产安全的角度，对美国成年监护制度进行了反思并提出了改革建议或替代方案，但不同文章所依据理论工具存在较大差异，有的从宪法权利角度展开，有的则从正当程序出发。在长期照护服务相关研究方面，存在基于法经济学方法的实务规划建议如 Erick J. Bohlman, "Financing Strategies: Long-Term Care for the Elderly," The Elder Law Journal, vol. 2 (1994). Robert D. Hayes, "What Attorneys Should Know About Long-Term Care Insurance," *The Elder Law Journal*, vol. 7 (1999). 也有立基于照护机构虐待等热点问题的立法建议，如 Bruce A. Radke, "Meeting the Needs of Elderly Consumers: Proposed Reforms for the National Association of Insurance Commissioners' Long-Term Care Insurance Model Act," *The Elder Law Journal*, vol. 1 (1993)

号的致辞中，将老年法定义为"影响老年人的法律实践"。① 虽然他尝试以确定的年龄定义老年人以及相关的老年法领域，但也指出"律师工作的性质"而非"客户的年龄"决定了何为老年法律实践。从这个意义上来说，包括 Frolik 教授在内的初期研究者眼中的老年法律实践是指与"年长客户"法律服务需求相关的法律实践。至于"年长客户"本身的特点与需求，并非相关法律研究的核心关切。

以律师执业活动为导向的老年法研究展示了该学科广泛的应用前景，同时也为老年个体实现健康、住房、生活来源保障等方面的权利提供了现实的解决方案。但缺乏系统联系的研究扩大了理论影响力，同时也分散了研究者的注意力，聚焦个案解决方案的对策性研究也阻碍了抽象理论的深入构建。这一阶段的研究因未能构建起老年法自身的理论框架和分析工具而受到批评。② 而在这些理论研究所积累经验的基础上，以统一的视角和研究框架对相关法律实践进行考察的老年法理论将应运而生。

(二)欧美主流老年法理论进路

初期的老年法研究从实践出发，锁定了老年法和老年权利研究的关键领域，其研究成果至今依然具有相当的理论意义和实践价值。然而，理论框架的缺失让老年法缺少作为独立法学领域存在的依据，也无法真正实现老年法知识体系的发展。为了回应该挑战，来自不同国家的学者进行了大量的努力，尝试从不同角度，运用不同的法学理论解释老年法律实践，并回答这样一个问题：为什么老年人应当成为法律上的特殊主体？老年人在法律上的特殊待遇有何依据？基于目前所掌握的研究资料，相关理论进路包括：

1. 作为晚年生活法律规划的老年法

Lawrence Frolik 是美国老年人法律问题的国家专家(national

---

① "Elder law is the practice of law that impacts upon the elderly, by whom is commonly meant persons age sixty-five or older." See Lawrence A. Frolik, "The Developing Field of Elder Law: A Historical Perspective", *The Elder Law Journal*, vol. 1 (1993), 1.

② Israel Doron. Elder Law: Current Issues and Future Frontiers[J]. *European Journal of Ageing*, 2006(3): 60.

expert），也是是老年法领域的创始人之一。Frolik 的研究受到法律现实主义的深刻影响，认为"法律并非独立的教义实体"，而是实现其他价值目标的手段。① 就老年法领域而言，其研究重点不在于提出独立的概念和范畴以及形成自足而完整的逻辑构造，而在于将人类个体衰老过程中所产生的各种需要转化为具体的法律问题并通过法律机制加以解决。因此，在 Frolik 视野中，老年法研究应当是以法律实务经验为导向的。几乎不可避免的健康状况恶化、身体机能衰退等事实与退休、医疗服务、机构或居家照护、遗嘱规划、社会保障等法律制度实践相结合，使得个体在衰老过程中产生更多的法律服务需求，需要执业律师、法律顾问和公益法律服务人员为其提供咨询、代理、信托等法律服务。比如，个体因衰老而受到的最为直观和显著的影响便在于慢性疾病和老年疾病，故而医疗补助申领与使用规划、预先医疗计划、长期护理机构的选择及服务过程中的维权等医疗领域的法律事务便成为老年律师业务和老年法研究的重点。Frolik 在一篇回顾性的文章中结合他本人对于美国老年律师执业实践的观察，将老年法的本质总结为"在身心不可避免地衰退的情况下的晚年生活进行法律规划（later life planning）",② 即帮助客户运用法律手段满足其晚年生活的法律、金融和社会需求。毫无疑问，这将是一个庞大而复杂的范畴。"老年律师通常只从事特定的法律业务，但相关业务牵涉甚广，包括监护，老年人的虐待和忽视，长期照护计划，遗嘱与信托，养老金与退休计划，年龄歧视，照护机构的护理质量问题。"③老年客户的法律需求将随着社会现实和法律制度的发展而扩大、缩小甚至彼此之间发生冲突，而老年法的研究目的就是厘清这些需求并提出当前制度环境下切实可行的法律解决方案。

---

① Lawrence A., Frolik. The Developing Field of Elder Law Redux: Ten Years after[J]. *The Elder Law Journal*, 2002, 10: 14.

② Lawrence A., Frolik. The Developing Field of Elder Law Redux: Ten Years after[J]. *The Elder Law Journal*, 2002, 10: 1.

③ Lawrence A., Frolik. The Developing Field of Elder Law Redux: Ten Years after[J]. *The Elder Law Journal*, 2002, 10: 3.

Frolik 对于法律实务的观察和研究揭示了法律机制对于塑造更加适应老年人生活的社会环境的潜力：在老年律师的支持下，老年人可以借由监护、信托、保险、诉讼等法律制度为自己的晚年生活做好准备，妥善地规避或者减小衰老过程中不可避免的身心衰退之影响。因此，老年法研究的要旨包括：提高法律服务者的效率，为每个老年个体提供个性化、专业化的法律服务；结合实务为晚年生活相关法律制度变革提出建议。但另一方面，"晚年生活规划"所包含内容的多样化在某种程度上反映了老年个体需求的高度差异和动态变化的可能，以及将其需求抽象化和系统化所面临的困难。人生经历、财富状况、身体条件、家庭关系等因素的差别可能导致客户在法律决策方面截然不同的偏好和倾向，其对于晚年生活的期待也会存在巨大差异。可能的例子包括，富有的老年人会更关注遗嘱、遗产税等事务，而处于贫困境地的老年人则更需要社会救济方面的咨询。可见，"晚年生活规划"的概念看似统合了不同领域的研究主题，但其所构建的联系是松散和不确定的，不同研究所采取的视角、方法也各不相同。从这个意义上讲，作为晚年生活法律规划的老年法研究虽然确定了老年法研究的大致范围，但依然需要进一步发展才能构建其老年法的知识体系。

2. 治疗法学视角下的老年法

治疗法学（therapeutic jurisprudence）发源于 20 世纪 80 年代末期的美国。作为法学与行为科学、心理学研究交叉融合的研究进路，其主张法律制度、法律程序和法律行动者（包括法官、律师、法院工作者和服务提供者）的行为会对参与者（包括法律行动者本身）的心理和情感健康产生正面（therapeutic）和负面（anti-therapeutic）的影响。治疗法学的主旨在于利用行为科学和社会科学方法探索法律制度和法律行为的作用机制，以最大化其正面治疗影响，预防或最小化负面因素的影响。[1]

---

[1] Adrian Evans, Michael King. Reflections on the Connection of Virtue Ethics to Therapeutic Jurisprudence[J]. *University of New South Wales Law Journal*, 2012, 35: 721. Dennis P. Stolle, David B., Wexler, Bruce J. Winick (eds.) *Practicing Therapeutic Jurisprudence: Law as a Helping Professionm*[M]. Durham: Carolina Academic Press, 2000.

虽然治疗法学主要运用于司法领域特别是刑事司法领域的相关研究中,① 但其跨学科的方法和学术焦点使其在包括老年法的广泛学科领域都具有相当的潜力。比如,Stolle 通过整合治疗法学和预防法学,透过四阶段的框架分析律师的行为对于老年客户的影响机制。② Marshall Kapp 扩展了治疗法学的整体理论框架并将其应用于老年法研究,以此为基础对老龄生活相关的不同法律制度进行了分析。Kapp 指出,虽然大多数相关法律制度都声称其出于老年人群体的福祉,但缺乏对其实际效果的评估。特别是对于那些具有"强制性"特征的法律制度,我们应当充分考虑其对预期受益人(老年人)的负担以及是否存在效率更高的可替代性策略。Kapp 运用治疗法学和预防法学的方法对监护、照护机构等老龄服务业监管、晚期医疗决策等领域的法律规制进行了评估。其基本的结论是,"将老年人视为脆弱、可悲的受害者而非自主代理人的年龄歧视心态正在受到挑战",他更尊重老年个体自主意愿和选择权利的制度实践(或者说不那么家长主义的实践),比如允许自主选择的医疗保险计划、更具参与性的长期照护模式等,对于老年个体具有更为积极的治疗作用。③ 从这个角度来讲,未来相关领域的法律制度变革应该向着减少强制性的"家长主义"规范的方向发展。

基于治疗法学的老年法研究的价值在于其提供了一种以老年人心理和情感体验为中心的评估方法以分析法律制度对于老年人生活质量的实际影响,批判了"传统"老年法律制度中老年人更加脆弱、失能和不自主的陈规定型观念。基于治疗法学的老年法研究将有助

---

① Barbara A. , Babb, David B. , Wexler. Therapeutic Jurisprudence," in Gerben Bruinsma and David Weisbur (eds.) [M]. *Encyclopedia of Criminology and Criminal Justice*, Berlin: Springer, 2014.

② Dennis P. , Stolle. Professional responsibility in elder law: a synthesis of preventive law and therapeutic jurisprudence[J]. *Behavioral Sciences & the Law*, 1996 (14): 459.

③ Marshall Kapp. Patient autonomy in the age of consumer-driven health care: informed consent and informed choice[J]. *Journal of Health & Biomedical Law*, 2006, 2: 1-32.

于我们关于人类个体在老年阶段与众不同的心理状态、情感需求和价值观念方面的变化，推进相关法律制度的变革。

3. 法经济学视角下的老年法

提及法经济学视角下的老年法，就不能不提到久负盛名的 Richard Posner 在他的《衰老与老龄》一书中对于老龄化与老年发问题的法经济学分析。在这本书中，Posner 运用经济学的理论与方法，尤其是贝克尔的人力资本理论，对社会上关于衰老与老年人的许多观念、法律制度和行为模式进行了审思，提出了许多独到而颇具创造性的见解。不过，这些见解可能与社会道德观念产生冲突而显得有些过于"新奇"。比如单纯从经济效率角度讨论自杀与协助自杀问题是否有些理性到了过于"冷酷"的地步。而他本人也承认，在法律与老龄的许多议题方面，法经济学进路的价值更多地体现在分析模式而非结论。①

Richard Kaplan 同样运用法经济学方法探讨法律与老龄化问题，聚焦与晚年生活相关的个人财务决策问题，他多年来一直在撰写有关退休和长期护理、医疗保健、和遗产税的经济学和法律问题的文章，对就业、储蓄、社会保障等领域的法律制度展开分析与评估。然而，在运用经济学工具进行老年法探索的同时，他也提出必须对法经济学方法的局限性和潜在危害进行深思。最典型的例子是，无论是"完全理性"还是"有限理性"，法经济学分析都建立在行为主体部分或全部的自主性的假设的基础上。然而，衰老综合征对于个体内在能力的影响已经得到科学研究的证实。② 老年主体能够多大程度上按照理性人的假设回应相关制度与政策有待于进一步研究。

---

① Richard A., Posner. *Aging and old age*[M]. Chicago：University of Chicago Press，1995：246-247.

② Matteo Cesar et al，"Evidence for the Domains Supporting the Construct of Intrinsic Capacity，"*Journal of Gerontology*，*Series A*：*Biological Sciences and Medical*，vol. 73（2918）：1653-1660. Margaret Hall，"Equity Theory：Responding to the Material Exploitation of the Vulnerable but Capable，"in Israel Doron（eds），*Theories on Law and Ageing*：*The Jurisprudence of Elder Law*，（Verlag Berlin Heidelberg：Springer，2009：101.

此外，衰老对人类个体的影响不仅仅在于身体功能的减退和社会地位的变化，也影响心理、情感、价值观念等方面的人生体验。基于理性的"效率"分析和利益计算的法经济学研究能够多大程度上回应这种改变，还需要进一步探索。无论如何，法经济学方法提供了一条突破人们关于衰老与老年人陈旧观念，对老年法领域法律和政策进行评估的可靠路径。

4. 脆弱性与老年法

"为什么'老年人'需要法律上的特殊对待？何以对'老年人'的概念进行合法的概括而同时避免基于年龄歧视的有害成见？这种做法的意义何在？"①正如本研究开头所提，这是任何试图想要构建逻辑自洽的老年法学理论体系而非将其作为关系松散的研究主题集合的学者都必须回答的问题，也是 Margaret Hall 在其关于老年法的文章中以开篇明义的方式提出的疑问。她进一步指出，"法律与老年的范畴本身带有家长主义的意蕴，其通过暗示老年人本身与儿童一样需要法律的特别保护而内化了年龄歧视的假定。"②如果老年个体受到身体或者精神方面的疾病或者衰退状况困扰，那么(我们)可以根据他们所面临的障碍状况从残障法的角度界定其权利和保障方案。同样的，如果他们因为性别、肤色、财产状况而陷入不利地位，也能得到相应法律机制的特别保护。Hall 进一步指出，如今大多数法律实践中基于年龄的老年人群体划分都仅仅具有人口统计方面的意义，并非完成了法律上"特别群体"的合理构筑，而且更可能混淆和淹没更有意义的区别。③

Margaret Hall 并非否认老年法作为独立法学研究领域存在的意

---

① Margaret Hall. "Equity Theory：Responding to the Material Exploitation of the Vulnerable but Capable", in Israel Doron（eds）, *Theories on Law and Ageing：The Jurisprudence of Elder Law*, Verlag Berlin Heidelberg：Springer, 2009：107.

② Margaret Hall. "Equity Theory：Responding to the Material Exploitation of the Vulnerable but Capable", in Israel Doron（eds）, *Theories on Law and Ageing：The Jurisprudence of Elder Law*,（Verlag Berlin Heidelberg：Springer, 2009：107.

③ Margaret Hall. "Old Age"（Or do we need a critical theory of law and aging?）[J]. *Windsor Review of Legal and Social*, 2014(1)：35-48.

义，而是对单纯根据年龄认定老年人并为其提供法律方面的特殊待遇的传统观念提出质疑，并提炼出了与之相对的"脆弱性"（Vulnerability）概念作为构建老年群体和老年法学理论体系的核心。更确切地说，老年法学的关键在于对个体"脆弱性"的反思与应对。她视角中的脆弱性存在两个层次：因排斥和其他社会态度造成的社会脆弱性，以及随着衰老进程而不断加剧的个人脆弱性。这种个人脆弱性还包括家庭等亲密关系中的脆弱性。① 两种年龄相关的脆弱性表现为多种形式，且来源于个体与社会/他人的互动过程。Margaret Hall 以老年人的意思能力为例，对这种脆弱性的产生进行了说明（老年人独立自主地表达意思的能力和资格是她的主要研究方向之一）。对于多数老年人来说，其决策能力和行为能力会因为年龄增长过程中的事件而受到损害，从而导致更大的侵害可能。他们可能并未丧失独立决策和表达自己意愿的能力，但身体和心灵的衰退将会带来不安全感，增加其对于他人的生理或心理的依赖，从而增加个人的脆弱性；同时，这种不安全感和依赖会因环境态度和制度因素的影响而增加或减少，从而形成社会脆弱性。比如社会制度将老年人视为失能者并置于照护机构、监护者等主体的掌控下，或是忽视老年人的自主意愿而"代替"其进行决策，都会反过来限制老年主体相关能力的维持与发挥，强化自我否定倾向和对于潜在侵害的恐惧，使其更加"脆弱"。无论是个人脆弱性还是社会脆弱性，都是在自身身体、心理变化与社会环境因素在个体生活中相互作用产生的，受到家庭、教育、经验、个性以及其他社会关系等总体生活状况要素的影响，故而呈现出鲜明的个体差异性。当然，我们也可以从不同个体的生活状况中总结出若干趋势，如家庭成员和同龄人之间联系日渐减少、因就业和抚养子女产生的社会联系逐渐消失，身体技能衰减带来的沮丧和恐惧，难以适应新的社会生活方

---

① 在 2006—2009 年的文章中，她将个体所具有的的脆弱性划分为个人脆弱性和社会脆弱性，而在 2014 年后的关于"批判性老年法理论"的文章中，她将这种脆弱性发展为生理（Körper）的脆弱性和构建（Lieb）的脆弱性，具体内涵及关系并无显著变化。

式，等等。

因此，老年法学理论框架的核心在于通过法律和政策层面的制度方案降低脆弱性或者至少是社会脆弱性的影响。然而，关注个人脆弱性的法律理论往往会加剧社会脆弱性，因其加强老年人缺乏能力的年龄歧视假设。出于保障自主性这个关键法律价值的目的，应当不问年龄，为真正缺乏能力者提供法律保护，除此之外老年人应获得与其他成年人相同的法律与政策待遇。① 然而，事实在于，个人和社会的脆弱性确实使许多老年人容易自我忽视并受到他人的剥削和虐待，甚至即使在个体尚具备决策和表意能力的情况下也是如此。老年人可能出于维系或发展社会关系、害怕孤独、担忧未来等心理因素或是出于判断失误等理由，做出损害自身利益的决策。在这种情况下，是否应当为其提供可能污名化老年群体的保护政策，或是尊重其自主选择？为此，Hall 创造性地应用经典的公平欺诈（equity fraud）和不正当影响（undue influence）的框架来解决这一脆弱性难题。其理论要义在于突破传统视角下基于个体能力认定的能力/自主二元保护机制，转向基于特定情境的分析。比如，无论是公平欺诈中的"利用他人弱点"还是"不正当影响"中"以不正当方式干涉他人表达同意的能力"都无需以"受侵害方"缺乏能力为必要要件。随后，她用大量的例子和证据，说明该理论如何在加拿大的法律实践中保护老年公民免遭他人尤其是亲密关系者的经济虐待。而在后续的研究中，她亦从自主性与脆弱性的角度探讨成年监护、能力与资格以及虐待与忽视等议题，试图寻找摆脱年龄歧视和家长主义桎梏，又能真正促进老年人享有平等的老年法发展道路。

值得注意的是，该理论中的脆弱性与 Martha Albertson Fineman 所提及的脆弱性有着显著的区别。Fineman 所提及的脆弱性建立在

---

① Margaret Hall. "Equity Theory：Responding to the Material Exploitation of the Vulnerable but CapableIsrael Doron（eds），*Theories on Law and Ageing：The Jurisprudence of Elder Law*，（Verlag Berlin Heidelberg：Springer，2009）." in Israel Doron（eds），*Theories on Law and Ageing：The Jurisprudence of Elder Law*，（Verlag Berlin Heidelberg：Springer，2009）.

对于自由主义理论中"自主、自由和独立"假定的质疑与批判基础之上。该脆弱性理论认为，脆弱性是基于人类境遇而潜在的、持续的不可避免的遭受损害、受伤和不幸的可能性。① 脆弱性是普遍的和不可避免的，虽因个体实际状况和生命体验的不同而存在显著的差异，但却并无比较何者更为"脆弱"的必要。与脆弱性相伴而生的是依赖性。由于世人皆脆弱，所以需要一定程度上依赖来自他人以及社会的支持来予以应对。这种依赖性是阶段性和动态发展的。脆弱性理论的要义在于探讨政治和法律实践如何为贯穿生命历程的脆弱性及其相伴而生的依赖性承担社会责任，即建立更为积极的"回应性国家"来强化每个社会成员应对脆弱性的"韧性"。

　　除去对于脆弱性本身的认识不同，两种"脆弱性"理论在应用于老年法研究时还至少呈现出三个方面的差异。首先，两种理论对于脆弱性的态度不一。在前一脆弱性理论中，无论是个体脆弱性还是社会脆弱性对于老年个体的影响是负面，其态度表现为即使承认脆弱性必然存在，也需要通过调整政策与制度最大限度地降低其影响，至少是减少社会脆弱性带来的影响。而在 Fineman 的脆弱性理论中，脆弱性会带来损害等不为人所期望的后果，但也因此奠定了团结合作的基础。我们需要正视脆弱性必然存在的事实，通过团结互助的方式培育韧性，以应对脆弱性带来的各方面风险。正如Fineman 所说，"如果能够正视脆弱性所具有的催生功能和积极方面，我们就能更加清晰地认识到许多老年人所面临的孤独与排斥处境，也就能够找到破解此种障碍的方法。"②其次，二者对于自主性的认识不同。前者的理论中，个人或者社会的脆弱性会增加老年个体对于环境的依赖，从而损害其自主性，而自主性被认识为重要的法律价值。故而，老年法实践要尽可能削除内在的家长主义作风，斩断老年人所具有的脆弱性与"失能""虚弱"等负面影响相联系的

　　① Martha Albertson Fineman. The vulnerable subject：Anchoring equality in the human condition[J]. *Yale Journal of Law and Feminism*，2008，20(1)：9-10.

　　② Marth Albertson Fineman. Elderly as vulnerable：Rethinking the nature of individual and societal responsibility[J]. *Elder Law Journal*，2012，20(1)：96.

可能性和加诸个人的污名，从而减少老年个体对于他人的依赖，以保护其自主性。而在后者的理论中，自主性并不具有优先追求的价值地位。毋宁说，脆弱性理论便是建立在对独立自主法律主体假设的反思与批判的基础上，而依赖性也不是必须予以消灭的负面状态。依赖性同样是普遍而有差异的，关键是如何以政策和法律手段回应这种依赖。最后，二者对于政府干预的态度截然不同。总体上看，Hall 对于各类针对老年人的积极性政策举动采取谨慎的态度。她虽然指出，否认老年个体更容易遭到侵害和剥夺的事实本身构成一种年龄歧视，但在法律政策方面的关注限于对于虐待、暴力侵害等被动保护领域，而对政府所能采取的积极措施较少关注。① 而后者的结论即要通过构建更加积极的回应性国家来应对普遍的脆弱性。"只有经过各类机制我们才能获得应对、减轻、消除和解决脆弱性所需的资源"，"以脆弱性作为相关责任和政策分析的中心，最重要的是要充分关注个人在社会、经济、政治等机制网络中的位置，因其决定了个人的机会和选择空间。②

本研究并无比较二者理论优劣之意图。纵然两种脆弱性理论对老年法发展之观点存在诸多不同，但其反映了一种共同的理论发展趋势。如果要实现老年人的权利，老年法律制度发展就必须以"年龄中立"的姿态，摆脱基于年龄相关刻板印象制度设计思路。可行的替代性思路是，以情景化的方案取代年龄与能力关联的主体形象预设。从权利保障的角度来说，这就是要基于特定语境下主体所拥有的资源与切实享有应有权利所需的资源之间的差距，设计个性化的权利保障方案。

---

① 如她在评估加拿大安大略省立法是否促进老年人享有实质平等时，将老年人的实际需求解读为免于歧视、压迫和经济剥夺，而对社会保障、住房等领域的福祉鲜有关注。(Margaret Hall, "Developing an Anti-Ageist Approach Within Law—Advancing Substantive Equality for Older Persons through Law, Policy and Practice", Commissioned by the Law Commission of Ontario.

② Marth Albertson Fineman. Elderly as vulnerable: Rethinking the nature of individual and societal responsibility[J]. *Elder Law Journal*, 2012, 20(1): 100.

二、基于人权的老年法研究

"银发浪潮"带来人类社会人口结构、家庭功能、生活方式的巨变，也引发人们对于"老年人"在社会中角色、地位和身份的反思，以及如何变革法律制度实践以适应日益老龄化的社会，从而促成了作为独立法学研究领域的老年法的诞生和相关理论体系的发展。但从另一个角度看，人口老龄化也使社会代际矛盾日益加剧，如何为日益增长的老年人口提供充足的医疗、照护等支持资源成为已经步入老龄化或者即将步入老龄化的社会必须考虑的问题。人权行动者和观察家发现，许多国家的老年人在实现其基本权利方面面临着越来越严峻的困境。在这种情况下，国际、区域和国家级别的老年人权利法律实践和民间行动蓬勃发展，以人权法学的理论视角和思维工具审视现行的和历史的老年法实践亦日益发展。基于人权的老年法研究致力于对老年人作为特殊主体的权利进行证成，探索老年人权利的规范依据、权利内容和实践方式，构建确保老年人权充分保障、不同世代共同发展的社会环境。

（一）老年人权利之证成

老年人为何需要法律上的特殊待遇，以及这种特殊待遇的正当性依据何在？如果想要构建逻辑自洽的老年法体系，而非仅仅将其视作若干联系松散的研究议题的集合，就必须探索上述问题的答案。起初，人权并不被视为审视老年法实践的主要理论视角。① 随着许多国家代价矛盾日渐加剧，越来越严重的针对老年社会成员的歧视、排斥和侵害现象引起广泛关注。随着老年学研究的深入发展，人们也开始对传统老年观念进行审视，对制度实践以何种方式

---

① 权利是西方法治理论中最为重要的范畴。关于法律与老龄化的任何研究当然地无法避免地要提及权利，以平衡包括老年人在内的不同法律主体的权利义务为主要目标，追求老年人保持自主性、维系安宁生活和免遭侵害等老年人权的重要内容。本文之所以提出基于人权的老年法路径的范畴，在于该类研究是否尝试构建"老年人的权利"的概念并以此统合老年法研究。

影响着社会成员的生命体验进行反思。就法学领域而言，这种趋势表现为以社会脆弱性、法律过程的心理影响等概念为核心对法律制度中的年龄歧视（ageism）之审思。① 换句话说，人类社会回应人口老龄化现实的各项法律与决策中，是否伴随着"根深蒂固、无影无形的年龄歧视"？② 如果这是事实，那么我们该如何消除这种歧视或者减小其影响？这种审视的结果往往相当消极：老年人因其特殊的生命体验而面临着暴力侵害、经济剥夺、财务困难等复杂多样的困境，而社会要么对此未能采取足够有效的行动，要么相关举措就因其家长主义和年龄歧视的色彩而受到批判。③

人权视角为此种两难困境提供了新的解决思路。联合国人权框架下的"老年人权利运动"为基于老年人权利之证成提供绝佳的范例。作为独立权利主体的老年人并未出现在《世界人权宣言》等核心人权公约之中。然而，核心人权公约之条款可以通过解释当然平等地适用于老年人群体。比如，经社文权利委员会1995年通过的第6号一般性意见明确：

"《经济、社会、文化权利国际公约》并无明确的条款提及老龄人的权利，但有关"人人有权享有社会保障，包括社会保险"的第九条，却含有对享有老龄福利权利的承认。然而，鉴于《公约》各条款充分适用于社会的所有成员，显然老龄人也有权充分享有《公约》承认的一系列权利。《维也纳老龄问题国际行动计划》也充分体现出了同一方针。此外，就尊重老龄人权利所需采取的具体措施而

---

① 年龄歧视（ageism）最早由美国老年学家Robert N. Butler提出，用来形容基于年龄的刻板印象和不公正的差别待遇（see Robert N. Butler，"Age-Ism：Another Form of Bigotry"，*The Gerontologist*，Volume 9（1969），pp. 243-246.），之后，年龄歧视成为审视老年生活相关观念、理念、制度、惯习和文化等的核心观念。

② Elizabeth Broderick，"Is it Time for a Convention on the Rights of Older People？"（Speech presented to the International Federation on Ageing，Melbourne，6 May 2010），http：//www. humanrights. gov. au/news/speeches/it-time-convention-rights-older-people-2010.

③ 可以参见前面两种脆弱性视角对老年法审视结果之差异的讨论。

言,《公约》要求各缔约国按其现有资源尽力落实这些措施。"

随后,经社文权利委员会的第 14、18、19 和 20 号一般性意见分别明确老年人享有"最高标准健康权""工作权""社会保障权"和"免于歧视的权利"。① 可以说,即使《经济、社会和文化权利公约》公约本身并不存在直接关涉"老年权利"的条款,这些一般性意见通过对公约文本的"解释"事实上确立了"老年人权利"。

此外,国际层面存在着广泛而系统的关于老年人权利的"软法"规定。第一届世界老龄大会通过的《维也纳老龄问题国际行动计划》包含 62 项旨在促进老年社会成员权利实现的行动建议,广泛覆盖健康、营养、住房、社会服务、就业和教育等主要问题。② 1991 年,联合国大会通过了《联合国老年人原则》,用"独立、参与、照顾、自我实现和尊严"五项关键原则和"应"的语言表达形式阐明老年人在食物、住房、健康、工作、受教育、接受照护服务、免于歧视和虐待以及平等地参与社会参与方面的权利。③ 2002 年通过的《马德里政治宣言与老龄问题国际行动计划》(以下简称《行动计划》)可以称得上是联合国框架下关于老年人权利最为重要的人权文书。这不仅表现为《行动计划》获得了当时联合国全部 159 个会员国的支持④,并且体现为《行动计划》之文本明确要"充分实现所有老年人的所有人权和基本自由"⑤。更难能可贵的是,《行动计划》纳入了发展和代际团结的新视角,明确"不分年龄人人共享

---

① 联合国. 各人权条约机构通过的一般性意见和一般性建议汇编[C]. HRI/GEN/1/Rev. 9(Vol. 1), 27 May 2008.

② United Nations. Vienna International Plan of Action on Aging, 1982.

③ General Assembly. Implementation of the International Plan of Action on Ageing and related activities A/RES/46/91, 1991.

④ Diego Rodriguez-Pinzon and Claudia Martin. The international human rights status of elderly persons[J]. *American University International Law Review*, 2003, 18 (4): 915-1008.

⑤ United Nations, Political Declaration and Madrid International Plan of Action on Ageing, 2002.

的社会"的价值理念和行动目标，探索出实现老年人权利的可行道路。①《行动计划》将老年人的权利解读为"参与发展""促进健康与福祉""有利的支助环境"三个优先行动方向，明确老年人的主体地位以及在参与劳动就业、政府决策等社会发展进程的价值和潜力；所包含的事项几乎覆盖了事关老年人权益的每个方面。《马德里老龄问题国际行动计划》已经成为21世纪联合国老年人权利倡导工作的基础，为各国相关法律政策的制定以及各个层面的国际合作提供了系统全面的政策框架。

联合国层面上关于老年人权利的"立法"活动刺激了以人权视角审视老年法实践的研究活动，许多研究者考察老年人的人权状况，提出构建老年人权利概念体系和特别保护机制，以实现其权利的观点。早在1987年，Lung-chu Chen 就在演讲中提出要以人权视角来对老年法进行考察，用人权将与老年人相关的不同法律问题衔接起来，并以人权评估标准对制度和观念进行反思。② Diego Rodriguez-Pinzon 和 Martin Claudia 在《马德里老龄问题国际行动计划》通过后对当时事关老年人权利的保障国际和区域机制进行了广泛调查，指出："无论是在全球还是区域层面都缺少制定综合性老年人权利文书的战略……没有专门关注老年人权利的国际组织，也没有老年人权利公约。老年人是唯一没有综合性或有约束力的权利保障文件的弱势人群（vulnerable population）。"③两位教授带领美国大学华盛顿大学法学院的研究团队对老年人权利相关的国际和区域层面的法律和政策框架进行了长期的研究。她在2015年的总结性著作中指出，"老年法方面的范式转变包括了向以权利为基础的老

---

① United Nations, Political Declaration and Madrid International Plan of Action on Ageing, 2002.

② Lung-chu Chen. Aging: A New Human Rights Concern-A Policy Oriented Perspective[J]. *American Society of International Law Proceedings*, 1987, 81: 169-174.

③ Diego Rodriguez-Pinzon and Claudia Martin. The international human rights status of elderly persons[J]. *American University International Law Review*, 2003, 18 (4): 915-100.

龄化方案的发展……老年人权利框架正在生成。"①然而，目前的老年人权利保障机制确是"失败的"。该著作指出，"老年人在日常生活、地方司法和国家立法中面临歧视……全世界数亿老年人没有能够在国家或国际层面主张(规定于人权文书中的)普遍权利。尽管全世界都有记录在案的、持续不断的和系统性的侵权行为，但情况仍然如此。"②这种失败的权利保障机制背后隐含的原因是"软法"性质的人权文书遭到系统性忽视，而专门机制的缺乏使得老年人只能依赖其他权利保障机制的"拼接式"覆盖，难免落入权利保障的盲区。Frédéric Mégret 分析了在人权主体日益"碎片化"的情况下老年人权利保障所面临的困境。他指出，老年人权利存在主体构建和权利保障焦点方面的两难困惑，也就是说，老年群体的高度分化性使得他们更像是个体的单纯聚集(a *category* of population)而非有着共同利益和需求的群体(constituted group)。③ 这一事实使得人们难以找到老年人的共同需求从而构建起抽象化的权利，也给现实中的权利保护带来了许多困难。值得关注的是，人权法视角下关于老年人权利与老年法的研究始终绕不开对于老年人权利专门性人权文书的呼吁。许多学者围绕这一议题展开了专门性的研究。如 Kwong-LeungTang 和 Jik-Joen Lee 指出，"构建承认所有老年人具体权利并明确适用于缔约国公民的老年人权利国际公约，对于老年人在国家层面维护其权利至关重要。"④以色列海法大学教授 Israel Doron 亦

---

① Claudia Martin. Diego Rodríguez-Pinzón, Bethany Brown, *Human Rights of Older People*: *Universal and Regional Legal Perspectives*, (London: Springer, 2015): 2.

② Claudia Martin. Diego Rodríguez-Pinzón, Bethany Brown, *Human Rights of Older People*: *Universal and Regional Legal Perspectives*, (London: Springer, 2015): 349.

③ Frédéric Mégret. The human rights of older persons: a growing challenge[J]. *Human Rights Law Review*, 2011, 11: 37-66.

④ Kwong-Leung Tang, Jik-Joen Lee. Global social justice for older people: The case for an international convention on the rights of older people[J]. *The British Journal of Social Work*, 2006, 36: 1135-1150.

通过系列文章尝试证成权利公约的必要性。① 事实上，Israel Doron
更进一步地尝试设计世界首个老年人权利的测量指标体系——国际
老年人权指数（the International Older Persons Human Rights Index，or
"IOPHRI"）②

2009 年第一次由联合国领导的老年人权利问题专家组会议在
德国波恩举行。会议上各国专家以及未参会的许多研究者达成共
识：老年人权利在国际一级是"不可见"的，需要为老年人权利制
定一项新的国际公约。③ 虽然时至今日这部新的国际人权公约也没
有诞生，但联合国关于老年人享有全部人权问题独立专家和老龄问
题不设名额工作组的设立，为各个国家、民间代表和老年权利研究
者提供了分享智识和凝练共识的平台，对促进老年人实际享有所有
人权的积极影响是不可忽视的，显示了基于人权的老年法研究进路
的巨大潜力。

（二）基于人权的老年法研究进路概述

基于人权的老年法研究进路可以简单表述为：以国际和区域层
级的人权文书以及国内人权立法（无论是否具有法律约束力）为基

---

① Israel Doron, Itai Apter. International rights of older persons: What difference would a new convention make to the lives of older people? [J]. *Marqutte Elder Advisor*, 2010, 11: 366. Israel Doron, Itai Apter. The debate around the need for an international convention on the rights of older persons[J]. *Gerontologist*, 2010, 50: 588-589. Israel Doron. From national to international elder law [J]. *Journal of International Aging Law*, 1: 44.

② Benny Spanier, Israel Doron. From Well-Being to Rights: Creating an International Older Persons' Human Rights Index (IOPHRI) [J]. *The Elder Law Journal*, 2017(24): 245.

③ United Nations Department of Economic and Social Affairs Division for Social Policy and Development Programme on Ageing, "Report of the Expert Group Meeting "Rights of Older Persons," Convened in preparation for the report of the Secretary-General to the 64th session of the General Assembly, 5-7 May 2009, Bonn, Germany, p. 1. Also see, Diego Rodríguez-Pinzón, Claudia Martin, "The International Human Rights Status of Elderly Persons," *American University. International Law Review*, no. 4 (2003): 915-1008.

准，评估特定国家/区域的法律制度和相关举措在何种程度上促进或减损了老年人实际享有前述文件所载的各项基本权利与自由，并在此基础上探索如何改进相关机制以切实保障老年人享有全部人权。就目前掌握的资料而言，欧美国家主要的研究进路分为四种：基于欧盟老年人权实践的脆弱性进路、以国际老年人权利保障为关注焦点的多维老年法模型、专注于美国老年法改革的民权（civil right）进路，以及基于交叉视角的残障权利进路。

1. 脆弱性与老年人权利

瑞典隆德大学诺玛老年法研究群组（Norma Elder Law Research Environment）是由 Ann Numhauser-Henning 和 Titti Mattsson 领导的专门从事法律与老龄化研究的研究组织。该组织立足欧盟的老年法律实践，深入运用前文提及的 Fineman 的脆弱性理论① 和 Anna Christensen 所提出的将法律作为规范领域中的规范模型分析方法②，以此构造老年法学研究的理论框架。

从整体的角度看，诺玛老年法研究群组的许多成果都可以视作人权视角与老年法研究相结合的范例。这首先体现在其所依据的法律依据——《欧洲联盟基本权利宪章》（the Charter of Fundamental Rights of the European Union，缩写 CFR）。其第 25 条明确规定"欧盟承认并尊重老年人所拥有的过上有尊严的独立生活以及参与社会文化生活的权利。"③该规定被认为是最重要和最成熟的承认老年人

---

① See further Martha Albertson Fineman. The vulnerable subject: Anchoring equality in the human condition [J]. *Yale Journal of Law and Feminism*, 2008, 20 (1): 9-10.

② See further Ann Numhauser-Henning. " Understanding Law as Normative Patterns in a Normative Field. " in Ann Numhauser-Henning, Mia Rönnmar (eds). *Normative Patterns and Legal Developments in the Social Dimension of the EU*, (Oxford: Hart Publishing, 2013): 1-57.

③ Article 25 of CFR states that "The Union recognises and respects the rights of the elderly to lead a life of dignity and independence and to participate in social and cultural life. " See Charter of Fundamental Rights of the European Union (2010/C 83/02)

权利的宪法性条款之一。① 《欧洲联盟基本权利宪章》第 34 条、第 21 条分别提及社会保障和免于基于年龄的歧视。② 此外，作为"法学的社会科学"方法的实际应用③，诺玛群组早期大部分成果将重心放在老年工作者和老年移民的法律赋能方面。这种研究侧重既符合欧盟老龄化战略的关注焦点，又赋予其研究本身鲜明的人权色彩。

诺玛群组的研究成果也是将脆弱性理论应用于老年权利分析的范例。如前文所述，脆弱性理论的核心在于基于人类境遇（human condition）而普遍存在不可避免的遭受损害、不幸和伤害的脆弱性（vulnerability），以及因此而产生的对于他人以及各种机构的依赖性（dependency）。④ 人人皆负脆弱性和依赖性，但具体表现和由此产生的依赖性却会因不同的人生阶段的而呈现出相异的样态⑤，故而需要借由国家、社区、家庭等机构赋予所需之资源来强化抵御此种脆弱性的"韧性"（resilience）。基于脆弱性的老年权利理论从两

① Israel Doron, Ann M. Soden, *Beyond Elder Law*: *New Directions in Law and Aging*, (Heidelberg Dordrecht London New York: Springer, 2012): 130.

② Article 21 of CFR states " Any discrimination based on any ground such as sex, race, colour, ethnic or social origin, genetic features, language, religion or belief, political or any other opinion, membership of a national minority, property, birth, disability, age or sexual orientation shall be prohibited. " And Article 34 states "The Union recognises and respects the entitlement to social security benefits and social services providing protection in cases such as maternity, illness, industrial accidents, dependency or old age, and in the case of loss of employment, in accordance with the rules laid down by Union law and national laws and practices. " See Charter of Fundamental Rights of the European Union (2010/C 83/02)

③ Ann Numhauser-Henning (eds.) *Elder Law*: *Evolving European Perspectives*. Edward Elgar Publishing (2017): 1.

④ Martha Albertson Fineman. The vulnerable subject: Anchoring equality in the human condition[J]. *Yale Journal of Law and Feminism*, 2008, 20(1): 9-10.

⑤ 最容易理解的例子是，任何人在婴儿时期都不可避免的依赖于他人。

个角度实现了对前述老年法理论和老年权利构造的革新。①

首先，脆弱性理论打破了过去自由主义人权观的"自主、自由、自立"的主体预设，突破了传统老年法研究中关于"家长主义—个人自治"二元对立的迷思。正如前文所述，老年法被许多研究者认为具有"家长主义意蕴"和"年龄歧视意味"，甚至本身"证实了针对老年人的刻板印象"。② 这种担忧指导下的老年法学理论将研究重心放在确保老年人自主性的法律制度方面（比如监护、支持性决策、预先医疗、免于年龄歧视等），而对保障老年人社会权利的相关制度实践采取谨慎和保守的态度（比如这些理论更加倾向于市场化的照护服务供给体系和金融化的老年财务管理模式，其背后所依据的是每个人为自己老年生活负责任的理念③）。而脆弱性理论则用釜底抽薪式的理论构造反驳了此种批判。脆弱性理论指出，人是普遍脆弱的，承认个体在衰老过程中所产生的照护、医疗以及决策支持等需要并采取特别措施予以保障并非对老年个体的污名化和羞辱，而是出于家庭、国家等社会机构的天然使命。此外，脆弱性理论以韧性④作为各种社会机构与个体之间的中介。社会机构赋

① 关于脆弱性理论的更多介绍，课参见张万洪，刘远. 脆弱性视角下的特殊群体权利保障——以老年人在公共卫生危机中的处境为例［J］. 人权研究，2020（23），社会科学文献出版社；刘远. 公共卫生危机中老年人权利的脆弱性视角分析——以新型冠状病毒肺炎疫情为背景［J］. 人权，2020（3）.

② Margaret Hall. "Equity Theory：Responding to the Material Exploitation of the Vulnerable but Capable. " in Israel Doron （eds，） *Theories on Law and Ageing：The Jurisprudence of Elder Law*，（Verlag Berlin Heidelberg：Springer，2009）：107. Israel Doron. "A Multi-Dimensional Model of Elder Law. " in Israel Doron （eds，） *Theories on Law and Ageing：The Jurisprudence of Elder Law*，（ Verlag Berlin Heidelberg：Springer，2009）：64.

③ 这种偏向带来的理论困境在于，如果老年人主要以自主的方式满足就业、生活来源、生活照护、医疗服务方面的权利需求，而社会保障、社会福利和社会救济仅仅针对处于困境而需要帮助的老年个体（比如残障老年人、贫困老人、老年妇女等），那么老年人何以成为独立于较为年轻群体的权利主体类型。

④ 脆弱性理论中的韧性是指个体在应对脆弱性带来的风险，以及从这种风险损害中得以恢复的能力。韧性建设主要来源于他人、社会所提供的各种资源。

予个体强化其韧性所需的资源与机会，而个体则运用在此过程中不断强化的韧性以抵御各种风险、损伤和侵害。脆弱性的视角不仅证实了国家对于每个社会成员（而非仅仅只是需要帮助的"弱者"）的权利保障都负有积极促进义务的人权理念，而且以"脆弱性—韧性"框架彰显人作为权利主体的能动地位，有效地消解了老年法研究内部的"家长主义—个人自治"张力。

此外，基于脆弱性的老年人权利理论从生命历程的角度来理解的老年个体，意味着老年并非割裂于其他人生阶段的独立阶段，而是人类连续生命历程的尾端部分。老年时期的个体有依赖性，其他年龄段的个体也有依赖性，只是这种依赖性的表现（即权利需求）会随着个体所处的社会环境和掌握的资源所不同，同时他们的韧性也将随着资源和机会的变化而动态变化。这带来两个方面的考量。首先，由于不同个体人生体验的差异，老年期的人类个体的需求以及对需求的反应也会有所不同，这解释了老年个体内部的高度分化特征。其次，老年时期所能掌握的资源很大程度上来源人们在年老阶段前的积累。所以当社会考虑如何应对老年人权利问题时，不能只关注那些已经是"老年人"的状况，还必须考虑那些最终会进入老年时期的年轻人和中年人，特别那些已经经历了依赖性的年轻人和中年人（如残障者）的情况。① 诺玛研究群组将这两种因素相结合并应用于具体的老年权利研究，提出了情境化的老年主体构造模型。情境化的老年主体构造主张通过"外部化"和"情境化"的视角考察作为权利主体的老年人，以回应对于基于年龄的老年主体之批判。② 这种主体构建不同于基于固定静态的要素的构造老年主体（无论这种标准表现为生理年龄、社会年龄还是其他因素），充分考虑到老年权利需求和资源禀赋的个体差异性。其意味着在讨论老年权利问题时首先确定社会环境下关涉老年人权利的制度（如退

————

① Ann Numhauser-Henning（eds），*Elder law：Evolving European perspectives*，Edward Elgar Publishing，2017：113.

② Ann Numhauser-Henning. "Elder Law and its Subject：the Contextualised Ageing Individual，" *Ageing & Society*，2021，41：516-535.

休、养老金、医疗服务等)，然后对社会成员与相关制度的互动机理进行情境化的分析，并以此为基础构造老年主体。简单的应用实例是，在讨论就业权保障时的"老年人"标准总是随着特定社会退休制度的变化而变化，而且以"法定的"退休年龄为基准的构造往往难以满足那些虽然没有退休但因衰老而遭受年龄歧视的个体。而如果根据法律制度、社会文化和就业环境进行情境化的分析后的"老年工人"就会负有其他的属性和特征，比如更加年轻(相对年轻的工人可能会在退休前被要求转向次要的工作场所)、具有职业特征等，从而更能反映个体的现实权利状况和需求，避免粗暴和无意义的差别对待。① 针对年龄歧视所采取的措施的不足之处也很明显，它们无法处理年龄与其他理由交叉的情况，导致歧视禁令的适用和解释条块分割，使弱势群体得不到保护。

必须承认的是，基于脆弱性的老年人权理论尚且存在许多不完善之处。比如其尚未得到医疗照护等其他领域的法律实践检验，也还没有进行基于欧洲国家之外的其他社会环境的比较研究。然而，对于老年人权这个相对"新潮"的研究领域，这种新的思考进路和理论模型具有相当大的研究和借鉴价值。

2. 以人权为基础的的多维老年法模型

Israel Doron 是以色列海法大学教授和老年学系主任，在老龄与法律领域耕耘多年，从老年学的角度论证了老年法的发展路径②，并对不同国家的老年法进行了广泛的比较研究。2003 年，

---

① 关于老年法家长主义批判的一个论据就在于，大多数国家法律制度乃至人权文书所以来的"60 岁"标准仅仅来源于人口统计学的分析需要，而缺乏足够的老年学、社会学方面的理论依据，或者说，无法真正地解释不同年龄群体的差异性，并且造成制度上的循环论证。

② Israel Doron, "Elder law: Current issues and future frontiers," *European Journal on Ageing*, vol. 3 (2006): 60-66; Israel Doron, "Jurisprudential Gerontology: Theorizing the Relationships between Law and Aging" in Vern L. Bengtson, Daphna Gans, Norella M. Putney and Merril Silverstein (eds), *Handbook of Theories of Aging*, (London: Springer, 2009): 644.

Doron 基于以色列的老年法实践，构建了多维度的老年法框架模型①，随后也将这一框架模型应用于包括中国的国别和国际研究②。该模型试图突破其他老年法理论的"一元论"方法，即不再以单一的法律服务需求、心理因素、效率或脆弱性为视角，而是从多维的动态视角审视特定老年法制度体系。同时，该模型具有鲜明的权利视角，作为其模型核心的法律原则维度即包含免于歧视、虐待和暴力侵害以及平等实现其应有权利的内容。此外，Doron 曾以一名老年学家的身份含蓄地指出，"法律对于老年学研究最鲜明的价值即在于将权利话语引入其中。"③这显示出他在老年法研究过程中对于权利话语和权利机制的高度关注。

多维老年法模型包含互相关联的五个维度，分别是法律原则维度、保护性维度、预防性维度、支持性维度和赋权性维度。④ 法律原则维度指向整个法律体系普遍适用的核心原则和价值观念，该维度明确了老年人作为社会成员所享有的基本权利，即使此类权利本身并不与老龄及有关事项相联系。保护性维度旨在保护老年人免受忽视、虐待和各种形式侵害。预防性维度旨在为老年人或即将步入老年阶段的个体提供法律工具，使他们能够自主地规划和掌控老年期乃至人生末期的生活，或者说在确保老年人能够在失去自主能力的情况下通过法律制度实现自己的意愿。支持性维度围绕老年人的生活环境展开，致力于通过法律制度强化老年人非正式支持网络，

---

① Israel Doron. Law and geriatrics：an Israeli perspective on future challenges [J]. *Med Law*, 2003, 2：285-300; Israel Doron. A multi-dimensional model of elder law：an Israeli example[J]. *Ageing International*, 2003, 3：242-259.

② Israel Doron, Nina A. Kohn, "Aging and Law：Using a Multi-Dimensional Model to Understand the Legal Response to Aging," in Chen Sheying, Powell Jason (eds), *Aging in perspective and the case of China：Issues and approaches*, (NewYork：Nova Science, 2011), 79.

③ Israel Doron. Elder law：Current issues and future frontiers [J]. *European Journal of Ageing*. 2006, 3：60.

④ Israel Doron (eds), *Theories on Law and Ageing：The Jurisprudence of Elder Law*, (Verlag Berlin Heidelberg：Springer, 2009)：59-75.

使老年人能够从相关主体处获得所需的医疗、照护和其他生活资料。赋权性维度旨在通过法律制度强化老年人作为权利主体的能力，以帮助其追求和实现其权利，或者直接帮助老年人实现其他维度的法律规范和制度赋予他们的权利。同时，多伦强调，该模型并非封闭的清单，而是包含各种基本要素的开放框架。①

该模型关注老年法领域长期以来的争论焦点：家长主义与个人自治的二元对立以及个人导向和社会导向的二元对立。家长主义面向意味着相关维度的法律制度强调老年人在心理、行动力方面更为"衰弱"的属性，侧重于为老年人提供特殊保护以使其免受侵害，或者通过支持周边环境(如家庭、社区)帮助其实现权利；自治主义面向强调老年人个体自身的自主性与能动性，强调保障老年人对于自身事务的自主安排以及支持这种自主性的环境建设。个人/社区导向则表示该法律制度发生作用的场域，比如保护性维度的法律制度通常赋予老年人个体本身用以防御侵害的法律武器，而支持性维度则通过向家庭、社区提供支持来实现其目的。

因为社会文化、代际关系、制度体系、人口结构和经济发展水平等方面的差异，不同国家的老年法实践在这两个方面各有侧重，这也反映了各国在人口老龄化进程方面的多样性。比较容易理解的例子是，社会福利体系较为发达的北欧国家，老年法实践更侧重社会导向，以集体筹资的养老金制度和普惠的养老服务为重点；而在有着"个人对自己福利负责"传统的美国则以个人理财和市场化的服务制度为重点，公共性质的服务通常只覆盖陷入困境的老年个体。② 在这种宏观考量下，开放的多维的老年法分析框架有助于对

---

① Israel Doron, "Jurisprudential Gerontology: Theorizing the Relationships between Law and Aging" in Vern L. Bengtson, Daphna Gans, Norella M. Putney and Merril Silverstein (eds), *Handbook of Theories of Aging*, (London: Springer, 2009): 644.

② Ann Numhauser-Henning, "The Elder Law Individual versus Societal Dichotomy-a European perspective", in Ann Numhauser-Henning (eds), *Elder Law: Evolving European Perspectives*, (Cheltenham: Edward Elgar Publishing, 2017): 86-96.

不同国家的老年法实践进行比较研究，梳理法律、老龄化和老年人权利之间丰富多彩的互动模式。另一方面，该模式展现了老年法理论中整体视角的重要性。无论是照护服务和医疗服务的充足供给、支持性决策、保障自主性的监护制度、生活来源保障还是适宜老年生活需要的居住环境，都只是部分反映了老年人的需求和利益。而只有进行全面的整体性思考，评估和平衡到不同需求之间的冲突，才能确保老年人享有真正的权利和自由。

多维老年法模型对于老年生活需要的统一呈现以及对不同国家文化和法律传统的尊重，使其成为解决老年人人权问题的方法，不仅推动了老年法和老年人权的比较研究，也有助于促进老年人权的国际合作。事实上，Doron 对于国际老年法进行了兼具广度和深度的比较研究，并就制定《老年人权利公约》进行持久不倦的论证。

3. 公民权利视角下的老年法

美国雪城大学教授 Nina A. Kohn 关注社会成员在认知能力下降情况下的公民权利问题，具体而言包括老年人的家庭照护、支持性和替代性决策、免于歧视和虐待等。她提出了老年法研究的权利进路，即从纷繁复杂的老年法议题中标识出权利焦点，以权利话语和权利标准评估立法和司法行动对于老年个体权利的实际影响，以此推动法律改革。[1]

虽然老年法学研究已经对老年个体面临的许多关涉权利的问题开展了充分的研究，但老年人的利益却并没有得到权利话语的表达。尽管老年人因社会中普遍持续存在的显性或隐性的年龄歧视影响，但到目前为止还没有基于老年人权利的集体行动。由于相关理论研究和政策倡导活动主要是由法律服务提供者和专业从业者领导的，故而主要聚焦社会福利和司法进程，而未能建立老年个体所拥有的相对于服务提供者的消极自由和权利体系。[2] 缺乏权利视角的

---

[1] 值得注意的是，Kohn 基于美国的法律实践和权利理念，在论及权利视角时侧重于公民权利(civil rights)。

[2] Nina A. Kohn. The Lawyer's Role in Fostering an Elder Rights Movement[J]. *William Mitchell Law Review*，2010，37：58-59.

相关讨论往往聚焦于从效率等角度分析制度本身的"功能"或是道德伦理方面的辩论，无法真切地描述法律实践对个人权利所产生的影响，从而要么陷入道德方面的无止尽论证，要么缺乏力量而难以产生现实的改革进程。Kohn 指出运用权利的棱镜来考量老年人在社会生活中所面临的种种困境至少存在三个方面的理论与实践价值。

首先，基于权利视角的分析能够直接揭示政策和法律实践与同样受到法律保护的权利之间的冲突，从而对损害老年人公民权利的法律规范提出了有力挑战，推动构建更加有利于老年人的法律制度体系。正如德沃金等学者指出，如果个人的自由利益上升为权利的层面，就意味着"值得为社会政策或效率的增加付出代价。"①这种表达可以这样理解，立法者在决策过程中可能需考虑彼此冲突的不同的价值或利益主张，而如果其中关涉老年人利益的主张被确认为权利，那么其他的主张就必须提供更加有说服力的理由才能证成对于权利的削弱或克减。Kohn 以美国强制报告制度为例，指出虽然以年龄为直接或者间接标准的强制报告制度受到了广泛的批评，但是这些评论大多数围绕道德伦理（如年龄歧视、自主地位等）方面的价值展开，不仅未能全面揭示强制报告制度对于老年个体的负面影响，而且也难以形成压倒性的结论。人们很难在安全、自主、平等等价值孰轻孰重的问题上达成统一结论。如果从权利的视角来审视，批评者可以清晰地发现此类制度可能侵犯美国宪法保护的信息隐私权并违反《第十四修正案》所规定的法律的平等保护，从而援引违宪审查机制形成更具力量的政治表达。②

其次，基于权利视角的分析还能够塑造法律之外的政治权力，

---

① Nina A. Kohn. "A Civil Rights Approach to Elder Law", in Israel Doron, Ann M. Soden, *Beyond Elder Law: New Directions in Law and Aging*, (Heidelberg Dordrecht London New York: Springer, 2012): 22.

② See further Nina A. Kohn. "Rethinking the Constitutionality of Age Discrimination: A Challenge to a Decades-Old Consensus." UC Davis Law Review. Vol. 44 (2010): 213; Nina A. Kohn. "Outliving Civil Rights," *Washington University Law Review*, vol. 86 (2009): 1055.

从而推动构建更加有利于老年人的社会环境。从美国社会的发展历程来看，基于宪法的权利表达在政治和社会运动中拥有强大的力量。Kohn 引用 Larry Kramer 的表达指出"将论点与（美国）宪法联系起来的能力在宪政中至关重要，这种联系越强或越有说服力，在公开辩论中对合法性的要求就越高"。① 更具普遍意义的是，即使在基于权利的法律挑战不成功的情况下，以权利话语构建的论点也具备社会政治价值。从个人自由和权利的角度讨论政策，不仅本身构成对政策的评估，还会产生"权利意识"从而促使个体和群体根据"没有得到执行或者正式承认的权利来想象和行动"。② 因此，从权利的角度审视老年与法律问题，不仅能推动法律变革，同时能对社会公众进行老年权利教育，也能鼓励其他社会成员更尊重和支持老年人权利。

最后，基于权利视角的分析还有助于培养共同利益和认同感，促使老年人更加了解他们的共同利益和共同威胁，鼓励围绕老龄化和老年问题的社会组织的发展，增加老年人作为群体维护自己利益的能力。老年权利方面法律改革和权利倡导运动所面临的重要理论与实践困惑便在于老年群体的高度分化性。老年个体很难形成"我们属于同个群体"的观念，即使形成了这种认同，也会被其他的基于家庭、宗教、职业等方面的身份认同所掩盖。用权利话语来描述老年人面临的问题可以培养老年群体的共同利益和认同感，将老年人塑造为拥有共同权利考量的群体，鼓励和动员老年人运用权利相关的手段维护和促进自身的利益，促进相关社会组织和社会活动的发展；而与权利相关联的社会运动又会反过来推动权利讨论、研究的发展，塑造更具说服力和全面性的老年权利体系。

---

① Larry Kramer. Generating Constitutional Meaning[J]. *California Law Review*, 2006, 94: 1439-1441.

② Nina A. Kohn. "A Civil Rights Approach to Elder Law", in Israel Doron, Ann M. Soden, *Beyond Elder Law: New Directions in Law and Aging*, (Heidelberg Dordrecht London New York: Springer, 2012): 24.

基于权利视角，Kohn 对就业、虐待、监护、贫困家庭的护理服务、医疗决策等方面的许多法律实践展开了深入的研究和探索，充分展示了基于权利的老年法研究的学术潜力，而相关领域的法律变革和社会发展，也揭示了权利作为推动社会向着更加有利于日益增长的老年人口的方向发展的巨大力量。或许可以期待，关于老年人权利的各类倡导活动能够如同她文章中所描述的那样成为美国的下一场民权运动(civil rights movement)①

4. 残障权利视角下的老年人法

老年人最大的特点便是老年人概念所对应人群的高度分化性。实证研究已经证实，老年人概念的社会构建远比儿童、残疾人、女性等类似概念要复杂和模糊得多。② 因此，老年法实践往往被质疑为不过是残障法领域的分支。即使在联合国人权框架下关于《老年人权利公约》的讨论中，这种声音也屡见不鲜。许多人认为，老年人权利已经得到了包括《经济社会与文化权利公约》《残疾人权利公约》《消除对妇女一切形式歧视公约》等人权公约的全面保护。比如美国代表在联合国老龄问题不设名额工作组的第二次会议上的表态相当具有代表性："我们敦促会员国考虑这项条约将包含哪些现有条约中没有的新保护措施，因为现有条约中阐明的权利适用于老年人和年轻人。"③甚至有观察者指出，由于残疾人和老年人在诸多领域的权利方面的重叠，《残疾人权利公约》被许多人作为反对制定《老年人权

---

① Nina A. Kohn. "Aging in the US：The Next Civil Rights Movement. Keynote Address at the Temple Political & Civil Rights Law Review Symposium：Aging in the U. S.：The Next Civil Rights Movement?" *Temple Political & Civil Rights Law Review*. 2012, 21：321.

② Mary E. Kite and Lisa Smith Wagner, "Attitudes towards Older Adults," In T. D. Nelson (Ed.), *Ageism：Stereotyping and Prejudice against Older Persons*. The MIT Press, 2004：129-162.

③ Statement of USA to 3rd Session of the Open-ended Working Group on Ageing.

利公约》的盾牌，成为新的《老年人权利公约》的最大的障碍。①

许多残障权利领域的研究者对这种观点提出了批评。时任联合国残疾人问题独立专家的 Amna Ali Al-Suwiadi 女士在老龄问题不设名额工作组第一次会议上强调《残疾人权利公约》或许为老年人提供了一定保护，但"不具有针对性"，公开表示对制定一项老年人权利专门公约的支持态度。② 许多研究者亦运用残障权利方面的专业知识探讨残障权利的理论研究与实践经验对于老年权利保障的价值。比如加拿大残障法领域专家 Doug Surtees 梳理了残障权利发展的历史并特别关注普遍主义(universalism) 的概念。Surtees 认为普遍主义的发展进路将比单纯的民权进路(civil rights approach) 更具包容性且更适合老年权利的发展需求。Surtees 援引 Bickenbach 等人的研究③指出，民权进路的逻辑在于提炼免于歧视的理由并将社会成员划分为不同的群体，针对其中较为弱势的群体提供福利或者法律方面的特殊保护。而这种进路并不符合老年人的"权力历史"。其表现在两个方面。Surtees 认为，老年人缺乏受到压迫和歧视的历史，老年人在历史上所受到的优待使得许多国家的公众很难认同老年人"弱势"的观点。同时，每个老年个体都是从相对应的群体(较为年轻的成年人) 中自然发展而来，也就是说，作为"弱势群体"的老年人是由作为"强势群体"的成年人自然发展而来。这种事实带来老年人"弱势群体权利"证成与其他类似群体截然不同的困难。为

① See Paul Harpur，"Old Age Is Not Just Impairment：The CRPD and the Need for a Convention on Older Persons，" *University of Pennsylvania Journal of International Law*，Vol. 37 (2016) ：1027-1059. 值得注意的是，Harpur 的论断仅仅在于阐释老年权利和残障权利在保护部分个体，尤其是因为身心衰退而陷入困境的群体方面的重叠，并非否认老年权利。他在文章的最后依然说明了二者的差别，包括对于生命末期的恐吓、代际关系等，阐明了不同权利保障机制互相补充和制定《老年人权利公约》的必要性。

② Statements by Ms. Amna Ali Al-Suwaidi to 1st Session of Open-ended Working Group on Ageing，see https：//social. un. org/ageing-working-group/panelstatement. shtml.

③ Jerome Bickenbach. Models of disablement，universalism and the international classification of impairments，disabilities and handicaps[J]. *Social Science & Medicine*，1999，48：1173-1187.

此，应该采用"普遍主义"的思路理解老年法实践，设计能够包容所有年龄段个体的政策方案，而非依据年龄分裂人群。①

美国雪城大学教授 Arlene Knater 从国际法的角度对残障权利和老年人权利的发展历史进行了概括，梳理了当时国际法领域能够为老年人权利提供保障的相关机制，并特别强调《残疾人权利公约》对于国际和国内老年人权利倡导的意义。首先，《残疾人权利公约》为至今依然缺少有约束力的规定的老年人权利提供了某些方面的保护，特别是保护他们免受衰老过程中不可避免的身心衰退而导致的歧视，以及在身心衰退的情况下作出关于切身事务的决定的权利。她断言"《残疾人权利公约》的实质性条款将有力的扩大世界范围内老年人所能享有的权利的范围。"②因此，《残疾人权利公约》及相关机制同样为老年人和老年权利倡导者提供了要求各国政府在人权准则范围内接受和履行其人权义务，并依此对其进行追责的工具。当然，Knater 同样对新的关于老年人权利的专门公约持支持态度。她认为，《残疾人权利公约》的诞生过程为老年人权利专门公约的制定提供了新的模式。其关键在于，关于特定群体的公约应当超越国家政府为中心的闭门造车式的谈判而转向于吸引包括民间组织、团体代表等最广泛的利益相关者参与的模式。从 2011 年以来的老年人权利专门公约的协商进程来看，无论是联合国老龄问题不设名额工作组对于民间组织的广泛吸纳和动员，还是独立专家的设立和工作，都体现出对于《残疾人权利公约》缔约经验的吸纳和运用。③

---

① Doug Surtees, "What can Elder Law Learn from Disability Law?," in Israel Doron (eds), *Theories on Law and Ageing：The Jurisprudence of Elder Law*, Springer (2009)：93-105.

② Arlene S. Kanter. The United Nations Convention on the Rights of Persons with Disabilities and its Implications for the Rights of Elderly People Under International Law[J]. *Georgia State University Law Review*, 2009, 25：527-573.

③ 从 2016 年开始，作为老年人权利专门公约主要协商平台的老龄问题不设名额工作组会议都会批准吸纳更多倡导老年权利的非政府组织。比如在 2019 年的第十次会议上获得批准的非政府组织数量达到破纪录的 42 个。具体情况参见联合国文件 A/AC.278/2019/2。

因衰老综合征而导致的机能衰退不仅影响着个体在老年阶段的生活体验，同时也塑造了社会对于年龄较大成员的态度与行动。从这个角度来看，残障法和老年法必然在相当的部分相互交织。目前来看，残障权利无论在理论还是实践层面都取得了相当大的成就，尤其是《残疾人权利公约》及其指导下的残障权利实践，对于权利视角下的老年法研究有着重要的参考价值。此外，正如相关研究者反复强调的那样，我们必须认识到残疾人和老年人本质上是两个不同的群体，二者在生命体验、权利需求等方面存在巨大的差异。只有建立在认识和尊重差异基础上的权利保障机制，才能为回应人之为人所具有和表现出来的各种脆弱性，实现"不分年龄"的融合发展。

三、总结与讨论

随着人口老龄化现象在全球范围内扩张和快速发展，老年人、老年生活以及人口老龄化成为诸多学科研究的热点话题。老年医学、老年社会学等领域的研究成果又反过来促进了人们对于老年和老年人认识的转变：年龄歧视概念应运而生，将较为年长的社会成员与脆弱、失能、暮气沉沉、古板守旧的刻板印象脱钩的观念得到越来越广泛的支持。在这种背景下，基于治疗法学、经济法学、社会法学等视角对关于老年人的法律实践开展研究的老年法学作为独立的法学研究领域得以兴起和发展。

21世纪是世界各国尤其是发展中国家人口老龄化趋势不断加速的时代，也是"人权主流化"深入发展的时代。人口老龄化不仅是社会发展问题，而且是人权保障问题。2002年第二届世界老龄大会通过的《马德里行动计划》宣示其目标在于确保全世界所有人都能够有保障、有尊严地步入老年，并作为享有充分权利的公民参与其社会，彰显出老龄化、权利和发展问题深刻交织的时代特征。2020年新冠疫情中老年人深受潜在或显性的年龄歧视之戕害，其基本的生存权、健康权都得不到保障的残酷事实，更彰显了从人权视角深化老年法研究的必要性。正如联合国关于老年人享有全部人权问题独立专家洛萨·马特指出，"老年人已经面临特定的老年歧视……迫切需要综合的人权进路，确保老年人平等实现其全部权利"。① 相较于过去的老年法研究进路，基于人权的老年法研究具有以下三方面的优势：

首先，基于人权的老年法有助于全面展示老年人的真实困境和生活期望。如前文所述，许多老年法领域的研究者对国家主动采取措施介入老年人生活的做法持怀疑态度，认为这种政策实践粗暴而主观地对社会成员进行分类，并具有不可避免的家长主义色彩，构成对自治与自由理想的严重威胁。基于人权的老年法研究以得到普遍认可的核心人权文书为依据，用包容权利主体不同需要、不同境遇的全面的人权标准取代过去仅仅基于自主性、福利或心理影响的单维标准，能够更加全面地展示老年个体遭到忽视、边缘化的困境，从而推动更加适应老年人健康而积极的生活之社会环境的构建。

其次，基于人权的老年法有助于拓展应对人口老龄化的政策工具。相较于其他法律与社会研究领域，老年法还是个比较"年轻"的范畴。然而，加速的人口老龄化却产生了紧迫的现实需求。如今，人们已经于妇女、儿童和残疾人的权利保障方面进行了长足的理论探索和卓有成效的制度实践。在这种背景下，基于人权的老年法研究有助于寻找老年人权利保障与妇女、儿童和残疾人等权利保障之共同点，借鉴其理念、概念和实践机制，推动全面而有效的老年人权利保障机制的构建。

最后，基于人权的老年法学有助于深化应对人口老龄化的国际合作。当今世界各国的老龄化进程不同，经济发展水平、文化传统、社会观念和法律制度各异，其老龄化对策和老年人权利保障方案亦存在较大差异。基于文化传统而重视家庭和代际义务的政策导向可能被视为是对私人关系的过度干预而受到其他国家的批评。强

---

① UN, "'Unacceptable'-UN expert urges better protection of older persons facing the highest risk of the COVID-19 pandemic", OHCHR, https：//www. ohchr. org/EN/HRBodies/HRC/Pages/NewsDetail. aspx？NewsID＝25748&LangID＝E.

调责任自负、侧重私人化、市场化发展的老年服务模式也可能在其他国家水土不服。基于人权的老年法学以得到普遍承认的人权标准为依据，以通行的人权话语对各国的老年法律和政策实践进行转译，有助于克服不同文化背景和社会环境所带来的误解，促成不同国家达成共识，加强世界各国在应对老龄化问题方面的合作。

作为世界上老年人口最为庞大和密集，而且历来拥有"尊老敬老"文化传统的国家，中国应当将人权视角纳入积极应对人口老龄化战略的整体行动，发展基于人权的老年法治研究。应当以人权话语重述中国保障老年人权益的历史实践和优良经验，将儒家孝老敬亲的优良传统和中国的养老实践表达转化为人权理念和人权经验，在共同的话语基础上更加主动和深层次地参与联合国和区域层面的应对老龄化和保障老年人权利方面的合作，介绍我国的老年人权利保障方面的理念、制度和方案，提升在联合国人权系统的话语权和影响力。同时，以人权视角审视中国的老年法治实践，实现权利保障和社会发展、福祉保障和平等参与的协调统一，实现从"养老"法治到"适老"法治的制度转变。

参考文献

[1] Adrian Evans, Michael King. Reflections on the connection of virtue ethics to therapeutic jurisprudence [J]. *University of New South Wales Law Journal*, 2012, 35.

[2] Alison Barnes. The liberty and property of elders: guardianship and will contests as the same claim [J]. *The Elder Law Journal*, 2003, 11.

[3] Ann Numhauser-Henning, Mia Rönnmar (eds). *Normative Patterns and Legal Developments in the Social Dimension of the EU* [M]. Oxford: Hart Publishing, 2013.

[4] Ann Numhauser-Henning, Mia Rönnmar (eds), *Introduction to the Norma Elder Law Research Environment. Different Approaches to Elder Law*, Faculty of Law, Lund University.

[5] Ann Numhauser-Henning (eds). *Elder law: Evolving european perspectives* [M]. Cheltenham: Edward Elgar Publishing, 2017.

[6] Ann Numhauser-Henning. Ageism, age discrimination and employment law in the EU//Israel Doron, Nena Georgantzi (eds), *Ageing, Ageism and the Law: European Perspectives on the Rights of Older Persons*, Cheltenham: Edward Elgar Publishing, 2018.

[7] Ann Numhauser-Henning. Elder law and its subject: The contextualised ageing individual[J]. *Ageing and Society*, 2021, 41.

[8] Arlene S. Kanter. The United Nations convention on the rights of persons with disabilities and its Implications for the rights of elderly people under international law[J]. *Georgia State University Law Review*, 2009, 25.

[9] Barbara A. Babb, David B. Wexler. Therapeutic Jurisprudence// Gerben Bruinsma, David Weisbur (eds.) [M]. *Encyclopedia of Criminology and Criminal Justice*, Berlin: Springer, 2014.

[10] Claudia Martin, Diego Rodríguez-Pinzón, Bethany Brown. *Human Rights of Older People: Universal and Regional Legal Perspectives* [M]. London: Springer, 2015.

[11] Dennis P. Stolle, David B. Wexler, Bruce J. Winick (eds.). *Practicing therapeutic jurisprudence: Law as a helping professionm* [M]. Durham: Carolina Academic Press, 2000.

[12] Dennis P. Stolle. Professional responsibility in elder law: A synthesis of preventive law and therapeutic jurisprudence[J]. *Behavioral Sciences & the Law*, 1996, 14.

[13] Diego Rodriguez-Pinzon and Claudia Martin. The international human rights status of elderly persons[J]. *American University International Law Review*, 2003, 18(4).

[14] Frédéric Mégret. The human rights of older persons: A growing challenge[J]. *Human Rights Law Review*, 2011, 11.

[15] Mikaela Heikkilä, Hisayo Katsui, Maija Mustaniemi-Laakso. Disability and vulnerability: A human rights reading of the responsive

state[J]. *The International Journal of Human Rights*, 2020, 24.

[16] Israel Doron. Law and geriatrics: an Israeli perspective on future challenges[J]. *Med Law*, 2003, 2.

[17] Israel Doron. A Multi-dimensional model of elder law: an Israeli example[J]. *Ageing International*, 2003, 3.

[18] Israel Doron. From National to International Elder Law [J]. *Journal of International Aging Law*, 2005, 1.

[19] Israel Doron, Iddo Gal. The emergence of legal prevention in old age: Findings from an israeli exploratory study [J]. *Journal of Cross-Cultural Gerontology*, 2006, 21.

[20] Israel Doron, Kate Mewhinney (eds). *The rights of older persons: Collection of international documents*[J]. International Federation on Ageing, 2007.

[21] Israel Doron (eds). *Theories on law and ageing: The jurisprudence of elder law*[M]. Verlag Berlin Heidelberg: Springer, 2009.

[22] Israel Doron, Ann Soden (eds). *Beyond elder law: new directions in law and aging*[J]. Heidelberg Dordrecht London New York: Springer, 2012.

[23] Israel Doron, Itai Apter. International rights of older persons: What difference would a new convention make to the lives of older people? [J]. *Marqutte Elder Advisor*, 2010, 11.

[24] Israel Doron, Itai Apter. The debate around the need for an international convention on the rights of older persons [J]. *Gerontologist*, 2010, 50.

[25] Benny Spanier, Israel Doron. From well-being to rights: Creating an International Older Persons' Human Rights Index (IOPHRI) [J]. *The Elder Law Journal*, 2017, 24.

[26] Israel Doron. Elder law: Current issues and future frontiers[J]. *European Journal of Ageing*, 2006, 3(1).

[27] Israel Doron. Jurisprudential gerontology: Theorizing the relationships between law and aging [J]//Vern L. Bengtson, Daphna

Gans, Norella M. Putney and Merril Silverstein (eds). *Handbook of Theories of Aging*, London: Springer, 2009: 644.

[28] Israel Doron. Municipal elder law: An exercise in legal futurism [J]. William *Mitchell Law Review*, 2010, 37(1).

[29] Israel Doron. The debate around the need for an international convention on the rights of older persons [J]. *The Gerontologist*, 2010, 50.

[30] Israel Doron, Nina A. , Kohn. Aging and law: Using a multi-dimensional model to understand the legal response to aging [J]// Chen Sheying, Powell Jason (eds). *Aging in perspective and the case of China: Issues and approaches*, New York: Nova Science, 2011.

[31] Iris Karev, Israel Doron. The human right to leisure in old age: Reinforcement of the rights of an aging population [J]. *Journal of Aging & Social Policy*, 2017, 29.

[32] Jerome Bickenbach. Models of disablement, universalism and the international classification of impairments, disabilities and handicaps [J]. *Social Science & Medicine*, 1999, 48.

[33] Kwong-Leung Tang, Jik-Joen Lee. Global social justice for older people: The case for an international convention on the rights of older people [J]. *The British Journal of Social Work*, 2006, 36.

[34] Kofi Annan. "A 'Society for All Ages' Honors Traditional Leadership Role of Elders-Secretary-General's Statement to the Opening International Year of Older Persons", UN Doc. SG/SM/6728. 1998. 10. 1.

[35] Lawrence A. , Frolik. The developing field of elder law: A historical perspective [J]. *The Elder Law Journal*, 1993(1).

[36] Lawrence A. , Frolik. The developing field of elder law redux: Ten years after [J]. *The Elder Law Journal*, 2002(10).

[37] Lawrence A. , Frolik, Richard Kaplan. *Elder Law in a Nutshell*, *7th edn* [M]. St. Paul: West Academic Publishing, 2019.

[38] Larry Kramer. Generating Constitutional Meaning[J]. *California Law Review*, 2006, 94.

[39] Liat Ayalon, Clemens Tesch-Römer (eds). *Contemporary perspectives on ageism*[M]. Gewerbestrasse: Springer, 2018.

[40] Lung-chu Chen. Aging: A new human rights concern-A policy oriented perspective[M]. *American Society of International Law Proceedings*, 1987, 81.

[41] Margaret Hall. "Old Age" (or Do we need a critical theory of law and aging? [J]. *Windsor Review of Legal and Social*, 2014(1).

[42] Margaret Hall. "Developing an Anti-Ageist Approach Within Law—Advancing Substantive Equality for Older Persons through Law, Policy and Practice," Commissioned by the Law Commission of Ontario.

[43] Marshall Kapp. Legal anxieties and end-of-life care in nursing homes[J]. *Issues in Law & Medicine*, 2003, 19.

[44] Marshall Kapp. Regulating the foregoing of artificial nutrition and hydration: First, do some harm[J]. Journal of the American Geriatrics Society, 2002, 50(3).

[45] Marshall Kapp. Patient autonomy in the age of consumer-driven health care: Informed consent and informed choice[J]. *Journal of Health & Biomedical Law*, 2006, 2.

[46] Mary E. Kite and Lisa Smith Wagner, "Attitudes towards Older Adults," in T. D. Nelson (ed.), *Ageism: Stereotyping and Prejudice against Older Persons*, The MIT Press (2004): 129-162.

[47] Martha Albertson Fineman, Titti Mattsson, Ulrika Andersson, *Privatization, Vulnerability, and Social Responsibility: A Comparative Perspective*, Routledge, 2017.

[48] Martha Albertson Fineman. "Elderly" as Vulnerable: Rethinking the Nature of Individual and Societal Responsibility[J]. *Emory Legal Studies Research Paper*, 2012(12).

[49] Martha Albertson Fineman. The vulnerable subject and the respon-

sive state[J]. *Emory Law Journal*, vol. 60, Emory Public Law Research Paper, 2010(10-130).

[50] Martha A., Fineman. The Vulnerable Subject: Anchoring Equality in the Human Condition[J]. *Yale Journal of Law & Feminism*, 2008, 20.

[51] María Isolina Dabove. Elder law: A need that emerges in the course of life[J]. *Ageing International*, 2015, 40.

[52] Matteo Cesar et al. Evidence for the domains supporting the construct of intrinsic capacity[J]. *Journal of Gerontology*, *Series A: Biological Sciences and Medical*, 2018, 73.

[53] Monika Mayrhofer. The challenges of the concept of vulnerability in the human rights context from a discourse-analytical perspective [J]. *Journal for Human Rights*, 2020, 14.

[54] Nina A., Kohn. Outliving civil rights[J]. *Washington University Law Review*, 2009, 86.

[55] Nina A., Kohn. The lawyer's role in fostering an elder rights movement[J]. *William Mitchell Law Review*, 2010, 37.

[56] Nina A., Kohn. Rethinking the constitutionality of age discrimination: A challenge to a decades-old consensus[J]. *UC Davis Law Review*, 2010, 44.

[57] Nina A., Kohn. Aging in the US: The Next Civil Rights Movement. Keynote Address at the Temple Political & Civil Rights Law Review Symposium: Aging in the U. S. : The Next Civil Rights Movement? [J]. *Temple Political & Civil Rights Law Review*, 2012, 21.

[58] Nina A., Kohn. Elder In (Justice): A critique of the criminalization of elder abuse[J]. American Criminal Law Review, 2012, 49(1).

[59] Paul Harpur. Old age is not just impairment: The CRPD and the need for a convention on older persons[J]. *University of Pennsylvania Journal of International Law*, 2016, 37.

[60] Rebecca C. , Morgan. The future of elder law practice [J]. *William Mitchell Law Review*, 2010, 37(1).

[61] Richard A. , Posner. *Aging and old age*[M]. Chicago: University of Chicago Press, 1995.

[62] Robert N. , Butler. Age-Ism: Another Form of Bigotry[J]. *The Gerontologist*, 1969, 9.

[63] Titti Mattsson, Lottie Giertz. Vulnerability, law, and dementia: An interdisciplinary discussion of legislation and practice[J]. *Theoretical Inquiries in Law*, 2020, 21.

[64] 联合国. 各人权条约机构通过的一般性意见和一般性建议汇编[C]. HRI/GEN/1/Rev. 9(Vol. 1), 27 May 2008.

[65] United Nations. Vienna International Plan of Action on Aging, 1982.

[66] UN General Assembly. Implementation of the International Plan of Action on Ageing and related activities A/RES/46/91, 1991.

[67] United Nations. Political Declaration and Madrid International Plan of Action on Ageing, 2002.

域外股东积极主义前沿问题追踪[*]

冯　果　贾海东[**]

　　摘　要：金融危机历史经验表明，内生性的公司治理不仅能够有效提升公司治理水平，还能极大改善金融风险的治理现状。基于对内生性公司治理范式的强调，股东积极主义逐渐从理论走向实践，其在公司法中的地位也从"离经叛道"走向"学理通说"，完成了从概念到功用的实质性转变。然而，股东积极主义如何实现公司治理向善，则需要从股东积极主义的主体论与客体论、激励论与规制论、行为论与结果论以及自律论与监管论四个层次着手，深入探讨股东积极主义与公司治理的内在逻辑。

　　关键词：股东积极主义；公司治理；机构投资者

　　在"所有权与控制权分离""有限责任""代理理论"等传统公司基础制度框架下，股东积极主义自其诞生之日起便被打上了"离经叛道"的魅影，被认为其冲击了现代公司的制度根基。因此，股东积极主义长期以来仅停留在理论层面，具体的制度设计与治理实践则肇始于机构投资者的兴起，机构投资者为股东积极主义的实际落

---

　　* 本文为武汉大学自主科研项目(人文社会科学)研究成果，得到"中央高校基本科研业务费专项资金"资助，项目编号为2020HW016。

　　** 冯果，武汉大学法学院院长，教授，博士生导师。贾海东，武汉大学法学院博士研究生。

地提供了正当化的接口。① 当前，域外有关股东积极主义的前沿问题研究主要围绕机构投资者这一主线展开，并主要从以下四方面着手：

（1）对股东积极主义概念和本质的再审视。股东积极主义分为理论层面和实践层面，理论层面的股东积极主义主要为资本市场新生事物提供解释，而实践层面的股东积极主义则用来指导积极股东参与公司治理，以及评判积极行为对公司价值创造的影响。② 同时，在法律框架下，对股东积极主义的探讨，也从作为还是不作为、积极行动还是消极行动等层面展开。③ （2）股东积极主义研究范畴之展开。域外对股东积极主义的研究从原因到运行再到结果的逻辑，本研究将其梳理为四个板块。第一，对于股东积极主义兴起的动力研究，分为两个层面：首先，从代理理论和收益成本分析，发展传统的代理理论，将其延伸至"横向代理理论"；④ 发展公司控制权理论，将其延展至公司影响力理论。⑤ 其次，从股东积极主义滥觞的理论基础出发，探讨传统股东至上主义与新型投资者资本主义⑥、金融

① Logsdon J M., Van Buren H J. Justice and large corporations what do activist shareholders want? [J]. Business & Society, 2008, 47(4): 523-548; Thomas R S., The evolving role of institutional investors in corporate governance and corporate litigation [J]. *Vanderbilt Law Review*, 2008, 61(2): 299-313.

② Gantchev N. The costs of shareholder activism: Evidence from a sequential decision model [J]. *Journal of Financial Economics*, 2013, 107(3): 610-631.

③ Goranova M., Ryan L V. Shareholder Activism [J]. *Journal of Management*, 2014, 40(5): 1230-1268.

④ Robert P., Bartlett, III, Venture Capital, Agency Costs, and the False Dichotomy of the Corporation [J]. *UCLA Law Review*, 2006, 54: 42-45; Zohar Goshen, Richard Squire. Principal costs: A new theory for corporate law and governance [J]. *Columbia Law Review*, 2017, 117: 767.

⑤ Cheffins B R, Armour J. The past, present and future of shareholder activism by hedge funds [J]. *The Journal of Corporation Law*, 2011, 37(1): 51.

⑥ Thompson T A, Davis G F. The politics of corporate control and the future of shareholder activism in the united states [J]. *Corporate Governance: An International Review*, 2010, 5(3): 152-159.

行动主义与社会行动主义①、公司治理的政治模式与经济模式②等问题。第二，对股东积极主义运行过程中本体与客体的研究。对股东积极主义的主体研究是当前最为核心的研究领域，域外主要基于"异质化"视角，一方面探讨主体的异质化，针对不同类型的积极股东作精细化研究；③ 另一方面，则立足于行为的异质化，针对不同的积极行动作类型化研究。④ 第三，对股东积极主义运行结果的研究。股东积极主义研究源起于公司法的相关理论，但同时也发展、衍生出其他相关理论，诸多理论的碰撞是股东积极主义的思想沃土，坚持理论的互相补足与相互兼顾，因此需要在平衡论的基础上讨论。第四，股东积极主义运行结果的实践层面即为股东积极主义与法律监管的关系。金融危机与法律监管构成了股东积极主义实践的大环境，金融危机如何影响股东积极主义，同时股东积极主义与法律监管呈现出何种关系，是实践层面需要解答的内容。(3)域外股东积极主义研究方法的典型代表。(4)股东积极主义当前研究的归纳与未来发展的展望。

一、股东积极主义概念再审视与本质再认识

(一)股东积极主义前因、过程与结果的再审视

域外关于股东积极主义研究的前提性共识是，股东积极主义不

---

① Anabtawi, I., Stout, L. Fiduciary duties for activist shareholders [J]. *Stanford Law Review*, 2008, 60: 1255-1308.

② Rehbein, K., Waddock, S., & Graves, S. B. Understanding shareholder activism: Which corporations are targeted? [J]. *Business & Society*, 2004, 43(3): 239-267; Reid, E. M., & Toffel, M. W., Responding to public and private politics: Corporate disclosure of climate change strategies [J]. *Strategic Management Journal*, 2009, 30: 1157-1178.

③ Bebchuk L A, Hirst S. Index funds and the future of corporate governance: Theory, evidence, and policy, *NBER Working Papers*, 2019.

④ Yonca Ertimur, Fabrizio Ferri & Stephen R. Stubben, board of directors' responsiveness to shareholders: Evidence from shareholder proposals [J]. *Journal of Corporate Finance*, 2010, 16(1): 67.

应当是一个抽象的理论概念，而应当是一个可延展、可认识、可运用的体系性框架（Systematic framework）。域外研究认为对股东积极主义前因、过程和结果的再审视，就是一个从概念到内涵、从抽象到具体、从零散到体系的过程，是对股东积极主义本质认识的基础性和前提性研究。

1. 股东积极主义的前因

股东积极主义的前因是指促进股东采取积极行动或者吸引积极股东持股行权的各类要素，当前域外研究主要集中于公司层面、积极主义者层面和环境层面三大领域：

（1）公司层面的前因。公司层面的前因主要关注公司的规模、高管持股情况、公司绩效情况以及机构所有权。首先，公司规模和业绩对股东积极主义的影响主要表现为，积极股东通常关注大公司，虽然也存在部分机构投资者的反例。① 对此，金融行动主义和社会行动主义提供了两条解释路径：金融行动主义认为，因为大公司股东更难得到有效监督，容易出现代理问题，因此积极股东有较大空间通过大公司来创造更多的价值；而社会行动主义的解释为大公司引起更高的知名度而对积极股东更具有吸引力，积极股东通常可以通过在大公司的积极行为吸引更多的公众和媒体的注意力，产生更加明显的溢出效益。② 但此处需要注意的是，对冲基金一般不

---

① Cai, J., & Walkling, R. A., Shareholders' say on pay: Does it create value? [J]. *Journal of Financial and Quantitative Analysis*, 2011, 46: 299-339; Ertimur, Y., Ferri, F., & Muslu, V. Shareholder activism and CEO pay, *Review of Financial Studies*, 2011, 24: 535-592.

② Chowdhury, S. D., & Wang, E. Z., Institutional activism types and CEO compensation: A time-series analysis of large Canadian corporations [J]. *Journal of Management*, 2009, 35: 5-36; David, P., Bloom, M., & Hillman, A., Investor activism, managerial responsiveness and corporate social performance [J]. *Strategic Management Journal*, 2007, 28: 91-100; Neubaum, D., & Zahra, S. A., Institutional ownership and corporate social performance: The moderating effects of investment horizon, activism, and coordination [J]. *Journal of Management*, 2006, 32: 108-131.

以大公司为目标,① 这主要是因为在大公司持有大量股份较为困难,与对冲基金的模式相悖。② 其次,高管持股与公司绩效同股东积极主义的关系。高管的持股水平代表了股东与经理之间的利益一致程度,③ 因此对股东积极主义前因研究来讲是一个非常重要的领域。管理层持股较高的公司不太可能引起股东积极性,管理层通常对公司享有较强的控制权。同时,公司业绩与管理层持股大小、高管薪酬之间的不一致也会引起股东的不满,使得股东代理问题难以得到缓解。④ 最后,机构所有权与股东积极主义。更大的机构投资者所有权与股东积极主义呈正相关,表明机构投资者是股东积极主义的主力军。同时,拥有大股东的公司一般不太可能成为积极股东的目标。⑤

（2）积极股东层面的前因。传统实证研究认为公司类型与特征是股东积极主义的核心驱动力,然而,股东是否会选择积极参与公

① Brav, A., Jiang, W., Partnoy, F., & Thomas, R., Hedge fund activism, corporate governance, and firm performance[J]. *Journal of Finance*, 2008, 63: 1729-1775; Klein, A., & Zur, E., Entrepreneurial shareholder activism: Hedge funds and other private investors[J]. *Journal of Finance*, 2009, 64: 187-229.

② Edmans, A., Fang, V. W., & Zur, E., The effect of liquidity on governance[J]. *Review of Financial Studies*, 2013, 26: 1443-1482.

③ Ryan, L. V., Buchholtz, A. K., & Kolb, R. W., New directions in corporate governance and finance: Implications for business ethics research [J]. *Business Ethics Quarterly*, 2010, 20: 673-694.

④ Ertimur, Y., Ferri, F., & Muslu, V., Shareholder activism and CEO pay [J]. *Review of Financial Studies*, 2011, 24: 535-592; Ferri, F., & Sandino, T., The impact of shareholder activism on financial reporting and compensation: The case of employee stock options expensing[J]. *Accounting Review*, 2009, 84: 433-466.

⑤ Faleye, O., Cash and corporate control[J]. Journal of Finance, 2004, 59: 2041-2060; Prevost, A. K., & Rao, R. P., Of what value are shareholder proposals sponsored by public pension funds? [J]. *Journal of Business*, 2009, 73: 177-204; Bizjak, J. M., & Marquette, C. T., Are shareholder proposals all bark and no bite? Evidence from shareholder resolutions to rescind poison pills[J]. *Journal of Financial and Quantitative Analysis*, 1998, 33: 499-521.

司治理，在很大程度上取决于其自身的特点。① 因此，只关注公司的特征而不考量积极股东的利益、身份、担忧，充其量只能描绘股东积极主义的部分图景，甚至可能得出误导性结论。② 对股东层面的考察，主要集中在以下三方面：首先，股东积极参与公司治理的成本问题。积极主义的成本差异很大，最低如中国持股一手(100股)专门行权的中证投服，最高如需要花费数百万资金的对冲基金激进主义。③ 同时为了弥补其积极行权的成本，积极主义者必须在总体股东价值上寻求足够的改善，或者寻求并非全体股东共享的利益。④ 其次，股东自身的影响力因素，一般而言，对公司管理层有突出贡献或者有能力或者其他股东支持的股东可能更愿意参与积极行动，因为获得更多回报的期待更大。与此同时，积极股东也通常清醒地意识到其积极行动的好处与代价。例如，当同公司管理层及其他股东关系紧密的激进对冲基金发现预期收益更高时，他们极有可能升级其积极行动，但同时他们也会设置保护自己的底线，不会采取偏激的敌对行动，因为一旦发生损失，对冲基金因持有较多的

① David, P., Kochhar, R., & Levitas, E., The effect of institutional investors on the level and mix of CEO compensation [J]. *Academy of Management Journal*, 1998, 41: 200-208; Hoskisson, R. E., Hitt, M., Johnson, R. A., & Grossman, W., Conflicting voices: The effects of institutional ownership heterogeneity and internal governance on corporate innovation strategies[J]. *Academy of Management Journal*, 2002, 45: 697-716; Ryan, L. V., & Schneider, M., The antecedents of institutional investor activism[J]. *Academy of Management Review*, 2002, 27: 554-573.

② Goranova M, Ryan L V. Shareholder Activism[J]. *Journal of Management*, 2014, 40(5): 1230-1268.

③ Gantchev, N. The costs of shareholder activism: Evidence from a sequential decision model[J]. Journal of Financial Economics, 2013, 107: 610-631.

④ Chava, S., Kumar, P., & Warga, A., Managerial agency and bond covenants[J]. *Review of Financial Studies*, 2010, 23: 1120-1148; Kumar, P., & Ramchand, L., Takeovers, market monitoring and international corporate governance [J]. *RAND Journal of Economics*, 2008, 39: 850-874.

股份，所受损失更大。① 最后，积极股东的社会身份②、情感构成③或道德合法性④对股东积极主义有着较为明显的影响。这在一定程度上解释了为什么一些积极股东倡导看似失败的提案，例如社会问题与社会责任提案几乎没有获得股东批准的希望，但其数量却随着时间推移有增无减。⑤ 这说明基于积极股东身份来塑造道德模范以满足社会对积极股东的情感期待，是积极股东包装自身道德合法性的重要手段，以此来获得其他事项的支持率。⑥ 总而言之，积极股东会因为上述因素的组合而被激励，在不同的场景会应用不同的主导逻辑，以适应他们因不同目标公司而选择的差异化投资组合。

---

① Gantchev, N. The costs of shareholder activism: Evidence from a sequential decision model[J]. *Journal of Financial Economics*, 2013, 107(3): 610-631.

② Rowley, T. J., & Moldoveanu, M. When will stakeholder groups act? An interest-and identity-based model of stakeholder group mobilization [J]. *Academy of Management Review*, 2003, 28: 204-219.

③ Bundy, J., Shropshire, C., & Buchholtz, A., Strategic cognition and issue salience: Towards an explanation of firm responsiveness to stakeholder concerns [J]. *Academy of Management Review*, 2013, 38: 352-376.

④ Den Hond, F., & De Bakker, F. G. A., Ideologically motivated activism: How activist groups influence corporate social change activities [J]. *Academy of Management Review*, 2007, 32: 901-924.

⑤ Thomas, R. S., & Cotter, J. F. Shareholder proposals in the new millennium: Shareholder support, board response and market reaction[J]. *Journal of Corporate Finance*, 2007, 13: 368-391; Proffitt, W. T., & Spicer, A. Shaping the shareholder activism agenda: Institutional investors and global social issues [J]. *Strategic Organization*, 2006, 4: 165-190.

⑥ Gillan, S. L. & Starks, L. T. Corporate governance proposals and shareholder activism: The role of institutional investors [J]. *Journal of Financial Economics*, 2000, 57: 275-301; Gillan, S. L. & Starks, L. T. The evolution of shareholder activism in the United States[J]. *Journal of Applied Corporate Finance*, 2007, 19: 55-73; Renneboog, L., & Szilagyi, P. G. The role of shareholder proposals in corporate governance[J]. *Journal of Corporate Finance*, 2011, 17: 167-188.

(3)社会环境层面的前因。社会环境层面的前因是建立在"相互作用理论"和"溢出效应理论"基础之上，相互作用理论认为，股东积极主义对宏观社会环境具有重要意义，同时社会环境也促进着股东积极主义的生成。① 股东积极主义对宏观社会环境的影响主要表现在股东积极主义的溢出效应与互补性，股东积极主义不仅会对目标公司产生影响，而且在同行公司中，非目标公司通过观察目标公司的股东积极主义并作出积极反应，能够较大程度上规避积极主义所带来的成本，从而促进溢出效应的模拟同构。② 有鉴于此，目标公司运营的独特环境可能无法完整地反映出股东积极主义的影响力，而应当扩展到一个更加情景化的大环境中，去考虑环境因素如何影响行动主义本身，以及股东在整个资本市场的投资组合配置。因为积极股东可能在同一行业持有不同公司的股份，但其不会在所有持股公司均采取积极行动，这也在一定程度上解释了为什么积极股东会在看似毫无收益的情况下采取积极行动，因为当考量环境放大至整个市场，溢出效应最终会让积极股东收回成本并取得一定的收益。

2. 股东积极主义的过程

股东积极主义的过程所描述的是股东积极主义实际上是什么，在具体的公司运营中表现为什么。当前域外对于此问题的研究，集中于股东与公司管理层的互动以及股东自身的行动两个方向，并将此概括为管理行为（managerial actions）和股东行为（shareholder actions）。

---

① Goranova M, Ryan L V. Shareholder Activism[J]. *Journal of Management*, 2014, 40(5): 1230-1268.

② Hambrick, D. C., & Abrahamson, E. Assessing managerial discretion across industries: A multi-method approach[J]. *Academy of Management Journal*, 1995, 38: 1427-1441; Giroud, X., & Mueller, H. M. Corporate governance, product market competition, and equity prices[J]. *Journal of Finance*, 2011, 66: 563-600.

（1）管理行为侧重于积极股东对公司治理缺陷的修补，强调积极股东同公司管理层的互动。① 对此，金融行动主义和社会行动主义进行了不同的解释：金融行动主义理论认为，管理层在股东积极主义过程中很大程度上是不积极的参与者，管理层通常会无视积极股东的诉求与企图，除非被迫部分或者全部屈从于股东的要求。② 相比之下，社会行动主义理论则主张管理层与积极股东之间一系列的管理行为，③ 从消极被动的角色转变为积极主动的角色以建立起互动型的对话机制，④ 管理者通过拉拢积极股东来塑造他们自己勤勉尽责的形象。⑤ 此外，除了选择性抵制或执行积极股东的要求之外，管理层还会通过影响所支持的变革得到多大程度的实施来实现与积极股东的斡旋，借由实质性或象征性的实施，来实现股东积极行动与实际效果之间的脱钩，即管理层致力于变革，但不解决实际

---

① Gillan, S. L., & Starks, L. T. The evolution of shareholder activism in the United States [J]. Journal of Applied Corporate Finance, 2007, 19: 55-73; Greenwood, R., & Schor, M. Investor activism and takeovers [J]. *Journal of Financial Economics*, 2009, 92: 362-375; Rehbein, K., Waddock, S., & Graves, S. B. Understanding shareholder activism: Which corporations are targeted? [J]. *Business & Society*, 2004, 43: 239-267.

② Gantchev, N. The costs of shareholder activism: Evidence from a sequential decision model[J]. *Journal of Financial Economics*, 2013, 107: 610-631.

③ Neubaum, D., & Zahra, S. A. Institutional ownership and corporate social performance: The moderating effects of investment horizon, activism, and coordination [J]. *Journal of Management*, 2006, 32: 108-131.

④ Logsdon, J. M., & Van Buren, H. J. Justice and large corporations[J]. *Business & Society*, 2008, 47: 523-548; Logsdon, J. M., & Van Buren, H. J., Beyond the proxy vote: Dialogues between shareholder activists and corporations[J]. *Journal of Business Ethics*, 2009, 87: 353-365.

⑤ Westphal, J. D., & Bednar, M. K. The pacification of institutional investors[J]. *Administrative Science Quarterly*, 2008, 53: 29-72.

核心问题。①

（2）股东行动则侧重于积极股东参与公司治理的行为类型，传统上将其划分为忠诚行为（持有股票）、退出行为（用脚投票）和声音行为（行动主义）。② 当前研究则把股东积极主义分为私人股东行动主义和公共股东行动主义，公共股东行动主义包括股东决议、信息披露要求、公开媒体活动等;③ 而私人股东积极主义则包括私人谈判、幕后磋商，时常被称为"安静外交"。④ 私人股东积极主义一般更容易被选择，因为公司管理层可能更倾向于关起门来回应积极股东的要求，以避免公共尴尬和名誉损失，同时更是为了防止大范围的积极主义所带来的压力。⑤ 其次，积极股东通常会考量其提案被实质性执行的因素，在此目标指引下，积极股东需要关键性的资源来加大其谈判筹码。"利益相关者显著性理论"为此提供了解释路径：在面对形形色色甚至是相互竞争的股东诉求之时，管理者会选

———————————

① 域外学者对此现象进行了大量的描述，并赋予了一个美丽的名字，称之为"印象管理"（impression management）或者"橱窗展示"（window dressing activities），Hadani, M., Goranova, M., & Khan, R. Institutional investors, shareholder activism, and earnings management[J]. *Journal of Business Research*, 2011, 64: 1352-1360; Williams, C. C., & Ryan, L. V. Courting shareholders: The ethical implications of altering corporate ownership structures [J]. *Business Ethics Quarterly*, 2007, 17: 669-688.

② Davis, G. F., & Thompson, T. A. A social movement perspective on corporate control[J]. *Administrative Science Quarterly*, 1994, 39: 141-173.

③ Dimitrov, V., & Jain, P. C. It's showtime: Do managers report better news before annual shareholder meetings? [J]. *Journal of Accounting Research*, 2011, 49: 1193-1221; Reid, E. M., & Toffel, M. W. Responding to public and private politics: Corporate disclosure of climate change strategies[J]. *Strategic Management Journal*, 2009, 30: 1157-1178.

④ Hendry, J., Sanderson, P., Barker, R., & Roberts, J. Owners or traders? Conceptualizations of institutional investors and their relationship with corporate managers [J]. *Human Relations*, 2006, 59: 1101-1132.

⑤ Hadani, M., Goranova, M., & Khan, R. Institutional investors, shareholder activism, and earnings management [J]. *Journal of Business Research*, 2011, 64: 1352-1360.

择更有实力、谈判筹码更显著的股东所提出的正当而迫切的诉求，这就是显著性理论。① 有鉴于此，便不难理解为什么大量获得多数票的提案被目标公司象征性执行，反而是少量仅获得少数票的提案得到了实质性执行。② 此外，目标公司管理层在选择的过程中，一般倾向于解决由更显眼的机构投资者或者协调团体提出的提案，而不是个人投资者所提出的提案，这也是同利益相关者显著性理论相符合的。③ 再次，股东的异质化与搭便车效应也促使私人股东积极主义的盛行。传统股东积极主义有一个关键性的假设，即积极股东的利益同公司剩余股东的利益是一致的，积极股东的行为将惠及所有股东，因为积极股东对股价的关注必定会为剩余股东创造价值。④ 然而，现在公司类似于政治舞台，利益诉求不同的的股东所希望的提案形形色色甚至相互冲突，股东的异质性使得股东积极主义举步维艰。同时，搭便车更是危及到股东积极主义，因为公司所有股东分享利益，但却只有积极股东承担成本。最后，正是由于搭便车的存在，积极股东可以选择追求与股东价值无关的议程而获得其他股东无法分享的私人利益，因此积极股东的利益逐渐偏离公司价值。⑤ 例如公会养老基金更加关心员工福利而不是目标公司的股

① Chowdhury, S. D., & Wang, E. Z. Institutional activism types and CEO compensation: A time-series analysis of large Canadian corporations [J]. *Journal of Management*, 2009, 35: 5-36.

② Telman, J. Is the quest for corporate responsibility a wild goose chase? The story of Lovenheim v. Iroquois Brands, Ltd [J]. *Akron Law Review*, 2011, 44: 479-528.

③ David, P., Bloom, M., & Hillman, A. Investor activism, managerial responsiveness and corporate social performance [J]. *Strategic Management Journal*, 2007, 28: 91-100.

④ Cziraki, P., Renneboog, L., & Szilagyi, P. G. Shareholder activism through proxy proposals: The European perspective [J]. *European Financial Management*, 2010, 16: 738-777.

⑤ Van Essen, M., van Oosterhout, H., & Heugens, P. Competition and cooperation in corporate governance: The effects of labor institutions on blockholder effectiveness in 23 European countries [J]. Organization Science, 2013, 24: 530-551.

价，或者迫于政治或社会压力，公共养老基金更加专注于追求企业社会绩效目标，这在相当程度上干扰了对目标公司股东价值的精准追求。①

3. 股东积极主义的结果

（1）企业层面的结果。首先需要澄清的是，针对企业层面的结果，不同的研究者所得出的结论并不相同甚至互相矛盾，因此其大致分为积极结果②、消极结果③和无足轻重的结果④三类。出现此问题的原因在于：一方面，诸多提案在被正式提出之前就被协商和撤回，同时许多提案带有咨询性质，不一定会导致目标公司做出实质性变革。另一方面，影响公司层面变革的因素有积极股东的类型⑤、积极行动的类型⑥、积极股东的利益是否代表了其他股东的利

———————

① Agrawal, A. K. Corporate governance objectives of labor union shareholders: Evidence from proxy voting [J]. *Review of Financial Studies*, 2012, 25: 187-226; Cai, J., & Walkling, R. A. Shareholders' say on pay: Does it create value? [J]. Journal of Financial and Quantitative Analysis, 2011, 46: 299-339.

② Cunat, V., Gine, M., & Guadalupe, M. The vote is cast: The effect of corporate governance on shareholder value [J]. *Journal of Finance*, 2012, 67: 1943-1977; Greenwood, R., & Schor, M. Investor activism and takeovers [J]. *Journal of Financial Economics*, 2009, 92: 362-375; Klein, A., & Zur, E. Entrepreneurial shareholder activism: Hedge funds and other private investors [J]. *Journal of Finance*, 2009, 64: 187-229.

③ Cai, J., & Walkling, R. A. Shareholders' say on pay: Does it create value? [J]. *Journal of Financial and Quantitative Analysis*, 2011, 46: 299-339.

④ Agrawal, A. K. Corporate governance objectives of labor union shareholders: Evidence from proxy voting [J]. *Review of Financial Studies*, 2012, 25: 187-226; Becht, M., Franks, J., Mayer, C., & Rossi, S. Returns to shareholder activism: Evidence from a clinical study of the Hermes UK Focus Fund [J]. *Review of Financial Studies*, 2009, 22: 3093-3129.

⑤ Cai, J., & Walkling, R. A. Shareholders' say on pay: Does it create value? [J]. *Journal of Financial and Quantitative Analysis*, 2011, 46: 299-339.

⑥ Becht, M., Franks, J., Mayer, C., & Rossi, S. Returns to shareholder activism: Evidence from a clinical study of the Hermes UK Focus Fund [J]. *Review of Financial Studies*, 2009, 22: 3093-3129.

益①以及管理层同积极股东谈判的意愿程度。② 其次，企业层面最重要的结果表现为股东积极主义与公司经营业绩之间的关系。实证研究并未得出一致的结果，部分数据显示针对治理变革的股东积极主义与企业经营业绩的显著改善无关，③ 即使证明存在相关性的数据也显示二者之间缺乏性能改进。④ 其原因主要在于，股东积极主义实证研究主要集中在了与治理相关的领域，而研究发现，治理结构与公司绩效之间并不存在直接相关性。⑤ 跳出与治理相关的股东积极主义，对冲基金积极主义对公司的后续业绩影响是积极的，⑥

---

① Agrawal, A. K. Corporate governance objectives of labor union shareholders: Evidence from proxy voting [J]. *Review of Financial Studies*, 2012, 25: 187-226; Alexander, C. R., Chen, M. A., Seppi, D. J., & Spatt, C. S. Interim news and the role of proxy voting advice [J]. *Review of Financial Studies*, 2010, 23: 4419-4454; Cunat, V., Gine, M., & Guadalupe, M. The vote is cast: The effect of corporate governance on shareholder value [J]. *Journal of Finance*, 2012, 67: 1943-1977.

② Strickland, D., Wiles, K. W., & Zenner, M. A requiem for the USA: Is small shareholder monitoring effective? [J]. *Journal of Financial Economics*, 1996, 40: 319-338.

③ Prevost, A. K., & Rao, R. P. Of what value are shareholder proposals sponsored by public pension funds? [J]. *Journal of Business*, 2000, 73: 177-204.

④ Song, W. L., & Szewczyk, S. H. Does coordinated institutional investor activism reverse the fortunes of underperforming firms? [J]. *Journal of Financial and Quantitative Analysis*, 2003, 38: 317-336.

⑤ Daily, C. M., Dalton, D. R., & Cannella, A. A., Corporate governance: Decades of dialogue and data [J]. Academy of Management Review, 2003, 28: 371-382.

⑥ Becht, M., Franks, J., Mayer, C., & Rossi, S. Returns to shareholder activism: Evidence from a clinical study of the Hermes UK Focus Fund [J]. *Review of Financial Studies*, 2009, 22: 3093-3129; Klein, A., & Zur, E., The impact of hedge fund activism on the target firm's existing bondholders [J]. *Review of Financial Studies*, 2011, 24: 1735-1771.

但此种积极影响常常表现为对目标公司的收购和债权人利益的损失。① 再次，虽然股东积极主义对公司股价或者绩效的影响不甚明晰，但是股东积极主义在影响公司治理方面越来越成功。② 股东积极主义加强了对管理层的监督，促进了公司控制权市场的活动，减少了管理壁垒和管理层擅权的情况发生。③ 最后，股东积极主义在公司层面的结果表现为对董事不合理薪酬的抑制，但研究发现，对董事薪酬的抑制会因为积极股东类型不同而表现出较大的差异，例如对冲基金与管理企业退休计划的共同基金对高管薪酬的抑制作用就有所差异。④

（2）积极股东层面的结果。股东积极主义对积极股东的影响按照惠及面可以划分为不共享的私人利益、共享的利益、溢出效益产生的利益以及社会效益四个方面。积极股东具有强大的动力去寻求不与其他股东共享的私人利益，⑤ 因为在通常情况下积极股东为全体股东创造的正外部性公共利益显得微不足道。股东追求的团体价

---

① Becht, M., Franks, J., Mayer, C., & Rossi, S. Returns to shareholder activism: Evidence from a clinical study of the Hermes UK Focus Fund[J]. *Review of Financial Studies*, 2009, 22: 3093-3129; Klein, A., & Zur, E. The impact of hedge fund activism on the target firm's existing bondholders[J]. *Review of Financial Studies*, 2011, 24: 1735-1771.

② Ertimur, Y., Ferri, F., & Stubben, S. R. Board of directors' responsiveness to shareholders: Evidence from shareholder proposals[J]. *Journal of Corporate Finance*, 2010, 16: 53-72; Thomas, R. S., & Cotter, J. F. Shareholder proposals in the new millennium: Shareholder support, board response and market reaction[J]. *Journal of Corporate Finance*, 2007, 13: 368-391.

③ Brav, A., Jiang, W., Partnoy, F., & Thomas, R. Hedge fund activism, corporate governance, and firm performance [J]. *Journal of Finance*, 2008, 63: 1729-1775; Del Guercio, D., Seery, L., & Woidtke, T. Do boards pay attention when institutional investor activists "just vote no"? [J]. *Journal of Financial Economics*, 2008, 90: 84-103.

④ Ertimur, Y., Ferri, F., & Muslu, V. Shareholder activism and CEO pay [J]. *Review of Financial Studies*, 2011, 24: 535-592.

⑤ Bainbridge, S. M. *Corporate governance after the financial crisis*[M]. NY: Oxford University Press, 2012: 65-78.

值主要包括：通过改善企业社会责任为利益相关者(如员工或社区成员)带来利益，强化环境绩效及信息披露。①

（3）环境层面的结果。股东积极主义可以引发类别公司在经营环境、制度环境和法律环境方面的变化，即使该特定公司本身不是积极主义的目标，在其同股东对话或者对同行公司积极主义的关注中也能促进特定改革在整个公司网络中传播。② 同时，这一现象反过来还成功影响了监管改革，促进了股东监管和高管对公司股东的问责。③

（二）股东积极主义的再审视

对于股东积极主义的研究，不应当停留在简单概念层面的扁平化阶段，去探讨股东积极主义的存在与否，这会让股东积极主义研究陷入空洞化、虚无化，成为铁板一块。④ 而应当进行综合的、多层次的解构化研究，提出股东积极主义的整体性综合模型，并开发出一个多层次的研究框架，此为股东积极主义的正确认识路径。因此，对股东积极主义的再审视，就是克服之前笼统的认识范式，通过解决股东积极主义的异质性以及不同类型的积极股东之间的潜在相互关系，来为该领域的理论进展和股东积极主义多样性提供强有力的法理框架。当前，股东积极主义已经成为一种动态的制度力量

---

① Reid, E. M., & Toffel, M. W. Responding to public and private politics: Corporate disclosure of climate change strategies[J]. *Strategic Management Journal*, 2009, 30: 1157-1178.

② Brandes, P., Goranova, M., & Hall, S. Navigating shareholder influence: Compensation plans and the shareholder approval process[J]. *Academy of Management Perspectives*, 2008, 22: 41-57; Rao, H., & Sivakumar, K., Institutional sources of boundary-spanning structures: The establishment of investor relations departments in the Fortune 500 industrials[J]. Organization Science, 1999, 10: 27-42; Useem, M. *Investor capitalism: How money managers are changing the face of corporate America*[J]. New York, NY: Basic Books, 1996: 156.

③ Davis, G. F., & Kim, E. H. Business ties and proxy voting by mutual funds[J]. *Journal of Financial Economics*, 2007, 85: 552-570.

④ Goranova M, Ryan L V. Shareholder Activism[J]. *Journal of Management*, 2014, 40(5): 1230-1268.

影响着公司治理,然而,股东积极主义中各种因素的异质性(如公司、积极股东与积极行动)、积极主义方法和过程的多样性、积极主义对公司治理的不同结果等为股东积极主义研究蒙上了一层面纱,需要我们从"价值论"视角拨开迷雾、正本清源,正确认识股东积极主义在公司治理层面的意义:

第一,股东积极主义祛魅,是价值创造还是价值破坏。随着股东积极主义的发展,划分出股东至上理论和利益相关者理论。由于积极股东利益、需求和身份的内在异质性,利益相关者理论似乎更加符合股东积极主义的内在需求。① 但迄今为止,纵使利益相关者理论也未能寻找出令人信服、自圆其说的股东价值替代方案,相反,这一理论的缺点却愈加明显,即自私自利的管理层得以利用利益相关者理论框架中固有的更加模糊的最终目标来掩饰管理层的自益行为。② 因此,利益相关者理论框架下的股东积极主义,也不能弥合股东至上主义下价值创造与价值获取的张力,积极股东仍然具有强大的张力。③ 因此,价值论下股东积极主义的第一个认识就是股东积极主义祛魅,不能给股东积极主义标榜上天生正义的旗号,而应当客观中立看待股东积极主义,甚至是更加注重防范股东积极主义带来的价值减损。

第二,价值创造的实质重于形式判断标准,提出股东积极主义形式上的价值转移与价值获取。价值转移极可能发生在利益相关者之间,也可能发生在时间跨度上,目标公司管理层可能以牺牲未来利润为代价来增加当前利润,这是一种通过"借用"的形式来"创

① Bundy, J., Shropshire, C., & Buchholtz, A. Strategic cognition and issue salience: Towards an explanation of firm responsiveness to stakeholder concerns[J]. *Academy of Management Review*, 2013, 38: 352-376.

② Jensen, M. C. Value maximization, stakeholder theory, and the corporate objective function[J]. *Journal of Applied Corporate Finance*, 2011, 14: 8-21.

③ Mitchell, R. K., Angle, B. R., & Wood, D. J. Toward a theory of stakeholder identification and salience: Defining the principle of who and what really counts[J]. *Academy of Management Review*, 1997, 22: 874.

造"价值的活动。① 因此，域外有不少学者表达了对股东积极主义创造公司价值的质疑，但是存在的问题是无法找到确凿的实证证据。对此，域外学者的解释是：一方面，因为影响公司价值的因素众多，单纯的股东积极主义难以被明显地显现；另一方面，这种模糊性部分也是由公司价值的不确定性造成的，实证研究尚未提供一个清晰地、可量化的公司价值观点。②

第三，股东积极主义创造价值抑或破坏价值中的利益与成本应当如何分配。鉴于公司在当代社会中的重要性与普遍性，公司的目的是什么以及公司应当为谁的利益而管理这两个问题至关重要。③但问题是，股东积极主义下的积极股东对目标公司并不承担受托管理责任，这导致股东积极主义可能与责任脱钩。④ 因此，无论股东积极主义是创造价值还是破坏价值，都应当注重对利益与成本的分配问题，进一步解决股东积极主义下股东赋权的可行性问题。为此，域外研究指出，未来关于股东积极主义的研究应当关注对公司总体价值的理解与解释，同时注重对股东积极主义过程中股东受托管理责任的研究。

第四，股东积极主义与经典代理理论的关系问题。域外关于股东积极主义研究的文献综述指出，股东积极主义研究未能为传统代

① Miller, M. , & Rock, K. Dividend policy under asymmetric information[J]. *Journal of Finance*, 1985, 40: 1031-1051; Stein, J. C. Efficient capital markets, inefficient firms: A model of myopic corporate behavior [J]. *Quarterly Journal of Economics*, 1989, 104: 655-670.

② Goranova M, Ryan L V. Shareholder Activism[J]. *Journal of Management*, 2014, 40(5): 1230-1268.

③ Sundaram, A. K. , & Inkpen, A. C. The corporate objective revisited[J]. *Organization Science*, 2004, 15: 350-363; Sundaram, A. K. , & Inkpen, A. C. Stakeholder theory and "The corporate objective revisited": A reply[J]. *Organization Science*, 2004, 15: 370-371.

④ Anabtawi, I. , & Stout, L. Fiduciary duties for activist shareholders[J]. *Stanford Law Review*, 2008, 60: 1255-1308.

理理论提出强有力的支撑，代理理论在股东积极主义研究中尚显薄弱。① 关于股东积极主义与代理理论，域外研究指出尚存在以下问题需要澄清：(1)由于股东涵盖了广泛的利益与身份，股东积极主义有可能创造价值抑或破坏价值，积极股东对短期利益的关注可能会加剧管理层的短视行为;② 此种管理层与积极股东之间的传统行为实质上是传统代理理论需要进一步解释并予以规制的；(2)股东积极主义并未明确指出是什么使得积极股东比公司管理层本身更加了解或者更适合了解公司的行动与战略安排，同时此类股东还免受相同的普遍困扰企业高管的代理责任。③

第五，股东积极主义的溢出效应。股东积极主义的行为也有可能鼓励非目标公司取得更好的业绩，一些增加目标公司价值的积极行为会给其他公司带来外部成本，但同时也是进行治理改革的强大动力。资本市场上的机构投资者通常持有多家上市公司的股票，共同构成了机构投资者的投资组合，机构投资者通常以单独看来并不理性的行为来向某一目标公司施加压力，通过溢出效应以增加总投资组合的价值，而不仅仅是着眼于某一个公司。这一点也意味着，为了评估股东积极主义的价值，需要在组织层面考量对其他公司的溢出效应。

综合域外关于股东积极主义的研究，在价值层面首先旗帜鲜明地提出的是股东积极主义价值中立，同时倡导以一种开放系统的方法来研究股东积极主义，着手于公司股东层面，着眼于企业组织层面。域外研究认为，近年来美国上市公司数量急剧下降的趋势在很

① Goranova M, Ryan L V. Shareholder Activism[J]. *Journal of Management*, 2014, 40(5): 1230-1268.

② Freeman, R. E., Wicks, A. C., & Parmar, B. Stakeholder theory and "the corporate objective revisited."[J]. *Organization Science*, 2004, 15: 364-369; Neubaum, D., & Zahra, S. A. Institutional ownership and corporate social performance: The moderating effects of investment horizon, activism, and coordination [J]. *Journal of Management*, 2006, 32: 108-131.

③ Jin, L., & Scherbina, A. Inheriting losers[J]. *Review of Financial Studies*, 2011, 24: 786-820.

大程度上与股东积极主义不断增加的趋势相一致，这凸显了对股东积极主义的系统性好处与股东积极主义成本研究的紧迫性要求。①

二、股东积极主义研究范式的展开

域外关于股东积极主义的研究，基本上遵循了"原因→运行→结果"的逻辑。本研究将其概括为四个板块，第一板块从"激励论"视角探讨股东积极主义产生的根源，第二板块从"异质化"视角窥探股东积极主义运行的基本内容，第三板块从股东积极主义产生的结果梳理理论层面上的碰撞与整合，第四版块则从实践层面厘清股东积极主义与金融危机和法律监管之间的关系。

（一）"激励论"视角下的股东积极主义

股东积极主义何以产生，是研究股东积极主义首先需要回答的问题。股东积极主义究竟是由于公司管理和治理缺陷所导致的，②还是由于股东和利益相关者群体之间日益扩大的利益裂痕所致？③对该问题的回答直接指向关涉股东积极主义激励论的两个理论——代理理论和成本收益理论。

1. "横向代理"分析：公司横向代理理论

股东利益的同质性是传统代理理论的关键前提，因此首要关注的是股东群体同管理层之间的代理问题。④ 然而，股东具有不同的、有时甚至是相冲突的利益，这些异质性对传统代理理论提出了挑战：一方面，随着公司治理的"纵向"代理成本最小化，管理层越来越负责，上市公司的积极股东可能越来越多地转向针对其他群

---

① Goranova M, Ryan L V. Shareholder Activism[J]. *Journal of Management*, 2014, 40(5)：1230-1268.

② Klein, A., & Zur, E. The impact of hedge fund activism on the target firm's existing bondholders[J]. *Review of Financial Studies*, 2011, 24：1735-1771.

③ Klein, A., & Zur, E. The impact of hedge fund activism on the target firm's existing bondholders[J]. *Review of Financial Studies*, 2011, 24：1735-1771.

④ Jensen, M. C. Value maximization, stakeholder theory, and the corporate objective function[J]. *Journal of Applied Corporate Finance*, 2001, 14：8-21.

体采取机会主义行动;另一方面,积极股东在努力实现不与"搭便车"股东分享利益,因而大量从自我交易、内幕交易或者其他非共享回报模式中获得私人利益。①

由此可见,应当将传统"纵向代理理论"(Vertical Agency Costs)与当前"横向代理理论"(Horizontal Agency Costs)区分开来,② 着重研究在不同时间以不同权利获得股票的不同股东之间的利益冲突,去窥探股东积极主义的产生缘由。横向代理理论的前提是公司股东群体利益的异质化以及纵向代理成本的不断缩小:由于股东利益的异质化甚至是相互冲突,代表多个相互冲突的"股东块"进行管理是不可能的,③ 因此,传统的单纯依靠管理层进行管理不再行之有效,这倒逼股东采取积极主义行动。与此同时,由于公司治理规则日益精细化、严格化,纵向代理成本不断缩小,股东通过管理层谋取私人利益的空间越来越小,因此积极股东更倾向于转向针对另外两个群体采取机会主义行动谋取私利,即针对传统意义上的被动股东或者利益相关者(主要是债权人和雇员),④ 这一行为再次加剧了股东之间的横向冲突。横向代理理论是股东积极主义产生的缘由之一,因为积极股东能够通过谋求高横向代理成本而实现自己的私人利益,因此,影响股东积极主义的一个重要因素就是横向代理成本。

---

① Chava, S., Kumar, P., & Warga, A. Managerial agency and bond covenants[J]. *Review of Financial Studies*, 2010, 23: 1120-1148.

② Robert P. Bartlett, III, Venture Capital, Agency Costs, and the False Dichotomy of the Corporation, 54 *UCLA L. REV*, 2006, 37: 42-45; Zohar Goshen & Richard Squire, Principal costs: A new theory for corporate law and governance, *COLUM. L. REv.* 2017, 117: 767.

③ Sundaram, A. K., & Inkpen, A. C. The corporate objective revisited[J]. *Organization Science*, 2004, 15: 350-363; Sundaram, A. K., & Inkpen, A. C. Stakeholder theory and "The corporate objective revisited": A reply[J]. *Organization Science*, 2004, 15: 370-371.

④ Hadani M, Goranova M, Khan R. Institutional investors, shareholder activism, and earnings management[J]. *Journal of Business Research*, 2011, 64(12): 1352-1360.

2. "成本-收益"分析：公司影响力市场理论

股东是否采取积极行动，以及采取何种程度的积极行动，是利益权衡的结果，其中最重要的就是进行"成本-收益"分析。在传统意义上，股东欲通过改善公司经营以提高自身回报，通常会通过增持股份甚至是谋求对上市公司的收购来达到控股，进而直接推行自己的治理方针，这就是亨利·曼内于 1965 年提出的著名的"公司控制权市场理论"（Market for Corporate Control）。① 然而，股份增持需要耗费巨大财力，公司收购面临严格监管，成本不断上升，通过绝对控股来实现股东营利变得较为困难，因此，利用持有的股份作为推动变革的平台的企图应运而生，这就是"公司影响力市场理论"（Market for Corporate influence）。②

公司影响力市场理论与公司控制权市场理论并不是完全不同的两种公司治理现象，在概念上"寻求影响"与"寻求控制"构成了一个连续体上的点（points on a continuum）。但是区分两者对于理解股东积极主义是有帮助的：一类投资者将持有的股份作为推动变革的平台，但没有获得足够多的股份，而仅仅是确保法律上的股东权利；另一部分投资者谋求收购大量股份以实现自身的意图，或者执行罗纳德·吉尔森和艾伦·施瓦茨所说的"通过出售的转让"（Transfer by Sale）。③ 以对冲基金和私募股权基金为例，私募股权基金通常认为，对目标公司管理层施压或者采取积极行动的原因在于为后续有利可图的"退出"奠定基础，因此可以放心地部署足够的资本来获得绝对的控制权，此为典型的"通过出售的转让"思维。④ 而对冲基金则不会寻求以公司绝对多数或者唯一所有权的形

① Henry G. Manne. Mergers and the market for corporate control[J]. *Journal of Political Economy*, 1965, 73(2): 119.

② Cheffins B R., Armour J. The past, present and future of shareholder activism by Hedge Funds[J]. *The Journal of Corporation Law*, 2011, 37(1): 51.

③ Ronald J. Gilson, Alan Schwartz. Sales and Elections as Methods for Transferring Control[J]. *Theoretical Inquiries in Law*, 2001, 2(2): 783.

④ Cheffins B R., Armour J. The past, present and future of shareholder activism by Hedge Funds[J]. *The Journal of Corporation Law*, 2011, 37(1): 51.

式束缚资本，而是通过影响力市场审时度势，作为小股东影响公司。具体而言，公司影响力市场要素表现为：

（1）模型建构

所获利益超过所承担成本，是股东积极主义的决定性考量因素。一般而言，积极股东需要承担全部积极行动所带来的成本，但所获得的股东回报改善只是一小部分，因为需要与其他股东共享。鉴于此，若将从事积极行动的预期成本设为 c_i，预期收益设为 b_i，积极股东持有的公司股份比例设为 α（$0<\alpha<1$），则当且仅当 $c_i<\alpha b_i$ 时，股东积极主义方有可能。

而股东可能获得的收益包括正常的因股东价值提升而获得的收益，进一步考虑，在某些情况下，积极股东可能获得非共享的私人利益，设为 p_i。正是由于私人利益的出现，在理论上出现一种可能：当积极股东预期到可观的 p_i 时，并且由于持有少数股份而仅承担股东价值减损的一小部分时，就会出现降低股东积极主义总体回报（即 b_i 为负值）的股东积极主义。因此，上述不等式模型应当改写为：$c_i<\alpha b_i+p_i$。[1]

（2）供应方要素

在一定程度上，公司层面运行的一系列变量可能会影响与股东积极主义相关的成本和收益。[2] 类比市场的供求双方，从本质上说，有利可图且有一定影响力的机会决定了市场的"供应方"，而投资者追求这种机会的意愿定义了"需求方"；撇开积极股东可能谋求的私人利益，股东采取积极主义的一个必要条件即 $b_i>0$。一般而言，满足此种情况的情形有以下三种：

第一，存在"被低估"的目标（Undervalued Targets）。[3] 如果一家公司被正常估值或者高估，且公司业绩被正常反映在了股价中，

① Cheffins B R., Armour J. The past, present and future of shareholder activism by Hedge Funds[J]. *The Journal of Corporation Law*, 2011, 37(1): 51.

② Thomas H. Noe. Investor activism and financial market structure[J]. *Review of Financial Studies*, 2002, 15(1): 289-318.

③ Cheffins B R., Armour J. The past, present and future of shareholder activism by Hedge Funds[J]. *The Journal of Corporation Law*, 2011, 37(1): 51.

则股东实现了价值最大化，便很难实现 $b_i > 0$ 的目标。相应的，如果一家公司的股价未能正确反映其潜在的基本面，股价相应被低估，则富有远见的积极股东便会在市场"捕捉并赶上"之前开始行动，采取积极主义策略获取利益。公司被低估意味着后续收益很强劲，只是由于管理层未能利用财务或战略机会释放股东价值来实现股东价值最大化。①

第二，公司具有分散的股权结构(Dispersed Ownership Structure)。②被低估的公司只是构成了一个可供选择的、b_i 可能大于 0 的子集，最终是否会采取积极主义，还要取决于积极股东采取积极行动所带来变化的可能性(feasibility of bringing about change)。其中，目标公司的股权结构是一个非常重要的因素，因为分散的股权结构通常是基于积极股东影响力进行有效干预的必要前提。如果一家公司的大股东控制了足够多的表决权股票来否决并不受欢迎的积极股东决议，则积极股东便不太可能提出行之有效的改革建议，即主要依靠影响力驱动的股东积极主义(influence-driven activism)不太可能出现在股权高度集中的公司。③

第三，公司法赋予股东足够的权利(shareholder rights)。在一家公司实现变革的可能性也在一定程度上是"股东权利"的功能，因为在一定情况下，赋予股东权利的法律规则必须约束董事会的组成，法律需要赋予股东足够的权利对董事会的倡议行使否决权，以抵消管理层在通过征求代理人获得股东支持方面的优势，同时赋予股东足够便捷的权利对管理层的不当行为提起诉讼。因此，法律的改革应当增强股东的权利，以鼓励其进行积极行动，在更大的范围

① Crespi R, Renneboog L. Is institutional shareholder activism new? Evidence from UK Shareholder Coalitions in the Pre-Cadbury Era[J]. *Corporate Governance and International Review*, 2010, 18(4): 274-295.

② Cheffins B R., Armour J. The past, present and future of shareholder activism by Hedge Funds[J]. *The Journal of Corporation Law*, 2011, 37(1): 51.

③ Poulsen T, Strand T, Thomsen S. Voting power and shareholder activism: A study of swedish shareholder meetings [J]. *Corporate Governance and International Review*, 2010, 18(4): 329-343.

对更广泛的公司发起挑战。

(3)需求面要素

为了确定股东在多大程度上会采取股东积极主义，除了寻找并量化有利可图的机会(即供应方要素)，还需要考察股东采取积极行动可能的成本，即c_i。综合来看，与行使积极主义相关的成本大致可分为融资成本、交易成本和集体投资工具监管成本三类。[1]

融资成本是指购买股份所需的财务支出，融资成本的大小同股东想实现的积极行动类型相关。融资成本是c_i的一个重要要素，因此，在其他条件相同的情况下，驱动融资成本下降的因素能极大促进股东积极主义的发生。一般而言，影响融资成本的要素有：①利率水平。依靠杠杆来解决融资成本问题是对冲基金常年采用的方式，如果借贷是廉价的，则会极大促进对冲基金类积极股东从事积极行动；②监管要素。由于对冲基金等积极股东通常会受到具有类似诉求的投资者的支持，因此在市场上通常被贴上"狼群"(wolf packs)的标签。鉴于此，监管通常将其视为一致行动人，对其苛以严苛的信息披露等合规义务，极大增加了其合规成本。

交易成本则表现为积极股东为积极行动时所付出的综合性成本，主要表现为：①积极股东在采取积极行动前为识别和调查潜在的目标公司而产生的搜索成本；②积极股东在二级市场上购买股票所产生的经纪人佣金以及买卖价差所产生的成本；③积极行动所产生的沟通成本，以及代理人竞争过程中所产生的广告费、代理材料费、向竞争顾问支付的费用等。[2] 当前，对交易成本起到重要作用的是监管和技术，监管的松绑和技术的进步，会进一步降低交易成本。

① Cheffins B R., Armour J. The past, present and future of shareholder activism by Hedge Funds[J]. *The Journal of Corporation Law*, 2011, 37(1): 51.

② Poulsen T, Strand T, Thomsen S., Voting power and shareholder activism: a study of swedish shareholder meetings [J]. *Corporate Governance and International Review*, 2010, 18(4): 329-343.

集体投资工具监管是指为保护更为脆弱的散户投资者，一支具有适当授权和充足资本的投资基金通常受到关于管理集体投资工具的法律监管。法律监管可能会对获批基金的集体投资工具提出限制性要求，约束其投资策略和积极行动。为了防止散户投资者的利益损失，法律通常要求投资基金具有多元化的投资，禁止在部分公司拥有大量股份，例如5%以上的资产禁止由任何一家公司股票单独持有等。

（二）"异质化"视角下的股东积极主义

现代公司的股东构成从传统的同质化走向异质化，在此影响下，异质化的股东所发起的股东积极主义也必然是异质化的，此种异质化不仅体现在不同类型的机构投资者，还体现在同一类型的股东所进行不同类型的积极行动，即主体的异质化与客体的异质化。

1. 主体异质化：积极股东精细化研究

当前，域外对股东积极主义的研究几乎全部进入到了对不同类型的机构投资者的精细化研究，这是股东积极主义作为一种理论框架落实到实践的重要一环；更为重要的是，主体异质化基础上的股东积极主义彰显出的价值是，股东积极主义是否有价值不仅取决于管理行为和管理层满足积极股东要求的程度，还取决于这些要求在多大程度上符合公司剩余股东和利益相关者的利益。[1] 综合来看，积极股东的类型主要包括以下几种：

（1）被动型投资者：指数基金为代表

指数基金（Index Fund），是一种特殊类型的投资基金，其汇集了许多个人和实体的资产，并将这些资产投资于多样化的证券投资组合。指数基金投资于试图跟踪特定基准指数表现的投资组合，如标准普尔500指数或罗素3000指数。"指数基金"包括共同基金和交易所交易基金（ETF），或任何其他机械跟踪指数的投资工具。对于指数基金，通常将其归集到被动型机构投资者，因此，对于指数

---

[1] Goranova M., Ryan L V. Shareholder Activism[J]. *Journal of Management*, 2014, 40(5): 1230-1268.

基金的股东积极主义需要从基金经理①决策的代理成本着手。② 域外对于股东积极主义的研究，通常从以下两方面进行：

第一，指数基金经理管理决策的价值最大化理论。指数基金经理通常将其标榜为为了目标公司利益最大化而进行长期价值投资，这种观点被称为指数基金投资管理的价值最大化理论。③ ①美国的指数基金通常由"三巨头"④所主导，一项实证研究表明，三巨头在所有标准普尔500指数公司中集体投票约25%的股份；在众多公司中各占5%以上的股份；此外，从过去的趋势推断，由三巨头投票的标准普尔500指数公司的平均股份比例在20年内可能达到40%。⑤ 按照当前发展预测，到2024年，指数基金将持有超过50%的市场份额。指数基金（尤其是三巨头）持有的企业股票份额庞大且稳步增长，已经改变了美国公开市场的所有权模式。指数基金如何做出管理决策，比如它们如何监控、投票和参与投资组合公司，对上市公司和经济的治理和绩效有着重要影响。正是由于指数基金通常持有目标公司大量股份，因此指数基金经理有着强烈的激励去作出治理承诺，即向指数基金投资者承诺其将投入大量资源参与到目标公司的治理中，以此来提升收益。指数基金的大量股份为这些其提供了巨大的潜在影响，并意味着通过提高目标公司的价值，他们可以为目标公司带来显著的收益。此外，因为指数基金在目标公司中没有"退出"的机会，而这些公司仍在指数中，所以它

---

① "指数基金经理"指的是为指数基金做出关键决策的投资顾问，包括贝莱德（BlackRock）、安高（V anguard）和 SSGA。

② Bebchuk L A, Hirst S. Index funds and the future of corporate governance: Theory, evidence, and policy[R]. *NBER Working Papers*, 2019.

③ Bebchuk L A, Hirst S. Index funds and the future of corporate governance: Theory, evidence, and policy[R]. *NBER Working Papers*, 2019.

④ BlackRock, Inc. (BlackRock), State Street Global Advisors, a division of State Street Corporation (SSGA), and the V anguard Group (V anguard), often referred to as the "Big Three."

⑤ Lucian A. Bebchuk & Scott Hirst. The specter of the giant three[R]. National Bureau of Economic Research, 2019: 35.

们有长远的眼光，不会受到以牺牲长期价值为代价的短期收益的诱惑。综上所述，指数基金的特征可以概括为三点：其一，指数基金通常持有大量股份；其二，指数基金缺乏退出选择；其三，指数基金通常具备长期投资前景。②然而，指数基金经理是否会遵照其承诺？域外研究发现，增加投资组合公司价值的管理将使指数基金投资者受益。然而，指数基金经理的薪酬只占其管理资产的很小一部分，因此，他们将获得相应的一小部分增值。由此，他们在管理方面的投资动机比受益投资者更有限。此外，如果指数基金经理的管理增加了投资组合公司的价值，跟踪同一指数的竞争指数基金(以及这些基金的投资者)将受益于价值的增加，而无需自己支付任何费用。因此，相对于竞争对手的指数基金经理而言，对改善财务业绩的兴趣并不能激励他们投资于管理。总而言之，由于指数基金经理受益有限，价值竞争性基金的搭便车效应，共同导致了指数基金经理在目标公司治理上的投资不足。③同时，当指数基金经理面临定性管理决策时，他们通常表现出对目标公司经理的偏好和立场过度遵从。这是因为在尊重目标公司管理层和不尊重之间的选择不仅会影响指数基金投资组合的价值，还会影响指数基金经理的私人利益。指数基金经理从这种"屈服"中获利的主要渠道表现为：首先，指数基金经理和他们的目标公司之间现有的或潜在的业务关系激励指数基金经理采用服从公司经理的原则、政策和做法。其次，在三巨头持有5%或更多公司股票的许多公司中，采取某些非区别性行动将触发义务，从而给指数基金经理带来大量额外成本。最后，三巨头日益增长的实力意味着，非差异化的方法可能会遭到企业管理者的强烈抵制，这将带来监管反弹的巨大风险。① ④指数基金的管理，包括三个组成部分：监控、投票和参与。"监控"是指对目标公司的运营、绩效、实践、薪酬和治理决策的评估，它为指数基金的投票和参与决策提供了信息基础。"投票"是指股东投票选举管理公司的董事、章程和细则修正案、公司的合并、解散和其他根本

---

① Bebchuk L A, Hirst S. Index funds and the future of corporate governance: Theory, evidence, and policy[R]. *NBER Working Papers*, 2019.

性变化。"参与"是指指数基金经理与其投资组合公司之间以投票以外的方式进行互动，例如，提交股东提案、提名董事和进行代理人竞赛。在其他参与形式中，指数基金经理（和其他股东）可以公开或私下与他们投资组合公司的经理和董事沟通。

第二，指数基金投资经理的竞争代理成本理论与受托管理责任。因为管理决策是由投资经理做出的，所以评估投资经理对管理的激励至关重要。传统代理成本认为，指数基金经理由于本身收益比例小，加之如果指数基金经理投资于增加特定投资组合公司价值的管理，增加的价值将与该公司的所有其他投资者分享，包括复制同一指数的竞争指数基金，由于其总回报与竞争对手的指数基金经理相同，如果增加其费用或开支，其净回报将低于其竞争对手。因此，管理不会给指数基金经理带来任何竞争优势，也不会给他们任何激励。因此，传统代理成本理论认为指数基金经理具有强烈的动机在公司管理与治理方面投资不足，同时，有过分遵从目标公司管理层偏好和立场的倾向。① 然而，要理解指数基金，就必须理解其运作的机构背景，即指数基金只是一个资金池，虽然指数基金被锁定在特定的投资中，但是指数基金的股东却没有。指数基金的股东仍然可以通过出售份额和获取所有权权益的净资产值来随时退出。因此，指数基金仍然需要在价格和业绩上同其他投资选项（对冲基金等主动型基金）争夺投资者的资金。这种"竞争"为指数基金提供了强大的激励。在与其他基金竞争的过程中，指数基金经理可能会采取搭便车等措施抵消主动型基金的比较优势，② 再藉由其大规模的持股而获得巨大的收益。③

第三，指数基金的持股规模所带来的规模经济效应以及对公司

---

① Bebchuk L A, Cohen A, Hirst S. The agency problems of institutional investors[J]. *Journal of Economic Perspectives*, 2017, 31(3): 89-102.

② Ronald J. Gilson & Jeffrey N. Gordon. The agency costs of agency capitalism: activist investors and the revaluation of governance rights[J]. *Columbia Law Review*, 2012, 113(4): 897.

③ Arno Riedl & Paul Smeets. Why do investors hold socially responsible mutual funds? [J]. *Journal of Finance*, 2017, 72(6): 2507.

法和金融监管的影响。指数基金的此种大规模持股以及共同所有权模式，对指数基金积极主义会产生如下影响：①可能会对指数基金投资组合中的其他公司产生溢出效益，以增加并激励指数基金的治理改革，提高指数基金参与公司治理的积极性；②由于持股规模较大，指数基金越来越被当作关键投票者，这提高了指数基金实施变革或者迫使目标公司资源变革的能力；③至关重要的是，这种"杠杆投票权"允许指数基金以更低的成本参与公司治理。同时，由于规模经济效应，指数基金能够提供更低的费用，从而对市场投资者具有更大的吸引力；④由于持有大量股份，指数基金不会像主动基金一样受到小股东集体行动障碍问题的困扰，而是拥有更多的机会与目标公司接触。① 而且目标公司管理层也有明确的动机同指数基金进行洽谈，因为指数基金可能决定了股东投票的最终结果。由于指数基金的强大影响力，其不仅能够通过投票直接施加影响，而且还能够通过威胁来影响目标公司管理层决策。②

（2）主动型投资者：对冲基金为代表

对冲基金（Hedge Fund）也称避险基金或套期保值基金，是指采用对冲交易手段的基金，是金融期货和金融期权等金融衍生工具与金融工具结合后以盈利为目的的金融基金。它是投资基金的一种形式，采用各种交易手段进行对冲、换位、套头、套期来赚取巨额利润。对冲基金通常采用的是激进型的"攻击型"股东积极主义（offensive form of activism）形式，并以"公司影响力市场"而非控制权时长来达到其积极行动的目的。③

对冲基金积极主义与共同基金等股东积极主义不同，美国法学教授 Marcel Kahan and Edward B. Rock 对此描述为："共同基金和

① Elliott J. Weiss & John S. Beckerman. Let the money do the monitoring: How institutional investors can reduce agency costs in securities class actions[J]. *Yale Law Journal*, 1995, 104(8): 2110.

② Jill E. Fisch. Standing voting instructions: Empowering the excluded retail investor[J]. 102 *MINN. L. REV*, 2017, 11: 14.

③ Cheffins B R., Armour J. The past, present and future of shareholder activism by Hedge Funds[J]. *The Journal of Corporation Law*, 2011, 37(1): 51.

公共养老基金的积极行动往往是偶然的和事后的，即当基金管理公司注意到投资组合公司表现不佳，或者他们的治理制度有缺陷时，他们有时会采取积极行动。相比之下，对冲基金的积极行动是战略性的，而且是事前的，即对冲基金经理首先决定一家公司是否会从积极行动中受益，然后采取行动变得积极。"①域外通常将共同基金、养老基金这种事后的积极主义称之为"防御型"股东积极主义（defensive interventions），而把对冲基金这种事前的积极主义称之为"攻击型"股东积极主义。② 当共同基金、公共养老基金对目标公司业绩或治理不满意，并通过游说变革做出反应时，无论是"幕后游说"还是对管理层的公开挑战（例如对提议选举持不同见解的董事），都会出现防御性股东行动主义。就养老基金和共同基金参与股东行动主义而言，这通常是被动的事后行动，因为它们"防御性"地保护现有投资的价值。激进主义"防御性"的关键特征是，采取主动的股东在采取行动之前持有相当大的股份。这种"初始禀赋"并不是进攻性股东激进主义的特征。取而代之的是，若目标公司没有最大限度地提高股东回报，对冲基金便打算在必要时鼓动变革以释放股东价值。简言之，如果管理层不采取主动，对冲基金将事先计划，要求采取新的方法，这正是对冲基金"攻击型"的实际体现。但需要强调的是，虽然对冲基金积极主义被标榜为"攻击型"特征，但是并不意味着对冲基金股东与目标公司管理层的对立，尽管对冲基金极易采取攻击性极强的积极行动，但是通常情况下对冲基金更希望与管理层采取合作而非对抗的方式。对冲基金通常希望寻找一只管理出色、业务扎实的廉价股票，然后长期持有以盈利。此种心理，事实上揭示了对冲基金"价值投资"的理念，对冲基金在确定投资目标时非常依赖"价值方法"，通过勤勉尽责的价值分析得出一个投资集合，可见，对冲基金通常是一个价值投资

① Marcel Kahan and Edward B. Rock. Hedge Funds in corporate governance and corporate control[J]. *University of Pennsylvania Law Review*, 2006, 155(2): 1069.

② Cheffins B R., Armour J. The past, present and future of shareholder activism by Hedge Funds[J]. *The Journal of Corporation Law*, 2011, 37(1): 51.

者。寻找质优价廉的股票，坐等市场自我修正以盈利，是对冲基金的理想，然而，对冲基金绝不仅仅依赖市场自我修正的被动投资方法，如果目标公司股票长期没有得到市场关注，股价持续走低，则对冲基金会采取积极行动，通过游说旨在促进公司变革的事项加速事态发展，作为共同基金等防御型基金的潜在"支持性投资者"，来促进目标公司管理变革的实现。

对冲基金采取积极行动，并非通过收购大量股份而获得控制权地位，更不会向目标公司股东发出全面要约收购，而是会利用持有的股份作为股东变革的平台，即通过"公司影响力市场"谋求积极行动的目标。对冲基金积极主义在选择积极行动时，通常会首先通过电话、信函或电子邮件试探管理层，敦促现任董事会做出旨在增加股东价值的改变。对冲基金通常会游说进行以财务为导向的改变，例如让目标公司通过剥离表现不佳的非核心资产，利用股票回购或将"超额"现金分配给股东，从资产负债表中"榨取"价值。[1]更激进的做法是，对冲基金积极分子可能主张直接出售目标公司，或者剥离关键业务。当一种被动不声张的方法未能产生预期效果，激进对冲基金可能会加大压力，公开批评管理层或者威慑对公司董事提起诉讼。一种特别强有力的威胁策略是 Gilson 和 Schwartz 所说的"投票转让"（transfer by vote），即对冲基金通过一场旨在决定董事任命的代理人竞赛来获得管理控制权。[2] 虽然对冲基金认为代理人竞争涉及高昂成本，应当努力避免。尽管如此，通过搜索联邦证券法下的文件发现的对冲基金激进主义事件中，有13%的对冲基金参与了更换现任董事的代理人竞争。对此种现象的解释是，对冲基金利用董事会席位的竞争向潜在的未来目标（共同基金等被动投资者）发出信号，如果需要，对冲基金准备投入大量资金开展积极主义活动。

---

① April Klein and Emanuel Zur. Entrepreneurial shareholder activism: Hedge Funds and other private investors[J]. *Journal of Finance*, 2009, 64(1): 198.

② Ronald J. Gilson and Alan Schwartz. Sales and elections as methods for transferring control[J]. *Theoretical Inquiries in Law*, 2001, 2(2): 783.

最后，关于对冲基金采用"公司影响力市场"理论践行积极主义行动。近几十年来对冲基金兴起并逐渐走向舞台中央，主要得益于影响力市场要素的发展。第一，从成本角度分析。20世纪30年代以来技术的进步以及强制披露监管的确立，为对冲基金提供了大量详细的上市公司信息，使得对冲基金的搜索成本下降；另一方面，伴随着金融科技的发展，算法驱动的金融科技的发展压低了买卖价差，交易成本急速下降。① 第二，从供应方视角分析。21世纪前十年里，对冲基金迅速发展，这反映出了影响力市场"供给面"的变化，即被低估的公司构成了发挥企业影响力市场的重要因素。股市繁荣结束后，股价持续下跌到一定值，疲软的股市攻击了大量被低估的公司；而所有权结构则是第二个重要因素。进入21世纪后，美国上市公司的股权结构更加分散，更为重要的是，股东基础的构成以及主要投资者对积极主义倡议的接受程度也对对冲基金积极主义发挥了重大作用。第三，从需求端分析。在对公司影响力方面，对冲基金行业的爆发式增长促使对冲基金成为攻击型股东积极主义的主要践行者，因为有充足的资本可以满足融资和负担交易成本。以美国为例，仅2006年，就有超过8000家对冲基金管理者超过1万亿美元的资产，这一庞大的资产池足以在相当大的范围内为攻击型股东积极主义提供资金支持。②

2. 客体异质化：积极行动类型化研究

不同类型的机构投资者参与公司治理的角度不同，尤其是主动型机构投资者与被动型机构投资者的股东积极主义表现差异明显。因此，针对股东积极主义客体的异质化研究，应当建立在主体异质化的基础之上。下面以指数基金积极主义为例，分析指数基金积极主义行为类型的差异。

① Cheffins B R., Armour J. The past, present and future of shareholder activism by Hedge Funds[J]. *The Journal of Corporation Law*, 2011, 37(1): 51.

② Frank S. Partnoy and Randall S. Thomas, Gap Filling, Hedge Funds and Financial Innovation, Vanderbilt Univ[R]. *Law and Economics Working Paper*, No. 06-21: 24 (2006).

（1）指数基金积极主义关注什么

首先，关注公司的预算与人事安排。指数基金一方面关注目标公司的预算与人事安排，另一方面也不断提高自身投资顾问的服务费用；其次，重视私人参与。为了降低积极主义成本，同时减少剩余股东搭便车，股东通常极为重视私人参与，强调私人参与是极为有效的管理工具。但是，注重私人参与并不代表指数基金积极主义将主要精力就放在了同目标公司的私人沟通，私人参与只是指数基金的一个备用选项；再次，关注目标公司治理原则的分歧。指数基金通常采用"检查框治理"（check-the-box governance），① 即将目标公司的治理安排同一般治理原则进行比较，重点关注其中同一般治理原则分歧的部分。同时，私人参与也更加注重明显偏离理想治理原则的信息，因为这种差异的信息显然是有价值的。② 最后，亲管理层投票。自 2011 年美国多德-弗兰克法案通过"薪酬话语权法案"以来，指数基金几乎没有投过反对票，这展现出指数基金经理更倾向于支持管理层。

（2）指数基金积极主义忽视什么

其一，监控公司业务绩效。指数基金侧重于时时关注公司治理原则的差异与分歧，而不会跟踪监测公司商业业绩，一般而言，指数基金只是在对冲基金指出公司业绩不佳之后才会作出一定的反应。因为指数基金经理认为跟踪观察公司绩效是不合理的，指数基金经理缺乏有效识别和解决特定公司运营所需的专业知识和资源。但是，域外学界对此不以为然，认为这种"缺乏内部专业知识"的观点是指数基金经理臆断的产物，事实上指数基金经理具备资源获得或知识获取的渠道与能力。指数基金持有并管理者大量公司的股份，通过增加具有金融专业知识的内部专业人士可以更好地满足投资者的利益，同时增设此类人员可以让指数基金经理及时发现特定

---

① Ian R. Appel, Todd A. Gormley & Donald B. Keim, Passive Investors, Not Passive Owners[J]. *Journal of Financial Economics*, 2016, 121(1): 111-141.

② Bebchuk L A, Hirst S. Index funds and the future of corporate governance: Theory, evidence, and policy[R]. *NBER Working Papers*, 2019.

公司所出现的问题，一旦发现问题，指数基金便可以通过改变公司管理层或者利用自身强大的影响力来推动变革。① 其二，对董事身份的影响。通常而言，积极股东会谋求通过正式的董事提名或者同目标公司非正式的沟通来达到左右董事人选的目的，但是，域外通过对三大指数基金投资顾问公司的实证调研发现，指数基金通常不会进行上述活动。② 其三，消除治理原则的分歧。指数基金通常拥有目标公司较大规模的投票权，并且通过对治理原则分歧的关注来实现价值。但是，指数基金在发现治理原则的分歧之后并不会寻求消除该原则，因为指数基金经理通常认为，此种主动消除目标公司治理原则分歧的行为是一种敌对甚至是对抗的行为，与指数基金的参与原则不符；同时，指数基金经理认为，消除治理原则的分歧并不能让其获取利益，是一种得不偿失的行为，更何况指数基金可以搭对冲基金的便车。③ 其四，促进目标公司治理规则的改革。传统认识认为，指数基金经理对公司治理改革的贡献能对目标公司产生重大影响，指数基金经理能够通过促进可去规则的变化或者组织不可取的变化来为投资者的利益服务。同时，域外实证研究揭示出，指数基金投资者对目标公司规则变化特别感兴趣，因为这些规则变化可能会提高公司的价值。④ 通常而言，机构投资者参与对目标公司规则影响的两种途径是：首先，对证券交易委员会提出的公司治理规则进行评论；其次，通过对通灵玉的重大案例诉讼提交法庭之友的辩论摘要。但是现实中指数基金似乎对此类行为不感兴趣，保持一种观望姿态，避免对证监提案或者司法裁判表达任何立场或者

① Diane Del Guercio, Laura Seery & Tracie Woidtke. Do boards pay attention when institutional investor activists "Just Vote No"? [J]. Journal of Financial Economics, 2008, 90(1): 84-103.

② Lucian A. Bebchuk, Alon Brav, Wei Jiang & Thomas Keusch. Dancing with activists[J]. Journal of Financial Economics, 2020, 137(1): 1-41.

③ Ian R. Appel, Todd A. Gormley & Donald B. Keim. Passive investors, not passive owners[J]. Journal of Financial Economics, 2016, 121(1): 111-141.

④ Ronald J. Gilson & Reinier Kraakman, Reinventing the Outside Director: An Agenda for Institutional Investors, Stanford Law Review, 1991, 43(4): 867(1991).

偏好。对此，域外学界的解释是，指数基金系统地置身事外（systematically staying on the sidelines）不符合指数基金投资者的利益，但是符合指数基金投资顾问（即指数基金经理）的私人激励。①其五，参与集团诉讼。域外研究表明，虽然指数基金持有较大规模股份，但是指数基金经理拥有的份额较少，不足以激励指数基金经理积极参与集团诉讼并担任领头原告（lead plaintiff）。②

（三）"平衡论"视角下的股东积极主义

激励论视角下的股东积极主义主要在于解释股东积极主义产生的原因，从激励机制出发解释股东积极主义。而平衡论视角下的股东积极主义，着力于描述股东积极主义的表现形态，以及股东积极主义对公司治理的影响。

1. 金融行动主义与社会行动主义

股东积极主义的重要目标在于公司治理与公司绩效，如何实现

---

① John C. Coates. The Future of Corporate Governance Part I: The Problem of Twelve (Harvard Pub. Law Working Paper No. 19-07 2018), https://corpgov.law.harvard.edu/wp-content/uploads/2019/11/John-Coates.pdf〔https://perma.cc/HX8S-8ACK〕.

② 美国集团诉讼的流程：(1)首位原告起诉；(2)起诉后 20 日内发布公告，通知其他所有可能的受害者声明退出或申请成为领头原告(lead plaintiff)；(3)60日内申请成为领头原告；(4)公告后 90 日内法院决定领头原告；(5)被告在收到起诉状后提出驳回动议(motion to dismiss)，包括管辖权异议或原告方没有提出可能使案件成立的基本要素等；(6)如法院否决被告动议，则被告需正式答辩；(7)证据开示(discovery)，即双方可以要求对方提供他所掌握的材料作为对我方诉讼有利的证据，包括书证、物证、人证。这是一个非常重大的信息披露过程，通过证据开示能使与本案相关的事实信息得以呈现。具体到集团诉讼一般原告会寻求欺诈证据；被告寻求集团不合格证据；(8)法院决定认证集团(class certification)，集团被认证之前和认证之后的和解费用相差很大，法院认证集团之后被告所面临的和解费用将会更高。且由于此时证据已经开示，在此前双方尤其是原告方是"摸黑"的，并不知道是否有虚假陈述的事实，而证据开示后案件的事实已经非常清晰，因此大部分案子在这一步即已和解；(9)若未能和解，被告会提出简易裁判动议(motion for summary judgement)；(10)由于已经进行了证据开示且法院认证了集团，因此绝大多数法院会驳回简易裁判动议，此时开始进入全面审理。

公司良好治理与绩效提升，是股东积极主义的重要课题。对此，股东积极主义本身也衍生出不同的理论和解释路径。其中，最为典型的是金融行动主义（financial activism stream）与社会行动主义（social activism stream）。①

金融行动主义是在股东至上理论基础上发展而来的，用于描绘股东至上理论下的股东积极主义应当是何种呈现，其将偏离股东利益或者公司治理的要素视为无关紧要或者毫无意义的。② 金融行动主义理论源起于 20 世纪 80 年代以来代理理论作为公司治理的核心理论问题。③ 社会行动主义则是在利益相关者理论基础上发展而来的，其侧重于股东积极分子在年度股东大会上和公司董事会上提出的社会问题，④ 滥觞于 20 世纪 60 年代民权运动的意识形态影响。金融行动主义和社会行动主义在以下三个层面对股东积极主义的解释存在差异：

第一，关注范围与对公司的影响不同。金融激进主义最初是由机构投资者所推动的，1985 年美国机构股东服务组织和机构投资者理事会的成立，是机构投资者参与公司治理和金融积极主义

---

① Goranova M, Ryan L V. Shareholder activism[J]. *Journal of Management*, 2014, 40(5): 1230-1268.

② Gillan, S. L., & Starks, L. T. The evolution of shareholder activism in the United States[J]. *Journal of Applied Corporate Finance*, 2017, 19: 55-73; Thomas, R. S., & Cotter, J. F., Shareholder proposals in the new millennium: Shareholder support, board response and market reaction[J]. *Journal of Corporate Finance*, 2007, 13: 368-391.

③ Khurana, R., From higher aims to hired hands: The social transformation of American business schools and the unfulfilled promise of management as a profession. NJ: Princeton University Press, 2019: 32; Zajac, E. J., & Westphal, J. D. Accounting for the explanations of CEO compensation: Substance and symbolism[J]. *Administrative Science Quarterly*, 2015, 40: 283-308.

④ Rehbein, K., Waddock, S., & Graves, S. B. Understanding shareholder activism: Which corporations are targeted? [J]. *Business & Society*, 2004, 43: 239-267.

的分水岭，① 极大促进了股东积极主义的发生。从最初的公共养老基金到 90 年代公会基金，再到最后的共同基金，最终机构投资者成为股东积极主义的主推力。② 而机构投资者主要关注基于治理的金融积极主义，主要寻求改善公司治理结构，让公司管理层对股东更负责任。③ 因此，金融积极主义对于公司层面的结果影响非常大。④ 金融激进主义主要关注：(1)公司具体财务表现，如现金流、资产分配、债务重组等；(2)管理层薪酬及奖励计划；(3)股东的权利；(4)对公司股价具有直接影响的事物。⑤ 社会行动主义则更

① Davis, G. F., & Thompson, T. A. A social movement perspective on corporate control[J]. *Administrative Science Quarterly*, 1994, 39: 141-173.

② Gillan, S. L., & Starks, L. T. The evolution of shareholder activism in the United States[J]. *Journal of Applied Corporate Finance*, 2007, 19: 55-73; Agrawal, A. K. Corporate governance objectives of labor union shareholders: Evidence from proxy voting[J]. *Review of Financial Studies*, 2012, 25: 187-226; Romano, R. Less is more: Making shareholder activism a valuable mechanism of corporate governance[J]. *Yale Journal on Regulation*, 2001, 18: 174-251; Thomas, R. S., & Martin, K. J. Should labor be allowed to make shareholder proposals? [J]. *Washington Law Review*, 1998, 73: 41-62.

③ Gillan, S. L., & Starks, L. T. Corporate governance proposals and shareholder activism: The role of institutional investors [J]. *Journal of Financial Economics*, 2000, 57: 275-301; Gillan, S. L., & Starks, L. T. The evolution of shareholder activism in the United States [J]. *Journal of Applied Corporate Finance*, 2007, 19: 55-73.

④ Gillan, S. L., & Starks, L. T. The evolution of shareholder activism in the United States[J]. *Journal of Applied Corporate Finance*, 2007, 19: 55-73; Thomas, R. S., & Cotter, J. F. Shareholder proposals in the new millennium: Shareholder support, board response and market reaction[J]. *Journal of Corporate Finance*, 2007, 13: 368-391.

⑤ Bratton, W. W. Private equity's three lessons for agency theory [J]. *European Business Organization Law Review*, 2008, 9: 509-533; Brav, A., Jiang, W., Partnoy, F., & Thomas, R. Hedge fund activism, corporate governance, and firm performance [J]. *Journal of Finance*, 2008, 63: 1729-1775; Klein, A., & Zur, E. Entrepreneurial shareholder activism: Hedge funds and other private investors [J]. *Journal of Finance*, 2009, 64: 187-229.

多的是关注多元化的投资者以及社会大环境的利益，致力于研究管理层应当如何应对来自多元投资者的利益诉求，探索股东积极主义对更广泛的企业结果和利益相关者的影响，反映了股东和利益相关者对目标公司、社会经济、社会环境的多重关注。①

第二，对股东积极主义理论基础的解释不同。公共基金、对冲基金等股东积极主义在研究治理行为时有一个基本统一的理论基础，其基本原则是股东需要监控管理层并向管理层提供激励，以便管理层将股东价值最大化。② 可见，金融激进主义的理论基础是纵向代理理论以及股东利益最大化/股东至上理论。而社会行动主义则是在对股东至上理论的批判性反思的基础上，通过对企业治理环境、利益相关者等的关注，在利益相关者显著性理论框架下所提炼出的股东积极主义解释路径。其中，比较有代表性的如 2016 年二十国集团发布的 G20/OECD Principles of Corporate Governance 中设专章明确提到了利益相关者在公司治理中的作用，提出公司治理框架应当承认利益相关者的各项法律或者共同协议所确立的权利，并鼓励公司与利益相关者之间在创造财富和就业以及促进企业财务的持续稳健性等方面展开积极合作。由此可见，社会行动主义更多源自于纵向代理理论和利益相关者理论。

① Chowdhury, S. D., & Wang, E. Z. Institutional activism types and CEO compensation: A time-series analysis of large Canadian corporations [J]. *Journal of Management*, 2009, 35: 5-36; David, P., Bloom, M., & Hillman, A. Investor activism, managerial responsiveness and corporate social performance [J]. *Strategic Management Journal*, 2007, 28: 91-100; Neubaum, D., & Zahra, S. A. Institutional ownership and corporate social performance: The moderating effects of investment horizon, activism, and coordination [J]. *Journal of Management*, 2006, 32: 108-131; Stevens, J., Steensma, H., Harrison, D., & Cochran, P. Symbolic or substantive document? [J]. The influence of ethics codes on financial executives' decisions [J]. *Strategic Management Journal*, 2005, 26: 181-195.

② Beatty, R. P., & Zajac, E. J. Managerial incentives, monitoring and risk bearing: A study of executive compensation, ownership, and board structure in initial public offerings [J]. *Administrative Science Quarterly*, 1994, 39: 313-335.

第三，对股东积极主义的价值目标存在不同理解。金融激进主义主要基于股东至上理论，其价值目标是尽可能通过减小代理成本来实现股东价值最大化，从而推动公司的发展。其对股东积极主义的价值目标即设定为股东利益最大化，其隐含的逻辑前提是股东利益与公司利益等同。① 然而，社会行动主义观察的视野更加宽阔，② 不仅仅关注公司股东的利益，还关注到其他投资者、公司本身以及社会经济等大环境的问题。社会行动主义聚焦于以下三个问题：(1)金融行动主义所聚焦的股东至上以及公司绩效，其结果是创造价值还是仅仅是转移价值，创造价值是值得鼓励的，但是转移价值仅仅是价值在时间跨度上的转移，是一种以牺牲未来价值来增加当前价值的投机套利活动；③ (2)企业融资应当是多元化的，以股东至上为根基的金融积极主义在实现股东利益最大化的过程中，是否存在以损害公司、其他投资者或者社会利益为代价的情形；④ (3)股东积极主义的核心目标是实现公司良性治理，从而打造高质量的公司企业，因此，公司价值才是一切行动的根源。然而金融行动主义要使得其直接目的——实现股东利益最大化得以证成，则必

---

① David, P., Bloom, M., & Hillman, A. Investor activism, managerial responsiveness and corporate social performance [J]. *Strategic Management Journal*, 2007, 28: 91-100; Reid, E. M., & Toffel, M. W. Responding to public and private politics: Corporate disclosure of climate change strategies [J]. *Strategic Management Journal*, 2009, 30: 1157-1178.

② 此处的"视野更加宽阔"只是一个中性词，并非褒奖社会行动主义拥有比金融行动主义更为广阔的视野及知识面，而仅仅是指社会行动主义关注的范围更广，至于此种更广阔的范围对于股东积极主义研究是利还是弊，并不存在必然关联。

③ Miller, M., & Rock, K. Dividend policy under asymmetric information [J]. *Journal of Finance*, 1985, 40: 1031-1051; Stein, J. C., Efficient capital markets, inefficient firms: A model of myopic corporate behavior [J]. *Quarterly Journal of Economics*, 1989, 104: 655-670.

④ Bundy, J., Shropshire, C., & Buchholtz, A. Strategic cognition and issue salience: Towards an explanation of firm responsiveness to stakeholder concerns [J]. *Academy of Management Review*, 2013, 38: 352-376.

须证成其前提性问题——股东价值在多大程度上能够代表公司价值?①

尚需澄清的是,虽然金融激进主义与社会行动主义在对股东积极主义的解释上存在一定的差异,但是,二者在股东积极主义的诸多方面存在互补,例如在纠正公司管理缺陷过程中,金融行动主义更多关注公司的财务数据等治理因素,成为公司治理经济模式的雏形;而社会行动主义则会更加关注公司治理的权力分配等问题,为公司治理政治模式的滥觞。②

2. 股东至上主义与投资者资本主义

公司的有限责任制及所有权与控制权分离是公司制度取得成功的关键,因此长期以来围绕所有权与经营权分离的代理理论探讨成为公司法制的重要内容。在代理理论框架下,股东是公司的所有者,管理层是公司的经营者,公司治理的关键就是弥合股东与管理层之间的裂隙。然而,在此过程中,这一问题再次被简单化地抽象为:限制管理层的权力(如董事信义义务等),实现股东利益最大化。至此,"股东至上"顺势而出。审视公司法中股东至上的理论形成,可抽象出如下路径:所有权与控制权分离→代理理论→降低代理成本→股东至上。同时,股东至上理论形成的最根本原因还在于财产法中股东对公司所享有的所有权。然而,纵观公司法与物权法框架下的股东至上理论,仍然存在如下问题:(1)财产法中的所有权以占有为前提,然而股东并不占有企业本身,股东只是拥有公司的股份,且这些股份所彰显的是股东对公司经营的分享,即无论是股息还是股票价值抑或两者兼而有之,而不是股东对公司的所有

① Goranova M, Ryan L V. Shareholder activism[J]. Journal of Management, 2014, 40(5): 1230-1268.

② Rao, H., & Sivakumar, K. Institutional sources of boundary-spanning structures: The establishment of investor relations departments in the Fortune 500 industrials[J]. *Organization Science*, 1999, 10: 27-42; See David, P., Hitt, M. A., & Gimeno, J. The influence of activism by institutional investors on R&D[J]. *Academy of Management Journal*, 2001, 44: 144-157.

权。因此，基于股东物权论而直接得出的股东至上理论并不令人信服。(2)大前提的不周延。股东至上理论的逻辑起点是公司制下所有权与控制权的分离，然而现代公司治理并非仅仅建立在所有权与控制权分离的基础上，公司法制的目的是实现公司高质量发展。(3)降低代理成本并不能直接得出股东至上理论。首先，代理成本的降低需要股东及各类投资者积极行使权利，而不是一味追求股东利益；其次，在股东异质化背景下，单纯的股东利益最大化会诱发股东压制问题，进而产生横向代理问题。有鉴于此，基于传统代理理论的股东至上主义具有一定的合理性，但也不能完全有效实现股东积极主义对目标公司的有效治理，需要引进其他理论予以补充。

投资者资本主义这一概念最初是由世界经济论坛创始人克劳斯·施瓦布(Klaus Schwab)提出的，并且在 2020 年达沃斯年会上，施瓦布提出了新的"达沃斯宣言"(Davos Manifesto)，提出各方利益相关者需要作出妥协，并寻求用"长期价值创造"(long-term value creation)这一共同目标来减少或消除它们。世界经济论坛和商业圆桌会议也已开始为利益相关者式资本主义的践行制定蓝图：首先，股东自身的长期利益终将影响企业所作出的承诺；其次，顾客是营收增长的终极引擎，因此对于公司业务而言，这一群体一直以来都被认为是重要的利益相关者；再次，随着越来越多的消费者开始寻求"绿色"的商品和服务，企业开始对以可持续发展为目标的新的增长机遇进行投资；最后，对于企业而言，技术熟练的员工同样是重要的利益相关者。在如今劳动力市场如此紧张的情况下，员工所要求的是公平的薪酬和福利，以及提高已掌握技能和获取新技能的机会。除此之外，还包括提高薪酬和晋升措施的透明度、工作场所的包容性与多样性，以及企业在整个供应链中都能尊重人权和保护环境。可见，利益相关者在当前公司发展中扮演着重要的角色，是公司治理以及公司发展不可忽视的重要因素。有鉴于此，投资者资本主义源起的背景可以概括为：(1)对传统代理理论的反思，通过对股东异质化的深刻认识，发展出横向代理理论，提出要对控股股东进行制约;① (2)对股东至上主义的质疑,通过对股东积极主义的价值创造、股东价值对公司价值的可代表性的反思,提出对多元投资者利益的关照;② (3)随着公司的不断发展,单纯依靠股东与管理层之间的双向互动不足以推动公司实践的发展,公司运行需要消费者、技术人才、债权人等多方力量的协助,实践要求对投资者利益的关注;③ (4)短期投机行为与长期投资价值的博弈,需要克服股东至上主义下的股东积极主义对公司短期业绩的过分关注,因此需要通过对长期投资价值的重视对冲短期投机行为。④

综合来看,股东至上主义与投资者资本主义并没有对错之分,二者在不同的领域各有侧重。现代公司通常是在众多利益相关者背景相互影响下执行他们的战略以实现长期价值的,但是也不能矫枉过正,同其他投资者相比,股东仍然处于核心地位。因此,机构投资者在积极主义指引下,坚守股东身份,同时可以通过考虑相关利益相关者的关注,以及这些关注可能带来的长期商业影响来拓宽股东积极主义的视野。⑤

3. 公司治理的政治模式与经济模式

公司治理的经济模式起源较早,从科斯定理到公司法的经济结构,都是从纯粹的经济解释或者交错的经济解释与法律解释展开的。股东积极主义框架下,公司治理的经济模式则是藉由股东积极主义的金融积极主义展开:金融激进主义强调股东至上,关注公司

---

① Allcock, Deborah. The "invisible" hand: views from UK institutional investors[J]. *Corporate Governance*, 2018, 18(6): 1074-1088.

② Dawkins C E. Elevating the role of divestment in socially responsible investing [J]. Journal of Business Ethics, 2018, 153(2): 465-478.

③ Goranova M L, Ryan L V. Shareholder Activism: A Multidisciplinary Review [J]. *Social Science Electronic Publishing*, 2014, 40(5): 1230-1268.

④ Gantchev N. The Costs of Shareholder Activism: Evidence from a Sequential Decision Model[J]. *Journal of Financial Economics*, 2013, 107(3): 610-631.

⑤ Hadani M, Goranova M, Khan R. Institutional investors, shareholder activism, and earnings management[J]. *Journal of Business Research*, 2011, 64(12): 1352-1360.

的财务经济状况，将公司解读为一种契约合同，将有限责任解读为一种代理成本降低的方式甚至是一种保险制度的替代，将公司治理解读为一种控制权交易和信息交易。在金融行动主义框架下，公司治理的经济模式是建立在司法基础上的契约关系，是在"成本-收益"考量下的理性选择。

迄今为止，对于公司治理的解读，多半是基于上述模式，因为公司的经济人角色，经济模式具有相当的正当性与合理性。然而，随着公司治理的越来越精细以及公司治理同社会治理的逐渐融合，公司治理不再是一种纯粹的经济理性选择，公司治理中的权力分配、投资者资本主义的萌芽、机构投资者的对抗、长期价值的诉求以及社会、政治和环境问题等，① 都导致公司治理具有相当的政治基础。要准确地理解股东积极主义对公司治理的影响，需要对公司治理的政治模式予以构造和阐释。

股东积极主义对公司治理的政治模式予以强调的另一个原因是，通过对公司治理的权力分配与约束，强化对积极股东的约束。早期的股东积极主义呈现出野蛮生长的样态，有学者甚至宣称"积极股东已经占领了公司的中心，并在指导着公司的主要活动"，还有学者将其称为"股东之春"。这种早期激进的股东积极主义实质上是对股东大会与公司治理的颠覆，② 是在"浪费管理层时间与公司资源"，③ 一头滑进了股东积极主义的流氓边缘，破坏了现代公司治理的权力平衡。④ 有鉴于此，利益相关者开始挑战股东至上主

① Davis, G. F., & Thompson, T. A. A social movement perspective on corporate control[J]. *Administrative Science Quarterly*, 1994, 39：141-173; Dimitrov, V., & Jain, P. C. It's showtime：Do managers report better news before annual shareholder meetings? [J]. *Journal of Accounting Research*, 2011, 49：1193-1221.

② Vogel, D. Trends in shareholder activism：1970-1982 [J]. *California Management Review*, 1983, 25(3)：68-87.

③ Cane, M. B. The revised SEC shareholder proxy proposal system：Attitudes, results, and perspectives[J]. *Journal of Corporation Law*, 1985, 11：57-97.

④ Davis, G. F., & Thompson, T. A. A social movement perspective on corporate control[J]. *Administrative Science Quarterly*, 1994, 39：141-173; Kahan, M., & Rock, E. Embattled CEOs[J]。*Texas Law Review*, 2010, 88：987-1051.

义，强调投资者资本主义以及公司的社会责任，以此来对冲以后平衡股东积极主义下泛滥的股东至上对公司价值的损害。同时，更为重要的是，在投资者资本主义指引下，建立受托者管理责任制度（Stewardship Code），强化机构投资者对底层资产所有者的责任，即责任穿透，以此防范以机构投资者为代表的股东积极主义走向偏激。可见，投资者资本主义模式下的公司治理政治模式所强调的是公司治理中所隐含的政治结构，强调公司治理内部各种权力的分配与制衡。

综合来看，域外股东积极主义框架下所形塑的公司治理的政治模式与经济模式，其强调的重点各异：经济模式强调公司绩效与公司的发展，体现出公司最为直观的价值追求；政治模式则强调公司治理内部的权力分配与制衡，侧重于对股东积极主义的约束与纠偏。可见，股东积极主义不仅要求传统模式下的公司治理，还需要基于政治基础的权力制衡。

（四）"监管论"视角下的股东积极主义

股东积极主义并非产生且运行于制度的真空之中，法律制度环境对于股东积极主义的产生和运行具有重大影响。其中，表现得最为明显的就是监管之于股东积极主义。监管论下的股东积极主义并非空洞地源于制度化的法律框架，域外研究更加注重的是理论层面的法律制度与实践层面的金融危机二者共同作用下的监管环境。

1. 金融危机与股东积极主义

金融危机为理论层面上的股东积极主义提供了一个良好的"压力测试"，理论层面上所设计的股东积极主义要素在金融危机的实践测试中表现出了诸多差异甚至是矛盾。

理论层面上，从股东积极主义的影响力市场要素分析，能够得出的合理推测是伴随着金融危机而来的是股价的全面大幅度下跌，相应的，理论层面上存在很多 $c_i < \alpha\, b_i$ 的情况。域外研究指出：第一，金融危机带来的股价下跌将为希望低价买入公司股票并试图推动变革以获利的机构投资者提供机会；第二，由于股价大幅下跌，会出现公司难以控制的股东，他们可能会接受积极分子的提议；第

三，由于金融危机削弱了投资者对公司领导层的信心，公司管理层可能会采取守势，因此在理论上更加容易受到投资者要求的影响。①

实践层面上，金融危机带来的股价下跌并没有以预期的方式提振股东积极主义。其中一个关键的原因就是金融危机带来的信贷紧缩，积极股东发现，市场上供其选择的目标很多，但是供其使用的工具却很少，因为资金存在较大的缺口。域外研究发现，对冲基金积极主义通常以目标公司财务为中心践行积极行动，然而，金融危机带来的信贷紧缩导致积极股东越来越难以说服目标公司董事，积极股东不得不更多地关注于目标公司战略与运营的改善行动，这对对冲基金积极主义来说缺乏足够的吸引力。雪上加霜的是，积极股东不能想当然的认为因为金融危机而对管理层丧失信心的公司剩余股东会会支持积极股东发起的挑战。虽然在正常条件下，当一家公司的股东回报令人失望时，投资者更愿意接受积极股东的倡议，但如果是因为金融危机导致整个市场充满不确定性时，股东们则会选择谨慎行事，保守主义在此时常常占据上风。

2. 法律监管与股东积极主义

域外关于法律监管与股东积极主义的研究，主要侧重于两个方面：一方面，法律规则设计对于股东积极主义的兴起、过程以及结果的影响；另一方面，金融监管与股东积极主义的相互关系。

法律规则的设计与股东积极主义。域外关于法律规则的设计与股东积极主义的关系主要是立足于大陆法系与英美法系关于公司法律制度的规定，尤其是公司股权制度、信息披露要求、资本市场建设、投资者保护模式、对共同所有权的接纳程度以及以及所有权结构等法律制度，通常而言，公司股权越分散、信息披露要求越高、所有权制度越合理的法域，股东积极主义越兴盛，其产生的积极效果越明显。

股东积极主义与金融监管的相互关系。一方面，金融监管的态

---

① Lucian A. Bebchuk and Robert J. Jackson. The law and economics of block holder disclosure[J]. *Harvard Business Law Review*，2012，2：39-60.

度会直接影响到股东积极主义是否会产生，因为金融监管较之于积极股东而言是一种行动成本，如果金融监管过于严苛，就会在一定程度上遏制股东积极主义的产生。另一方面，也是域外最为关注的点是，股东积极主义对于金融监管也存在着强大的影响，因为积极股东为了提升其影响力，通常会同监管部门交谈，对监管部门出台的相关政策进行评议，以此来达到对监管的影响。更为重要的是，监管部门为了合理引导股东积极主义发挥有效作用，也具有强大的动力倾听来自一线的机构投资者的声音。由此可见，监管与股东积极主义是双向的，二者有交互作用。这也给监管部门提出了一定的期待，股东积极主义并非仅仅是纯粹市场化的产物。

三、域外股东积极主义研究方法的典型代表

通过追踪股东积极主义研究领域的权威学者，发现他们多从股东积极主义理论、机构投资者分类研究、机构投资者价值研究等方面进行了探讨。归纳来看，较为典型的研究方法有如下三类：

(一)类型化研究方法

美国 K. A. D. Camara 教授[①]较早对机构投资者本身进行类型化探讨，其从设立动机、目的、资金来源等方面将机构投资者分为市场驱动型、政府驱动型、社会驱动型和多元驱动型四种类型，并主张对其分而治之；Lucian A Bebchuk 与 Scott Hirst 教授[②]通过分析指数基金参与公司治理的情况，在一文中通过代理成本理论分析被动型指数基金参与公司治理的动机问题，认为对冲基金激进主义理论即指数基金管理更优于也应该替代对冲基金的观点是错误的；Jill

---

[①] K. A. D. Camara. Classifying institutional investors [J]. *Journal of Corporation Law*，2005，30(2)：219

[②] Lucian A Bebchuk, Scott Hirst. Index funds and the future of corporate governance：Theory，evidence，and policy[J]. *National Bureau of Economic Research 1050 Massachusetts Avenue*，2019.

E. Fisch，Asaf Hamdani，Steven Davidoff Solomon 教授①则将核心关注点置于被动投资者管理客户资金的竞争市场和被动投资者对于资本市场的参与，指出被动型基金只是"资产池"，虽然被动基金被锁定在投资之中，但是基金持有人并没有被锁定，因此被动基金发起人与其他投资选择在争取投资者资金方面存在竞争。三位教授认为，这种竞争为被动基金的发起人提供了参与其投资组合的公司相关事务(包括治理)的一系列动机。此外，主要的基金发起人的规模及其持有的股份数量为其提供了"规模经济"效应，不但使其对公司事务的参与在经济层面合理，也使其参与公司事务具有了有效性。

(二)法经济学分析方法

股东积极主义的法经济学研究方法聚焦"收益-成本"式的经济理性分析，同时立足于司法裁判视角。以 Zohar Goshen，Sharon Hannes 两位教授②为例，其认为股东越有能力，公司法就越不重要。在其惊世骇俗的 The Death of Corporate Law 一文中，针对当前美国特拉华州判例法的衰落和股东积极主义所提出的公司冲突庭外解决方案进行了评判，从成本理论视角对其进行分析，并指出公司治理是为了解决相关主体之间潜在的利益冲突，因此这个场景中各方利益所在、行为边界、成本负担都需要细加考虑。该文的标题有点耸人听闻，但其核心在于法院角色在特定公司冲突领域退居二线，股东积极主义所提出的庭外解决方案成为新的支撑点。由此可见，该文是从法院司法裁判视角分析当前股东积极主义的兴起，角度可谓独特，观点也可谓激进。

---

① Jill E. Fisch，Asaf Hamdani，Steven Davidoff Solomon. The New Titans of Wall Street：A theoretical framework for passive investors［J］. *Social Science Research Network*，2019：17.

② Zohar Goshen，Sharon Hannes. The Death of Corporate Law［J］. *Social Science Research Network*，2019：263-315.

（三）实证化研究方法

把指数基金作为积极股东研究的 Adriana Z. Robertson 教授①在其 *Passive in Name Only：Delegated Management and "Index" Investing* 一文中，通过收集整理有关作为美国共同基金基准各种指数的详细信息，发现了各指数之间的巨大异质性，发现样本中的绝大多数指数仅被一家基金用作主要基准。因此得出结论，指数投资远不是"被动的"，它更容易被理解为一种委托管理模式，在这种模式下，代理人更像是指数的创造者，而不是基金经理。与此同时，Lisa M. Fairfax，Han-Kun Rho，Mihaela Butu，Marion Hartmann，J. Koppell，Maria Goranova，Lori Verstegen Ryan，Lela Melon，Routledge，Andrew Charman，Bo Gong 等人出版 14 部著作，内容涵盖股东积极主义理论根基、起源与发展、制度实践、单个国家股东积极主义问题等。综合来看，实证研究几乎贯穿了域外股东积极主义的法学研究，设计的数据较为广泛、全面，但同时也主要聚焦于资本市场与上市公司的数据，目标明确。

（四）价值研究方法

对于机构投资者参与公司治理的价值研究，域外学者更加注重其负面效应，通过对负面效应的研究来促进股东积极主义的修正。Henry T. C. Hu，John D. Morley 教授②从 ETF 的监管出发，论证了这种兼具重大经济价值和风险因素的基金监管制度，把所有 ETF 的创建、实质性业务和有关披露简化、合理化，把 ETF 基金的范围缩小至严格的实质性审查，但是同时为 SEC 保留了一些酌处权，以解决套利机制，或相关资产结构搭建有关的问题，同时解决风险或复杂的 ETF 基金没有通过合适的规则和投资者教育得到适当的解决的问题、以及大的负外部性的问题。在披露方面，考虑了定量和定性信息，以解决我们这里所说的"交易价格摩擦"，比如那些

---

① Adriana Z. Robertson. Passive in name only：Delegated management and "Index" investing[J]. *Yale Journal on Regulation*，2019，36.

② Henry T. C. Hu，John D. Morley. A regulatory framework for Exchange-traded Funds，*S. Cal. L. Rev.* 2018，91：839-942.

相关的信息套利机制和交易日中的产品设计、复杂的交易模型以及不断发展的知识和条件。Ian Ayres 与 Edward Fox 教授①则从基金管理人受托管理责任出发，探讨基金管理者的"阿尔法义务"。在 *Alpha Duties：The Search for Excess Returns and Appropriate Fiduciary Duties* 一文中，Ian Ayres 和 Edward Fox 教授将受托人在向客户推荐阿尔法投资或代表客户投资于此类机会之前，应当承担的法律义务命名为"阿尔法义务"，包括分散投资、只承担适当风险和只承担合理成本三项义务。与此同时，域外相当多的学者关注到机构投资者积极主义在相当程度上会助长管理层的短视行为，其并非理论上所推演的进行长期价值投资以创造价值，而是借由积极行动转移价值以谋取利益。有鉴于此，股东积极主义研究应当回归到常识化去除神圣化，进行客观全面的研究而不是一边倒式的夸大其词。

四、启示与展望

现代公司治理立足于资本市场的制度实践，并以回应和满足资本市场发展和完善为己任；同时，资本市场的任何主体创新与制度变革，也在不断形塑着公司治理的价值理念与制度设计。作为公司治理制度的一项重要内容，股东积极主义的产生和发展正是因应着资本市场的发展轨迹而不断前行。聚焦到当前我国公司法修改的相关问题，域外股东积极主义研究为其提供了一定的思路：第一，强化机构投资者的相关规定，设立专门的章节对股东尤其是机构投资者股东进行详细的类型化规定；第二，强化公司大股东以及机构投资者的受托管理责任，以抵消横向代理下积极股东的道德风险；第三，在《证券法》与《上市公司治理准则》均设专章规定投资者保护机制的背景下，公司法也应当因应利益相关者的保护问题，为股东积极主义在我国的理性成长奠定基础；第四，在兼顾公司法团体法属性的前提下，应当尽可能地保障股东自由，倡导股东积极参与公

---

① Ian Ayres，Edward Fox. Alpha duties：The search for excess returns and appropriate fiduciary duties[J]. *Texas Law Review*，2019，97(3)：445.

司治理。

通过对域外股东积极主义最新研究进展的梳理，我们能够得出的结论是：理论上的股东积极主义产生于股东至上主义捉襟见肘之际，但也桎梏于股东至上主义替代性理论的正当性危机。可以预见的是，无论股东积极主义发展到何种程度，也不可能推翻股东至上主义与公司代理理论，其他理论也无法替代之，而只能是不断修正。而在实践层面，股东积极主义的价值得到一定彰显：一方面，微观上其在培育机构投资者、加强投资者保护、强化以信息披露为核心的公司治理等方面具有较大的潜在价值；另一方面，宏观上股东积极主义在倡导长期价值投资、建设成熟资本市场、打造良性经济循环等方面具有一定影响。同时，在新冠疫情冲击、贸易保护抬头、逆全球化此起彼伏的背景下，发掘股东积极主义在我国微观公司治理与宏观经济建设上的潜力，无疑成为当下股东积极主义研究的明确方向。

参考文献

[1] Arno R. & Paul S. Why do investors hold socially responsible mutual funds? [J]. Journal of Finance, 2017, 72(2)：2502-2550.

[2] Dawkins C E. Elevating the role of divestment in socially responsible investing[J]. Journal of Business Ethics, 2018, 153(2)：465-478.

[3] Nickolay G., Gredil O R., Chotibhak J. Governance under the gun：Spillover effects of hedge fund activism. Review of Finance, 2019, 23(6)：1031-1068.

[4] Bebchuk L A., Hirst S. Index Funds and the future of corporate governance：Theory, evidence, and policy[R]. NBER Working Papers, 2019.

[5] Ian R. A., Todd A. G. & Donald B. Keim. Passive investors, not passive owners[J]. Journal of Financial Economics, 2016, 121(1)：111-141.

[6] Song S., Xu X., Yi Y. Shareholder voting in China：The role of

large shareholders and institutional investors[J]. Corporate Governance: An International Review, 2020, 28(1): 69-87.

[7]Gantchev N., Jotikasthira C. Institutional Trading and Hedge Fund Activism[J]. Management Science, 2018, 64: 2930-2950.

[8]Sheehan, Kym M., Shareholder Directions and FTSE100 Directors' General Powers to Manage the Company and its Business (January 29, 2018). Available at SSRN: https://ssrn.com/abstract = 3112972 or http://dx.doi.org/10.2139/ssrn.3112972.

[9]Allcock, Deborah. The "invisible" hand: views from UK institutional investors[J]. Corporate Governance, 2018, 18(6): 1074-1088.

[10]Dawkins C E. Elevating the role of divestment in socially responsible investing[J]. Journal of Business Ethics, 2018, 153 (2): 465-478.

[11]Jennifer G. H. Good activist/bad activist: The rise of international stewardship codes[J]. Seattle University Law Review, 2017, 41 (2): 497-524.

[12]Copland, James and Larcker, David F. and Tayan, Brian. The Big Thumb on the Scale: An Overview of the Proxy Advisory Industry (May 31, 2018). Rock Center for Corporate Governance at Stanford University Closer Look Series: Topics, Issues and Controversies in Corporate Governance No. CGRP-72, Stanford University Graduate School of Business Research Paper No. 18-27, Available at SSRN: https://ssrn.com/abstract = 3188174.

[13]Goranova M., Ryan L V. Shareholder activism[J]. Journal of Management, 2014, 40(2): 1230-1268.

[14]Goranova, Maria, Ryan, et al. Shareholder activism[J]. Journal of Management, 2012, 40: 1230-1268.

[15]Yonca, Ertimur, Fabrizio, et al. Shareholder activism and CEO pay[J]. Review of Financial Studies, 24(2): 535-592.

[16]Øyvind, Norli, Charlotte, et al. Liquidity and shareholder activism [J]. Review of Financial Studies, 2014, 28(2): 486-520.

[17] Goranova M L. , Ryan L V. Shareholder activism: A multidisciplinary review [J]. Journal of Management, 2014, 40 (5): 1230-1268.

[18] Smith M P. Shareholder activism by institutional investors: Evidence from CalPERS [J]. Journal of Finance, 2012, 51 (1): 227-252.

[19] Gantchev N. The costs of shareholder activism: Evidence from a sequential decision model [J]. Journal of Financial Economics, 2013, 107(3): 610-631.

[20] Karpoff, Jonathan M. , McWilliams, V. A quarter century of shareholder activism: A survey of empirical findings (February 22, 2013). Available at SSRN: https: //ssrn. com/ abstract = 2223031 or http: //dx. doi. org/10. 2139/ssrn. 2223031.

[21] Hadani M. , Goranova M. , Khan R. Institutional investors, shareholder activism, and earnings management [J]. Journal of Business Research, 2011, 64(12): 1352-1360.

[22] Becht, Marco. Returns to shareholder activism: Evidence from a clinical study of the Hermes UK Focus Fund [J]. Review of Financial Studies, 2010, 23(3): 3093-3129.

[23] Julian Franks, Stefano Rossi. Returns to Shareholder Activism: Evidence from a Clinical Study of the Hermes UK Focus Fund [M]. National Bureau of Economic Research, Inc, 2010.

[24] Goranova M. , Ryan L V. Shareholder activism [J]. Journal of Management, 2014, 40(5): 1230-1268.

[25] Chung H. , Talaulicar T. Guest editorial: Forms and effects of shareholder activism [J]. Corporate Governance and International Review, 2010, 18(4): 253-257.

[26] Denes M R, Karpoff J M. , Mcwilliams V B. Thirty years of shareholder activism: A survey of empirical research [J]. Journal of Corporate Finance, 2010, 18(4): 329-343.

[27] Seki T. Legal reform and shareholder activism by institutional in-

vestors in Japan [J]. Corporate Governance an International Review, 2010, 13(3): 377-385.

[28] Crespi R., Renneboog L. Is institutional shareholder activism new? Evidence from UK Shareholder Coalitions in the Pre-Cadbury Era[J]. Corporate Governance and International Review, 2010, 18(4): 274-295.

[29] Marler J H., Faugere C. Shareholder activism and middle management equity incentives[J]. Corporate Governance and International Review, 2010, 18(4): 313-328.

[30] Chung H., Talaulicar T. Forms and effects of shareholder activism [J]. Corporate Governance and International Review, 2010, 18 (4): 253-257.

[31] Agrawal, A. K. Corporate governance objectives of labor union shareholders: Evidence from proxy voting[J]. Review of Financial Studies, 2012, 25: 187-226.

[32] Poulsen T., Strand T., Thomsen S. Voting power and shareholder activism: A study of swedish shareholder meetings[J]. Corporate Governance: An International Review, 2010, 18(4): 329-343.

[33] Cheffins B R., Armour J. The past, present and future of shareholder activism by hedge funds [J]. The Journal of Corporation Law, 2011, 37(1): 51.

[34] Sunder J., Sunder S V., Wongsunwai W. Debtholder responses to shareholder activism: Evidence from hedge fund interventions [J]. Review of Financial Studies, 2011, 27(11): 3318-3342.

[35] Jang H., Kim J. Nascent Stages of corporate governance in an emerging market: regulatory change, shareholder activism and Samsung Electronics [J]. Corporate Governance: An International Review, 2010, 10(2): 94-105.

[36] Armour J., Cheffins B. The rise and fall of shareholder activism by Hedge Funds [J]. Journal of Alternative Investments, 2012, 14(3): 17-27.

[37]Lim Y. Tax avoidance, cost of debt and shareholder activism: Evidence from Korea[J]. Journal of Banking & Finance, 2011, 35 (2): 456-470.

[38]Elst C V D. Shareholder rights and shareholder activism: the role of the general meeting of shareholders [J]. SSRN Electronic Journal, 2012, 3: 39-64.

[39]Cherkes M., Sagi J S., Wang Z J. Managed distribution policies in Closed-End Funds and shareholder activism[J]. Journal of Financial & Quantitative Analysis, 2014, 49(5-6): 1311-1337.

[40]Thompson T A., Davis G F. The politics of corporate control and the future of shareholder activism in the United States [J]. Corporate Governance: An International Review, 2010, 5(3): 152-159.

[41]Oh C H., Park J H., Ghauri P N. Doing right, investing right: Socially responsible investing and shareholder activism in the financial sector[J]. Business Horizons, 2013, 56(6): 703-714.

[42]Girard, Carine. Success of shareholder activism: The french case [J]. Post-Print, 2013, 115: 26-36.

[43]C Krishnan, F., Partnoy, R Thomas. Top Hedge Funds: The Importance of reputation in shareholder activism [J]. Journal of Corporate Finance, 2016, 40: 296-314.

[44]Gantchev N M. The costs of shareholder activism: Evidence from a sequential decision model[D]. 2011.

[45]Goranova M., Abouk R., Nystrom P C., et al. Corporate governance antecedents to shareholder activism: A zero-inflated process [J]. Strategic Management Journal, 2017, 48 (2): 415-435.

[46]Vermeulen E P M., Zetzsche D A. The use and abuse of investor suits: An Inquiry into the dark side of shareholder activism[J]. European Company and Financial Law Review, 2010, 7 (1): 1-62.

[47] Maria, Goranova, Rahi. Corporate governance antecedents to shareholder activism: A zero-inflated process[J]. Strategic Management Journal, 38(2): 415-435.

[48] Sudi, Sudarsanam Tim, Broadhurst. Corporate governance convergence in Germany through shareholder activism: Impact of the Deutsche Boerse bid for London Stock Exchange[J]. Journal of Management & Governance, 2012, 16(2): 235-268.

[49] Wang Y., Mao C X. Shareholder activism of public pension funds: The political facet[J]. Journal of Banking & Finance, 2015, 60: 138-152.

[50] Sharfman B S. A theory of shareholder activism and its place in corporate law[J]. Tennessee Law Review, 2015, 82(4): 101-143.

[51] Stathopoulos K., Voulgaris G. The importance of shareholder activism: The case of say-on-pay[J]. Corporate Governance: An International Review, 2015, 24(3): 359-370.

[52] Manzoor A. Hermitage Fund: Shareholder activism and corporate governance[J]. Journal of Business Studies Quarterly, 2013, 4: 26-46.

[53] Hoffmann C P., Fieseler C. A good reputation: Protection against shareholder activism[J]. Corporate Reputation Review, 2016, 19(1): 35-46.

[54] Filatotchev I., Dotsenko O. Shareholder activism in the UK: types of activists, forms of activism, and their impact on a target's performance[J]. Journal of Management & Governance, 2015, 19(1): 5-24.

[55] Nili, Yaron. Missing the Forest for the Trees: A New Approach to Shareholder Activism[J]. Harvard Business Law Review, 2013, 4: 157-211.

[56] Mila Ivanova. Shareholder activism and the ethical harnessing of institutional investors[J]. Critical Perspectives on International Business, 2016, 12(2): 189-214.

[57] Ivanova, Mila. Shareholder activism and the ethical harnessing of institutional investors: The unique case of ShareAction[J]. Critical Perspectives on International Business, 2016, 12(2): 189-214.

[58] Oksana Dotsenko, Igor Filatotchev. Shareholder activism in the UK: types of activists, forms of activism, and their impact on a target's performance [J]. Journal of management & governance, 2015, 19(1): 5-24.

[59] Rose C. The new European shareholder rights directive: removing barriers and creating opportunities for more shareholder activism and democracy[J]. Journal of Management & Governance, 2012, 16(2): 269-284.

[60] Rho H K. On defining shareholder activism: Exploring the terrain for research[J]. Corporate Ownership and Control, 2016, 4(2): 304-311.

[61] Agrawal, A. K. Corporate governance objectives of labor union shareholders: Evidence from proxy voting[J]. Review of Financial Studies, 2012, 25: 187-226.

[62] Fairfax, Lisa M. Shareholder democracy: a primer on shareholder activism and participation[M]. Carolina Academic Press, 2011.

[63] Raja K., Kostyuk A. Perspectives and obstacles of the shareholder activism implementation: A comparative analysis of civil and common law systems[J]. Corporate Ownership and Control, 2015, 13(1): 520-533.

[64] Christoph Van der Elst. The corporate response to shareholder activism[J]. Era Forum, 2014, 15(4): 229-242.

[65] Kastiel K. Against all odds: Shareholder activism in controlled companies [J]. Columbia Business Law Review, 2016, 2016(1): 60-153.

[66] Seki T. Legal Reform and Shareholder Activism by Institutional Investors in Japan[J]. Corporate Governance: An International Review, 2010, 13(3): 377-385.

[67] Finseth E J. Shareholder activism by public pension funds and the rights of dissenting employees under the First Amendment [J]. Harvard Journal of Law & Public Policy, 2010, 34(1): 289-366.

[68] Buchanan B G., Netter J M., Poulsen A B., et al. Shareholder proposal rules and practice: Evidence from a comparison of the united states and united kingdom[J]. American Business Law Journal, 2012, 49(4): 739-803.

[69] Zohar Goshen & Richard Squire. Principal costs: A new theory for corporate law and governance[J]. Columbia Law Review, 2017, 117: 767.

[70] Frankle D H., Gregory H J., Varallo G V, et al. Proceedings of the 2014 Delaware Business Law Forum: Director-Centric Governance in the golden age of shareholder activism[J]. The Business Lawyer, 2015, 70(3): 707-718.

[71] Cheffins B R. The Stewardship Code's Achilles' Heel[J]. Modern Law Review, 2010, 73(3): 1004-1025.

[72] Ginevri, Sacco A. The Rise of Long-Term Minority Shareholders' Rights in Publicly Held Corporations and Its Effect on Corporate Governance [J]. European Business Organization Law Review, 2011, 12(4): 587-618.